관광 1차 필기합격
통역안내사
기출이 답이다

SD에듀
㈜시대고시기획

2024 SD에듀 관광통역안내사 단기완성

Always **with you**

사람의 인연은 길에서 우연하게 만나거나 함께 살아가는 것만을 의미하지는 않습니다.
책을 펴내는 출판사와 그 책을 읽는 독자의 만남도 소중한 인연입니다.
SD에듀는 항상 독자의 마음을 헤아리기 위해 노력하고 있습니다. 늘 독자와 함께하겠습니다.

저 자 **SD 관광교육연구소**

SD 관광교육연구소는 관광종사원을 꿈꾸는 수험생 여러분들을 위해
SD에듀(시대고시기획)에서 야심차게 구성한 관광 전문 연구진입니다.
관광교육에 대한 23년 전통과 경험을 바탕으로 수험생 여러분의 쉽고
빠른 합격을 위해 밤낮으로 연구에 매진하고 있습니다.

PREFACE　　　　　　　　　　　　　　머리말

관광문화산업은 나라를 지탱하는 국가의 주요 산업입니다. 풍요로운 생활과 정보통신의 발달로 개인의 여가시간이 늘어남에 따라 현대인들은 양질의 삶을 추구하고 있습니다. 특히 지구촌 일일생활권 시대가 다가옴으로써 관광문화산업의 비중은 점차 확대되었고, 선진국들은 차세대 지식기반 중점사업으로 선정하여 발전시켜 왔습니다.

우리나라도 21세기 국가 기간산업으로 관광산업에 집중적으로 투자하여 '관광 한국' 시대를 대비해 홍보와 투자를 아끼지 않고 있습니다. 반만년의 유구한 역사를 지닌 우리나라는 유명한 사적지와 풍부한 관광자원을 집중적으로 육성해 세계 속의 문화관광 국가로 도약하는 기틀을 마련하고 있으며, 세계 여러 나라에서는 홍보와 마케팅을 통해 관광객을 유치하고자 끝없는 전쟁을 하고 있다고 해도 과언이 아닙니다. 따라서 세계 각지에서 들어오는 관광객들을 안내하고 정해진 시간 내에 효율적으로 관광할 수 있도록 돕는 우수한 안내자가 절대적으로 필요하므로 관광종사원은 한 나라의 민간 외교관에 견줄 수 있는 중요한 위치에 있습니다.

2022년까지는 코로나19 바이러스의 여파가 이어졌으나, 이제는 코로나가 종식된 '코로나 엔데믹' 시대가 도래했습니다. 국내·해외여행을 막론하고 관광산업도 점차 제자리를 찾을 것으로 보이며, 실제 항공사 등 관광과 밀접한 관련이 있는 업계도 다시금 활기를 띠고 있습니다. 이에 저희 편저자 일동은 관광종사원의 양성을 위해 본 도서를 출간하게 되었습니다.

방대한 이론에 대한 학습의 부담감을 줄일 수 있도록 알차면서도 최대한 간결하게 구성하였습니다. 본서의 특징은 아래와 같습니다.

---

❶ 필기시험 문제가 공개된 2013년도부터 2023년 현재까지 총 11개년 15회분의 문제를 담았습니다.

❷ 친절한 해설뿐 아니라 부수적인 설명을 더한 팁을 덧붙여 최대한 부족한 부분 없이 학습할 수 있도록 구성하였습니다.

❸ 정답과 해설이 가까이 배치되어 있으면서도 별도로 구분되어 있어 문제풀이 및 복습을 효율적으로 할 수 있게 구성하였습니다.

❹ 정답과 해설에 2024년 4월 기준 최신 개정법령 및 최신 관광현황을 반영하여서 최신정보를 기준으로 하여 출제 경향을 파악할 수 있게 하였습니다.

본 도서가 여러분들의 꿈을 이루는 데 좋은 길잡이가 될 수 있기를 바라며, 관광종사원 시험을 준비하는 모든 수험생 여러분들의 합격을 진심으로 기원합니다. 그와 더불어 수험생 여러분의 인생이 늘 새로운 희망과 모험들로 가득하기를 기원합니다.

편저자 올림

자격 개요

관광도 하나의 산업으로서 국가 경제에 미치는 영향이 크다는 판단하에 문화체육관광부에서 실시하는 통역 분야의 유일한 국가 공인 자격으로서 외국인 관광객에게 국내 여행안내 및 한국의 문화를 소개하는 역할을 함

기본 정보

구 분	내 용
시행처	• 주관 : 문화체육관광부　　　　• 시행 : 한국산업인력공단
응시 자격	• 제한 없음
접수 방법	• Q-net(www.q-net.or.kr) 자격별 홈페이지에서 접수 • 인터넷 원서접수 시 최근 6개월 이내에 촬영한 탈모 상반신 사진(JPG, JPEG)을 파일로 첨부하여 인터넷 회원가입 후 접수 • 원서접수 마감 시까지 접수 완료 및 응시 수수료를 결제 완료하고 수험표를 출력해야 함 • 제1 · 2차 시험 동시 접수에 따라 제2차 시험에만 응시하는 경우에도 해당 기간에 접수해야 함

시험 과목 및 시간

구 분	1차 필기					2차 면접	
	과 목	배점 비율	문항 수	시험 시간		평가 사항	시험 시간
				일반 응시	과목 면제		
관광 통역 안내사	국 사	40	25	09:30～11:10 (100분)		• 국가관 · 사명감 등 정신 자세 • 전문 지식과 응용 능력 • 예의 · 품행 및 성실성 • 의사발표의 정확성과 논리성	1인당 10～15분 내외
	관광자원해설	20	25				
	관광학개론	20	25				
	관광법규	20	25				
국내 여행 안내사	국 사	30	15	09:30～11:10 (100분)		• 국가관 · 사명감 등 정신 자세 • 전문 지식과 응용 능력 • 예의 · 품행 및 성실성 • 의사발표의 정확성과 논리성	1인당 5～10분 내외
	관광자원해설	20	10				
	관광학개론	20	10				
	관광법규	30	15				

시험 일정 및 장소

자격명	1차 필기	2차 면접
관광통역안내사	09.07(토)	11.23(토) ~ 11.24(일)
	서울, 부산, 대구, 인천, 대전, 제주	
국내여행안내사	11.02(토)	12.14(토)
	서 울	서울, 부산, 대구, 인천, 광주, 대전, 경기, 제주

※ 본 시험일정은 2024년도 국가전문자격검정 시행일정 사전공고를 바탕으로 작성하였습니다.
※ 시행일 및 시행장소, 시험 규정 등의 자세한 내용은 시험일 전에 큐넷 홈페이지(www.q-net.or.kr)를 확인하십시오.

합격자 결정 기준

구 분	내 용
1차 필기	매 과목 4할 이상, 전 과목의 점수가 배점 비율로 환산하여 6할 이상을 득점한 자
2차 면접	총점의 6할 이상을 득점한 자

시험 합격 현황

연 도	1차 필기			2차 면접		
	응시(명)	합격(명)	합격률(%)	응시(명)	합격(명)	합격률(%)
2023	1,629	1,033	63.4	1,184	770	65.0
2022	1,498	947	63.2	1,110	790	71.2
2021	1,574	997	63.3	1,319	881	66.8
2020	2,358	1,676	71.1	1,992	1,327	66.6
2019	3,206	1,890	59.0	2,178	1,428	65.6

언어권별 자격 취득 현황

연 도	영 어	일 어	중국어	불 어	독 어	스페인어	러시아어	마인어	베트남어	태국어	아랍어	이태리어	합 계
2022	370	151	192	2	3	5	6	14	20	18	9	−	790
2021	456	134	194	6	3	9	6	17	39	10	6	1	881
2020	617	204	343	14	−	7	16	46	61	13	4	2	1,327
2019	678	269	335	9	2	12	7	41	56	13	5	1	1,428
2018	512	208	416	7	4	6	10	42	30	13	3	−	1,251

시험 응시에 필요한 공인 어학 성적

언 어	어학 시험	기준 점수
영 어	토플(TOEFL) PBT	584점 이상
	토플(TOEFL) IBT	81점 이상
	토익(TOEIC)	760점 이상
	텝스(TEPS)	372점 이상
	지텔프(G-TELP)	레벨2 74점 이상
	플렉스(FLEX)	776점 이상
	아이엘츠(IELTS)	5점 이상
일본어	일본어능력시험(JPT)	740점 이상
	일본어검정시험(日検, NIKKEN)	750점 이상
	플렉스(FLEX)	776점 이상
	일본어능력시험(JLPT)	N1 이상
중국어	한어수평고시(HSK)	5급 이상
	플렉스(FLEX)	776점 이상
	실용중국어시험(BCT) (B)	181점 이상
	실용중국어시험(BCT) (B)L&R	601점 이상
	중국어실용능력시험(CPT)	750점 이상
	대만중국어실용능력시험(TOCFL)	5급(유리) 이상
프랑스어	플렉스(FLEX)	776점 이상
	델프/달프(DELF/DALF)	델프(DELF) B2 이상
독일어	플렉스(FLEX)	776점 이상
	괴테어학검정시험(Goethe Zertifikat)	B1(ZD) 이상
스페인어	플렉스(FLEX)	776점 이상
	델레(DELE)	B2 이상
러시아어	플렉스(FLEX)	776점 이상
	토르플(TORFL)	1단계 이상
이탈리아아어	칠스(CILS)	레벨2-B2(Livello Due-B2) 이상
	첼리(CELI)	첼리(CELI) 3 이상
태국어, 베트남어, 말레이 · 인도네시아어, 아랍어	플렉스(FLEX)	600점 이상

※ 2021년도 시험부터 아이엘츠(IELTS)가 추가되었습니다. 공인 어학 성적 기준은 시행처 사정에 따라 변경될 수 있으므로, 접수 전 해당 회차 시험공고를 반드시 확인하시기를 바랍니다. 국내여행안내사는 해당 사항 없습니다.

관광통역안내사 Q&A Q&A

Q 관광통역안내사 자격시험은 연간 몇 회 시행하나요?

A 필기시험과 면접시험 각 연 1회씩 시행하고 있습니다. 필기시험은 8~9월경에, 면접시험은 11월경에 시행됩니다. 시험 일정은 변경될 수 있으므로 큐넷(Q-net) 홈페이지를 정기적으로 확인하시기를 바랍니다.

Q 방문 또는 우편으로 원서를 접수할 수 있나요?

A 원서는 큐넷 홈페이지(www.q-net.or.kr)에서 인터넷으로만 접수할 수 있습니다. 인터넷 활용에 어려움을 겪는 수험자를 위해 전국의 한국산업인력공단 지부지사에서 원서접수 도우미 제도를 운영하고 있으니 참고하시기를 바랍니다.

Q 원서 접수 기간은 어떻게 되나요?

A 2020년부터 원서접수 기간이 단축되었습니다. 기존 10일간 진행되던 접수가 5일간으로 단축되었으니, 접수 일자를 꼼꼼하게 확인하셔야 합니다.

Q 응시 수수료는 얼마인가요?

A 「관광진흥법」 제79조에 따라 관광종사원 자격 시험에 응시하려는 자의 응시 수수료는 20,000원(1ㆍ2차 동시 접수)입니다.

Q 자격증 발급 신청은 어디에서 해야 하나요?

A 시험 준비물로 신분증, 수험표, 검은색 사인펜을 반드시 지참하여야 합니다. 시험 당일 인정 신분증을 지참하지 않으면 당해 시험은 응시 정지(퇴실) 및 무효 처리됩니다. 이 외에도 시험 전 최종 점검을 위한 학습 자료, 시험 시간 관리를 위한 개인용 손목시계 등이 있습니다.

Q 시험 준비물이 따로 있나요?

A 관광통역안내사 자격증은 관광인 홈페이지(academy.visitkorea.or.kr)에서 발급받으실 수 있습니다.

Q 그 외에 시험 관련 유의 사항이 또 있나요?

A • 수험 원서 또는 제출 서류 등의 허위 작성ㆍ위조ㆍ오기ㆍ누락 및 연락 불능으로 인해 발생하는 불이익은 전적으로 수험자의 책임입니다. 큐넷의 회원 정보를 반드시 연락할 수 있는 전화번호로 수정하시기를 바랍니다.
• 수험자는 시험 시행 전까지 시험장 위치 및 교통편을 확인하여야 합니다.
• 시험 당일 교시별 입실 시간까지 신분증, 수험표, 필기구를 지참하시고 해당 시험실의 지정된 좌석에 착석하여야 합니다.

과목별 출제경향 및 학습전략 STRATEGY

제1과목 국사

출제 경향

국사 과목에서는 관광통역안내사로서 알아야 할 기본적인 한국사 소양을 평가하는 문제가 출제됩니다. 대부분의 역사서에서 다루고 있는 기본적인 내용으로, 한국사의 전반적인 흐름과 각 시기의 주요 사건 및 특징을 파악하는 문제가 출제됩니다. 한국사의 시대사별로 정치·경제·사회·문화 등 전 분야에 걸쳐 출제되며, 난이도별로 단답형·합답형·긍정형·부정형 등 다양한 유형으로 출제됩니다. 선사시대, 고대사(삼국시대), 중세사(고려시대), 근세사(조선시대), 근·현대사 등에서 출제되며, 이 중에서도 근세사(조선시대)의 출제 비중이 35%로 가장 높습니다. 우측의 도표는 최근 5개년(2019~2023) 국사 과목 출제 비중을 교재의 단원별로 산출한 것으로, 단원별 출제 비중 차이를 한눈에 파악할 수 있습니다. 이를 참고하여 2024년의 시험을 준비하시기를 바랍니다.

근세 35%

통합문제(2%)
선사&초기국가(11%)
근·현대(12%)
중세(16%)
고대(24%)

2019~2023년 관광통역안내사 국사 출제 비중

학습법

국사는 배점 비율이 40%로 타 과목에 비해 2배나 높아 시험 준비에 시간을 더욱 할애하여야 하는 과목입니다. 수험생에게 혼란을 주기 위한 지엽적이고 까다로운 문제보다는 각 시대의 역사에 대한 배경과 사실을 명확하게 인지하고 있는지를 묻는 문제가 주를 이룹니다. 따라서 무작정 암기하기보다는 한국사 전반의 흐름을 이해하는 것이 중요합니다. 알고 보면 시험에 주로 출제되는 부분은 어느 정도 정해져 있습니다. 따라서 많은 문제를 풀어보며 빈출되는 내용에 익숙해지는 것이 좋습니다. 시험 준비를 위한 시간이 부족한 경우에는 출제 비중이 높은 부분을 중점적으로 학습하여 점수를 얻는 전략도 사용할 수 있습니다. 관광자원해설과 관련된 문화재를 주제로 한 문제도 종종 출제되고 있으니, 관광자원해설과 함께 학습하면 일거양득의 효과를 얻을 수 있습니다.

2023 출제키워드

- 청동기 사회
- 고조선
- 동 예
- 신라의 왕호
- 삼국시대
- 신문왕의 정치
- 백제의 관직명

- 원효대사
- 발 해
- 고려 전기의 정치
- 고려 전기의 외교
- 정 방
- 공민왕
- 조선의 통치기구

- 사 화
- 조선 전기의 외교
- 흥선대원군
- 대동법
- 조선 후기의 상공업
- 조선 전기의 역사서
- 조선 후기의 문화

- 실 학
- 갑신정변
- 독립협회
- 노태우 정권

제2과목 관광자원해설

출제 경향

관광자원해설은 관광통역안내사로서 업무 수행에 필요한 기본 소양과 역량을 합리적·객관적으로 검증하고, 향후 실무에 적용할 수 있는 문제가 출제됩니다. 현장성 높은 문제와 비교적 쉬운 문제가 혼합되어 출제되며, 전통적인 관광자원뿐만 아니라 변화하는 관광자원의 트렌드를 반영한 문제가 출제되기도 합니다. 관광자원의 이해, 관광자원의 해설, 자연관광자원, 문화관광자원, 복합형 관광자원 등에서 문제가 출제되며, 이 중에서도 '문화관광자원'의 출제 비율이 50.4%로 가장 높습니다. 우측의 도표는 최근 5개년 (2019~2023) 관광자원해설 과목의 출제 비중을 교재의 단원별로 산출한 것으로, 단원별 출제 비중의 차이를 한눈에 파악할 수 있습니다. 이를 참고하여 2024년의 시험을 준비하시기를 바랍니다.

문화관광자원 50.4%
통합문제(0.8%)
관광자원의 해설(4%)
관광자원의 이해(9.6%)
복합형 관광자원(15.2%)
자연관광자원(20%)

2019~2023년 관광통역안내사 관광자원해설 출제 비중

학습법

관광자원해설은 출제의 범위가 매우 방대하여서 수험생이 어렵게 느끼는 과목 중 하나입니다. 하지만 반대로 생각해 보면 우리나라의 자연자원, 문화자원 등 '어디선가 한 번쯤은 들어 본', '이전에 한 번쯤은 다녀와 본' 소재가 다수 출제되니 그만큼 쉽게 학습할 수 있고 하나씩 알아가는 재미도 쏠쏠합니다. 특히 '문화관광자원'의 출제 비중이 매우 높으므로 주의 깊게 학습해야 하며, 유네스코 등재 유산이나 한국의 슬로시티, 지역축제, 지역별 유산·유물 등은 시험에 자주 나오는 단골 주제이므로 반드시 알아 두어야 합니다. 또한 관광자원 소식은 시시각각 변하므로 문화재청 홈페이지(www.cha.go.kr)나 뉴스 및 포털사이트 등에서 문화재 및 지역 관광 관련 뉴스를 꾸준히 살펴보는 것을 권장합니다.

2023 출제키워드

- 관광자원의 가치결정요인
- 관광자원의 일반적 특성
- 람사르 지정 습지
- 자연적 관광자원의 성격
- 위락적 관광자원
- 산업적 관광자원
- 관광권역 설정 기준
- 지정 관광단지
- 자연공원법
- 관광자원해설의 목적과 효과
- 관광자원해설사의 자질
- 국립공원
- 관광농업의 기능별 분류
- 창덕궁
- 조선의 궁궐들과 정전
- 공포의 양식과 건축물
- 단 청
- 수원화성
- 광 릉
- 적멸보궁 사찰
- 한국의 삼보사찰
- 종묘제례악
- 단오의 풍속
- 한국의 세계기록유산
- 안동 도산서원

과목별 출제경향 및 학습전략 STRATEGY

제3과목 관광법규

출제 경향

관광법규는 관광통역안내사 실무에 요구되는 법령 지식뿐만 아니라 일반적인 자격요건을 측정하기 위해 시험범위 내에서 다양한 유형의 문제가 출제됩니다. 주로, 법령 해석 능력과 중요 내용에 대한 이해도를 평가하는 내용이 출제되는데, 「관광기본법」·「관광진흥법」·「관광진흥개발기금법」·「국제회의산업 육성에 관한 법률」에서 출제됩니다. 이 중에서도 '관광진흥법'의 출제비율이 70%로 가장 높습니다. 우측의 도표는 최근 5개년(2019~2023) 관광법규 과목의 출제 비중을 교재의 단원별로 산출한 것으로, 단원별 출제 비중의 차이를 한눈에 파악할 수 있습니다. 이를 참고하여 2024년의 시험을 준비하시기를 바랍니다.

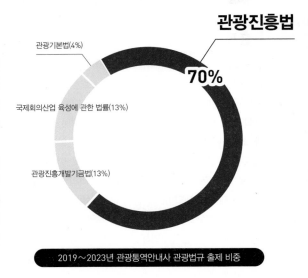

관광진흥법 70%
관광기본법(4%)
국제회의산업 육성에 관한 법률(13%)
관광진흥개발기금법(13%)

2019~2023년 관광통역안내사 관광법규 출제 비중

학습법

관광법규의 수많은 법령들을 어떻게 다 암기해야 할지 걱정되실 것입니다. 하지만, 이전 기출 키워드를 살펴보면 대부분 재출제된 개념들일 것입니다. 따라서 먼저 기출문제를 통해 자주 출제되는 법령을 파악하고, 그 후 추가로 타 법령들을 학습하는 것이 효율적입니다. 목적과 대상 외에도 기간·금액·범위 등의 값들이 출제되는 경우가 많으므로 해당 부분을 중점적으로 공부하시는 것이 좋습니다. 특히, 「관광진흥법」에서 문제가 70% 이상 출제되므로 반드시 집중적으로 학습해야 합니다. 법령은 자주 개정되므로 법제처 국가법령정보센터 홈페이지(www.law.go.kr)에서 최신 개정 사항을 확인하는 것이 중요합니다.

2023 출제키워드

- 관광진흥계획의 수립
- 조성계획의 수립
- 관광통계 작성 범위
- 권역계획
- 국제회의산업육성기본계획의 수립
- 납부금 부과·징수 업무의 위탁

- 국제회의시설의 종류·규모
- 국제회의복합지구의 지정
- 한국관광 품질인증의 대상
- 기금의 설치 및 재원
- 권한의 위탁
- 벌 칙
- 기금운용위원회의 구성

- 분양 및 회원 모집 관광사업
- 호텔업의 등급결정
- 테이블게임의 종류
- 변경등록
- 관광사업의 등록기준
- 관광사업의 종류
- 등 록

- 유원시설업의 조건부 영업허가 기간 등
- 관광종사원에 대한 행정처분 기준
- 관광사업의 종류
- 과징금의 부과 및 납부
- 보증보험 등 가입금액 기준

제4과목 관광학개론

▌ 출제 경향

관광학개론은 관광종사원이 기본적으로 숙지해야 할 사항과 관광에 대한 기본 개념 및 실무지식에 대한 이해 여부를 묻는 문제가 출제됩니다. 관광종사원으로서 숙지해야 할 필수적인 내용을 이해하고 있는지를 측정하는 데 중점을 두며, 최근 관광이슈와 관광트렌드 변화를 파악할 수 있는 문제도 출제됩니다. 관광의 기초, 관광여행업, 관광숙박업, 국제관광 및 관광정책 등에서 문제가 출제되며, 이 중에서도 '관광의 기초'의 출제 비중이 32%로 가장 높습니다. 우측의 도표는 최근 5개년(2019~2023) 관광학개론 과목의 출제 비중을 교재의 단원별로 산출한 것으로, 단원별 출제 비중의 차이를 한눈에 파악할 수 있습니다. 이를 참고하여 2024년의 시험을 준비하시기를 바랍니다.

관광의 기초 32%

관광과 환경(2.4%)
현황 문제(3.2%)
관광마케팅(4%)
관광여행업(4.8%)
관광객이용시설업(6.4%)
국제회의업(7.2%)
관광숙박업(9.6%)
관광교통업(12%)
국제관광 및 관광정책(18.4%)

2019~2023년 관광통역안내사 관광학개론 출제 비중

▌ 학습법

관광학개론은 기본 이론과 개념이 가장 중요한 과목으로, 관광·호텔·회의·마케팅·정책 등 관련 이론과 용어의 개념을 확실하게 정리해 두어야 하는 과목입니다. 특히 어떠한 개념의 여러 가지 유형이나 서로 비슷해 보이는 개념의 명칭을 구분하는 문제가 많이 출제됩니다. 이러한 기본적인 문제 외에도 정부의 관광정책이나 관광통계·관광객의 성향·관광축제 등 다양한 현황문제가 출제되고 있습니다. 수험서를 바탕으로 학습하면서, 주기적으로 문화체육관광부(www.mcst.go.kr)나 한국관광공사 홈페이지(www.visitkorea.or.kr)에서 공식 보도 자료나 관광·여행업 관련 기사들을 꾸준히 살펴보는 것을 권장합니다. 관광법규와 관련된 문제도 종종 출제되고 있으니, 관광법규와 함께 학습하면 일석이조의 효과를 얻을 수 있습니다.

2023 출제키워드

- CVB(컨벤션뷰로)
- 크루즈
- 국내 최초의 카지노
- BSP
- PNR의 필수 요소
- 국제관광의 범위
- 카지노 게임의 종류

- 여행업
- 항공사 코드
- 호텔 프런트의 업무
- 유럽식 플랜
- 여행자 휴대품 통관 면세의 범위
- 웰니스 관광도시
- 1980년대 관광의 특성

- K-관광마켓 10선
- BIE(세계박람회사무기구)
- 제4차 관광개발기본계획(2022~2031)
- 관광의 구조
- 국제관광도시
- 관광지의 개념

- 녹색관광
- 시장세분화의 심리적 변수
- 고대 로마의 관광 발전 요인
- 국내관광진흥책
- 관광의 부정적 효과

편집자의 팁 TIP

하나　공부할 때는 선택과 집중!

시간이 여유롭다면 네 과목에 모두 같은 비중을 두고 대비하는 것도 좋은 방법이 될 수 있지만, 부족한 시간을 쪼개어 학습하는 수험생들에게는 매우 비효율적인 방법입니다. 자신이 고득점을 획득할 수 있는 과목을 선정하여 더 많은 시간을 투자하고, 자신이 부족한 과목은 과락을 면할 수 있도록 준비해야 합니다. 해당 시험은 만점을 받아야 하는 시험이 아니라 기준점을 넘기기 위한 시험이라는 점을 유의하여야 합니다.

둘　기계적인 암기는 피해라!

자격증 시험을 준비하는 대부분 수험생이 도서의 내용을 기계적으로 암기합니다. 하지만 실제 문제는 암기한 내용을 비틀거나 응용해서, 혹은 같은 개념이 다른 형태의 용어로 바뀌어 출제되기 때문에 단순 암기만으로는 한계가 있습니다. 특히, 관광법규의 경우에는 일정한 사례를 제시하고 법령에 명시된 비율로 금액을 직접 계산하게 하는 문제도 출제되기 때문에 계산식만 달달 외우는 것이 아니라 법령의 내용과 개념어를 잘 숙지하고 발문을 잘 읽는 습관을 길러야 합니다.

셋　나만의 페이스를 찾자!

관광통역안내사도 타 수험과 마찬가지로 준비 기간이 한 달에서 수개월에 이르기까지 다양합니다. 심지어 기존에 학습한 부분이 있는 전공자의 경우 과목면제를 받거나 이미 공부한 내용이라 단기간에 합격하기도 합니다. 그렇다고 해서 '다른 사람은 일주일 만에 붙었는데…' 와 같은 생각으로 자신을 깎아내릴 필요는 전혀 없습니다. 수험에는 각자의 상황과 개인차가 있기 때문입니다. 중요한 것은 빠른 합격이 아닌, 정확하고 확실한 합격입니다. 이를 위해서는 자신의 실력과 학습 속도, 자신의 배경지식 수준을 생각해서 자신에게 맞는 전략과 계획을 세우는 것이 중요합니다.

넷　절대 자신감을 잃지 말자!

늘 할 수 있다는 마음으로 하루하루 꾸준히 공부하는 것이 중요합니다. 결코 쉽지 않은 시험이지만, 자신을 믿는다면 반드시 합격할 수 있을 것입니다. 매일의 쓰디쓴 노력들은 결국 합격이라는 달콤한 열매가 되어 돌아올 것입니다. 우리 모두는 할 수 있습니다! 편집자도 여러분을 믿습니다.

다섯　최신 관광현황을 탐독하자!

최근에는 최신 관광 현황에 대한 의견을 묻는 문제가 종종 출제되고 있습니다. 유네스코에 추가로 등재된 유산이나 최근 지정된 국립공원 등에 대한 현황 문제가 출제된 바 있습니다. 이런 문제에 철저히 대비하기 위해 문화체육관광부(www.mcst.go.kr)나 한국관광공사(www.visitkorea.or.kr), 문화재청 홈페이지(www.cha.go.kr)에서 공식 보도자료나 관광 관련 뉴스를 꾸준히 접하도록 합니다.

관광통역안내사 최종 합격 후기

작성자 임＊묵

2023 중국어 관광통역안내사 최종 합격 후기

안녕하세요, 2023 관광통역안내사 중국어 최종 합격하였습니다. SD에듀에서 2023 관광통역안내사 Full Package 과정을 등록하여 1 · 2과목(관광국사, 관광자원해설)을 수강(관광학개론과 관광법규는 방송통신대에서 수강하여 면제받음)하고 필기시험은 무난히 합격하였습니다. 핵심위주의 이금수, 조은정 교수님 강의 정말 좋았습니다. 2차 면접은 SD에듀 강의 수강(김유진 교수님)과 SD에듀의 〈50일만에 끝내는 중국어 관광통역안내사 2차면접〉 교재로 준비를 하였습니다. 2차 면접은 면접당일 번호표 추첨에서 뒷번호를 뽑아서 한 시간 반가량 기다리다가 결국 맨 마지막에 시험을 보게 되었습니다. 1차 필기시험은 SD에듀에서 수강하고 기출 문제집을 여러번(본인의 경우 5회독 했음) 풀고 가면 합격하는 데 어렵지 않겠다고 생각합니다. 2차 면접시험은 준비할 것이 너무 많아 막막하기는 한데 기출 문제 위주로 본인이 자신있게 말할 수 있도록 반복해서 준비하는 것 말고는 특별한 비법은 없을 것 같습니다. 2024 관광통역안내사 시험 준비하시는 분들에게 본 후기가 조금이나마 도움이 되었으면 좋겠습니다. 감사합니다.

작성자 서＊인

2023 영어 관광통역안내사 최종 합격 후기

안녕하세요, 2023 영어 관광통역안내사 최종 합격 후기를 남깁니다. 저는 사실 여러 강의를 따져보고 결정한 건 아니고 그냥 관광통역안내사 강의 검색해서 눈에 띄는 SD에듀 사이트를 선택해서 하게 됐어요. 교수님들이 필기과목 강의를 재미있게 해주셔서 그런가 지루하지 않고 너무 재미있었어요. 교수님들의 재미있는 강의에 힘입어서 저 나름대로 열심히 공부했더니 필기는 78점 정도 받았어요. 필기가 큰 산인 줄 알았는데 2차 면접을 준비하니 필기는 아무것도 아니더라고요. 면접도 강의를 수강하면서 교재랑 같이 공부했어요. 강의를 수강하기는 했다만, 강의보다는 교재 위주로 내용을 정리해서 암기하고 시험을 봤어요. 면접 당일에는 떨려서 시험을 잘 못 봤다고 생각하고 낙담했지만, 결과는 합격이었어요. 다른 분들도 마찬가지겠지만, 직장생활과 자격시험 준비를 병행하다 보니 많이 힘들었어요. 하지만 관리 선생님들의 전화와 교수님들의 친절한 강의, 알찬 교재 덕분에 합격을 거머질 수 있었답니다. 그간의 고생과 노력이 결실을 맺은 것 같아 많이 위로가 되었어요. 저는 이제 자격증 신청하고 자격증이 오기만을 기다리고 있어요. ∼∼⌒⌒ 여러분들도 저처럼 할 수 있어요, 파이팅!

❖ 본 후기는 SD에듀 홈페이지 합격자 수기 게시판에 남겨주신 내용을 재구성한 것입니다.

관광 관련 법령 안내 STATUTE

'문화재'라는 용어의 특성상 재화적 성격이 강해 무형유산이나 자연유산까지 포괄치 못한다는 점과 일제의 잔재라는 점, 유네스코의 분류체계와 시류를 따르지 못한다는 비판점이 있어 최근 '문화재'가 '(국가)유산'으로 명칭이 변경되고, 법령도 재개정되었습니다.

❶ 문화재의 명칭 및 관련 법령의 개정

2023년 4월 27일 문화재의 명칭과 관련된 법령이 전면 개정된다는 문화재청 공식 보도가 나왔습니다. 도서 개정일(2024년 3월)을 기준으로 법률 단계의 법은 개정안과 개정 사항이 공시된 상태지만, 시행령·시행규칙·별표는 그렇지 않습니다. 따라서 도서 전체에 개정된 법령과 용어로 기록되어 있으니 학습에 유의하시기를 바랍니다. 문화재청 공식 유튜브 영상에서 짧게 안내하고 있으니 확인해 보시는 것도 좋겠습니다.

문화재청 누리집

❷ 교재 내 사용된 용어

- 문화재청(장) → 국가유산청(장)
- 문화재심의위원회 → 문화유산심의위원회
- 문화재 → 국가유산
- 유형문화재 → 유형문화유산
- 민속문화재 → 민속문화유산
- 무형문화재 → 무형유산

- 시·도유형문화재 → 시·도유형유산
- 시·도무형문화재 → 시·도무형유산
- 시·도기념물 → 시·도자연유산
- 국가(시·도)등록문화재 → 국가(시·도)등록유산
- 국가(시·도)지정문화재 → 국가(시·도)지정유산
- 문화재자료 → 문화유산자료

문화재청 유튜브

도서에 수록된 법령의 시행일은 다음과 같습니다. 개정된 법령을 해설과 정답에 반영하였으니 반드시 확인하시기 바랍니다. 이후 개정되는 법령은 법제처 국가법령정보센터 누리집(www.law.go.kr)을 반드시 확인하시기 바랍니다.

- 국가유산기본법 2024.07.24. 시행
- 문화유산법 2024.11.01. 시행 / 문화재보호법 시행령 2023.12.26. 시행, 시행규칙 2023.12.26. 시행
- 무형유산법 2024.05.17. 시행
- 자연유산법 2024.05.17. 시행
- 온천법 2023.05.16. 시행
- 자연공원법 2024.01.30. 시행
- 공원녹지법 2022.01.13. 시행
- 관광기본법 2024.07.24. 시행
- 관광진흥법 2024.08.28. 시행, 시행령 2024.02.09. 시행, 시행규칙 2023.08.03. 시행
- 관광기금법 2023.08.08. 시행, 시행령 2021.09.24. 시행, 시행규칙 2010.09.03. 시행
- 국제회의산업법 2023.05.16. 시행, 시행령 2022.12.28. 시행, 시행규칙 2020.11.10. 시행

이 책의 구성과 특징 STRUCTURES

11개년·15회분 기출문제로, 1차 필기시험 완전 정복!

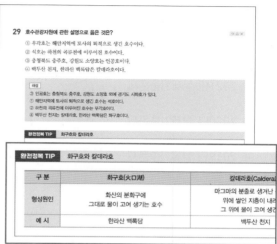

▶ 11개년(2013~2023)의 1차 필기 기출문제를 15회분 수록하였습니다. 명쾌하고 꼼꼼한 해설과 함께 생생한 이미지를 수록하여 출제요소를 쉽게 이해하고 익힐 수 있습니다.

▶ 정답과 오답까지 담은 해설로 두 번 공부할 수 있습니다.

▶ 추가로 알아 두면 좋은 내용을 덧붙인 '완전정복 TIP'과 '편집자의 TIP'으로 개념의 빈틈을 메울 수 있습니다.

개정·변경된 사항까지 한눈에!

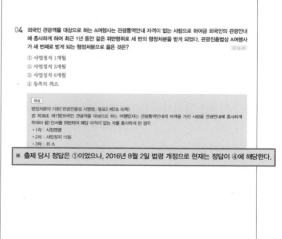

▶ 개정된 법령과 용어가 포함된 문제에는 별도의 안내 문구를 달아 놓았습니다.

▶ 개정된 법령으로 달라진 정답에도 별도의 안내 문구를 달아 놓았습니다.

이 책의 목차 CONTENTS

PART 01

2023년
실제기출문제

※ 본 내용은 2023년 9월 시행된 관광통역안내사의 실제기출문제입니다.
※ 2023년 시험부터는 교시 구분 없이 통합되어 시행됩니다.

국 사

※ 문제의 이해도에 따라 ○ △ × 체크하여 완벽하게 정리하세요.

01 밑줄 친 '이 시대'의 사회 생활에 관한 설명으로 옳은 것은? ○ △ ×

> 이 시대 정치 세력의 우두머리는 스스로를 '하늘의 자손'이라 내세우며, 제법 넓은 지역의 마을과 집단을 지배하였다. 마을 유적에서는 주위를 감싼 목책과 환호가 발견되었다.

① 무리를 이루어 먹을 것을 찾아 이동생활을 하였다.
② 주로 뗀석기로 사냥과 채집을 하며 생활하였다.
③ 반달돌칼로 곡식을 수확하였다.
④ 음식을 주로 빗살무늬 토기에 저장하였다.

> **해설**
> '이 시대'는 청동기시대이다.
> ① · ② 구석기시대, ④ 신석기시대에 관한 설명이다.

02 고조선에 관한 설명으로 옳지 않은 것은? ○ △ ×

① 도둑질한 자를 노비로 삼았다.
② 영고라고 불리는 제천행사를 개최하였다.
③ 지배자는 '왕'이라는 칭호를 사용하였다.
④ 탁자식 고인돌에 주검을 매장하였다.

> **해설**
> 영고라는 제천행사를 지낸 나라는 '부여'이다.

03 동예에 관한 설명으로 옳은 것은? ○ △ ×

① 지배층을 마가, 우가 등으로 불렀다.
② 특산물로 단궁과 과하마 등이 있었다.
③ 흉년이 들면 왕에게 책임을 묻기도 하였다.
④ 형이 죽으면 동생이 형수를 아내로 맞아들였다.

> 해설
>
> 동예는 단궁(檀弓)이라는 작은 활과 과하마(果下馬)라는 말, 반어피(班魚皮)라 불린 바다짐승(바다표범)의 가죽이 특산물로
> 유명하였다.
> ① · ③ 부여 ④ 고구려에 대한 설명이다.

04 신라 왕호의 변천을 순서대로 옳게 나열한 것은? ○ △ ×

① 거서간 – 차차웅 – 이사금 – 마립간
② 거서간 – 마립간 – 차차웅 – 이사금
③ 이사금 – 거서간 – 차차웅 – 마립간
④ 마립간 – 거서간 – 이사금 – 차차웅

> 해설
>
> 신라의 왕호는 거서간(귀인) – 차차웅(제사장) – 이사금(연장자, 계승자) – 마립간(대군장) – 왕이다.

05 삼국시대에 있었던 사건을 앞선 시기 순으로 옳게 나열한 것은? ○ △ ×

ㄱ. 신라의 율령 반포	ㄴ. 대가야의 멸망
ㄷ. 백제의 서기 편찬	ㄹ. 고구려의 평양 천도

① ㄱ – ㄴ – ㄷ – ㄹ   ② ㄴ – ㄱ – ㄷ – ㄹ
③ ㄷ – ㄹ – ㄱ – ㄴ   ④ ㄹ – ㄷ – ㄴ – ㄱ

> 해설
>
> ㄱ. 신라의 율령 반포 : 6세기 법흥왕 시기(520)
> ㄴ. 대가야 멸망 : 6세기 진흥왕 시기(562)
> ㄷ. 백제의 서기 편찬 : 4세기 근초고왕 시기(375)
> ㄹ. 고구려 평양 천도 : 5세기 장수왕 시기(427)

06 밑줄 친 '이 왕'에 관한 설명으로 옳지 <u>않은</u> 것은? ○ △ ✕

> <u>이 왕</u>은 문무왕의 뒤를 이어 왕위에 올라 귀족 세력을 억누르고 강력한 왕권을 확립하여 태종 무열왕 계가 한동안 왕위를 안정적으로 계승하는 기틀을 닦았다.

① 녹읍을 혁파하였다.
② 독서삼품과를 시행하였다.
③ 달구벌(대구)로 천도하려 하였다.
④ 9주 5소경 체제의 지방 행정 조직을 갖추었다.

> 해설
> '이 왕'은 신문왕이다.
> 독서삼품과를 실시하여 국학 학생들의 유교 경전 이해 수준을 평가하여 관료로 선발한 왕은 원성왕이다.

07 백제의 관직을 모두 고른 것은? ○ △ ✕

> ㄱ. 방 령   ㄴ. 상대등
> ㄷ. 대대로   ㄹ. 상좌평

① ㄱ, ㄴ   ② ㄱ, ㄹ
③ ㄴ, ㄷ   ④ ㄷ, ㄹ

> 해설
> ㄱ. 방령 : 백제의 5방을 다스리던 지방관
> ㄴ. 상대등 : 화백회의(신라의 귀족회의)의 수상
> ㄷ. 대대로 : 제가회의(고구려의 귀족회의)의 수상
> ㄹ. 상좌평 : 정사암회의(백제의 귀족회의)의 수상

08 승려 원효에 관한 설명으로 옳지 않은 것은?　〇△✕

① 화쟁 사상을 주창하였다.
② 불교 대중화에 앞장섰다.
③ 대승기신론소를 저술하였다.
④ 중국에 유학하여 화엄학을 수학하였다.

> **해설**
> 당에서 화엄학을 공부하고 돌아와 '하나가 전체요, 전체가 하나'라며 모든 존재의 상호 연관성을 주장한 스님은 의상이다.

09 발해에 관한 설명으로 옳지 않은 것은?　〇△✕

① 5경 15부 62주를 두어 지방을 통치하였다.
② 정당성에서 정책 입안과 심의를 담당하였다.
③ 인안, 대흥 등의 독자적인 연호를 사용하였다.
④ 당의 장안성을 본떠 상경성을 건설하였다.

> **해설**
> 정책의 입안을 담당하던 기관은 중대성, 입안된 정책의 심의를 담당하던 기관은 선조성이다. 정당성은 정책을 집행하던 기관으로 산하에 6부를 두어 나라의 살림을 맡아 하던 곳이었다.

10 고려의 국왕에 관한 설명으로 옳지 않은 것은?　〇△✕

① 광종은 노비안검법을 시행하였다.
② 성종은 연등회와 팔관회를 중단시켰다.
③ 문종은 여진 정벌을 위해 별무반을 편성하였다.
④ 인종은 김부식 등에게 삼국사기를 편찬하게 하였다.

> **해설**
> 여진 정벌을 위해 별무반을 편성한 왕은 고려 숙종이다.

11 고려와 거란(요)과의 관계에 관한 설명으로 옳은 것은?

① 1차 침입 때 강감찬이 귀주에서 거란군을 크게 무찔렀다.

② 2차 침입 때 개경이 함락되어 현종이 나주로 피난하였다.

③ 2차 침입 이후에 강동 6주를 확보하였다.

④ 3차 침입 이후 고려는 거란과 계속 적대하였다.

> **해설**
> ① 3차 침입 때 강감찬이 귀주에서 거란군을 크게 무찔렀다.
> ③ 1차 침입 때 서희는 소손녕과 외교 담판을 통해 강동 6주를 확보하였다.
> ④ 3차 침입 이후 고려·송·거란(요) 간의 세력 균형과 함께 다원적 국제 질서가 유지되었다.

12 무신정권기에 설치한 정방에 관한 설명으로 옳은 것은?

① 국정을 총괄하는 최고 기구이다.

② 최고위 무신들로 구성된 회의 기구이다.

③ 관리의 인사 행정을 담당하는 기구이다.

④ 무신 집권자의 신변을 보호하는 군사 기구이다.

> **해설**
> ① 최충헌 시기에 국정을 총괄하는 최고 기구는 교정도감이다.
> ② 무신들의 최고 회의 기구는 중방이다.
> ④ 무신 집권자의 사병 집단은 도방과 삼별초이다.

13 공민왕에 관한 설명으로 옳은 것은?

① 연경(베이징)에 만권당을 설치하였다.

② 중서문하성의 명칭을 첨의부로 변경하였다.

③ 전제 개혁을 단행하고 과전법을 제정하였다.

④ 내정을 간섭하던 정동행성 이문소를 폐지하였다.

> **해설**
> ① 충선왕, ② 충렬왕, ③ 공양왕 시기에 관한 설명이다.

14 조선의 중앙 통치 기구에 관한 설명으로 옳은 것을 모두 고른 것은? ○ △ ×

> ㄱ. 춘추관은 역사서의 편찬과 보관을 담당하였다.
> ㄴ. 사간원은 왕에 대한 간언을 담당하였다.
> ㄷ. 중추원은 왕명의 출납과 군사 기밀을 담당하였다.
> ㄹ. 사정부는 관리의 비리 감찰을 담당하였다.

① ㄱ, ㄴ ② ㄱ, ㄹ
③ ㄴ, ㄷ ④ ㄷ, ㄹ

해설
ㄷ. 중추원 : 고려시대의 중앙 통치 기구
ㄹ. 사정부 : 통일신라시대의 중앙 통치 기구

15 김종직의 조의제문이 주요 원인이 되어 발생한 사화는? ○ △ ×

① 갑자사화 ② 무오사화
③ 기묘사화 ④ 을사사화

해설
① 갑자사화(1504) : 연산군 때, 폐비 윤씨 사건과 유관한 훈구파와 사림파를 축출한 사건이다.
③ 기묘사화(1519) : 중종 때, 조광조의 개혁 과열로 인한 중종의 피로감, 중종 반정의 위훈 삭제 요구로 인해 발생한 사건이다.
④ 을사사화(1545) : 명종 때, 왕위 계승을 둘러싼 외척 간의 갈등으로 소윤(윤원형 일파)이 대윤(윤임 일파)을 축출하는 과정에서 사림파가 화를 입은 사건이다.

16 조선 전기 대외 관계에 관한 설명으로 옳지 않은 것은? ○ △ ×

① 세종은 4군과 6진을 설치해 영토를 확장하였다.
② 조선 국왕은 명 황제의 책봉을 받고 조공을 바쳤다.
③ 시암, 자와 등 동남아시아의 여러 나라와 교류하였다.
④ 이자겸은 금나라의 군신 관계 요구를 수용하였다.

해설
이자겸이 정권의 안정을 위해 많은 신하의 반대를 무릅쓰고 금과의 군신 관계를 수용한 사건은 고려시대(1126)에 발생한 사건이다.

17 흥선대원군이 실시한 정책으로 옳지 않은 것은? ○ △ ×

① 서원 철폐 ② 호포제 실시
③ 경국대전 편찬 ④ 경복궁 중건

> 해설
>
> 〈경국대전〉은 조선 세조 때부터 편찬하기 시작하여 성종 때 완성하였다. 이로써 조선은 〈경국대전〉에 따라 중앙 및 지방 통치제도를 마련하고 중앙 집권 체제를 완성하였다.

18 대동법에 관한 설명으로 옳은 것은? ○ △ ×

① 풍년과 흉년에 상관없이 토지 1결당 쌀 4~6두를 거두었다.
② 광해군 때 경기도에서 처음 실시되었다.
③ 빈민 구제를 위해 관청에서 곡식을 빌려주고 이자를 받는 제도였다.
④ 농민의 군포 부담을 1년에 1필로 줄여 준 제도였다.

> 해설
>
> ① 대동법은 토지를 기준으로 쌀(1결당 12두), 베, 면포, 동전 등을 거두었다.
> ③ 환곡제, ④ 균역법에 관한 설명이다.

19 조선 후기 상공업 활동에 관한 설명으로 옳은 것은? ○ △ ×

① 객주와 여각이 포구와 큰 장시에서 활동하였다.
② 시장인 동시를 열고 동시전을 설치해 감독하였다.
③ 건원중보와 삼한통보 등의 화폐가 널리 유통되었다.
④ 수공업은 주로 관청 수공업과 소 수공업을 중심으로 발전하였다.

> 해설
>
> ② 동시전은 신라 지증왕 때 경주에 설치한 시장 감독 기관이다.
> ③ · ④ 고려시대 경제 활동에 관한 설명이다.

20 조선 전기에 편찬된 역사서로 옳지 않은 것은?　　　　　　　　　　　　　○ △ ×

① 고려국사　　　　　　　　　　　　　② 유 기
③ 고려사절요　　　　　　　　　　　　④ 동국통감

> 해설
> 〈유기(留記)〉는 고구려의 역사책이다. 유기는 훗날 고구려 영양왕 때(600) 태학박사 이문진이 산정하여 〈신집〉 5권으로 다시 만들어진다.

21 조선 후기 문화에 관한 설명으로 옳은 것은?　　　　　　　　　　　　　○ △ ×

① 이승휴는 제왕운기에서 단군을 우리 민족의 시조로 서술하였다.
② 지눌은 불교 개혁 운동인 수선사 결사를 제창하였다.
③ 유교 윤리를 보급하기 위한 삼강행실도가 처음 간행되었다.
④ 정선은 우리나라 산천을 소재로 한 인왕제색도 등을 그렸다.

> 해설
> ① · ② 고려 후기. ③ 조선 전기의 문화이다.

22 조선 후기 실학자에 관한 설명으로 옳은 것은?　　　　　　　　　　　　　○ △ ×

① 조광조는 현량과를 실시해 인재를 등용하였다.
② 이황은 성학십도, 주자서절요 등의 저서를 남겼다.
③ 박제가는 북학의를 저술하여 균전론을 주장하였다.
④ 정약용은 목민심서, 경세유표 등의 많은 저서를 남겼다.

> 해설
> ① · ② 조광조와 이황은 조선 전기의 대표적인 성리학자이다.
> ③ 균전론을 주장한 실학자는 유형원이다.

23 갑신정변에 관한 설명으로 옳지 않은 것은?　　　　　○ △ ×

① 김옥균, 박영효 등 급진개화파가 주도하였다.
② 우정총국 개설 축하연을 기회로 정변을 일으켰다.
③ 조선은 청의 압력에 굴복해 제물포 조약을 체결하였다.
④ 인민평등권 보장 등을 주창한 개혁 정강 14개조를 발표하였다.

> 해설
> 제물포 조약은 임오군란(1882)의 영향으로 일본과 맺은 조약이다.

2023년

국사

24 독립협회의 활동에 관한 설명으로 옳은 것은?　　　　　○ △ ×

① 의병 연합 부대인 13도 창의군을 결성하였다.
② 인재 양성을 위해 대성학교, 오산학교 등을 세웠다.
③ 만민공동회를 개최해 러시아의 이권 침탈을 비판하였다.
④ 광주 학생 항일 운동 조사단을 파견하고 진상 보고 대회를 개최하였다.

> 해설
> ① 정미의병(1907), ② 신민회(1907), ④ 신간회(1927)에 관한 설명이다.

25 노태우 대통령 집권 시기에 관한 설명으로 옳은 것을 모두 고른 것은?　　　　　○ △ ×

> ㄱ. 서울 올림픽 대회를 성공적으로 개최하였다.
> ㄴ. 소련, 중국과 국교를 맺는 북방 외교를 추진하였다.
> ㄷ. 평화 통일 원칙에 합의한 7 · 4 남북 공동 선언을 발표하였다.
> ㄹ. 외환 위기를 맞아 국제 통화 기금(IMF)의 지원을 받게 되었다.

① ㄱ, ㄴ　　　　　　　　　② ㄱ, ㄹ
③ ㄴ, ㄷ　　　　　　　　　④ ㄷ, ㄹ

> 해설
> ㄷ. 7 · 4 남북 공동 선언(1972)은 박정희 정권 때의 사실이다.
> ㄹ. 1997년 말, 외환 위기를 맞아 국제 통화 기금(IMF)의 지원을 받게 된 것은 김영삼 정권 때의 사실이다.

관광자원해설

※ 문제의 이해도에 따라 ○ △ × 체크하여 완벽하게 정리하세요.

26 관광자원의 가치결정요인으로 옳지 않은 것은?   ○ △ ×

① 접근성   ② 관광객
③ 매력성   ④ 관광시설

> **해설**
> 관광자원의 가치결정요인에는 접근성, 매력성, 이미지, 관광시설, 하부구조가 있다.

27 관광자원의 일반적 특성으로 옳은 것은?   ○ △ ×

① 다양성 - 관광자원은 다양하게 개발되어야 한다.
② 불변화성 - 관광욕구의 패턴에 따라 관광대상은 변하지 않는다.
③ 절대성 - 관광자의 관심사가 주관적이기 때문에 모두를 충족시켜야 한다.
④ 비조화성 - 자연적 자원과 문화적 자원, 산업적 자원, 사회적 자원이 조화를 이룰 때 가치와 매력이
  감소한다.

> **해설**
> ② 가변성 : 시대상 및 사회상과 관광욕구의 패턴 등의 변화에 따라 그 가치와 매력이 변한다.
> ③ 상대성 : 관광자원에 대한 관광객의 만족 수준은 주관적인 것이므로 절대적인 관광자원이란 존재할 수 없다.
> ④ 조화성 : 변화하는 있는 관광수요에 유연하게 대처할 수 있도록 관광자원과 다른 자원과의 상호작용해야 하며, 상호작
>   용 시 각 자원이 조화를 이룰 때 가치와 매력이 향상된다.

28 람사르 지정 습지가 아닌 것은?   ○ △ ×

① 순천만 · 보성갯벌   ② 우포늪
③ 무안갯벌   ④ 보령갯벌

> **해설**
> ① 순천만 · 보성 갯벌 : 2006.01.20
> ② 우포늪 : 1998.03.02
> ③ 무안갯벌 : 2008.01.14

29 자연적 관광자원의 성격으로 옳은 것은?　　　　　　　　○ △ ×

① 이동성　　　　　　　　　② 저장성
③ 변화성　　　　　　　　　④ 단순성

해설
① 자연적 관광자원은 이동할 수 없으므로 '비이동성'을 띤다.
② 자연적 관광자원은 저장할 수 없으므로 '비저장성'을 띤다.
④ 자연적 관광자원은 다양한 자원과 상호작용하므로 '복잡성'을 띤다.

2023년 관광자원해설

30 위락적 관광자원에 해당하지 않는 것은?　　　　　　　　○ △ ×

① 해양 관광시설　　　　　　② 육지형 관광시설
③ 숙박 휴양시설　　　　　　④ 자연동굴 관광지

해설
위락적 관광자원(= 위락 관광자원, 관광 · 레크리에이션 자원)에는 리조트(해양형 · 육지형), 테마파크(주제공원), 카지노,
스포츠(낚시 · 트레킹 · 카레이싱 · 설상 스포츠 · 스키 · 골프 · 항공 스포츠) 등이 있다.

31 산업적 관광자원에 해당하는 것은?　　　　　　　　○ △ ×

① 박물관　　　　　　　　　② 박람회
③ 왕 궁　　　　　　　　　④ 공 원

해설
산업적 관광자원
• 농업관광자원 : 관광농원, 농장, 목장, 어장, 임업 등
• 공업관광자원 : 공장시설, 기술, 생산 공정, 생산품, 후생시설 등
• 상업관광자원 : 시장, 박람회, 전시회, 백화점 등

32 관광권역 설정 기준으로 옳지 않은 것은?　　　　　　　　○ △ ✕

① 관광자원의 가치와 대표성
② 산업시설 및 이용의 편리성
③ 거주자 수
④ 고층건물의 유무

해설

관광개발기본계획 등(「관광진흥법」 제49조 제2항)

시 · 도지사(특별자치도지사는 제외)는 기본계획에 따라 구분된 권역을 대상으로 다음의 사항을 포함하는 권역별 관광개발
계획(이하 "권역계획")을 수립하여야 한다.

• 권역의 관광 여건과 관광 동향에 관한 사항
• 권역의 관광 수요와 공급에 관한 사항
• 관광자원의 보호 · 개발 · 이용 · 관리 등에 관한 사항
• 관광지 및 관광단지의 조성 · 정비 · 보완 등에 관한 사항
• 관광지 및 관광단지의 실적 평가에 관한 사항
• 관광지 연계에 관한 사항
• 관광사업의 추진에 관한 사항
• 환경보전에 관한 사항
• 그 밖에 그 권역의 관광자원의 개발, 관리 및 평가를 위하여 필요한 사항

---

33 관광산업을 촉진하고 국내외 관광객의 다양한 관광휴양을 위하여 관광자원과 관광시설을 종합적으로 개발
한 관광단지를 모두 고른 것은?　　　　　　　　○ △ ✕

| ㄱ. 보문관광단지 | ㄴ. 중문관광단지 |
| ㄷ. 화원관광단지 | ㄹ. 용평관광단지 |

① ㄱ, ㄴ
② ㄴ, ㄷ
③ ㄱ, ㄷ, ㄹ
④ ㄱ, ㄴ, ㄷ, ㄹ

해설

관광단지는 관광진흥법 제2조 제7호에 따라 관광객의 다양한 관광 및 휴양을 위하여 각종 관광시설을 종합적으로 개발하
는 관광 거점 지역으로서 지정된 곳인데, 보기의 네 곳 모두 지방자치단체 지정(2023. 6. 30. 기준) 관광단지이다.

관광개발기본계획 등(「관광진흥법」 제52조 제1항)

관광지 및 관광단지(이하 "관광지등")는 문화체육관광부령으로 정하는 바에 따라 시장 · 군수 · 구청장의 신청에 의하여
시 · 도지사가 지정한다. 다만, 특별자치시 및 특별자치도의 경우에는 특별자치시장 및 특별자치도지사가 지정한다.

34 자연공원법으로 지정한 공원과 그 지정권자의 연결이 옳은 것은? ○ △ ✕

① 군립공원 – 도지사

② 도립공원 – 대통령

③ 국립공원 – 환경부장관

④ 시립공원 – 문화체육관광부장관

> **해설**
> ① 군립공원 : 군수(「자연공원법」 제4조의4 제1항)
> ② 도립공원 : 도지사(「자연공원법」 제4조의3 제1항)
> ④ 시립공원 : 시장(「자연공원법」 제4조의4 제1항)

35 관광자원해설의 목적과 효과로 옳은 것은? ○ △ ✕

① 관광자원의 형성과정과 특성, 장소성을 설명한다.

② 관광객의 흥미를 감소시켜 만족도를 줄인다.

③ 관광자원의 이용과 보전에 대한 편향적인 시각과 지역사회와의 편향된 관계형성을 유도한다.

④ 관광의 불지속성에 기여한다.

> **해설**
> ② 관광객이 방문하는 관광지에 대해 보다 예리한 인식 · 감상 · 이해능력을 갖게 해 주어 관광객의 흥미와 만족도를 증진케 한다.
> ③ 관광자원 관리당국자와 그들이 진행하는 프로그램에 대한 대중의 이해를 촉진하여 관광자원의 이용과 보전에 대한 폭넓은 시각과 지역사회와의 우호적인 관계형성을 유도한다.
> ④ 관광객이 해당 관광자원을 지속적으로 이용하게 하여 관광의 지속성을 유지케 한다.

36 관광자원해설사의 자질로 옳은 것은? ○ △ ✕

① 성급함

② 자만감

③ 불균형성

④ 침착성

> **해설**
> 관광자원해설사의 자질에는 열정, 유머감각 및 균형감각, 명료성, 자신감, 따뜻함, 침착성, 신뢰감, 즐거운 표정과 태도가 있다.

37 국립공원에 관한 내용으로 옳지 않은 것은?

① 국립공원심의위원회의 심의를 거쳐 시·도지사가 지정한다.
② 자연의 원형보존 및 후손에게 물려주기 위함이다.
③ 학술적 연구를 통해 인류복지에 기여하기 위함이다.
④ 생태계의 균형을 유지하기 위함이다.

> **해설**
>
> 국립공원의 지정 절차(「자연공원법」 제4조의2 제1항)
> 환경부장관은 국립공원을 지정하려는 경우에는 제4조 제2항에 따른 조사 결과 등을 토대로 국립공원 지정에 필요한 서류를 작성하여 다음의 절차를 차례대로 거쳐야 한다. 국립공원의 지정을 해제하거나 구역 변경 등 대통령령으로 정하는 중요 사항을 변경하는 경우에도 또한 같다.
> • 주민설명회 및 공청회의 개최
> • 관할 특별시장·광역시장·특별자치시장·도지사 또는 특별자치도지사(이하 "시·도지사") 및 시장·군수 또는 자치구의 구청장(이하 "군수")의 의견 청취
> • 관계 중앙행정기관의 장과의 협의
> • 국립공원위원회의 심의

38 관광농업 유형 중 기능별 분류에 포함되지 않는 것은?

① 숙박 휴식형　　　　　　　　　　② 주말 농원형
③ 농업 기술 전수형　　　　　　　　④ 음식 판매형

> **해설**
>
> 관광농업의 유형 : 기능별 분류
> • 자연 학습형　　　　　　　• 주말 농원형
> • 심신 수련형　　　　　　　• 숙박 휴식형
> • 음식 판매형

39 유네스코 세계문화유산으로 등록된 궁궐은?

① 경복궁　　　　　　　　　　　　② 덕수궁
③ 창경궁　　　　　　　　　　　　④ 창덕궁

> **해설**
>
> 유네스코 세계문화유산으로 등록된 궁궐은 창덕궁이다. 창덕궁은 1405년(태종 5년)에 경복궁의 이궁으로 지어진 궁궐로 1997년 유네스코 세계문화유산으로 등록되었다. 창덕궁은 경복궁·경희궁·덕수궁·창경궁과 더불어 조선의 5대 궁궐이며, 자유분방한 전각배치와 아름다운 후원으로 유명한 곳이다.

40 조선 궁궐들과 정전(正殿)의 연결이 옳지 않은 것은?　　　　○△×

① 경복궁 – 근정전　　　　　　　② 덕수궁 – 중화전
③ 창경궁 – 숭정전　　　　　　　④ 창덕궁 – 인정전

해설
창경궁의 정전은 명정전(明政殿)이다.

41 주심포 공포 양식의 건축물로 옳지 않은 것은?　　　　○△×

① 부석사 무량수전　　　　　　　② 통도사 대웅전
③ 봉정사 극락전　　　　　　　　④ 수덕사 대웅전

해설
주심포 양식은 기둥 하나에 공포(지붕과 기둥을 잇는 구조물) 하나를 얹는 건축양식이다. 주심포 양식의 건축물에는 영주 부석사 무량수전, 안동 봉정사 극락전, 예산 수덕사 대웅전, 강진 무위사 극락전 등이 있다. 양산 통도사의 대웅전은 기둥 하나에 여러 개의 공포를 얹는 건축양식인 다포 양식이 적용된 건축물이다.

42 다음 설명에 해당하는 것은?　　　　○△×

목조건축물 등을 아름답게 장식하는 의장기법으로 청색, 적색, 황색, 백색, 흑색 등 다섯 가지 색을 기본으로 하여, 건축물에 여러 가지 무늬와 그림을 그려 구조물을 보호하는 동시에 외관상의 미를 돋보이게 하려는 것이다.

① 기 단　　　　　　　　　　② 공 포
③ 단 청　　　　　　　　　　④ 대들보

해설
단청(丹靑)은 목조 건축물 등을 아름답게 장식하는 의장기법으로 건축물의 종류와 위계에 따라 그 종류와 이름을 달리한다. 단청은 외관을 아름답게 하는 기능뿐만 아니라 목조 건축물의 부식을 막는 기능과 이것이 사용된 건물의 위계를 나타내는 기능을 하기도 한다.

43 다음 설명에 해당하는 성곽은? ○ △ ✕

> • 세계문화유산에 등재되었다.
> • 성곽을 따라 성문과 수문, 암문 등이 분포하는데 성문에는 반원형의 옹성을 쌓았다.
> • 정조의 효심과 당파정치 근절, 왕도정치 실현, 한양 남쪽의 국방요새, 정치, 행정, 상업이 망라된 종합기능의 성곽이다.

① 남한산성
② 수원화성
③ 한양도성
④ 낙안읍성

> 해설
>
> ① 남한산성 : 북한산성과 함께 한양을 지키는 큰 두 산성으로, 삼전도의 굴욕 · 인조의 삼배구고두례 · 〈산성일기〉와 더불어 병자호란(1636)과 관련된 사적이다.
> ③ 한양도성(서울성곽) : 조선의 수도였던 한성(한양)의 주위를 둘러싼 성곽과 문으로, 태조 이성계가 한양으로 천도한 후 궁궐과 도시를 수방하기 위해 지었다.
> ④ 낙안읍성 : 여말선초 시기에 왜구의 침입을 막기 위해 쌓은 토성으로, 해미읍성 · 고창읍성과 더불어 조선시대 이후 지금까지도 원형이 잘 보존되어 있는 읍성이다.

44 조선시대 세조와 정희왕후의 능으로 옳은 것은? ○ △ ✕

① 광 릉
② 선 릉
③ 정 릉
④ 태 릉

> 해설
>
> ② 선릉 : 조선 성종과 계비 정현왕후의 능
> ③ 정릉 : 조선 중종의 능
> ④ 태릉 : 조선 중종의 계비 문정 왕후의 능

45 부처의 진신사리가 봉안된 적멸보궁 사찰로 옳지 않은 것은? ○ △ ✕

① 양산 통도사
② 속리산 법주사
③ 정선 정암사
④ 설악산 봉정암

> 해설
>
> 적멸보궁은 사찰에서 부처님의 진신사리를 봉안하는 불교 건축물이다. 우리나라의 5대 적멸보궁 사찰에는 양산 통도사, 정선 정암사, 설악산 봉정암, 오대산 중대, 영월 법흥사가 있다.

46 삼보사찰의 연결이 옳은 것은? ○△✕

① 승보사찰 – 양산 통도사, 불보사찰 – 순천 송광사, 법보사찰 – 합천 해인사
② 승보사찰 – 합천 해인사, 불보사찰 – 양산 통도사, 법보사찰 – 순천 송광사
③ 승보사찰 – 순천 송광사, 불보사찰 – 합천 해인사, 법보사찰 – 양산 통도사
④ 승보사찰 – 순천 송광사, 불보사찰 – 양산 통도사, 법보사찰 – 합천 해인사

> 해설
> 삼보(三寶)사찰은 불교에서 말하는 3개의 보배가 있는 사찰이다. 승보(僧寶)는 부처님의 가르침을 배우고 수행하는 스님들, 불보(佛寶)는 부처님, 법보(法寶)는 불교의 경전을 뜻하는데 이들을 상징하는 사찰은 각각 순천 송광사, 양산 통도사, 합천 해인사이다.

2023년

관광자원해설

47 종묘제례악의 설명으로 옳지 않은 것은? ○△✕

① 조선시대 역대 왕과 왕비의 신위를 모신 사당(종묘)에서 제사를 지낼 때 무용과 노래와 악기를 사용하여 연주하는 음악이다.
② 조선시대의 기악연주와 노래, 춤이 어우러진 궁중음악의 정수로서 우리의 문화적 전통과 특성이 잘 나타나 있다.
③ 우리나라 고유의 정형시인 시조에 곡을 붙여 부르는 노래로 거문고 · 가야금 · 해금 · 대금 · 단소 · 장구 등 짜임새 있는 관현악 연주에 맞추어 부른다.
④ 유네스코 인류무형문화유산으로 등재되었다.

> 해설
> 우리나라 고유의 정형시인 시조에 곡을 붙여 부르는 노래는 '가곡(歌曲)'이다.

48 단오의 풍속으로 옳은 것을 모두 고른 것은?　　　　　　　　　　　　　　○ △ ×

ㄱ. 씨 름　　　　　　　　　　　　　　ㄴ. 창포로 머리 감기
ㄷ. 강강술래　　　　　　　　　　　　ㄹ. 탑돌이
ㅁ. 그네뛰기

① ㄱ, ㄴ, ㄹ　　　　　　　　　　　　② ㄱ, ㄴ, ㅁ
③ ㄴ, ㄷ, ㄹ　　　　　　　　　　　　④ ㄷ, ㄹ, ㅁ

> 해설
> ㄷ. 강강술래 : 정월 대보름이나 추석에 남부 지방에서 행하는 민속놀이이다.
> ㄹ. 탑돌이 : 4월 초파일에 절에서 밤새도록 탑을 돌며 부처님의 공덕을 기리고 소원을 비는 행사로 본디 종교 의식이었으
> 　　나 차츰 민속놀이로 변모하였다.

49 한국의 세계기록유산을 모두 고른 것은?　　　　　　　　　　　　　　○ △ ×

ㄱ. 판소리　　　　　　　　　　　　　ㄴ. 조선왕조실록
ㄷ. 직지심체요절　　　　　　　　　　ㄹ. 훈민정음
ㅁ. 종묘제례　　　　　　　　　　　　ㅂ. 일성록

① ㄱ, ㄴ, ㄷ, ㅁ　　　　　　　　　　② ㄱ, ㄷ, ㄹ, ㅁ
③ ㄴ, ㄷ, ㄹ, ㅂ　　　　　　　　　　④ ㄴ, ㄹ, ㅁ, ㅂ

> 해설
> 한국의 세계기록유산

2000년대 이전	• 훈민정음(1997)	• 조선왕조실록(1997)
2000년대	• 직지심체요절(2001) • 승정원일기(2001) • 조선왕조 의궤(2007)	• 해인사 대장경판 및 제경판(2007) • 동의보감(2009)
2010년대	• 일성록(2011) • 5 · 18 민주화운동기록물(2011) • 난중일기(2013) • 새마을운동기록물(2013) • 한국의 유교책판(2015)	• KBS특별생방송 '이산가족을 찾습니다' 기록물(2015) • 조선왕실 어보와 어책(2017) • 국채보상운동기록물(2017) • 조선통신사기록물(2017)
2020년대	• 4 · 19혁명기록물(2023)	• 동학농민혁명기록물(2023)

50 다음 설명에 해당하는 서원은?

> • 퇴계 이황이 유생을 교육하며 학문을 쌓던 곳이다.
> • 2019년 유네스코 세계유산으로 등재되었다.
> • 임금에게 이름을 받아 사액서원이 되면서 영남지방 유학의 중심지가 되었다.

① 안동 도산서원
② 안동 병산서원
③ 달성 도동서원
④ 영주 소수서원

해설

② 안동 병산서원 : 류성룡을 기념하여 세운 서원이다. 2010년 7월 31일 '한국의 역사마을 – 하회와 양동'이라는 이름으로 유네스코 세계문화유산에 등재되었다.
③ 달성 도동서원 : 김굉필의 학문과 덕행을 추모하기 위하여 세운 서원이다. 병산서원·도산서원·옥산서원·소수서원과 더불어 우리나라의 5대 서원으로 꼽힌다.
④ 영주 소수서원 : 주세붕이 세운 우리나라 최초의 서원이다. 초기의 이름은 백운동서원이었으나 명종 때 사액을 받아 오늘날의 소수서원이 되었다.

관광법규

※ 문제의 이해도에 따라 ○△× 체크하여 완벽하게 정리하세요.

51 관광기본법에 관한 내용으로 옳지 않은 것은? ○△×

① 정부는 이 법의 목적을 달성하기 위하여 관광진흥에 관한 기본적이고 종합적인 시책을 강구하여야 한다.

② 정부는 관광진흥의 기반을 조성하고 관광산업의 경쟁력을 강화하기 위하여 관광진흥에 관한 기본계획을 5년마다 수립·시행하여야 한다.

③ 정부는 기본계획에 따라 3년마다 시행계획을 수립·시행하고 그 추진실적을 평가하여 기본계획에 반영하여야 한다.

④ 정부는 매년 관광진흥에 관한 시책과 동향에 대한 보고서를 정기국회가 시작하기 전까지 국회에 제출하여야 한다.

> **해설**
> 관광진흥계획의 수립(「관광기본법」 제3조 제4항)
> 정부는 기본계획에 따라 매년 시행계획을 수립·시행하고 그 추진실적을 평가하여 기본계획에 반영하여야 한다.

52 관광진흥법상 조성계획의 수립 등에 관한 설명으로 옳지 않은 것은? ○△×

① 관광지등을 관할하는 시장·군수·구청장은 조성계획을 작성하여 시·도지사의 승인을 받아야 한다.

② 시·도지사는 조성계획을 승인하거나 변경승인을 하고자 하는 때에는 관계 행정기관의 장과 협의하여야 한다.

③ 시·도지사가 조성계획을 승인 또는 변경승인한 때에는 7일 이내에 이를 고시하여야 한다.

④ 조성사업은 이 법 또는 다른 법령에 특별한 규정이 있는 경우 외에는 사업시행자가 행한다.

> **해설**
> 조성계획의 수립 등(「관광진흥법」 제54조 제3항)
> 시·도지사가 제1항에 따라 조성계획을 승인 또는 변경승인한 때에는 지체 없이 이를 고시하여야 한다.

53 관광진흥법령상 관광통계 작성 범위로 명시된 것으로 옳은 것을 모두 고른 것은?　○△×

> ㄱ. 외국인 방한(訪韓) 관광객의 관광행태에 관한 사항
> ㄴ. 국민의 관광행태에 관한 사항
> ㄷ. 관광사업자의 경영에 관한 사항
> ㄹ. 관광지와 관광단지의 현황 및 관리에 관한 사항

① ㄱ, ㄷ

② ㄴ, ㄹ

③ ㄱ, ㄴ, ㄷ

④ ㄱ, ㄴ, ㄷ, ㄹ

> **해설**
>
> 관광통계 작성 범위(「관광진흥법 시행령」 제41조의2)
> • 외국인 방한(訪韓) 관광객의 관광행태에 관한 사항
> • 국민의 관광행태에 관한 사항
> • 관광사업자의 경영에 관한 사항
> • 관광지와 관광단지의 현황 및 관리에 관한 사항
> • 그 밖에 문화체육관광부장관 또는 지방자치단체의 장이 관광산업의 발전을 위하여 필요하다고 인정하는 사항

54 관광진흥법상 권역계획에 관한 규정이다. (　　)에 들어갈 숫자로 옳은 것은?　○△×

> 시ㆍ도지사는 제1항에 따라 수립한 권역계획을 문화체육관광부장관의 조정과 관계 행정기관의 장과의 협의를 거쳐 확정하여야 한다. 이 경우 협의 요청을 받은 관계 행정기관의 장은 특별한 사유가 없으면 그 요청을 받은 날부터 (　　)일 이내에 의견을 제시하여야 한다.

① 30

② 45

③ 50

④ 60

> **해설**
>
> 권역계획(「관광진흥법」 제51조 제2항)
> 시ㆍ도지사는 제1항에 따라 수립한 권역계획을 문화체육관광부장관의 조정과 관계 행정기관의 장과의 협의를 거쳐 확정하여야 한다. 이 경우 협의요청을 받은 관계 행정기관의 장은 특별한 사유가 없으면 그 요청을 받은 날부터 30일 이내에 의견을 제시하여야 한다.

55 국제회의산업 육성에 관한 법률상 국제회의산업육성기본계획의 수립 등에 관한 내용으로 옳지 않은 것은?

○ △ ×

① 기본계획은 3년마다 수립·시행하여야 한다.

② 기본계획에는 국제회의시설의 설치와 확충에 관한 사항이 포함되어야 한다.

③ 문화체육관광부장관은 기본계획의 추진실적을 평가하고, 그 결과를 기본계획의 수립에 반영하여야 한다.

④ 기본계획·시행계획의 수립 및 추진실적 평가의 방법·내용 등에 필요한 사항은 대통령령으로 정한다.

> 해설
>
> 국제회의산업육성기본계획의 수립 등(「국제회의산업 육성에 관한 법률」 제6조 제1항)
> 문화체육관광부장관은 국제회의산업의 육성·진흥을 위하여 기본계획을 5년마다 수립·시행하여야 한다.

56 관광진흥개발기금법상 납부금 부과·징수 업무의 위탁에 관한 규정이다. (   )에 들어갈 것은?

○ △ ×

> 문화체육관광부장관은 제2조 제3항에 따른 납부금의 부과·징수의 업무를 대통령령으로 정하는 바에 따라 관계 (   )과 협의하여 지정하는 자에게 위탁할 수 있다.

① 한국관광공사 사장

② 기금수입 징수관

③ 지방자치단체장

④ 중앙행정기관의 장

> 해설
>
> 납부금 부과·징수 업무의 위탁(「관광진흥개발기금법」 제12조 제1항)
> 문화체육관광부장관은 제2조 제3항에 따른 납부금의 부과·징수의 업무를 대통령령으로 정하는 바에 따라 관계 중앙행정기관의 장과 협의하여 지정하는 자에게 위탁할 수 있다.

57 국제회의산업 육성에 관한 법령상 국제회의시설의 종류·규모에 관한 내용으로 옳은 것은? ○ △ ×

① 전문회의시설은 500명 이상의 인원을 수용할 수 있는 대회의실이 있을 것

② 준회의시설은 100명 이상의 인원을 수용할 수 있는 대회의실이 있을 것

③ 전시시설은 30명 이상의 인원을 수용할 수 있는 중·소회의실이 2실 이상 있을 것

④ 전시시설은 옥내와 옥외의 전시면적을 합쳐서 2천㎡ 이상 확보하고 있을 것

> 해설
> ① 전문회의시설은 2천명 이상의 인원을 수용할 수 있는 대회의실이 있을 것을 요건으로 한다(「국제회의산업 육성에 관한 법률 시행령」 제3조 제2항).
> ② 준회의시설은 200명 이상의 인원을 수용할 수 있는 대회의실이 있을 것을 요건으로 한다(「국제회의산업 육성에 관한 법률 시행령」 제3조 제3항).
> ③ 전시시설은 30명 이상의 인원을 수용할 수 있는 중·소회의실이 5실 이상 있을 것을 요건으로 한다(「국제회의산업 육성에 관한 법률 시행령」 제3조 제4항 제1호).

58 국제회의산업 육성에 관한 법령상 국제회의복합지구의 지정요건에 관한 조문의 일부이다. (   )에 들어갈 숫자로 옳은 것은? ○ △ ×

> 국제회의복합지구 지정 대상 지역 내에서 개최된 회의에 참가한 외국인이 국제회의 복합지구 지정일이 속한 연도의 전년도 기준 5천명 이상이거나 국제회의복합지구 지정일이 속한 연도의 직전 (   )년간 평균 5천명 이상일 것

① 2 　　　　　　　　　　　　　　② 3

③ 4 　　　　　　　　　　　　　　④ 5

> 해설
> 국제회의복합지구의 지정 등(「국제회의산업 육성에 관한 법률 시행령」 제13조의2 제1항 제2호)
> 국제회의복합지구 지정 대상 지역 내에서 개최된 회의에 참가한 외국인이 국제회의복합지구 지정일이 속한 연도의 전년도 기준 5천명 이상이거나 국제회의복합지구 지정일이 속한 연도의 직전 3년간 평균 5천명 이상일 것

59 관광진흥법령상 한국관광 품질인증에 해당하는 사업이 아닌 것은? ○ △ ✕

① 외국인관광 도시민박업
② 관광호텔업
③ 관광식당업
④ 관광면세업

> **해설**
>
> 한국관광 품질인증의 대상(「관광진흥법 시행령」 제41조의11)
> - 야영장업
> - 외국인관광 도시민박업
> - 한옥체험업
> - 관광식당업
> - 관광면세업
> - 외국인관광객면세판매장
> - 숙박업(관광숙박업 제외)
> - 그 밖에 관광사업 및 이와 밀접한 관련이 있는 사업으로서 문화체육관광부장관이 정하여 고시하는 사업

60 관광진흥개발기금법령상 기금의 설치 및 재원에 관한 설명으로 옳지 않은 것은? ○ △ ✕

① 정부로부터 받은 출연금은 재원(財源)으로 조성한다.
② 국내 공항과 항만을 통하여 출국하는 자로서 대통령령으로 정하는 자는 1만원의 범위에서 대통령령으로 정하는 금액을 기금에 납부하여야 한다.
③ 납부금을 부과받은 자가 부과된 납부금에 대하여 이의가 있는 경우에는 부과받은 날부터 60일 이내에 문화체육관광부장관에게 이의를 신청할 수 있다.
④ 문화체육관광부장관은 이의신청을 받았을 때에는 그 신청을 받은 날부터 30일 이내에 이를 검토하여 그 결과를 신청인에게 서면으로 알려야 한다.

> **해설**
>
> 기금의 설치 및 재원(「관광진흥개발기금법」 제2조 제5항)
> 문화체육관광부장관은 이의신청을 받았을 때에는 그 신청을 받은 날부터 15일 이내에 이를 검토하여 그 결과를 신청인에게 서면으로 알려야 한다.

61 관광진흥법령상 권한의 위탁에 관한 설명으로 옳은 것은? ○ △ ✕

① 국외여행 인솔자의 등록 발급에 관한 권한은 업종별 관광협회에 위탁한다.
② 관광 편의시설업 중 관광식당업의 지정에 관한 권한은 한국관광공사에 위탁한다.
③ 여객자동차터미널시설업의 지정에 관한 권한은 업종별 관광협회에 위탁한다.
④ 한국관광 품질인증에 관한 업무는 지역별 관광협회에 위탁한다.

> **해설**
>
> ② · ③ 관광 편의시설업 중 관광식당업 · 여객자동차터미널시설업의 지정에 관한 권한은 지역별 관광협회에 위탁한다(「관광진흥법 시행령」 제65조 제1항 제1호).
> ④ 한국관광 품질인증에 관한 업무는 한국관광공사에 위탁한다(「관광진흥법 시행령」 제65조 제1항 제7호)

62 관광진흥법상 카지노사업자가 관광사업의 시설 중 부대시설 외의 시설을 타인에게 경영하게 한 자에 대한 벌칙 기준은?

① 1년 이하의 징역 또는 1천만원 이하 벌금
② 2년 이하의 징역 또는 2천만원 이하 벌금
③ 3년 이하의 징역 또는 3천만원 이하 벌금
④ 5년 이하의 징역 또는 5천만원 이하 벌금

> **해설**
> 벌칙(「관광진흥법」 제83조 제1항 제3호)
> 제11조 제1항을 위반하여 관광사업의 시설 중 부대시설 외의 시설을 타인에게 경영하게 한 카지노사업자는 2년 이상의 징역 또는 2천만원 이하의 벌금에 처한다.

63 관광진흥개발기금법령상 기금운용위원회의 구성 등에 관한 설명으로 옳지 않은 것은?

① 기금운용위원회는 위원장 1명을 포함한 10명 이내의 위원으로 구성한다.
② 위원장은 문화체육관광부장관이 된다.
③ 위원장이 부득이한 사유로 직무를 수행할 수 없을 때에는 위원장이 지정한 위원이 그 직무를 대행한다.
④ 회의는 재적위원 과반수의 출석으로 개의하고, 출석위원 과반수의 찬성으로 의결한다.

> **해설**
> 기금운용위원회의 구성(「관광진흥개발기금법 시행령」 제4조 제2항 전단)
> 기금운용위원회의 위원장은 문화체육관광부 제1차관이 된다.

64 관광진흥법령상 분양 및 회원 모집을 할 수 있는 사업에 해당하지 않는 것은?

① 휴양 콘도미니엄업
② 관광펜션업
③ 소형호텔업
④ 관광호텔업

> **해설**
> 분양 및 회원 모집 관광사업(「관광진흥법 시행령」 제23조 제1항)
> • 휴양 콘도미니엄업
> • 호텔업
> • 관광객 이용시설업 중 제2종 종합휴양업

65 관광진흥법령상 호텔업의 등록을 한 자 중 등급결정을 신청해야 하는 호텔업이 아닌 것은?

① 수상관광호텔업
② 의료관광호텔업
③ 한국전통호텔업
④ 호스텔업

> 해설
>
> 호텔업의 등급결정(「관광진흥법 시행령」 제22조 제1항)
> 관광호텔업, 수상관광호텔업, 한국전통호텔업, 가족호텔업, 소형호텔업 또는 의료관광호텔업의 등록을 한 자는 등급결정을 신청하여야 한다.

66 관광진흥법령상 카지노업의 영업 종류 중 테이블게임에 해당하는 것을 모두 고른 것은? ○△×

> ㄱ. 룰렛(Roulette)
> ㄴ. 다이스(Dice, Craps)
> ㄷ. 빅 휠(Big Wheel)
> ㄹ. 슬롯머신(Slot Machine)
> ㅁ. 다이 사이(Tai Sai)
> ㅂ. 비디오게임(Video Game)

① ㄱ, ㄴ, ㄷ, ㄹ
② ㄱ, ㄴ, ㄷ, ㅁ
③ ㄴ, ㄹ, ㅁ, ㅂ
④ ㄷ, ㄹ, ㅁ, ㅂ

> 해설
>
> 테이블게임의 종류(「관광진흥법 시행규칙」 별표8)
> 슬롯머신(Slot Machine)과 비디오게임(Video Game)은 머신게임에 해당한다.

67 관광진흥법령상 변경등록사항과 해당 사업의 연결로 옳지 않은 것은? ○△×

① 객실 수 및 형태의 변경 – 휴양 콘도미니엄업
② 부대시설의 위치 · 면적 및 종류의 변경 – 관광숙박업
③ 부지 면적의 변경, 시설의 설치 또는 폐지 – 야영장업
④ 객실 수 및 면적의 변경, 편의시설 면적의 변경, 체험시설 종류의 변경 – 한옥체험업

> 해설
>
> 변경등록(「관광진흥법 시행령」 제6조 제1항 제3호)
> 객실 수 및 형태의 변경은 휴양 콘도미니엄업을 제외한 관광숙박업만 해당한다.

68 관광진흥법령상 휴양 콘도미니엄업의 등록기준으로 옳지 않은 것은? ○ △ ✕

① 같은 단지 안에 객실이 30실 이상일 것

② 매점이나 간이매장이 있을 것

③ 대지 및 건물의 소유권 또는 사용권을 확보하고 있을 것

④ 외국인에게 서비스를 제공할 수 있는 체제를 갖추고 있을 것

> 해설
>
> 관광사업의 등록기준(「관광진흥법 시행령」 별표1)
> 휴양 콘도미니엄업이 아닌 호텔업의 등록기준에 해당한다.

69 관광진흥법령상 관광 편의시설업이 아닌 것은? ○ △ ✕

① 관광식당업　　　　　　　　　② 관광극장유흥업

③ 관광공연장업　　　　　　　　④ 관광지원서비스업

> 해설
>
> 관광사업의 종류(「관광진흥법 시행령」 제2조 제1항 제3호 마목)
> 관광공연장업은 관광객 이용시설업에 해당한다.

2023년 관광법규

70 관광진흥법령상 특별자치시장 · 특별자치도지사 · 시장 · 군수 · 구청장에게 등록하여야 하는 사업이 아닌 것은? ○ △ ✕

① 국제회의기획업　　　　　　　② 종합여행업

③ 관광면세업　　　　　　　　　④ 관광유람선업

> 해설
>
> 등록(「관광진흥법」 제4조 제1항)
> 여행업, 관광숙박업, 관광객 이용시설업 및 국제회의업을 경영하려는 자는 특별자치시장 · 특별자치도지사 · 시장 · 군수 · 구청장(자치구의 구청장)에게 등록하여야 한다.
>
> | 여행업 | 관광숙박업 | 관광객 이용시설업 | 국제회의업 |
> |---|---|---|---|
> | • 종합여행업
• 국내외여행업
• 국내여행업 | • 호텔업
• 휴양 콘도미니엄업 | • 전문휴양업
• 종합휴양업
• 야영장업
• 관광유람선업
• 관광공연장업
• 외국인관광 도시민박업
• 한옥체험업 | • 국제회의시설업
• 국제회의기획업 |

71 관광진흥법령상 유원시설업의 조건부 영업허가 기간 등에 관한 내용이다. (   )에 들어갈 숫자로 옳은 것은?   ○ △ ×

> **제31조(유원시설업의 조건부 영업허가 기간 등)**
> ① 법 제31조 제1항 본문에서 "대통령령으로 정하는 기간"이란 조건부 영업허가를 받은 날부터 다음 각 호의 구분에 따른 기간을 말한다.
>   1. 종합유원시설업을 하려는 경우 – (ㄱ)년 이내
>   2. 일반유원시설업을 하려는 경우 – (ㄴ)년 이내

	ㄱ	ㄴ
①	5	3
②	7	5
③	8	6
④	10	7

해설

유원시설업의 조건부 영업허가 기간 등(「관광진흥법 시행령」 제31조 제1항)

법 제31조 제1항 본문에서 "대통령령으로 정하는 기간"이란 조건부 영업허가를 받은 날부터 다음의 구분에 따른 기간을 말한다.

• 종합유원시설업을 하려는 경우 : 5년 이내
• 일반유원시설업을 하려는 경우 : 3년 이내

---

72 관광진흥법령상 '관광종사원으로서 직무를 수행하는 데에 부정 또는 비위(非違) 사실이 있는 경우' 3차 위반 시 받는 개별기준 행정처분에 해당하는 것은?   ○ △ ×

① 자격정지 1개월
② 자격정지 3개월
③ 자격정지 5개월
④ 자격 취소

해설

관광종사원에 대한 행정처분 기준(「관광진흥법 시행규칙」 별표17)

관광종사원으로서 직무를 수행하는 데에 부정 또는 비위(非違) 사실이 있는 경우

• 1차 위반 시 : 자격정지 1개월
• 2차 위반 시 : 자격정지 3개월
• 3차 위반 시 : 자격정지 5개월
• 4차 위반 시 : 자격취소

73 관광진흥법령상 관광사업의 종류에 관한 내용이다. (　　)에 들어갈 것으로 옳은 것은? ○△×

> 제2종 종합휴양업 – 관광객의 휴양이나 여가 선용을 위하여 (ㄱ)의 등록에 필요한 시설과 제1종 종합휴양업의 등록에 필요한 전문휴양시설 중 두 종류 이상의 시설 또는 전문휴양시설 중 한 종류 이상의 시설 및 (ㄴ)의 시설을 함께 갖추어 관광객에게 이용하게 하는 업

	ㄱ	ㄴ
①	관광숙박업	종합유원시설업
②	관광숙박업	일반유원시설업
③	관광편의시설업	종합유원시설업
④	관광편의시설업	일반유원시설업

> **해설**
> 관광사업의 종류(「관광진흥업 시행령」 제2조 제1항 제3호 나목)
> 제2종 종합휴양업 : 관광객의 휴양이나 여가 선용을 위하여 관광숙박업의 등록에 필요한 시설과 제1종 종합휴양업의 등록에 필요한 전문휴양시설 중 두 종류 이상의 시설 또는 전문휴양시설 중 한 종류 이상의 시설 및 종합유원시설업의 시설을 함께 갖추어 관광객에게 이용하게 하는 업

74 관광진흥법령상 과징금의 부과 및 납부에 관한 내용이다. (　　)에 들어갈 숫자로 옳은 것은? ○△×

> 과징금 통지를 받은 자는 (ㄱ)일 이내에 과징금을 등록기관 등의 장이 정하는 수납기관에 내야 한다. 다만, 천재지변이나 그 밖의 부득이한 사유로 그 기간에 과징금을 낼 수 없는 경우에는 그 사유가 없어진 날부터 (ㄴ)일 이내에 내야 한다.

	ㄱ	ㄴ
①	15	10
②	20	7
③	25	7
④	30	10

> **해설**
> 과징금의 부과 및 납부(「관광진흥법 시행령」 제35조 제2항)
> 제1항에 따라 통지를 받은 자는 20일 이내에 과징금을 등록기관 등의 장이 정하는 수납기관에 내야 한다. 다만, 천재지변이나 그 밖의 부득이한 사유로 그 기간에 과징금을 낼 수 없는 경우에는 그 사유가 없어진 날부터 7일 이내에 내야 한다.
> ※ 법령개정으로 단서 부분인 '다만, 천재지변이나 그 밖의 부득이한 사유로 그 기간에 과징금을 낼 수 없는 경우에는 그 사유가 없어진 날부터 7일 이내에 내야 한다.'가 삭제되었다.

75 관광진흥법령상 종합여행업의 기획여행 시 직전 사업연도 매출액이 500억원일 때 보증보험 등 가입금액
(영업보증금 예치금액)의 기준으로 옳은 것은?

① 2억원   ② 3억원
③ 5억원   ④ 7억원

해설

관광진흥법령상 종합여행업의 기획여행 시 직전 사업연도 매출액이 500억원일 때 보증보험 등 가입금액(영업보증금 예치금액)의 기준액은 1억원이다.

※ 문제상의 오류로 전항 정답 처리되었다.

보증보험 등 가입금액(영업보증금 예치금액) 기준(「관광진흥법 시행규칙」 별표3)

(단위 : 천원)

여행업의 종류 (기획여행 포함) 직전 사업연도 매출액	국내여행업	국내외여행업	종합여행업	국내외여행업의 기획여행	종합여행업의 기획여행
1억원 미만	20,000	30,000	50,000		
1억원 이상 5억원 미만	30,000	40,000	65,000	200,000	200,000
5억원 이상 10억원 미만	45,000	55,000	85,000		
10억원 이상 50억원 미만	85,000	100,000	150,000		
50억원 이상 100억원 미만	140,000	180,000	250,000	300,000	300,000
100억원 이상 1,000억원 미만	450,000	750,000	1,000,000	500,000	500,000
1,000억원 이상	750,000	1,250,000	1,510,000	700,000	700,000

관광학개론

76 다음의 내용에 해당되는 기구는?　　　　　　　　　　　　　　　○ △ ×

> • 컨벤션의 유치 및 유치된 컨벤션 업무를 지원하는 역할을 한다.
> • 국제회의 개최자와 회의 개최에 필요한 시설과 서비스를 제공하는 공급자를 연결시켜 주는 역할을 한다.

① CVB
② PCO
③ PEO
④ UIA

> **해설**
>
> ② PCO(컨벤션기획업체) : 컨벤션의 기획·준비·진행 등의 업무를 행사주최자로부터 수탁하여 대행하는 역할을 한다.
> ③ PEO(국제전시기획업체) : 전시회의 기획·준비·진행 등의 업무를 행사주최자로부터 수탁하여 대행하는 역할을 한다.
> ④ UIA(국제회의연합) : 1907년 벨기에에서 설립된 비영리 기구로 국제기관 및 협회 간 정보교류와 발전을 목적으로 창설되었다.

77 크루즈에 관한 설명으로 옳지 않은 것은?　　　　　　　　　　　　○ △ ×

① 대양으로 항해를 하거나 국가 간을 항해하는 것을 해양 크루즈라고 한다.
② 크루즈는 활동 범위에 따라 국내 크루즈(연안 크루즈), 국제 크루즈(외항 크루즈)로 구분된다.
③ 우리나라의 크루즈 형태의 여행상품이 본격적으로 등장한 것은 1970년대이다.
④ 관광진흥법령상 크루즈업은 관광유람선업으로 분류된다.

> **해설**
>
> 우리나라에서 크루즈는 1998년에 처음으로 출항하였으며 이후 운항이 중단되었다 재개되었다.

78 국내 최초로 개설된 카지노는? ○ △ ✕

① 서울 워커힐호텔 카지노
② 제주 칼호텔 카지노
③ 인천 올림포스호텔 카지노
④ 부산 파라다이스호텔 카지노

> 해설
>
> 우리나라 최초의 카지노는 1967년 개설한 인천 올림포스호텔 카지노로, 외국인 전용으로 허가를 받았다.

79 항공사와 여행사간의 항공권 판매대금 및 정산업무 등을 은행이 대신하는 정산제도는? ○ △ ✕

① CRS
② BSP
③ PTA
④ OAG

> 해설
>
> ① CRS(Computer Reservation System) : 항공예약시스템
> ③ PTA(Prepaid Ticket Advice) : 항공여객운임 선불제도
> ④ OAG(Official Airline Guide) : 항공사와 공항 및 여행사에 항공 관련 정보를 제공하는 영국업체이다.

80 항공예약을 위한 PNR의 필수 구성 요소가 아닌 것은? ○ △ ✕

① 전화번호
② 승객 이름
③ 여 정
④ 선호 좌석

> 해설
>
> PNR의 구성 요소
>
> | 필수 사항 | 선택 사항 |
> | --- | --- |
> | • 여 정
• 승객 이름
• 전화번호 | • 특별서비스
• 기타 승객 정보
• 사전 좌석배정
• 마일리지카드
• 참고사항
• 예약 작성자 및 변경 의뢰자
• 항공권 정보 |

81 International Tourism의 범위로 옳은 것은?

○ △ ✕

① Inbound Tourism / Outbound Tourism
② Domestic Tourism / Inbound Tourism
③ Intrabound Tourism / Inbound Tourism
④ Domestic Tourism / Intrabound Tourism

해설

국제관광(International Tourism)의 범위
- 국외관광(Outbound Tourism) : 자국민이 타국에서 관광하는 것
- 외래관광(Inbound Tourism) : 외국인이 자국 내에서 관광하는 것
- 외국인관광(Overseas Tourism) : 외국인이 외국에서 관광하는 것

---

82 다음이 설명하는 카지노 게임은?

○ △ ✕

> 회전하는 휠 위에서 딜러가 돌린 볼이 내가 베팅한 숫자의 포켓 안으로 떨어져 당첨금을 받았다.

① 바카라 게임
② 블랙잭 게임
③ 룰렛 게임
④ 다이 사이

해설

① 바카라 게임 : 뱅커(Banker)와 참가자 중 카드 숫자의 합이 9에 가까운 쪽이 승리하는 게임
② 블랙잭 게임 : 카드 숫자의 합이 21을 넘지 않는 한도 내에서 가장 높은 쪽이 이기는 게임
④ 다이 사이 : 베팅한 숫자 또는 숫자의 조합이 셰이커(주사위 용기)에 있는 세 개의 주사위와 일치하면 배당률에 의해 배당금이 지급되는 게임

83 관광진흥법령상 여행업에 관한 설명으로 옳은 것을 모두 고른 것은? ○ △ ×

> ㄱ. 여행업은 국내여행업, 국외여행업, 일반여행업으로 분류
> ㄴ. 여행업은 국내여행업, 국내외여행업, 종합여행업으로 분류
> ㄷ. 일반여행업은 자본금 5천만원 이상
> ㄹ. 종합여행업은 자본금 3천만원 이상
> ㅁ. 국내여행업은 자본금 1천 5백만원 이상

① ㄱ, ㄷ   ② ㄱ, ㅁ
③ ㄴ, ㄹ   ④ ㄴ, ㅁ

해설

여행업의 분류(「관광진흥법 시행령」 제2조 제1항 제1호)
- 종합여행업
- 국내외여행업
- 국내여행업

관광사업의 등록기준(「관광진흥법 시행령」 별표1)
- 종합여행업 : 자본금 5천만원 이상
- 국내외여행업 : 자본금 3천만원 이상
- 국내여행업 : 자본금 1천 5백만원 이상

---

84 IATA 기준 국내 항공사의 코드 연결로 옳지 않은 것은? ○ △ ×

① 제주항공 – 7C
② 에어부산 – AB
③ 진에어 – LJ
④ 대한항공 – KE

해설

우리나라 주요 항공사 코드

구 분	ICAO 기준	IATA 기준
대한항공	KAL	KE
아시아나항공	AAR	OZ
제주항공	JJA	7C
에어부산	ABL	BX
진에어	JNA	LJ
이스타항공	ESR	ZE

85 호텔의 프런트 업무가 아닌 것은? ○△×

① 인포메이션 업무
② 하우스키핑 업무
③ 등록 업무
④ 계산 업무

> **해설**
> 호텔의 프런트 데스크에서는 입·퇴숙, 예약, 안내, 결제 등의 서비스를 제공한다.

86 호텔 객실과 식사 요금을 별도로 계산하는 제도는? ○△×

① American Plan
② Modified American Plan
③ Continental Plan
④ European Plan

> **해설**
> ① 객실 요금에 1일 3식을 포함한다.
> ② 객실 요금에 조식만 포함한다.
> ③ 객실 요금에 1일 2식을 포함한다.

87 2023년 현재 입국 시 여행자 휴대품 통관 면세 범위는? ○△×

① 미화 400달러
② 미화 600달러
③ 미화 800달러
④ 미화 1,000달러

> **해설**
> 관세가 면제되는 여행자 휴대품 등(「관세법 시행규칙」 제48조 제2항)
> 여행자 휴대품 통관 면세 범위는 과세가격 합계 기준으로 미화 800달러이다.

88 2023년 웰니스 관광도시로 선정된 도시는?　　　　　　　　　　　　　　　ㅇ △ ✕

① 정 선　　　　　　　　　　　　　② 전 주

③ 제 주　　　　　　　　　　　　　④ 여 수

> **해설**
> 한국관광공사에서는 2023년 올해의 웰니스 관광도시로 정선군을 선정하였다.

89 1980년대 관광에 관한 설명으로 옳은 것은?　　　　　　　　　　　　　　ㅇ △ ✕

① 지리산국립공원 지정

② 대전 엑스포 개최

③ 국민해외여행 전면자유화

④ 고속철도 개통

> **해설**
> ① 1967년 우리나라 최초의 국립공원으로 지리산이 지정되었다.
> ② 1993년 대전 엑스포가 개최되었다.
> ④ 2004년 경부고속철도가 1단계 개통되었다.

90 2023년 문화체육관광부가 내수 활성화를 위해 K-관광마켓 10선을 선정하였다. 이에 해당하지 않는 것은?

ㅇ △ ✕

① 서울 풍물시장

② 대구 서문시장

③ 인천 신포국제시장

④ 부산 부평깡통시장

> **해설**
> 문화체육관광부에서는 2023년 K-관광마켓 10선으로 서울 풍물시장, 대구 서문시장, 인천 신포국제시장, 광주 양동전통시장, 수원 남문로데오시장, 속초 관광수산시장, 단양 구경시장, 순천 웃장, 안동 구시장연합, 진주 중앙·논개시장을 선정하였다.

91 다음이 설명하는 국제기구는? ○ △ ×

> • 우리나라 1987년 가입
> • 프랑스 파리에 본부
> • 박람회(엑스포)의 남용을 막을 수 있는 제도적 장치의 필요성으로 창립

① ICAO
② BIE
③ UNWTO
④ PATA

> **해설**
> ① ICAO(국제민간항공기구) : 1947년에 설립된 UN 전문기구로 우리나라는 1952년에 가입하였다. 본부는 캐나다 몬트리
> 올에 있으며, 세계 민간항공의 건전한 발전을 도모하는 것을 목적으로 한다.
> ③ UNWTO(세계관광기구) : 1925년에 설립된 IUOTO를 전신으로 하여 1975년에 설립된 UN 전문기구로 우리나라는
> 1975년에 가입하였다. 본부는 스페인 마드리드에 있으며, 각국 관광사업의 발전과 회원국 간의 관계 증진을 목적으로
> 한다.
> ④ PATA(아시아·태평양관광협회) : 1951년에 설립된 아시아·태평양 지역 관광협회로 본부는 미국 샌프란시스코에 있
> 으며, 아태지역의 관광 증대를 목적으로 한다.

92 제4차 관광개발기본계획(2022~2031)의 전략별 추진계획이 아닌 것은? ○ △ ×

① 매력적인 관광자원 발굴
② 지속가능 관광개발 가치 구현
③ 편리한 관광편의기반 확충
④ 문화를 통한 품격 있는 한국형 창조관광육성

> **해설**
> 제4차 관광개발기본계획(2022~2031) 6대 추진전략
> • 매력적인 관광자원 발굴
> • 지속가능 관광개발 가치 구현
> • 편리한 관광편의기반 확충
> • 건강한 관광산업 생태계 구축
> • 입체적 관광연계·협력 강화
> • 혁신적 제도·관리 기반 마련

93 관광의 구조와 예가 바르게 연결되지 않은 것은?　　　　　　　　　　　○△×

① 관광객체 – 여행업
② 관광매체 – 교통기관
③ 관광객체 – 관광자원
④ 관광주체 – 관광자

> 해설
> 관광의 구조
> • 관광주체 : 관광객(관광자)
> • 관광객체 : 관광자원, 관광시설
> • 관광매체 : 교통시설, 휴게시설, 숙박시설, 관광종사원, 관광기념품 판매업자 등

94 2020년 1월 문화체육관광부가 선정한 국제관광도시는?　　　　　　　　　○△×

① 부 산　　　　　　　　　　　　② 속 초
③ 목 포　　　　　　　　　　　　④ 안 동

> 해설
> 관광거점도시(2020)
> • 국제관광도시 : 부산광역시
> • 지역관광거점도시 : 강원 강릉시, 전북 전주시, 전남 목포시, 경북 안동시

95 자연적 또는 문화적 관광자원을 갖추고 관광객을 위한 기본적인 편의시설을 설치하는 지역으로 관광진흥법에 의해 지정된 곳은?　　　　　　　　　　　　　　　　　　　　　　　○△×

① 관광특구　　　　　　　　　　② 관광거점도시
③ 관광지　　　　　　　　　　　④ 관광단지

> 해설
> ① 관광특구 : 외국인 관광객의 유치 촉진 등을 위하여 관광 활동과 관련된 관계 법령의 적용이 배제되거나 완화되고, 관광 활동과 관련된 서비스 · 안내 체계 및 홍보 등 관광 여건을 집중적으로 조성할 필요가 있는 지역을 말한다.
> ② 관광거점도시는 문화체육관광부의 '관광거점도시 육성 사업 추진계획'에 따라 선정된 지역을 말한다. 「관광진흥법」에서는 이에 관해 따로 규정하고 있지 않다.
> ④ 관광단지 : 관광객의 다양한 관광 및 휴양을 위하여 각종 관광시설을 종합적으로 개발하는 관광 거점 지역을 말한다.

96 다음 설명이 의미하는 관광은?

> 녹음이 풍부하고 자연이 아름다운 장소에서 휴양, 자연관찰, 지역전통문화와의 만남, 농촌생활 체험, 농촌사람들과의 교류를 추구하는 여행

① Green Tourism
② Over Tourism
③ Mass Tourism
④ Dark Tourism

> **해설**
> ② 과잉관광이라고 부르며, 수용 가능한 범위를 넘어서는 관광객이 몰려들어 이들이 도시를 점령하게 되면서 주민들의 삶을 침범하는 현상을 말한다.
> ③ 대중관광이라고 부르며, 유흥과 위락 중심, 대규모 시설 의존형인 것이 특징이다.
> ④ 전쟁과 학살 등 비극적 역사의 현장이나 엄청난 재난이 일어난 곳을 돌아보며 교훈을 얻기 위하여 떠나는 관광이다.

97 시장세분화 기준 중 심리적 변수로 옳지 않은 것은?

① 사회계층
② 라이프스타일
③ 성 격
④ 종 교

> **해설**
> 시장세분화 기준
> • 지리적 변수 : 지역, 인구밀도, 도시의 규모, 기후
> • 인구적 변수 : 성별, 연령, 가족규모, 수입, 직업, 교육, 종교, 인종, 사회
> • 심리분석적 변수 : 계층, 사회적 계층, 라이프 스타일, 개성
> • 행동분석적 변수 : 구매횟수, 이용률, 추구하는 편익, 사용량, 상표충성도

98 고대 로마시대의 관광이 발전했던 요인이 아닌 것은?   ○ △ ×

① 화폐제도 발달

② 도로의 정비

③ 치안의 유지

④ 장기(長期)교육여행 발달

> 해설
>
> 로마시대의 관광 발전 요인
> - 군사용 도로의 정비
> - 화폐 경제의 보급
> - 관광사업의 등장
> - 치안의 유지
> - 학문의 발달과 지식수준의 향상
> - 고대의 식도락(Gastronomia)

99 내국인의 국내관광 진흥을 위한 정책이 아닌 것은?   ○ △ ×

① 한국관광 100선

② 내나라 여행박람회

③ 한국관광의 별

④ 코리아그랜드세일

> 해설
>
> '코리아그랜드세일'은 관광과 한류가 융·복합된 외국인 대상 관광축제이다.

100 관광의 환경적 측면에서의 부정적 효과가 아닌 것은?   ○ △ ×

① 자연환경 파괴

② 지역토착문화 파괴

③ 환경오염 문제

④ 야생동물 멸종

> 해설
>
> 관광의 부정적 효과
> - 경제적 측면 : 물가 상승, 고용 불안정성, 산업구조 불안정성, 기반 시설 투자에 대한 위험 부담 등
> - 사회적 측면 : 주민 소득의 양극화, 범죄율 상승, 가족 구조 파괴, 세대 간 갈등 심화 등
> - 문화적 측면 : 토착문화 소멸, 문화유산의 파괴 및 상실 등
> - 환경적 측면 : 교통 혼잡, 환경오염 문제 발생 등

PART 02

2022년
실제기출문제

※ 본 내용은 2022년 8월 시행된 관광통역안내사의 실제기출문제입니다.

국 사

※ 문제의 이해도에 따라 ○ △ × 체크하여 완벽하게 정리하세요.

01 신석기시대에 관한 설명으로 옳은 것을 모두 고른 것은?   ○ △ ×

> ㄱ. 대표적인 유적으로 서울 암사동 유적, 양양 오산리 유적 등이 있다.
> ㄴ. 움집에 살면서 정착생활을 시작하였다.
> ㄷ. 고인돌과 독무덤을 만들었다.
> ㄹ. 농업생산력의 발달로 계급분화가 이루어졌다.

① ㄱ, ㄴ

② ㄱ, ㄹ

③ ㄴ, ㄷ

④ ㄷ, ㄹ

> **해설**
> ㄷ. 고인돌, 독무덤은 청동기시대, 철기시대를 대표하는 유물이다.
> ㄹ. 청동기시대에 농업생산력의 발달로 계급분화가 이루어졌다.

02 청동기시대에 관한 설명으로 옳은 것은?   ○ △ ×

① 거친무늬 거울을 만들었다.

② 주로 동굴이나 막집에서 살았다.

③ 빗살무늬 토기에 음식을 저장하였다.

④ 소를 이용하여 땅을 갈고 농사를 지었다.

> **해설**
> ② 구석기시대에 대한 설명이다.
> ③ 신석기시대에 대한 설명이다.
> ④ 삼국시대에 대한 내용이다.

03 다음 습속을 가진 나라에 관한 설명으로 옳은 것은?   ○ △ ×

> 부락을 함부로 침범하면 벌로 생구와 소·말을 부과하는데 이를 책화라고 한다.
> – 삼국지 위서 동이전 –

① 무천이라는 제천행사를 지냈다.
② 민며느리제라는 풍속이 있었다.
③ 제가회의에서 국가의 중대사를 결정하였다.
④ 제사장인 천군과 신성 지역인 소도가 있었다.

해설
보기에서 설명하는 나라는 동예이다.
② 옥저, ③ 고구려, ④ 삼한에 대한 설명이다.

04 고구려에서 제작된 문화유산으로 옳지 않은 것은?   ○ △ ×

① 호우총 출토 호우명 청동그릇
② 금동 연가 7년명 여래 입상
③ 강서대묘 사신도
④ 사택지적비

해설
사택지적비는 백제의 문화유산이다.

05 고구려 소수림왕의 업적으로 옳지 않은 것은?   ○ △ ×

① 불교 수용
② 태학 설립
③ 녹읍 지급
④ 율령 반포

해설
녹읍은 신라의 토지제도이다. 신문왕(689) 대 녹읍이 폐지되었으며, 경덕왕(757) 대 녹읍이 부활한 기록이 있다.

06 신라 골품제에 관한 설명으로 옳지 않은 것은?   ○ △ ✕

① 혈연에 따른 폐쇄적인 신분제도였다.

② 관등의 상한선이 골품에 따라 정해져 있었다.

③ 골품은 가옥 규모나 수레 종류 등을 규제하였다.

④ 왕은 진골에서 나왔고, 중앙 관서의 장관은 6두품이 맡았다.

> **해설**
>
> 왕은 성골 또는 진골에서 나왔으며, 중앙 관서의 장관은 진골이 독점하였다. 6두품(득난)은 제6관등인 아찬까지 올라갈 수 있었으나, 주요 관서 장관은 제5관등인 대아찬 이상의 관등을 소지해야 했으므로 6두품은 장관직 승진에 제한이 있었다.

07 발해의 통치제도에 관한 설명으로 옳지 않은 것은?   ○ △ ✕

① 당의 3성 6부제를 수용하여 정치제도를 마련하였다.

② 전국을 5경 15부 62주로 나누어 다스렸다.

③ 정당성의 대내상이 국정을 총괄하였다.

④ 감찰사라는 감찰기구를 두었다.

> **해설**
>
> 발해의 감찰기구는 중정대이다. 고려시대 중정대와 유사한 기능을 하는 어사대가 있었으며, 충렬왕 대 어사대의 명칭이 감찰사로 개칭되었다.

08 통일신라의 토지제도에 관한 설명으로 옳은 것은?   ○ △ ✕

① 관리를 18품으로 나누어 전지와 시지를 지급하였다.

② 하급 관리에게 구분전을 지급하였다.

③ 공신에게 역분전을 지급하였다.

④ 백성에게 정전을 지급하였다.

> **해설**
>
> ① · ② · ③ 고려의 토지제도에 관한 설명이다. 태조 대에는 공로를 기준으로 하여 역분전을 지급하였으며, 고려 경종 대에는 관등에 따라 전지 · 시지를 지급하는 시정전시과가 실시되었다. 5품 이상의 고위 관리에게는 공음전을, 하급 관리나 군인들의 유가족에게는 구분전을 지급하였다.

09 통일신라 말기 6두품 출신 학자가 아닌 것은?　　　　　　　　　　　　　　○ △ ×

① 최 충　　　　　　　　　　　② 최치원
③ 최승우　　　　　　　　　　④ 최언위

> **해설**
> 최충은 고려 중기의 학자로, 은퇴 후 자신의 집에 사립교육기관인 9재 학당을 설립하였다. 9재 학당은 최충의 시호를 따 문헌공도라고도 칭해졌다.

10 고려시대 주요 승려들의 활동 시기가 앞선 순으로 옳게 나열된 것은?　　　○ △ ×

ㄱ. 의 천	ㄴ. 보 우
ㄷ. 지 눌	ㄹ. 균 여

① ㄱ → ㄴ → ㄷ → ㄹ
② ㄱ → ㄹ → ㄷ → ㄴ
③ ㄹ → ㄱ → ㄷ → ㄴ
④ ㄹ → ㄴ → ㄱ → ㄷ

> **해설**
> ㄹ. 균여 : 923~973
> ㄱ. 의천 : 1055~1101
> ㄷ. 지눌 : 1158~1210
> ㄴ. 보우 : 1301~1383

11 고려시대 성종의 업적으로 옳은 것은?　　　　　　　　　　　　　　　　○ △ ×

① 정계와 계백료서를 남겼다.
② 독자적인 연호를 사용하였다.
③ 쌍기의 건의로 과거제를 시행하였다.
④ 지방에 12목을 설치하고 지방관을 파견하였다.

> **해설**
> ① 태조의 업적이다.
> ②·③ 광종의 업적이다.

12 고려의 대외 관계 중 거란과 관련이 있는 사건으로 옳지 않은 것은?　○ △ ✕

① 서희가 외교 담판을 벌여 강동 6주를 확보하였다.
② 윤관이 동북 9성을 쌓고 군대를 주둔시켰다.
③ 개경이 함락되어 현종이 나주로 피란하였다.
④ 강감찬이 귀주에서 승리를 거두었다.

해설
윤관은 여진족의 침입과 약탈에 대응하여 별무반을 조직하고 동북 9성을 쌓았다.

13 조선시대 정치 기구에 관한 설명으로 옳지 않은 것은?　○ △ ✕

① 사헌부는 관리의 비리를 감찰하였다.
② 삼사는 회계와 출납의 업무를 맡았다.
③ 한성부는 수도의 치안과 행정을 관장하였다.
④ 춘추관은 역사서의 편찬과 보관을 담당하였다.

해설
회계와 출납의 업무를 맡았던 것은 고려시대의 삼사이다. 조선시대의 삼사는 사헌부, 사간원, 승정원을 말하며 권력의 독점 및 부정을 막기 위해 언론 활동을 중시하였다.

14 조선시대 과거제도에 관한 설명으로 옳은 것을 모두 고른 것은?　○ △ ✕

> ㄱ. 3년마다 정기적으로 실시하는 식년시가 있었다.
> ㄴ. 잡과는 역과, 이과, 음양과, 율과로 이루어졌다.
> ㄷ. 무과는 대과와 소과의 구별이 있었다.
> ㄹ. 생원 · 진사 시험 절차에는 초시, 복시, 전시가 있었다.

① ㄱ, ㄴ
② ㄱ, ㄹ
③ ㄴ, ㄷ
④ ㄷ, ㄹ

해설
ㄷ. 무과는 소과를 거치지 않고 대과만 시행한다.
ㄹ. 생원 · 진사 시험인 소과에는 초시, 복시만이 있었다.

15 조선 태종 대의 역사적 사실로 옳은 것은? ○ △ ✕

① 동국문헌비고를 편찬하였다.
② 칠정산 내외편을 편찬하였다.
③ 혼일강리역대국도지도를 제작하였다.
④ 기기도설을 참고하여 배다리를 제작하였다.

> **해설**
> ① 영조, ② 세종, ④ 정조에 관한 내용이다.

16 다음에서 설명하는 작품은? ○ △ ✕

> • 세종 대에 한글로 지어 간행하였다.
> • 조선 왕조의 창업을 송영한 노래로 125장에 이르는 서사시이다.

① 동문선　　　　　　　　　② 용비어천가
③ 동명왕편　　　　　　　　④ 월인천강지곡

> **해설**
> ① 조선 성종 대에 서거정 등이 편찬한 시문집이다.
> ③ 고려 후기 이규보가 지은 것으로, 동명왕의 업적을 칭송하는 영웅 서사시이다.
> ④ 조선 전기 세종이 석가의 공덕을 찬양하며 지은 시가로 한글 문헌이다.

17 조선 전기에 편찬된 서적으로 옳은 것은? ○ △ ✕

① 임원경제지
② 청장관전서
③ 동국여지승람
④ 오주연문장전산고

> **해설**
> ① 조선 후기 서유구가 지은 것으로 농촌의 살림살이에 대한 백과사전식 저서이다. 농업, 상업, 의학, 예술 및 취미와 관련된 내용이 포함되어 있다.
> ② 조선 후기 학자 이덕무의 저술을 모두 모아 엮은 전집이다.
> ④ 조선 후기 학자 이규경이 변증법의 방식을 사용하여 지은 백과사전식 저서이다.

18 조선 후기 경제상에 관한 설명으로 옳은 것을 모두 고른 것은? ○△×

> ㄱ. 광산 전문 경영인 덕대가 등장하였다.
> ㄴ. 담배, 인삼 등 상품 작물을 재배하여 높은 수익을 올렸다.
> ㄷ. 해동통보와 활구를 주조하여 화폐로 유통하였다.
> ㄹ. 농사직설과 금양잡록 간행을 통해 농업 기술을 정리하였다.

① ㄱ, ㄴ
② ㄱ, ㄹ
③ ㄴ, ㄷ
④ ㄷ, ㄹ

해설
ㄷ. 고려, ㄹ. 조선 전기에 관한 내용이다.

19 조선시대 서원에 관한 설명으로 옳지 않은 것은? ○△×

① 향음주례를 행하였다.
② 주세붕이 세운 백운동 서원이 시초이다.
③ 입학 자격은 생원시와 진사시 합격자를 대상으로 하였다.
④ 사액서원은 국가로부터 서적, 노비, 토지 등을 지급받았다.

해설
입학 자격이 생원시 · 진사시 합격자인 곳은 성균관이다.

20 조선 후기 사회상에 관한 설명으로 옳지 않은 것은? ○△×

① 대동법 실시로 공인층이 형성되었다.
② 생활 공간을 장식하는 민화가 유행하였다.
③ 공명첩, 납속책 등으로 신분제가 동요되었다.
④ 자동시보장치가 된 물시계로 자격루를 제작하였다.

해설
조선 전기에 자격루(물시계), 앙부일구(해시계) 등의 시간측정기구가 제작되었다.

21 다음 내용과 관련된 인물은?　　　　　　　　　　　　　　　　○ △ ✕

> • 도교 기관인 소격서를 폐지하였다.
> • 경연과 언론 활동의 활성화를 주장하였다.
> • 현량과를 실시하여 사림 세력을 등용하였다.

① 길 재　　　　　　　　　　　　　② 김종직
③ 조광조　　　　　　　　　　　　　④ 송시열

해설
① 길재(야은)는 고려 왕조에 대한 충성심을 지킨 인물로 정몽주(포은), 이색(목은)과 함께 고려삼은으로 불린다.
② 사림을 대표하는 인물로 그가 쓴 조의제문을 빌미로 무오사화가 발생하였다.
④ 북벌론을 주장한 인물로 북벌 정책을 꾀하던 효종에 의해 등용되었으나, 효종-송시열의 북벌론에는 견해의 차가 있었다.

22 조선시대 균역법을 시행한 국왕은?　　　　　　　　　　　　　○ △ ✕

① 태 종　　　　　　　　　　　　　② 숙 종
③ 영 조　　　　　　　　　　　　　④ 정 조

해설
① 태종은 8도 정비, 향·부곡·소 폐지, 호패법 시행, 신문고 설치 등의 정책을 펼쳤다.
② 숙종은 대동법을 전국으로 확대 실시하였으며, 상평통보 발행을 명하여 전국적으로 유통되도록 하였다.
④ 정조는 수원화성을 축조하고, 신해통공(금난전권 혁파, 1791)을 통해 상공업을 진흥하였다.

23 흥선 대원군이 시행한 정책으로 옳지 않은 것은?　　　　　　　　○ △ ✕

① 환곡의 폐단을 막기 위해 사창제를 실시하였다.
② 혜상공국을 혁파하고 지조법을 개혁하였다.
③ 대전회통을 편찬하여 통치 규범을 정비하였다.
④ 양반에게도 군포를 징수하는 호포제를 실시하였다.

해설
혜상공국의 혁파와 지조법의 개혁은 갑신정변 14개조 정강에 있는 내용이다.

24 다음에서 설명하는 단체는?　　　　　　　　　　　　　　　○ △ ✕

> • 비밀 결사 단체이다.
> • 태극서관을 설립하여 출판 활동을 하였다.
> • 평양에 대성학교, 정주에 오산학교를 세워 인재를 양성하였다.

① 신간회
② 신민회
③ 대한자강회
④ 헌정연구회

> 해설
>
> ① 비타협적 민족주의 진영과 사회주의 진영의 민족 유일당 운동으로 창립되었다.
> ③ 헌정연구회를 계승한 단체로 고종 퇴위반대운동을 주도하다 강제로 해체되었다.
> ④ 입헌군주제 수립을 목표로 하였으며 을사늑약 체결에 반대하다 해산되었다.

25 다음 사건을 발생시기가 앞선 순으로 옳게 나열한 것은?　　　　　○ △ ✕

> ㄱ. 5 · 18 민주화 운동　　　　　　ㄴ. 남북한 유엔 동시 가입
> ㄷ. 6월 민주 항쟁　　　　　　　　ㄹ. 6 · 15 남북 공동 선언

① ㄱ → ㄴ → ㄹ → ㄷ
② ㄱ → ㄷ → ㄴ → ㄹ
③ ㄴ → ㄱ → ㄷ → ㄹ
④ ㄴ → ㄱ → ㄹ → ㄷ

> 해설
>
> ㄱ. 1980년
> ㄷ. 1987년
> ㄴ. 1991년
> ㄹ. 2000년

관광자원해설

※ 문제의 이해도에 따라 ○ △ × 체크하여 완벽하게 정리하세요.

26 관광자원의 개념적 특성으로 옳지 않은 것은?　　○ △ ×

① 매력성과 유인성　　　　　　② 유한성과 보존성

③ 이동성과 소모성　　　　　　④ 다양성과 복합성

> 해설
>
> 관광자원은 비이동성과 비소모성의 특성을 지닌다.

27 관광자원해설기법 중 인적서비스기법이 아닌 것은?　　○ △ ×

① 담 화　　　　　　　　　　② 재 현

③ 자기안내　　　　　　　　　④ 동 행

> 해설
>
> 관광자원해설기법
> • 인적 해설 : 담화해설기법, 동행해설기법(거점식, 이동식), 재현기법
> • 비인적 해설 : 자기안내해설기법(해설판, 해설센터, 전시판), 전자장치 이용기법(전자전시판, 멀티미디어시스템, 무인정
> 보안내소

28 호수와 지명의 연결로 옳은 것은?　　○ △ ×

① 화진포 – 강원도 고성군

② 송지호 – 강원도 원주시

③ 경포호 – 강원도 속초시

④ 영랑호 – 강원도 춘천시

> 해설
>
> ② 송지호 : 강원도 고성군
> ③ 경포호 : 강원도 강릉시
> ④ 영랑호 : 강원도 속초시

29 동굴관광자원 중 용암동굴이 아닌 것은? ○ △ ×

① 고수굴   ② 김녕굴

③ 만장굴   ④ 협재굴

> **해설**
>
> 동굴의 종류
> - 석회동굴 : 고수굴, 고씨굴, 초당굴, 환선굴, 도담굴, 용담굴, 비룡굴 등
> - 용암동굴 : 만장굴, 김녕사굴, 빌레못굴, 협재굴, 황금굴, 쌍용굴 등
> - 해식(파식)동굴 : 금산굴, 산방굴, 용굴, 오동도굴, 정방굴 등

30 강원도 지역에 있는 국립공원에 해당하는 것을 모두 고른 것은? ○ △ ×

ㄱ. 설악산	ㄴ. 소백산
ㄷ. 태백산	ㄹ. 오대산
ㅁ. 치악산	ㅂ. 덕유산

① ㄱ, ㄴ, ㄷ, ㄹ   ② ㄱ, ㄷ, ㄹ, ㅁ

③ ㄴ, ㄷ, ㅁ, ㅂ   ④ ㄴ, ㄹ, ㅁ, ㅂ

> **해설**
>
> ㄴ. 충북 · 경북 지역에 있다.
> ㅂ. 전북 · 경남 지역에 있다.

31 우리나라 최초로 지정된 도립공원은? ○ △ ×

① 마이산 도립공원   ② 금오산 도립공원

③ 팔공산 도립공원   ④ 선운산 도립공원

> **해설**
>
> 1970년 금오산이 우리나라 최초의 도립공원으로 지정되었다.
> ※ 2023년 12월 31일 팔공산 도립공원이 국립공원으로 승격되었다.

32 농촌관광의 경제적 기대효과가 아닌 것은?   ○ △ ✕

① 농촌 지역경제의 활성화
② 농촌 지역주민의 소득증대
③ 유휴자원의 소득자원화
④ 농촌과 도시와의 상호교류 촉진

> 해설
>
> 농촌의 기대효과
> • 경제적 효과 : 농촌 지역의 활성화, 농촌 지역주민의 소득증대, 유휴자원의 소득증대
> • 사회적 효과 : 농촌과 도시의 상호교류 촉진, 지역의 미래 인재 확보, 인구유입을 통한 인적네트워크 확대
> • 환경적 효과 : 농촌환경 보전의 재원 확보 및 자극제 역할 담당, 환경문제 교육을 위한 장 제공

33 지역과 특산물의 연결로 옳지 않은 것은?   ○ △ ✕

① 담양 – 죽세공품
② 안동 – 한천
③ 강화 – 화문석
④ 금산 – 인삼

> 해설
>
> 안동의 특산물로는 고춧가루, 대추, 산마가루, 하회탈, 한우, 풍산한지, 삼베 등이 있다. 한천은 밀양의 특산물에 해당한다.

34 북한 지역에 위치한 관동 8경은?   ○ △ ✕

① 삼척의 죽서루
② 평해의 월송정
③ 양양의 낙산사
④ 고성의 삼일포

> 해설
>
> 관동 8경
> 통천의 총석정, 고성의 삼일포, 간(고)성의 청간정, 양양의 낙산사, 강릉의 경포대, 삼척의 죽서루, 울진의 망양정, 평해의 월송정

35 지역과 축제명의 연결로 옳은 것은?　　　　　○ △ ✕

① 양양 – 산천어축제
② 진도 – 영등제
③ 무주 – 빙어축제
④ 안동 – 머드축제

> 해설
> ① 화천 : 산천어축제
> ③ 인제 : 빙어축제
> ④ 보령 : 머드축제

36 유네스코 세계문화유산에 등재된 민속마을은?　　　　　○ △ ✕

① 안동 하회마을
② 북촌 한옥마을
③ 전주 한옥마을
④ 한국 민속촌

> 해설
> 안동 하회마을은 2010년 '한국의 역사마을 – 하회와 양동'이라는 명칭으로 유네스코 세계문화유산에 등재되었다.

37 카지노에 관한 설명으로 옳은 것은?　　　　　○ △ ✕

① 호텔업에 대한 의존도가 낮다.
② 강원랜드는 외국인만 출입가능하다.
③ 주변국가의 정치 · 경제 · 사회 등의 영향을 받지 않는다.
④ 외화획득이 높은 서비스 산업이다.

> 해설
> ① 호텔영업에 대한 기여도와 의존도가 높다.
> ② 강원랜드는 내 · 외국인을 대상으로 하는 카지노이다.
> ③ 카지노는 관광산업에 해당하므로 주변국가의 정치 · 경제 · 사회 등에 직접적인 영향을 받는다.

38 다목적댐에 해당하는 것은? ○△×

① 평화의 댐   ② 수어댐
③ 광동댐   ④ 임하댐

> **해설**
> 다목적댐
> • 한강 유역 : 소양강, 충주, 횡성
> • 낙동강 유역 : 안동, 임하, 합천, 남강, 밀양 등
> • 금강 유역 : 용담, 대청
> • 섬진강 유역 : 섬진강, 주암
> • 기타 : 부안, 보령, 장흥

39 다음 설명에 해당하는 것은? ○△×

> • 탈을 쓰고 벌이는 전통 가면극이다.
> • 주로 산신제와 함께 벌어지며 국가무형문화재 제43호로 지정되어 있다.
> • 문둥이마당, 양반마당, 영노마당, 할미마당 등으로 구성되어 있다.

① 양주별산대놀이
② 처용무
③ 남사당놀이
④ 수영야류

> **해설**
> ① 춤 · 무언극 · 덕담 · 익살이 어우러진 민중놀이로, 서울 · 경기 지방에서 즐겼던 산대도감극의 한 갈래이다.
> ② 국가무형유산과 유네스코 인류무형문화유산으로 등재된 궁중무용이다. 궁중무용에서 사람 가면을 쓰고 추는 유일한 춤이다.
> ③ 서민들을 위한 놀이로, 꼭두쇠를 비롯하여 최소 40명에 이르는 남자들로 구성된 남사당패가 농 · 어촌을 돌며 행하는 놀이이다.
> ※ 수영야류는 문둥이마당이 없는 것이 특징이므로 보기의 설명에 오류가 있어 전항 정답처리 되었다.
> ※ 2024년 5월 17일 법령 개정에 따라 '국가무형문화재'의 명칭이 '국가무형유산'으로 변경되었다.

40 유네스코 등재 인류무형문화유산이 아닌 것은? ○ △ ✕

① 택 견
② 줄타기
③ 은산별신제
④ 영산재

해설

유네스코 등재 인류무형문화유산
- 종묘제례 및 종묘제례악(2001)
- 강릉단오제(2005)
- 남사당놀이(2009)
- 처용무(2009)
- 가곡(2010)
- 매사냥(2010)
- 줄타기(2011)
- 아리랑(2012)
- 농악(2014)
- 제주해녀문화(2016)
- 연등회, 한국의 등불 축제(2020)
- 판소리(2003)
- 강강술래(2009)
- 영산재(2009)
- 제주칠머리당영등굿(2009)
- 대목장(2010)
- 택견(2011)
- 한산모시짜기(2011)
- 김장문화(2013)
- 줄다리기(2015)
- 씨름(2018)
- 한국의 탈춤(2022)

---

41 한국의 전통 지붕에 관한 설명으로 옳은 것은? ○ △ ✕

① 모임지붕은 책을 엎어 놓은 것과 같은 형태로 고려 이전에 주로 사용되었다.
② 맞배지붕은 지붕면이 4면으로 되어 있어 숭례문과 같은 도성의 문에 사용되었다.
③ 우진각지붕은 하나의 꼭짓점에서 지붕골이 만나는 형태이다.
④ 팔작지붕은 경복궁 근정전, 부석사 무량수전과 같이 권위적인 건축에 많이 사용되었다.

해설

① 모임지붕은 하나의 꼭짓점에서 지붕골이 만나는 형태로 주로 정자에 사용된다.
② 맞배지붕은 책을 엎어 놓은 것과 같은 형태로 고려 이전에 주로 사용되었다.
③ 우진각지붕은 지붕면이 4면으로 되어 있어 숭례문과 같은 도성의 문에 사용되었다.

---

42 경복궁 내 건축물이 아닌 것은? ○ △ ✕

① 인정전
② 자경전
③ 사정전
④ 강녕전

해설

인정전은 창덕궁의 건물에 해당한다.

---

43 불교의 수인에 관한 설명으로 옳지 않은 것은? ○ △ ×

① 지권인은 진리는 하나라는 것을 의미한다.
② 전법륜인은 두려움을 없애주고 평정을 주는 힘을 가진다는 것을 의미한다.
③ 선정인은 참선할 때 짓는 수인이다.
④ 항마촉지인은 깨달음을 얻는 모습을 형상화한 것이다.

> **해설**
> 두려움을 없애주고 평정을 주는 힘을 가진다는 것을 의미하는 수인은 시무외인이다. 전법륜인은 설법할 때 짓는 수인이다.

44 불교 사찰의 입구에 있는 문으로 기둥이 일렬로 서있다는 뜻을 가진 문은? ○ △ ×

① 천왕문
② 일주문
③ 금강문
④ 해탈문

> **해설**
> ① 사천왕문이라고도 하며, 불법을 수호하는 사천왕이 있는 문이다. 금강문의 역할을 대신하기도 한다.
> ③ 일주문 다음으로 위치하는 문이며, 속세의 더러움을 씻어내는 곳이다.
> ④ 모든 번뇌를 벗어버리는 곳이다.

45 다음의 석탑 중 국보로 지정된 가장 오래된 석탑은? ○ △ ×

① 미륵사지 석탑
② 불국사 다보탑
③ 원각사지 십층석탑
④ 월정사 팔각구층석탑

> **해설**
> 미륵사지 석탑은 목조탑 양식을 모방한 것으로 우리나라 최고(最古)의 석탑이다.

46 다음 설명에 해당하는 서원은? ○ △ ×

- 사적 제55호로 지정되어 있다.
- 경북 영주시에 위치하고 있다.
- 임금이 현판을 하사한 최초의 서원(사액서원)이다.

① 필암서원   ② 도동서원
③ 소수서원   ④ 도산서원

해설
① 김인후를 추모하기 위해 세운 서원으로 전남 장성군에 있다. 윤봉구(청절당 처마 밑), 송준길(대청마루), 송시열(확연루)이 쓴 현판이 걸려 있다.
② 김굉필을 추모하기 위해 세운 서원으로 대구 달성군에 있다. 강당·사당 등은 보물로 지정되었으며, 신도비·은행나무 등을 포함한 서원 전역은 사적으로 지정되었다.
④ 퇴계 이황을 추모하기 위해 세운 서원으로 경북 안동시에 있다. 선조 8년 국왕에게 이름을 받아 사액서원으로 자리잡았다.

47 다음 설명에 해당하는 민요는? ○ △ ×

- 국가무형문화재 제57호로 지정되어 있다.
- 태평가, 늴리리야, 도라지타령 등이 있다.
- 평조가락이 많아 부드럽고 서정적이며 경쾌하다.

① 경기민요   ② 남도민요
③ 동부민요   ④ 서도민요

해설
서울·경기 지방의 민요로 아리랑·경복궁타령·군밤타령·늴리리야·도라지타령 등이 있다.
※ 2024년 5월 17일 법령 개정에 따라 '국가무형문화재'의 명칭이 '국가무형유산'으로 변경되었다.

48 백자의 종류 중 진사백자에 관한 설명으로 옳은 것은?   ○ △ ×

① 코발트계 청색 안료로 그림을 그리고 구워낸 백자이다.
② 표면에 음각으로 문양을 새기고 자토로 메워 검은색으로 나타낸 백자이다.
③ 철분 안료로 문양을 그려 다갈색으로 나타낸 백자이다.
④ 산화동으로 문양을 그려 붉은색으로 나타낸 백자이다.

> 해설
> ① 청화백자에 대한 설명이다.
> ② 상감백자에 대한 설명이다.
> ③ 철화백자에 대한 설명이다.

49 두견주에 관한 설명으로 옳은 것은?   ○ △ ×

① 지방무형문화재로 지정되어 있다.
② 경주 최씨 문중에서 전승되어 온 청주이다.
③ 충남 면천지역에서 전승되어 온 진달래향의 청주이다.
④ 함경도 토속주로 문배나무 과일향이 나는 특징이 있다.

> 해설
> ① 두견주는 국가무형유산에 해당한다.
> ② 국가무형유산인 경주 교동법주에 대한 설명이다.
> ④ 국가무형유산인 서울 문배주에 대한 설명이다.
> ※ 2024년 5월 17일 법령 개정에 따라 '(국가)무형문화재'의 명칭이 '(국가)무형유산'으로 변경되었다.

50 조선의 왕릉 중 서삼릉이 아닌 것은?   ○ △ ×

① 희 릉   ② 예 릉
③ 익 릉   ④ 효 릉

> 해설
> 서삼릉은 경기도 고양시에 위치한 왕릉으로, 희릉 · 효릉 · 예릉이 있다.

관광법규

※ 문제의 이해도에 따라 ○ △ × 체크하여 완벽하게 정리하세요.

01 관광기본법 조문의 일부이다. ( )에 들어갈 내용은? ○ △ ×

> • (ㄱ)는 매년 관광진흥에 관한 시책과 동향에 대한 보고서를 정기국회가 시작하기 전까지 국회에 제출하여야 한다.
> • (ㄴ)는 관광에 관한 국가시책에 필요한 시책을 강구하여야 한다.

① ㄱ - 국가, ㄴ - 국가관광전략회의
② ㄱ - 정부, ㄴ - 국회
③ ㄱ - 정부, ㄴ - 지방자치단체
④ ㄱ - 국무총리, ㄴ - 지방자치단체

> **해설**
> • 정부는 매년 관광진흥에 관한 시책과 동향에 대한 보고서를 정기국회가 시작하기 전까지 국회에 제출하여야 한다(「관광기본법」 제4조).
> • 지방자치단체는 관광에 관한 국가시책에 필요한 시책을 강구하여야 한다(「관광기본법」 제6조).

02 관광진흥법상 민간개발자에 해당하지 않는 것은? ○ △ ×

① 관광단지를 개발하려는 개인
② 관광단지를 개발하려는 상법에 따라 설립된 법인
③ 관광단지를 개발하려는 민법에 따라 설립된 법인
④ 관광단지를 개발하려는 한국관광공사법에 따라 설립된 한국관광공사

> **해설**
> 민간개발자의 정의(「관광진흥법」 제2조 제8호)
> "민간개발자"란 관광단지를 개발하려는 개인이나 상법 또는 민법에 따라 설립된 법인을 말한다.

03 관광진흥법상 한국관광협회중앙회의 업무를 모두 고른 것은? ○ △ ×

> ㄱ. 관광 통계 ㄴ. 관광안내소의 운영
> ㄷ. 관광종사원의 교육 ㄹ. 관광사업 진흥에 필요한 조사

① ㄱ, ㄹ ② ㄴ, ㄷ

③ ㄴ, ㄷ, ㄹ ④ ㄱ, ㄴ, ㄷ, ㄹ

> **해설**
> 한국관광협회중앙회의 업무(「관광진흥법」 제43조 제1항)
> • 관광사업의 발전을 위한 업무 • 관광사업 진흥에 필요한 조사 · 연구 및 홍보
> • 관광 통계 • 관광종사원의 교육과 사후관리
> • 회원의 공제사업 • 국가나 지방자치단체로부터 위탁받은 업무
> • 관광안내소의 운영 • 위의 규정에 의한 업무에 따르는 수익사업

04 관광진흥법령상 한국관광 품질인증 대상에 해당하는 관광사업은? ○ △ ×

① 종합여행업 ② 한옥체험업

③ 관광호텔업 ④ 크루즈업

> **해설**
> 한국관광 품질인증의 대상(「관광진흥법 시행령」 제41조의11)
> • 야영장업 • 외국인관광 도시민박업 • 한옥체험업 • 관광식당업
> • 관광면세업 • 외국인관광객면세판매장 • 숙박업(관광숙박업 제외)
> • 그 밖에 관광사업 및 이와 밀접한 관련이 있는 사업으로서 문화체육관광부장관이 정하여 고시하는 사업

05 관광진흥법령상 관광통역안내의 자격을 가진 사람이 관광안내를 하면서 자격증을 패용하지 않은 경우 부과될 수 있는 벌칙은? ○ △ ×

① 1만원의 벌금 ② 3만원의 과태료

③ 30만원의 벌금 ④ 150만원의 과태료

> **해설**
> 과태료의 부과기준(「관광진흥법 시행령」 별표5)
> 관광통역안내의 자격을 가진 사람이 관광안내를 하는 경우에는 자격증을 패용하여야 한다는 법령을 위반하여 관광통역안내를 한 경우, 1차 위반 시에는 3만원, 2차 위반 시에는 3만원, 3차 이상 위반 시에는 3만원의 과태료가 부과된다.

06 관광진흥법상 시·도지사(특별자치도지사 제외)가 수립하는 권역별 관광개발계획에 포함되어야 할 사항이 아닌 것은? ○ △ ✕

① 관광권역의 설정에 관한 사항
② 환경보전에 관한 사항
③ 관광지 연계에 관한 사항
④ 관광지 및 관광단지의 실적 평가에 관한 사항

해설

관광개발기본계획 등(「관광진흥법」 제49조 제2항)
시·도지사(특별자치도지사 제외)는 기본계획에 따라 구분된 권역을 대상으로 다음의 사항을 포함하는 권역별 관광개발계획(이하 "권역계획")을 수립하여야 한다.
• 권역의 관광 여건과 관광 동향에 관한 사항
• 권역의 관광 수요와 공급에 관한 사항
• 관광자원의 보호·개발·이용·관리 등에 관한 사항
• 관광지 및 관광단지의 조성·정비·보완 등에 관한 사항
• 관광지 및 관광단지의 실적 평가에 관한 사항
• 관광지 연계에 관한 사항
• 관광사업의 추진에 관한 사항
• 환경보전에 관한 사항
• 그 밖에 그 권역의 관광자원의 개발, 관리 및 평가를 위하여 필요한 사항

07 관광진흥법령상 관광사업의 종류에 관한 설명으로 옳은 것은? ○ △ ✕

① 국내외여행업 – 국내외를 여행하는 내국인을 대상으로 하는 여행업
② 휴양 콘도미니엄업 – 관광객의 숙박에 적합한 시설을 갖추어 이를 관광객에게 제공하거나 이용하게 하는 업
③ 국내여행업 – 국내를 여행하는 내국인과 외국인을 대상으로 하는 여행업
④ 국제회의기획업 – 대규모 관광수요를 유발하는 국제회의를 개최할 수 있는 시설을 설치하여 운영하는 업

해설

② 휴양 콘도미니엄업 : 관광객의 숙박과 취사에 적합한 시설을 갖추어 이를 그 시설의 회원이나 소유자등, 그 밖의 관광객에게 제공하거나 숙박에 딸리는 음식·운동·오락·휴양·공연 또는 연수에 적합한 시설 등을 함께 갖추어 이를 이용하게 하는 업(「관광진흥법」 제3조 제1항 제2호 나목)
③ 국내여행업 : 국내를 여행하는 내국인을 대상으로 하는 여행업(「관광진흥법 시행령」 제2조 제1항 제1호 다목)
④ 국제회의기획업 : 대규모 관광 수요를 유발하는 국제회의의 계획·준비·진행 등의 업무를 위탁받아 대행하는 업(「관광진흥법 시행령」 제2조 제1항 제4호 나목)

08 관광진흥법령상 관광숙박업의 종류에 해당하지 않는 것은?

① 관광펜션업
② 호스텔업
③ 소형호텔업
④ 의료관광호텔업

> **해설**
>
> 관광사업의 종류(「관광진흥법」 제3조 제1항, 시행령 제2조 제1항 제2호)
> - 호텔업
>   - 관광호텔업
>   - 수상관광호텔업
>   - 한국전통호텔업
>   - 가족호텔업
>   - 호스텔업
>   - 소형호텔업
>   - 의료관광호텔업
> - 휴양 콘도미니엄업

09 관광진흥법령상 관광사업 중 허가를 받아야 하는 관광사업은?

① 관광유람선업
② 관광면세업
③ 일반유원시설업
④ 종합휴양업

> **해설**
>
> 허가와 신고(「관광진흥법」 제5조 제1항 · 제2항, 시행령 제7조)
> - 카지노업을 경영하려는 자는 전용영업장 등 문화체육관광부령으로 정하는 시설과 기구를 갖추어 문화체육관광부장관의 허가를 받아야 한다.
> - 유원시설업 중 대통령령으로 정하는 유원시설업(종합유원시설업 및 일반유원시설업)을 경영하려는 자는 문화체육관광부령으로 정하는 시설과 설비를 갖추어 특별자치시장 · 특별자치도지사 · 시장 · 군수 · 구청장의 허가를 받아야 한다.

10 관광진흥법령상 변경등록사항이 아닌 것은? ○ △ ✕

① 여행업의 상호 또는 대표자의 변경
② 외국인관광 도시민박업의 형태와 면적의 변경
③ 호텔업의 부대시설 위치·면적 및 종류의 변경
④ 야영장업의 부지 면적 변경

> **해설**
>
> 변경등록(「관광진흥법 시행령」 제6조 제1항)
> • 사업계획의 변경승인을 받은 사항(사업계획의 승인을 받은 관광사업만 해당)
> • 상호 또는 대표자의 변경
> • 객실 수 및 형태의 변경(휴양 콘도미니엄업을 제외한 관광숙박업만 해당)
> • 부대시설의 위치·면적 및 종류의 변경(관광숙박업만 해당)
> • 여행업의 경우에는 사무실 소재지의 변경 및 영업소의 신설, 국제회의기획업의 경우에는 사무실 소재지의 변경
> • 부지 면적의 변경, 시설의 설치 또는 폐지(야영장업만 해당)
> • 객실 수 및 면적의 변경, 편의시설 면적의 변경, 체험시설 종류의 변경(한옥체험업만 해당)

2022년

관광법규

11 관광진흥법령상 사업계획승인을 받은 경우 그 사업계획에 따른 관광숙박시설의 건축이 가능한 용도지역을 모두 고른 것은? ○ △ ✕

ㄱ. 일반주거지역	ㄴ. 준주거지역
ㄷ. 준공업지역	ㄹ. 자연녹지지역

① ㄴ, ㄷ
② ㄱ, ㄴ, ㄹ
③ ㄱ, ㄷ, ㄹ
④ ㄱ, ㄴ, ㄷ, ㄹ

> **해설**
>
> 관광숙박업의 건축지역(「관광진흥법」 제16조 제5항, 시행령 제14조)
> 사업계획의 승인 또는 변경승인을 받은 경우 그 사업계획에 따른 관광숙박시설 및 그 시설 안의 위락시설로서 국토의 계획 및 이용에 관한 법률에 따라 지정된 다음의 용도지역의 시설에 대하여는 같은 법 제76조 제1항을 적용하지 아니한다. 다만, 주거지역에서는 주거환경의 보호를 위하여 대통령령으로 정하는 사업계획승인기준에 맞는 경우에 한정한다.
> • 상업지역
> • 주거지역·공업지역 및 녹지지역 중 대통령령으로 정하는 지역
>   - 일반주거지역　　　　　　　　　　　- 준주거지역
>   - 준공업지역　　　　　　　　　　　　- 자연녹지지역

12 관광진흥법령상 관광사업의 등록기준으로 옳은 것은? ○ △ ✕

① 관광공연장업의 경우 50㎡ 이상의 무대를 갖추고 있을 것
② 국내여행업의 경우 자본금(개인의 경우에는 자산평가액)은 1천 500만원 이상일 것
③ 가족호텔업의 경우 객실별 면적이 33㎡ 이상일 것
④ 관광호텔업의 경우 욕실이나 샤워시설을 갖춘 객실을 20실 이상 갖추고 있을 것

> **해설**
>
> ① 관광공연장업의 경우 70㎡ 이상의 무대를 갖추고 있을 것 (『관광진흥법 시행령』 별표1 제4호 마목)
> ③ 가족호텔업의 경우 객실별 면적이 19㎡ 이상일 것 (『관광진흥법 시행령』 별표1 제2호 라목)
> ④ 관광호텔업의 경우 욕실이나 샤워시설을 갖춘 객실을 30실 이상 갖추고 있을 것 (『관광진흥법 시행령』 별표1 제2호 가목)

13 관광진흥법령상 분양 및 회원모집에 관한 설명으로 옳은 것은? ○ △ ✕

① 관광호텔업으로 등록한 경우에는 회원모집과 분양이 가능하다.
② 휴양 콘도미니엄업으로 등록한 경우에는 회원모집과 분양이 가능하다.
③ 종합휴양업으로 등록한 경우에는 회원모집과 분양이 가능하다.
④ 야영장업으로 등록한 경우에는 회원모집과 분양이 가능하다.

> **해설**
>
> 분양 및 회원 모집(『관광진흥법』 제20조 제1항, 시행령 제23조 제1항)
> 관광숙박업이나 관광객 이용시설업으로서 대통령령으로 정하는 종류의 관광사업(휴양 콘도미니엄업 및 호텔업, 관광객 이용시설업 중 제2종 종합휴양업)을 등록한 자 또는 그 사업계획의 승인을 받은 자가 아니면 그 관광사업의 시설에 대하여 분양(휴양 콘도미니엄만 해당) 또는 회원모집을 하여서는 아니 된다.

12 ② 13 ② 정답

14 관광진흥법령상 국내에서 카지노를 경영하는 카지노 사업자의 연간 총매출액이 200억원이라면, 카지노 사업자가 납부해야 하는 관광진흥개발기금의 납부금은?

① 5억 1천만원
② 5억 6천만원
③ 10억 1천만원
④ 14억 6천만원

> **해설**
> 관광진흥개발기금으로의 납부금 등(「관광진흥법 시행령」 제30조 제2항 제3호)
> 연간 총매출액이 100억원을 초과하는 경우 관광진흥개발기금 납부금 징수율은 4억 6천만원 + 총매출액 중 100억원을 초과하는 금액의 100분의 10이다. 총매출액인 200억원 중 100억원을 초과하는 금액이 100억원이므로, 100억원의 100분의 10 금액인 10억과 4억 6천만원을 합하여 계산한다.

15 관광진흥법령상 호텔업의 등급결정 등에 관한 설명으로 옳지 않은 것은?

① 등급결정을 신청하여야 하는 관광숙박업은 관광호텔업, 수상관광호텔업, 한국전통호텔업, 가족호텔업, 소형호텔업, 의료관광호텔업이다.
② 호텔업의 등록을 한 자는 호텔업의 등급 중 희망하는 등급을 정하여 시·도지사에게 등급결정을 신청하여야 한다.
③ 시설의 증·개축 또는 서비스 및 운영실태 등의 변경에 따른 등급 조정사유가 발생한 경우에는 등급 조정사유가 발생한 날부터 60일 이내에 등급신청을 해야 한다.
④ 등급신청은 호텔을 신규 등록한 경우에는 호텔업등록을 한 날부터 60일 이내에 해야 한다.

> **해설**
> 호텔업의 등급결정(「관광진흥법 시행규칙」 제25조 제1항)
> 호텔업(관광호텔업, 수상관광호텔업, 한국전통호텔업, 가족호텔업, 소형호텔업 또는 의료관광호텔업 해당)의 등록을 한 자는 문화체육관광부장관으로부터 등급결정권을 위탁받은 법인(이하 "등급결정 수탁기관")에 호텔업의 등급 중 희망하는 등급을 정하여 등급결정을 신청해야 한다.

16 관광진흥법령상 소형호텔업의 등록기준으로 옳지 않은 것은?

① 욕실이나 샤워시설을 갖춘 객실을 30실 이상 갖추고 있을 것
② 부대시설의 면적 합계가 건축 연면적의 50% 이하일 것
③ 대지 및 건물의 소유권 또는 사용권을 확보하고 있을 것(다만, 회원을 모집하는 경우에는 소유권을 확보할 것)
④ 조식 제공, 외국어 구사인력 고용 등 외국인에게 서비스를 제공할 수 있는 체제를 갖추고 있을 것

> 해설
>
> 소형호텔업의 등록기준(「관광진흥법 시행령」 별표1 제2호 바목)
> • 욕실이나 샤워시설을 갖춘 객실을 20실 이상 30실 미만으로 갖추고 있을 것
> • 부대시설의 면적 합계가 건축 연면적의 50% 이하일 것
> • 두 종류 이상의 부대시설을 갖출 것. 다만, 단란주점영업, 유흥주점영업 및 사행행위를 위한 시설은 둘 수 없다.
> • 조식 제공, 외국어 구사인력 고용 등 외국인에게 서비스를 제공할 수 있는 체제를 갖추고 있을 것
> • 대지 및 건물의 소유권 또는 사용권을 확보하고 있을 것. 다만, 회원을 모집하는 경우에는 소유권을 확보하여야 한다.

17 관광진흥법령상 카지노영업소에 내국인(해외이주법 제2조에 따른 해외이주자는 제외)을 과실로 입장시킨 경우에 카지노 사업자가 받게 되는 행정처분의 기준으로 옳은 것은? ○ △ ×

① 1차 위반 시 – 경고
② 2차 위반 시 – 시정명령
③ 3차 위반 시 – 사업정지 1개월
④ 4차 위반 시 – 사업정지 2개월

> 해설
>
> 행정처분의 기준(「관광진흥법 시행령」 별표2)
> 카지노영업소에 내국인(해외이주법 제2조에 따른 해외이주자는 제외)을 입장하게 하는 경우
> • 고의로 입장시킨 경우   • 과실로 입장시킨 경우
> – 1차 위반 시 : 사업정지 3개월   – 1차 위반 시 : 시정명령
> – 2차 위반 시 : 취소   – 2차 위반 시 : 사업정지 10일
>   – 3차 위반 시 : 사업정지 1개월
>   – 4차 위반 시 : 사업정지 3개월

18 관광진흥법령상 문화체육관광부장관에게 등록하지 않은 국외여행 인솔자에게 내국인의 국외여행을 인솔하게 한 관광사업자가 받게 되는 행정처분의 기준으로 옳지 않은 것은?

① 1차 위반 시 – 사업정지 10일
② 2차 위반 시 – 사업정지 20일
③ 3차 위반 시 – 사업정지 40일
④ 4차 위반 시 – 사업정지 3개월

> **해설**
>
> 행정처분의 기준(「관광진흥법 시행령」 별표2)
> 문화체육관광부장관에게 등록하지 않은 국외여행 인솔자에게 국외여행을 인솔하게 한 경우
> • 1차 위반 시 : 사업정지 10일
> • 2차 위반 시 : 사업정지 20일
> • 3차 위반 시 : 사업정지 1개월
> • 4차 위반 시 : 사업정지 3개월

19 관광진흥법령상 관광종사원의 관광 업무별 권고 자격기준으로 옳지 않은 것은?

① 4성급 이상의 관광호텔업의 총괄관리 및 경영업무 – 호텔관리사 자격을 취득한 자
② 현관 · 객실 · 식당의 접객업무 – 호텔서비스사 자격을 취득한 자
③ 내국인의 국내여행을 위한 안내 – 국내여행안내사 자격을 취득한 자
④ 4성급 이상의 관광호텔업의 객실관리 책임자 업무 – 호텔경영사 또는 호텔관리사 자격을 취득한 자

> **해설**
>
> 관광 업무별 자격기준(「관광진흥법 시행령」 별표4)
> 4성급 이상의 관광호텔업의 총괄관리 및 경영업무를 종사하도록 권고할 수 있는 자는 호텔경영사 자격을 취득한 자이다.

20 관광진흥개발기금법상 관광진흥개발기금의 재원으로 옳지 않은 것은? ○ △ ×

① 정부로부터 받은 출연금
② 관광진흥법 제30조에 따른 납부금
③ 기금의 운용에 따라 생기는 수익금
④ 관세법에 따른 보세판매장 특허수수료의 전부

> **해설**
>
> 기금의 설치 및 재원(『관광진흥개발기금법』 제2조 제2항)
> • 정부로부터 받은 출연금
> • 관광진흥법 제30조에 따른 납부금
> • 출국납부금
> • 관세법 제176조의2 제4항에 따른 보세판매장 특허수수료의 100분의 50
> • 기금의 운용에 따라 생기는 수익금과 그 밖의 재원

21 관광진흥개발기금법령상 국내 공항을 통해 출국하려는 경우, 관광진흥개발기금의 납부대상에 해당하는 자는? ○ △ ×

① 국외로 입양되는 7세의 어린이와 성인인 호송인
② 대한민국에 주둔하는 외국의 군무원
③ 입국이 거부되어 출국하는 자
④ 출입국관리법에 따른 강제퇴거 대상자 중 자비로 출국하는 외국인

> **해설**
>
> 납부대상(『관광진흥개발기금법 시행령』 제1조의2 제1항)
> 관광진흥개발기금법에서 "대통령령으로 정하는 자(국내 공항과 항만을 통하여 출국하는 자로서 대통령령으로 정하는 금액을 기금에 납부하여야 하는 자)"란 다음의 어느 하나에 해당하는 자를 제외한 자를 말한다.
> • 외교관여권이 있는 자
> • 2세(선박을 이용하는 경우에는 6세) 미만인 어린이
> • 국외로 입양되는 어린이와 그 호송인
> • 대한민국에 주둔하는 외국의 군인 및 군무원
> • 입국이 허용되지 아니하거나 거부되어 출국하는 자
> • 출입국관리법 제46조에 따른 강제퇴거 대상자 중 국비로 강제 출국되는 외국인
> • 공항통과 여객으로서 보세구역을 벗어난 후 출국하는 여객
> • 국제선 항공기 및 국제선 선박을 운항하는 승무원과 승무교대를 위하여 출국하는 승무원

22 아빠, 8세의 딸, 12세의 아들이 국내 항만을 통해 선박을 이용하여 출국하는 경우, 관광진흥개발기금법령상 이들 가족이 납부해야 하는 출국납부금의 총액은? (단, 이들은 납부 제외자에 해당하지 않음)   ○ △ ×

① 2천원
② 3천원
③ 2만원
④ 3만원

> **해설**
>
> 납부금의 금액(「관광진흥개발기금법 시행령」 제1조의2 제2항)
> 납부금은 1만원으로 한다. 다만, 선박을 이용하는 경우에는 1천원으로 한다.

23 국제회의산업 육성에 관한 법령상 국제회의의 종류 · 규모에 관한 조문의 일부이다. (   )에 들어갈 내용은?   ○ △ ×

> 1. 국제기구나 국제기구에 가입한 기관 또는 법인 · 단체가 개최하는 회의로서 다음 각 목의 요건을 모두 갖춘 회의
>   가. 해당 회의에 (ㄱ)개국 이상의 외국인이 참가할 것
>   나. 회의 참가자가 (ㄴ)명 이상이고 그 중 외국인이 (ㄷ)명 이상일 것
>   다. 3일 이상 진행되는 회의일 것

① ㄱ – 3, ㄴ – 300, ㄷ – 100
② ㄱ – 3, ㄴ – 500, ㄷ – 150
③ ㄱ – 5, ㄴ – 300, ㄷ – 100
④ ㄱ – 5, ㄴ – 500, ㄷ – 150

> **해설**
>
> 국제회의의 종류 · 규모(「국제회의산업 육성에 관한 법률 시행령」 제2조 제1호)
> 국제기구나 국제기구에 가입한 기관 또는 법인 · 단체가 개최하는 회의로서 다음의 요건을 모두 갖춘 회의
> • 해당 회의에 3개국 이상의 외국인이 참가할 것
> • 회의 참가자가 100명 이상이고 그 중 외국인이 50명 이상일 것
> • 2일 이상 진행되는 회의일 것
> ※ 2023년 12월 28일부로 「국제회의산업 육성에 관한 법률 시행령」이 개정되면서 현재는 정답이 없다.

24 국제회의산업 육성에 관한 법령상 국제회의집적시설로 지정될 수 있는 시설이 아닌 것은?

① 관광진흥법에 따른 관광숙박업의 시설로서 150실의 객실을 보유한 시설
② 유통산업발전법에 따른 대규모점포
③ 국제회의산업 육성에 관한 법률에 따른 국제회의시설로서 3천명의 인원을 수용할 수 있는 대회의실이 있는 시설
④ 공연법에 따른 공연장으로서 700석의 객석을 보유한 공연장

> 해설
>
> 국제회의집적시설의 종류와 규모(「국제회의산업 육성에 관한 법률 시행령」 제4조)
> "숙박시설, 판매시설, 공연장 등 대통령령으로 정하는 종류와 규모에 해당하는 시설"이란 다음의 시설을 말한다.
> - 관광진흥법에 따른 관광숙박업의 시설로서 100실(4성급 또는 5성급으로 등급결정을 받은 호텔업의 경우에는 30실) 이 상의 객실을 보유한 시설
> - 유통산업발전법에 따른 대규모점포
> - 공연법에 따른 공연장으로서 300석 이상의 객석을 보유한 공연장
> - 그 밖에 국제회의산업의 진흥 및 발전을 위하여 국제회의집적시설로 지정될 필요가 있는 시설로서 문화체육관광부장관 이 정하여 고시하는 시설

25 국제회의산업 육성에 관한 법률상 국가 및 지방자치단체가 국제회의복합지구의 국제회의시설에 대해서 감 면할 수 있는 부담금이 아닌 것은?

① 하수도법에 따른 원인자부담금
② 초지법에 따른 대체초지조성비
③ 농지법에 따른 농지보전부담금
④ 개발이익 환수에 관한 법률에 따른 개발부담금

> 해설
>
> 부담금의 감면 등(「국제회의산업 육성에 관한 법률」 제15조의4 제1항)
> 국가 및 지방자치단체는 국제회의복합지구 육성·진흥사업을 원활하게 시행하기 위하여 필요한 경우에는 국제회의복합 지구의 국제회의시설 및 국제회의집적시설에 대하여 관련 법률에서 정하는 바에 따라 다음의 부담금을 감면할 수 있다.
> - 개발이익 환수에 관한 법률에 따른 개발부담금
> - 산지관리법에 따른 대체산림자원조성비
> - 농지법에 따른 농지보전부담금
> - 초지법에 따른 대체초지조성비
> - 도시교통정비 촉진법에 따른 교통유발부담금

관광학개론

※ 문제의 이해도에 따라 ○△× 체크하여 완벽하게 정리하세요.

26 관광객이 관광지의 수용력을 초과 방문하여 발생하는 관광현상으로 옳은 것은? ○△×

① Over Tourism
② Alternative Tourism
③ Sustainable Tourism
④ Local Tourism

> 해설
>
> 관광객이 관광지의 수용력을 넘어설 만큼 방문하여 환경·사회적으로 문제가 발생하는 현상을 말한다. 과잉관광이라고도 부른다.

27 근대시대의 유럽에서 '교육적 효과'를 궁극적인 목표로 삼았던 관광에 해당하는 것은? ○△×

① Grand Tour
② Mass Tourism
③ City Tourism
④ Night Tourism

> 해설
>
> Grand Tour
> 17세기 중반부터 19세기 초반까지 유럽의 상류층 자제들이 지식과 견문을 넓히기 위하여 유럽의 여러 나라를 순방하는 것을 Grand Tour(교양관광)라고 부른다.

28 세계관광기구(UNWTO)가 규정한 관광객 중 관광통계에 포함되지 않는 것은? ○△×

① 해외교포
② 승무원
③ 당일방문객
④ 국경통과자

> 해설
>
> 세계관광기구(UNWTO)의 비관광객
> 국경통근자, 유목민, 군인, 외교관, 일시적·영구적 이주자 등

29 관광의 발전단계와 핵심 관광동기의 연결로 옳지 않은 것은?   ○ △ ✕

① Tour시대 – 종교 동기
② Tourism시대 – 지식 동기
③ Mass Tourism시대 – 위락 동기
④ New Tourism시대 – 과시 동기

> 해설
> New Tourism시대는 관광의 생활화 동기이다.

30 현재 우리나라의 관광사업자단체에 해당하지 않는 것은?   ○ △ ✕

① 한국관광펜션업협회
② 한국관광안내사협회
③ 한국호텔업협회
④ 한국여행업협회

> 해설
> 관광사업자단체(관광협회)
> • 업종별 협회 : 한국호텔업협회, 한국여행업협회, 한국MICE협회, 한국카지노업관광협회, 한국종합유원시설협회, 한국외국인관광시설협회, 한국관광펜션업협회, 한국관광유람선업협회, 대한캠핑장협회, 한국PCO협회, 한국휴양콘도미니엄경영협회
> • 지역관광협회(시 · 도 단위) : 서울특별시, 부산광역시, 대구광역시, 인천광역시, 광주광역시, 대전광역시, 울산광역시, 세종특별자치시, 경기도, 강원도, 충청북도, 충청남도, 전라북도, 전라남도, 경상북도, 경상남도, 제주특별자치도관광협회

31 건전한 국민관광의 발전을 도모하기 위해 최초로 시행된 관광관련 법률은?   ○ △ ✕

① 관광사업법   ② 관광진흥법
③ 관광기본법   ④ 국민관광육성법

> 해설
> 관광기본법(1975년 제정)
> 이 법은 관광진흥의 방향과 시책의 기본을 규정함으로써 국제친선의 증진과 국민경제의 향상을 기하고 건전하고 지속가능한 국민관광의 발전을 도모함을 목적으로 한다(「관광기본법」 제1조).
> ① 1976년 지정되었으며 1987년 관광진흥법으로 제명을 변경 후 폐지되었다.
> ② 1987년 제정되었다.

32 문화체육관광부가 국민관광 활성화를 위해 추진한 관광상품 개발 사업에 해당하지 않는 것은?   ○ △ ✕

① 한국관광의 별
② 한국관광 100선
③ 따로 함께 걷는 대한민국
④ 코리아순례길

> **해설**
> 문화체육관광부가 추진한 관광상품은 코리아순례길이 아니라 '코리아둘레길'이다. 코리아둘레길은 동·서·남해안 및 DMZ 접경지역 등 우리나라 외곽을 하나로 이은 약 4,500km의 걷기여행길이다.

33 다음 국민관광정책들이 시행되었던 시기 순으로 옳게 나열한 것은?   ○ △ ✕

| ㄱ. 관광진흥법 제정 | ㄴ. 지리산 국립공원 지정 |
| ㄷ. 대전엑스포 개최 | ㄹ. 해외여행 자유화 실시 |

① ㄱ - ㄴ - ㄷ - ㄹ
② ㄴ - ㄱ - ㄹ - ㄷ
③ ㄷ - ㄹ - ㄱ - ㄴ
④ ㄹ - ㄷ - ㄱ - ㄴ

> **해설**
> ㄴ. 1967년
> ㄱ. 1987년
> ㄹ. 1989년
> ㄷ. 1993년

34 주요 항공사와 IATA코드 연결로 옳은 것을 모두 고른 것은?   ○ △ ✕

| ㄱ. 일본항공 – JL | ㄴ. 베트남항공 – VN |
| ㄷ. 필리핀항공 – FL | ㄹ. 대한항공 – KE |

① ㄱ, ㄴ, ㄷ
② ㄱ, ㄴ, ㄹ
③ ㄱ, ㄷ, ㄹ
④ ㄴ, ㄷ, ㄹ

> 해설
>
> 필리핀항공의 IATA 코드는 PR이다.

35 국제관광기구의 약자와 명칭의 연결로 옳은 것을 모두 고른 것은?   ○ △ ✕

ㄱ. PATA – 아시아 · 태평양관광협회
ㄴ. ASTA – 호주여행업협회
ㄷ. ICCA – 국제회의협회
ㄹ. APEC – 아시아 · 태평양관광협력기구

① ㄱ, ㄴ
② ㄱ, ㄷ
③ ㄴ, ㄷ
④ ㄴ, ㄹ

> 해설
>
> ㄴ. ASTA는 미국여행업협회이다.
> ㄹ. APEC은 아시아 · 태평양경제협력체이다.

36 다음 관광 형태에 관한 설명으로 옳은 것은? ○ △ ×

> 미국인 Smith가 미국에서 출발하여 일본과 우리나라를 관광한 후 미국으로 귀국하는 것

① 국내관광(Domestic Tourism)
② 국외관광(Outbound Tourism)
③ 국제관광(International Tourism)
④ 국민관광(National Tourism)

해설

국제관광(International Tourism)
국외관광(Outbound Tourism, 자국민이 타국에서 관광) + 외래관광(Inbound Tourism, 외국인이 자국 내에서 관광) + 해외관광(Overseas Tourism, 외국인이 외국에서 관광)

37 관광개발의 섹터에 따른 관광개발 주체의 연결로 옳지 않은 것은? ○ △ ×

① 제1섹터방식 – 관광개발기업 주도
② 제2섹터방식 – 민간 주도
③ 제3섹터방식 – 공공 + 민간 주도
④ 혼합섹터방식 – 공공 + 민간 + 지역센터 주도

해설

제1섹터방식 : 공공 주도

38 문화체육관광부에서 2020년에 선정한 '지역관광거점도시'에 해당하지 않는 곳은? ○ △ ×

① 강원도 강릉시
② 전라남도 목포시
③ 경상북도 경주시
④ 전라북도 전주시

해설

2020년 국제 관광도시는 부산광역시이며, 지역관광거점도시는 전라남도 목포시, 전라북도 전주시, 강원도 강릉시, 경상북도 안동시가 있다.

39 관광진흥법상 카지노가 허가되는 시설로 옳은 것은? ○ △ ×

① 국제회의업 시설의 부대시설
② 국내를 왕래하는 여객선
③ 휴양콘도미니엄
④ 가족호텔

> **해설**
>
> 카지노업의 허가 요건(「관광진흥법」 제21조 제1항)
> 문화체육관광부장관은 카지노업의 허가신청을 받으면 다음의 어느 하나에 해당하는 경우에만 허가할 수 있다.
> • 국제공항이나 국제여객선터미널이 있는 특별시·광역시·특별자치시·도·특별자치도(이하 "시·도")에 있거나 관광
>   특구에 있는 관광숙박업 중 호텔업 시설(관광숙박업의 등급 중 최상 등급을 받은 시설만 해당하며, 시·도에 최상 등급
>   의 시설이 없는 경우에는 그 다음 등급의 시설만 해당) 또는 대통령령으로 정하는 국제회의업 시설의 부대시설에서 카
>   지노업을 하려는 경우로서 대통령령으로 정하는 요건에 맞는 경우

40 다음 설명에 해당하는 기구는? ○ △ ×

> 해당 도시나 지역을 대표하여 컨벤션뿐만 아니라 전시회·박람회 및 인센티브 관광 등 MICE와 관련된
> 행사를 유치하는 데 필요한 업무와 정보를 제공해주는 국제회의 전담기구

① CVB   ② UIA
③ ICCA   ④ KTO

> **해설**
>
> ② UIA(국제회의연합) : 1907년 벨기에에서 설립된 비영리 기구로 국제기관 및 협회 간 정보교류와 발전을 목적으로
>   창설
> ③ ICCA(세계국제회의전문협회) : 정기적인 회의로 최소 3개국 이상을 순회하면서 개최되고 참가자가 50명 이상인 회의
> ④ KTO(한국관광공사) : 관광관련 국민의 삶의 질 향상, 국민의 공익증진을 위한 기관

41 관광진흥법령상 크루즈업의 등록기준 중 ( )에 들어갈 내용으로 옳은 것은? ○ △ ✕

> • 욕실이나 샤워시설을 갖춘 객실을 (ㄱ)실 이상 갖추고 있을 것
> • 체육시설, 미용시설, 오락시설, 쇼핑시설 중 (ㄴ) 종류 이상의 시설을 갖추고 있을 것
> • 식당 · 매점 · (ㄷ)을(를) 갖추고 있을 것

	ㄱ	ㄴ	ㄷ
①	20	2	휴게실
②	20	3	환전소
③	30	2	휴게실
④	30	3	환전소

해설

크루즈업의 등록기준(「관광진흥법 시행령」 별표1 제4호 라목)
• 크루즈업의 등록기준
  – 일반관광유람선업에서 규정하고 있는 관광사업의 등록기준을 충족할 것
  – 욕실이나 샤워시설을 갖춘 객실을 20실 이상 갖추고 있을 것
  – 체육시설, 미용시설, 오락시설, 쇼핑시설 중 두 종류 이상의 시설을 갖추고 있을 것
• 일반관광유람선업의 등록기준
  – 선박안전법에 따른 구조 및 설비를 갖춘 선박일 것
  – 이용객의 숙박 또는 휴식에 적합한 시설을 갖추고 있을 것
  – 수세식화장실과 냉 · 난방 설비를 갖추고 있을 것
  – 식당 · 매점 · 휴게실을 갖추고 있을 것
  – 수질오염을 방지하기 위한 오수 저장 · 처리시설과 폐기물처리시설을 갖추고 있을 것

42 항공운송사업의 특성으로 옳지 않은 것은? ○ △ ✕

① 안전성 ② 고속성
③ 유연성 ④ 경제성

해설

항공운송사업의 특성
서비스성, 안전성, 고속성, 정시성, 쾌적성과 편리성, 노선개설의 용이성, 경제성, 공공성, 자본집약성

43 호텔의 특성에 따른 분류와 호텔 유형 연결로 옳지 않은 것은? ○ △ ✕

① 숙박기간 – Residential Hotel
② 입지조건 – Airport Hotel
③ 숙박목적 – Commercial Hotel
④ 숙박규모 – Transient Hotel

해설
트랜지언트 호텔은 숙박기간에 의해 분류한 것으로, 주로 1~2일 머무는 단기 체재객들이 이용하는 호텔이다.

44 호텔업의 특성으로 옳지 않은 것은? ○ △ ✕

① 인적서비스에 대한 의존성
② 낮은 위험부담
③ 계절성
④ 고정자산 과다

해설
호텔업은 계절에 따라 수입격차가 심하고 환경에 따라서도 크게 영향을 받는 업종이므로 위험부담이 크다.

45 우리나라 카지노산업의 파급효과로 볼 수 없는 것은? ○ △ ✕

① 지역경제 활성화
② 지역의 고용창출 효과
③ 과도한 이용으로 인한 사회적 부작용
④ 관광진흥개발기금 재원 감소

해설
카지노사업자는 총매출액의 100분의 10의 범위에서 일정 비율에 해당하는 금액을 관광진흥개발기금에 내야 한다(「관광진흥법」 제30조 제1항). 따라서 카지노산업은 관광진흥개발기금 재원을 확대하는 효과가 있다.

46 스마트관광도시의 사업목표로 옳지 않은 것은? ○ △ ×

① 기술 기반 미래관광 서비스 · 인프라 육성
② 혁신 기업의 참여를 통한 새로운 관광산업 발전기반 마련
③ 지역 경쟁력 강화를 통한 지역관광 활성화
④ 스마트관광 생태계 구현을 통한 웰니스관광 개발

> **해설**
> 스마트관광도시는 관광 · 기술 요소를 융 · 복합하여 관광객을 대상으로 차별화된 경험 · 편의 · 서비스를 제공하고, 이로 인해 쌓인 정보를 분석하여 지속적으로 관광 콘텐츠 및 인프라를 개선하고 발전시키는 관광도시를 말한다. 스마트관광도시의 목표는 기술 기반 미래 관광서비스 · 인프라 육성, 혁신 기업의 참여를 통한 新관광산업 발전 기반 마련, 지역 경쟁력 강화를 통한 지역관광 활성화이다.

47 관광사업의 기본적 성격에 관한 설명으로 옳지 않은 것은? ○ △ ×

① 안전성
② 복합성
③ 입지의존성
④ 공익성과 기업성

> **해설**
> 관광사업의 특성으로는 복합성, 입지의존성, 변동성, 공익성, 서비스성이 있다.

48 국제의료관광코디네이터의 역할로 옳지 않은 것은? ○ △ ×

① 외국인환자 공항 영접 · 환송서비스
② 외국인환자 통역서비스
③ 외국인환자 진료서비스
④ 외국인환자 의료사고 및 컴플레인 관리

> **해설**
> 진료서비스는 의사만이 가능하다. 국제의료관광코디네이터는 외국인환자의 진료서비스를 지원하는 역할을 한다.

2022년
관광학개론

49 다음은 우리나라 여행업에 관한 설명이다. (   )에 들어갈 내용으로 옳은 것은? ○ △ ✕

> • 국내여행업은 다양한 국민관광 수요를 충족하기 위해 1982년 허가제에서 (ㄱ)로 변경되었다.
> • 국내외를 여행하는 내국인 및 외국인을 대상으로 하는 여행업은 2021년 일반여행업에서 (ㄴ)으로 변경되었고, 자본금은 (ㄷ) 이상이어야 한다.

	ㄱ	ㄴ	ㄷ
①	등록제	국내외여행업	1억원
②	등록제	종합여행업	5천만원
③	신고제	국내외여행업	1억원
④	신고제	종합여행업	5천만원

해설

1982년 국내여행업이 허가제에서 등록제로 변경되었으며, 2021년 법령이 개정되어 일반여행업에서 종합여행업으로 명칭이 변경되었다. 종합여행업의 자본금은 5천만원 이상이어야 한다(「관광진흥법 시행령」 별표1 제1호).

50 관광의사결정에 영향을 미치는 사회 · 문화적 요인으로 옳지 않은 것은? ○ △ ✕

① 문 화 ② 동 기
③ 준거집단 ④ 가 족

해설

관광의사결정에 영향을 미치는 요인
• 개인적 요인 : 학습, 성격, 태도, 동기, 지각
• 사회적 요인 : 가족, 문화, 사회계층, 준거집단

PART 03

2021년
실제기출문제

※ 본 내용은 2021년 9월 시행된 관광통역안내사의 실제기출문제입니다.

국 사

※ 문제의 이해도에 따라 ○ △ × 체크하여 완벽하게 정리하세요.

01 신석기시대에 관한 설명으로 옳은 것은?   ○ △ ×

① 명도전을 화폐로 사용하였다.

② 검은 간토기를 널리 사용하였다.

③ 바닥이 여(呂) · 철(凸)자형인 집을 짓고 거주하였다.

④ 사냥 · 채집 · 어로가 식량을 획득하는 주요 수단이었다.

> **해설**
> ① · ② · ③ 철기시대에 대한 설명이다.

02 다음 풍속을 가진 나라에 관한 설명으로 옳은 것은?   ○ △ ×

> 수해나 한해를 입어 오곡이 잘 익지 않으면, 그 책임을 왕에게 묻기도 하였다.
>
> – 삼국지 –

① 살인자는 사형에 처하였다.

② 덩이쇠를 화폐처럼 사용하였다.

③ 산둥지방의 제나라와 교역하였다.

④ 매년 무천이라는 제천 행사가 열렸다.

> **해설**
> 보기의 나라는 부여이다. 부여는 4조목을 적용하여, 살인자는 사형에 처하였다.
> ② 변한, ③ 고조선, ④ 동예에 대한 설명이다.

03 옥저에 관한 설명으로 옳은 것은?   ○ △ ✕

① 서옥제라는 혼인 풍속이 있었다.

② 도둑질을 한 자는 노비로 삼았다.

③ 낙랑군과 고구려의 지배를 받았다.

④ 지배자를 상가, 고추가 등으로 불렀다.

> 해설
>
> ① · ④ 고구려, ② 고조선에 해당한다.

04 백제의 통치체제에 관한 설명으로 옳지 않은 것은?   ○ △ ✕

① 제가들이 협의하여 주요 국사를 처리하였다.

② 22부의 실무 관청을 두어 행정을 분담하였다.

③ 지방에 방령, 군장이라 불리는 관리를 파견하였다.

④ 관리를 세 부류로 나누어 공복 색깔을 구별하였다.

> 해설
>
> 제가회의에서 국사를 처리한 곳은 고구려이다.
>
> 삼국의 귀족회의
> • 고구려 : 제가회의
> • 백제 : 정사암회의
> • 신라 : 화백회의

05 승려에 관한 설명으로 옳지 않은 것은?   ○ △ ✕

① 원효는 불교 대중화에 앞장섰다.

② 자장은 황룡사 9층목탑 건립을 건의하였다.

③ 의상은 현장의 제자로 유식학을 발전시켰다.

④ 담징은 일본에 종이와 먹의 제조 방법을 전하였다.

> 해설
>
> 유식학을 발전시킨 승려는 원측이다. 의상은 화엄종을 개창하고 부석사를 건립하였다.

06 다음 연표에서 (가), (나)에 들어갈 역사적 사건으로 옳지 <u>않은</u> 것은?   ○ △ ✕

백제, 평양성 공격		백제, 웅진 천도		백제, 국호 남부여로 변경	
↓		↓		↓	
	(가)		(나)		

① (가) - 고구려가 신라를 침략한 왜를 격퇴하였다.
② (가) - 백제가 신라와 동맹을 맺었다.
③ (나) - 신라가 불교를 공인하였다.
④ (나) - 대가야가 신라에 병합되었다.

> **해설**
> 백제, 평양성 공격(371) → 백제, 웅진 천도(475) → 백제, 국호 남부여로 변경(538) → 대가야 신라 병합(562)

07 발해 문왕에 관한 설명으로 옳지 <u>않은</u> 것은?   ○ △ ✕

① 수도를 중경에서 상경으로 옮겼다.
② 인안이라는 독자적인 연호를 사용하였다.
③ 불교의 이상적 군주인 전륜성왕을 자처하였다.
④ 일본에 보낸 국서에서 스스로 천손이라 칭하였다.

> **해설**
> '인안'이라는 독자적 연호를 사용한 왕은 발해의 무왕이다. 문왕은 '대흥 · 보력'이라는 연호를 사용하였다.

08 신라촌락문서(민정문서)에 관한 설명으로 옳지 <u>않은</u> 것은?   ○ △ ✕

① 3년마다 다시 작성하였다.
② 일본의 정창원에서 발견되었다.
③ 가호를 9등급으로 구분한 것을 알 수 있다.
④ 인구를 연령에 따라 3등급으로 구분한 내용이 기재되어 있다.

> **해설**
> 16~60세까지의 연령을 기준으로 6등급으로 구분하였다.

09 고려 광종이 추진한 정책으로 옳지 않은 것은? ○ △ ×

① 과거제도 시행
② 노비안검법 실시
③ 지방에 경학박사 파견
④ 백관의 공복 제정

해설

지방에 경학박사를 파견한 왕은 성종이다.

10 다음에서 설명하는 정치기구는? ○ △ ×

> 최고위 무신들로 구성된 회의기구로서 무신정변 직후부터 최충헌이 권력을 잡을 때까지 최고 권력기구였다.

① 도 당
② 도 방
③ 중 방
④ 교정도감

해설

보기에서 설명하는 기구는 중방이다. 중방은 2군 6위의 상장군·대장군으로 구성되어 있다.

11 고려시대에 조성된 탑으로 옳은 것을 모두 고른 것은? ○ △ ×

> ㄱ. 경천사지 10층석탑
> ㄴ. 원각사지 10층석탑
> ㄷ. 화엄사 4사자 3층석탑
> ㄹ. 월정사 8각9층석탑

① ㄱ, ㄴ
② ㄱ, ㄹ
③ ㄴ, ㄷ
④ ㄷ, ㄹ

해설

ㄴ. 조선시대
ㄷ. 통일신라시대

12 밑줄 친 '이 사람'에 관한 설명으로 옳지 않은 것은? ○ △ ×

> 이 사람은 원나라 세조(쿠빌라이)의 딸인 제국대장공주의 아들로 연경(베이징)에 만권당이라는 연구기관을 설립하여 이제현 등 고려 학자와 조맹부 등 원나라 학자들이 교류하게 하였다.

① 정방을 폐지하였다.
② 심양왕에 책봉되었다.
③ 사림원의 기능을 강화하였다.
④ 정동행성 이문소를 폐지하였다.

해설
보기에서 설명하고 있는 사람은 충선왕이다.
① · ④ 공민왕의 업적에 해당한다.
※ **충선왕과 공민왕 모두 정방을 폐지했던 왕이다.**

13 이황에 관한 설명으로 옳은 것을 모두 고른 것은? ○ △ ×

> ㄱ. 주자서절요를 편찬하였다.
> ㄴ. 기호학파에 영향을 주었다.
> ㄷ. 향촌 공동체를 위한 해주 향약을 만들었다.
> ㄹ. 국왕에게 건의하여 백운동서원을 소수서원으로 사액받았다.

① ㄱ, ㄴ   ② ㄱ, ㄹ
③ ㄴ, ㄷ   ④ ㄷ, ㄹ

해설
ㄴ · ㄷ. 이이에 관한 설명이다.
• 이황 : 〈성학십도〉 저술, 주리론
• 이이 : 〈성학집요〉 저술, 주기론

14 세종의 업적에 관한 설명으로 옳지 않은 것은?   ○ △ ✕

① 갑인자를 주조하였다.
② 북방에 4군 6진을 개척하였다.
③ 전분 6등법과 연분 9등법을 시행하였다.
④ 6조 직계제를 시행하여 의정부의 힘을 약화시켰다.

> 해설
> 6조 직계제를 시행한 왕은 태종, 세조이다.

15 다음에서 설명하는 의학서는?   ○ △ ✕

> • 의학 백과사전의 형식이다.
> • 중국의 역대 의서를 집대성하였다.
> • 전순의 등에 의해 왕명으로 편찬되었다.

① 마과회통
② 의방유취
③ 향약집성방
④ 동의수세보원

> 해설
> ① 홍역에 대한 연구를 담은 책이다.
> ③ 우리의 풍토와 알맞은 약재, 치료 방법을 정리하여 담은 책이다.
> ④ 사람의 체질을 구분하여 치료하는 방법을 담은 책이다.

16 광해군 때의 역사적 사실에 관한 설명으로 옳지 않은 것은?   ○ △ ✕

① 대동법이 시행되었다.
② 북벌운동이 전개되었다.
③ 북인 세력이 왕을 지지하였다.
④ 동의보감의 편찬이 완성되었다.

> 해설
> 북벌운동은 효종 때 전개되었다.

17 다음에서 설명하는 인물은? ○ △ ✕

> • 성호사설을 저술하였다.
> • 6가지 폐단으로 노비제도, 과거제, 양반문벌제도, 사치와 미신, 승려, 게으름을 지적하였다.

① 이 익   ② 유수원
③ 박지원   ④ 홍대용

> 해설
> 보기에서 설명하는 인물은 이익으로, 한전제를 주장하였다.

18 다음에서 설명하는 조선시대의 교육기관은? ○ △ ✕

> • 성현에 대한 제사와 유생교육, 지방민의 교화를 위해 부·목·군·현에 설치하여 학생들을 국비로 가르쳤다.
> • 학생들은 여름 농번기에 방학을 맞아 농사를 돌보고, 가을에 추수가 끝나면 기숙사인 재에 들어가 기거하면서 유학 경전을 공부했다.

① 4학   ② 서 원
③ 향 교   ④ 성균관

> 해설
> ① 4부학당을 말하는 것으로 중학·동학·남학·서학 등이 있다.
> ② 학문을 닦음과 동시에 향음주례를 지내는 곳으로 사립교육기관이다.
> ④ 조선시대 최고 국립교육기관이다.

19 다음과 같은 사건이 일어난 시기를 연표에서 옳게 고른 것은? ○ △ ✕

명종 즉위 후, 윤원형 등 중신들의 부패가 극심하여 도적떼들이 많이 나타났다. 이 가운데 임꺽정 무리는 황해도 구월산에 본거지를 두고 활동하다가 관군에 토벌당하였다.

① (가)
② (나)
③ (다)
④ (라)

> **해설**
> 경국대전 완성(성종) → 무오사화(연산군) → 중종반정(연산군 · 중종) → 중신들의 부패가 극심하여 도적떼들이 나타남. 임꺽정 무리가 관군에 토벌당함(명종) → 임진왜란(선조) → 인조반정(광해군)

20 다음에서 설명하는 화가의 작품은? ○ △ ✕

진경산수화의 대가로서 금강산과 서울 주변의 수려한 경관을 독특한 필치로 그려냈다.

① 인왕제색도
② 몽유도원도
③ 송하보월도
④ 고사관수도

> **해설**
> 보기의 화가는 정선이다. 〈인왕제색도〉 외에도 〈금강전도〉가 유명하다.
> ② 안 견
> ③ 이상좌
> ④ 강희안

21 조선 후기에 있었던 사실로 옳지 않은 것은?

① 균역법이 시행되었다.
② 직전법이 실시되었다.
③ 신해통공이 반포되었다.
④ 담배가 상품 작물로 재배되었다.

해설
직전법은 조선 세조 시기 실시되었다.

22 정조 때의 역사적 사실로 옳은 것은?

① 장용영 설치
② 속오례의 편찬
③ 삼정이정청 설치
④ 백두산 정계비 설치

해설
② 영조, ③ 철종, ④ 숙종 때의 역사적 사실에 해당한다.

23 다음 사건을 발생시기가 앞선 순으로 바르게 나열한 것은?

> ㄱ. 한성근 부대가 문수산성에서 프랑스군을 격퇴하였다.
> ㄴ. 거중조정 조항이 포함된 조ㆍ미 수호 통상 조약이 체결되었다.
> ㄷ. 운요호 사건을 계기로 일본과 조선 사이에 강화도 조약이 체결되었다.
> ㄹ. 영국은 러시아의 남하정책을 저지하기 위해 거문도를 점령하였다.

① ㄱ → ㄷ → ㄴ → ㄹ
② ㄱ → ㄹ → ㄷ → ㄴ
③ ㄹ → ㄱ → ㄴ → ㄷ
④ ㄹ → ㄱ → ㄷ → ㄴ

해설
ㄱ. 병인양요(1866) → ㄷ. 강화도 조약 체결(1876) → ㄴ. 조ㆍ미 수호 통상 조약 체결(1882) → ㄹ. 거문도 점령(1885)

24 (가)와 (나) 사이에 일어난 역사적 사실로 옳은 것을 모두 고른 것은?

> (가) 국군과 유엔군은 압록강과 두만강 일대까지 진격하였다.
> (나) 휴전협정이 체결되었다.

> ㄱ. 인천상륙작전이 성공하였다.
> ㄴ. 애치슨 선언이 발표되었다.
> ㄷ. 흥남 철수 작전이 전개되었다.
> ㄹ. 서울을 다시 내어 주는 1 · 4 후퇴가 일어났다.

① ㄱ, ㄴ
② ㄱ, ㄹ
③ ㄴ, ㄷ
④ ㄷ, ㄹ

> 해설
> (가) 1950년 10월, (나) 1953년 7월에 일어난 사실이다.
> ㄷ. 1950년 12월 → ㄹ. 1951년 1월 → ㄱ. 1950년 9월 → ㄴ. 1950년 1월

25 1920년대의 역사적 사실로 옳지 않은 것은?

① 민립대학설립 운동이 일어났다.
② 민족협동전선인 신간회가 창립되었다.
③ 상하이에서 국민대표회의가 개최되었다.
④ 의열투쟁을 위해 한인애국단이 조직되었다.

> 해설
> 한인애국단이 조직된 것은 1931년이다.

관광자원해설

※ 문제의 이해도에 따라 체크하여 완벽하게 정리하세요.

26 관광자원해설 기법 중 매체이용해설에 관한 설명으로 옳지 않은 것은?

① 모형기법, 시청각기법을 활용한다.
② 최신장비 도입을 통해 관람객 관심 유도가 가능하다.
③ 매체 관리유지를 위한 정기적 보수가 필요하다.
④ 역사적 사실 재현에는 효과성이 낮은 방법이다.

> **해설**
>
> 매체이용해설
> • 재현에 특히 효과적인 해설 유형
> • 최신장비 도입을 통해 관람객에게 호기심, 신비감을 주어 장시간 관심 유도 가능
> • 고장에 대비하고 관리유지를 위해 정기적 보수가 필요함
> • 모형기법, 실물기법, 청각기법, 시청각기법, 멀티미디어 재현시설기법, 시뮬레이션 기법 등이 있음

27 관광자원의 특성으로 옳지 않은 것은?

① 보존과 보호를 필요로 한다.
② 관광동기를 유발하는 매력성을 지닌다.
③ 관광자원의 가치는 변하지 않는 속성을 갖는다.
④ 관광자원의 범위는 다양하다.

> **해설**
>
> 관광자원은 시대와 사회구조에 따라서 그 가치를 달리한다.

28 우리나라 국가지질공원에 관한 설명으로 옳지 않은 것은?

○ △ ×

① 지구과학적으로 중요하고 경관이 우수한 지역이다.
② 인증기간은 고시일로부터 4년이다.
③ 교육·관광사업으로 활용한다.
④ 부산 7개 자치구가 최초 지정된 곳이다.

> **해설**
> 부산 7개 자치구는 3번째로 지정된 곳이다. 최초로 지정된 곳은 울릉도·독도, 제주도이다.

29 호수관광자원에 관한 설명으로 옳은 것은?

○ △ ×

① 우각호는 해안지역에 토사의 퇴적으로 생긴 호수이다.
② 석호는 하천의 곡류천에 이루어진 호수이다.
③ 충청북도 충주호, 강원도 소양호는 인공호이다.
④ 백두산 천지, 한라산 백록담은 칼데라호이다.

> **해설**
> ③ 인공호는 충청북도 충주호, 강원도 소양호 외에 경기도 시화호가 있다.
> ① 해안지역에 토사의 퇴적으로 생긴 호수는 석호이다.
> ② 하천의 곡류천에 이루어진 호수는 우각호이다.
> ④ 백두산 천지는 칼데라호, 한라산 백록담은 화구호이다.

완전정복 TIP 화구호와 칼데라호

구 분	화구호(火口湖)	칼데라호(Caldera湖)
형성원인	화산의 분화구에 그대로 물이 고여 생기는 호수	마그마의 분출로 생겨난 공간으로 위에 쌓인 지층이 내려앉고 그 위에 물이 고여 생긴 호수
예 시	한라산 백록담	백두산 천지

30 다음이 설명하는 코리아 둘레길은? ○ △ ✕

> • 부산 오륙도에서 강원 고성 통일전망대까지 이르는 탐방로
> • 동해안의 해변길, 숲길, 마을길을 잇는 탐방로

① 해파랑길
② 남파랑길
③ 서해랑길
④ DMZ 평화의 길

해설

코리아 둘레길
• 동해안(해파랑길) : 강원도 고성~부산 오륙도 해맞이 공원
• 서해안(서해랑길) : 전라남도 해남군 땅끝~인천 강화
• 남해안(남파랑길) : 부산 오륙도 해맞이 공원~전라남도 해남군 땅끝
• 비무장지대 접경지역(DMZ 평화의 길) : 철원코스(철원평야, 한탄강), 파주코스(구 장단면사무소, 장단역 죽음의 다리),
  고성코스(금강산, 해금강)

2021년

관광자원해설

---

31 우리나라 도립공원에 관한 설명으로 옳은 것은? ○ △ ✕

① 전라북도 모악산 도립공원이 최초로 지정되었다.
② 마이산은 경상북도에 위치한 도립공원이다.
③ 전라남도의 월출산은 도립공원에서 국립공원으로 승격되었다.
④ 문경새재는 경상남도에 위치한 도립공원이다.

해설

① 경상북도 금오산 도립공원이 최초로 지정되었다.
② 마이산은 전라북도에 위치한 도립공원이다.
④ 문경새재는 경상북도에 위치한 도립공원이다.

---

32 지역과 관광단지 연결이 옳은 것은? ○ △ ×

① 강원도 – 오시아노 관광단지
② 경상북도 – 감포해양 관광단지
③ 전라남도 – 마우나오션 관광단지
④ 경기도 – 구산해양 관광단지

> **해설**
>
> ① 전라남도 해남 : 오시아노 관광단지
> ③ 경상북도 경주 : 마우나오션 관광단지
> ④ 경상남도 창원 : 구산해양 관광단지

33 우리나라 지역별 민속주가 아닌 것은? ○ △ ×

① 한산의 소곡주 ② 진도의 진양주
③ 면천의 두견주 ④ 안동의 소주

> **해설**
>
> 우리나라의 지역별 민속주
> - 한산 소곡주 ・ 진도 홍주
> - 면천 두견주 ・ 안동 소주
> - 서울 문배주 ・ 전주 이강주
> - 경주 교동법주 ・ 김천 과하주
> - 제주 오메기술

34 강원랜드 카지노에 관한 설명으로 옳은 것은? ○ △ ×

① 2003년 최초로 내국인 출입이 허용된 카지노이다.
② 2045년까지 내국인 출입이 허용 운영될 예정이다.
③ 강원도의 유일한 카지노이다.
④ 2020년 기준 국내 카지노 업체 중 매출액이 두 번째로 높다.

> **해설**
>
> ① 2000년 10월 최초로 내국인 출입이 허용된 카지노이다.
> ③ 강원랜드 카지노 외에 외국인을 대상으로 하는 알펜시아 카지노가 있다.
> ④ 2020년 기준 국내 카지노 업체 중 매출액이 첫 번째로 높다.

35 관광레저형 기업도시에 관한 설명으로 옳지 않은 것은? ○ △ ✕

① 자족적 생활공간 기능을 갖추도록 한다.
② 전남 무주에서 시범사업중이다.
③ 국민 모두가 함께 누리는 관광휴양 도시를 추구한다.
④ 다양한 관광레저시설의 유기적 배치를 계획한다.

> 해설
>
> 관광레저형 기업도시 시범사업 지역은 무주, 태안, 영암·해남이 선정되었으나, 무주는 경제침체 등으로 사업을 포기하여 개발구역 지정 해제되었다. 따라서 현재는 태안, 영암·해남만이 관광레저형 기업도시에 속한다.

36 관광두레에 관한 설명으로 옳지 않은 것은? ○ △ ✕

① 하드웨어 중심적 지역관광 활성화가 주요 목적이다.
② 관광두레PD는 주민사업체의 육성 및 창업을 현장에서 지원한다.
③ 주민사업체별 최대 5년간 지원이 가능한 사업이다.
④ 주민사업체는 매년 진단평가를 받는다.

> 해설
>
> 소프트웨어 중심적 지역관광 활성화가 주요 목적이다.
>
> 관광두레
> 관광과 두레의 합성어이며, 주민공동체 기반으로 지역 고유의 특색을 지닌 숙박·음식·여행·체험·레저·기념품 등을 생산·판매하는 관광사업체를 창업하고 경영할 수 있도록 지원하는 사업

37 2020년 선정된 지역관광거점도시에 해당하는 것을 모두 고른 것은? ○ △ ✕

ㄱ. 강원 강릉시	ㄴ. 경북 안동시
ㄷ. 충남 부여군	ㄹ. 전남 목포시
ㅁ. 전북 전주시	ㅂ. 충남 제천시

① ㄱ, ㄴ, ㄷ, ㅁ
② ㄱ, ㄴ, ㄹ, ㅁ
③ ㄴ, ㄷ, ㄹ, ㅂ
④ ㄷ, ㄹ, ㅁ, ㅂ

> 해설
>
> 관광거점도시
> • 국제관광도시 : 부산
> • 지역관광거점도시 : 강릉, 목포, 안동, 전주

38 하회별신굿탈놀이에 관한 설명으로 옳은 것을 모두 고른 것은?　　　　　○ △ ×

> ㄱ. 안동 하회동과 병산동에서 전승되는 탈놀이에 해당된다.
> ㄴ. 마을의 안녕과 풍년을 기원하는 마을굿에서 유래되었다.
> ㄷ. 가면극으로 사회풍자와 비판내용을 담고 있다.

① ㄱ
② ㄱ, ㄴ
③ ㄴ, ㄷ
④ ㄱ, ㄴ, ㄷ

> **해설**
>
> 하회별신굿탈놀이(국가무형유산)
>
> 3 · 5년 혹은 10년마다 마을의 수호신 성황(서낭)님에게 마을의 평화와 농사의 풍년을 기원하는 굿으로 우리나라 가면극
> 의 발생이나 기원을 밝히는 데 중요한 자료가 되고 있다.
>
> ※ **2024년 5월 17일 법령 개정에 따라 '국가무형문화재'의 명칭이 '국가무형유산'으로 변경되었다.**

39 다음이 설명하는 성곽의 유형은?　　　　　○ △ ×

> 왕궁과 종묘사직, 의정부가 위치한 도읍을 방어하기 위해 축조한 성곽이다.

① 도 성
② 읍 성
③ 산 성
④ 장 성

> **해설**
>
> ② 지방행정관서가 있는 고을에 축성되는 것으로, 관아와 민가를 함께 수용하는 성
> ③ 산의 지세를 활용하여 평야를 앞에 둔 산에 쌓은 성
> ④ 국경의 변방에 외적을 막기 위해 쌓은 성

40 경상북도에 있는 조선시대 서원이 아닌 것은? ○△✕

① 소수서원
② 도산서원
③ 병산서원
④ 심곡서원

> **해설**
> 심곡서원은 경기도에 위치한 조선시대 서원이다.

41 조선왕조실록에 관한 설명으로 옳지 않은 것은? ○△✕

① 1997년 유네스코 세계기록유산에 등재되었다.
② 태조부터 25대 철종까지 472년간의 조선왕조 역사를 기록하였다.
③ 실록의 기술과 간행을 담당했던 사관의 독립성과 비밀을 제도적으로 보장하여 사실성과 신빙성을 확보하였다.
④ 국왕이 국정운영 내용을 매일 일기형식으로 기록한 공식기록물이다.

> **해설**
> 국왕이 국정운영 내용을 매일 일기형식으로 기록한 공식기록물은 일성록이다. 조선왕조실록은 조선 태조부터 철종까지의 역사를 연 · 월 · 일의 순서에 따라 편년체로 기록한 책이다.

42 백제에서 조성한 불탑은? ○△✕

① 익산 미륵사지 석탑
② 황룡사 9층목탑
③ 불국사 석가탑
④ 중원 탑평리 7층석탑

> **해설**
> ② 신라, ③ · ④ 통일신라에 조성되었다.

43 유네스코 세계문화유산으로 등록된 조선시대 궁궐은?　　　　　　　　○ △ ✕

① 창덕궁　　　　　　　　　　　　② 경복궁
③ 창경궁　　　　　　　　　　　　④ 경희궁

> **해설**
> 1997년 12월 창덕궁이 유네스코 세계문화유산으로 등록되었다.

44 유형문화재 중 국보가 아닌 것은?　　　　　　　　　　○ △ ✕

① 익산 미륵사지 석탑
② 부여 정림사지 5층 석탑
③ 경주 불국사 다보탑
④ 보은 법주사 사천왕 석등

> **해설**
> 보은 법주사 사천왕 석등은 보물에 해당하며, 보은 법주사 쌍사자 석등이 국보에 해당한다.
> ※ 2024년 5월 17일 법령 개정에 따라 '유형문화재'의 명칭이 '문화유산'으로 변경되었다.

45 다음이 설명하는 세시풍속은?　　　　　　　　　　　○ △ ✕

> • 부녀자들은 그네뛰기를 하며, 남자들은 씨름을 즐겼다.
> • 머리를 윤기 있게 만들기 위해 창포를 삶은 물에 머리를 감는다.
> • 음력 5월 5일에 모내기를 끝내고 풍년을 기원하는 풍속이다.

① 추 석　　　　　　　　　　　　② 설 날
③ 단 오　　　　　　　　　　　　④ 정월 대보름

> **해설**
> ① 음력 8월 15일로, 한가위, 가배일, 중추절이라고도 부른다. 추석의 풍속으로는 벌초, 차례, 강강술래 등이 있다.
> ② 새해의 첫날로, 신정, 신일이라고도 부른다. 설의 풍속으로는 설빔, 차례, 세배, 성묘 등이 있다.
> ④ 음력 1월 15일로, 상원이라고도 부른다. 정월 대보름의 풍속으로는 줄다리기, 부럼깨기, 달맞이, 지신밟기 등이 있다.

46 다음이 설명하는 우리나라 전통마을은?

○ △ ✕

> • 2010년 세계문화유산에 등재되었다.
> • 여강 이씨와 월성 손씨의 집성촌으로 조선시대의 생활문화를 잘 보여 준다.
> • 주요 건축물인 무첨당, 향단, 관가정 등 보물들과, 서백당, 이향정, 심수정 등의 국가민속문화재가 있다.

① 왕곡마을
② 외암마을
③ 무섬마을
④ 양동마을

해설

① 국가민속문화유산으로, 강릉 함씨와 강릉 최씨, 용궁 김씨의 집성촌이다.
② 국가민속문화유산으로, 강씨와 목씨 등이 정착하여 마을을 이루었으며 조선시대부터 예안 이씨가 대대로 살기 시작한 곳이다.
③ 국가민속문화유산으로, 반남 박씨와 선성 김씨의 집성촌이다.
※ 2024년 5월 17일 법령 개정에 따라 '국가민속문화재'의 명칭이 '국가민속문화유산'으로 변경되었다.

47 유네스코에 등재된 세계기록유산이 아닌 것은?

○ △ ✕

① 훈민정음
② 직지심체요절
③ 판소리
④ 조선왕조 의궤

해설

판소리는 국가무형유산이다.
※ 2024년 5월 17일 법령 개정에 따라 '국가무형문화재'의 명칭이 '국가무형유산'으로 변경되었다.

48 전통건축양식에서 주심포공포양식으로 지어진 건축물이 아닌 것은? ○ △ ×

① 경복궁 근정전
② 봉정사 극락전
③ 부석사 무량수전
④ 수덕사 대웅전

> **해설**
> 경복궁 근정전은 다포양식으로 지어진 건축물이다.
> • 주심포양식 : 봉정사 극락전, 부석사 무량수전, 수덕사 대웅전, 성불사 극락전 등
> • 다포양식 : 남대문, 동대문, 경복궁 근정전, 창덕궁 인정전, 창경궁 명정전 등

49 우리나라 종묘에 관한 설명으로 옳지 않은 것은? ○ △ ×

① 조선시대 역대의 왕과 왕비 및 추존된 왕과 왕비의 신주를 모신 왕가의 사당이다.
② 문묘제향을 봉행하는 관학으로서 지방유학기관이다.
③ 종묘의 정전에는 19개의 신실에 조선 역대 왕 19명과 왕비 30명 등 49위의 신주를 모셨다.
④ 유교사당의 전형으로 건축이 간결하면서도 전체적으로 대칭을 이루는 구조이다.

> **해설**
> 문묘제향을 봉행하는 관학으로서 지방유학기관은 향교이다.

50 경기도에 소재한 왕릉은? ○ △ ×

① 광 릉
② 태 릉
③ 정 릉
④ 헌 릉

> **해설**
> ① 경기도 남양주시에 있다.
> ② 서울 노원구에 있다.
> ③ 서울 성북구, 강남구에 있다.
> ④ 서울 서초구에 있다.

48 ① 49 ② 50 ① 정답

관광법규

※ 문제의 이해도에 따라 ○△× 체크하여 완벽하게 정리하세요.

01 관광기본법상 관광진흥에 관한 기본계획에 포함되어야 하는 사항으로 명시되지 않은 것은?

① 국내외 관광여건과 관광 동향에 관한 사항
② 관광진흥을 위한 기반 조성에 관한 사항
③ 관광진흥을 위한 제도 개선에 관한 사항
④ 남북관광 교류 및 진흥에 관한 사항

> **해설**
>
> 관광진흥계획의 수립(「관광기본법」 제3조 제2항)
> • 관광진흥을 위한 정책의 기본방향
> • 관광의 지속가능한 발전에 관한 사항
> • 국내외 관광여건과 관광 동향에 관한 사항
> • 관광진흥을 위한 기반 조성에 관한 사항
> • 관광진흥을 위한 관광사업의 부문별 정책에 관한 사항
> • 관광진흥을 위한 재원 확보 및 배분에 관한 사항
> • 관광진흥을 위한 제도 개선에 관한 사항
> • 관광산업 인력 양성과 근로실태조사 등 관광 종사자의 근무환경 개선을 위한 기반 조성에 관한 사항
> • 관광진흥과 관련된 중앙행정기관의 역할 분담에 관한 사항
> • 관광시설의 감염병 등에 대한 안전 · 위생 · 방역 관리에 관한 사항
> • 그 밖에 관광진흥을 위하여 필요한 사항

02 관광진흥개발기금법상 기금의 용도로 옳지 않은 것은?

① 국립공원에서의 자연생태계 보호
② 관광을 위한 교통수단의 확보 또는 개수(改修)
③ 호텔을 비롯한 각종 관광시설의 건설 또는 개수
④ 관광사업의 발전을 위한 기반시설의 건설 또는 개수

> **해설**
>
> 기금의 용도(「관광진흥개발기금법」 제5조 제1항)
> • 호텔을 비롯한 각종 관광시설의 건설 또는 개수(改修)
> • 관광을 위한 교통수단의 확보 또는 개수
> • 관광사업의 발전을 위한 기반시설의 건설 또는 개수
> • 관광지 · 관광단지 및 관광특구에서의 관광 편의시설의 건설 또는 개수

03 국제회의산업 육성에 관한 법률상 (   )에 들어갈 용어로 옳은 것은?

> (   )(이)란 국제회의시설, 국제회의 전문인력, 전자국제회의체제, 국제회의 정보 등 국제회의의 유치·개최를 지원하고 촉진하는 시설, 인력, 체제, 정보 등을 말한다.

① 국제회의산업 육성기반
② 국제회의복합지구
③ 국제회의집적시설
④ 국제회의 전담조직

해설

국제회의산업 육성기반의 정의(「국제회의산업 육성에 관한 법률」 제2조 제6호)
국제회의산업 육성기반이란 국제회의시설, 국제회의 전문인력, 전자국제회의체제, 국제회의 정보 등 국제회의의 유치·개최를 지원하고 촉진하는 시설, 인력, 체제, 정보 등을 말한다.

04 관광진흥법령상 관광숙박업의 사업계획 변경에 관한 승인을 받아야 하는 경우가 아닌 것은?

① 부지 및 대지 면적을 변경할 때에 그 변경하려는 면적이 당초 승인받은 계획면적의 100분의 10 이상이 되는 경우
② 건축 연면적을 변경할 때에 그 변경하려는 연면적이 당초 승인받은 계획면적의 100분의 10 이상이 되는 경우
③ 호텔업의 경우 객실 수 또는 객실면적을 변경하려는 경우
④ 변경하려는 업종의 등록기준에 맞는 경우로서, 호텔업과 휴양 콘도미니엄업 간의 업종 변경 또는 호텔업 종류 간의 업종 변경

해설

관광숙박업의 사업계획 변경에 관한 승인을 받아야 하는 경우(「관광진흥법 시행령」 제9조 제1항)
• 부지 및 대지 면적을 변경할 때에 그 변경하려는 면적이 당초 승인받은 계획면적의 100분의 10 이상이 되는 경우
• 건축 연면적을 변경할 때에 그 변경하려는 연면적이 당초 승인받은 계획면적의 100분의 10 이상이 되는 경우
• 객실 수 또는 객실면적을 변경하려는 경우(휴양 콘도미니엄업만 해당)
• 변경하려는 업종의 등록기준에 맞는 경우로서, 호텔업과 휴양 콘도미니엄업 간의 업종 변경 또는 호텔업 종류 간의 업종 변경

05 관광진흥법령상 카지노업의 허가를 받으려는 자가 문화체육관광부장관에게 제출하여야 하는 사업계획서에 포함되어야 하는 사항이 아닌 것은? ○ △ ×

① 장기수지 전망

② 인력수급 및 관리계획

③ 카지노영업소 이용객 유치계획

④ 외국인 관광객의 수용 가능 인원

> **해설**
>
> 사업계획서에 포함되어야 하는 사항(「관광진흥법 시행규칙」 제6조 제3항)
> • 카지노영업소 이용객 유치계획
> • 장기수지 전망
> • 인력수급 및 관리계획
> • 영업시설의 개요

06 관광진흥법령상 여객자동차터미널시설업의 지정 및 지정취소에 관한 권한이 있는 기관은? ○ △ ×

① 지역별 관광협회

② 한국관광공사

③ 문화체육관광부장관

④ 시장 · 군수 · 구청장

> **해설**
>
> 관광편의시설업의 지정신청(「관광진흥법 시행규칙」 제14조 제1항)
> 관광 편의시설업의 지정을 받으려는 자는 다음의 구분에 따라 신청을 하여야 한다.
> • 관광유흥음식점업, 관광극장유흥업, 외국인전용 유흥음식점업, 관광순환버스업, 관광펜션업, 관광궤도업, 관광면세업 및
>   관광지원서비스업 : 특별자치시장 · 특별자치도지사 · 시장 · 군수 · 구청장
> • 관광식당업, 관광사진업 및 여객자동차터미널시설업 : 지역별 관광협회

07 관광진흥법령상 기획여행을 실시하는 자가 광고를 하려는 경우 표시하여야 하는 사항이 아닌 것은? ○ △ ✕

① 여행경비와 최저 여행인원
② 기획여행명ㆍ여행일정 및 주요 여행지
③ 인솔자의 관광통역안내사 자격 취득여부
④ 여행일정 변경 시 여행자의 사전 동의 규정

> **해설**
>
> 기획여행의 광고(『관광진흥법 시행규칙』 제21조)
> • 여행업의 등록번호, 상호, 소재지 및 등록관청
> • 기획여행명ㆍ여행일정 및 주요 여행지
> • 여행경비
> • 교통ㆍ숙박 및 식사 등 여행자가 제공받을 서비스의 내용
> • 최저 여행인원
> • 보증보험 등의 가입 또는 영업보증금의 예치 내용
> • 여행일정 변경 시 여행자의 사전 동의 규정
> • 여행목적지(국가 및 지역)의 여행경보단계

08 관광진흥법령상 카지노업의 허가를 받으려는 자가 갖추어야 할 시설 및 기구의 기준에 해당하지 않는 것은? ○ △ ✕

① 1개 이상의 외국환 환전소
② 660㎡ 이상의 전용 영업장
③ 문화체육관광부장관이 정하여 고시하는 기준에 적합한 카지노 전산시설
④ 관광진흥법령에 따른 카지노업의 영업종류 중 네 종류 이상의 영업을 할 수 있는 게임기구 및 시설

> **해설**
>
> 카지노업의 시설기준(『관광진흥법 시행규칙』 제29조 제1항)
> • 330㎡ 이상의 전용 영업장
> • 1개 이상의 외국환 환전소
> • 카지노업의 영업종류 중 네 종류 이상의 영업을 할 수 있는 게임기구 및 시설
> • 문화체육관광부장관이 정하여 고시하는 기준에 적합한 카지노 전산시설

09 관광진흥법상 한국관광협회중앙회 설립의 허가권자는? ○ △ ✕

① 대통령
② 시 · 도지사
③ 문화체육관광부장관
④ 시장 · 군수 · 구청장

> 해설
> 한국관광협회중앙회 설립(「관광진흥법」 제41조 제2항)
> 협회를 설립하려는 자는 대통령령으로 정하는 바에 따라 문화체육관광부장관의 허가를 받아야 한다.

10 관광진흥법령상 관광통계의 작성 범위로 명시되지 않은 것은? ○ △ ✕

① 관광사업자의 경영에 관한 사항
② 관광지와 관광단지의 현황 및 관리에 관한 사항
③ 외국인 방한(訪韓) 관광객의 관광행태에 관한 사항
④ 해외관광지에서 발생한 내국민피해에 관한 사항

> 해설
> 관광통계 작성 범위(「관광진흥법 시행령」 제41조의2)
> • 외국인 방한(訪韓) 관광객의 관광행태에 관한 사항
> • 국민의 관광행태에 관한 사항
> • 관광사업자의 경영에 관한 사항
> • 관광지와 관광단지의 현황 및 관리에 관한 사항
> • 그 밖에 문화체육관광부장관 또는 지방자치단체의 장이 관광산업의 발전을 위하여 필요하다고 인정하는 사항

11 관광진흥법령상 관광사업에 관한 설명으로 옳지 않은 것은?

○ △ ×

① 국제회의기획업 – 대규모 관광 수요를 유발하는 국제회의의 계획 · 준비 · 진행 등의 업무를 위탁받아 대행하는 업
② 국제회의시설업 – 대규모 관광 수요를 유발하는 국제회의를 개최할 수 있는 시설을 설치하여 운영하는 업
③ 관광공연장업 – 식품위생 법령에 따른 유흥주점 영업의 허가를 받은 자가 무도(舞蹈) 시설을 갖추어 노래와 춤을 감상하게 하거나 춤을 추게 하는 업
④ 한국전통호텔업 – 한국전통의 건축물에 관광객의 숙박에 적합한 시설을 갖추거나 부대시설을 함께 갖추어 관광객에게 이용하게 하는 업

> **해설**
>
> 관광사업의 종류(「관광진흥법 시행령」 제2조)
> • 관광공연장업 : 관광객을 위하여 적합한 공연시설을 갖추고 공연물을 공연하면서 관광객에게 식사와 주류를 판매하는 업
> • 관광극장유흥업 : 식품위생 법령에 따른 유흥주점 영업의 허가를 받은 자가 관광객이 이용하기 적합한 무도(舞蹈)시설을 갖추어 그 시설을 이용하는 자에게 음식을 제공하고 노래와 춤을 감상하게 하거나 춤을 추게 하는 업

12 관광진흥법령상 관광사업자가 아닌 자가 상호에 포함하여 사용할 수 없는 명칭으로 옳지 않은 것은?

○ △ ×

① 관광펜션업과 유사한 영업의 경우 관광펜션
② 관광사진업과 유사한 영업의 경우 관광사진
③ 관광유람선업과 유사한 영업의 경우 관광유람
④ 관광공연장업과 유사한 영업의 경우 관광공연

> **해설**
>
> 상호의 사용제한(「관광진흥법 시행령」 제8조)
> • 관광숙박업과 유사한 영업의 경우 : 관광호텔과 휴양 콘도미니엄
> • 관광유람선업과 유사한 영업의 경우 : 관광유람
> • 관광공연장업과 유사한 영업의 경우 : 관광공연
> • 관광유흥음식점업, 외국인전용 유흥음식점업 또는 관광식당업과 유사한 영업의 경우 : 관광식당
> • 관광극장유흥업과 유사한 영업의 경우 : 관광극장
> • 관광펜션업과 유사한 영업의 경우 : 관광펜션
> • 관광면세업과 유사한 영업의 경우 : 관광면세

13 관광진흥법상 관광의 진흥 등에 관한 설명으로 옳지 않은 것은? ○ △ ✕

① 문화체육관광부장관은 관광에 관한 정보의 활용과 관광을 통한 국제 친선을 도모하기 위하여 관광과 관련된 국제기구와의 협력 관계를 증진하여야 한다.

② 지방자치단체의 장은 관광통계를 작성하기 위하여 필요하면 실태조사를 하거나, 개인에게 협조를 요청할 수 있다.

③ 문화체육관광부장관은 여행과 관광의 특성을 살리기 위하여 여행이용권을 문화예술진흥법에 따른 문화이용권과 통합하여 운영해서는 안 된다.

④ 국가는 장애인의 여행 및 관광 활동 권리를 증진하기 위하여 장애인 관광 지원 단체에 대하여 경비를 보조할 수 있다.

> 해설
>
> 여행이용권의 지급 및 관리(「관광진흥법」 제47조의5 제6항)
> 문화체육관광부장관은 여행이용권의 이용 기회 확대 및 지원 업무의 효율성을 제고하기 위하여 여행이용권을 「문화예술진흥법」에 따른 문화이용권 등 문화체육관광부령으로 정하는 이용권과 통합하여 운영할 수 있다.

14 관광진흥법령상 문화체육관광부장관이 문화관광축제의 지정 기준을 정할 때 고려해야 하는 사항으로 명시되지 않은 것은? ○ △ ✕

① 축제의 운영능력

② 지역주민 참여도

③ 축제의 특성 및 콘텐츠

④ 관광객 유치 효과 및 경제적 파급효과

> 해설
>
> 문화관광축제의 지정 기준(「관광진흥법 시행령」 제41조의8)
> • 축제의 특성 및 콘텐츠
> • 축제의 운영능력
> • 관광객 유치 효과 및 경제적 파급효과
> • 그 밖에 문화체육관광부장관이 정하는 사항

15 관광진흥법상 지역관광협의회(이하 "협의회"라 한다)에 관한 설명으로 옳은 것은? ○ △ ✕

① 협의회가 수행하는 업무에는 지방자치단체로부터 위탁받은 업무가 포함된다.
② 협의회의 설립은 허가사항이 아니라 신고사항이다.
③ 협의회의 법적 성질은 권리능력 없는 사단이다.
④ 협의회는 수익사업을 해서는 안 된다.

> 해설
>
> ② 협의회에는 지역 내 관광진흥을 위한 이해 관련자가 고루 참여하여야 하며, 협의회를 설립하려는 자는 해당 지방자치
>   단체의 장의 허가를 받아야 한다(「관광진흥법」 제48조의9 제2항).
> ③ 협의회는 법인으로 한다(「관광진흥법」 제48조의9 제3항).
> ④ 협의회는 지역의 관광수용태세 개선을 위한 업무, 지역관광 홍보 및 마케팅 지원 업무, 관광사업자, 관광 관련 사업자,
>   관광 관련 단체에 대한 지원 업무에 따르는 수익사업을 수행한다(「관광진흥법」 제48조의9 제4항).

16 관광진흥법령상 '한국관광 품질인증' 대상 사업에 해당하는 것은? ○ △ ✕

① 야영장업
② 전문휴양업
③ 관광공연장업
④ 관광유람선업

> 해설
>
> 한국관광 품질인증 대상(「관광진흥법 시행령」 제41조의11)
> • 야영장업   • 외국인관광 도시민박업
> • 한옥체험업   • 관광식당업
> • 관광면세업   • 숙박업(관광숙박업 제외)
> • 외국인관광객면세판매장   • 그 밖에 관광사업

17 관광진흥법상 문화체육관광부장관의 관광개발기본계획에 포함되는 사항이 아닌 것은? ○△×

① 전국의 관광 여건과 관광 동향(動向)에 관한 사항

② 관광권역(觀光圈域)의 설정에 관한 사항

③ 관광자원 보호 · 개발 · 이용 · 관리 등에 관한 기본적인 사항

④ 권역의 관광 수요와 공급에 관한 사항

> **해설**
>
> 관광개발기본계획(「관광진흥법」 제49조 제1항)
> - 전국의 관광 여건과 관광 동향(動向)에 관한 사항
> - 전국의 관광 수요와 공급에 관한 사항
> - 관광자원 보호 · 개발 · 이용 · 관리 등에 관한 기본적인 사항
> - 관광권역(觀光圈域)의 설정에 관한 사항
> - 관광권역별 관광개발의 기본방향에 관한 사항
> - 그 밖에 관광개발에 관한 사항

18 관광진흥법령상 관광지 및 관광단지로 지정 · 고시된 지역에서 원칙적으로 허가를 받아야 할 수 있는 행위로 명시되지 않은 것은? ○△×

① 토지분할

② 농작물의 경작

③ 가설건축물의 건축

④ 죽목(竹木)을 베어내거나 심는 행위

> **해설**
>
> 관광지 및 관광단지로 지정 · 고시된 지역에서 허가를 받아야 할 수 있는 행위(「관광진흥법」 제52조의2 및 시행령 제45조의2 제1항)
>
> 관광지 등으로 지정 · 고시된 지역에서 건축물의 건축, 공작물의 설치, 토지의 형질 변경, 토석의 채취, 토지분할, 물건을 쌓아놓는 행위 등 대통령령으로 정하는 행위를 하려는 자는 특별자치시장 · 특별자치도지사 · 시장 · 군수 · 구청장의 허가를 받아야 한다. 허가받은 사항을 변경하려는 경우에도 또한 같다.
> - 건축물의 건축
> - 공작물의 설치
> - 토지의 형질 변경
> - 토석의 채취
> - 토지분할
> - 물건을 쌓아놓는 행위
> - 죽목(竹木)을 베어내거나 심는 행위

19 관광진흥법령상 서울특별시에서 관광특구로 지정되기 위하여 필요한 외국인 관광객 수는? (단, 문화체육관광부장관이 고시하는 기준을 갖춘 통계전문기관의 통계결과 해당 지역의 최근 1년간 외국인 관광객 수를 기준으로 함) ○ △ ×

① 10만명 이상
② 30만명 이상
③ 50만명 이상
④ 100만명 이상

> **해설**
> 관광특구의 지정요건(『관광진흥법 시행령』 제58조 제1항)
> 문화체육관광부장관이 고시하는 기준을 갖춘 통계전문기관의 통계결과 해당 지역의 최근 1년간 외국인 관광객 수가 10만명(서울특별시는 50만명)인 것을 말한다.

20 관광진흥개발기금법상 관광진흥개발기금(이하 "기금"이라 한다)에 관한 설명으로 옳지 않은 것은? ○ △ ×

① 기금의 회계연도는 관광진흥에 관한 기본계획에서 정하므로 정부의 회계연도에 따르지 아니한다.
② 기금은 문화체육관광부장관이 관리한다.
③ 기금의 운용에 따라 생기는 수익금은 기금 조성의 재원(財源)이 될 수 있다.
④ 기금은 민간자본의 유치를 위하여 필요한 경우 관광사업에 투자하는 것을 목적으로 하는 투자조합에 출자(出資)할 수 있다.

> **해설**
> 기금의 회계연도(『관광진흥개발기금법』 제4조)
> 기금의 회계연도는 정부의 회계연도에 따른다.

21 관광진흥개발기금법령상 관광진흥개발기금이 대여하거나 보조할 수 있는 사업을 모두 고른 것은? ○ △ ×

> ㄱ. 국제회의의 유치 및 개최사업
> ㄴ. 관광 관련 국제기구의 설치사업
> ㄷ. 장애인에 대한 국민관광 복지사업
> ㄹ. 관광사업 종사자에 대한 교육훈련사업

① ㄱ, ㄹ

② ㄱ, ㄴ, ㄷ

③ ㄴ, ㄷ, ㄹ

④ ㄱ, ㄴ, ㄷ, ㄹ

해설

관광진흥개발기금이 대여하거나 보조할 수 있는 사업(『관광진흥개발기금법』 제5조 제3항)
- 국외 여행자의 건전한 관광을 위한 교육 및 관광정보의 제공사업
- 국내외 관광안내체계의 개선 및 관광홍보사업
- 관광사업 종사자 및 관계자에 대한 교육훈련사업
- 국민관광 진흥사업 및 외래관광객 유치 지원사업
- 관광상품 개발 및 지원사업
- 관광지 · 관광단지 및 관광특구에서의 공공 편익시설 설치사업
- 국제회의의 유치 및 개최사업
- 장애인 등 소외계층에 대한 국민관광 복지사업
- 전통관광자원 개발 및 지원사업
- 감염병 확산 등으로 관광사업자에게 발생한 경영상 중대한 위기 극복을 위한 지원사업
- 그 밖에 관광사업의 발전을 위하여 필요한 것으로서 대통령령으로 정하는 사업
  - 여행업을 등록한 자나 카지노업을 허가받은 자의 해외지사 설치
  - 관광사업체 운영의 활성화
  - 관광진흥에 기여하는 문화예술사업
  - 지방자치단체나 관광단지개발자 등의 관광지 및 관광단지 조성사업
  - 관광지 · 관광단지 및 관광특구의 문화 · 체육시설, 숙박시설, 상가시설로서 관광객 유치를 위하여 특히 필요하다고 문화체육관광부장관이 인정하는 시설의 조성
  - 관광 관련 국제기구의 설치

22 관광진흥개발기금법상 관광진흥개발기금의 목적 외의 사용 금지 등에 관한 설명으로 옳은 것은? ○ △ ✕

① 문화체육관광부장관은 기금의 대여를 받은 자가 거짓으로 대여를 받은 경우 그 대여를 취소하고 지출된 기금의 전부 또는 일부를 회수한다.

② 거짓으로 기금을 대여받은 자는 해당 기금을 대여받은 날부터 10년 이내에 기금을 대여받을 수 없다.

③ 대여받은 기금을 목적 외의 용도에 사용하였을 때에 그 대여를 취소할 수는 없다.

④ 기금을 보조받은 자가 지정된 목적 외의 용도에 기금을 사용할 경우 관할 행정청에 신고해야 하며, 그 신고가 수리된 후 그 기금을 사용할 수 있다.

> **해설**
>
> ② 거짓으로 기금을 대여받은 자는 해당 기금을 대여받은 날부터 5년 이내에 기금을 대여받을 수 없다(「관광진흥개발기금법」 제11조 제4항).
>
> ③·④ 대여받은 기금을 목적 외의 용도에 사용하였을 때에는 대여를 취소하고 이를 회수한다(「관광진흥개발기금법」 제11조 제2항).

23 다음은 국제회의산업 육성에 관한 법령상 국제회의가 되기 위한 요건에 관한 설명이다. (   )에 들어갈 내용으로 옳은 것은? ○ △ ✕

> 국제기구에 가입하지 아니한 기관 또는 법인·단체가 개최하는 회의로서 다음의 요건을 모두 갖춘 회의
> • 회의 참가자 중 외국인이 (ㄱ)명 이상일 것
> • (ㄴ)일 이상 진행되는 회의일 것

① ㄱ - 100, ㄴ - 2

② ㄱ - 150, ㄴ - 2

③ ㄱ - 150, ㄴ - 3

④ ㄱ - 200, ㄴ - 3

> **해설**
>
> 국제회의 요건(「국제회의산업 육성에 관한 법률 시행령」 제2조 제2호)
> 국제기구에 가입하지 아니한 기관 또는 법인·단체가 개최하는 회의로서 다음의 요건을 모두 갖춘 회의
> • 회의 참가자 중 외국인이 150명 이상일 것
> • 2일 이상 진행되는 회의일 것
> ※ 출제 당시 정답은 ②이었으나, 2022년 12월 28일부로 법령이 개정되면서 해당 조항이 삭제되어 현재는 정답이 없다.

24 국제회의산업 육성에 관한 법률상 국가가 국제회의복합지구 육성·진흥사업을 원활하게 시행하기 위하여 국제회의복합지구의 국제회의시설 및 국제회의집적시설에 대하여 관련 법률에서 정하는 바에 따라 감면할 수 있는 부담금을 모두 고른 것은? ○△✕

> ㄱ. 「산지관리법」에 따른 대체산림자원조성비
> ㄴ. 「학교용지 확보에 관한 특례법」에 따른 학교용지부담금
> ㄷ. 「농지법」에 따른 농지보전부담금
> ㄹ. 「도시교통정비 촉진법」에 따른 교통유발부담금

① ㄱ, ㄴ, ㄷ
② ㄱ, ㄴ, ㄹ
③ ㄱ, ㄷ, ㄹ
④ ㄴ, ㄷ, ㄹ

해설

부담금의 감면(「국제회의산업 육성에 관한 법률」 제15조의4 제1항)
• 「개발이익 환수에 관한 법률」에 따른 개발부담금
• 「산지관리법」에 따른 대체산림자원조성비
• 「농지법」에 따른 농지보전부담금
• 「초지법」에 따른 대체초지조성비
• 「도시교통정비 촉진법」에 따른 교통유발부담금

25 국제회의산업 육성에 관한 법령상 국제회의도시의 지정 등에 관한 설명으로 옳지 않은 것은? ○△✕

① 문화체육관광부장관은 국제회의도시를 지정하는 경우 지역 간의 균형적 발전을 고려하여야 한다.
② 국제회의도시로 지정되기 위해서는 지정대상 도시에 국제회의시설이 있고, 해당 특별시·광역시 또는 시에서 이를 활용한 국제회의산업 육성에 관한 계획을 수립하고 있어야 한다.
③ 국제회의도시로 지정되기 위해서는 지정대상 도시 또는 그 주변에 풍부한 관광자원이 있어야 한다.
④ 문화체육관광부장관은 국제회의도시의 지정 또는 지정취소를 한 경우 그 내용을 고시할 필요는 없다.

해설

국제회의도시의 지정 등(「국제회의산업 육성에 관한 법률」 제14조 제5항)
국제회의도시의 지정 및 지정취소 등에 필요한 사항은 대통령령으로 정한다.

관광학개론

※ 문제의 이해도에 따라 ○ △ × 체크하여 완벽하게 정리하세요.

26 관광의 경제적 효과가 아닌 것은?　　　　　　　　○ △ ×

① 국제무역수지 개선
② 국제친선 및 평화 증진
③ 고용창출 효과
④ 조세수입 증가

> **해설**
> 국제친선 및 평화 증진은 관광의 사회적 효과에 해당한다.

27 관광의 일반적 특성이 아닌 것은?　　　　　　　　○ △ ×

① 관광 후 주거지로 복귀
② 관광지에서 여가활동
③ 일상 생활권의 탈출
④ 구직을 목적으로 방문

> **해설**
> 관광이란 사람이 다시 돌아올 예정으로 일상의 생활권을 떠나 타국이나 타지역의 풍물, 제도, 문물 등을 관찰하여 견문을 넓히고 자연 풍경 등을 감상 · 유람할 목적으로 여행하는 것이다.

28 관광의사결정에 영향을 미치는 개인적 요인이 아닌 것은?　　　　　　　　○ △ ×

① 동 기　　　　　　　　② 학 습
③ 지 각　　　　　　　　④ 준거집단

> **해설**
> 관광의사결정에 영향을 미치는 요인
> • 개인적 요인 : 학습, 성격, 태도, 동기, 지각
> • 사회적 요인 : 가족, 문화, 사회계층, 준거집단

29 서양 중세시대 관광에 관한 설명으로 옳지 않은 것은? ○ △ ✕

① 십자군 전쟁에 의한 동 · 서양 교류가 확대되었다.

② 순례자의 종교관광이 주를 이루었으며 숙박시설은 주로 수도원이었다.

③ 동방의 비잔틴문화와 회교문화가 유럽인의 견문에 자극을 주었다.

④ 각 지역의 포도주를 마시며 식사를 즐기는 식도락가인 가스트로노미아(Gastronomia)가 처음 나타났다.

> 해설
> 가스트로노미아는 고대 로마시대에 처음 나타났다.

30 연대별 관광정책으로 옳은 것을 모두 고른 것은? ○ △ ✕

> ㄱ. 1960년대 - 현 한국관광공사의 전신인 국제관광공사 설립
> ㄴ. 1970년대 - 관광사업진흥법 제정
> ㄷ. 1980년대 - 관광진흥개발기금법 제정
> ㄹ. 1990년대 - 관광업무 담당부처가 교통부에서 문화체육부로 이관

① ㄱ, ㄴ

② ㄱ, ㄹ

③ ㄴ, ㄷ

④ ㄷ, ㄹ

> 해설
> ㄴ. 1960년대 : 「관광사업진흥법」 제정 및 공포
> ㄷ. 1970년대 : 「관광진흥개발기금법」 제정 및 공포

31 중앙정부 행정부처와 관련 업무의 연결로 옳은 것을 모두 고른 것은?   ○ △ ✕

> ㄱ. 문화체육관광부 – 여권발급
> ㄴ. 외교부 – 사증(Visa) 면제협정의 체결
> ㄷ. 법무부 – 여행자의 출입국관리
> ㄹ. 농림축산식품부 – 국립공원

① ㄱ, ㄴ   ② ㄱ, ㄹ
③ ㄴ, ㄷ   ④ ㄷ, ㄹ

> 해설
> ㄱ. 외교부 : 여권발급
> ㄹ. 환경부 : 국립공원 지정

32 국민관광에 관한 설명으로 옳지 않은 것은?   ○ △ ✕

① 의료관광 활성화를 주요 목표로 한다.
② 1977년에 전국 36개소 국민관광지를 지정했다.
③ 노약자와 장애인 등 취약계층을 지원한다.
④ 내국인의 국내 · 외 관광을 의미한다.

> 해설
> 국민관광의 목적은 재노동 의욕 고취와 국민복지 증대이다.

33 관광관련 국제기구의 연결로 옳은 것은?   ○ △ ✕

① WTTC – 세계여행관광협의회
② ASTA – 아시아여행업협회
③ PATA – 미주여행업협회
④ ICAO – 태평양아시아관광협회

> 해설
> ② ASTA : 미국여행업협회
> ③ PATA : 아시아태평양관광협회
> ④ ICAO : 국제민간항공기구

34 우리나라 인바운드(Inbound) 관광수요에 부정적 영향을 미치는 요인이 아닌 것은? ○ △ ✕

① 전쟁 및 테러
② 신종 전염병
③ 주변 국가와의 외교적 갈등 고조
④ 미국 달러가치 상승

> 해설
>
> 미국 달러가치 상승은 우리나라 인바운드 관광수요에 긍정적 영향을 미친다.

35 세계관광기구(UNWTO)의 분류상 국제관광객에 포함되지 않는 자는? ○ △ ✕

① 승무원 ② 주둔 군인
③ 해외 교포 ④ 스포츠 참가자

> 해설
>
> 주둔 군인은 비관광객에 해당한다.

36 다음 ( )에 들어갈 내용은? ○ △ ✕

> '관광특구'는 특별자치도를 제외한 시장, 군수, 구청장의 신청으로 (ㄱ)이(가) 지정하고, 관광특구 전체 면적 중 관광활동과 직접적인 관련성이 없는 토지가 차지하는 비율이 (ㄴ)일 것을 조건으로 하고 있다.

	ㄱ	ㄴ
①	시 · 도지사	10%
②	문화체육관광부장관	10%
③	시 · 도지사	20%
④	문화체육관광부장관	20%

> 해설
>
> 관광특구는 특별자치시 및 특별자치도를 제외한 시장 · 군수 · 구청장의 신청으로 시 · 도지사가 지정하고(「관광진흥법」 제70조 제1항), 관광특구 전체 면적 중 관광활동과 직접적인 관련성이 없는 토지의 비율이 10%를 초과하지 아니할 것(「관광진흥법 시행령」 제58조)을 조건으로 하고 있다.

37 매슬로(A. H. Maslow)의 욕구계층 이론의 단계로 옳은 것은? ○△×

> ㄱ. 생리적 욕구
> ㄷ. 안전의 욕구
> ㅁ. 자아실현의 욕구
> ㄴ. 사회적 욕구
> ㄹ. 존경의 욕구

① ㄱ → ㄴ → ㄹ → ㄷ → ㅁ
② ㄱ → ㄷ → ㄴ → ㄹ → ㅁ
③ ㄴ → ㄷ → ㄹ → ㅁ → ㄱ
④ ㄷ → ㄱ → ㄴ → ㅁ → ㄹ

> 해설
>
> 매슬로(A. H. Maslow)의 욕구계층 이론
> • 제1단계 : 생리적 욕구
> • 제2단계 : 안전의 욕구
> • 제3단계 : 소속과 애정의 욕구(사회적 욕구)
> • 제4단계 : 존경의 욕구
> • 제5단계 : 자아실현의 욕구

38 2021년 9월 현재, 출국 시 내국인의 면세물품 총 구매한도액은? ○△×

① 미화 3,000달러
② 미화 4,000달러
③ 미화 5,000달러
④ 미화 6,000달러

> 해설
>
> 외국으로 출국하는 내국인에게 보세판매장 물품을 판매하는 때에는 구매한도액이 없다.
> ※ 출제 당시 정답은 ③이었으나, 2022년 3월 18일 법령이 개정되어 해당 조항이 삭제되면서 현재는 정답이 없다.

39 우리나라 최초의 외국인전용 카지노는? ○ △ ×

① 호텔인터불고대구 카지노
② 인천 올림포스호텔 카지노
③ 파라다이스롯데제주 카지노
④ 알펜시아 카지노

> 해설
>
> 우리나라 최초의 카지노는 1967년 개설한 인천 올림포스호텔 카지노로, 외국인 전용으로 허가를 받았다.

40 아시아 최초로 국제 슬로시티에 가입된 지역이 아닌 곳은? ○ △ ×

① 신안 증도면
② 완도 청산면
③ 하동 악양면
④ 담양 창평면

> 해설
>
> 신안 · 완도 · 담양은 2007년 아시아 최초로 국제 슬로시티에 가입되었다. 하동은 2009년 국제 슬로시티에 가입되었다.

41 외교부에서 해외여행을 하는 자국민에게 제시하는 여행경보제도의 단계별 내용으로 옳은 것은? ○ △ ×

① 남색 – 여행자제
② 황색 – 여행주의
③ 적색 – 철수명령
④ 흑색 – 여행금지

> 해설
>
> 여행경보제도 단계
> • 1단계(남색경보) : 여행유의
> • 2단계(황색경보) : 여행자제
> • 3단계(적색경보) : 철수권고(출국권고)
> • 4단계(흑색경보) : 여행금지

42 다음의 국제회의 기준을 제시한 국제회의기구는?   ○ △ ×

> 국제단체 또는 국제기구의 국내지부가 주최하는 회의로서, 참가국 5개국 이상, 참가자수 300명이상(외국인 40% 이상), 회의 기간 3일 이상의 조건을 만족하는 회의이다.

① UIA   ② AACVB
③ ICCA   ④ KTO

> **해설**
>
> UIA(Union of International Associations, 국제회의연합)에서 제시한 국제회의의 조건이다.

43 다음이 설명하는 요금 지불 방식은?   ○ △ ×

> • 객실요금에 아침, 점심, 저녁 1일 3식 포함
> • Full Pension이라고도 함

① European Plan
② Continental Plan
③ American Plan
④ Modified American Plan

> **해설**
>
> ① 객실요금과 식사요금을 분리하여 별도로 계산하는 방식
> ② 객실요금에 조식만 포함되어 있는 방식
> ④ 객실요금에 1일 2식(아침, 저녁)을 포함하는 방식

44 국제회의 시설과 지역의 연결이 옳은 것은?   ○ △ ×

① KINTEX − 대구   ② EXCO − 고양
③ BEXCO − 부산   ④ DCC − 창원

> **해설**
>
> ① KINTEX : 일산
> ② EXCO : 대구
> ④ DCC : 대전

45 우리나라 면세점에 관한 설명으로 옳지 <u>않은</u> 것은?　　　○ △ ×

① 문화체육관광부장관이 허가한 특허성 사업이다.
② 외국인의 면세물품 구매한도액은 제한이 없다.
③ 면세물품은 반입 · 반출에 엄격한 통제를 받는다.
④ 입국 내 · 외국인의 면세범위는 미화 600달러까지이다.

> 해설
> 면세점은 관세청의 특허를 받아야 한다.
> ※ 출제 당시 정답은 ①이었으나, 2022년 9월 6일부로 법령이 개정되어 800달러로 상향조정되었으므로 현재는 ④도 정
> 답에 해당한다.

46 다음이 설명하는 회의는?　　　○ △ ×

> 한 가지 주제에 대하여 상반된 동일 분야의 전문가들이 청중 앞에서 공개토론하는 형식으로서 청중들
> 의 참여가 활발하다. 쌍방의 의견이나 토론 내용 요약 시 사회자가 중립적 역할을 한다.

① Seminar　　　　　　　　② Forum
③ Panel　　　　　　　　　④ Congress

> 해설
> ① 보통 30명 이하의 규모로, 주로 교육적인 목적을 가진 회의로서 전문가의 주도하에 특정분야에 대한 각자의 지식이나
> 　경험을 발표 · 토의한다.
> ③ 청중이 모인 가운데 2~8명의 연사가 사회자의 주도하에 서로 다른 분야에서의 전문가적 견해를 발표하는 공개 토론
> 　회로 청중도 자신의 의견을 발표할 수 있다.
> ④ 국제규모의 회의로, 유럽지역에서 자주 사용된다.

47 IATA(국제항공운송협회)가 부여한 항공사와 코드의 연결이 옳지 <u>않은</u> 것은?　　　○ △ ×

① KOREAN AIR − KE
② ASIANA AIRLINES − OZ
③ JEJU AIR − 7C
④ JIN AIR − BX

> 해설
> JIN AIR의 IATA 기준 코드는 LJ이다.

48 다음이 설명하는 것은? ○ △ ×

> • 내국인의 국내여행
> • 국내거주 외국인의 국내여행

① Intrabound
② Internal Tourism
③ National Tourism
④ Interline Tour

> 해설
> Intra와 Bound를 결합한 것으로, 내국인의 국내여행을 말한다.

49 다음의 연결이 옳지 않은 것은? ○ △ ×

① 트윈룸(Twin Room) - 싱글 베드 2개
② 더블룸(Double Room) - 2인용 베드 1개
③ 커넥팅룸(Connecting Room) - 정비가 필요한 방
④ 블로킹룸(Blocking Room) - 예약된 방

> 해설
> 커넥팅룸(Connecting Room)은 객실 2개가 연결되어 내부의 문을 이용하여 상호 왕래가 가능한 형태의 객실이다.

50 관광마케팅 믹스의 구성요소와 그 내용의 연결이 옳지 않은 것은? ○ △ ×

① 상품(Product) - 항공 기내좌석 및 승무원서비스
② 가격(Price) - 항공료
③ 유통(Place) - 항공 기내식
④ 촉진(Promotion) - TV 또는 SNS광고

> 해설
> 유통(Place)은 여행 도매업자, 정부, 협회 등이 해당한다. 항공 기내식은 상품(Product)이다.

PART 04

2020년
실제기출문제

※ 본 내용은 2020년 9월 시행된 관광통역안내사의 실제기출문제입니다.

국 사

※ 문제의 이해도에 따라 ○ △ × 체크하여 완벽하게 정리하세요.

01 다음 나라에 관한 설명으로 옳지 않은 것은? ○ △ ×

① 동예는 족외혼을 엄격하게 지켰다.
② 삼한에는 제사장인 천군이 소도를 다스렸다.
③ 옥저의 특산물로는 과하마, 단궁, 반어피가 있었다.
④ 부여에는 12월에 열리는 영고라는 제천행사가 있었다.

> **해설**
> 옥저의 특산물은 소금, 어물이 있다. 과하마, 단궁, 반어피를 특산물로 두고 있었던 곳은 동예이다.

02 고조선에 관한 설명으로 옳지 않은 것은? ○ △ ×

① 기원전 108년 왕검성이 함락되어 고조선이 멸망하였다.
② 기원전 194년 위만은 우거왕을 몰아내고 스스로 왕이 되었다.
③ 기원전 3세기경에는 왕 밑에 상, 대부, 장군 등의 관직을 두었다.
④ 진 · 한 교체기에 위만은 1천여 명의 무리를 이끌고 고조선으로 들어왔다.

> **해설**
> 기원전 194년 위만은 준왕을 몰아내고 스스로 왕이 되었다.

03 다음 ( )에 들어갈 인물로 옳은 것은? ○ △ ×

> 고려 무신정권기 ( )은(는) 자기 집에 정방을 설치하여 관직에 대한 인사권을 장악하고, 서방을 설치하여 문신들을 교대로 숙위하도록 하였다.

① 최 우   ② 최 항
③ 정중부   ④ 최충헌

> **해설**
> 최우는 정방 설치, 삼별초 조직, 문신 등용 등을 하였다.

04 단군의 건국에 관한 기록이 나타난 문헌으로 옳지 않은 것은? ○ △ ×

① 동국여지승람 ② 삼국유사
③ 제왕운기 ④ 삼국사기

> **해설**
> 단군의 건국에 관한 기록이 나타난 문헌
> • 삼국유사
> • 제왕운기
> • 동국통감
> • 동국여지승람

05 조선시대 교육기관에 관한 설명으로 옳지 않은 것은? ○ △ ×

① 서원에서는 봄과 가을에 향음주례를 지냈다.
② 성균관에는 존경각이라 불리는 도서관이 있었다.
③ 향교는 부 · 목 · 군 · 현에 각각 하나씩 설치되었다.
④ 사부학당은 전국적으로 동학, 서학, 남학, 북학이 있었다.

> **해설**
> 사부학당은 중학 · 동학 · 남학 · 서학이 있었다.

06 빈칸에 들어갈 내용이 올바르게 짝지어진 것은? ○ △ ×

> 고려의 독자성을 보여주는 중앙 정치기구로 (ㄱ)은(는) 대외적으로 국방과 군사 문제를 담당했으며,
> (ㄴ)은(는) 대내적으로 법률과 격식 제정을 담당하였다.

① ㄱ – 비변사, ㄴ – 도병마사
② ㄱ – 도병마사, ㄴ – 식목도감
③ ㄱ – 상서도성, ㄴ – 교정도감
④ ㄱ – 식목도감, ㄴ – 상서도성

> **해설**
> 도병마사와 식목도감
> • 도병마사 : 국가의 중대사를 결정하는 국가 최고 회의 기관으로 국방 및 군사 문제를 담당함
> • 식목도감 : 법 제정 및 각종 시행규정을 다루는 곳으로, 법률과 격식 제정을 담당함

07 조선 전기 문화상에 관한 설명으로 옳은 것은?　　　　　　　　○△×

① 판소리와 탈놀이가 성행하여 서민문화가 발달하였다.
② 원과 아라비아 역법을 참고하여 칠정산을 편찬하였다.
③ 중인층의 시인들이 시사를 조직하여 문학 활동을 전개하였다.
④ 시조 형식을 벗어나 글자 수를 길게 늘여 쓴 사설시조가 유행하였다.

> 해설
> ① · ③ · ④ 조선 후기 문화상이다.

2020년

국사

08 고려시대 토지제도에 관한 설명으로 옳지 않은 것은?　　　　　　　　○△×

① 불교 사찰에는 사원전을 지급하였다.
② 공음전은 자손에게 세습할 수 있었다.
③ 문종 때에는 토지 지급 대상을 현직 관료로 제한하였다.
④ 하급관리의 자제 중 관직에 오르지 못한 사람에게 외역전을 지급하였다.

> 해설
> 외역전을 지급한 대상은 향리이다. 하급관리의 자제 중 관직에 오르지 못한 사람에게는 한인전을 지급하였다.

09 대동법에 관한 설명으로 옳지 않은 것은?　　　　　　　　○△×

① 가호를 단위로 공물을 부과하였다.
② 방납의 폐단을 개선하기 위해 실시하였다.
③ 현물 대신 쌀, 면포, 동전 등으로 납부하였다.
④ 경기도에서 시험적으로 시행하고 점차 확대되었다.

> 해설
> 대동법은 토지의 면적에 따라 1결당 미곡 12두로 대체하고, 쌀 · 삼베 · 무명 · 동전 등으로 납부하게 하는 제도이다.

10 조선시대 관리등용제도에 관한 설명으로 옳은 것은? ○ △ ×

① 소과는 무과 시험의 예비 시험이었다.
② 기술관을 뽑는 잡과는 분야별로 합격 정원이 있었다.
③ 제술과는 유교 경전에 대한 이해 능력을 시험하였다.
④ 5품 이상 관료의 자손은 과거를 거치지 않고 관료가 될 수 있었다.

> **해설**
> ① 소과는 문과의 예비 시험이었다.
> ③ 유교 경전에 대한 이해 능력을 평가하는 시험은 명경과이다. 제술과는 문장 구사 능력 등을 평가하는 시험이다.
> ④ 5품 이상 관료의 자손이 과거를 거치지 않고 관료가 될 수 있었던 시기는 고려이다.

11 고려시대 사회상에 관한 설명으로 옳은 것을 모두 고른 것은? ○ △ ×

> ㄱ. 태어난 차례대로 호적에 기재하여 남녀차별을 하지 않았다.
> ㄴ. 사위와 외손자까지 음서의 혜택이 있었다.
> ㄷ. 혼인 후에 곧바로 남자 집에서 생활하는 경우가 많았다.
> ㄹ. 동족마을이 만들어지고 문중을 중심으로 서원과 사우가 세워졌다.

① ㄱ, ㄴ
② ㄱ, ㄹ
③ ㄴ, ㄷ
④ ㄷ, ㄹ

> **해설**
> ㄷ. 혼인 후에 곧바로 남자의 집에서 생활하는 것을 친영제도라 하는데, 이는 조선 후기에 정착한 제도이다.
> ㄹ. 동족마을이 성행하고, 문중을 중심으로 서원과 사우가 세워진 것은 조선 후기이다.

12 조선 전기 과학기술에 관한 설명으로 옳은 것은? ○ △ ×

① 천체관측기구인 혼의와 간의를 만들었다.
② 상정고금예문을 금속활자로 인쇄하였다.
③ 토지측량기구인 앙부일구와 자격루를 제작하였다.
④ 질병처방과 국산약재가 소개된 향약구급방이 편찬되었다.

> **해설**
> ② 상정고금예문은 고려시대의 책으로, 금속활자를 사용하여 인쇄하였다고 알려져 있으나 현재에는 전해지지 않는다.
> ③ 앙부일구 · 자격루는 세종 시기에 만들어진 해시계와 물시계로 시간측정기구이다.
> ④ 향약구급방은 국산약재를 이용한 처방집으로 고려시대에 편찬되었다.

13 7세기 고구려 정세에 관한 설명으로 옳지 않은 것은? ○ △ ✕

① 장수왕이 수도를 평양으로 천도하였다.
② 연개소문이 정변을 통해 권력을 장악하였다.
③ 고구려가 나·당 연합군의 침입으로 멸망하였다.
④ 을지문덕이 살수에서 수나라의 군대를 물리쳤다.

> 해설
> 장수왕이 국내성에서 평양으로 천도하였던 시기는 5세기이다.

14 다음 중 신라시대에 조성된 탑을 모두 고른 것은? ○ △ ✕

| ㄱ. 황룡사 9층목탑 | ㄴ. 미륵사지 석탑 |
| ㄷ. 정림사지 5층석탑 | ㄹ. 분황사 모전석탑 |

① ㄱ, ㄴ
② ㄱ, ㄹ
③ ㄴ, ㄷ
④ ㄷ, ㄹ

> 해설
> ㄴ·ㄷ. 백제시대에 조성된 탑이다.
> ※ '신라시대'라는 표현의 범위가 명확하지 않아 최종정답에서 전항 정답 처리되었다.

15 다음 내용과 관련된 신라의 국왕은? ○ △ ✕

> • 성골 출신으로 왕위에 올랐다.
> • 천문대로 추정되는 첨성대를 세웠다.
> • 자장법사를 당나라에 보내 불법을 구하였다.

① 진성여왕
② 진덕여왕
③ 선덕여왕
④ 태종무열왕

> 해설
> 선덕여왕은 성골 출신으로 왕위에 오른 최초의 여성 왕이다. 첨성대 건립 외에도 분황사 창건, 황룡사 9층목탑을 세우는 등의 업적을 남겼다.

16 발해에 관한 설명으로 옳은 것은? ○ △ ×

① 왕족은 고씨를 비롯한 5부 출신의 귀족이었다.

② 유력 집단의 우두머리는 이사금으로 추대되었다.

③ 고구려 유민과 말갈 집단이 지린성 동모산에서 건국하였다.

④ 소국들이 독자적인 정치 기반을 유지하는 연맹왕국이었다.

> **해설**
>
> ① 왕족인 고씨와 5부 출신의 귀족들이 연합하여 정치를 주도하였던 곳은 고구려이다.
>
> ② 박 · 석 · 김 3성이 돌아가며 이사금으로 추대되었던 때는 신라 시기이다.
>
> ④ 소국들이 독자적 정치 기반을 유지하는 연맹왕국이었던 곳은 가야이다.

17 해방 전후 국제 회담을 시대 순으로 올바르게 나열한 것은? ○ △ ×

| ㄱ. 얄타 회담 | ㄴ. 카이로 회담 |
| ㄷ. 포츠담 회담 | ㄹ. 모스크바 삼국 외상회의 |

① ㄱ → ㄴ → ㄹ → ㄷ

② ㄱ → ㄷ → ㄴ → ㄹ

③ ㄴ → ㄱ → ㄷ → ㄹ

④ ㄴ → ㄹ → ㄱ → ㄷ

> **해설**
>
> ㄴ. 카이로 회담(1943.11) → ㄱ. 얄타 회담(1945.02) → ㄷ. 포츠담 회담(1945.07) → ㄹ. 모스크바 삼국 외상회의(1945.12)

18 다음 내용과 관련된 개혁은?   ○ △ ×

> • '구본신참'을 개혁의 기본 방향으로 설정하였다.
> • 대한국 국제를 반포하여 자주 독립국가임을 선포하였다.
> • 강력한 황제권을 기반으로 근대 국가 수립을 지향하였다.

① 갑신개혁　　　　　　　　　　② 갑오개혁
③ 을미개혁　　　　　　　　　　④ 광무개혁

> 해설
> 이 외에도 원수부 설치, 양전 및 지계 발급 사업 실시, 상공학교 건립 등을 추진하였다. 국방력의 강화, 상공업 및 교육의 발전을 확립하여 근대 자본주의 국가로의 전환을 꾀했다는 점에서 의의가 있다.

19 밑줄 친 '이 기구'에 관한 설명으로 옳은 것은?   ○ △ ×

> 선조 26년(1593) 국왕의 행차가 서울로 돌아왔으나 성 안은 타다 남은 건물 잔해와 시체로 가득했다. 선조는 <u>이 기구</u>를 설치하여 군사를 훈련시키라고 명하였다. 이에 류성룡이 주도하여 명나라의 기효신 서를 참고하여 훈련법을 습득하고 조직을 갖추었다.

① 군병은 스스로 비용을 부담하였다.
② 정토군이 편성되어 여진의 침입에 대비하였다.
③ 부대 편성은 삼수군인 포수, 사수, 살수로 하였다.
④ 서울에 내영, 수원에 외영을 두어 국왕의 친위를 담당하였다.

> 해설
> 훈련도감에 대한 설명이다. 훈련도감은 임진왜란 중 설치된 것으로, 일정한 급료를 받는 직업적 상비군에 해당한다.

20 신간회에 관한 설명으로 옳지 않은 것은?   ○ △ ✕

① 전국 140여 곳에 지회를 설립하였다.
② 비타협적 민족주의자들과 사회주의자들이 연합하였다.
③ 창립 초기 회장에 이상재, 부회장에 홍명희를 선출하였다.
④ 신채호가 작성한 조선 혁명 선언을 노선과 강령으로 삼았다.

> 해설
> 신채호의 〈조선 혁명 선언〉을 노선과 강령으로 삼은 단체는 의열단이다.

21 신라 하대의 정세에 관한 설명으로 옳지 않은 것은?   ○ △ ✕

① 백제의 침탈로 대야성이 함락되었다.
② 왕위 계승 문제로 김헌창이 봉기를 일으켰다.
③ 성주와 장군이라 칭하는 호족세력이 늘어났다.
④ 6두품 세력을 중심으로 골품제에 대한 불만이 높아졌다.

> 해설
> 대야성은 신라 상대, 선덕여왕 때 함락되었다.

22 조선시대 삼사에 관한 설명으로 옳지 않은 것은?   ○ △ ✕

① 관리의 비리를 감찰하였다.
② 국왕에게 정책을 간언하였다.
③ 국왕에게 학문적 자문을 하였다.
④ 삼사는 사헌부, 사간원, 승정원을 말한다.

> 해설
> 조선시대의 삼사(三司)
> • 사헌부
> • 사간원
> • 홍문관

23 병자호란의 결과에 관한 설명으로 옳지 않은 것은? ○ △ ✕

① 청나라에 많은 양의 조공을 바쳤다.
② 청나라를 정벌하자는 북벌 운동이 대두되었다.
③ 4군과 6진을 설치하여 북방 영토를 확장하였다.
④ 청나라와 군신관계를 맺고 세자와 백성들이 포로로 끌려갔다.

> 해설
> 4군 6진은 여진족을 몰아내기 위한 행정구역으로, 병자호란이 일어나기 이전에 개척하였다.

24 통일신라의 불교에 관한 설명으로 옳은 것은? ○ △ ✕

① 의상이 화엄 사상을 정립하였다.
② 이차돈의 순교로 불교를 공인하였다.
③ 담징이 법륭사 금당에 벽화를 남겼다.
④ 노리사치계가 일본에 불경과 불상을 전하였다.

> 해설
> ②·④ 6세기, ③ 7세기에 해당한다.

25 다음 내용과 관련된 국왕은? ○ △ ✕

> • 속대전을 반포하였다.
> • 증수무원록을 간행하였다.
> • 낙형, 압슬형, 주리형 등 고문을 폐지하였다.

① 숙 종　　　　　　　　② 영 조
③ 정 조　　　　　　　　④ 고 종

> 해설
> 영조의 탕평 정치로는 균역법 실시, 서원 정리, 이조 전랑의 권한 축소 등이 있다.

관광자원해설

※ 문제의 이해도에 따라 ○ △ × 체크하여 완벽하게 정리하세요.

26 우리나라 관광자원을 자원특성에 따라 분류할 때 자연적 관광자원에 해당하지 않는 항목은? ○ △ ×

① 온 천
② 풍 속
③ 동식물
④ 산 림

> **해설**
> 풍속은 사회적 관광자원에 해당한다. 그 외에도 행사, 생활, 예술, 교육 등이 있다.

27 산업관광에 해당하지 않는 것은? ○ △ ×

① 기업홍보관 견학
② 산업시찰
③ 박람회 견학
④ 템플스테이 체험

> **해설**
> 산업관광은 산업과 참여 기업 및 지역경제 활성화에 기여하려는 목적에서 나온 관광으로, 1·2·3차 산업현장을 관광 대상으로 삼는다. 템플스테이 체험은 불교문화 및 사찰에서의 생활을 체험하는 것으로 산업관광과는 거리가 멀다.

28 제3차 관광개발기본계획(2012~2021)에서 설정한 초광역 관광벨트에 해당하지 않는 것은? ○ △ ×

① 백두대간 생태문화 관광벨트
② 수도권 관광벨트
③ 남해안 관광벨트
④ 동해안 관광벨트

> **해설**
> 초광역 관광벨트
> • 접경 및 내륙 관광벨트
>   – 접경 : 한반도 평화생태 관광벨트
>   – 내륙 : 백두대간 생태문화 관광벨트, 강변 생태문화 관광벨트
> • 해안 관광벨트
>   – 동해안 관광벨트
>   – 서해안 관광벨트
>   – 남해안 관광벨트

29 전라남도에 위치한 관광지가 아닌 것은? ○ △ ×

① 홍길동 테마파크   ② 장성호
③ 표충사   ④ 화순온천

해설

표충사는 경상남도 밀양시에 있는 사찰이다.
※ 전라남도 해남군 대흥사에 표충사라는 사당이 있어 최종정답에서 전항 정답 처리되었다.

30 2020년에 세계지질공원으로 지정된 곳은? ○ △ ×

① 한탄강   ② 제주도
③ 청송군   ④ 무등산

해설

2020년에 세계지질공원으로 지정된 곳은 한탄강이다. 제주도는 2010년, 청송군은 2017년, 무등산은 2018년에 세계지질
공원으로 지정되었다.

31 2020년 선정된 언택트관광지 100선에 해당하지 않는 것은? ○ △ ×

① 몽촌토성   ② 국립 4·19 민주묘지
③ 잠실 롯데월드   ④ 아차산

해설

언택트관광지
한국관광공사에서는 코로나19를 피하여 안전하게 관광할 수 있도록 비대면(언택트) 관광지 100곳을 발표하였다.
①·②·④ 외에도 동두천자연휴양림, 한탄강주상절리길, 여강길, 잣향기푸른숲 등이 있다.

32 코리아 둘레길에 해당하지 않는 것은?

① 동해안의 해파랑길
② 비무장지대(DMZ)의 평화누리길
③ 남해안의 남파랑길
④ 지리산 둘레길

해설

코리아 둘레길
동 · 서 · 남해안 및 비무장지대 접경지역 등 한반도 둘레를 이어 걸을 수 있도록 한 길로, 총 길이는 4,500km이다.
• 동해안 : 해파랑길
• 서해안 : 서해랑길
• 남해안 : 남파랑길
• 비무장지대 접경지역 : DMZ 평화누리길

33 해당지역에 위치한 컨벤션센터의 연결로 옳지 않은 것은?

① 부산광역시 – COEX
② 경주시 – HICO
③ 제주특별자치도 – ICC JEJU
④ 경기도 고양시 – KINTEX

해설

COEX는 서울특별시 강남구에 위치한 컨벤션센터이다. 부산광역시의 컨벤션센터는 BEXCO이다.

34 온천 – 해수욕장 – 동굴이 행정구역상 모두 같은 도(道)에 위치하는 것은?

① 덕구온천 – 함덕해수욕장 – 고씨(동)굴
② 수안보온천 – 선유도해수욕장 – 만장굴
③ 풍기온천 – 감포해수욕장 – 성류굴
④ 담양온천 – 송도해수욕장 – 고수동굴

해설

③ 풍기온천(경상북도) – 감포해수욕장(경상북도) – 성류굴(경상북도)
① 덕구온천(경상북도) – 함덕해수욕장(제주도) – 고씨(동)굴(강원도)
② 수안보온천(충청북도) – 선유도해수욕장(전라북도) – 만장굴(제주도)
④ 담양온천(전라남도) – 송도해수욕장(경상북도) – 고수동굴(충청북도)

35 다음 설명에 해당하는 안보관광자원은? ○ △ ×

> - 경기도 파주시에 위치하며, 6 · 25 전쟁의 비통한 한이 서려 있다.
> - 망배단, 미얀마 아웅산 순국외교사절 위령탑 등이 설치되어 있다.

① 판문점   ② 제4땅굴
③ 도라전망대   ④ 임진각

해설

① 판문점 : 경기도 파주시 진서면에 위치하며, 널문리라고도 부른다. UN과 북한 측이 정전협정을 맺은 곳으로, 공동경비
    구역(Joint Security Area)이다.
② 제4땅굴 : 강원도 양구군 해안면에 위치하며, 양구 동북방 26㎞ 비무장지대 안에서 발견되었다. 북한군이 설치한 지뢰
    로 인해 산화된 군견을 기리는 묘와 충견비가 있다.
③ 도라전망대 : 경기 파주시 장단면에 위치하며, 1987년 일반인에게 공개되었다. 우리나라 서부전선 최북단에 위치한 전
    망대로 북한 풍경을 볼 수 있는 곳이다.

36 개최지역과 문화축제와의 연결로 옳지 않은 것은? ○ △ ×

① 논산 - 딸기축제   ② 금산 - 인삼축제
③ 기장 - 멸치축제   ④ 진주 - 산천어축제

해설

산천어축제는 화천에서 개최되는 문화축제이다. 진주에서는 진주남강유등축제가 개최된다.

37 강원도에 위치한 국립공원으로만 옳게 나열한 것은? ○ △ ×

> ㄱ. 월출산   ㄴ. 설악산
> ㄷ. 북한산   ㄹ. 월악산
> ㅁ. 오대산

① ㄱ, ㄴ   ② ㄴ, ㅁ
③ ㄷ, ㄹ   ④ ㄹ, ㅁ

해설

월출산은 전라남도, 북한산은 경기도, 월악산은 충청북도에 있다.

38 다음 설명에 해당하는 것은?   ○△×

> • 조선왕조에 관한 방대한 규모의 사실적 역사기록과 국가의 기밀을 담고 있다.
> • 국보 제303호로 지정되어 있다.
> • 2001년 유네스코 세계기록유산으로 등재되어 있다.

① 조선왕조실록
② 승정원일기
③ 조선왕조의궤
④ 일성록

> 해설
>
> ① 조선왕조실록(국보) : 조선시대 제1대 왕 태조부터 제25대 왕 철종까지 472년간의 역사를 기록한 책이다. 1997년 유네스코 세계기록유산으로 등재되었다.
> ③ 조선왕조의궤(보물) : 조선시대 왕실 및 국가의 주요 행사와 관련 사실을 정리한 책이다. 2007년 유네스코 세계기록유산으로 등재되었다.
> ④ 일성록(국보) : 1760년(영조 36)부터 1910년(융희 4)까지 왕의 말과 행동을 날마다 기록한 책이다. 2011년 유네스코 세계기록유산으로 등재되었다.

39 국보의 지정기준으로 옳지 않은 것은?   ○△×

① 보물에 해당하는 문화재 중 특히 역사적, 학술적, 예술적 가치가 큰 것
② 보물에 해당하는 문화재 중 제작 연대가 오래되었으며, 그 시대의 대표적인 것으로서, 특히 보존가치가 큰 것
③ 보물에 해당하는 문화재 중 특히 저명한 인물과 관련이 깊거나 그가 제작한 것
④ 보물에 해당하는 문화재 중 특히 금전적인 가치가 매우 높은 것

> 해설
>
> 국보의 지정기준(「문화재보호법 시행령」 별표1의2)
> • 보물에 해당하는 문화재 중 특히 역사적, 학술적, 예술적 가치가 큰 것
> • 보물에 해당하는 문화재 중 제작 연대가 오래되었으며, 그 시대의 대표적인 것으로서, 특히 보존가치가 큰 것
> • 보물에 해당하는 문화재 중 조형미나 제작기술이 특히 우수하여 그 유례가 적은 것
> • 보물에 해당하는 문화재 중 형태 · 품질 · 제재(製材) · 용도가 현저히 특이한 것
> • 보물에 해당하는 문화재 중 특히 저명한 인물과 관련이 깊거나 그가 제작한 것

40 2019년 유네스코 세계문화유산으로 등재된 한국의 서원 중 행정구역상 같은 도(道)에 해당하지 않는 것은?

○ △ ×

① 소수서원

② 옥산서원

③ 병산서원

④ 무성서원

> 해설
>
> 무성서원은 전라북도에 있다.
>
> 한국의 서원
> - 소수서원(경상북도 영주시)
> - 도산서원(경상북도 안동시)
> - 도동서원(대구광역시 달성군)
> - 무성서원(전라북도 정읍시)
> - 돈암서원(충청남도 논산시)
>
> - 옥산서원(경상북도 경주시)
> - 병산서원(경상북도 안동시)
> - 남계서원(경상남도 함양군)
> - 필암서원(전라남도 장성군)

41 양주별산대놀이에 관한 설명으로 옳지 않은 것은?

○ △ ×

① 산대놀이는 중부지방의 탈춤을 가리키는 말이다.

② 서울·경기 지방에서 즐겼던 산대도감극의 한 갈래이다.

③ 춤과 무언극, 덕담과 익살이 어우러진 민중놀이이다.

④ 국가무형문화재 제5호이다.

> 해설
>
> 양주별산대놀이는 국가무형유산 제2호이다. 국가무형유산 제5호는 판소리이다.
>
> ※ 문화재청에서 문화재 지정번호제도를 폐지하였으므로, 향후 보기를 제외한 선지에서 지정번호를 묻는 문제는 없을 것으로 보인다.
>
> ※ 2024년 5월 17일 법령 개정에 따라 '국가무형문화재, 문화재청, 문화재'의 명칭이 각각 '국가무형유산, 국가유산청, 국가유산'으로 변경되었다.

42 다음 설명에 해당하는 화가가 그린 그림은?

> • 호가 완당이다.
> • 서예에도 능통한 금석학자이다.
> • '추사체'라는 독보적인 글씨체를 완성시켰다.

① 세한도
② 인왕제색도
③ 송하보월도
④ 몽유도원도

> 해설
> 김정희의 호로는 추사가 널리 알려져 있으나, 완당이라는 호도 사용하였다.
> ② 겸재 정선의 작품이다. 인왕제색도는 서울 인왕산을 화폭에 담은 진경산수화로, 국보로 등재되어 있다. 진경산수화의
>   대가인 정선의 대표작이다.
> ③ 학포 이상좌의 작품이다. 달밤에 동자를 데리고 산책하는 고사(古事)를 담은 산수화이다.
> ④ 현동자 안견의 작품이다. 안평대군의 꿈 이야기를 듣고 그린 산수화이다.

43 성(城)의 구성에 관한 설명으로 옳지 않은 것은?

① 해자 – 성곽주위로 물을 채워서 적의 침입을 막는 시설
② 여장 – 공격과 방어에 유용하게 사용되는 낮은 철(凸)자형의 담장으로 쌓아 놓은 시설
③ 옹성 – 성벽의 일부를 돌출시켜 적의 동태를 살피거나 공격하고 성벽을 타고 오르는 적병을 측면에서
   공격할 수 있는 시설
④ 노대 – 산성과 같은 높은 곳에서 화살을 쏠 수 있는 시설

> 해설
> 성벽의 일부를 돌출시켜 적이 성벽을 오를 수 없도록 하는 시설은 치성이다. 옹성은 성문을 보호하기 위해 성문 밖에 쌓은
> 작은 성이다.

44 조선시대 궁궐 건축물의 연결로 옳은 것은?

○ △ ×

① 창덕궁 – 인정전, 교태전, 돈화문
② 경복궁 – 강녕전, 대조전, 광화문
③ 창경궁 – 명정전, 통명전, 홍화문
④ 덕수궁 – 근정전, 석조전, 숭례문

해설

① 인정전(창덕궁의 정전) – 교태전(경복궁의 내전) – 돈화문(창덕궁의 정문)
② 강녕전(경복궁의 내전) – 대조전(창덕궁의 내전) – 광화문(경복궁의 정문)
④ 근정전(경복궁의 정전) – 석조전(덕수궁의 서양식 석조 건물) – 숭례문(한양의 남쪽 정문)
※ 실제 시험에서 ③이 '통명전'의 오타인 '통영전'으로 출제되어 최종정답에서 전항 정답 처리되었으나, '통명전'으로 변경한다면 ③이 정답이다.

---

45 사찰의 주요 건축물에 관한 설명으로 옳은 것은?

○ △ ×

① 극락전은 보광전이라고도 하며, 중앙에 약사여래불, 좌측에 일광보살, 우측에 월광보살이 위치한다.
② 나한전은 응진전이라고도 하며, 아라한을 모신 곳이다.
③ 명부전은 대적광전, 대방광전이라고도 부르며, 중앙에 비로자나불을 주불로 하여 좌측에 관세음보살, 우측에 허공장보살이 위치한다.
④ 대웅전은 미래에 나타날 부처를 모신 곳이다.

해설

① 중앙에 약사여래불, 좌측에 일광보살, 우측에 월광보살이 위치하는 것은 약사전이다. 대개 극락전과 마주 보게끔 짓는다. 극락전은 아미타불을 모시는 법당으로, 아미타전 · 무량수전이라고 부르기도 한다. 좌측에는 관세음보살, 우측에는 대세지보살이 위치한다.
③ 중앙에 비로자나불을 주불로 하고 좌측에 관세음보살, 우측에 허공장보살이 위치하는 것은 비로전이다. 명부전은 지장보살을 모시는 법당으로 염라대왕과 시왕(十王)을 봉안하여, 지장전 또는 시왕전이라고 부르기도 한다.
④ 미래에 나타날 부처를 모신 곳은 미륵전이다. 대웅전은 석가모니불을 모시는 법당이다.

46 다음 설명에 해당하는 것은?　　　　　　　　　　　　　　○ △ ×

> • 이율곡의 생가
> • 우리나라 주택건물 중에서 매우 오래된 것 중 하나
> • 보물 제165호 지정

① 오죽헌　　　　　　　　　　　　　② 낙성대
③ 이화장　　　　　　　　　　　　　④ 소쇄원

> **해설**
> ② 낙성대는 강감찬 장군의 출생지로, 시 · 도자연유산이다.
> ③ 이승만 초대 대통령의 사저로, 사적이다.
> ④ 양산보가 건립한 원우로, 명승이다. 조선시대부터 지금까지 이어져 오는 민간정원이다.

47 불교 의식법구에 관한 설명으로 옳지 않은 것은?　　　　　　　　　　　　　　○ △ ×

① 반자는 금속으로 만든 쇠북이다.
② 목어는 나무를 고기 모양으로 만들어 안을 텅 비워 두드리면 소리나도록 만든 것이다.
③ 법라는 동이나 철, 옥 및 돌 등으로 만든 악기이며, 불경을 읽을 때나 범패를 할 때 사용한다.
④ 운판은 주로 청동이나 철을 판판하게 펴서 구름 모양으로 만든 것으로 식사 때 치는 것이다.

> **해설**
> 동이나 철 · 옥 · 돌 등으로 만들며, 불경을 읽거나 범패를 할 때 사용하는 것은 경쇠이다. 법라는 권패라고도 하며 소라의 끝부분에 피리를 붙인 악기이다. 대중을 모이게 하고 의식을 행할 때 사용한다.

48 단청에 관한 설명으로 옳지 않은 것은?　　　　　　　　　　　　　　○ △ ×

① 청, 적, 황, 백, 흑색의 5색을 쓴다.
② 상징과 식별, 은폐와 보호 및 물리화학적 기능과 심리적 기능을 갖고 있다.
③ 단청장은 국가무형문화재 제48호로 지정되어 있다.
④ 우리나라 단청의 기원은 고려시대부터이다.

> **해설**
> 우리나라 단청의 기원은 고대의 단청이 남아 있지 않으므로, 정확한 연도를 파악할 수 없으나 삼국시대의 여러 벽화고분을 통해 그 쓰임을 확인할 수 있다. 고구려 벽화고분에는 단청의 모습을 보여 주는 채색무늬가 남아 있다.
> ※ 2024년 5월 17일 법령 개정에 따라 '국가무형문화재'의 명칭이 '국가무형유산'으로 변경되었다.

49 다음 민속놀이에 해당하는 것은?　　　　　　　　　　　　　　　○ △ ✕

> • 주로 전라남도 일대에서 행하여진다.
> • 정월 대보름 전후에 행해지는 격렬한 남성의 집단놀이이다.
> • 국가무형문화재 제33호로 지정되어 있다.

① 광주 칠석 고싸움놀이
② 안동 차전놀이
③ 영산 줄다리기
④ 강강수월래

> 해설
> ② 안동 차전놀이(국가무형유산) : 경상북도 안동 지방에서 행하여지며, 정월 대보름에 마을의 청·장년 남자들이 '동채'라는 놀이 기구를 가지고 패를 나누어 벌이는 놀이이다.
> ③ 영산 줄다리기(국가무형유산) : 경상남도 창녕군 영산면에서 행하여지며, 정월 대보름에 성인남녀가 두 편을 짜 노는 편싸움이다.
> ④ 강강수월래(국가무형유산) : 전라남도 서남해안 지방에서 행하여지며, 음력 8월 한가위에 수십 명의 마을 처녀들이 손을 맞잡고 둥그렇게 원을 만들어 도는 놀이이다.
> ※ 2024년 5월 17일 법령 개정에 따라 '국가무형문화재'의 명칭이 '국가무형유산'으로 변경되었다.

50 다음 설명에 해당하는 것은?　　　　　　　　　　　　　　　○ △ ✕

> • 조선시대 중·후기 대표적인 가옥들로 원형을 잘 보존하고 있다.
> • 2010년 세계문화유산에 등재되었다.
> • 월성 손씨와 여강 이씨의 동족마을이다.

① 경주 양동마을
② 고성 왕곡마을
③ 아산 외암마을
④ 낙안 민속마을

> 해설
> ② 고성 왕곡마을(국가민속문화유산) : 다섯 봉우리로 이루어진 산들이 마을을 둘러싸고 있어 한국전쟁 때에도 대부분의 집이 폭격을 피할 수 있던 곳이다. 14세기 경부터 마을 위쪽에는 양근 함씨, 아래쪽에는 강릉 최씨가 모여 살았다.
> ③ 아산 외암마을(국가민속문화유산) : 약 500년 전에 강씨와 목씨 등이 모여 살았으나, 조선 명종 때부터 이정(李挺) 일가가 낙향하여 정착하면서 예안 이씨의 후손이 살게 되어 양반촌이 되었다.
> ④ 낙안 민속마을(사적) : 마을 전체에서 서민가옥인 초가집을 볼 수 있으며, 여러 성씨가 모여 살았다.
> ※ 2024년 5월 17일 법령 개정에 따라 '국가민속문화재'의 명칭이 '국가민속문화유산'으로 변경되었다.

관광법규

※ 문제의 이해도에 따라 ○ △ × 체크하여 완벽하게 정리하세요.

01 관광기본법상 다음 ( )에 들어갈 내용은? ○ △ ×

> 관광진흥의 방향 및 주요 시책에 대한 수립·조정, 관광진흥계획의 수립 등에 관한 사항을 심의·조정하기 위하여 국무총리 소속으로 ( )을 둔다.

① 지역관광협의회
② 국가관광전략회의
③ 한국관광협의중앙회
④ 한국문화예술위원회

해설

국가관광전략회의(「관광기본법」 제16조)
- 관광진흥의 방향 및 주요 시책에 대한 수립·조정, 관광진흥계획의 수립 등에 관한 사항을 심의·조정하기 위하여 국무총리 소속으로 국가관광전략회의를 둔다.
- 국가관광전략회의의 구성 및 운영 등에 필요한 사항은 대통령령으로 정한다.

02 관광진흥법령상 관광객 이용시설업의 종류가 아닌 것은? ○ △ ×

① 관광공연장업
② 관광유람선업
③ 외국인관광 도시민박업
④ 여객자동차터미널시설업

해설

관광객 이용시설업의 종류(「관광진흥법 시행령」 제2조 제3호)
- 전문휴양업
- 야영장업(일반·자동차)
- 관광공연장업
- 한옥체험업
- 종합휴양업(제1종·제2종)
- 관광유람선업(일반·크루즈업)
- 외국인관광 도시민박업

03 관광진흥법상 '관광단지'에 관한 정의이다. (   )에 들어갈 내용은? ○ △ ✕

> 관광객의 다양한 관광 및 휴양을 위하여 각종 관광시설을 종합적으로 개발하는 (   )지역으로서 이 법에 따라 지정된 곳

① 관광 거점
② 복합 시설
③ 관광 진흥
④ 관광 촉진

> **해설**
> 관광단지의 정의(「관광진흥법」 제2조 제7호)
> 관광단지란 관광객의 다양한 관광 및 휴양을 위하여 각종 관광시설을 종합적으로 개발하는 관광 거점 지역으로서 이 법에 따라 지정된 곳을 말한다.

04 관광진흥법령상 지역별 관광협회에 지정 및 지정취소의 권한이 위탁된 관광 편의시설업은? ○ △ ✕

① 관광유흥음식점업
② 관광식당업
③ 관광펜션업
④ 관광순환버스업

> **해설**
> 관광 편의시설업의 지정신청(「관광진흥법 시행규칙」 제14조 제1항)
> • 지역별 관광협회 : 관광식당업, 관광사진업 및 여객자동차터미널시설업
> • 특별자치시장 · 특별자치도지사 · 시장 · 군수 · 구청장 : 관광유흥음식점업, 관광극장유흥업, 외국인전용 유흥음식점업, 관광순환버스업, 관광펜션업, 관광궤도업, 관광면세업 및 관광지원서비스업

05 관광진흥법상 '한국관광 품질인증' 대상 사업이 아닌 것은? ○ △ ✕

① 휴양 콘도미니엄업
② 한옥체험업
③ 외국인관광 도시민박업
④ 야영장업

> **해설**
> 한국관광 품질인증의 대상(「관광진흥법 시행령」 제41조의11)
> • 야영장업   • 외국인관광 도시민박업   • 한옥체험업   • 관광식당업
> • 관광면세업   • 외국인관광객면세판매장   • 숙박업(관광숙박업 제외)
> • 그 밖에 관광사업 및 이와 밀접한 관련이 있는 사업으로서 문화체육관광부장관이 정하여 고시하는 사업

2020년

관광법규

06 관광진흥법령상 의료관광호텔업의 등록기준에 충족된 것은? ○ △ ×

① 객실별 면적이 15㎡
② 욕실이나 샤워시설을 갖춘 객실이 30실
③ 다른 외국인환자 유치 의료기관의 개설자 또는 유치업자와 공동으로 등록
④ 외국인환자 유치 의료기관의 개설자가 설립을 위한 출연재산의 100분의 20을 출연

> 해설
> ① 객실별 면적이 19㎡ 이상일 것(「관광진흥법 시행령」 별표1 제2호 사목)
> ③ 다른 외국인환자 유치 의료기관의 개설자 또는 유치업자와 공동으로 등록하지 아니할 것(「관광진흥법 시행령」 별표1 제2호 사목)
> ④ 외국인환자 유치 의료기관의 개설자가 설립을 위한 출연재산의 100분의 30 이상을 출연할 것(「관광진흥법 시행령」 별표1 제2호 사목)

07 관광진흥법령상 관광통역안내사 자격을 취득한 사람이 다른 사람에게 그 자격증을 대여한 경우에 그 자격을 취소할 수 있는 처분권자는? ○ △ ×

① 한국관광협회중앙회장
② 시장 · 군수 · 구청장
③ 시 · 도지사
④ 문화체육관광부장관

> 해설
> 관광종사원의 자격 취소 처분권자(「관광진흥법」 제40조)
> 문화체육관광부장관(관광종사원 중 대통령령으로 정하는 관광종사원에 대하여는 시 · 도지사)은 제38조 제1항에 따라 자격을 가진 관광종사원이 다음의 어느 하나에 해당하면 문화체육관광부령으로 정하는 바에 따라 그 자격을 취소하거나 6개월 이내의 기간을 정하여 자격의 정지를 명할 수 있다.

08 관광진흥법령상 카지노사업자에게 금지되는 행위를 모두 고른 것은? ○ △ ×

> ㄱ. 내국인을 입장하게 하는 행위
> ㄴ. 19세 미만인 자를 입장시키는 행위
> ㄷ. 정당한 사유 없이 그 연도 안에 30일간 휴업하는 행위

① ㄱ, ㄴ
② ㄱ, ㄷ
③ ㄴ, ㄷ
④ ㄱ, ㄴ, ㄷ

> 해설
> 카지노사업자 등의 준수 사항(「관광진흥법」 제28조 제1항 제9호)
> 정당한 사유 없이 그 연도 안에 60일 이상 휴업하는 행위가 금지된다.

09 관광진흥법상의 관광사업 중 특별자치시장 · 특별자치도지사 · 시장 · 군수 · 구청장에게 등록해야 하는 관광사업을 모두 고른 것은?

ㅇ △ ✕

> ㄱ. 여행업 ㄴ. 관광숙박업
> ㄷ. 유원시설업 ㄹ. 관광객 이용시설업
> ㅁ. 관광편의시설업 ㅂ. 국제회의업

① ㄱ, ㄴ, ㄷ, ㄹ

② ㄱ, ㄴ, ㄹ, ㅂ

③ ㄱ, ㄷ, ㅁ, ㅂ

④ ㄴ, ㄷ, ㅁ, ㅂ

해설

관광사업의 등록(「관광진흥법」 제4조 제1항)
여행업, 관광숙박업, 관광객 이용시설업 및 국제회의업을 경영하려는 자는 특별자치시장 · 특별자치도지사 · 시장 · 군수 · 구청장(자치구의 구청장)에게 등록하여야 한다.

2020년

관광법규

10 관광진흥법령상 기획여행을 실시하는 자가 광고하려는 경우 표시하여야 하는 사항을 모두 고른 것은?

ㅇ △ ✕

> ㄱ. 인솔자명 ㄴ. 여행업의 등록번호
> ㄷ. 여행경비 ㄹ. 최저 여행인원
> ㅁ. 기획여행명

① ㄱ, ㄴ, ㄹ ② ㄱ, ㄷ, ㄹ

③ ㄴ, ㄷ, ㅁ ④ ㄴ, ㄷ, ㄹ, ㅁ

해설

기획여행의 광고(「관광진흥법 시행규칙」 제21조)
• 여행업의 등록번호, 상호, 소재지 및 등록관청
• 기획여행명 · 여행일정 및 주요 여행지
• 여행경비
• 교통 · 숙박 및 식사 등 여행자가 제공받을 서비스의 내용
• 최저 여행인원
• 보증보험 등의 가입 또는 영업보증금의 예치 내용
• 여행일정 변경 시 여행자의 사전 동의 규정
• 여행목적지(국가 및 지역)의 여행경보단계

11 관광진흥법령상 관광사업자 A와 관광사업자가 아닌 B 및 C가 다음과 같이 상호를 사용하여 영업을 하고 있다. 이 법령에 위배되는 것은? (단, 타법은 고려하지 않음) ○△✕

> ㄱ. A는 관광숙박업으로 '만국관광호텔'이라는 상호를 사용하고 있다.
> ㄴ. B는 관광펜션업으로 '추억관광펜션'이라는 상호를 사용하고 있다.
> ㄷ. C는 관광공연장업으로 '기쁨관광공연'이라는 상호를 사용하고 있다.

① ㄱ, ㄴ
② ㄱ, ㄷ
③ ㄴ, ㄷ
④ ㄱ, ㄴ, ㄷ

해설

상호의 사용제한(『관광진흥법 시행령』 제8조)

관광사업자가 아닌 자는 다음의 업종 구분에 따른 명칭을 포함하는 상호를 사용할 수 없다.
- 관광숙박업과 유사한 영업의 경우 : 관광호텔과 휴양 콘도미니엄
- 관광유람선과 유사한 영업의 경우 : 관광유람
- 관광공연장업과 유사한 영업의 경우 : 관광공연
- 관광유흥음식점업, 외국인전용 유흥음식점업 또는 관광식당업과 유사한 영업의 경우 : 관광식당
- 관광극장유흥업과 유사한 영업의 경우 : 관광극장
- 관광펜션업과 유사한 영업의 경우 : 관광펜션
- 관광면세업과 유사한 영업의 경우 : 관광면세

12 관광진흥법상 유원시설업의 변경허가를 받지 아니하고 영업을 한 자에 대한 벌칙 기준은? ○△✕

① 1년 이하의 징역 또는 1천만원 이하 벌금
② 2년 이하의 징역 또는 2천만원 이하 벌금
③ 3년 이하의 징역 또는 3천만원 이하 벌금
④ 5년 이하의 징역 또는 5천만원 이하 벌금

해설

벌칙(『관광진흥법』 제84조 제1호)

유원시설업의 변경허가를 받지 아니하거나 변경신고를 하지 아니하고 영업을 한 자는 1년 이하의 징역 또는 1천만원 이하의 벌금에 처한다.

13 관광진흥법령상 과징금에 관한 설명으로 옳은 것은? ○△✕

① 등록의 취소를 갈음하여 과징금을 부과할 수 있다.

② 위반의 정도가 심한 경우 5천만원의 과징금을 부과할 수 있다.

③ 과징금은 분할하여 낼 수 있다.

④ 과징금을 내야 하는 자가 납부기한까지 내지 아니하면 국세 체납처분의 예 또는 「지방행정제재 · 부과금의 징수 등에 관한 법률」에 따라 징수한다.

> **해설**
>
> 과징금의 부과(「관광진흥법」 제37조)
> - 관할 등록기관 등의 장은 관광사업자가 사업 정지를 명하여야 하는 경우로서 그 사업의 정지가 그 이용자 등에게 심한 불편을 주거나 그 밖에 공익을 해칠 우려가 있으면 사업 정지 처분을 갈음하여 2천만원 이하의 과징금(過徵金)을 부과할 수 있다.
> - 과징금을 부과하는 위반 행위의 종류 · 정도 등에 따른 과징금의 금액과 그 밖에 필요한 사항은 대통령령으로 정한다.
> - 관할 등록기관등의 장은 과징금을 내야 하는 자가 납부기한까지 내지 아니하면 국세 체납처분의 예 또는 「지방행정제재 · 부과금의 징수 등에 관한 법률」에 따라 징수한다.
> ※ 출제 당시 답은 ④였으나, 2021년 9월 24일부로 법령이 개정되어 ③도 정답에 해당한다.

14 관광진흥법령상 '관광사업자 단체'에 관한 설명으로 옳은 것은? ○△✕

① 업종별 관광협회는 업종별로 업무의 특수성을 고려하여 전국을 단위로 설립할 수 있다.

② 관광사업자, 관광 관련 사업자, 관광 관련 단체, 주민 등은 공동으로 지역의 관광진흥을 위하여 지역별 또는 업종별 관광협회를 설립할 수 있다.

③ 지역별 관광협회는 문화체육관광부장관의 설립허가를 받아야 한다.

④ 지역관광협의회는 관광사업의 건전한 발전을 위하여 관광업계를 대표하는 한국관광협회중앙회를 설립할 수 있다.

> **해설**
>
> ② 관광사업자, 관광 관련 사업자, 관광 관련 단체, 주민 등은 공동으로 지역의 관광진흥을 위하여 광역 및 기초 지방자치단체 단위의 지역관광협의회를 설립할 수 있다(「관광진흥법」 제48조의9 제1항).
> ③ 업종별 관광협회는 문화체육관광부장관의 설립허가를, 지역별 관광협회는 시 · 도지사의 설립허가를 받아야 한다(「관광진흥법」 제45조 제2항).
> ④ 지역별 관광협회 및 업종별 관광협회는 관광사업의 건전한 발전을 위하여 관광업계를 대표하는 한국관광협회중앙회를 설립할 수 있다(「관광진흥법」 제41조 제1항).

15 관광진흥법령상 관광숙박업의 사업계획 변경승인을 받아야 하는 경우를 정한 규정이다. (   )에 들어갈 내용으로 옳은 것은?   ○ △ ✕

> 부지 및 대지 면적을 변경할 때에 그 변경하려는 면적이 당초 승인받은 계획 면적의 (   ) 이상이 되는 경우

① 100분의 3
② 100분의 5
③ 100분의 7
④ 100분의 10

16 관광진흥법령상 호텔업의 등록을 한 자가 등급결정을 신청해야 하는 호텔업은 모두 몇 개인가?   ○ △ ✕

> 관광호텔업, 수상관광호텔업, 한국전통호텔업, 가족호텔업, 소형호텔업, 의료관광호텔업

① 3
② 4
③ 5
④ 6

17 관광진흥법령상 관광특구에 관한 설명으로 옳은 것은? ○ △ ✕

① 관광특구로 지정하기 위해서는 임야·농지·공업용지 또는 택지의 비율이 관광특구 전체면적의 20%를 초과하지 아니하여야 한다.

② 문화체육관광부장관은 관광특구진흥계획을 수립하고 시행하여야 한다.

③ 문화체육관광부장관은 관광특구의 활성화를 위하여 관광특구에 대한 평가를 3년마다 실시하여야 한다.

④ 관광특구는 외국인 관광객 수가 대통령령으로 정하는 기준 이하이어야 한다.

> 해설
> ① 관광특구 전체면적 중 관광활동과 직접적인 관련성이 없는 토지가 차지하는 비율이 10%를 초과하지 아니하여야 한다 (「관광진흥법」 제70조, 「관광진흥법 시행령」 제58조 제2항).
> ② 특별자치시장·특별자치도지사·시장·군수·구청장은 관할 구역 내 관광특구를 방문하는 외국인 관광객의 유치 촉진 등을 위하여 관광특구진흥계획을 수립하고 시행하여야 한다(「관광진흥법」 제71조 제1항).
> ④ 외국인 관광객 수가 대통령령으로 정하는 기준 이상이어야 한다(「관광진흥법」 제70조 제1항 제1호).

2020년

관광법규

18 관광진흥법령상 특별관리지역에 관한 설명으로 옳지 않은 것은? ○ △ ✕

① 특별관리지역의 지정권한은 문화체육관광부장관이 갖는다.

② 특별관리지역으로 지정하려면 수용 범위를 초과한 관광객의 방문으로 자연환경이 훼손되거나 주민의 평온한 생활환경을 해칠 우려가 있어 관리할 필요가 있다고 인정되어야 한다.

③ 특별관리지역에 대하여는 조례로 정하는 바에 따라 관광객 방문시간 제한 등 필요한 조치를 할 수 있다.

④ 특별관리지역을 지정·변경 또는 해제하려는 경우에는 해당 지역의 주민을 대상으로 공청회를 개최해야 한다.

> 해설
> 지속가능한 관광활성화(「관광진흥법」 제48조의3 제2항)
> 시·도지사나 시장·군수·구청장은 다음의 어느 하나에 해당하는 지역을 조례로 정하는 바에 따라 특별관리지역으로 지정할 수 있다. 이 경우 특별관리지역이 같은 시·도 내에서 둘 이상의 시·군·구에 걸쳐 있는 경우에는 시·도지사가 지정하고, 둘 이상의 시·도에 걸쳐 있는 경우에는 해당 시·도지사가 공동으로 지정한다.
> • 수용 범위를 초과한 관광객의 방문으로 자연환경이 훼손되거나 주민의 평온한 생활환경을 해칠 우려가 있어 관리할 필요가 있다고 인정되는 지역
> • 차량을 이용한 숙박·취사 등의 행위로 자연환경이 훼손되거나 주민의 평온한 생활환경을 해칠 우려가 있어 관리할 필요가 있다고 인정되는 지역. 다만, 다른 법령에서 출입, 주차, 취사 및 야영 등을 금지하는 지역은 제외한다.

19 관광진흥법상 '500만원 이하'의 과태료의 부과 대상에 해당하는 자는?

① 등록을 하지 아니하고 여행업을 경영한 자
② 관광사업자가 아닌 자가 문화체육관광부령으로 정하는 관광표지를 사업장에 붙인 자
③ 관광통역안내의 자격이 없는 사람이 외국인 관광객을 대상으로 하는 관광통역안내를 한 자
④ 문화체육관광부령으로 정하는 영업준칙을 지키지 아니한 카지노사업자

> **해설**
> ① 3년 이하의 징역 또는 3천만원 이하의 벌금이 부과된다(「관광진흥법」 제82조 제1호).
> ② 1차 위반 시 30만원, 2차 위반 시 60만원, 3차 이상 위반 시 100만원의 과태료가 부과된다(「관광진흥법 시행령」 별표5).
> ④ 100만원 이하의 과태료가 부과된다(「관광진흥법」 제86조 제2항 제4호).

20 관광진흥개발기금법령상 기금운용위원회에 관한 설명으로 옳은 것은?

① 기금의 운용에 관한 종합적인 사항을 심의하기 위하여 국무총리 소속으로 기금운용위원회를 둔다.
② 기금운용위원회는 위원장 1명을 포함한 10명 이내의 위원으로 구성한다.
③ 위원장은 문화체육관광부장관이 된다.
④ 기금운용위원회의 조직과 운영에 필요한 사항은 문화체육관광부령으로 정한다.

> **해설**
> ① 기금의 운용에 관한 종합적인 사항을 심의하기 위하여 문화체육관광부장관 소속으로 기금운용위원회를 둔다(「관광진흥개발기금법」 제6조 제1항).
> ③ 위원장은 문화체육관광부 제1차관이 된다(「관광진흥개발기금법 시행령」 제4조 제2항).
> ④ 위원회의 조직과 운영에 필요한 사항은 대통령령으로 정한다(「관광진흥개발기금법」 제6조 제2항).

21 관광진흥개발기금법상 '거짓이나 그 밖의 부정한 방법으로 대여를 신청한 경우 또는 대여를 받은 경우'에 관한 제재로 옳지 않은 것은? ○△×

① 문화체육관광부장관은 기금의 대여를 신청한 자에 대하여 그 대여 신청을 거부한다.

② 문화체육관광부장관은 기금의 대여를 받은 자에 대하여 그 대여를 취소한다.

③ 문화체육관광부장관이 기금의 대여를 받은 자에 대하여 지출된 기금을 회수할 때는, 지출된 기금의 전부를 회수하여야 하며 일부회수는 인정되지 않는다.

④ 부정한 방법으로 대여를 받은 자는 해당 기금을 대여받은 날부터 3년 이내에 기금을 대여받을 수 없다.

> **해설**
> ③ 문화체육관광부장관은 기금의 대여를 신청한 자 또는 기금의 대여를 받은 자가 일정한 요건에 해당하면 그 대여 신청을 거부하거나, 그 대여를 취소하고 지출된 기금의 전부 또는 일부를 회수한다(「관광진흥개발기금법」 제11조 제3항).
> ④ 법률이 제시한 요건에 해당하는 자는 해당 기금을 대여받거나 보조받은 날부터 5년 이내에 기금을 대여받거나 보조받을 수 없다(「관광진흥개발기금법」 제11조 제4항).
> ※ 출제 당시 정답은 ③이었으나, 2021년 4월 13일부로 법령이 개정되어 현재 ④도 정답에 해당한다.

관광법규

22 관광진흥개발기금법령상 국내 공항과 항만을 통하여 출국하는 자로서 관광진흥개발기금의 납부면제자에 해당하지 않는 사람은? ○△×

① 선박을 이용하는 4세 어린이

② 외국에 주둔하는 외국의 군인

③ 국외로 입양되는 어린이의 호송인

④ 「출입국관리법」 제46조에 따른 강제퇴거 대상자 중 국비로 강제 출국되는 외국인

> **해설**
> 납부금의 납부대상 및 금액(「관광진흥개발기금법 시행령」 제1조의2)
> 대한민국에 주둔하는 외국의 군인 및 군무원이 납부면제 대상이다.

23 국제회의산업 육성에 관한 법령상 국제회의시설에 관한 설명으로 옳지 않은 것은?

① 전문회의시설은 30명 이상의 인원을 수용할 수 있는 중·소회의실이 10실 이상 있어야 한다.

② 준회의시설을 200명 이상의 인원을 수용할 수 있는 대회의실이 있어야 한다.

③ 전시시설은 옥내와 옥외의 전시면적을 각각 2,000㎡ 이상 확보하고 있어야 한다.

④ 국제회의 개최와 전시의 편의를 위하여 전문회의시설에 부속된 음식점시설은 부대시설이다.

> 해설
>
> 전시시설의 요건(「국제회의산업 육성에 관한 법률 시행령」 제3조 제4항)
> • 옥내와 옥외의 전시면적을 합쳐서 2,000㎡ 이상 확보하고 있을 것
> • 30명 이상의 인원을 수용할 수 있는 중·소회의실이 5실 이상 있을 것

24 국제회의산업 육성에 관한 법률상 국제회의복합지구에 관한 설명으로 옳지 않은 것은?

① 국제회의복합지구의 지정권자는 시·도지사이다.

② 시·도지사는 국제회의복합지구 육성·진흥계획을 시행하여야 한다.

③ 문화체육관광부장관은 사업의 지연, 관리 부실 등의 사유로 지정목적을 달성할 수 없는 경우 국제회의 복합지구 지정을 해제할 수 있다. 이 경우 시·도지사의 승인을 받아야 한다.

④ 이 법에 따라 지정된 국제회의복합지구는 「관광진흥법」 제70조에 따른 관광특구로 본다.

> 해설
>
> 국제회의복합지구의 지정 등(「국제회의산업 육성에 관한 법률」 제15조의2 제4항)
> 시·도지사는 사업의 지연, 관리 부실 등의 사유로 지정목적을 달성할 수 없는 경우 국제회의복합지구 지정을 해제할 수 있다. 이 경우 문화체육관광부장관의 승인을 받아야 한다.

25 국제회의산업 육성에 관한 법률상 국제회의산업육성기본계획(이하 '기본계획'이라 한다)의 수립에 관한 설명으로 옳지 않은 것은?

① 기본계획은 5년마다 수립·시행하여야 한다.

② 기본계획에는 국제회의에 필요한 인력의 양성에 관한 사항이 포함되어 있어야 한다.

③ 지방자치단체의 장과 관련된 기관의 장은 문화체육관광부장관이 수립한 기본계획에 따라 연도별 국제 회의산업육성시행계획을 수립·시행하여야 한다.

④ 문화체육관광부장관은 기본계획의 추진실적을 평가하고, 그 결과를 기본계획의 수립에 반영하여야 한다.

> 해설
>
> 국제회의산업육성기본계획의 수립 등(「국제회의산업 육성에 관한 법률」 제6조 제2항)
> 문화체육관광부장관은 기본계획에 따라 연도별 국제회의산업육성시행계획을 수립·시행하여야 한다.

관광학개론

26 여행업의 특성이 아닌 것은?

○ △ ×

① 고정자본의 투자가 크다.
② 계절성이 강하다.
③ 정치, 경제 등의 변화에 민감하다.
④ 노동집약적이다.

> **해설**
>
> 여행업은 고정자본의 투자가 적다. 이외의 특성으로는 비수기와 성수기 수요변화의 차이가 심하고, 인적 판매 비중이 높다는 점 등이 있다.

27 다음 설명에 해당하는 것은?

○ △ ×

- 1945년 쿠바의 아바나에서 결성된 국제항공기구
- 각국의 항공사 대표들로 구성된 비정부조직

① IATA
② ASTA
③ ICAO
④ PATA

> **해설**
>
> ② 1931년에 설립된 미국여행업협회이다.
> ③ 1947년에 설립된 국제민간항공기구이다.
> ④ 1951년에 설립된 아시아 태평양 지역 관광협회이다.

28 관광진흥법상 관광사업이 아닌 것은?   ○ △ ✕

① 유원시설업
② 관광 체육시설업
③ 관광객 이용시설업
④ 관광 편의시설업

> **해설**
> 관광사업의 종류(「관광진흥법」 제3조)
> 관광사업의 종류로는 여행업, 관광숙박업(호텔업, 휴양 콘도미니엄업), 관광객 이용시설업, 국제회의업, 카지노업, 유원시설업, 관광 편의시설업이 있다.

29 여행업의 주요 업무가 아닌 것은?   ○ △ ✕

① 수배업무
② 정산업무
③ 여정관리업무
④ 환전업무

> **해설**
> 환전업무는 여행업의 주요 업무가 아니다.
> ① · ② · ③ 외의 특성으로는 수속대행업무, 상담업무 등이 있다.

30 저비용항공사(LCC)의 일반적인 특징이 아닌 것은?   ○ △ ✕

① 좌석클래스의 단일화
② 조직의 단순화
③ 지점 간 노선(Point to Point)의 운항
④ 대형여객기 중심의 운항

> **해설**
> 중 · 소형여객기를 중심으로 하여 운항한다.
> ① · ② · ③ 외의 특징으로는 기내서비스의 대폭 감소, 물이나 음료의 기내판매 등이 있다.

28 ② 29 ④ 30 ④   정답

31 아시아나 항공이 가입하고 있는 1997년 설립된 항공 동맹체는?　○△×

① 원 월드(One World)
② 스카이 팀(Sky Team)
③ 스타 얼라이언스(Star Aliance)
④ 유플라이 얼라이언스(U-Fly Aliance)

> **해설**
> 스카이 팀(Sky Team)에는 대한항공이, 유플라이 얼라이언스(U-Fly Aliance)에는 이스타항공이 속한다.

32 IATA 기준 항공사와 코드의 연결이 옳지 않은 것은?　○△×

① AIR BUSAN - BX
② JIN AIR - LJ
③ TWAY AIR - TW
④ JEJU AIR - JL

> **해설**
> 제주항공의 코드는 7C이다.

33 석식이 포함된 호텔 요금제도를 모두 고른 것은?　○△×

ㄱ. European Plan	ㄴ. Full America Plan
ㄷ. Modified American Plan	ㄹ. Continental Plan

① ㄱ, ㄴ
② ㄱ, ㄹ
③ ㄴ, ㄷ
④ ㄷ, ㄹ

> **해설**
> ㄱ. 유럽식 플랜(European Plan)은 객실요금에 식사요금이 포함되지 않는다.
> ㄹ. 콘티넨탈식 플랜(Continental Plan)은 객실요금에 조식만 포함한다.

34 다음 설명에 해당하는 카지노 게임은?

> 휠(Wheel) 안에 볼(Ball)이 회전하다 포켓(Pocket) 안에 들어간 번호가 위닝넘버(Winning Number)가 되는 게임

① 빅 휠
② 바카라
③ 다이사이
④ 룰 렛

해설

① 휠이 멈추었을 때 휠 위의 가죽띠가 멈출 곳을 예측하여 고객이 맞히면 이기는 게임
② Banker와 Player 중 카드 합이 9에 가까운 쪽이 승리하는 게임
③ 베팅한 숫자 혹은 숫자의 조합이 셰이커(주사위 용기)에 있는 세 개의 주사위와 일치하면 배당률에 의해 배당금이 지급되는 게임

35 다음에서 설명하는 회의는?

> 청중이 모인 가운데 2~8명의 연사가 사회자의 주도하에 서로 다른 분야에서의 전문가적 견해를 발표하는 공개 토론회로 청중도 자신의 의견을 발표할 수 있다.

① 포 럼
② 워크숍
③ 패널토의
④ 세미나

해설

① 한 주제에 대해 상반된 견해를 가진 동일 분야의 전문가들이 사회자의 주도하에 청중 앞에서 벌이는 공개 토론회
② 문제해결능력의 일환으로서 참여를 강조하고 30~35명 정도의 인원이 특정문제나 과제에 관해 새로운 지식·기술·아이디어 등을 교환하는 회의
④ 대개 30명 이하의 규모로 주로 교육목적을 띤 회의

36 관광진흥법령상 2020년 현재 호텔업의 등급 체계는?　　　　　　　　　○ △ ×

① 무궁화 등급
② 별 등급
③ 다이아몬드 등급
④ ABC 등급

> **해설**
> 호텔업의 등급결정(「관광진흥법 시행령」 제22조 제2항)
> 관광숙박업 중 호텔업의 등급은 5성급 · 4성급 · 3성급 · 2성급 및 1성급으로 구분한다.

37 휴양 콘도미니엄 소유형태에 관한 설명으로 옳지 않은 것은?　　　　　　○ △ ×

① 소유권은 양도가 가능하다.
② 공유제는 평생소유가 가능하다.
③ 회원제와 공유제 모두 취득세 대상이다.
④ 시설 이용권은 양수가 불가능하다.

> **해설**
> 관광사업의 양수 등(「관광진흥법」 제8조)
> 휴양 콘도미니엄업은 관광사업에 해당하기 때문에 시설 이용권은 양수가 가능하다.

38 국제슬로시티연맹에 가입된 한국의 슬로시티가 아닌 곳은?　　　　　　　○ △ ×

① 담양군 창평면
② 완도군 청산도
③ 제주도 성산일출봉
④ 전주시 한옥마을

> **해설**
> ① · ② · ④ 이 외에도 신안군 증도, 예산군 대흥면 등이 있다.

39 다음에서 설명하는 국제관광기구는? ○ △ ×

> 1951년에 설립한 관민(官民) 합동기구로 관광진흥활동, 지역발전 도모 등을 목적으로 하는 국제관광 기구이며, 우리나라는 1963년에 가입하여 활동하고 있다.

① APEC
② PATA
③ EATA
④ OECD

> **해설**
> ① 1989년 설립한 아시아태평양경제협력체이며, 아시아 및 태평양 연안 국가들의 원활한 정책대화와 협의를 목적으로 한다.
> ③ 1966년에 설립한 동아시아관광협회이며, 동아시아 지역의 관광진흥개발을 목적으로 한다.
> ④ 1961년에 설립한 경제협력개발기구로, 관광산업의 조사 연구 및 관광통계작업 등을 한다.

40 다음의 사업을 모두 수행하는 조직은? ○ △ ×

> • 외국인의 관광객 유치를 위한 국제관광 진흥사업
> • 취약계층의 관광지원을 위한 국민관광 진흥사업

① 한국관광협회중앙회
② 한국문화관광연구원
③ 한국관광공사
④ 유네스코 문화유산기구

> **해설**
> ① 우리나라 관광업계를 대표하여 업계의 전반적인 의견 종합 및 조정을 수행한다.
> ② 문화·관광 분야의 정책 개발 및 연구와 실태 조사를 수행한다.

41 우리나라와 시차가 가장 많이 나는 곳은?

○ △ ✕

① 영국 – 런던
② 미국 – 로스앤젤레스
③ 호주 – 시드니
④ 태국 – 방콕

해설
② 17시간(서머타임 시행 시 16시간)
① 9시간(서머타임 시행 시 8시간)
③ 2시간(서머타임 시행 시 1시간)
④ 2시간(서머타임 미시행)

42 관광의 구조 중 관광매체에 관한 설명으로 옳지 않은 것은?

○ △ ✕

① 관광객과 관광욕구를 충족시켜 주는 관광대상을 결합시키는 역할을 한다.
② 철도, 비행기와 같은 교통수단, 도로, 수송시설은 공간적 매체에 해당한다.
③ 기능적 매체로 관광호텔과 같은 숙박, 휴게시설, 유흥 · 오락시설, 쇼핑시설이 있다.
④ 관광대상을 개발하고 관리하는 정부와 같은 공적기관의 역할 또한 관광매체에 포함한다.

해설
숙박, 휴게시설 등은 시간적 매체이다. 기능적 매체로는 관광가이드, 여행알선업자 등이 있다.

43 한국 관광역사에 관한 설명으로 옳은 것은?

○ △ ✕

① 고려시대에는 역(驛), 여사(旅舍), 원(院) 등이 설치되어 지역 간 원활한 교류가 이루어졌다.
② 우리나라 최초의 호텔은 서울의 근대식 호텔로 지어진 대불호텔이다.
③ 서울 영업소를 차리고 영업을 개시한 우리나라 최초의 민간항공사는 일본 항공사이다.
④ 1962년 국제관광공사가 설립되어 해외 선전과 외래 관광객 유치를 수행하였다.

해설
① 역(驛), 여사(旅舍), 원(院) 등은 조선시대에 설치되었다.
② 우리나라 최초의 호텔은 인천의 대불호텔로, 서양식 호텔이다.
③ 우리나라 최초의 민간항공사는 대한항공이다.

44 관광관련 행정조직과 관련 업무 연결로 옳지 않은 것은?   ○ △ ✕

① 문화체육관광부 - 여권발급
② 외교부 - 사증(Visa) 면제협정의 체결
③ 보건복지부 - 관광업소의 위생관리
④ 환경부 - 국립공원의 지정

> **해설**
> 여권발급을 담당하는 우리나라의 관광관련 행정조직은 외교부이다. 문화체육관광부는 관광진흥장기발전계획 및 연차별 계획의 수립, 관광관련법규의 연구 및 정비 등의 업무를 수행한다.

45 세계관광기구(UNWTO)에서 국제관광객 통계를 위해 관광자로 분류되는 자는?   ○ △ ✕

① 외교관
② 군 인
③ 영구적 이주자
④ 항공사 승무원

> **해설**
> 항공사 승무원 외에도 비거주자, 해외교포가 있다.

46 관광의 사회적 효과로 옳은 것을 모두 고른 것은?   ○ △ ✕

| ㄱ. 지역 경제개발의 촉진 | ㄴ. 교육적 효과 |
| ㄷ. 국민의식 수준 제고 | ㄹ. 국제수지 개선 |

① ㄱ, ㄴ   ② ㄴ, ㄷ
③ ㄴ, ㄹ   ④ ㄷ, ㄹ

> **해설**
> ㄱ · ㄹ. 관광의 경제적 효과에 해당한다.

47 국립공원으로만 묶은 것은? ○ △ ×

① 다도해해상 – 두륜산
② 경주 – 한려해상
③ 설악산 – 경포
④ 태안해안 – 칠갑산

> **해설**
> 두륜산 · 경포 · 칠갑산은 도립공원에 해당한다.

48 관광특구에 관한 설명으로 옳지 않은 것은? ○ △ ×

① 관광특구는 시 · 도지사가 신청하고, 문화체육관광부장관이 지정한다.
② 관광특구는 외국인 관광객의 유치 촉진을 위하여 지정한다.
③ 관광특구는 야간 영업시간 제한을 배제하여 운영할 수 있게 한다.
④ 관광특구로 처음으로 지정된 곳은 제주도, 경주시, 설악산, 유성, 해운대 5곳이다.

> **해설**
> 관광특구의 지정(「관광진흥법」 제70조 제1항)
> 관광특구는 시장 · 군수 · 구청장의 신청에 따라 시 · 도지사가 지정한다.

49 관광마케팅 믹스의 구성요소와 그 내용의 연결이 옳은 것은? ○ △ ×

① 촉진(Promotion) – 관광종사원
② 유통(Place) – 호텔시설
③ 상품(Product) – 항공비용
④ 사람(People) – 관광업체 경영자

> **해설**
> ① Promotion : 광고, 판매촉진
> ② Place : 여행 도매업자, 정부, 협회
> ③ Product : 교통, 관광지, 관광자원

50 다음 설명이 의미하는 것은?

> 전쟁과 학살 등 비극적 역사의 현장이나 엄청난 재난이 일어난 곳을 돌아보며 교훈을 얻기 위하여 떠나는 여행

① Green Tourism
② Mass Tourism
③ Eco Tourism
④ Dark Tourism

해설
① 녹색관광이라고 부르며, 농촌 지역의 자연, 문화, 생활, 산업 등을 체험하는 관광이다.
② 대중관광이라고 부르며, 대중이 참여하는 대규모의 관광이다.
③ 생태관광이라고 부르며, 생태계 훼손을 최소화하면서 자연을 체험하는 관광이다.

PART 05

2019년
실제기출문제

※ 본 내용은 2019년 9월 시행된 관광통역안내사의 실제기출문제입니다.

국 사

※ 문제의 이해도에 따라 ○ △ × 체크하여 완벽하게 정리하세요.

01 다음과 같이 생활한 시대에 널리 사용한 도구는? ○ △ ×

> 사람들은 동굴이나 바위 그늘에서 살며 무리를 이루어 사냥감을 찾아다녔다.

① 반달돌칼
② 비파형 동검
③ 주먹도끼
④ 돌괭이

해설

주로 사냥, 채집을 통해 생활하고, 추위를 피해 동굴이나 바위 그늘에서 살았던 시기는 구석기시대이다. 구석기시대를 대표하는 도구는 ③ 주먹도끼이다. ① 반달돌칼, ② 비파형 동검은 청동기시대를 대표하는 유물이다. ④ 돌괭이는 신석기시대에 사용했던 농기구이다.

02 다음 중 신석기시대에 사용한 토기를 모두 고른 것은? ○ △ ×

| ㄱ. 빗살무늬 토기 | ㄴ. 미송리식 토기 |
| ㄷ. 붉은 간토기 | ㄹ. 덧무늬 토기 |

① ㄱ, ㄴ
② ㄱ, ㄹ
③ ㄴ, ㄷ
④ ㄷ, ㄹ

해설

ㄱ · ㄹ. 빗살무늬 토기와 덧무늬 토기는 신석기시대를 대표하는 토기이다.
ㄴ · ㄷ. 미송리식 토기와 붉은 간토기는 청동기시대를 대표하는 토기이다.

03 삼한에 관한 설명으로 옳지 않은 것은?

○ △ ×

① 변한에서는 철을 화폐처럼 사용하였다.
② 마한에서는 농경이 발달하고 벼농사를 지었다.
③ 진한에는 편두의 풍속이 있었다.
④ 변한에서는 다른 읍락의 생활권을 침범하면 노비와 소, 말로 변상하게 하였다.

> 해설
>
> 다른 부족의 경계를 침범할 경우에는 가축이나 노비로 변상해야 하는 책화의 풍습이 있었던 나라는 동예이다.

04 삼국시대에 편찬된 역사책이 아닌 것은?

○ △ ×

① 서 기
② 국 사
③ 신 집
④ 화랑세기

> 해설
>
> ① 〈서기〉는 4세기 후반 백제 근초고왕 때 박사 고흥이 편찬한 것이다.
> ② 〈국사〉는 신라 진흥왕 6년에 거칠부가 편찬한 것이다.
> ③ 〈신집〉은 고구려의 이문진이 편찬한 것이다.
> ④ 〈화랑세기〉는 통일신라 시기 김대문이 화랑들의 전기를 모아서 편찬한 것이다.

05 밑줄 친 '그'에 해당하는 인물은?

○ △ ×

> 그는 불교 서적을 폭넓게 섭렵하고, 모든 것이 한마음에서 나온다는 일심 사상을 바탕으로 다른 종파들과 사상적 대립을 조화시키고 분파 의식을 극복하려고 하였다.

① 자 장
② 원 효
③ 의 상
④ 원 광

> 해설
>
> 원효는 모든 것이 한마음에서 나온다는 일심 사상을 바탕으로 다른 종파와의 사상적 대립을 완화하고자 화쟁 사상을 주장하였다. 또한, 극락에 가고자 하는 아미타 신앙을 직접 전도하며 불교 대중화의 길을 열었다.

06 발해 무왕 때의 역사적 사실에 관한 설명으로 옳은 것은? ○ △ ×

① 발해를 정식 국호로 삼았다.

② 당의 산둥 반도를 공격하였다.

③ 수도를 중경에서 상경으로 옮겼다.

④ 당의 제도를 본떠 3성 6부제를 정비하였다.

> **해설**
> ① 발해 고왕인 대조영 시기에 발해를 정식 국호로 삼았다.
> ③·④ 발해 문왕 시기에 관한 설명이다.

07 신라 하대에 관한 설명으로 옳지 않은 것은? ○ △ ×

① 중앙 귀족들 사이에 권력 다툼이 빈번해졌다.

② 지방에는 새로운 세력으로 호족이 등장하였다.

③ 교종과 선종의 통합 운동이 활발하게 전개되었다.

④ 승려의 사리를 봉안하는 승탑이 유행하였다.

> **해설**
> 신라 하대에 유행한 사상은 선종이다. 선종은 신라 하대에 호족 층에서 큰 호응을 얻어 뚜렷한 종파를 형성하게 되었다.
> 교종과 선종의 통합운동이 활발하게 전개된 시기는 고려시대이다.

08 다음 사건을 발생 시기가 앞선 순으로 바르게 나열한 것은?   ○ △ ✕

> ㄱ. 관산성전투   ㄴ. 매소성전투
> ㄷ. 황산벌전투   ㄹ. 안시성전투

① ㄱ → ㄴ → ㄷ → ㄹ

② ㄱ → ㄹ → ㄷ → ㄴ

③ ㄴ → ㄱ → ㄹ → ㄷ

④ ㄴ → ㄷ → ㄱ → ㄹ

> 해설
> ㄱ. 관산성전투는 신라 진흥왕의 배신으로 554년도에 일어난 전쟁이다.
> ㄹ. 안시성전투는 645년도에 고구려가 당나라를 공격한 전투이다.
> ㄷ. 황산벌전투는 660년도에 백제 장군 계백이 황산벌에서 김유신을 맞아 항전했으나 패배한 전쟁이다.
> ㄴ. 매소성전투는 675년도에 신라가 당군을 격파한 전쟁이다.

09 삼국의 통치 체제에 관한 설명으로 옳지 않은 것은?   ○ △ ✕

① 삼국 초기에 연맹을 구성한 각 부의 지배자는 독자적으로 자신의 영역을 통치하였다.

② 백제는 좌평을 비롯한 16등급의 관리가 있어 나랏일을 맡아보았다.

③ 관등제와 관직 체계의 운영은 신분제에 의해 제약을 받았다.

④ 신라에서 집사부 시중은 귀족회의를 주관하며 왕권을 견제하였다.

> 해설
> 신라에서 귀족회의인 화백회의를 주관하며 왕권을 견제하던 세력은 화백회의의 수상인 상대등이다.

10 고려의 국왕에 관한 설명으로 옳은 것은?   ○ △ ✕

① 광종은 연등회와 팔관회를 부활시켰다.

② 공민왕은 원의 간섭에서 벗어나 황제를 칭하였다.

③ 인종은 왕권을 강화하기 위해 서경으로 천도하였다.

④ 성종은 주요 지역에 지방관을 파견하였다.

> 해설
> ① 연등회와 팔관회를 부활시킨 왕은 고려 현종이다.
> ② 공민왕은 원의 간섭에서 벗어나려고 했으나 시해되면서 개혁이 중단되었다.
> ③ 인종은 서경으로 천도하려고 했으나 결국은 포기하였다.

11 다음 상소문과 관련된 내용으로 옳은 것은?   ○ △ ✕

> 창고는 비고 나라의 쓰임새는 부족하며 녹봉은 날로 감소하니 선비를 장려할 길이 없습니다. ··· (중략)
> ··· 사전을 혁파하여 풍속을 바로잡고 민생을 넉넉히 하며, 널리 축적하여 나라의 용도에 두루 쓰이게
> 하십시오.
>
> ― 고려사 ―

① 과전법을 실시하여 문제를 해결하려 하였다.
② 교정도감을 설치하여 문제를 해결하려 하였다.
③ 고려 왕조를 지키려는 세력이 토지제도의 개혁 방안을 제시한 것이다.
④ 개인에게 수조권을 주는 제도를 폐지하여 문제를 해결하였다.

해설

제시문은 고려 말 토지제도의 문제에 관한 상소문이다. 고려시대를 대표하는 토지제도인 전시과제도는 고려 5대 임금 경
종 때 시작되어 문종 때 완성되었지만, 바로 이 무렵부터 붕괴되기 시작했다. 국가에 반납해야 할 토지가 사유지로 세습되
는 경향이 점점 커져서 더 이상 순환되지 않았기 때문이다. 결국 고려 말 1390년 공양왕 2년 때 고려왕조를 반대하던 세
력인 조준, 정도전 등에 의해서 과전법이 실시되었다.

※ 출제 당시 ①이 '전시과제도의 문란에서 비롯된 문제를 지적하였다.'로 출제되었고, 채점에서는 전항이 정답으로 처리
   되었다.

---

12 고려의 문화와 사상에 관한 설명으로 옳지 않은 것은?   ○ △ ✕

① 토착신앙과 불교, 유교 등 다양한 신앙과 사상이 공존하였다.
② 북방 민족의 문화에 비해 한족의 문화를 높이 평가하였다.
③ 국사와 왕사제도를 두어 불교에 국교의 권위를 부여하였다.
④ 고려 말 성리학자들은 이(理)와 기(氣)의 관계에 관한 연구를 심화하였다.

해설

이(理)와 기(氣)의 관계에 관한 논쟁이 심화된 시기는 16세기 조선시대이다.

---

13 고려의 지방 사회에 관한 설명으로 옳은 것은?

① 향·소·부곡민은 천민 신분으로 과거를 볼 수 없었다.

② 소의 주민은 왕실에 소속된 농장을 관리하였다.

③ 지방 고을은 주현(主縣)과 속현(屬縣)으로 구분되었다.

④ 향리는 중인 신분으로 제술과에 응시할 수 없었다.

> **해설**
> ① 향·소·부곡 등 특수지역의 주민은 양민이었지만 일반 군·현민에 비하여 사회적 지위가 낮았다.
> ② 소의 거주민은 금, 은, 철 등 광업품이나 수공업 제품을 생산하여 국가에 바쳤다.
> ④ 고려시대 제술과와 명경과는 귀족과 향리의 자제가 응시하였다.

14 다음 중 삼별초가 항쟁한 곳을 모두 고른 것은? ○△✕

ㄱ. 강동성	ㄴ. 귀주성
ㄷ. 용장산성	ㄹ. 항파두성

① ㄱ, ㄴ

② ㄱ, ㄹ

③ ㄴ, ㄷ

④ ㄷ, ㄹ

> **해설**
> 삼별초는 배중손의 지휘 아래 ㄷ. 진도의 용장산성과 ㄹ. 제주도의 항파두(리)성으로 근거지를 옮기면서 3년 동안 저항하였으나 몽골군과 정부연합군에게 진압되었다.

15 다음과 관련된 조선의 사회 현상으로 옳지 <u>않은</u> 것은?　　　　　　　○△×

> 아버지와 아들, 손자는 단일한 기가 서로 전하는 관계이니 살아서는 한집에 살고자 하고 죽어서는 같은 묘역에 묻히고자 한다.

① 향음주례 확산　　　　　　　　　　② 묘지 분쟁 빈발

③ 동성 촌락 형성　　　　　　　　　　④ 남귀여가혼 쇠퇴

해설
① 향음주례는 향촌의 선비들이 학식과 연륜이 높은 향촌의 어른들을 모시고 술을 마시며 잔치를 하는 것으로 향촌의례의 하나이다.
② 같은 묘역에 묻히고자 하기 때문에 묘지 분쟁이 빈발했으리라 추측이 가능하다.
③ 아버지, 아들, 손자가 단일한 기를 전하고자 한집에 살려고 하는 것으로 봐서는 동성 촌락 형성을 유추할 수 있다.
④ 남귀여가혼은 처가살이를 말하는 것인데 처가살이는 남성중심의 사회에서는 쇠퇴하게 된다.

16 조선시대 붕당에 관한 설명으로 옳지 <u>않은</u> 것은?　　　　　　　○△×

① 척신 정치의 잔재 청산과 이조 전랑 임명 문제를 둘러싸고 동인과 서인으로 분열하였다.

② 효종의 적장자 자격 인정 여부를 둘러싸고 서인과 남인 사이에 예송논쟁이 전개되었다.

③ 영조는 노론과 소론의 강경파를 등용하여 서로 견제하게 하는 탕평책을 실시하였다.

④ 사람과 짐승의 본성이 같은지 여부를 둘러싸고 노론이 낙론과 호론으로 나뉘었다.

해설
영조는 당파의 시비를 가리지 않고 어느 당파든 온건하고 타협적인 인물을 등용하여 왕권을 강화하는 데 주력하였다.

완전정복 TIP　조선 후기 붕당정치의 흐름

임 금	선 조	광해군	인 조	효 종	숙 종	영 조	정 조
집권당	동인, 남인	북 인	서 인	서 인	서-남-서	시파 ↔ 벽파 ↔ 탕평파	
사 건	• 임진왜란 • 동서분당 • 남북분당	• 중립외교 • 인조반정	• 병자호란 • 정묘호란	나선정벌	• 환 국 • 노소분당	완론탕평	준론탕평

17 다음 도자기를 유행 시기가 앞선 순으로 바르게 나열한 것은? ○△×

> ㄱ. 순청자
> ㄴ. 청화백자
> ㄷ. 분청사기
> ㄹ. 상감청자

① ㄱ → ㄷ → ㄹ → ㄴ
② ㄱ → ㄹ → ㄴ → ㄷ
③ ㄱ → ㄹ → ㄷ → ㄴ
④ ㄴ → ㄷ → ㄹ → ㄱ

해설
ㄱ. 순청자는 10~11세기에 유행하였다.
ㄹ. 상감청자는 12세기에 유행하였다.
ㄷ. 분청사기는 고려말에 등장해서 15세기에 궁중이나 관청에서 널리 사용되었다.
ㄴ. 청화백자는 조선시대 전반에 걸쳐서 생산되었으나 조선 후기에 널리 보급되었다.

18 다음 중 조선 후기 개혁 정책에 관한 설명으로 옳은 것을 모두 고른 것은? ○△×

> ㄱ. 모든 양반에게 선무군관포를 거두었다.
> ㄴ. 토산물 공납을 토지에 부과하는 대동법을 실시하였다.
> ㄷ. 시전 상인의 금난전권을 일부 품목만 남겨두고 철폐하였다.
> ㄹ. 토지의 비옥도와 풍흉의 정도에 따라 전세를 차등 있게 거두었다.

① ㄱ, ㄴ
② ㄱ, ㄹ
③ ㄴ, ㄷ
④ ㄷ, ㄹ

해설
ㄱ. 균역법 시행 이후 절감된 군포수입을 보충하기 위해서 부유한 양인층을 대상으로 선무군관이라는 칭호를 주는 대신 군포 1필을 부과하였다.
ㄹ. 토지를 비옥도에 따라 6등급, 그 해의 풍년이냐 흉년이냐에 따라 9등급으로 나누는 전분 6등법, 연분 9등법은 조선 전기인 세종 때 실시되었다.

19 조선 후기의 경제에 관한 설명으로 옳은 것은? ○ △ ✕

① 관영수공업이 확대되었다.
② 자작농이 증가하고 지주가 감소하였다.
③ 의주를 중심으로 평안도 지역에서 인삼을 재배하여 청에 수출하였다.
④ 국가에서 개인의 광산개발을 허용하고 세금을 거두었다.

> 해설
> ① 조선 후기에는 관영수공업이 줄고 민영수공업이 발달하였다.
> ② 조선 후기에는 농민들도 개간이나 매입을 통해서 자작지를 늘려갔고, 특히 대지주가 소유한 토지 규모가 더욱 증가하였다.
> ③ 인삼을 재배하여 부를 축적한 상인들은 개성지역의 송상이다.

20 조선의 신분제에 관한 설명으로 옳지 않은 것은? ○ △ ✕

① 법제적인 신분 제도는 양인과 천인으로 구분하는 양·천제였다.
② 상민은 농민·수공업자·상인을 말하며 평민으로도 불렸다.
③ 서얼은 무과와 잡과에 응시할 수 있었다.
④ 노비는 가족을 구성할 수 있었으나 재산은 주인의 소유가 되었다.

> 해설
> 노비 중에 외거노비는 재산을 소유할 수 있었고, 소작을 하는 일반 농민과 처지가 비슷하였다.
> ※ 출제 당시 ②가 '백정은 법제상 양인이지만 관습적으로는 천인으로 취급되었다.'로 출제되어 복수 정답 처리되었다.

21 조선 태종의 정치에 관한 설명으로 옳지 않은 것은? ○ △ ✕

① 사병을 혁파하였다.
② 6조의 기능을 강화하였다.
③ 호패법을 실시하였다.
④ 경국대전 편찬을 시작하였다.

> 해설
> 세조는 국가의 통치체제를 확립하기 위해서 각종 법전과 명령들을 종합하여 〈경국대전〉을 편찬하기 시작하였다.

22 조선시대 건축에 관한 설명으로 옳은 것은? ○ △ ×

① 인공적인 기교를 부린 정원 건축이 발달하였다.
② 현존하는 궁궐의 정전(正殿)은 익공양식으로 건축하였다.
③ 일본의 과학기술을 적용하여 제작한 기구로 수원화성을 축조하였다.
④ 안채와 사랑채로 구분된 주택 구조가 발달하였다.

> 해설
> ① 인공적인 기교를 부린 정원 건축이 발달한 나라는 일본이다.
> ② 현존하는 궁궐의 정전은 주로 다포양식이다.
> ③ 수원화성은 중국, 일본 등지에서 찾아볼 수 없는 평산성의 형태로 군사적 방어기능과 상업적 기능을 함께 보유하고 있는 성곽이다.

23 3 · 1운동에 관한 설명으로 옳지 않은 것은? ○ △ ×

① 아시아 각국의 민족운동에 자극이 되었다.
② 일제가 무단 통치에서 문화 통치로 바꾸는 계기가 되었다.
③ 비폭력, 무저항주의로 출발하였으나 점차 폭력적인 양상을 띠었다.
④ 비타협적 민족주의자와 사회주의자가 주도하였다.

> 해설
> 비타협적 민족주의자와 사회주의자가 주도하여 창립한 단체는 신간회이다(1927).

24 다음 설명과 관련된 조약으로 옳은 것은? ○ △ ×

> 개화 정책의 일환으로 신식 군대인 별기군을 창설한 이후, 신식 군인에 비해 구식 군인에 대한 대우가 열악하였다. 이에 구식 군인들의 불만이 폭발하여 임오군란이 일어났다.

① 강화도조약
② 제물포조약
③ 한성조약
④ 을사조약

> 해설
> 임오군란 이후 일본은 일본공사관이 습격 받은 일을 구실로 제물포조약을 강요하였고, 조선에 군대를 주둔시켰다.

25 조선 건국 준비 위원회에 관한 설명으로 옳은 것을 모두 고른 것은?

> ㄱ. 조선 건국 동맹을 바탕으로 결성하였다.
> ㄴ. 치안대를 설치하여 질서 유지에 힘썼다.
> ㄷ. 김성수, 송진우 등이 주도하였다.
> ㄹ. 이승만을 주석으로, 여운형을 부주석으로 추대하였다.

① ㄱ, ㄴ
② ㄱ, ㄹ
③ ㄴ, ㄷ
④ ㄷ, ㄹ

해설
ㄷ. 김성수와 송진우를 바탕으로 결성된 것은 한국 민주당이다.
ㄹ. '조선인민공화국'에 대한 설명이다.

관광자원해설

※ 문제의 이해도에 따라 ○ △ × 체크하여 완벽하게 정리하세요.

26 천연보호구역으로 지정된 곳이 아닌 것은? ○ △ ×

① 홍 도
② 해금강
③ 설악산
④ 성산일출봉

해설

천연보호구역
보호할 만한 천연기념물이 풍부한 대표적인 구역을 지정한다. 홍도, 한라산, 설악산, 강원도 양구와 인제에 걸쳐 있는 대암산과 대우산, 인제와 고성에 걸쳐 있는 향로봉과 건봉산, 문섬 · 범섬, 마라도, 독도, 성산일출봉, 차귀도, 창녕 우포늪 등이 있다.

---

27 다음 설명에 해당하는 것은? ○ △ ×

- 1977년에 국민관광지로 지정되었다.
- 수온이 다른 온천에 비해 상대적으로 높은 온천이다.
- 경상남도에 위치한다.

① 수안보온천
② 도고온천
③ 마금산온천
④ 부곡온천

해설

부곡온천
- 경남 창녕군 부곡면에 위치
- 국내에서 가장 높은 수온(78℃)
- 해인사, 표충사, 곽재우와 17장수의 위령탑 등의 주변관광지
- 피부병, 관절염, 부인병, 신경통, 위장병, 무좀, 동맥경화 등에 효과

---

28 다음 설명에 해당하는 것은?   ○ △ ×

> - 국가무형문화재 제29호이다.
> - 콧소리를 이용한 창법을 구사한다.
> - 난봉가, 자진염불, 수심가 등이 있다.

① 서도소리
② 경기민요
③ 남도소리
④ 동부민요

> **해설**
>
> 서도소리(서도민요)
>
> 평안도와 황해도 지방의 민요로, 평안도의 수심가·긴아리·자진아리, 황해도의 산염불·자진염불, 긴난봉가·자진난봉가·몽금포타령 등이 있다.
>
> ※ 2024년 5월 17일 법령 개정에 따라 '국가무형문화재'의 명칭이 '국가무형유산'으로 변경되었다.

29 관동팔경에 속하지 않는 것은?   ○ △ ×

① 화순 적벽
② 통천 총석정
③ 평해 월송정
④ 양양 낙산사

> **해설**
>
> 관동팔경
> - 통천 총석정
> - 간성 청간정
> - 강릉 경포대
> - 울진 망양정
> - 고성 삼일포
> - 양양 낙산사
> - 삼척 죽서루
> - 평해 월송정

30 다음 설명에 해당하는 것은? ○ △ ×

> - 1970년에 국립공원으로 지정되었다.
> - 천왕봉, 비로봉, 문장대 등이 있다.
> - 정이품송(천연기념물 제103호), 망개나무(천연기념물 제207호) 등이 분포한다.

① 속리산 국립공원
② 계룡산 국립공원
③ 덕유산 국립공원
④ 오대산 국립공원

해설

속리산 국립공원
- 1970년 3월에 지정된 속리산 국립공원은 충북 보은군과 경북 상주시에 걸친 274.766㎢의 자연경관지이다.
- 태백산맥에서 갈라지는 소백산맥 중 천왕봉(1,058m)을 중심으로 북쪽에 비로봉, 입석대, 문장대, 관음봉, 묘봉 등 해발 1,000m 내외의 9개 산봉이 솟아나고 명산으로서의 지세 형성에 부족함이 없어 구봉산으로도 일컫는다.
- 속리산 내의 법주사는 수려한 자연경관과 함께 이 지역의 관광가치를 더욱 돋보이게 하는 값진 문화관광자원이다. 법주사 입구에는 유명한 정이품송(천연기념물)이 자리하고 넓은 잔디밭을 지나 조금 오르면 수백년은 됨직한 노송과 도토리나무가 울창한 숲을 이루며 장관을 이루고 있는데, 이곳을 오리숲이라고 한다.
- 사찰로는 법주사가 유명하고, 법주사 쌍사자 석등(국보), 법주사 석련지(국보), 법주사 팔상전(국보) 등이 있다.
- 속리산을 중심으로 사내천은 남한강의 발원, 서남으로 흐르는 삼가천은 금강, 그리고 장각폭포 계곡은 낙동강의 시원이 되어 삼대강의 원류이다.

31 판소리에 관한 설명으로 옳지 않은 것은? ○ △ ×

① 동편제는 구례, 순창 등을 중심으로 전승되었다.
② 현재 5마당이 전해지고 있다.
③ 2003년 유네스코 인류무형유산으로 지정되었다.
④ 춘향가, 심청가, 옹고집타령 등이 현재 불러지고 있다.

해설

송만재의 〈관우희〉에는 춘향가, 심청가, 흥보가, 수궁가, 적벽가, 가루지기타령, 배비장타령, 장끼타령, 옹고집타령, 강릉매화타령, 왈자타령, 가짜신선타령이 기록되어 있다. 그러나 조선 후기 신재효가 다섯마당으로 정리하여 오늘날에는 춘향가, 심청가, 흥보가, 수궁가, 적벽가 다섯 마당만 전해지고 있다.

32 다음 설명에 해당하는 것은? ○△×

> - 국가무형문화재 제27호이다.
> - 흰 장삼에 붉은 가사를 어깨에 매고 흰 고깔을 쓰고 추는 춤이다.
> - 민속무용의 일종이다.

① 승 무
② 법고춤
③ 살풀이춤
④ 바라춤

해설
② 불교의식에서 행하는 무용의 하나로 동작이 크고 활기가 있는 춤이다.
③ 무당들이 무속의식으로 액을 풀어낸다는 춤으로, 광대나 기생들에 의해 계승되어 예술적으로 다듬어져 기방무용으로 발전했다.
④ 심벌즈처럼 생긴 바라를 들고 추는 춤으로, 흰 장삼에 두 손에 바라를 들고 장중하면서도 무겁지 않게 몸을 놀리는 동작이 특징이며 불교의식 무용 중 가장 화려하다.
※ 2024년 5월 17일 법령 개정에 따라 '국가무형문화재'의 명칭이 '국가무형유산'으로 변경되었다.

33 궁중음식 중 국경일이나 외국사신 접대를 위한 음식상은? ○△×

① 제례상
② 진연상
③ 수라상
④ 어 상

해설
진연상
왕, 왕족의 생일, 혼인, 환갑, 세자책봉, 단오와 추석, 왕이 행차할 때, 외국사신을 맞을 때 차리는 궁중음식상으로 조선시대에는 진연도감, 진연청이라는 기구에서 진연에 관한 업무를 담당하였다.

34 관광자원해설 기법 중 자기안내기법에 관한 설명으로 옳지 않은 것은?

① 지적 욕구가 강하거나 교육수준이 높은 사람에게 효과적이다.
② 쌍방 간의 질의응답 능력이 결여되어 있다.
③ 방문자에게 지속적으로 흥미와 동기를 부여할 수 있다.
④ 인적해설기법에 비해 상대적으로 비용이 저렴하다.

> **해설**
> 자기안내기법은 흥미와 동기를 지속적으로 부여할 수 없고, 독해자의 인식수준과 정신적 노력이 요구된다.

35 관광자원의 분류에 관한 설명으로 옳은 것은?

① 이용자중심형 관광자원은 당일 및 주말을 이용하여 방문할 수 있는 자원이다.
② 체재형 관광자원은 숙박하지 않고 이동하면서 보고 즐기는 자원이다.
③ 중간형 관광자원은 일과 후에 쉽게 접근할 수 있는 자원이다.
④ 무형 관광자원은 인적 자원과 비인적 자원으로 구분된다.

> **해설**
> ① 이용자 중심형 : 일과 후에 쉽게 접근할 수 있는 이용자의 활동이 중심이 되는 지역에 위치한 관광자원이다.
> ② 체재형 : 숙박지역 내 혹은 주변에서 보고 즐길 수 있는 관광자원이다.
> ③ 중간형 : 거주지에서 1~2시간 정도 소요되는 거리에 위치한 이용자 활동과 자연자원 매력도가 대등한 조건을 갖는 관광자원이다.

36 국가무형문화재로 지정된 전통주가 아닌 것은?

① 문배주
② 면천 두견주
③ 교동 법주
④ 안동 소주

> **해설**
> 안동 소주 : 경상북도 무형유산
> ※ 2024년 5월 17일 법령 개정에 따라 '무형문화재'의 명칭이 '무형유산'으로 변경되었다.

37 다음 중 강의 길이가 긴 것부터 짧은 순으로 나열한 것은? ○ △ ✕

| ㄱ. 한 강 | ㄴ. 낙동강 |
| ㄷ. 금 강 | ㄹ. 영산강 |

① ㄱ 〉 ㄴ 〉 ㄷ 〉 ㄹ

② ㄱ 〉 ㄴ 〉 ㄹ 〉 ㄷ

③ ㄴ 〉 ㄱ 〉 ㄷ 〉 ㄹ

④ ㄴ 〉 ㄱ 〉 ㄹ 〉 ㄷ

해설

ㄴ. 낙동강 : 521km

ㄱ. 한강 : 514km

ㄷ. 금강 : 395km

ㄹ. 영산강 : 136km

2019년

관광자원해설

38 백자에 관한 설명으로 옳은 것은? ○ △ ✕

① 고려시대 대표적인 도기이다.

② 청화백자는 푸른 색의 코발트 안료로 그림을 그린 백자이다.

③ 상감백자는 철분이 많이 함유된 흙이나 안료를 사용한 백자이다.

④ 진사백자는 산화동을 안료로 바른 백자이다.

해설

백 자

• 순백자 : 백자태토로 그릇을 빚은 다음 무색 · 투명한 백자유약을 입혀 구운 백자로 백자의 90% 이상을 차지한다.

• 상감백자 : 고려시대 상감청자의 기법을 그대로 계승한 것으로 15세기에만 제작되었다. 경기도 광주 우산리 · 번천리 등지의 가마에서 출토되었다.

• 청화백자 : 조선시대에 새롭게 제작된 독특한 도자기로 푸른 코발트 안료로 문양을 나타낸다.

• 철화백자 : 석간주로 통칭되는 이 검붉은 색의 철회백자나 철채자기류는 생활자기로서 생산되어 임진왜란 이후 조선말까지 서민들을 중심으로 애용되었다.

• 진사백자 : 붉은 색은 주로 산화구리로 인해 발색된 것인데, 혹 철분이나 기타 성분으로 인해 붉은 색을 띠는 경우가 있다. 붉은 색의 문양을 통칭하여 '진사문'이라고 한다.

39 경상남도에 위치하지 않은 마리나는?　○△✕

① 통영 마리나　　　　　　　　② 소호요트 마리나
③ 진해 마리나　　　　　　　　④ 삼천포 마리나

> **해설**
> 소호요트 마리나는 전남 여수시 소호동에 위치한다.

40 다음은 어느 지역 향토음식에 관한 설명인가?　○△✕

> 이 지역의 주요 향토요리는 칡부침, 산마루밥, 감자송편, 오징어순대, 닭갈비 등이 있다.

① 경기도　　　　　　　　　② 강원도
③ 전라도　　　　　　　　　④ 경상도

> **해설**
> 향토음식이란 지방마다 생산되는 재료를 그 지방만의 방법으로 조리하여 과거로부터 현재까지 그 지방의 사람들이 먹고 있는 것이라 할 수 있다. 강원도 지역은 동해와 접하고 태백산맥이 관통하는 지역으로 감자, 옥수수, 도토리 등이 특산품이다. 따라서 이들을 이용한 향토음식들이 많다.

41 유네스코에 등재된 세계유산(문화유산)이 아닌 것은?　○△✕

① 종 묘　　　　　　　　　② 남한산성
③ 해인사 장경판전　　　　　④ 숭례문

> **해설**
> 숭례문은 대한민국 국보이지만 유네스코가 지정한 세계유산은 아니다.
>
> 유네스코 지정 대한민국 유산
>
> | | |
> |---|---|
> | 세계유산 | 해인사 장경판전, 종묘, 석굴암·불국사, 창덕궁, 수원화성, 고창·화순·강화 고인돌 유적, 경주역사유적지구, 제주 화산섬과 용암동굴, 조선왕릉, 하회와 양동, 남한산성, 백제 역사유적지구, 산사·한국의 산지승원, 한국의 서원, 한국의 갯벌, 가야고분군 |
> | 무형문화유산 | 종묘제례악, 판소리, 강릉단오제, 강강술래, 남사당, 영산재, 제주 칠머리당영등굿, 처용무, 가곡, 대목장, 매사냥, 줄타기, 택견, 한산모시짜기, 아리랑, 김장문화, 농악, 줄다리기, 제주해녀문화, 씨름, 연등회, 한국의 등불 축제, 한국의 탈춤 |
> | 세계기록유산 | 훈민정음, 조선왕조실록, 직지심체요절, 승정원일기, 해인사 대장경판 및 제경판, 조선왕조의궤, 동의보감, 일성록, 5·18 민주화운동 기록물, 난중일기, 새마을운동 기록물, 한국의 유교책판, KBS '이산가족을 찾습니다' 기록물, 조선왕실 어보와 어책, 국채보상운동기록물, 조선통신사 기록물, 4·19 혁명기록물, 동학농민혁명기록물 |

42 다음 설명에 해당하는 것은?　　　　　　　　　　　　　　　　　　　　　　　ㅇ △ ✕

> - 활 모양으로 휘어져 있는 해안 자갈밭으로 그 끝은 수중절벽으로 이어져 장엄한 경관을 이루고 있다.
> - 명승 제3호로 지정되었다.

① 명주 청학동 소금강
② 여수 상백도 · 하백도 일원
③ 완도 정도리 구계등
④ 울진 불영사 계곡 일원

해설

① 율곡 이이가 작은 금강산이라는 뜻으로 불렀다는 이야기가 전해지는 곳으로 강원도 오대산에 위치한다.
② 사람이 살지 않는 39개의 섬으로 이루어졌으며, 거문도에서 약 28㎞ 거리에 떨어져 있다.
④ 신라 진덕여왕 5년에 의상대사가 세운 것으로, 구룡폭포 근처 금강소나무 숲속에 있다.

---

43 다음 설명에 해당하는 것은?　　　　　　　　　　　　　　　　　　　　　　　ㅇ △ ✕

> - 사적 제5호로 지정되어 있다.
> - 538년 백제 성왕이 웅진에서 사비로 도읍을 옮겨 사용하였다.

① 부여 성흥산성
② 부여 부소산성
③ 부여 청산성
④ 부여 청마산성

해설

부소산성
충청남도 부여 쌍북리 부소산에 위치한 백제시대 산성으로, 538년 백제 성왕이 웅진에서 사비로 천도한 후 백제가 멸망할 때까지 백제의 도읍지였다. 사적으로 지정되어 있다.

---

44 지역과 국보로 지정된 문화유산의 연결이 옳지 않은 것은? ○ △ ✕

① 충남 보령 – 성주사지 낭혜화상탑비
② 전북 남원 – 실상사 백장암 삼층석탑
③ 충북 충주 – 탑평리 칠층석탑
④ 전남 나주 – 봉선 홍경사 갈기비

> 해설
>
> 봉선 홍경사 갈기비
> 고려시대의 석비로, 충청남도 천안에 위치하며 1962년 12월 대한민국 국보로 지정되었다.

45 목조건축 양식 중 다포양식으로 지어진 것을 모두 고른 것은? ○ △ ✕

ㄱ. 통도사 대웅전	ㄴ. 봉정사 극락전
ㄷ. 경복궁 근정전	ㄹ. 경복궁 경회루
ㅁ. 수덕사 대웅전	ㅂ. 창덕궁 인정전

① ㄱ, ㄴ, ㅂ
② ㄱ, ㄷ, ㅂ
③ ㄴ, ㄹ, ㅁ
④ ㄹ, ㅁ, ㅂ

> 해설
>
> 통도사 대웅전, 경복궁 근정전, 창덕궁 인정전은 대표적인 다포양식 건축물이다. 이외에도 남대문, 동대문, 창경궁 명정전, 덕수궁 중화전, 화엄사 각황전, 금산사 미륵전, 봉정사 대웅전, 심원사 보광전, 석왕사 응진전 등이 다포양식으로 지어졌다.

46 설의 세시풍속에 해당하는 것을 모두 고른 것은?

○ △ ✕

> ㄱ. 설 빔   ㄴ. 세 찬
> ㄷ. 관등놀이   ㄹ. 윷놀이
> ㅁ. 복조리

① ㄱ, ㄴ, ㄷ   ② ㄱ, ㄷ, ㄹ
③ ㄱ, ㄴ, ㄹ, ㅁ   ④ ㄴ, ㄷ, ㄹ, ㅁ

> **해설**
> - 설빔 : 설날 아침에 일찍 일어나 세수한 다음 미리 준비해 둔 새 옷으로 갈아입는 것
> - 차례 : 온 가족이 사당에 모여 4대조의 신주를 모셔 두고 제사를 지내는 것
> - 세배 : 차례가 끝난 후 웃어른에게 새해 첫인사를 큰절로 하는 것
> - 성묘 : 조상의 무덤에 세배를 드리는 것, 즉 묵은해를 보내고 새해를 맞이했다는 인사를 조상의 무덤에 고하는 것
> - 세찬 : 설날 차례를 위해서 만드는 음식
> - 세주 : 설날 차례에 사용하는 술
> - 수세 : 섣달 그믐날 밤에 잠들면 눈썹이 센다고 하여 집에 등불을 밝히고 밤을 새우는 것
> - 복조리 : 섣달 그믐날 자정이 지나서 팔거나 돌리는 조리
> - 세화 : 설날 대문에 걸어 두는 장군상, 귀두상(귀신의 머리), 선녀상, 호랑이상 같은 그림
> - 소발 : 설날 저녁에 1년 동안 모아 두었던 머리털을 불에 태우는 것
> - 설놀이 : 널뛰기, 윷놀이, 연날리기 등

47 다음 설명에 해당하는 것은?

○ △ ✕

> - 원각사의 창건 내력을 기록함
> - 성종 2년(1471년)에 건립
> - 보물 제3호

① 대원각사비   ② 당간지주
③ 혜진탑비 귀부   ④ 보신각종

> **해설**
> 원각사의 창건 내력을 기록한 대한민국 보물은 서울 탑골공원에 있는 대원각사비이다.
> ② 당간을 세우기 위해 좌우에 떠받치는 기둥을 의미한다. 당간이란 불가에서 사찰의 문전에 꽂는 깃발의 하나인데, 속칭 괘불이라 하여 그 표면에 불화가 그려져 있다. 현재 남아 있는 대표적인 것으로는 통일신라 때의 갑사 철당간(보물), 고려시대 때의 용두사지 철당간(국보) 등이 있다.
> ③ 원종대사를 기리기 위한 것으로 절터에는 귀부와 이수만 남아 있으며, 귀부(받침돌)에 있는 거북의 머리 모양 등을 통해 통일신라 후기에서 고려 전기로 진전되는 탑비 형식을 알 수 있다.
> ④ 제야의 종을 칠 때 사용되는 것으로 조선 세조 14년에 만들었다. 명문이 남아 있어 주조 연대를 파악할 수 있다.

48 농촌관광의 기대효과가 아닌 것은?   ○ △ ✕

① 농촌 지역주민의 소득증대
② 농촌 지역경제의 활성화
③ 농촌과 도시와의 상호교류 촉진
④ 소득의 양극화

> **해설**
> 농촌관광으로 도시와 농촌의 소득 재분배가 일어나고, 이를 통해 소득 양극화 현상이 완화되는 효과를 기대할 수 있다.

49 슬로시티(Slowcity) 지역에 관한 설명으로 옳은 것은?   ○ △ ✕

① 신안군은 청산슬로길, 범바위 등이 있다.
② 완도군은 우리나라 최대 규모의 갯벌 염전을 가지고 있다.
③ 하동군은 대봉감, 야생 천연녹차로 유명하다.
④ 담양군은 황토밭 사과로 유명하다.

> **해설**
> ① 전남 완도군 청산도에 관한 설명이다.
> ② 전남 신안군 증도 태평염전에 관한 설명이다.
> ④ 충남 예산군 대흥면에 관한 설명이다.

50 다음 설명에 해당하는 산업관광의 유형은?   ○ △ ✕

> • 금산 인삼시장
> • 강화도 화문석시장
> • 서울 남대문시장

① 상업관광
② 농촌관광
③ 어촌관광
④ 공업관광

> **해설**
> 산업적 관광자원의 범위
>
> | 자원유형 | 내 용 |
> | --- | --- |
> | 농업관광자원 | 관광농원, 농장, 목장, 어장, 임업 등 |
> | 공업관광자원 | 공장시설, 기술, 생산 공정, 생산품, 후생시설 등 |
> | 상업관광자원 | 시장, 박람회, 전시회, 백화점 |

관광법규

※ 문제의 이해도에 따라 ○ △ × 체크하여 완벽하게 정리하세요.

01 관광기본법의 내용으로 옳지 않은 것은? ○ △ ×

① 지방자치단체는 관광에 관한 국가시책에 필요한 시책을 강구하여야 한다.
② 문화체육관광부장관은 매년 관광진흥에 관한 기본계획을 수립ㆍ시행하여야 한다.
③ 정부는 외국 관광객의 유치를 촉진하기 위하여 해외 홍보를 강화하고 출입국 절차를 개선하여야 하며 그 밖에 필요한 시책을 강구하여야 한다.
④ 정부는 매년 관광진흥에 관한 시책과 동향에 대한 보고서를 정기국회가 시작하기 전까지 국회에 제출하여야 한다.

> **해설**
>
> 관광진흥계획의 수립(「관광기본법」 제3조 제1항)
> 정부는 관광진흥의 기반을 조성하고 관광산업의 경쟁력을 강화하기 위하여 관광진흥에 관한 기본계획을 5년마다 수립ㆍ시행하여야 한다.

02 관광진흥법령상 기획여행을 실시하는 자가 광고를 하려는 경우에 표시하여야 하는 사항을 모두 고른 것은? ○ △ ×

> ㄱ. 교통ㆍ숙박 및 식사 등 여행자가 제공받을 서비스의 내용
> ㄴ. 기획여행명ㆍ여행일정 및 주요 여행지
> ㄷ. 여행일정 변경 시 여행자의 사전 동의 규정
> ㄹ. 인솔자의 관광통역안내사 자격 취득여부
> ㅁ. 여행자보험 최저 보장요건

① ㄱ, ㄴ, ㄷ
② ㄱ, ㄷ, ㅁ
③ ㄴ, ㄹ, ㅁ
④ ㄱ, ㄷ, ㄹ, ㅁ

> **해설**
>
> 기획여행의 광고(「관광진흥법 시행규칙」 제21조)
> 「관광진흥법」 제12조에 따라 기획여행을 실시하는 자가 광고를 하려는 경우에는 아래의 각 사항을 표시하여야 한다. 다만, 둘 이상의 기획여행을 동시에 광고하는 경우에는 다음의 사항 중 내용이 동일한 것은 공통으로 표시할 수 있다.
> • 여행업의 등록번호, 상호, 소재지 및 등록관청
> • 기획여행명ㆍ여행일정 및 주요 여행지
> • 여행경비
> • 교통ㆍ숙박 및 식사 등 여행자가 제공받을 서비스의 내용
> • 최저여행 인원
> • 보증보험 등의 가입 또는 영업보증금의 예치 내용
> • 여행일정 변경 시 여행자의 사전 동의 규정
> • 여행목적지(국가 및 지역)의 여행경보단계

03 관광진흥법령상 관광종사원으로서 직무를 수행하는 데에 부정 또는 비위(非違) 사실이 있는 경우에 시·도지사가 그 자격을 취소하거나 자격의 정지를 명할 수 있는 관광종사원에 해당하는 자를 모두 고른 것은?

○ △ ×

> ㄱ. 국내여행안내사　　　　　　　　　ㄴ. 호텔서비스사
> ㄷ. 호텔경영사　　　　　　　　　　　ㄹ. 호텔관리사
> ㅁ. 관광통역안내사

① ㄱ, ㄴ

② ㄱ, ㅁ

③ ㄷ, ㄹ

④ ㄹ, ㅁ

해설

시·도지사 관할 관광종사원(「관광진흥법 시행령」제37조)
「관광진흥법」제40조 각 호 외의 부분 본문에서 "대통령령으로 정하는 관광종사원"이란 아래에 해당하는 자를 말한다.
- 국내여행안내사
- 호텔서비스사

---

04 관광진흥법령상 관광 편의시설업의 종류에 해당하지 않는 것은?

○ △ ×

① 외국인전용 유흥음식점업

② 국제회의기획업

③ 관광순환버스업

④ 관광극장유흥업

해설

관광 편의시설업의 종류(「관광진흥법 시행령」제2조 제1항 제6호)
- 관광유흥음식점업　　　　　　　　　　· 관광극장유흥업
- 외국인전용 유흥음식점업　　　　　　　· 관광식당업
- 관광순환버스업　　　　　　　　　　　· 관광사진업
- 여객자동차터미널업　　　　　　　　　· 관광펜션업
- 관광궤도업　　　　　　　　　　　　　· 관광면세업
- 관광지원서비스업

05 관광진흥법령상 관광숙박업을 경영하려는 자가 등록을 하기 전에 그 사업에 대한 사업계획을 작성하여 특별자치시장·특별자치도지사·시장·군수·구청장의 승인을 받은 때에는 일정 경우에 대하여 그 허가 또는 해제를 받거나 신고한 것으로 본다. 그러한 경우로 명시되지 않은 것은?　　○△×

① 「농지법」 제34조 제1항에 따른 농지전용의 허가

② 「초지법」 제23조에 따른 초지전용(草地轉用)의 허가

③ 「하천법」 제10조에 따른 하천구역 결정의 허가

④ 「사방사업법」 제20조에 따른 사방지(砂防地) 지정의 해제

해설

사업계획 승인 시의 인·허가 의제 등(「관광진흥법」 제16조)

사업계획의 승인을 받은 때에는 다음의 허가, 해제 또는 신고에 관하여 특별자치시장·특별자치도지사·시장·군수·구청장이 소관 행정기관의 장과 미리 협의한 사항에 대해서는 해당 허가 또는 해제를 받거나 신고를 한 것으로 본다.

- 「농지법」 제34조 제1항에 따른 농지전용의 허가
- 「산지관리법」 제14조·제15조에 따른 산지전용허가 및 산지전용신고, 같은 법 제15조의2에 따른 산지일시사용허가·신고, 「산림자원의 조성 및 관리에 관한 법률」 제36조 제1항·제4항 및 제45조 제1항·제2항에 따른 입목벌채 등의 허가·신고
- 「사방사업법」 제20조에 따른 사방지(砂防地) 지정의 해제
- 「초지법」 제23조에 따른 초지전용(草地轉用)의 허가
- 「하천법」 제30조에 따른 하천공사 등의 허가 및 실시계획의 인가, 같은 법 제33조에 따른 점용허가(占用許可) 및 실시계획의 인가
- 「공유수면 관리 및 매립에 관한 법률」 제8조에 따른 공유수면의 점용·사용허가 및 같은 법 제17조에 따른 점용·사용 실시계획의 승인 또는 신고
- 「사도법」 제4조에 따른 사도개설(私道開設)의 허가
- 「국토의 계획 및 이용에 관한 법률」 제56조에 따른 개발행위의 허가
- 「장사 등에 관한 법률」 제8조 제3항에 따른 분묘의 개장신고(改葬申告) 및 같은 법 제27조에 따른 분묘의 개장허가(改葬許可)

06 관광진흥법령상 여객자동차터미널시설업의 지정을 받으려는 자가 지정신청을 하여야 하는 기관은? ○ △ ×

① 국토교통부장관

② 시 장

③ 군 수

④ 지역별 관광협회

> **해설**
> 권한의 위탁(「관광진흥법 시행령」 제65조 제1항 제1호)
> 등록기관 등의 장은 법 제80조 제3항에 따라 다음의 권한을 한국관광공사, 협회, 지역별·업종별 관광협회, 전문 연구·
> 검사기관, 자격검정기관 또는 교육기관에 각각 위탁한다. 이 경우 문화체육관광부장관 또는 시·도지사는 제3호, 제3호의
> 2, 제6호 및 제8호의 경우 위탁한 업종별 관광협회, 전문 연구·검사기관 또는 관광 관련 교육기관의 명칭·주소 및 대표
> 자 등을 고시해야 한다.
> • 관광 편의시설업 중 관광식당업·관광사진업 및 여객자동차터미널시설업의 지정 및 지정취소에 관한 권한 : 지역별 관
>   광협회

07 관광진흥법상 전용영업장 등 문화체육관광부령으로 정하는 시설과 기구를 갖추어 문화체육관광부장관의
허가를 받아야 하는 관광사업에 해당하는 것은? (단, 다른 법령에 따른 위임은 고려하지 않음) ○ △ ×

① 관광 편의시설업

② 종합유원시설업

③ 카지노업

④ 국제회의시설업

> **해설**
> 허가와 신고(「관광진흥법」 제5조 제1항)
> 카지노업을 경영하려는 자는 전용영업장 등 문화체육관광부령으로 정하는 시설과 기구를 갖추어 문화체육관광부장관의
> 허가를 받아야 한다.

08 관광진흥법령상 관광사업자 등록대장에 기재되어야 하는 사업별 기재사항으로 옳은 것은? ○ △ ×

① 여행업 − 자본금
② 야영장업 − 운영의 형태
③ 관광공연장업 − 대지면적 및 건축연면적
④ 외국인관광 도시민박업 − 부지면적 및 시설의 종류

> 해설
>
> 관광사업자 등록대장(「관광진흥법 시행규칙」제4조)
> • 여행업 및 국제회의기획업 : 자본금
> • 야영장업 : 부지면적 및 건축연면적, 시설의 종류, 1일 최대 수용인원
> • 관광공연장업 : 관광공연장업이 설치된 관광사업시설의 종류, 무대면적 및 좌석 수, 공연장의 총면적, 일반음식점 영업
>   허가번호·허가연월일·허가기관
> • 외국인관광 도시민박업 : 객실 수, 주택의 연면적

09 관광진흥법령상 카지노업의 영업 종류 중 머신게임(Machine Game) 영업에 해당하는 것은? ○ △ ×

① 빅 휠(Big Wheel)
② 비디오게임(Video Game)
③ 바카라(Baccarat)
④ 마작(Mahjong)

> 해설
>
> 카지노업의 영업 종류(「관광진흥법 시행규칙」별표8 제3호)
> • 머신게임(Machine Game)
>   − 슬롯머신(Slot Machine)
>   − 비디오게임(Video Game)

10 관광진흥법상 문화체육관광부령으로 정하는 주요한 관광사업 시설의 전부를 인수한 자가 그 관광사업자의 지위를 승계하는 경우로 명시되지 않은 것은? ○ △ ✕

① 「민사집행법」에 따른 경매

② 「채무자 회생 및 파산에 관한 법률」에 따른 환가(換價)

③ 「지방세징수법」에 따른 압류 재산의 매각

④ 「민법」에 따른 한정승인

> 해설
>
> 관광사업의 양수(「관광진흥법」 제8조 제2항)
>
> 관광사업 시설의 전부를 인수한 자는 그 관광사업자의 지위를 아래의 어느 하나에 해당하는 절차에 따라 승계한다.
> - 「민사집행법」에 따른 경매
> - 「채무자 회생 및 파산에 관한 법률」에 따른 환가
> - 「국세징수법」, 「관세법」 또는 「지방세징수법」에 따른 압류 재산의 매각
> - 그 밖에 위의 규정에 준하는 절차

11 관광진흥법령상 관광 업무별 종사하게 하여야 하는 자를 바르게 연결한 것은? ○ △ ✕

① 내국인의 국내여행을 위한 안내 - 관광통역안내사 자격을 취득한 자

② 외국인 관광객의 국내여행을 위한 안내 - 관광통역안내사 자격을 취득한 자

③ 현관 · 객실 · 식당의 접객업무 - 호텔관리사 자격을 취득한 자

④ 4성급 이상의 관광호텔업의 총괄관리 및 경영업무 - 호텔관리사 자격을 취득한 자

> 해설
>
> 관광 업무별 자격기준(「관광진흥법 시행령」 별표4)
>
> | 업종 | 업무 | 종사하도록 권고할 수 있는 자 | 종사하게 하여야 하는 자 |
> | --- | --- | --- | --- |
> | 여행업 | 외국인 관광객의 국내여행을 위한 안내 | - | 관광통역안내사 자격을 취득한 자 |
> | | 내국인의 국내여행을 위한 안내 | 국내여행안내사 자격을 취득한자 | - |
> | 관광 숙박업 | 4성급 이상의 관광호텔업의 총괄관리 및 경영업무 | 호텔경영사 자격을 취득한 자 | - |
> | | 4성급 이상의 관광호텔업의 객실관리 책임자 업무 | 호텔경영사 또는 호텔관리사 자격을 취득한 자 | - |
> | | 3성급 이하의 관광호텔업과 한국전통호텔업 · 수상관광호텔업 · 휴양 콘도미니엄업 · 가족호텔업 · 호스텔업 · 소형호텔업 및 의료관광호텔업의 총괄관리 및 경영업무 | 호텔경영사 또는 호텔관리사 자격을 취득한 자 | - |
> | | 현관 · 객실 · 식당의 접객업무 | 호텔서비스사 자격을 취득한자 | - |

12 관광진흥법령상 관광종사원인 甲이 파산선고를 받고 복권되지 않은 경우 받는 행정처분의 기준은? ○ △ ✕

① 자격정지 1개월
② 자격정지 3개월
③ 자격정지 5개월
④ 자격취소

> **해설**
>
> 관광종사원에 대한 행정처분 기준(「관광진흥법 시행규칙」 별표17 제2호)
> • 거짓이나 그 밖의 부정한 방법으로 자격을 취득한 경우
>   - 1차 위반 : 자격취소
> • 법 제7조 제1항 각 호의 어느 하나에 해당하게 된 경우
>   - 1차 위반 : 자격취소
>
>   (법 제7조 제1항 제2호 : 파산선고를 받고 복권되지 아니한 자)
> • 관광종사원으로서 직무를 수행하는 데에 부정 또는 비위(非違)사실이 있는 경우
>   - 1차 위반 : 자격정지 1개월   - 2차 위반 : 자격정지 3개월
>   - 3차 위반 : 자격정지 5개월   - 4차 위반 : 자격취소

13 관광진흥법령상 유원시설업자는 그가 관리하는 유기기구로 인하여 중대한 사고가 발생한 경우 즉시 사용중지 등 필요한 조치를 취하고 특별자치시장·특별자치도지사·시장·군수·구청장에게 통보하여야 한다. 그 중대한 사고의 경우로 명시되지 않은 것은? ○ △ ✕

① 사망자가 발생한 경우
② 신체기능 일부가 심각하게 손상된 중상자가 발생한 경우
③ 유기기구의 운행이 30분 이상 중단되어 인명 구조가 이루어진 경우
④ 사고 발생일부터 5일 이내에 실시된 의사의 최초 진단결과 1주 이상의 입원 치료가 필요한 부상자가 동시에 2명 이상 발생한 경우

> **해설**
>
> 유기시설 등에 의한 중대한 사고(「관광진흥법 시행령」 제31조의2 제1항)
> • 사망자가 발생한 경우
> • 의식불명 또는 신체기능 일부가 심각하게 손상된 중상자가 발생한 경우
> • 사고 발생일부터 3일 이내에 실시된 의사의 최초 진단결과 2주 이상의 입원 치료가 필요한 부상자가 동시에 3명 이상 발생한 경우
> • 사고 발생일부터 3일 이내에 실시된 의사의 최초 진단결과 1주 이상의 입원 치료가 필요한 부상자가 동시에 5명 이상 발생한 경우
> • 유기시설 또는 유기기구의 운행이 30분 이상 중단되어 인명 구조가 이루어진 경우

14 관광진흥법령상 문화체육관광부장관이 문화관광축제의 지정 기준을 정할 때 고려하여야 할 사항으로 명시되지 않은 것은? ○ △ ×

① 축제의 특성 및 콘텐츠
② 축제의 운영능력
③ 해외마케팅 및 홍보활동
④ 관광객 유치 효과 및 경제적 파급효과

> 해설
> 문화관광축제의 지정 기준(「관광진흥법 시행령」 제41조의8)
> • 축제의 특성 및 콘텐츠
> • 축제의 운영능력
> • 관광객 유치 효과 및 경제적 파급효과
> • 그 밖에 문화체육관광부장관이 정하는 사항

15 관광진흥법령상 관광숙박업이나 관광객 이용시설업으로서 관광사업의 등록 후부터 그 관광사업의 시설에 대하여 회원을 모집할 수 있는 관광사업에 해당하는 것은? ○ △ ×

① 전문휴양업
② 호텔업(단, 제2종 종합휴양업에 포함된 호텔업의 경우는 제외)
③ 야영장업
④ 관광유람선업

> 해설
> 분양 및 회원모집의 기준 및 시기(「관광진흥법 시행령」 제24조 제2항 제2호)
> 호텔업의 경우 관광사업의 등록 후부터 회원을 모집할 것

16 관광진흥법령상 한국관광협회중앙회에 관한 내용으로 옳은 것은? ○ △ ×

① 한국관광협회중앙회가 수행하는 회원의 공제사업은 문화체육관광부장관의 허가를 받아야 한다.
② 한국관광협회중앙회는 문화체육관광부장관에게 신고함으로써 성립한다.
③ 한국관광협회중앙회의 설립 후 임원이 임명될 때까지 필요한 업무는 문화체육관광부 장관이 지정한 자가 수행한다.
④ 한국관광협회중앙회는 조합으로 지역별 · 업종별로 설립한다.

> 해설
>
> ② 협회를 설립하려는 자는 대통령령으로 정하는 바에 따라 문화체육관광부 장관의 허가를 받아야 한다(「관광진흥법」 제41조 제2항).
> ③ 협회의 설립 후 임원이 임명될 때까지 필요한 업무는 발기인이 수행한다(「관광진흥법 시행령」 제38조 제2항).
> ④ 지역별 관광협회 및 업종별 관광협회는 관광사업의 건전한 발전을 위하여 관광업계를 대표하는 한국관광협회중앙회를 설립할 수 있다(「관광진흥법」 제41조 제1항).

17 관광진흥법령상 관광취약계층에 해당하는 자는? (단, 다른 조건은 고려하지 않음) ○ △ ×

① 10년 동안 해외여행을 한 번도 못 한 60세인 자
② 5년 동안 국내여행을 한 번도 못 한 70세인 자
③ 「한부모가족지원법」 제5조에 따른 지원대상자
④ 「국민기초생활 보장법」 제2조 제11호에 따른 기준 중위소득의 100분의 90인 자

> 해설
>
> 관광취약계층의 범위(「관광진흥법 시행령」 제41조의3)
> • 「국민기초생활 보장법」 제2조 제2호에 따른 수급자
> • 「국민기초생활 보장법」 제2조 제10호에 따른 차상위 계층에 해당하는 사람 중 아래 어느 하나에 해당하는 사람
> − 「국민기초생활 보장법」에 따른 자활급여 수급자
> − 「장애인복지법」 제49조 제1항에 따른 장애수당 수급자, 제50조에 따른 장애아동수당 수급자
> − 「장애인연금법」 제5조에 따른 장애인연금 수급자
> − 「국민건강보험법 시행령」 별표2 제3호 라목에 해당하는 사람
> • 「한부모가족지원법」 제5조의2에 따른 지원대상자
> • 그 밖에 경제적 · 사회적 제약 등으로 인하여 관광 활동을 영위하기 위하여 지원이 필요한 사람으로서 문화체육관광부 장관이 정하여 고시하는 기준에 해당하는 사람

18 관광진흥법령상 관광관련학과에 재학중이지만 관광통역안내의 자격이 없는 A는 외국인 관광객을 대상으로 하는 여행업에 종사하며 외국인을 대상으로 관광안내를 하다가 2017년 1월 1일 적발되어 2017년 2월 1일 과태료 부과처분을 받은 후, 재차 외국인을 대상으로 관광안내를 하다가 2019년 1월 10일 적발되어 2019년 2월 20일 과태료 부과처분을 받았다. 이 경우 2차 적발된 A에게 적용되는 과태료의 부과기준은? (단, 다른 감경사유는 고려하지 않음)

① 30만원
② 50만원
③ 60만원
④ 100만원

> **해설**
>
> 과태료의 부과기준(「관광진흥법 시행령」 별표5 제2호 바목)
> 관광통역안내의 자격이 없는 사람은 외국인 관광객을 대상으로 하는 관광안내를 하여서는 안 된다는 법령을 위반하여 관광통역안내를 한 경우, 1차 위반 시에는 150만원, 2차 위반 시에는 300만원, 3차 위반 시에는 500만원의 과태료가 부과된다.
> ※ 출제 당시 100만원이었으나 2020년 6월 2일부로 법령이 개정되어 현재는 정답이 없다.

19 관광진흥법령상 관광특구에 관한 내용으로 옳은 것은?

① 서울특별시장은 관광특구를 신청할 수 있다.
② 세종특별자치시장은 관광특구를 신청할 수 있다.
③ 최근 1년간 외국인 관광객 수가 5만 명 이상인 지역은 관광특구가 된다.
④ 문화체육관광부장관 및 시·도지사는 관광특구진흥계획의 집행 상황을 평가하고, 우수한 관광특구에 대하여는 필요한 지원을 할 수 있다.

> **해설**
>
> ④ 시·도지사 또는 특례시의 시장은 관광특구진흥계획의 집행 상황을 평가하고, 우수한 관광특구에 대하여는 필요한 지원을 할 수 있다(「관광진흥법」 제73조 제1항).
> ①·② 관광특구는 요건을 갖춘 지역 중에서 시장·군수·구청장의 신청(특별자치시 및 특별자치도의 경우는 제외)에 따라 시·도지사가 지정한다. 이 경우 관광특구로 지정하려는 대상지역이 같은 시·도 내에서 둘 이상의 시·군·구에 걸쳐 있는 경우에는 해당 시장·군수·구청장이 공동으로 지정을 신청하여야 하고, 둘 이상의 시·도에 걸쳐 있는 경우에는 해당 시장·군수·구청장이 공동으로 지정을 신청하고 해당 시·도지사가 공동으로 지정하여야 한다(「관광진흥법」 제70조 제1항).
> ③ 최근 1년간 외국인 관광객 수가 10만 명(서울특별시는 50만명인 지역)은 관광특구가 된다(「관광진흥법 시행령」 제58조 제1항).
> ※ 출제 당시 정답은 ④였으나, 2019년 12월 3일부로 법령이 개정되어 현재는 정답이 없다.

20 관광진흥개발기금법상 관광진흥개발기금(이하 '기금'이라 한다)에 관한 내용으로 옳지 않은 것은? ○ △ ×

① 기금의 회계연도는 정부의 회계연도에 따른다.
② 문화체육관광부장관은 한국산업은행에 기금의 계정(計定)을 설치하여야 한다.
③ 문화체육관광부장관은 매년 「국가재정법」에 따라 기금운용계획안을 수립하여야 한다.
④ 기금은 문화체육관광부장관이 관리한다.

> 해설
>
> 기금 계정의 설치(「관광진흥개발기금법」 제10조)
> 문화체육관광부장관은 기금지출관으로 하여금 한국은행에 관광진흥개발기금의 계정을 설치하도록 하여야 한다.

관광법규

21 다음은 관광진흥개발기금법령상 기금운용위원회의 회의에 관한 조문의 일부이다. (   )에 들어갈 내용으로 옳은 것은? ○ △ ×

> 회의는 재적위원 (ㄱ)의 출석으로 개의하고, 출석위원 (ㄴ)의 찬성으로 의결한다.

① ㄱ - 3분의 1 이상, ㄴ - 과반수
② ㄱ - 3분의 1 이상, ㄴ - 3분의 2 이상
③ ㄱ - 과반수, ㄴ - 과반수
④ ㄱ - 3분의 2 이상, ㄴ - 3분의 1 이상

> 해설
>
> 회의(「관광진흥개발기금법 시행령」 제6조)
> • 위원회의 회의는 위원장이 소집한다.
> • 회의는 재적위원 과반수의 출석으로 개의하고, 출석위원 과반수의 찬성으로 의결한다.

정답 20 ② 21 ③   2019년 실제기출문제 **205**

22 관광진흥개발기금법령상 해외에서 8세의 자녀 乙과 3세의 자녀 丙을 동반하고 선박을 이용하여 국내 항만을 통하여 입국하는 甲이 납부하여야 하는 관광진흥개발기금의 총합은? (단, 다른 면제사유는 고려하지 않음) ○ △ ×

① 0원
② 2천원
③ 3천원
④ 3만원

23 국제회의산업 육성에 관한 법령상 국제회의도시의 지정을 신청하려는 자가 문화체육관광부장관에게 제출하여야 하는 서류에 기재하여야 할 내용으로 명시되지 않은 것은? ○ △ ×

① 지정대상 도시 또는 그 주변의 관광자원의 현황 및 개발계획
② 국제회의 시설의 보유 현황 및 이를 활용한 국제회의산업 육성에 관한 계획
③ 숙박시설 · 교통시설 · 교통안내체계 등 국제회의 참가자를 위한 편의시설의 현황 및 확충계획
④ 국제회의 전문인력의 교육 및 수급계획

24 甲은 국제회의산업 육성에 관한 법령에 따른 국제회의시설 중 전문회의시설을 설치하고자 한다. 이 경우 전문회의시설이 갖추어야 하는 충족요건 중 하나에 해당하는 것은?　　　　　○ △ ×

① 30명 이상의 인원을 수용할 수 있는 중·소회의실이 10실 이상 있을 것

② 「관광진흥법」 제3조 제1항 제2호에 따른 관광숙박업의 시설로서 150실 이상의 객실을 보유한 시설이 있을 것

③ 「유통산업발전법」 제2조 제3호에 따른 대규모 점포 인근에 위치하고 있을 것

④ 「공연법」 제2조 제4호에 따른 공연장으로서 1천석 이상의 객석을 보유한 공연장이 있을 것

> **해설**
>
> 전문회의 시설의 요건(「국제회의산업 육성에 관한 법률 시행령」 제3조 제2항)
> • 2천명 이상의 인원을 수용할 수 있는 대회의실이 있을 것
> • 30명 이상의 인원을 수용할 수 있는 중·소회의실이 10실 이상 있을 것
> • 옥내와 옥외의 전시면적을 합쳐서 2천㎡ 이상 확보하고 있을 것

25 국제회의산업 육성에 관한 법령상 문화체육관광부장관이 전자국제회의 기반의 구축을 촉진하기 위하여 사업시행기관이 추진하는 사업을 지원할 수 있는 경우로 명시된 것은?　　　　　○ △ ×

① 국제회의 정보망의 구축 및 운영

② 국제회의 정보의 가공 및 유통

③ 인터넷 등 정보통신망을 통한 사이버 공간에서의 국제회의 개최

④ 국제회의 정보의 활용을 위한 자료의 발간 및 배포

> **해설**
>
> 전자국제회의 기반의 확충(「국제회의산업 육성에 관한 법률」 제12조)
> 문화체육관광부장관은 전자국제회의 기반의 구축을 촉진하기 위하여 사업시행기관이 추진하는 아래의 사업을 지원할 수 있다.
> • 인터넷 등 정보통신망을 통한 사이버 공간에서의 국제회의 개최
> • 전자국제회의 개최를 위한 관리체제의 개발 및 운영
> • 그 밖에 전자국제회의 기반의 구축을 위하여 필요하다고 인정하는 사업으로서 문화체육관광부령으로 정하는 사업

관광학개론

※ 문제의 이해도에 따라 ○ △ × 체크하여 완벽하게 정리하세요.

26 관광숙박업을 등록하고자 하는 홍길동이 다음 조건의 시설을 갖추고 있을 경우 등록할 수 있는 숙박업은?

○ △ ×

> • 욕실이나 샤워시설을 갖춘 객실이 29실이며, 부대시설의 면적 합계가 건축 연면적의 50% 이하이다.
> • 홍길동은 임대차 계약을 통해 사용권을 확보하고 있으며, 영어를 잘하는 동생이 매니저로 일할 수 있다.
> • 조식을 제공하고 두 종류 이상의 부대시설을 갖추고 있다.

① 가족호텔업
② 관광호텔업
③ 수상관광호텔업
④ 소형호텔업

> **해설**
>
> 소형호텔업의 등록기준에 부합한다.
>
> 소형호텔업의 등록기준(「관광진흥법 시행령」 별표1 제2호 바목)
> • 욕실이나 샤워시설을 갖춘 객실을 20실 이상 30실 미만으로 갖추고 있을 것
> • 부대시설의 면적 합계가 건축 연면적의 50% 이하일 것
> • 두 종류 이상의 부대시설을 갖출 것. 다만, 「식품위생법 시행령」 제21조 제8호 다목에 따른 단란주점영업, 같은 호 라목에 따른 유흥주점영업 및 「사행행위 등 규제 및 처벌 특례법」 제2조 제1호에 따른 사행행위를 위한 시설은 둘 수 없다.
> • 조식 제공, 외국어 구사인력 고용 등 외국인에게 서비스를 제공할 수 있는 체제를 갖추고 있을 것
> • 대지 및 건물의 소유권 또는 사용권을 확보하고 있을 것. 다만, 회원을 모집하는 경우에는 소유권을 확보하여야 한다.

27 관광사업의 공익적 특성 중 사회 · 문화적 측면에서의 효과가 아닌 것은?

○ △ ×

① 국제문화의 교류
② 국민보건의 향상
③ 근로의욕의 증진
④ 외화획득과 소득효과

> **해설**
>
> 외화획득과 소득효과는 관광사업의 공익적 특성 중 경제적 측면의 효과이다.

28 아래 게임의 종류는 무엇이며 누구의 승리인가? ○ △ ×

> 홍길동이 카지노에서 게임을 벌이던 중 홍길동이 낸 카드 두 장의 합이 80이고 뱅커가 낸 카드 두 장의 합이 7이다.

① 바카라, 홍길동의 승리　　　　　　② 바카라, 뱅커의 승리
③ 블랙잭, 홍길동의 승리　　　　　　④ 블랙잭, 뱅커의 승리

해설
- 바카라 : Banker와 Player 중 카드 합이 9에 가까운 쪽이 승리하는 카지노 게임이다.
- 블랙잭 : 카드 숫자의 합이 21을 넘지 않는 한도 내에서 가장 큰 수의 합이 나오는 쪽이 이기는 게임이다. 에이스는 1 또는 11로 계산되며, 그림카드는 10으로 계산된다. 카드를 추가로 받고 싶으면 '히트'라고 하며 그렇지 않으면 '스테이'라고 한다.

29 2019년 9월 7일 현재, 출국 시 내국인의 면세물품 총 구매한도액은? ○ △ ×

① 미화 4,000달러　　　　　　② 미화 5,000달러
③ 미화 6,000달러　　　　　　④ 미화 7,000달러

해설
출국 시 내국인의 면세물품 총 구매한도액은 없다.
※ 출제 당시 정답은 ②였으나, 2022년 3월 18일부로 법령이 개정되어 해당 조항이 삭제되었다.

30 국제회의기준을 정한 공인 단체명과 이에 해당하는 용어의 연결이 옳은 것은? ○ △ ×

① AACVA – 아시아 콩그레스 VIP 연합회
② ICAO – 국제 컨벤션 연합 조직
③ ICCA – 국제 커뮤니티 컨퍼런스 연합
④ UIA – 국제회의연합

해설
④ 국제회의연합(UIA ; Union of International Associations)
① 아시아컨벤션뷰로협회(AACVB ; Asian Association of Covention & Visitor Bureaus)
② 국제민간항공기구(ICAO ; International Civil Aviation Organization)
③ 국제회의컨벤션협회(ICCA ; International Congress & Convention Association)

31 특정 국가의 출입국 절차를 위해 승객의 관련 정보를 사전에 통보하는 입국심사 제도는? ○ △ ×

① APIS
② ARNK
③ ETAS
④ WATA

> **해설**
>
> APIS(Advance Passenger Infomation System)
>
> 출발지공항 항공사에서 예약이나 발권, 탑승수속 시 승객에 대해 필요한 정보를 수집하고 법무부와 세관에 통보하여 미국 도착 탑승객에 관한 사전 검사를 가능하게 함으로써 입국심사에 소요되는 시간을 단축하는 미국의 사전 입국심사제도

32 제주항공, 진에어, 이스타 등과 같은 저비용 항공사의 운영형태나 특징에 관한 설명으로 옳은 것은? ○ △ ×

① 중 · 단거리에 비해 주로 장거리 노선을 운항하고 제1공항이나 국제공항을 이용한다.
② 중심공항(Hub)을 지정해 두고 주변의 중 · 소도시를 연결(Spoke)하는 방식으로 운영한다.
③ 항공권 판매의 주요 통로는 인터넷이며 항공기 가동률이 매우 높다.
④ 여러 형태의 항공기 기종으로 차별화된 다양한 서비스를 제공한다.

> **해설**
>
> ① · ② · ④ 대형 항공사 운영형태와 특징이라고 할 수 있다.
>
> 저비용 항공사의 운영형태와 특징
> - 최소한의 기종을 운용하며 유지 · 관리 비용을 최소화한다.
> - 단거리 노선에 치중하여 서비스 수준의 기대가 높아지는 중 · 장거리 노선을 최소화한다.
> - 인터넷을 적극적으로 활용하여 대행예약의 수수료와 인건비를 줄인다.
> - 교외 소도시의 저가 공항으로 취항하여 비용을 절감한다.

33 우리나라의 의료관광에 관한 설명으로 옳은 것은? ○ △ ×

① 웰빙과 건강추구형 라이프스타일 변화에 따라 융 · 복합 관광분야인 웰니스관광으로 확대되고 있다.
② 최첨단 의료시설과 기술로 외국인을 유치하며 시술이나 치료 등의 의료에만 집중하고 있다.
③ 휴양, 레저, 문화활동은 의료관광의 영역과 관련이 없다.
④ 의료관광서비스 이용가격이 일반 서비스에 비해 저렴한 편이며, 체류 일수가 짧은 편이다.

> **해설**
>
> 의료관광은 질병을 치료하는 등의 활동을 넘어 본인의 건강상태에 따라 현지에서의 요양, 관광, 쇼핑, 문화체험 등의 활동을 겸하는 것을 의미한다. 의료관광은 일반관광보다 이용객의 체류 일수가 길고 비용이 많이 들기 때문에 고부가 가치 산업으로 각광받고 있다.

34 국내 크루즈 산업의 발전방안으로 옳은 것은? ○ △ ×

① 크루즈 여행일수를 줄이고 특정 계층만이 이용할 수 있도록 하여 상품의 가치를 높인다.

② 계절적 수요에 상관없이 정기적인 운영이 필요하다.

③ 특별한 목적이나 경쟁력 있는 주제별 선상프로그램의 개발을 통해 체험형 오락거리가 풍부한 여행상품으로 개발해야 한다.

④ 까다로운 입 · 출항 수속절차를 적용해 질 좋은 관광상품이라는 인식을 심어 준다.

> 해설
>
> ① 대중들이 크루즈 여행을 즐길 수 있도록 분화하여 상품의 다양성을 확보한다.
> ② 계절적 수요에 맞게 탄력적인 운영을 시행한다.
> ④ 간편한 입 · 출항 절차를 마련하여 승객들에게 편리성을 제공한다.

35 여행상품 가격결정요소 중 상품가격에 직접적인 영향을 미치지 않는 것은? ○ △ ×

① 출발인원 수
② 광고 · 선전비
③ 교통수단 및 등급
④ 식사내용과 횟수

> 해설
>
> 여행상품의 가격결정요인
> • 여행기간
> • 목적지까지의 거리
> • 계 절
> • 상품 내용
>   – 숙박시설   – 식사 내용   – 방문관광지
>   – 단체의 규모   – 관광일정

36 관광진흥법상 관광숙박업 분류 중 호텔업의 종류가 아닌 것은? ○ △ ×

① 수상관광호텔업
② 한국전통호텔업
③ 휴양 콘도미니엄업
④ 호스텔업

> 해설
>
> 관광숙박업의 분류(「관광진흥법」 제3조 제1항 제2호)
> • 호텔업 : 관광객의 숙박에 적합한 시설을 갖추어 이를 관광객에게 제공하거나 숙박에 딸리는 음식 · 운동 · 오락 · 휴양 · 공연 또는 연수에 적합한 시설 등을 함께 갖추어 이를 이용하게 하는 업
> • 휴양 콘도미니엄업 : 관광객의 숙박과 취사에 적합한 시설을 갖추어 이를 그 시설의 회원이나 소유자등, 그 밖의 관광객에게 제공하거나 숙박에 딸리는 음식 · 운동 · 오락 · 휴양 · 공연 또는 연수에 적합한 시설 등을 함께 갖추어 이를 이용하게 하는 업

37 다음 설명에 해당하는 여행업의 산업적 특성으로 옳은 것은? ○ △ ×

> 여행업은 금융위기나 전쟁, 허리케인, 관광목적지의 보건 · 위생 등에 크게 영향을 받는다.

① 계절성 산업
② 환경민감성 산업
③ 종합 산업
④ 노동집약적 산업

해설

① 계절성 산업 : 계절의 영향을 받아 영업이 되는 사업으로 해수욕장이나, 스키장 등이 해당한다.
④ 노동집약적 산업 : 생산요소에서 자본이 차지하는 비중이 낮고, 노동력의 비중이 높은 상품을 생산하는 산업을 말한다.

---

38 A는 국제회의업 중 국제회의기획업을 경영하려고 한다. 국제회의기획업의 등록 기준으로 옳은 것을 모두 고른 것은? ○ △ ×

> ㄱ. 2천명 이상의 인원을 수용할 수 있는 대회의실이 있을 것
> ㄴ. 자본금이 5천만원 이상일 것
> ㄷ. 사무실에 대한 소유권이나 사용권이 있을 것
> ㄹ. 옥내와 옥외의 전시면적을 합쳐서 2천㎡ 이상 확보하고 있을 것

① ㄱ, ㄴ
② ㄱ, ㄹ
③ ㄴ, ㄷ
④ ㄷ, ㄹ

해설

국제회의업의 등록기준(「관광진흥법 시행령」 별표1 제5호)
• 국제회의시설업
　– 「국제회의산업 육성에 관한 법률 시행령」에 따른 회의시설 및 전시시설의 요건을 갖추고 있을 것
　– 국제회의 개최 및 전시의 편의를 위하여 부대시설로 주차시설과 쇼핑 · 휴식시설을 갖추고 있을 것
• 국제회의기획업
　– 자본금 : 5천만원 이상일 것
　– 사무실 : 소유권이나 사용권이 있을 것

---

39 한국 국적과 국경을 기준으로 국제관광의 분류가 옳은 것은? ○ △ ×

① 자국민이 자국 내에서 관광 – Inbound Tourism
② 자국민이 타국에서 관광 – Outbound Tourism
③ 외국인이 자국 내에서 관광 – Outbound Tourism
④ 외국인이 외국에서 관광 – Inbound Tourism

> 해설
>
> ① 자국민이 자국 내에서 관광 : Domestic Tourism
> ③ 외국인이 자국 내에서 관광 : Inbound Tourism
> ④ 외국인이 외국에서 관광 : Overseas Tourism

40 1960년대 관광에 관한 설명으로 옳지 않은 것은? ○ △ ×

① 관광기본법 제정
② 국제관광공사 설립
③ 관광통역안내원 시험제도 실시
④ 국내 최초 국립공원으로 지리산 지정

> 해설
>
> ① 관광기본법 제정 : 1975년 관광사업진흥법이 관광기본법과 관광사업법으로 분리되었다.
> ② 1962년 국제관광공사가 발족되었다.
> ③ 1962년 교통부 주관의 통역안내원 시험제도가 실시되었다.
> ④ 1967년 최초의 국립공원으로 지리산이 지정되었다.

2019년

관광학개론

41 연대별 관광정책으로 옳은 것은? ○ △ ×

① 1970년대 – 국제관광공사법 제정
② 1980년대 – 관광진흥개발기금법 제정
③ 1990년대 – 관광경찰제도 도입
④ 2000년대 – 제2차 관광진흥 5개년 계획 시행

> 해설
>
> ① 국제관광공사법 제정 : 1960년대
> ② 관광진흥개발기금법 제정 : 1970년대
> ③ 관광경찰제도 도입 : 2010년대

42 국제관광의 의의로 옳은 것을 모두 고른 것은? ○ △ ×

ㄱ. 세계평화 기여	ㄴ. 문화교류 와해
ㄷ. 외화가득률 축소	ㄹ. 지식확대 기여

① ㄱ, ㄷ   ② ㄱ, ㄹ
③ ㄴ, ㄷ   ④ ㄴ, ㄹ

해설

ㄴ. 문화교류를 증진한다.
ㄷ. 외화가득률을 확대한다.

국제관광의 의의
• 현대 국제생활과 밀착된 개념으로서 국제시민생활의 필수적인 일부분으로 정착하여 국제 간의 인간 및 문화교류를 통한 문화생활 향상에 크게 이바지하고 있다.
• 관광객이 방문하는 지역의 주민과의 접촉을 통하여 국가 상호 간의 이해증진을 도모하고 국제친선에 기여한다.
• 일반적으로 생활수준 또는 경제성장률이 높거나 소득격차가 상대적으로 작으면서 인구증가에 따른 도시화와 공업화가 급속히 진행되고 있는 국가에서부터 점차 확대되고 있다.

43 세계관광기구(UNWTO)에 관한 설명으로 옳지 않은 것은? ○ △ ×

① 1975년 정부 간 협력기구로 설립   ② 문화적 우호관계 증진
③ 2003년 UNWTO로 개칭   ④ 경제적 비우호관계 증진

해설

세계관광기구는 경제적 우호관계 증진에 기여한다.

44 근접국가군 상호 간 관광진흥 개발을 위한 국제관광기구로 옳은 것은? ○ △ ×

① ASTA   ② ATMA
③ IATA   ④ ISTA

해설

② ATMA(Asia Travel Marketing Association) : 동아시아 지역으로 구미주 · 대양주 관광객 유치를 증진하기 위해 1966년, 일본의 제의로 한국, 대만, 홍콩, 필리핀, 마카오 등 7개국을 중심으로 설립되었다.
① ASTA(American Society of Travel Agents) : 미국여행업협회
③ IATA(International Air Transport Association) : 국제항공운송협회
④ ISTA(International Sightseeing and Tours Association) : 국제관광여행협회

45 마케팅 시장세분화의 기준 중 인구통계적 세부 변수에 해당하지 않는 것은? ○ △ ✕

① 성 별
② 종 교
③ 라이프스타일
④ 가족생활주기

> 해설
>
> 라이프스타일 : 심리분석적 변수

46 관광매체 중 공간적 매체로서의 역할을 하는 것은? ○ △ ✕

① 교통시설
② 관광객이용시설
③ 숙박시설
④ 관광기념품 판매업자

> 해설
>
> ② 관광객이용시설 : 시간적 매체
> ③ 숙박시설 : 시간적 매체
> ④ 관광기념품 판매업자 : 기능적 매체

47 관광의 사회적 측면에서 긍정적인 효과가 아닌 것은? ○ △ ✕

① 국제친선 효과
② 직업구조의 다양화
③ 전시 효과
④ 국민후생복지 효과

> 해설
>
> 전시 효과란 개인이 사회의 소비수준의 영향을 받아 타인의 소비방식을 따라하려는 심리경향을 가리키는 말로 관광의 긍정적인 효과와 거리가 멀다.

48 관광의사결정에 영향을 미치는 개인적 요인으로 옳은 것은? ○ △ ×

① 가 족   ② 학 습
③ 문 화   ④ 사회계층

> **해설**
>
> 관광의사결정에 영향을 미치는 요인
> - 개인적 요인 : 학습, 성격, 태도, 동기, 지각
> - 사회적 요인 : 가족, 문화, 사회계층, 준거집단

49 2018년에 UNESCO 세계유산에 등재된 한국의 산사에 해당하지 않는 것은? ○ △ ×

① 통도사   ② 부석사
③ 법주사   ④ 청량사

> **해설**
>
> 2018년 UNESCO 세계유산에 등재된 한국의 산사
> - 양산 통도사   • 영주 부석사
> - 안동 봉정사   • 보은 법주사
> - 공주 마곡사   • 순천 선암사
> - 해남 대흥사

50 국내 전시 · 컨벤션센터와 지역의 연결이 옳지 않은 것은? ○ △ ×

① 대구 – DXCO
② 부산 – BEXCO
③ 창원 – CECO
④ 고양 – KINTEX

> **해설**
>
> 우리나라의 대표적인 컨벤션 시설
> - 서울 : COEX, aT센터, SETEC   • 대구 : EXCO
> - 고양 : KINTEX   • 부산 : BEXCO
> - 제주 : ICC Jeju   • 창원 : CECO

PART 06

2018년
실제기출문제

※ 본 내용은 2018년 9월 시행된 관광통역안내사의 실제기출문제입니다.

국 사

※ 문제의 이해도에 따라 ○ △ × 체크하여 완벽하게 정리하세요.

01 고조선시대의 청동기 문화를 대표하는 유물·유적으로 옳지 않은 것은? ○ △ ×

① 명도전
② 비파형 동검
③ 미송리식 토기
④ 고인돌(탁자식)

> **해설**
> 고조선은 청동기 문화를 바탕으로 형성된 국가이다. 고조선의 문화범위를 알려주는 대표적인 유물·유적으로는 비파형 동검, 미송리식 토기, 고인돌이 있다.

02 다음은 무엇에 관한 설명인가? ○ △ ×

> 통일신라의 중앙군으로 고구려와 백제인은 물론 말갈인까지 포함하여 편성하였다.

① 10위
② 10정
③ 9서당
④ 2군 6위

> **해설**
> 통일신라의 중앙군은 9서당으로 신라인 외에도 피정복민인 고구려와 백제인, 말갈인까지 모두 포함하였다.
> ① 10위는 발해의 중앙군이고, ② 10정은 통일신라의 지방군이며, ④ 2군 6위는 고려의 중앙군이다.

03 장수왕의 업적으로 옳지 않은 것은? ○ △ ×

① 평양 천도
② 영락 연호 사용
③ 백제 한성 함락
④ 광개토대왕릉비 건립

> **해설**
> '영락'이라는 연호를 사용한 왕은 고구려의 광개토대왕이다.

정답 01 ① 02 ③ 03 ②

04 발해 5경 중 현재의 북한 지역에 설치되었던 것은? ○ △ ×

① 중경 현덕부
② 동경 용원부
③ 상경 용천부
④ 남경 남해부

> **해설**
> 발해의 남경은 현 함경도지방에 해당한다.

05 신라 선덕여왕 때 만들어진 것으로 옳지 않은 것은? ○ △ ×

① 첨성대
② 황룡사
③ 분황사
④ 황룡사 9층탑

> **해설**
> 황룡사는 신라 진흥왕 시기에 만들어진 사찰이다.

06 다음 (   )에 들어갈 인물로 옳은 것은? ○ △ ×

> 가야 출신의 (   )은(는) 가야금을 만들고 12악곡을 지었는데, 대가야 멸망 전에 신라에 투항하였다. 진흥왕의 사랑을 받던 그는 국원소경(충주)으로 가서 여러 제자를 길러 가야 음악을 신라에 전하는 데 기여하였다.

① 우 륵
② 왕산악
③ 옥보고
④ 백결선생

> **해설**
> ② 왕산악은 고구려인으로 거문고를 제작하였다.
> ③ 옥보고는 통일신라 시기 거문고의 대가이다.
> ④ 백결선생은 신라인으로 방아타령을 지어 가난한 아내를 위로한 인물로 유명하다.

07 밑줄 친 '그'에 해당하는 인물은?

○△×

> 그의 아버지는 원성왕과의 왕위 다툼에서 패하였다. 그는 웅주(공주)를 근거로 반란을 일으켜 국호를 장안, 연호를 경운이라고 했다.

① 이자겸　　　　　　　　　② 김보당

③ 김헌창　　　　　　　　　④ 조위총

> **해설**
> 김헌창은 무열왕의 후손 김주원의 아들이다. 김주원이 김경신(원성왕)에게 밀려 왕위에 오르지 못한 것을 두고 후일에 반란을 일으켰으나 실패하였다.
> ① 이자겸은 고려 인종 시기(1126)에 난을 일으켜 실패한 인물이다.
> ②·④ 김보당(1173)과 조위총(1174)은 무신정권에 반대하면서 난을 일으켰다.

08 백제의 부흥운동에 참여한 인물로 옳지 않은 것은?

○△×

① 복 신　　　　　　　　　② 도 침

③ 검모잠　　　　　　　　　④ 흑치상지

> **해설**
> 복신과 도침, 흑치상지 등은 백제 부흥운동 세력이다. 검모잠은 고구려 부흥운동을 대표하는 인물이다.

09 밑줄 친 '이 나라'에 관한 설명으로 옳지 않은 것은?

○△×

> 이 나라의 성은 평지성과 산성으로 나뉘는데, 국내성은 평지성, 환도산성(산성자 산성)은 산성에 해당한다.

① 5부족 연맹을 통하여 발전하였다.

② 귀족 대표자 회의인 제가회의가 있었다.

③ 10월에는 동맹이라는 제천행사가 있었다.

④ 384년 처음으로 동진에서 불교를 받아들였다.

> **해설**
> 이 나라는 고구려이다. 고구려는 372년 소수림왕 시기에 중국 전진(승려 순도)으로부터 불교를 수용하게 된다.
> 백제는 384년 침류왕 시기에 동진(승려 마라난타)에서 불교를 받아들였다.

10 다음 중 금관이 발견된 유적을 모두 고른 것은? ○ △ ×

ㄱ. 장군총	ㄴ. 천마총
ㄷ. 정효공주묘	ㄹ. 황남대총

① ㄱ, ㄷ
② ㄱ, ㄹ
③ ㄴ, ㄷ
④ ㄴ, ㄹ

해설

금관은 전 세계에서 현재까지 총 10여 점이 발견되었는데, 그 중에서 6개가 신라의 금관이다. 신라의 금관은 금관총, 서봉총, 금령총, 천마총, 황남대총, 경주 교동 고분에서 출토되었다.

11 다음 사건을 발생시기가 앞선 순으로 바르게 나열한 것은? ○ △ ×

ㄱ. 경대승 도방정치	ㄴ. 묘청 서경천도운동
ㄷ. 최충헌 교정도감 설치	ㄹ. 삼별초 대몽항쟁

① ㄱ → ㄴ → ㄹ → ㄷ
② ㄱ → ㄷ → ㄴ → ㄹ
③ ㄴ → ㄱ → ㄷ → ㄹ
④ ㄴ → ㄷ → ㄹ → ㄱ

해설

ㄴ. 묘청의 서경천도운동은 1135년이다.
ㄱ. 경대승이 도방을 중심으로 권력을 장악하던 시기는 1179~1183년이다.
ㄷ. 최충헌이 교정도감을 설치했던 시기는 1209년이다.
ㄹ. 삼별초의 대몽항쟁 시기는 1270~1273년이다.

12 고려시대에 건립된 건축물로 옳지 않은 것은? ○ △ ×

① 구례 화엄사 각황전
② 예산 수덕사 대웅전
③ 안동 봉정사 극락전
④ 영주 부석사 무량수전

해설

구례 화엄사 각황전은 조선 후기를 대표하는 건축물이다.

13 다음 사건을 발생시기가 앞선 순으로 바르게 나열한 것은?

> ㄱ. 건원중보(철전) 주조
> ㄷ. 상정고금예문 인쇄
> ㄴ. 삼국사기 편찬
> ㄹ. 직지심체요절 간행

① ㄱ → ㄴ → ㄷ → ㄹ
② ㄱ → ㄷ → ㄹ → ㄴ
③ ㄴ → ㄱ → ㄹ → ㄷ
④ ㄷ → ㄴ → ㄱ → ㄹ

해설
ㄱ. 고려 성종 때인 996년에 건원중보를 주조하였다.
ㄴ. 〈삼국사기〉는 고려 인종 때인 1145년에 편찬하였다.
ㄷ. 〈상정고금예문〉은 대몽항쟁기인 1234년에 인쇄하였다.
ㄹ. 〈직지심체요절〉은 고려 우왕 때인 1377년에 간행하였다.

14 조선 전기의 경제 상황에 관한 설명으로 옳은 것은?

① 저화, 조선통보가 발행되었다.
② 상평통보가 전국적으로 유통되었다.
③ 조세와 지대의 금납화가 이루어졌다.
④ 시중에 동전이 부족한 전황이 발생하였다.

해설
②·③·④ 조선 후기의 경제 상황에 대한 설명이다.
② 상평통보는 조선 후기에 널리 통용된 화폐이다.
③ 18세기 후반에는 대동미와 기타의 세금도 동전으로 납부할 수 있게 되었다.
④ 조선 후기에 양반지주들이나 상인들은 화폐를 유통의 수단으로만 이용한 것이 아니라 많은 화폐를 감추어 두고 고리대의 방식으로 부를 늘려갔다. 그래서 국가가 동전을 대량으로 발행할수록 감추어지는 화폐가 많아져 통화량이 급감했는데, 이를 '전황(錢荒)'이라고 한다.

15 조선시대 교육기관에 관한 설명으로 옳지 않은 것은? ○ △ ×

① 서원과 서당은 사립교육기관이었다.
② 성균관의 입학자격은 생원과 진사를 원칙으로 하였다.
③ 잡학은 해당 기술 관청에서 직접 교육을 담당하였다.
④ 중앙에 향교를 두고 지방에 서학, 동학, 남학, 중학의 4부학당을 두었다.

> **해설**
> 조선시대 서울에는 최고 학부인 성균관과 서학, 동학, 남학, 중학의 4부학당이 있었다. 그리고 각 지방의 군현에는 향교가 있었다.

16 다음 (　　)에 들어갈 내용으로 옳은 것은? ○ △ ×

> 남곤, 심정 등과 같은 공신들은 중종반정 이후 개혁을 추진하던 조광조 일파를 모함하여, 죽이거나 유배를 보냈다. 이 사건을 (　　)라고 한다.

① 무오사화　　　　　　　　　② 갑자사화
③ 기묘사화　　　　　　　　　④ 을사사화

> **해설**
> 조광조를 비롯한 대부분의 사림세력이 처형되거나 중앙 정계에서 쫓겨난 사건을 '기묘사화'라고 한다.

17 다음의 업적과 관련된 왕으로 옳은 것은? ○ △ ×

> • 직전법 실시
> • 진관체제 실시
> • 경국대전 편찬 시작

① 태 조　　　　　　　　　　② 태 종
③ 세 종　　　　　　　　　　④ 세 조

> **해설**
> 현직 관리에게만 수조권을 지급하는 직전법을 시행하고, 역대의 법전과 각종 명령 등을 종합하여 〈경국대전〉을 편찬하기 시작한 왕은 세조이다.

18 조선 후기에 만들어진 것은? ○ △ ✕

① 악학궤범
② 인왕제색도
③ 향약집성방
④ 혼일강리역대국도지도

> **해설**
> ② 〈인왕제색도〉는 조선 후기 화가인 정선의 대표작이다.
> ① 〈악학궤범〉은 조선 전기 성종 시기에 편찬된 음악이론서이다.
> ③ 〈향약집성방〉은 조선 전기 세종 시기에 편찬된 의학서이다.
> ④ 〈혼일강리역대국도지도〉는 조선 전기 태종 시기에 제작된 세계지도이다.

19 조선의 통치기구에 관한 설명으로 옳은 것을 모두 고른 것은? ○ △ ✕

> ㄱ. 춘추관은 역사서의 편찬과 보관을 맡았다.
> ㄴ. 장례원은 수도의 행정과 치안을 담당하였다.
> ㄷ. 사간원은 노비 문서의 관리와 노비소송을 맡았다.
> ㄹ. 승정원은 왕의 비서기관으로 왕명의 출납을 담당하였다.

① ㄱ, ㄴ
② ㄱ, ㄹ
③ ㄴ, ㄷ
④ ㄷ, ㄹ

> **해설**
> ㄴ. 장례원은 노비소송만 전담하던 기구이다.
> ㄷ. 사간원은 언론 전담기구로 왕권을 견제하는 역할을 담당하였다.

20 다음 (   )에 들어갈 농업서로 옳은 것은? ○ △ ✕

> 조선 후기 신속은 (   )에서 이앙법과 그 밖의 벼농사 농법을 자세히 소개하였다.

① 농사직설
② 농상집요
③ 농가집성
④ 농정신편

> **해설**
> ③ 〈농가집성〉은 조선 중기의 문신 신속이 1655년에 편찬한 농서로, 조선 전기의 농서인 〈농사직설〉에서 소홀히 다루었던 이앙법과 벼농사 농법에 대한 내용을 보태었다.
> ① 〈농사직설〉은 조선 전기 세종 때 만들어진 농업서적이다.
> ② 〈농상집요〉는 고려 말기에 원나라로부터 전해진 농업서적이다.
> ④ 〈농정신편〉은 구한말 고종 때 편찬된 농업서적이다.

21 조선 후기 저자와 역사서의 연결이 옳지 않은 것은? ○ △ ✕

① 유득공 – 발해고
② 안정복 – 동사강목
③ 한치윤 – 해동역사
④ 이종휘 – 연려실기술

> **해설**
> 〈연려실기술〉은 이긍익이 저술하였다.
> 조선 후기의 실학자들은 민족의 역사적 전통에 관심을 쏟았다. ① 유득공은 〈발해고〉를 저술하여 역사의식을 심화하였고,
> ② 안정복은 〈동사강목〉에서 고조선부터 고려 말까지의 역사를 저술하여 한국사의 독자적 정통론을 체계화하였다. 한편,
> ③ 한치윤은 〈해동역사〉에서 다양한 외국자료를 인용하여 민족사 인식의 폭을 넓혔다.

22 다음 (　　)에 들어갈 인물로 옳은 것은? ○ △ ✕

> (　　)은 실학자로서 '의산문답', '임하경륜' 등을 저술하고, 성리학의 극복과 지전설을 주장하였다.

① 이 익
② 홍대용
③ 유수원
④ 박지원

> **해설**
> 홍대용은 청에 왕래하면서 얻은 경험을 토대로 〈임하경륜〉, 〈의산문답〉 등을 저술하였다.

23 밑줄 친 '이 단체'에 속한 인물로 옳지 않은 것은? ○ △ ✕

> 이 단체는 신채호에게 의뢰하여 작성한 조선 혁명 선언을 활동 지침으로 삼아 일제 요인 암살과 식민 통치 기관 파괴에 주력하였다.

① 윤봉길
② 나석주
③ 김익상
④ 김상옥

> **해설**
> 의열단
> 1919년 김원봉이 중심이 되어 중국 지린에서 조직된 의열단은 1923년 신채호가 작성한 '조선 혁명 선언'을 활동 지침으로 삼아 매국노, 친일파 등에 대한 암살과 조선총독부, 동양척식주식회사와 같은 일제의 식민지배기관의 파괴를 활동 목표로 삼았다. 의열단 단원으로는 김익상, 김상옥, 김지섭, 나석주 등이 있다.
> 윤봉길은 김구 · 이봉창과 함께 한인애국단 단원이다.

24 (가)와 (나) 사이에 있었던 사건으로 옳은 것을 모두 고른 것은?

> (가) 고부군수 조병갑의 횡포로 농민들이 고부관아를 습격하였다.
> (나) 외세의 개입으로 사태가 악화될 것을 우려한 농민군과 관군은 전주 화약을 맺었다.

> ㄱ. 전라도 삼례에서 교조신원운동이 일어났다.
> ㄴ. 농민군이 황토현 전투에서 관군을 격파하였다.
> ㄷ. 공주 우금치 전투에서 농민군은 크게 패하였다.
> ㄹ. 정부는 진상조사를 위해 이용태를 안핵사로 파견하였다.

① ㄱ, ㄴ   ② ㄱ, ㄷ

③ ㄴ, ㄹ   ④ ㄷ, ㄹ

해설

(가) 1894년 1월에 전라도 고부에서 농민봉기가 일어났다. ㄹ. 이에 정부는 진상조사를 위해서 이용태를 안핵사로 파견하였다. 하지만 이용태는 일방적으로 농민군에게 책임을 돌리면서 농민봉기 참가자를 처벌하였다. 농민군은 다시 봉기하였고, ㄴ. 황토현 전투와 황룡촌 전투에서 관군을 격파하였다. 그리고 마침내 농민군은 전주성을 점령하였다. 상황이 복잡해지자 조선 정부는 농민군의 요구를 수용하는 대신 농민군이 전주성에서 철수한다는 내용의 (나) 전주 화약을 체결하였다. 따라서 (가)와 (나) 사이에 있었던 사건은 'ㄴ, ㄹ'이다.

25 다음에서 설명하는 단체는?

> • 민족주의 세력과 사회주의 세력의 민족 유일당 운동으로 창립되었다.
> • 광주학생항일운동 당시 진상조사단을 파견하고 대규모 민중대회를 개최하려고 하였다.

① 신민회   ② 신간회

③ 보안회   ④ 권업회

해설

신간회는 식민지 시기 국내에서 조직된 최대의 민족운동단체이자 민족 해방이라는 공통의 목표를 위해 이념을 넘어 민족주의자들과 사회주의자들이 함께한 민족협동단체였다.

관광자원해설

※ 문제의 이해도에 따라 ○ △ × 체크하여 완벽하게 정리하세요.

26 관광자원해설의 주요 목적이 아닌 것은? ○ △ ×

① 관광객의 만족
② 관광객의 소비억제
③ 관광자원 훼손의 최소화
④ 관광자원에 대한 이해 향상

> **해설**
>
> **관광자원해설의 주요 목적**
> 관광객이 방문하는 관광지에 대해 보다 예리한 인식·감상·이해능력을 갖게 도와주려는 데 있다. 자원을 해설해 준다는 것은 그 방문이 보다 풍요롭고 즐거운 경험이 되도록 도와주는 것이다. 또한 관광객으로 하여금 관광지에서 적절한 행동을 하도록 교육하거나 안내함으로써 자원의 훼손을 최소화할 수 있다.

27 다음 설명에 해당하는 것은? ○ △ ×

> 조계산 자락에 위치하며, 나라를 빛낸 큰 스님 16분의 영정을 모시고 그 덕을 기리기 위해 세운 건물이다. 국보 제56호로 지정되었다.

① 구례 화엄사 각황전
② 보은 법주사 팔상전
③ 예산 수덕사 대웅전
④ 순천 송광사 국사전

> **해설**
>
> **순천 송광사 국사전**
> 조계산 자락에 위치한 송광사 국사전은 나라를 빛낸 큰 스님 16분의 영정을 모시고 그 덕을 기리기 위해 세운 건물이다. 주심포 중기 형식의 표준으로 평가되는 중요한 건축물로, 국보로 지정되었다.

28 궁궐과 정전(正殿)이 바르게 연결된 것은? ○ △ ✕

① 창덕궁 – 대조전
② 경희궁 – 자정전
③ 창경궁 – 명정전
④ 덕수궁 – 함녕전

> **해설**
> ① 창덕궁 : 인정전
> ② 경희궁 : 숭정전
> ④ 덕수궁 : 중화전

29 법고춤에 관한 설명으로 옳지 않은 것은? ○ △ ✕

① 동작이 크고 활기가 있는 춤이다.
② 불교의식에서 행하는 무용의 하나이다.
③ 절에서는 조석(朝夕)의 예불이나 각종 의식에 쓰인다.
④ '물속에 사는 모든 중생을 제도한다'는 상징적인 의미를 포함한다.

> **해설**
> **법고춤**
> 불교의식무용인 작법무(作法舞)의 하나로 법고를 두드리며 추는 춤이다. 절에서 조석(朝夕)의 예불이나 각종 의식에 사용한다. 어느 춤보다 동작이 크고 활기가 있는 춤이며, 장중하고 활달한 멋이 있다. 한편, '물속에 사는 모든 중생을 제도한다'는 상징적인 의미가 있는 것은 목어(木魚)이다. 이는 나무로 긴 물고기 모양을 만들어 걸어 두고 두드리는 불구이다.

30 한국의 슬로시티(Slowcity)로 지정되지 않은 곳은?　　　　　　　　　　　　　　　　ㅇ △ ✕

① 강원도 철원군 원남면

② 경기도 남양주시 조안면

③ 전라남도 담양군 창평면

④ 충청북도 제천시 수산면

> **해설**
>
> 한국의 슬로시티(한국슬로시티본부, 2024년 4월 기준)
> - 전남 신안군 증도
> - 전남 담양군 창평면
> - 충남 예산군 대흥면
> - 경북 상주시 함창읍, 이안면, 공검면
> - 강원 영월군 김삿갓면
> - 충남 태안군 소원면
> - 경남 김해시 봉하마을, 화포천습지
> - 전남 장흥군 유치면, 방촌문화마을
> - 전남 목포시 외달도, 달리도, 1987 개항문화거리
> - 전남 완도군 청산도
> - 경남 하동군 악양면
> - 전북 전주시 한옥마을
> - 경북 청송군 주왕산면, 파천면
> - 충북 제천시 수산면
> - 경북 영양군 석보면
> - 충남 서천군 한산면
> - 강원 춘천시 실레마을
>
> ※ 출제 당시 정답은 ①이었으나, 경기도 남양주시 조안면이 인증 조건을 충족하지 못하여 제외되었으므로 현재 정답은 ① · ②이다.

31 한려해상 국립공원에 관한 설명으로 옳지 않은 것은?　　　　　　　　　　　　　　　ㅇ △ ✕

① 1968년에 국립공원으로 지정되었다.

② 충무공 이순신이 전사한 노량지구를 포함한다.

③ 전라남도 홍도에서 신안군 · 진도군 · 완도군 · 고흥군 등에 걸쳐 위치한다.

④ 해금강지구는 십자굴을 비롯한 기암괴석과 노송, 동백숲 등이 절경을 이룬다.

> **해설**
>
> 다도해해상 국립공원은 전라남도 홍도에서 신안군 · 진도군 · 완도군 · 고흥군 등지에 걸쳐 있는 우리나라 최대 면적의 국립공원이다.

32 다음 설명에 해당하는 화가는?

> • 주요 작품은 삼인문년도, 기명절지도, 호취도, 귀거래도 등이 있다.
> • 산수화, 도석 · 고사인물화, 화조영모화, 사군자 등 다양한 소재를 다루었다.

① 장승업
② 김득신
③ 심사정
④ 윤두서

> **해설**
> ② 김득신 : 조선 후기의 화가로 김홍도의 화풍을 계승해 뛰어난 풍속화가로 이름을 떨쳤으며, 대표적인 작품으로 〈파적도〉, 〈풍속화첩〉 등이 있다.
> ③ 심사정 : 조선 후기 문인 화가이며, 대표적인 작품으로 〈강상야박도〉, 〈파교심매도〉 등이 있다.
> ④ 윤두서 : 정선, 심사정과 함께 조선 후기 삼재(三齋)로 일컬어진다. 대표적인 작품으로 〈윤두서 자화상〉, 〈해남윤씨가전고화첩〉 등이 있다.

33 국악의 분류 중 궁중음악으로 옳지 않은 것은?

① 아 악
② 기 악
③ 당 악
④ 향 악

> **해설**
> 궁중음악으로는 향악, 당악, 아악 등이 있으며, 기악은 악기만으로 연주되는 음악을 말한다.

34 유네스코에 등재된 세계기록유산이 아닌 것은? ○ △ ×

① 조선통신사기록물
② 새마을운동기록물
③ 물산장려운동기록물
④ 국채보상운동기록물

해설

유네스코 등재 세계기록유산
- 훈민정음(1997)
- 직지심체요절(2001)
- 조선왕조 의궤(2007)
- 동의보감(2009)
- 5·18 민주화운동기록물(2011)
- 새마을운동기록물(2013)
- KBS 특별생방송 '이산가족을 찾습니다' 기록물(2015)
- 국채보상운동기록물(2017)
- 4·19혁명기록물(2023)
- 조선왕조실록(1997)
- 승정원일기(2001)
- 해인사 대장경판 및 제경판(2007)
- 일성록(2011)
- 난중일기(2013)
- 한국의 유교책판(2015)
- 조선왕실 어보와 어책(2017)
- 조선통신사기록물(2017)
- 동학농민혁명기록물(2023)

35 통일신라시대 3대 금동불상에 해당하지 않는 것은? ○ △ ×

① 경주 백률사 금동약사여래입상
② 경주 불국사 금동비로자나불상
③ 경주 구황동 금제여래입상
④ 경주 불국사 금동아미타여래좌상

해설

통일신라시대 3대 금동불상
- 경주 백률사 금동약사여래입상
- 경주 불국사 금동비로자나불좌상
- 경주 불국사 금동아미타여래좌상

36 다음 중 석회동굴에 해당하는 것을 모두 고른 것은?　　　○ △ ×

> ㄱ. 성류굴　　　　　　　　　　ㄴ. 김녕굴
> ㄷ. 고씨굴　　　　　　　　　　ㄹ. 협재굴
> ㅁ. 만장굴

① ㄱ, ㄷ
② ㄱ, ㄹ
③ ㄴ, ㅁ
④ ㄷ, ㄹ

> 해설
>
> 석회동굴
> 우리나라 석회동굴에는 고수굴, 고씨굴, 초당굴, 환선굴, 용담굴, 비룡굴, 관음굴, 성류굴, 노동굴 등이 있다.
> ㄴ. 김녕굴, ㄹ. 협재굴, ㅁ. 만장굴은 모두 용암(화산)동굴이다.

37 다음 설명에 해당하는 것은?　　　○ △ ×

> • 진주 관아의 행사 때 여흥으로 춘 춤이다.
> • 부패한 양반과 파계승을 풍자한 무용극이다.
> • 7인 배역이 등장해서 이야기를 엮어 가는 형태이다.

① 무당춤
② 남 무
③ 농악무
④ 한량무

> 해설
>
> 한량무
> 진주 관아의 행사 때 여흥으로 춘 춤으로, 경상남도 무형유산으로 지정되었다. 한량역을 비롯하여 승려, 색시, 주모, 별감, 마당쇠, 상좌가 등장하며, 배역에 따라 다른 옷차림과 춤사위로 구성된다. 부패한 양반과 파계승 등을 응징하는 내용으로 조선시대의 퇴폐성을 풍자하는 무용극이다.

38 개최 지역과 축제명의 연결이 옳은 것은?　　　　　　　　　○ △ ×

① 광주광역시 - 추억의 7080충장축제
② 충청남도 - 한성백제문화제
③ 경상북도 - 함양산삼축제
④ 충청북도 - 해미읍성역사체험축제

> 해설
>
> ② 서울특별시 : 한성백제문화제
> ③ 경상남도 : 함양산삼축제
> ④ 충청남도 : 서산해미읍성축제
> ※ 추억의 7080충장축제는 추억의 충장축제로, 해미읍성역사체험축제는 서산해미읍성축제로 명칭이 변경되었다.

39 국가지질공원에 관한 설명으로 옳지 않은 것은?　　　　　　　○ △ ×

① 교육 · 관광사업에 활용된다.
② 관리 · 운영현황을 4년마다 조사 · 점검한다.
③ 2012년에 한탄강과 임진강이 최초로 지정되었다.
④ 지구과학적으로 중요하고 경관이 우수한 지역이어야 한다.

> 해설
>
> 2012년에 제주도와 울릉도 · 독도가 최초로 지정되었다.
>
> 지질공원의 인증 등(「자연공원법」 제36조의3)
> 지구과학적으로 중요하고 경관이 우수한 지역으로서 이를 보전하고 교육 · 관광사업 등에 활용하기 위해 환경부장관이 인증한 공원이다. 인증기간은 고시일로부터 4년이며, 4년마다 관리 · 운영현황을 조사 · 점검한다.

40 도립공원으로 지정되지 않은 산은?　　　　　　　　　　　○ △ ×

① 금오산
② 천마산
③ 칠갑산
④ 선운산

> 해설
>
> 천마산은 1983년 8월 29일 군립공원으로 지정되었다.
>
> 도립공원 지정 현황
> 금오산, 남한산성, 모악산, 덕산, 칠갑산, 대둔산, 마이산, 가지산, 조계산, 두륜산, 선운산, 문경새재, 경포, 청량산, 연화산, 고복, 천관산, 연인산, 신안갯벌, 무안갯벌, 마라해양, 성산일출 해양, 서귀포 해양, 추자, 우도해양, 수리산, 제주 곶자왈, 벌교갯벌, 불갑산, 철원 DMZ 성산재
> ※ 2023년 12월 팔공산 도립공원이 국립공원으로 승격되고, 동년 7월 '철원 DMZ 성산재 도립공원'이 추가로 지정되었다.

41 다음 설명에 해당하는 것은? ○△×

> • 국가무형문화재 제6호로 지정되었다.
> • 남부지역의 탈춤 전통을 잘 보여주는 탈놀이이다.
> • 문둥탈 · 풍자탈 · 영노탈 · 농창탈 · 포수탈의 5마당으로 구성된다.

① 고성오광대
② 통영오광대
③ 마산오광대
④ 진주오광대

해설

통영오광대
경상남도 통영지역에서 행해지던 놀이로, 1964년 국가무형유산으로 지정되었다. 문둥탈 · 풍자탈 · 영노탈 · 농창탈 · 포수탈의 5마당으로 구성되며, 문둥이 · 말뚝이 · 원양반 · 둘째양반 등 총 31명의 배역이 등장한다. 우리나라 남부지역의 탈춤 전통을 잘 보여주는 탈놀이로 서민생활의 애환을 담고 있다.
※ 2024년 5월 17일 법령 개정에 따라 '국가무형문화재'의 명칭이 '국가무형유산'으로 변경되었다.

42 관광농원사업에 관한 설명으로 옳지 않은 것은? ○△×

① 도시와 농어촌의 교류를 촉진한다.
② 농어촌지역과 농어업인의 소득증대를 도모한다.
③ 농어촌의 자연자원과 농림수산 생산기반을 이용한다.
④ 체육 및 휴양시설은 설치해서는 안 된다.

해설

관광농원사업(「농어촌정비법」 제2조 제16호 나목)
농어촌의 자연자원과 농림수산 생산기반을 이용하여 지역특산물 판매시설, 영농 체험시설, 체육시설, 휴양시설, 숙박시설, 음식 또는 용역을 제공하거나 그 밖에 이에 딸린 시설을 갖추어 이용하게 하는 사업이다.

43 소재지와 온천의 연결이 옳은 것은? ○△×

① 충청북도 – 도고온천, 수안보온천
② 경상북도 – 덕구온천, 백암온천
③ 전라남도 – 부곡온천, 척산온천
④ 충청남도 – 온양온천, 유성온천

해설

• 충청남도 : 도고온천, 온양온천
• 충청북도 : 수안보온천
• 경상남도 : 부곡온천
• 강원도 : 척산온천
• 대전광역시 : 유성온천

정답 41 ② 42 ④ 43 ②

44 다음 설명에 해당하는 것은? ○ △ ✕

> • 국가민속문화재 제5호로 지정되었다.
> • 조선시대 상류층의 가옥을 대표하는 건축물이다.
> • 전주 이씨(全州李氏) 이내번(李乃蕃)이 지은 것으로 전해진다.

① 경주 월암 종택
② 경주 최부자댁
③ 강릉 선교장
④ 정읍 김명관 고택

> **해설**
>
> 강릉 선교장
> 전주 이씨 이내번이 이주하면서 지은 집으로, 조선시대 사대부의 살림집이다. 안채 · 사랑채 · 행랑채 · 별당 · 정자 등 민가로서는 거의 모자람이 없는 구조를 가지고 있다. 소장하고 있는 여러 살림살이들은 옛날 강릉지방 사람들의 생활관습을 보여주는 귀중한 자료가 되고 있다. 1967년 국가민속문화유산으로 지정되었다.
> **※ 2024년 5월 17일 법령 개정에 따라 '국가민속문화재'의 명칭이 '국가민속문화유산'으로 변경되었다.**

45 다음 설명에 해당하는 것은? ○ △ ✕

> 예안 이씨(禮安李氏) 후손들을 중심으로 구성된 마을이며, 설화산과 봉수산을 잇는 지역에 위치한다.

① 고성 왕곡마을
② 안동 하회마을
③ 경주 양동마을
④ 아산 외암마을

> **해설**
>
> 아산 외암마을
> 설화산과 봉수산을 잇는 지역에 위치한 외암마을은 약 500년 전 강씨와 목씨 등이 마을을 이루었으며, 조선 명종 때 이정(李挺)이 이주하면서 예안 이씨(禮安李氏)가 대대로 살기 시작하였다. 그 후 이정의 후손들이 많은 인재를 배출하고 번창하면서 점차 양반촌의 면모를 갖추게 되었다.

46 전라북도의 관광지로 옳은 것은?　　　　　　　　　　　　　　　○ △ ×

① 변산해수욕장, 백제가요 정읍사

② 망상해수욕장, 청평사

③ 대천해수욕장, 마곡사

④ 율포해수욕장, 운주사

> 해설
>
> ② 강원도 : 망상해수욕장, 청평사
> ③ 충청남도 : 대천해수욕장, 마곡사
> ④ 전라남도 : 율포해수욕장, 운주사

편집자의 TIP

문제를 읽고 난 다음에 선지를 보면서 뭔가 이상하다는 눈치를 못 채셨나요? 편집자는 전공자라 그러는가 빠르게 눈치를 챘습니다! 문제에서는 전라북도의 '관광지(觀光地)'를 묻고 있습니다만, 선지 ①에서는 '백제가요 정읍사'를 제시했습니다. 정읍사(井邑詞)는 절(사찰, 寺)의 이름이 아니라 문학작품의 이름입니다. 행상 나간 남편을 걱정하는 아내의 마음이 반영된 향가죠. 한편, 나머지 ② · ③ · ④번의 '–사(寺)'들은 절을 뜻하는 말이기 때문에 정답은 ①이 아니라 아예 없습니다. 참고로 문제를 전라북도의 '관광지'가 아니라 '관광자원'이라고 고치거나, ①의 '백제가요 정읍사'를 '금산사, 선운사, 소요사' 등으로 고치면 정답이 그대로 ①이니, 해당 사항 참고하셔서 학습하시길 바랍니다.

※ 시행처에서 공개한 문제지와 최종정답(1교시 A형 관광자원해설 21번)에는 ①이 정답으로 표기되어 있고, 정정 공지와 같은 공식 입장은 나오지 않았습니다.

47 강원랜드에 관한 설명으로 옳지 않은 것은?　　　　　　　　　　　　　○ △ ×

① 복합리조트시설로 운영되고 있다.

② 강원도 정선군 사북읍에 위치하고 있다.

③ 폐광지역의 경제 활성화를 위해 설립되었다.

④ 1994년 관광진흥법 개정을 통해 내국인 출입을 허가받았다.

> 해설
>
> 카지노업은 1994년 「관광진흥법」의 개정을 통해 관광사업으로 규정되었으며, 1995년 「폐광지역 개발 지원에 관한 특별법」 제정을 통해 1998년 내국인이 출입할 수 있는 카지노영업을 운영하는 강원랜드가 설립되었다.

48 강과 댐의 연결이 옳은 것은?

① 영산강 – 팔당댐
② 낙동강 – 충주댐
③ 금강 – 대청댐
④ 섬진강 – 안동댐

해설

① 한강 : 팔당댐
② 한강 : 충주댐
④ 낙동강 : 안동댐

49 다음 유네스코에 등재된 세계유산(문화유산) 중 '산사, 한국의 산지승원'에 해당하는 것을 모두 고른 것은?

ㄱ. 양산 통도사
ㄴ. 영주 부석사
ㄷ. 안동 봉정사
ㄹ. 부산 범어사
ㅁ. 보은 법주사
ㅂ. 양양 낙산사
ㅅ. 공주 마곡사
ㅇ. 평창 월정사

① ㄱ, ㄴ, ㄷ, ㅁ, ㅅ
② ㄱ, ㄷ, ㄹ, ㅂ, ㅇ
③ ㄴ, ㄷ, ㅁ, ㅂ, ㅇ
④ ㄴ, ㄹ, ㅁ, ㅂ, ㅅ

해설

산사, 한국의 산지승원
2018년 유네스코 세계유산에 등재된 '산사, 한국의 산지승원'은 산지형 불교 사찰의 유형을 대표하는 양산 통도사, 영주 부석사, 안동 봉정사, 보은 법주사, 공주 마곡사, 순천 선암사, 해남 대흥사의 7개 사찰로 구성되어 있다.

50 다음 설명에 해당하는 것은?

동해안 최북단 강원도 고성군에 위치한 자연석호로, 이승만 전 대통령 등의 별장이 있다.

① 송지호
② 화진포
③ 영랑호
④ 청초호

해설

화진포
동해안 최북단 강원도 고성군에 형성된 자연석호로, 경관이 아름다워 강원도 자연유산으로 지정되었다. 오래전부터 수려한 경관으로 많은 별장이 건설되었는데, 김일성 · 이승만 · 이기붕 등의 별장이 대표적이다.

관광법규

※ 문제의 이해도에 따라 ○ △ × 체크하여 완벽하게 정리하세요.

01 관광기본법상 국가관광전략회의에 관한 설명으로 옳지 않은 것을 모두 고른 것은? ○ △ ×

> ㄱ. 대통령 소속으로 둔다.
> ㄴ. 관광진흥의 주요 시책을 수립한다.
> ㄷ. 구성과 운영에 필요한 사항은 대통령령으로 정한다.
> ㄹ. 관광진흥계획의 수립에 관한 사항을 심의할 수는 있으나 조정할 수는 없다.

① ㄱ, ㄴ
② ㄱ, ㄹ
③ ㄴ, ㄷ
④ ㄴ, ㄹ

해설

국가관광전략회의(「관광기본법」 제16조)
• 관광진흥의 방향 및 주요 시책에 대한 수립 · 조정, 관광진흥계획의 수립 등에 관한 사항을 심의 · 조정하기 위하여 국무총리 소속으로 국가관광전략회의를 둔다.
• 국가관광전략회의의 구성 및 운영 등에 필요한 사항은 대통령령으로 정한다.

02 관광진흥법령상 A광역시 B구(구청장 甲)에서 관광사업을 경영하려는 자에게 요구되는 등록과 허가에 관한 설명으로 옳지 않은 것은? ○ △ ×

① 관광숙박업의 경우 甲에게 등록하여야 한다.
② 종합유원시설업의 경우 甲의 허가를 받아야 한다.
③ 국제회의업의 경우 甲의 허가를 받아야 한다.
④ 카지노업의 경우 문화체육관광부장관의 허가를 받아야 한다.

해설

등록(「관광진흥법」 제4조 제1항)
여행업, 관광숙박업, 관광객 이용시설업 및 국제회의업을 경영하려는 자는 특별자치시장 · 특별자치도지사 · 시장 · 군수 · 구청장(자치구의 구청장)에게 등록하여야 한다.

03 관광진흥법령상 관광 편의시설업에 해당하지 않는 것은? ○ △ ✕

① 관광유람선업
② 관광식당업
③ 관광순환버스업
④ 관광궤도업

> **해설**
>
> 관광 편의시설업의 종류(「관광진흥법 시행령」 제2조 제1항 제6호)
> - 관광유흥음식점업
> - 외국인전용 유흥음식점업
> - 관광순환버스업
> - 여객자동차터미널시설업
> - 관광궤도업
> - 관광지원서비스업
> - 관광극장유흥업
> - 관광식당업
> - 관광사진업
> - 관광펜션업
> - 관광면세업

04 관광진흥법령상 관광사업의 등록기준에 관한 설명으로 옳은 것은? ○ △ ✕

① 국외여행업의 경우 자본금(개인의 경우에는 자산평가액)은 5천만원 이상일 것
② 의료관광호텔업의 경우 욕실이나 샤워시설을 갖춘 객실은 30실 이상일 것
③ 전문휴양업 중 식물원의 경우 식물종류는 1,500종 이상일 것
④ 관광공연장업 중 실내관광공연장의 경우 무대는 100㎡ 이상일 것

> **해설**
>
> 관광사업의 등록기준(「관광진흥법 시행령」 별표1)
> ④ 관광공연장업 중 실내관광공연장의 경우 무대는 70㎡ 이상일 것
> ① 국내외여행업의 경우 자본금(개인의 경우에는 자산평가액)은 3천만원 이상일 것
> ② 의료관광호텔업의 경우 욕실이나 샤워시설을 갖춘 객실은 20실 이상일 것
> ③ 전문휴양업 중 식물원의 경우 식물종류는 실내 식물원은 100종, 야외 식물원은 200 이상일 것
> ※ 2023년 3월 28일부로 「관광진흥법시행령」 별표1이 개정됨에 따라 현재는 정답이 없다.

03 ① 04 해설 참조 정답

05 관광진흥법령상 관광사업의 등록 등을 받거나 신고를 할 수 있는 자는? ○△×

① 피한정후견인

② 파산선고를 받고 복권되지 아니한 자

③ 관광진흥법에 따라 등록 등이 취소된 후 20개월이 된 자

④ 관광진흥법을 위반하여 징역의 실형을 선고받고 그 집행이 끝난 후 30개월이 된 자

해설

결격사유(「관광진흥법」 제7조 제1항)

• 피성년후견인 · 피한정후견인

• 파산선고를 받고 복권되지 아니한 자

• 이 법에 따라 등록 등 또는 사업계획의 승인이 취소되거나 영업소가 폐쇄된 후 2년이 지나지 아니한 자

• 이 법을 위반하여 징역 이상의 실형을 선고받고 그 집행이 끝나거나(집행이 끝난 것으로 보는 경우를 포함) 집행을 받지 아니하기로 확정된 후 2년이 지나지 아니한 자 또는 형의 집행유예 기간 중에 있는 자

---

06 관광진흥법령상 (   )에 들어갈 내용이 순서대로 옳은 것은? ○△×

동일한 등급으로 호텔업 등급결정을 재신청하였으나 다시 등급결정이 보류된 경우에는 등급결정 보류의 (   )부터 (   ) 이내에 신청한 등급보다 낮은 등급으로 등급결정을 신청하거나 등급결정 수탁기관에 등급결정의 보류에 대한 이의를 신청하여야 한다.

---

① 결정을 한 날, 60일

② 결정을 한 날, 90일

③ 통지를 받은 날, 60일

④ 통지를 받은 날, 90일

해설

등급결정의 재신청 등(「관광진흥법 시행규칙」 제25조의2 제3항)

동일한 등급으로 호텔업 등급결정을 재신청하였으나 다시 등급결정이 보류된 경우에는 등급결정 보류의 통지를 받은 날부터 60일 이내에 신청한 등급보다 낮은 등급으로 등급결정을 신청하거나 등급결정 수탁기관에 등급결정의 보류에 대한 이의를 신청하여야 한다.

07 관광진흥법령상 기획여행을 실시하는 자가 광고를 하려는 경우 표시해야 할 사항을 모두 고른 것은?

> ㄱ. 여행경비
> ㄴ. 최저 여행인원
> ㄷ. 여행업의 등록번호
> ㄹ. 식사 등 여행자가 제공받을 서비스의 내용

① ㄱ, ㄴ
② ㄱ, ㄷ
③ ㄴ, ㄷ, ㄹ
④ ㄱ, ㄴ, ㄷ, ㄹ

해설

기획여행의 광고(「관광진흥법 시행규칙」 제21조)
기획여행을 실시하는 자가 광고를 하려는 경우에는 다음의 사항을 표시하여야 한다. 다만, 둘 이상의 기획여행을 동시에 광고하는 경우에는 다음의 사항 중 내용이 동일한 것은 공통으로 표시할 수 있다.
- 여행업의 등록번호, 상호, 소재지 및 등록관청
- 기획여행명 · 여행일정 및 주요 여행지
- 여행경비
- 교통 · 숙박 및 식사 등 여행자가 제공받을 서비스의 내용
- 최저 여행인원
- 보증보험 등의 가입 또는 영업보증금의 예치 내용
- 여행일정 변경 시 여행자의 사전 동의 규정
- 여행목적지(국가 및 지역)의 여행경보단계

08 관광진흥법령상 관광사업별로 관광사업자 등록대장에 기재되어야 할 사항의 연결이 옳은 것은? ○ △ ×

① 휴양 콘도미니엄업 – 등급
② 제1종 종합휴양업 – 부지면적 및 건축연면적
③ 외국인관광 도시민박업 – 대지면적
④ 국제회의시설업 – 회의실별 1일 최대수용인원

해설

관광사업자 등록대장(「관광진흥법 시행규칙」 제4조)
비치하여 관리하는 관광사업자 등록대장에는 관광사업자의 상호 또는 명칭, 대표자의 성명·주소 및 사업장의 소재지와 사업별로 다음의 사항이 기재되어야 한다.

- 관광숙박업
  - 객실 수
  - 대지면적 및 건축연면적(폐선박을 이용하는 수상관광호텔업의 경우에는 폐선박의 총톤수·전체 길이 및 너비)
  - 법 제18조 제1항에 따라 신고를 하였거나 인·허가 등을 받은 것으로 의제되는 사항
  - 사업계획에 포함된 부대영업을 하기 위하여 다른 법령에 따라 인·허가 등을 받았거나 신고 등을 한 사항
  - 등급(호텔업만 해당)
  - 운영의 형태(분양 또는 회원모집을 하는 휴양 콘도미니엄업 및 호텔업만 해당)
- 전문휴양업 및 종합휴양업
  - 부지면적 및 건축연면적
  - 시설의 종류
  - 법 제18조 제1항에 따라 신고를 하였거나 인·허가 등을 받은 것으로 의제되는 사항
  - 사업계획에 포함된 부대영업을 하기 위하여 다른 법령에 따라 인·허가 등을 받았거나 신고 등을 한 사항
  - 운영의 형태(제2종 종합휴양업만 해당)
- 외국인관광 도시민박업
  - 객실 수
  - 주택의 연면적
- 국제회의시설업
  - 대지면적 및 건축연면적
  - 회의실별 동시수용인원
  - 법 제18조 제1항에 따라 신고를 하였거나 인·허가 등을 받은 것으로 의제되는 사항
  - 사업계획에 포함된 부대영업을 하기 위하여 다른 법령에 따라 인·허가 등을 받았거나 신고 등을 한 사항

09 관광진흥법령상 등록기관 등의 장이 관광종사원의 자격을 가진 자가 종사하도록 해당 관광사업자에게 권고할 수 있는 관광업무와 그 자격의 연결이 옳지 않은 것은?

○ △ ✕

① 외국인 관광객의 국내여행을 위한 안내(여행업) - 국내여행안내사
② 4성급 이상의 관광호텔업의 객실관리 책임자 업무(관광숙박업) - 호텔경영사 또는 호텔관리사
③ 휴양 콘도미니엄업의 총괄관리(관광숙박업) - 호텔경영사 또는 호텔관리사
④ 현관의 접객업무(관광숙박업) - 호텔서비스사

해설

관광 업무별 자격기준(「관광진흥법 시행령」 별표4)

업 종	업 무	종사하도록 권고할 수 있는 자	종사하게 하여야 하는 자
여행업	외국인 관광객의 국내여행을 위한 안내	-	관광통역안내사 자격을 취득한 자
	내국인의 국내여행을 위한 안내	국내여행안내사 자격을 취득한자	-
관광 숙박업	4성급 이상의 관광호텔업의 총괄관리 및 경영업무	호텔경영사 자격을 취득한 자	-
	4성급 이상의 관광호텔업의 객실관리 책임자 업무	호텔경영사 또는 호텔관리사 자격을 취득한 자	-
	3성급 이하의 관광호텔업과 한국전통호텔업 · 수상관광호텔업 · 휴양 콘도미니엄업 · 가족호텔업 · 호스텔업 · 소형호텔업 및 의료관광호텔업의 총괄관리 및 경영업무	호텔경영사 또는 호텔관리사 자격을 취득한 자	-
	현관 · 객실 · 식당의 접객업무	호텔서비스사 자격을 취득한자	-

10 관광진흥법령상 카지노사업자가 관광진흥개발기금에 납부해야 할 납부금에 관한 설명으로 옳지 않은 것은?

○ △ ✕

① 납부금 산출의 기준이 되는 총매출액에는 카지노영업과 관련하여 고객에게 지불한 총금액이 포함된다.

② 카지노사업자는 총매출액의 100분의 10의 범위에서 일정 비율에 해당하는 금액을 관광진흥개발기금 법에 따른 관광진흥개발기금에 내야 한다.

③ 카지노사업자가 납부금을 납부기한까지 내지 아니하면 문화체육관광부장관은 10일 이상의 기간을 정 하여 이를 독촉하여야 한다.

④ 문화체육관광부장관으로부터 적법한 절차에 따라 납부독촉을 받은 자가 그 기간에 납부금을 내지 아 니하면 국세 체납처분의 예에 따라 징수한다.

> **해설**
> 총매출액은 카지노영업과 관련하여 고객으로부터 받은 총금액에서 고객에게 지급한 총금액을 공제한 금액을 말한다(「관 광진흥법 시행령」 제30조 제1항).

11 관광진흥법령상 카지노업의 허가를 받으려는 자가 갖추어야 할 시설 및 기구의 기준으로 옳지 않은 것은?

○ △ ✕

① 330㎡ 이상의 전용 영업장

② 1개 이상의 외국환 환전소

③ 카지노업의 영업종류 중 세 종류 이상의 영업을 할 수 있는 게임기구 및 시설

④ 문화체육관광부장관이 정하여 고시하는 기준에 적합한 카지노 전산시설

> **해설**
> 카지노업의 시설기준 등(「관광진흥법 시행규칙」 제29조 제1항)
> 카지노업의 허가를 받으려는 자가 갖추어야 할 시설 및 기구의 기준은 다음과 같다.
> • 330㎡ 이상의 전용 영업장
> • 1개 이상의 외국환 환전소
> • 카지노업의 영업종류 중 네 종류 이상의 영업을 할 수 있는 게임기구 및 시설
> • 문화체육관광부장관이 정하여 고시하는 기준에 적합한 카지노 전산시설

12 관광진흥법령상 호텔업 등록을 한 자 중 의무적으로 등급결정을 신청하여야 하는 업종이 아닌 것은?

○ △ ✕

① 관광호텔업
② 한국전통호텔업
③ 소형호텔업
④ 가족호텔업

> **해설**
>
> 호텔업의 등급결정(「관광진흥법 시행규칙」 제25조 제1항)
> 관광호텔업, 수상관광호텔업, 한국전통호텔업, 가족호텔업, 소형호텔업 또는 의료관광호텔업의 등록을 한 자는 다음의 구분에 따른 기간 이내에 문화체육관광부장관으로부터 등급결정권을 위탁받은 법인에 호텔업의 등급 중 희망하는 등급을 정하여 등급결정을 신청해야 한다.
> ※ **출제 당시 정답은 ④였으나 법령이 개정되어 가족호텔업도 추가되었다.**

13 甲은 관광진흥법령에 따라 야영장업을 등록하였다. 동 법령상 甲이 지켜야 할 야영장의 안전 · 위생기준으로 옳지 않은 것은?

○ △ ✕

① 매월 1회 이상 야영장 내 시설물에 대한 안전점검을 실시하여야 한다.
② 문화체육관광부장관이 정하는 안전교육을 연 1회 이수하여야 한다.
③ 야영용 천막 2개소 또는 100㎡마다 1개 이상의 소화기를 눈에 띄기 쉬운 곳에 비치하여야 한다.
④ 야영장 내에서 차량이 시간당 30㎞ 이하의 속도로 서행하도록 안내판을 설치하여야 한다.

> **해설**
>
> ③ 야영용 천막 2개소 또는 100㎡마다 1개 이상의 소화기를 내부가 잘 보이는 보관함에 넣어 눈에 띄기 쉬운 곳에 비치하여야 한다(「관광진흥법 시행규칙」 별표7).
> ④ 야영장 내에서 차량이 시간당 20㎞ 이하의 속도로 서행하도록 안내판을 설치하여야 한다(「관광진흥법 시행규칙」 별표7).
> ※ **출제 당시 정답은 ④였으나, 2019년 10월 7일 법령이 개정되어 현재 정답은 ③ · ④이다.**

14 관광진흥법령상 관광사업시설에 대한 회원모집 및 분양에 관한 설명으로 옳지 않은 것은?

① 가족호텔업을 등록한 자는 회원모집을 할 수 있다.

② 외국인관광 도시민박업을 등록한 자는 회원모집을 할 수 있다.

③ 호스텔업에 대한 사업계획의 승인을 받은 자는 회원모집을 할 수 있다.

④ 휴양 콘도미니엄업에 대한 사업계획의 승인을 받은 자는 그 시설에 대해 분양할 수 있다.

> **해설**
>
> 분양 및 회원모집(「관광진흥법」 제20조 제1항)
>
> 관광숙박업이나 관광객 이용시설업으로서 대통령령으로 정하는 종류의 관광사업(휴양 콘도미니엄업 및 호텔업, 관광객 이용시설업 중 제2종 종합휴양업)을 등록한 자 또는 그 사업계획의 승인을 받은 자가 아니면 그 관광사업의 시설에 대하여 분양(휴양 콘도미니엄만 해당) 또는 회원모집을 하여서는 아니 된다.

15 관광진흥법상 관광지 등에의 입장료 징수 대상의 범위와 그 금액을 정할 수 있는 권한을 가진 자는?

① 특별자치도지사

② 문화체육관광부장관

③ 한국관광협회중앙회장

④ 한국관광공사 사장

> **해설**
>
> 입장료 등의 징수와 사용(「관광진흥법」 제67조)
>
> • 관광지 등에서 조성사업을 하거나 건축, 그 밖의 시설을 한 자는 관광지 등에 입장하는 자로부터 입장료를 징수할 수 있고, 관광시설을 관람하거나 이용하는 자로부터 관람료나 이용료를 징수할 수 있다.
>
> • 입장료·관람료 또는 이용료의 징수 대상의 범위와 그 금액은 관광지 등이 소재하는 지방자치단체의 조례로 정한다.
>
> ※ 출제 당시 정답은 ①이었으나, 2020년 6월 9일 법령이 개정되어 현재는 정답이 없다.

16 관광진흥법령상 관광지 등 조성계획의 승인을 받은 자인 사업시행자에 관한 설명으로 옳지 않은 것은?

○ △ ✕

① 사업시행자는 개발된 관광시설 및 지원시설의 전부를 타인에게 위탁하여 경영하게 할 수 없다.
② 사업시행자가 수립하는 이주대책에는 이주방법 및 이주시기가 포함되어야 한다.
③ 사업시행자는 관광지 등의 조성사업과 그 운영에 관련되는 도로 등 공공시설을 우선하여 설치하도록 노력하여야 한다.
④ 사업시행자가 관광지 등의 개발 촉진을 위하여 조성계획의 승인 전에 시·도지사의 승인을 받아 그 조성사업에 필요한 토지를 매입한 경우에는 사업시행자로서 토지를 매입한 것으로 본다.

> **해설**
> 사업시행자는 조성한 토지, 개발된 관광시설 및 지원시설의 전부 또는 일부를 매각하거나 임대하거나 타인에게 위탁하여 경영하게 할 수 있다(「관광진흥법」 제59조 제1항).

17 관광진흥법상 (   )에 공통적으로 들어갈 숫자는?

○ △ ✕

> 관광진흥법 제4조 제1항에 따른 등록을 하지 아니하고 여행업·관광숙박업(제15조 제1항에 따라 사업계획의 승인을 받은 관광숙박업만 해당한다)·국제회의업 및 제3조 제1항 제3호 나목의 관광객 이용시설업을 경영한 자는 (   )년 이하의 징역 또는 (   )천만원 이하의 벌금에 처한다.

① 1   ② 2
③ 3   ④ 5

> **해설**
> 벌칙(「관광진흥법」 제82조 제1호)
> 제4조 제1항에 따른 등록을 하지 아니하고 여행업·관광숙박업(제15조 제1항에 따라 사업계획의 승인을 받은 관광숙박업만 해당)·국제회의업 및 제3조 제1항 제3호 나목의 관광객 이용시설업을 경영한 자는 3년 이하의 징역 또는 3천만원 이하의 벌금에 처한다.

18 관광진흥법상 관광지 및 관광단지를 지정할 수 없는 자는?   ○△✕

① 부산광역시장
② 한국관광공사 사장
③ 세종특별자치시장
④ 제주특별자치도지사

> **해설**
>
> 관광지의 지정 등(「관광진흥법」 제52조 제1항)
> 관광지 및 관광단지는 문화체육관광부령으로 정하는 바에 따라 시장·군수·구청장의 신청에 의하여 시·도지사가 지정한다. 다만, 특별자치시 및 특별자치도의 경우에는 특별자치시장 및 특별자치도지사가 지정한다.

19 관광진흥법령상 관광지 등의 시설지구 중 휴양·문화 시설지구 안에 설치할 수 있는 시설은? (단, 개별시설에 부대시설은 없는 것으로 전제함)   ○△✕

① 관공서
③ 무도장
② 케이블카
④ 전망대

> **해설**
>
> ④ 관광 휴양·오락시설지구(휴양·문화시설)에 해당한다(「관광진흥법 시행규칙」 별표19).
> ① 공공편익시설지구에 해당한다(「관광진흥법 시행규칙」 별표19).
> ②·③ 관광 휴양·오락시설지구(운동·오락시설)에 해당한다(「관광진흥법 시행규칙」 별표19).
> ※ 출제 당시 시설지구가 운동·오락시설지구, 휴양·문화시설지구로 나뉘어 있었으나 2019년 6월 12일 법령이 개정되어 관광 휴양·오락시설지구로 통합 후 휴양·문화시설, 운동·오락시설로 나뉘었다.

20 관광진흥법령상 한국관광 품질인증에 관한 설명으로 옳지 않은 것은?   ○△✕

① 문화체육관광부장관은 품질인증을 받은 시설 등에 대하여 국외에서의 홍보 지원을 할 수 있다.
② 문화체육관광부장관은 거짓으로 품질인증을 받은 자에 대해서는 품질인증을 취소하거나 3천만원 이하의 과징금을 부과할 수 있다.
③ 야영장업은 품질인증의 대상이 된다.
④ 품질인증의 유효기간은 인증서가 발급된 날부터 3년으로 한다.

> **해설**
>
> 문화체육관광부장관은 한국관광 품질인증을 받은 자가 거짓이나 그 밖의 부정한 방법으로 인증을 받은 경우에는 인증을 취소하여야 한다(「관광진흥법」 제48조의11 제1호).

21 관광진흥개발기금법령상 관광개발진흥기금의 관리 및 회계연도에 관한 설명으로 옳은 것은?

① 기금관리는 국무총리가 한다.

② 기금관리자는 기금의 집행 · 평가 등을 효율적으로 수행하기 위하여 20명 이내의 민간전문가를 고용한다.

③ 기금관리를 위한 민간전문가는 계약직으로 하며, 그 계약기간은 2년을 원칙으로 한다.

④ 기금 운용의 특성상 기금의 회계연도는 정부의 회계연도와 달리한다.

> **해설**
> ① 기금은 문화체육관광부장관이 관리한다(「관광진흥개발기금법」 제3조 제1항).
> ② 문화체육관광부장관은 기금의 집행 · 평가 · 결산 및 여유자금 관리 등을 효율적으로 수행하기 위하여 10명 이내의 민간전문가를 고용한다. 이 경우 필요한 경비는 기금에서 사용할 수 있다(「관광진흥개발기금법」 제3조 제2항).
> ④ 기금의 회계연도는 정부의 회계연도에 따른다(「관광진흥개발기금법」 제4조).

22 관광진흥개발기금법령상 문화체육관광부장관의 소관 업무에 해당하지 않는 것은?

① 한국산업은행에 기금 대여

② 기금운용위원회의 위원장으로서 위원회의 사무를 총괄

③ 기금운용계획안의 수립

④ 기금을 대여받은 자에 대한 기금 운용의 감독

> **해설**
> ② 위원장(문화체육관광부 제1차관)은 위원회를 대표하고, 위원회의 사무를 총괄한다(「관광진흥개발기금법 시행령」 제4조, 제5조).
> ① 문화체육관광부장관은 한국산업은행이 기금의 대여업무를 할 수 있도록 한국산업은행에 기금을 대여할 수 있다(관광진흥개발법 시행령 제3조).
> ③ 문화체육관광부장관은 매년 「국가재정법」에 따라 기금운용계획안을 수립하여야 한다(「관광진흥개발기금법」 제7조 제1항).
> ④ 문화체육관광부장관은 한국산업은행의 은행장과 기금을 대여받은 자에게 기금 운용에 필요한 사항을 명령하거나 감독할 수 있다(「관광진흥개발기금법 시행령」 제19조).

23 국제회의산업 육성에 관한 법령상 국제회의산업육성기본계획의 수립 등에 관한 설명으로 옳지 않은 것은?

○ △ ×

① 국제회의산업육성기본계획은 5년마다 수립·시행하여야 한다.
② 국제회의산업육성기본계획에는 국제회의에 필요한 인력의 양성에 관한 사항도 포함되어야 한다.
③ 국제회의산업육성기본계획의 추진실적의 평가는 국무총리 직속의 전문평가기관에서 실시하여야 한다.
④ 문화체육관광부장관은 국제회의산업육성기본계획의 효율적인 달성을 위하여 관계 지방자치단체의 장에게 필요한 자료의 제출을 요청할 수 있다.

> 해설
> 문화체육관광부장관은 기본계획의 추진실적을 평가하고, 그 결과를 기본계획의 수립에 반영하여야 한다(「국제회의산업 육성에 관한 법률」 제6조 제4항).

24 국제회의산업 육성에 관한 법령상 문화체육관광부장관이 국제회의 유치·개최의 지원에 관한 업무를 위탁할 수 있는 대상은?

○ △ ×

① 국제회의 전담조직
② 문화체육관광부 제2차관
③ 국회 문화체육관광위원회
④ 국제회의 시설이 있는 지역의 지방의회

> 해설
> 문화체육관광부장관은 국제회의 유치·개최의 지원에 관한 업무를 국제회의 전담조직에 위탁한다(「국제회의산업 육성에 관한 법률 시행령」 제16조).

25 A광역시장 甲은 관할 구역의 일정지역에 국제회의복합지구를 지정하려고 한다. 이에 관한 설명으로 옳지 않은 것은?

○ △ ×

① 甲은 국제회의복합지구를 지정할 때에는 국제회의복합지구 육성·진흥계획을 수립하여 문화체육관광부장관의 승인을 받아야 한다.
② 甲은 사업 지연 등의 사유로 지정목적을 달성할 수 없는 경우 문화체육관광부장관의 승인을 받아 국제회의복합지구 지정을 해제할 수 있다.
③ 甲이 지정한 국제회의복합지구는 관광진흥법 제70조에 따른 관광특구로 본다.
④ 甲이 국제회의복합지구로 지정하고자 하는 지역이 의료관광특구라면 400만㎡를 초과하여 지정할 수 있다.

> 해설
> 국제회의복합지구의 지정 면적은 400만㎡ 이내로 한다(「국제회의산업 육성에 관한 법률 시행령」 제13조의2 제2항).

관광학개론

※ 문제의 이해도에 따라 ○ △ × 체크하여 완벽하게 정리하세요.

26 2018년 한국관광공사 선정 KOREA 유니크베뉴가 아닌 장소는?　　　○ △ ×

① 서울 국립중앙박물관　　　　　　　② 부산 영화의 전당
③ 광주 월봉서원　　　　　　　　　　④ 전주 한옥마을

해설

전주 한옥마을은 2018년 한국관광공사 선정 KOREA 유니크베뉴가 아니다.

한국관광공사 선정 KOREA 유니크베뉴(2023)

지 역	선정 베뉴	지 역	선정 베뉴
서울(10)	한국가구 박물관	충북(1)	청남대
	국립중앙박물관	충남(2)	독립기념관
	노들섬		선샤인스튜디오
	문화 비축기지	대구(1)	대구 예술발전소
	우리 옛돌박물관	경북(4)	국립경주박물관
	이랜드 크루즈		경주 황룡원
	플로팅 아일랜드 컨벤션		경주 엑스포대공원
	한국의집		한국문화테마파크
	스카이31 컨벤션	부산(5)	누리마루
	국립국악원		뮤지엄원
경기(5)	광명동굴		영화의 전당
	한국만화영상진흥원		피아크
	한국민속촌		부산 엑스더스카이
	현대모터스스튜디오고양	울산(1)	FE01재생복합문화공간
	아시아출판문화정보센터	경남(2)	클레이아크 김해미술관
인천(4)	전등사		통영 RCE세자트라숲
	트라이보울	광주(2)	국립아시아문화전당
	오크우드 프리미어 파라노믹65		10년후 그라운드
	현대크루즈	전북(3)	왕의지밀
강원(6)	강릉오죽 한옥마을		한국소리문화의전당
	남이섬		태권도원
	DMZ박물관	전남(1)	예울마루&장도예술의섬
	원주 한지테마파크	제주(4)	본태박물관
	인제 스피디움		생각하는 정원
	하슬라 아트월드 THE		제주민속촌
대전(1)	엑스포과학공원한빛탑		981파크

26 ④ 　정답

27 다음 관광자가 즐기는 카지노 게임은?   ○ △ ×

> 내가 선택한 플레이어 카드 두 장의 합이 9이고, 딜러의 뱅커 카드 두 장의 합이 8이어서 내가 배팅한 금액의 당첨금을 받았다.

① 바카라
② 키 노
③ 다이사이
④ 다이스

해설

② 키노 : 80개의 숫자가 매겨진 볼을 가지고 진행되며, 20개의 볼을 끌어내어 선택한 번호와 일치하는 정도에 따라 배당금이 지급되는 게임이다.
③ 다이사이 : 베팅한 숫자 또는 숫자의 조합이 셰이커(주사위 용기)에 있는 세 개의 주사위와 일치하면 배당률에 의해 배당금이 지급되는 게임이다.
④ 다이스 : 주사위 5개 중 2개를 던져 나오는 숫자의 합에 따라 승부가 결정되는 게임이다.

28 2017년 UIA(국제협회연합)에서 발표한 국제회의 유치실적이 높은 국가 순서대로 나열한 것은?   ○ △ ×

① 한국 – 미국 – 일본 – 오스트리아
② 미국 – 벨기에 – 한국 – 일본
③ 한국 – 싱가포르 – 오스트리아 – 일본
④ 미국 – 한국 – 싱가포르 – 벨기에

해설

2017년 국제회의 개최 순위 및 건수

순 위	국가명	개최 건수
1	대한민국	1,297
2	싱가포르	877
3	벨기에	810
4	오스트리아	591
5	미 국	575

※ 2023년 기준 벨기에(646건) – 미국(582건) – 스페인(459건) – 일본(399건) – 프랑스(347건) 순이다.

29 관광진흥법령상 일반여행업에서 기획여행을 실시할 경우 보증보험 가입금액 기준이 옳지 않은 것은?

○ △ ✕

① 직전사업년도 매출액 10억원 이상 50억원 미만 – 1억원
② 직전사업년도 매출액 50억원 이상 100억원 미만 – 3억원
③ 직전사업년도 매출액 100억원 이상 1,000억원 미만 – 5억원
④ 직전사업년도 매출액 1,000억원 이상 – 7억원

해설

보증보험 등 가입금액(영업보증금 예치금액) 기준(「관광진흥법 시행규칙」 별표3)

(단위 : 천원)

여행업의 종류 (기획여행 포함) / 직전 사업연도 매출액	국내외여행업의 기획여행	종합여행업의 기획여행
1억원 미만	200,000	200,000
1억원 이상 5억원 미만		
5억원 이상 10억원 미만		
10억원 이상 50억원 미만		
50억원 이상 100억원 미만	300,000	300,000
100억원 이상 1,000억원 미만	500,000	500,000
1,000억원 이상	700,000	700,000

※ 2021년 9월 24일 법령이 개정되어 국외여행업에서 국내외여행업으로, 일반여행업에서 종합여행업으로 변경되었다.

30 관광진흥법령상 다음 관광사업 중 업종대상과 지정권자 연결이 옳은 것은?

○ △ ✕

① 관광펜션업 – 지역별 관광협회
② 관광순환버스업 – 지역별 관광협회
③ 관광식당업 – 특별자치시장 · 특별자치도지사 · 시장 · 군수 · 구청장
④ 관광유흥음식점업 – 특별자치시장 · 특별자치도지사 · 시장 · 군수 · 구청장

해설

관광편의시설업의 지정신청(「관광진흥법 시행규칙」 제14조 제1항)
관광편의시설업의 지정을 받으려는 자는 다음의 구분에 따라 신청을 하여야 한다.
• 관광유흥음식점업, 관광극장유흥업, 외국인전용 유흥음식점업, 관광순환버스업, 관광펜션업, 관광궤도업, 관광면세업 및 관광지원서비스업 : 특별자치시장 · 특별자치도지사 · 시장 · 군수 · 구청장
• 관광식당업, 관광사진업 및 여객자동차터미널시설업 : 지역별 관광협회

31 호텔 객실요금에 조식만 포함되어 있는 요금제도는?   ○ △ ✕

① European Plan   ② Continental Plan
③ Full American Plan   ④ Modified American Plan

해설

① European Plan : 객실요금과 식사요금을 분리하여 별도로 계산하는 방식
③ American Plan : 객실요금에 1일 3식(아침, 점심, 저녁)을 포함하는 방식
④ Modified American Plan : 객실요금에 1일 2식(아침, 저녁)을 포함하는 방식

완전정복 TIP   호텔 요금제도

구 분	객실요금	식사요금		
		조 식	중 식	석 식
유럽식 플랜	○			
(풀) 미국식 플랜	○	○	○	○
대륙식 플랜	○	○(대륙식)		
수정된 미국식 플랜	○	○		○
뷔페다식 플랜	○	○(미국식)		
혼합식 플랜	미국식 또는 유럽식 중 택1			

32 국내 컨벤션센터와 지역 연결이 옳지 않은 것은?   ○ △ ✕

① DCC − 대구   ② CECO − 창원
③ SETEC − 서울   ④ GSCO − 군산

해설

국내 지역별 컨벤션센터 현황

구 분	내 용
수도권	COEX(서울), SETEC(서울), aT센터(서울), KINTEX(일산), SONGDO CONVENSIA(송도), SCC(수원)
대전 · 세종	DCC(대전), SCC(세종)
전 북	GSCO(군산)
광 주	김대중컨벤션센터(광주)
대구 · 경북	EXCO(대구), GUMICO(구미), HICO(경주), ADCO(안동)
부산 · 울산 · 경남	BEXCO(부산), CECO(창원) UECO(울산)
제 주	ICC JEJU(서귀포)

33 항공 기내특별식 용어와 그 내용의 연결이 옳은 것은? ○ △ ✕

① BFML – 유아용 음식
② NSML – 이슬람 음식
③ KSML – 유대교 음식
④ VGML – 힌두교 음식

> **해설**
>
> 항공 기내특별식 용어
> ③ KSML(유대교 음식) : 유대교의 율법에 따라 조리한 식사
> ① BBML(유아용 음식) : 생후 1년 미만 유아에게 적합한 식사
> ② MOML(이슬람 음식) : 이슬람교의 규정과 습관에 준거하여 준비한 식사
> ④ HNML(힌두교 음식) : 힌두교의 식사법과 관례에 따라 준비한 식사

34 다음 설명에 해당하는 객실가격 산출방법은? ○ △ ✕

> 연간 총 경비, 객실 수, 객실 점유율 등에 의해 연간 목표이익을 계산하여 이를 충분히 보전할 수 있는 가격으로 호텔 객실가격을 결정한다.

① 하워드 방법
② 휴버트 방법
③ 경쟁가격 결정방법
④ 수용률 가격 계산방법

> **해설**
>
> 객실가격 산출방법
> • 평균객실요금 계산방법 : 평균실료에 의거하여 객실요금을 산정하는 방법
> • 휴버트 방법 : 연간 총 경비, 객실 수, 객실 점유율 등에 의해 연간 목표이익을 계산하는 방법
> • 수용률 가격 계산방법 : 1년간 객실비용과 수용률로 평균객실요금을 계산하는 방법

35 문화체육관광부 선정 대한민국 테마여행 10선에 속하지 않는 도시는? ○ △ ×

① 전 주
② 충 주
③ 제 주
④ 경 주

> **해설**
>
> 대한민국 테마여행 10선
> - 평화역사 이야기여행 : 인천 · 파주 · 수원 · 화성
> - 드라마틱 강원여행 : 평창 · 강릉 · 속초 · 정선
> - 위대한 금강역사여행 : 대전 · 공주 · 부여 · 익산
> - 중부내륙 힐링여행 : 단양 · 제천 · 충주 · 영월
> - 시간여행101 : 전주 · 군산 · 부안 · 고창
> - 남도맛기행 : 광주 · 목포 · 담양 · 나주
> - 선비이야기 여행 : 대구 · 안동 · 영주 · 문경
> - 해돋이역사 기행 : 울산 · 포항 · 경주
> - 남쪽빛감성여행 : 부산 · 거제 · 통영 · 남해
> - 남도바닷길 : 여수 · 순천 · 보성 · 광양

36 항공사와 여행사가 은행을 통하여 항공권 판매대금 및 정산업무 등을 간소화하는 제도는? ○ △ ×

① PNR
② CMS
③ PTA
④ BSP

> **해설**
>
> BSP(Bank Settlement Plan)
> IATA(국제항공운송협회)에서 운영하는 항공여객 판매대금 정산제도이다. 항공사와 여행사 간의 거래에서 발생하는 국제선 항공 여객운임을 다자간 개별적으로 직접 결제하는 대신 은행을 통하여 일괄 정산하는 방식이다.

37 관광진흥법령상 한국관광 품질인증 대상 사업으로 옳은 것을 모두 고른 것은? ○ △ ×

> ㄱ. 관광면세업   ㄴ. 한옥체험업
> ㄷ. 관광식당업   ㄹ. 관광호텔업
> ㅁ. 관광공연장업

① ㄱ, ㄴ, ㄷ
② ㄱ, ㄷ, ㄹ
③ ㄴ, ㄷ, ㄹ
④ ㄴ, ㄹ, ㅁ

> **해설**
>
> 한국관광 품질인증 대상 사업(「관광진흥법 시행령」 제41조의11)
> - 야영장업   - 외국인관광 도시민박업
> - 한옥체험업   - 관광식당업
> - 관광면세업   - 숙박업(관광숙박업 제외)
> - 외국인관광객면세판매장

38 2018년 문화체육관광부 지정 글로벌 육성축제를 모두 고른 것은? ○ △ ×

> ㄱ. 김제지평선축제   ㄴ. 자라섬국제재즈페스티벌
> ㄷ. 진주남강유등축제   ㄹ. 보령머드축제
> ㅁ. 화천산천어축제

① ㄱ, ㄴ, ㄹ
② ㄱ, ㄷ, ㄹ
③ ㄱ, ㄷ, ㅁ
④ ㄴ, ㄷ, ㅁ

> **해설**
>
> 2018년 글로벌 육성축제로 김제지평선축제, 보령머드축제, 안동국제탈춤축제, 진주남강유등축제가 선정되었다.
> ※ 그동안 유망·우수·최우수·대표·글로벌 육성축제 등으로 구분되었던 문화관광축제의 등급제가 폐지되어, 현재는
> 문화관광축제와 예비 문화관광축제로 구분한다.

39 관광의 긍정적 영향으로 옳지 않은 것은? ○ △ ✕

① 국제수지 개선

② 고용창출 증대

③ 기회비용 증대

④ 환경인식 증대

> 해설
>
> 관광의 긍정적 영향
> • 국가경제 및 국제수지 개선 　　　　　　• 고용창출 증대
> • 환경인식 증대 　　　　　　　　　　　• 국제친선 도모
> • 역사 유적 등의 보존·보호

40 서양 중세시대 관광에 관한 설명으로 옳은 것은? ○ △ ✕

① 증기기관차 등의 교통수단이 발달되었다.

② 문예부흥에 의해 관광이 활성화되었다.

③ 십자군전쟁에 의한 동·서양 교류가 확대되었다.

④ 패키지여행상품이 출시되었다.

> 해설
>
> 중세에 들어 유럽의 사회조직은 혼란 상태에 빠졌으며, 로마시대에 건설한 도로도 모두 파괴되어 관광여행은 자취를 감추었다. 십자군 원정은 관광부활의 계기가 되었는데, 육로 및 해로의 개발은 물론 동방에 대한 지식과 관심을 높였고, 동·서양의 교류를 확대하였다.

41 관광의 유사 개념으로 옳지 않은 것은? ○ △ ✕

① 여 행 　　　　　　　　　　② 예 술

③ 레크리에이션 　　　　　　　④ 레 저

> 해설
>
> 관광의 유사 개념
> 여행, 여가, 소풍, 유람, 기행, 피서, 방랑, 레저, 레크리에이션

42 다음 이론을 주장한 학자는?　　　　　　　　　　　　　　　　ㅇ △ ✕

> 욕구 5단계 이론 : 생리적 욕구 – 안전의 욕구 – 사회적 욕구 – 존경의 욕구 – 자아실현의 욕구

① 마리오티(A. Mariotti)　　　　　　　② 맥그리거(D. McGregor)
③ 밀(R. C. Mill)　　　　　　　　　　④ 매슬로(A. H. Maslow)

해설
매슬로의 욕구 5단계 이론
- 1단계 욕구 : 생리적 욕구로 먹고 자는 등 최하위 단계의 욕구
- 2단계 욕구 : 안전에 대한 욕구로 추위 · 질병 · 위험 등으로부터 자신을 보호하는 욕구
- 3단계 욕구 : 애정과 소속에 대한 욕구로 어떤 단체에 소속되어 애정을 주고받는 욕구
- 4단계 욕구 : 자기존중의 욕구로 소속단체의 구성원으로 명예나 권력을 누리려는 욕구
- 5단계 욕구 : 자아실현의 욕구로 자신의 재능과 잠재력을 발휘하여 자기가 이룰 수 있는 모든 것을 성취하려는 최고수준의 욕구

43 재난 현장이나 비극적 참사의 현장을 방문하는 관광을 의미하는 것은?　　　ㅇ △ ✕

① Eco Tourism　　　　　　　　　　② Dark Tourism
③ Soft Tourism　　　　　　　　　　④ Low Impact Toursim

해설
① Eco Tourism : 지역주민의 삶의 질을 증진하고 환경을 보전할 수 있도록 하는 자연지역으로 떠나는 책임 있는 관광
③ Soft Tourism : 관광의 경제적 편익만을 강조한 개발이 아니라 지역주민과 찾아온 손님 간의 상호이해, 지역 문화적 전통 존중, 환경보존을 달성하도록 하는 관광
④ Low Impact Tourism : 환경에 대한 부정적인 영향을 최소화하는 지속가능한 관광

44 관광의 구조가 바르게 연결된 것은?　　　　　　　　　　　　　　　ㅇ △ ✕

① 관광주체 – 교통기관　　　　　　　② 관광객체 – 관광행정조직
③ 관광매체 – 자연자원　　　　　　　④ 관광주체 – 관광자

해설
관광의 구조
- 관광주체 : 관광자
- 관광객체 : 자연자원
- 관광매체 : 교통기관

45 2018년 현재 출국 내국인의 면세물품 총 구매한도액으로 옳은 것은? ○ △ ×

① 미화 2,000달러

② 미화 2,500달러

③ 미화 3,000달러

④ 미화 3,500달러

> **해설**
>
> 출국 시 내국인의 면세물품 총 구매한도액은 없다.
>
> ※ 출제 당시 정답은 ③이었으나 이후 미화 5,000달러로 구매한도액이 완화되었다. 2022년 3월 18일 한 차례 더 법령이 개정되어 해당 조항이 삭제되었다.

46 국민관광에 관한 설명으로 옳은 것을 모두 고른 것은? ○ △ ×

> ㄱ. 국민관광 활성화 일환으로 1977년 전국 36개소의 국민관광지가 지정되었다.
> ㄴ. 국민관광은 관광에 대한 국제협력 증진을 목표로 한다.
> ㄷ. 국민관광은 출입국제도 간소화 정책을 실시하고 있다.
> ㄹ. 국민관광은 장애인, 노약자 등 관광취약계층을 지원한다.

① ㄱ, ㄴ

② ㄱ, ㄹ

③ ㄴ, ㄷ

④ ㄷ, ㄹ

> **해설**
>
> ㄴ. 국제관광은 관광에 대한 국제협력 증진을 목표로 한다.
> ㄷ. 국제관광은 출입국제도 간소화 정책을 실시하고 있다.

47 다음 설명에서 A의 관점에 해당하는 관광은? ○ △ ×

> 한국에 거주하고 있는 A는 미국에 거주하고 있는 B로부터 중국 여행을 마치고 뉴욕 공항에 잘 도착했다고 연락을 받았다.

① Outbound Tourism

② Overseas Tourism

③ Inbound Tourism

④ Domestic Tourism

> **해설**
>
> ② Overseas Tourism : 외국인의 국외관광
> ① Outbound Tourism : 내국인의 국외관광
> ③ Inbound Tourism : 외국인의 국내관광
> ④ Domestic Tourism : 내국인의 국내관광

48 슬로시티가 세계 최초로 시작된 국가는?   ○ △ ×

① 이탈리아   ② 노르웨이
③ 포르투갈   ④ 뉴질랜드

> 해설
>
> 슬로시티
> 1999년 10월 이탈리아 파올로 사투르니니(Paolo Saturnini) 전 시장을 비롯한 몇몇 시장들에 의해 처음 시작된 것으로, 자연과 전통문화를 보호하고 조화를 이루면서 속도의 편리함에서 벗어나 느림의 삶을 추구하자는 국제운동이다.

49 다음을 정의한 국제 관광기구는?   ○ △ ×

> 국제관광객은 타국에서 24시간 이상 6개월 이내의 기간 동안 체재하는 자를 의미한다.

① UNWTO   ② IUOTO
③ ILO   ④ OECD

> 해설
>
> OECD(경제협력개발기구)의 정의
> • 국제관광객 : 타국에서 24시간 이상 6개월 이내의 기간 동안 체재하는 자
> • 일시 방문객 : 타국에서 24시간 이상 3개월 이내의 기간 동안 체재하는 자

50 다음 관광 관련 국제기구 중 바르게 연결된 것은?   ○ △ ×

① PATA − 아시아 · 태평양경제협력체
② IATA − 미국여행업협회
③ ICAO − 국제민간항공기구
④ UFTAA − 국제항공운송협회

> 해설
>
> ① PATA : 아시아태평양관광협회
> ② IATA : 국제항공운송협회
> ④ UFTAA : 세계여행협회연맹

PART 07

2017년
실제기출문제

※ 본 내용은 2017년 9월 시행된 관광통역안내사의 실제기출문제입니다.

끝까지 책임진다! SD에듀!

QR코드를 통해 도서 출간 이후 발견된 오류나 개정법령, 변경된 시험 정보, 최신기출문제, 도서 업데이트 자료 등이 있는지 확인해 보세요! **시대에듀 합격 스마트 앱**을 통해서도 알려 드리고 있으니 구글 플레이나 앱 스토어에서 다운받아 사용하세요. 또한, 파본 도서인 경우에는 구입하신 곳에서 교환해 드립니다.

국 사

※ 문제의 이해도에 따라 ○ △ × 체크하여 완벽하게 정리하세요.

01 밑줄 친 시대의 유물로 옳은 것은?   ○ △ ×

> _____ 사람들은 열매 채집, 사냥, 물고기 잡이로 식량을 구했고, 이동 생활을 하면서 동굴이나 바위 그늘에서 살았다.

① 덩이쇠
② 주먹도끼
③ 비파형 동검
④ 빗살무늬 토기

해설
제시문은 구석기시대에 관한 설명이다. 따라서 구석기시대를 대표하는 유물인 ② 주먹도끼가 정답이다. ① 철기시대 이후, ③ 청동기시대, ④ 신석기시대를 대표하는 유물이다.

02 다음 중 신석기시대의 유적을 모두 고른 것은?   ○ △ ×

> ㄱ. 연천 전곡리   ㄴ. 상원 검은모루 동굴
> ㄷ. 서울 암사동   ㄹ. 양양 오산리

① ㄱ, ㄴ
② ㄴ, ㄷ
③ ㄷ, ㄹ
④ ㄴ, ㄷ, ㄹ

해설
ㄱ · ㄴ. 구석기시대를 대표하는 유적지이다.

03 고대의 여러 나라에 관한 설명으로 옳지 않은 것은?　　　　　　　　○ △ ×

① 부여에서는 흉년이 들면 책임을 물어 왕을 폐위하기도 하였다.

② 옥저에서는 가족이 죽으면 가매장을 했다가 뼈를 추려 커다란 목관에 안치하였다.

③ 동예는 10월에 동맹이라는 제천 행사를 벌였다.

④ 삼한에서는 제사와 정치가 분리되어 있었다.

> **해설**
> 동예는 10월에 무천이라는 제천 행사를 열었다.

04 고대 여러 왕의 업적을 설명한 것으로 옳지 않은 것은?　　　　　　　　○ △ ×

① 고구려 소수림왕은 진대법을 제정하여 빈민을 구제하였다.

② 백제 근초고왕은 고국원왕을 전사시키고 지금의 황해도 일대를 차지하였다.

③ 신라 지증왕은 국호를 신라로 정하고 우경을 장려하였다.

④ 발해 무왕은 일본과 교류하고 당의 산동지방을 공략하였다.

> **해설**
> 진대법을 제정한 왕은 고구려 고국천왕이다.

05 다음 사건을 시기 순으로 바르게 나열한 것은?　　　　　　　　○ △ ×

> ㄱ. 진흥왕이 대가야를 병합하였다.
> ㄴ. 김춘추가 당 태종과 군사동맹을 맺었다.
> ㄷ. 장수왕의 군대가 백제의 한성을 함락하였다.
> ㄹ. 성왕이 신라와 연합하여 한강 하류 지역을 차지하였다.

① ㄱ → ㄴ → ㄷ → ㄹ　　　　　　② ㄴ → ㄷ → ㄹ → ㄱ

③ ㄷ → ㄹ → ㄱ → ㄴ　　　　　　④ ㄹ → ㄱ → ㄴ → ㄷ

> **해설**
> ㄷ. 장수왕의 군대가 백제의 한성을 함락한 시기는 475년이다.
> ㄹ. 성왕이 신라와 연합하여 한강 유역을 차지한 시기는 551년이다.
> ㄱ. 진흥왕이 대가야를 병합한 시기는 562년이다.
> ㄴ. 김춘추가 당 태종과 군사동맹을 맺은 시기는 648년이다.

06 다음 유적에 관한 설명으로 옳지 <u>않은</u> 것은?

○ △ ✕

① 중국 남조 문화의 영향을 받았다.
② 무덤에서 묘지석이 발견되었다.
③ 왕과 왕비가 합장되었다.
④ 사비 시기에 만들어진 돌방무덤이다.

> 해설
>
> 제시된 유적은 무령왕릉이다. 무령왕릉은 웅진 시기에 만들어진 무덤으로 벽돌무덤이다.

07 밑줄 친 인물에 관한 설명으로 옳은 것은?

○ △ ✕

> _____ 이(가) 말하기를, "신라는 사람을 쓰는 데 신분을 따져서 그 족속이 아니면 뛰어난 재주와 큰 공이 있어도 한계를 넘지 못한다."라고 하고, 몰래 배를 타고 당나라로 갔다.
>
> — 삼국사기 —

① 승려로서 당나라에서 선종을 공부하였다.
② 육두품 출신으로 골품제도에 대해 불만을 가졌다.
③ 왕자 출신으로 나중에 태봉을 세웠다.
④ 해도 출신으로 귀국 후 청해진을 설치하였다.

> 해설
>
> 제시문은 신라의 6두품 출신인 설계두에 관한 내용이다. 통일신라 시기 6두품 출신 중에는 골품제도에 한계를 느끼고 당나라로 떠나는 경우가 많았다.

08 발해의 지방통치에 관한 설명으로 옳은 것은?   ○ △ ✕

① 고구려 유민의 인구가 말갈족보다 많아 통치가 수월하였다.

② 토인이라고 불린 고구려 유민이 촌장을 맡았다.

③ 9주 5소경의 지방제도를 실시하였다.

④ 2군 6위의 군대를 주둔시켜 지방을 통제하였다.

> 해설
>
> ① 발해는 소수의 고구려인과 다수의 말갈족으로 구성된 국가이다.
>
> ③ 발해의 지방행정제도는 5경 15부 62주이다. 9주 5소경은 통일신라의 지방행정제도이다.
>
> ④ 발해의 중앙군은 10위이다. 2군 6위는 고려의 중앙군이다.

09 통일신라의 경제제도에 관한 설명으로 옳은 것은?   ○ △ ✕

① 금성(경주)에 동시, 서시, 남시의 시장이 있었다.

② 신문왕 때 실시된 녹읍제도는 멸망할 때까지 지속되었다.

③ 성덕왕 때 관료전제도를 폐지하고 정전제도를 실시하였다.

④ 주전관을 두고 해동통보, 동국통보를 발행하였다.

> 해설
>
> ① 7세기 말 경주에는 종전에 있던 동시 이외에 서시와 남시가 새로 생겨나고, 이를 관장하는 관청도 설치되었다.
>
> ② 신문왕 시기에는 녹읍제도가 폐지되고 관료전이 지급되었다.
>
> ③ 경덕왕 때 관료전이 폐지되고 녹읍이 부활하였다. 그리고 백성들에게 지급된 정전도 유명무실해졌다.
>
> ④ 해동통보, 동국통보 등은 고려시대에 발행된 화폐이다.

10 고려의 정치기구에 관한 설명으로 옳지 않은 것은?   ○ △ ✕

① 중서문하성이 최고의 정무기구였다.

② 상서성은 상서도성과 6부로 구성되었다.

③ 중추원은 국방, 대외문제를 논의하는 회의 기구였다.

④ 당 · 송 제도의 영향을 받았으나 고려 독자의 기구도 있었다.

> 해설
>
> 중추원은 왕명 출납과 군사 기밀을 담당하는 기구이다. 국방과 대외문제를 논의하는 기구는 도병마사이다.

08 ② 09 ① 10 ③ 정답

11 고려 시기 불교계에 관한 설명으로 옳은 것은?   ○ △ ✕

① 의상이 지방에 화엄종 사찰을 설립하였다.
② 균여가 귀법사에서 법상종을 부흥시켰다.
③ 의천이 돈오점수를 주창하며 천태종을 개창하였다.
④ 지눌이 수선사를 결사하고 불교 개혁운동을 펼쳤다.

> 해설
> ① 의상은 신라를 대표하는 승려로 전국에 10개의 화엄종 사찰을 설립하였다.
> ② 균여는 화엄종과 법상종의 통합을 이루어낸 승려로 평가받고 있다.
> ③ 의천은 교관겸수를 주창하며 천태종을 개창하였다.

12 고려 무신정권 시기 중 정중부~이의민의 집권기에 관한 설명으로 옳지 않은 것은?   ○ △ ✕

① 집권한 무신 사이에 치열한 권력 투쟁이 벌어졌다.
② 이규보 등의 문신이 대거 등용되었다.
③ 무신 집권자에 반대하여 조위총이 반란을 일으켰다.
④ 중방을 통해서 집단지도체제가 운영되었다.

> 해설
> 이규보는 최씨 집권기의 대표적인 문신이다.

13 고려의 대외항쟁에 관한 설명으로 옳은 것은?   ○ △ ✕

① 서희가 거란 장수 소손녕과 담판을 벌여 북서 4군을 확보하였다.
② 강감찬이 귀주에서 여진족을 크게 물리쳤다.
③ 윤관이 별무반을 이끌고 거란을 정벌하여 동북 9성을 설치하였다.
④ 김윤후와 처인 부곡의 주민들이 힘을 합쳐 몽골 살리타의 군대를 물리쳤다.

> 해설
> ① 서희는 거란 장수 소손녕과 담판하여 강동 6주를 확보하였다.
> ② 강감찬은 귀주에서 거란족을 크게 물리쳤다.
> ③ 윤관은 별무반을 이끌고 여진을 정벌하여 동북 9성을 설치하였다.

14 조선 후기 문화에 관한 설명으로 옳은 것을 모두 고른 것은?   ○ △ ×

> ㄱ. 민화와 진경산수화가 유행하였다.
> ㄴ. 의학 백과사전인 의방유취를 간행하였다.
> ㄷ. 금속활자로 상정고금예문을 인쇄하였다.
> ㄹ. 중인층의 시인들이 시사를 조직하여 활동하였다.

① ㄱ, ㄴ   ② ㄱ, ㄹ
③ ㄴ, ㄷ   ④ ㄷ, ㄹ

> **해설**
> ㄴ. 조선 전기에 간행된 서적이다.
> ㄷ. 고려 시기(1234)에 금속활자로 간행된 서적이다.

15 조선시대 인재선발제도에 관한 설명으로 옳지 않은 것은?   ○ △ ×

① 소과는 생원시와 진사시를 말한다.
② 기술관을 뽑는 시험으로 잡과가 있었다.
③ 정기시험으로 증광시와 알성시가 있었다.
④ 문과 식년시의 초시는 각 도의 인구 비례로 선발하였다.

> **해설**
> 조선시대 정기시험은 식년시라고 한다. 증광시나 알성시는 특별시험이다.

16 조선시대 편찬된 서적에 관한 설명으로 옳지 않은 것은?   ○ △ ×

① 경국대전은 이전, 호전, 예전, 병전, 형전, 공전으로 구성된 법전이다.
② 국조오례의는 길례, 가례, 빈례, 군례, 흉례를 정리한 의례서이다.
③ 고려사절요는 고려시대 역사를 정리한 기전체 역사서이다.
④ 동국통감은 고조선부터 고려 말까지의 역사를 정리한 편년체 역사서이다.

> **해설**
> 〈고려사〉가 기전체 역사서이고, 〈고려사절요〉는 편년체 역사서이다.

17 조선 후기 경제에 관한 설명으로 옳은 것은?　　○ △ ✕

① 금양잡록과 농사직설을 간행하여 보급하였다.

② 민영수공업에 비해 관영수공업이 발달하였다.

③ 저화와 조선통보를 보급하였으나 유통이 부진하였다.

④ 민간인에게 광산 채굴을 허용하여 광산 개발이 활발해졌다.

> **해설**
> ① · ② · ③ 모두 조선 전기에 해당되는 내용이다.

18 조선 전기 과학기술의 발달에 관한 설명으로 옳은 것을 모두 고른 것은?　　○ △ ✕

> ㄱ. 물시계인 자격루를 제작하였다.
> ㄴ. 국왕의 행차를 위해 한강에 배다리를 놓았다.
> ㄷ. 최초로 백리척을 사용하여 동국지도를 제작하였다.
> ㄹ. 고구려의 천문도를 바탕으로 천상열차분야지도를 돌에 새겼다.

① ㄱ, ㄴ　　　　　　　　　　② ㄱ, ㄹ

③ ㄴ, ㄷ　　　　　　　　　　④ ㄷ, ㄹ

> **해설**
> ㄱ. 세종 시기, ㄴ. 정조 시기, ㄷ. 영조 시기, ㄹ. 태조 시기이다. 따라서 조선 전기에 해당되는 내용은 'ㄱ, ㄹ'이다.

19 (　　　)에 들어갈 내용으로 옳은 것은?　　○ △ ✕

> (　　　)은(는) 중종 때 조광조 등 사림세력이 처음 시행한 이후 전국적으로 확산되었다. 조선 사회의 풍속을 교화하는 데 많은 역할을 하였으며, 향촌의 질서 유지와 치안을 담당하는 등 향촌사회의 자치 기능을 수행하였다.

① 의 창　　　　　　　　　　② 향 교

③ 향 약　　　　　　　　　　④ 환 곡

> **해설**
> 제시문은 향촌의 규약인 향약에 관한 설명이다.

20 조선시대 지방행정에 관한 설명으로 옳지 않은 것은?   ○ △ ✕

① 전국 8도에 관찰사를 파견하였다.
② 향리는 행정실무를 맡아 수령을 보좌하였다.
③ 수령은 왕의 대리인으로 행정 · 사법 · 군사권을 가졌다.
④ 속현과 향 · 부곡은 주현을 통해 중앙 정부의 통제를 받았다.

> 해설
>
> 조선시대로 오면 속현과 향, 부곡, 소가 소멸하게 된다.

21 조선시대 영조의 업적으로 옳은 것은?   ○ △ ✕

① 영정법 실시
② 현량과 시행
③ 장용영 설치
④ 노비안검법 실시

> 해설
>
> ① 영정법의 제정은 영조 시기, 실시 및 운용은 인조 시기이다.
> ② 현량과 시행은 중종 시기이다.
> ③ 장용영 설치는 정조 시기이다.
> ④ 노비안검법 실시는 고려 광종 시기이다.
> ※ 문제 출제 오류로 정답이 없다.

22 조선시대 균역법의 시행에 관한 설명으로 옳지 않은 것은?   ○ △ ✕

① 농민은 1년에 군포 2필을 부담하게 되었다.
② 어장세와 선박세의 수취를 균역청에서 관할하였다.
③ 지주에게 결작으로 토지 1결당 미곡 2두를 부담시켰다.
④ 일부 상류층에게 선무군관이라는 칭호를 주고 군포 1필을 부과하였다.

> 해설
>
> ① 균역법은 군대를 가지 않는 대신에 1년에 2필을 내던 군포를 1필로 줄여준 것이다.
> ② 균역법 시행 이후 부족해진 세금은 어장세 · 염세 · 선박세로 거두었고, ③ 지주에게 결작이라는 이름으로 토지 1결당 2두씩 부과세를 매겼다. 그리고 ④ 일부 상류층에게 선무군관이라는 벼슬을 내리고 선무군관포를 거두었다.

23 ( ) 시기에 발생한 사건으로 옳은 것은? ○ △ ✕

> 봉오동 전투 → ( ) → 참의부 · 정의부 · 신민부 조직

① 간도 참변
② 만보산 사건
③ 한국광복군 창설
④ 상해 대한민국 임시정부 수립

> **해설**
>
> 제시된 시기는 1920년대이다. 따라서 봉오동 전투와 청산리 전투 이후에 발생한 간도 참변이 정답이다.
> ② 1931년 만주에서 조선인 농민과 중국인 농민이 일제의 술책에 의해서 충돌한 사건이다.
> ③ 한국광복군은 임시정부가 1940년에 결성한 군대이다.
> ④ 임시정부는 1919년 3 · 1 운동 이후에 수립된다.

24 밑줄 친 인물이 실시한 정책으로 옳은 것은? ○ △ ✕

> ＿＿＿＿ 은(는) 붕당의 근거지로 인식되어 온 서원을 47개만 남기고 철폐하였으며, 전국에 척화비를 세우고 통상수교를 거부하는 정책을 확고하게 유지하였다.

① 삼수병으로 편성된 훈련도감을 설치하였다.
② 무예도보통지를 편찬하여 병법을 정리하였다.
③ 대전통편을 편찬하여 통치 규범을 재정비하였다.
④ 비변사를 폐지하고 의정부의 기능을 회복하였다.

> **해설**
>
> 제시문의 밑줄 친 인물은 흥선대원군이다.
> ① 훈련도감은 임진왜란 중(선조 2년)에 설치된 중앙군이다. ② · ③ 정조 시기이다.

25 ( )에 들어갈 인물은? ○ △ ✕

> ( )은(는) 우리 민족의 정신을 '혼'으로 파악하였으며, 〈한국통사〉와 〈한국독립운동지혈사〉를 저술하여 일제의 불법적인 침략을 규탄하였다.

① 박은식
② 백남운
③ 신채호
④ 정인보

> **해설**
>
> 제시문은 민족주의 역사학자의 대표적 인물인 박은식에 관한 설명이다.

관광자원해설

※ 문제의 이해도에 따라 ○ △ × 체크하여 완벽하게 정리하세요.

26 관광자원의 개념적 특성으로 옳은 것은?   ○ △ ×

① 매력성과 유인성
② 범위의 한계성
③ 개발 제한성
④ 보존과 보호의 불필요성

> **해설**
>
> **관광자원의 개념적 특성**
> - 범위의 다양성
> - 매력성
> - 개발요구성
> - 자연과 인간의 상호작용
>
> - 유인성
> - 가치의 변화
> - 보존과 보호의 필요성

27 주제공원에 관한 설명으로 옳지 않은 것은?   ○ △ ×

① 인공적으로 연출한 산업이다.
② 특정 주제를 중심으로 한 문화가 있다.
③ 법령상 주제공원은 근린공원이다.
④ 각종 유희시설과 이벤트 등 복합성을 지니고 있다.

> **해설**
>
> **주제공원(테마파크)**
> 주제가 있는 공원으로서 어떠한 테마를 설정하여 그 테마를 실현하고자 제반시설, 구경거리, 음식, 쇼핑 등 종합적인 위락공간을 구성하여 방문객들로 하여금 놀이에서 휴식까지 하나의 코스로 즐기도록 하는 위락시설이라고 정의할 수 있다. 「도시공원 및 녹지 등에 관한 법률」 제15조 제1항에 따르면 주제공원은 근린공원과 구분되며, 근린공원은 어린이공원, 소공원과 함께 생활권 공원에 속한다.

28 사물놀이 4대 악기에 해당하는 것은?　　　　　　　　　　　○ △ ✕

① 꽹과리, 북, 장구, 아쟁
② 꽹과리, 북, 장구, 징
③ 태평소, 소고, 장구, 북
④ 태평소, 대금, 장구, 징

> **해설**
>
> **사물놀이**
> 네 개의 타악기인 꽹과리, 북, 장구, 징을 가지고 연주하는 음악을 지칭한다. 사물이란 원래 절에서 불교의식 때 쓰인 법고 · 운판 · 목어 · 범종의 네 악기를 가리키던 말이었으나, 뒤에 이것이 북 · 징 · 목탁 · 태평소로 바뀌고, 지금은 다시 '꽹과리, 북, 장구, 징'의 네 가지 민속타악기로 바뀌었다.

29 축제명칭과 개최지역의 연결이 옳은 것은?　　　　　　　　　　　○ △ ✕

① 전통찻사발축제 – 경상북도 상주시
② 나비대축제 – 전라남도 영광군
③ 고래축제 – 충청남도 서산시
④ 한국선비문화축제 – 경상북도 영주시

> **해설**
>
> ① 전통찻사발축제(문경찻사발축제) : 경상북도 문경시
> ② 나비대축제 : 전라남도 함평군
> ③ 고래축제 : 울산광역시 남구

30 카지노산업의 특성으로 옳은 것은?　　　　　　　　　　　○ △ ✕

① 인적서비스 의존도가 낮다.
② 다른 산업에 비해 고용창출효과가 높다.
③ 관광객 체재기간을 단축하여 관광객 경비를 줄인다.
④ 호텔영업에 기여도 및 의존도가 낮다.

> **해설**
>
> 카지노산업은 다른 산업에 비해 고용 창출 효과가 크다. 일정한 시설만 갖추면 연중무휴 영업을 실시할 수 있는 순수 인적 서비스 상품으로, 타 관광산업과 비교해도 고용 효과가 3배 이상 크다.

31 종묘제례악에 관한 설명으로 옳은 것은? ○ △ ×

① 고려시대 왕과 왕비의 신위를 모신 사당의 제사를 지내는 음악이다.

② 음악을 중심으로 조상의 공덕을 찬양하는 용비어천가라는 노래를 부른다.

③ 매년 4월 첫째 주 일요일에 봉행하는 종묘제례에서 연주한다.

④ 국가무형문화재 제1호와 유네스코 인류무형문화유산으로 선정되었다.

> **해설**
> ④ 1964년 12월 7일 국가무형유산으로 지정되었으며, 2001년 5월 18일 종묘제례와 더불어 유네스코 인류무형문화유산으로 선정되었다.
> ① 조선시대 역대 왕과 왕비의 신위를 모신 사당에서 제사를 지낼 때 무용과 노래와 악기를 사용하여 연주하는 음악으로, '종묘악'이라고도 한다.
> ② 종묘제례의식의 각 절차마다 보태평과 정대업이라는 음악을 중심으로 조상의 공덕을 찬양하는 내용의 '종묘악장'이라는 노래를 부른다.
> ③ 현재 종묘제례는 전주이씨 대동종약원의 주관으로 매년 5월 첫째 주 일요일에 봉행하고 있다.
> ※ 2024년 5월 17일 법령 개정에 따라 '국가무형문화재'의 명칭이 '국가무형유산'으로 변경되었다.

32 국가무형문화재 제26호로 '줄쌈', '삭전'이라고도 불리는 풍요를 비는 민속놀이는? ○ △ ×

① 강강술래

② 북청사자놀음

③ 은산별신제

④ 영산줄다리기

> **해설**
> 영산줄다리기
> 경상남도 창녕군 영산면에 전승되는 민속놀이로 1969년 국가무형유산으로 지정되었다. 줄다리기는 '줄쌈', '삭전(索戰)'이라고도 불리며, 농사의 풍요를 기원하며 온 마을이 참여하는 향토축제로서 그 의의가 있다. 원래는 정월대보름을 전후하여 행해졌으나, 오늘날은 3·1문화제 행사의 하나로 시행하고 있다.
> ※ 2024년 5월 17일 법령 개정에 따라 '국가무형문화재'의 명칭이 '국가무형유산'으로 변경되었다.

33 다음 중 통과의례에 해당하는 것을 모두 고른 것은?　○△×

| ㄱ. 출산의례 | ㄴ. 성인식 |
| ㄷ. 결혼식 | ㄹ. 상 례 |

① ㄱ, ㄴ
② ㄱ, ㄷ, ㄹ
③ ㄴ, ㄷ, ㄹ
④ ㄱ, ㄴ, ㄷ, ㄹ

> **해설**
> 통과의례는 사람이 태어나서 삶을 마감하기까지 일생의 전 과정을 통해 반드시 통과해야 하는 의식과 의례를 말한다. 대표적인 통과의례로는 백일, 첫돌, 성인식, 결혼식, 출산의례, 회갑, 상례, 제례 등이 있다.

34 세시풍속과 시기의 연결이 옳지 않은 것은? (단, 시기는 태음력 기준임)　○△×

① 단오 − 5월 5일
② 천중절 − 6월 15일
③ 한가위 − 8월 15일
④ 중양절 − 9월 9일

> **해설**
> 단오는 음력 5월 5일을 일컫는 말로 '천중절(天中節)'이라고도 한다. 단오 때는 절기 중 양기가 가장 왕성한 계절로, 여름철의 더위도 이때부터 시작된다.

35 산업관광에 해당하지 않는 것은?　○△×

① 산업시찰
② 주변 문화관광지 견학
③ 기업자료관과 박물관 견학
④ 산업유산관광

> **해설**
> 주변 문화관광지 견학은 산업관광과 거리가 멀다.
>
> **산업관광**
> 관광객이 산업시설을 관광함으로써 직접 산업 현장을 상세히 볼 수 있고, 관광대상에 따라서는 직접 이용 및 구입도 가능하기 때문에 흥미 있는 관광대상이 되고 있다. 관광객체가 되는 산업체의 입장에서는 내·외국관광객에게 선전효과를 쉽게 얻을 수 있으며, 국가적인 차원에서는 한 나라의 산업수준을 외국관광객에게 소개함으로써 산업발달의 정도를 평가할 수 있는 척도가 되어 외국과의 경제·무역 및 기술교류에 직·간접적 효과를 거둘 수 있다.

36 주제공원의 공간적 분류별 예시의 연결이 옳은 것은? ○ △ ×

① 자연공간 + 주제형 – 동 · 식물자연파크, 바다수족관, 바이오파크
② 자연공간 + 활동형 – 외국촌, 역사촌, 사이언스파크
③ 도시공간 + 주제형 – 도시리조트형파크, 어뮤즈먼트파크, 워터파크
④ 도시공간 + 활동형 – 자연리조트형파크, 바다, 온천형파크

해설

주제공원(테마파크)의 공간적 분류
• 자연공간 + 주제형 : 동 · 식물자연파크, 바다수족관, 바이오파크 등
• 자연공간 + 활동형 : 자연리조트형파크, 바다, 온천형파크 등
• 도시공간 + 주제형 : 외국촌, 역사촌, 사이언스파크 등
• 도시공간 + 활동형 : 도시리조트형파크, 어뮤즈먼트파크, 워터파크 등

37 다음에서 설명하는 민속놀이는? ○ △ ×

• 서해안 일대 어촌에서 풍어를 기원하며 행하던 집단 가무놀이이다.
• 배꾼들의 소리와 춤으로 엮어진다.

① 차첨지놀이
② 방천놀이
③ 화전놀이
④ 봉죽놀이

해설

봉죽놀이
서해안 일대 어촌에서 만선을 상징하는 깃발인 봉죽을 들고 풍어를 기원하며 즐기던 민속놀이이다. 봉죽타령 혹은 봉기타령이라고 하는 소리와 춤으로 엮어진 집단 가무놀이로서 배꾼들의 결속과 삶의 의지를 강화하는 수단의 하나로 작용하였다.

38 창덕궁에 관한 설명으로 옳지 않은 것은?   ○ △ ×

① 사적 제123호이다.
② 1997년에 유네스코 세계유산으로 등재되었다.
③ 조선 태종 때 세워졌다.
④ 이궁으로 만들어졌다.

> **해설**
>
> **창덕궁**
> 1405년(태종 5년)에 경복궁의 이궁(離宮)으로 창건된 궁궐이며, 세종 때 장서각 등을 세웠다. 조선시대 궁궐 가운데 임금이 가장 오랜 기간 거처한 곳으로 원형이 가장 잘 보존되어 있다. 현재 사적으로 지정 · 보호되고 있으며, 1997년 12월 유네스코 세계문화유산으로 등재되었다.

39 우리나라 국립공원과 위치하고 있는 행정구역의 연결이 옳지 않은 것은?   ○ △ ×

① 오대산 국립공원 – 강원도
② 주왕산 국립공원 – 경상북도
③ 변산반도 국립공원 – 전라남도
④ 월출산 국립공원 – 전라남도

> **해설**
>
> **변산반도 국립공원**
> 1988년 우리나라 19번째 국립공원으로 지정되었다. 전라북도 변산반도 일대의 153,934km²에 걸쳐 있는 뛰어난 해안경관지역으로 수많은 해수욕장, 사적지, 천연기념물 등 우수한 해안관광자원을 가지고 있다.

40 다음 설명에 해당하는 사찰은?   ○ △ ×

> 우리나라 삼보사찰 가운데 하나인 불보(佛寶)사찰이며, 경상남도 양산시에 소재하고 있다. 자장율사가 당나라에서 귀국할 때 가지고 온 불사리와 가사, 그리고 대장경 400여 함을 봉안한 사찰이다.

① 송광사
② 범어사
③ 통도사
④ 법주사

> **해설**
> ① 송광사 : 해인사, 통도사와 더불어 우리나라 삼보사찰 가운데 하나이다. 전라남도 순천시에 있으며, 승보사찰로서 매우 유서 깊은 절이다.
> ② 범어사 : 신라 문무왕 때 의상대사에 의해 창건되었으며, 부산광역시 금정구에 있다. 원효대사, 서산대사 등 많은 고승들이 수도한 절이다.
> ④ 법주사 : 신라 진흥왕 때 의신대사에 의해 창건되었으며, 충청북도 보은군에 있다. 사적으로 지정되었으며, 팔상전, 쌍사자 석등 등 여러 중요 문화유산이 있어 학술적 가치가 크다.

41 다음 중 충청남도에 소재한 온천은?   ○ △ ×

① 오색온천
② 수안보온천
③ 덕구온천
④ 도고온천

> **해설**
> ① 오색온천 : 강원도 양양군
> ② 수안보온천 : 충청북도 충주시
> ③ 덕구온천 : 경상북도 울진군

42 동굴관광자원 중 용암동굴인 것은?   ○ △ ×

① 제주 만장굴
② 단양 노동동굴
③ 울진 성류굴
④ 영월 고씨굴

> **해설**
> **동굴의 종류**
>
> | 석회동굴(종유동굴) | 고수굴, 고씨굴, 초당굴, 환선굴, 도담굴, 용담굴, 비룡굴, 관음굴, 연지굴, 여천굴, 성류굴, 노동굴 등 |
> | --- | --- |
> | 용암동굴(화산동굴) | 만장굴, 김녕사굴, 빌레못굴, 협재굴, 황금굴, 쌍용굴, 소천굴, 미천굴, 수산굴 등 |
> | 해식동굴(파식동굴) | 금산굴, 산방굴, 용굴, 오동도굴, 가사굴 등 |

43 다음 국가지정문화재 중 사적(史蹟)이 아닌 것은?

① 부여 부소산성
② 김해 봉황동 유적
③ 명주 청학동 소금강
④ 경주 포석정지

> **해설**
>
> 명주 청학동 소금강 : 명승
> ※ 2024년 5월 17일 법령 개정에 따라 '국가지정문화재'의 명칭이 '국가지정문화유산'으로 변경되었다.

44 서울 원각사지 십층석탑에 관한 설명으로 옳지 않은 것은?

① 국보 제2호이다.
② 탑신을 받쳐주는 기단(基壇)은 4단으로 되어 있다.
③ 각 층 옆면에는 여러 가지 장식이 화사하게 조각되어 있다.
④ 대리석으로 만들어졌다.

> **해설**
>
> 원각사지 십층석탑
> 고려 경천사지 십층석탑의 영향을 받은 탑이다. 1962년 국보로 지정되었으며 높이가 약 12m이다. 대리석으로 만들어졌으며, 탑을 받쳐주는 기단(基壇)은 3단으로 되어 있다. 기단의 각 층 옆면에는 용, 사자, 연꽃무늬 등 여러 가지 장식이 화사하게 조각되어 있다. 형태가 특이하고 표현 장식이 풍부하여 훌륭한 작품으로 손꼽힌다.

45 관광자원 분류 중 유형관광자원은?

① 풍속(風俗)
② 사적(史蹟)
③ 음악(音樂)
④ 종교(宗敎)

> **해설**
>
> 관광자원 분류
> • 유형관광자원 : 사적, 동식물, 천연자원 등
> • 무형관광자원 : 풍속, 음악, 종교 등

46 유네스코에 등재된 세계기록유산은?

① 한국의 유교책판
② 대동여지도
③ 해인사 장경판전
④ 택리지

○ △ ×

해설

우리나라의 유네스코 등재 세계기록유산

2000년대 이전	• 훈민정음(1997)	• 조선왕조실록(1997)
2000년대	• 직지심체요절(2001) • 승정원일기(2001) • 조선왕조 의궤(2007)	• 해인사 대장경판 및 제경판(2007) • 동의보감(2009)
2010년대	• 일성록(2011) • 5 · 18 민주화운동기록물(2011) • 난중일기(2013) • 새마을운동기록물(2013) • 한국의 유교책판(2015)	• KBS특별생방송 '이산가족을 찾습니다' 기록물(2015) • 조선왕실 어보와 어책(2017) • 국채보상운동기록물(2017) • 조선통신사기록물(2017)
2020년대	• 4 · 19혁명기록물(2023)	• 동학농민혁명기록물(2023)

47 천연기념물이 아닌 것은?

① 전남 오동도굴
② 서울 재동 백송
③ 광릉 크낙새 서식지
④ 제주 무태장어 서식지

○ △ ×

해설

천연기념물은 식물분야, 동물분야, 지질, 화석 등으로 나뉜다.
② 식물분야, ③ · ④ 동물분야에 해당한다.

48 호수관광자원 중 인공호수는?

① 영랑호
② 화진포호
③ 충주호
④ 경포호

○ △ ×

해설

충주호
충청북도 충주시와 제천시에 걸쳐 있는 인공호수로 충주시 종민동과 동량면 사이 남한강 좁은 수로에 충주댐을 건설함에 따라 생겨났다. 주변에 월악산 국립공원, 송계계곡, 단양팔경, 수안보온천 등 관광자원이 위치하여 해마다 많은 관광객이 이곳을 찾는다.

49 우리나라 문화재에 관한 설명으로 옳은 것을 모두 고른 것은? ○ △ ×

> ㄱ. 국가지정문화재는 문화재청장이 문화재보호법에 의하여 문화재위원회의 심의를 거쳐 지정한다.
> ㄴ. 문화재자료는 문화재청장이 시·도 조례에 의하여 지정한다.
> ㄷ. 사적은 기념물 중 경승지, 동물서식지로서 중요한 것을 의미한다.
> ㄹ. 명승과 천연기념물은 국가지정문화재이다.

① ㄱ, ㄴ
② ㄱ, ㄹ
③ ㄴ, ㄷ
④ ㄷ, ㄹ

해설
ㄱ·ㄹ. 국가지정유산은 국가유산청장이 국가유산기본법 등에 의하여 문화유산위원회·무형유산위원회·자연유산위원회의 심의를 거쳐 지정한 국가유산으로서 문화유산·무형유산·자연유산으로 구분된다.
ㄴ. 문화유산자료는 문화유산 중 국가지정문화유산이나 시·도지정문화유산이 아닌 문화유산 중 시·도지사가 「문화유산의 보존 및 활용에 관한 법률」에 따라 지정한 문화유산이다.
ㄷ. 사적은 문화유산 중 기념물에 해당하며, 경승지(명승)나 동물서식지는 자연유산에 해당한다.
※ 2024년 5월 17일 법령 개정에 따라 '국가지정문화재, 문화재위원회, 문화재자료, 문화재청(장)'의 명칭이 각각 '국가지정문화유산, 문화유산위원회, 문화유산자료, 국가유산청(장)'으로 변경되었다.
※ 2024년 5월 17일 법령 개정에 따라 법률과 용어가 개정되어 현재는 정답이 없다.

50 해수욕장이 위치한 지역의 연결이 옳은 것은? ○ △ ×

① 꽃지해수욕장 – 강원도
② 화진포해수욕장 – 충청남도
③ 대천해수욕장 – 전라남도
④ 망상해수욕장 – 강원도

해설
① 꽃지해수욕장 : 충청남도 태안군 안면읍에 위치하며, 넓은 백사장, 완만한 수심, 깨끗한 바다로 이루어져 있다. 백사장을 따라 해당화가 지천으로 피어나 '꽃지'라는 지명을 가진 것으로 전해진다.
② 화진포해수욕장 : 강원도 고성군 현내면 초도리와 거진읍 화포리에 걸쳐 있다. 남한에서 가장 북쪽에 있는 해수욕장으로 백사장이 깨끗하고 주변 경관이 아름답기로 유명하다.
③ 대천해수욕장 : 충청남도 보령시 신흑동에 위치하며, 수심이 얕고 경사가 완만하여 가족을 동반하여 해수욕을 즐길 수 있는 곳이다.

관광법규

※ 문제의 이해도에 따라 ○ △ × 체크하여 완벽하게 정리하세요.

01 관광기본법의 내용으로 옳은 것은?　　　　　　　　　　　　　○ △ ×

① 지방자치단체는 관광진흥에 관한 기본적이고 종합적인 시책을 강구하여야 한다.

② 국가는 10년마다 관광진흥장기계획과 5년마다 중기계획을 연동하여 수립하여야 한다.

③ 정부는 매년 관광진흥에 관한 보고서를 회계연도개시 전까지 국회에 제출하여야 한다.

④ 정부는 관광에 적합한 지역을 관광지로 지정하여 필요한 개발을 하여야 한다.

> **해설**
>
> ① 정부는 이 법의 목적을 달성하기 위하여 관광진흥에 관한 기본적이고 종합적인 시책을 강구하여야 한다(「관광기본법」 제2조).
>
> ② 정부는 관광진흥의 기반을 조성하고 관광산업의 경쟁력을 강화하기 위하여 관광진흥에 관한 기본계획을 5년마다 수립·시행하여야 한다(「관광기본법」 제3조 제1항).
>
> ③ 정부는 매년 관광진흥에 관한 시책과 동향에 대한 보고서를 정기국회가 시작하기 전까지 국회에 제출하여야 한다(「관광기본법」 제4조).

02 관광진흥법령에 따른 수수료를 잘못 납부한 경우는?　　　　　　　○ △ ×

① 관광종사원 자격시험에 응시하면서 30,000원을 납부한 경우

② 관광종사원의 등록을 신청하면서 5,000원을 납부한 경우

③ 관광종사원 자격증의 재발급을 신청하면서 3,000원을 납부한 경우

④ 문화관광해설사 양성을 위한 교육프로그램의 인증을 신청하면서 20,000원을 납부한 경우

> **해설**
>
> 수수료(「관광진흥법 시행규칙」 별표23)
>
> • 관광종사원 자격시험에 응시하려는 자 : 20,000원
>
> • 관광종사원의 등록을 신청하려는 자 : 5,000원
>
> • 관광종사원 자격증의 재발급을 신청하려는 자 : 3,000원
>
> ※ 2019년 4월 25일 법령이 개정되어, ④의 내용이 삭제되었다.

01 ④　02 ① · ④(해설 참조)　정답

03 관광진흥법령상 관광사업자가 붙일 수 있는 관광사업장의 표지로서 옳지 않은 것은?

① 관광사업 허가증 또는 관광객 이용시설업 지정증

② 관광사업장 표지

③ 등급에 따라 별 모양의 개수를 달리하는 방식으로 문화체육관광부장관이 고시하는 호텔 등급 표지(호텔업의 경우에만 해당)

④ 관광식당 표지(관광식당업만 해당)

> 해설
>
> 관광사업장의 표지(「관광진흥법」 제10조 제1항 및 시행규칙 제19조)
> 관광사업자는 사업장에 문화체육관광부령으로 정하는 관광표지를 붙일 수 있다. "문화체육관광부령으로 정하는 관광표지"란 다음의 표지를 말한다.
> • 별표4의 관광사업장 표지
> • 별지 제5호 서식의 관광사업 등록증 또는 별지 제22호 서식의 관광 편의시설업 지정증
> • 등급에 따라 별 모양의 개수를 달리하는 방식으로 문화체육관광부장관이 정하여 고시하는 호텔 등급 표지(호텔업의 경우에만 해당)
> • 별표6의 관광식당 표지(관광식당업만 해당)

04 관광진흥법령상 관광사업자 단체에 관한 설명으로 옳은 것은?

① 문화체육관광부장관은 관광사업의 건전한 발전을 위하여 한국관광협회를 설립할 수 있다.

② 제주특별자치도에는 지역별 관광협회를 둘 수 없지만 협회의 지부를 둘 수 있다.

③ 한국관광협회중앙회는 업종별 관광협회를 설립하여야 한다.

④ 지역별 관광협회는 시·도지사의 설립허가를 받아야 한다.

> 해설
>
> ④ 업종별 관광협회는 문화체육관광부장관의 설립허가를, 지역별 관광협회는 시·도지사의 설립허가를 받아야 한다(「관광진흥법」 제45조 제2항).
> ① 지역별 관광협회 및 업종별 관광협회는 관광사업의 건전한 발전을 위하여 관광업계를 대표하는 한국관광협회중앙회를 설립할 수 있다(「관광진흥법」 제41조 제1항).
> ② 지역별 관광협회는 특별시·광역시·특별자치시·도 및 특별자치도를 단위로 설립하되, 필요하다고 인정되는 지역에는 지부를 둘 수 있다(「관광진흥법 시행령」 제41조 제1호).
> ③ 관광사업자는 지역별 또는 업종별로 그 분야의 관광사업의 건전한 발전을 위하여 대통령령으로 정하는 바에 따라 지역별 또는 업종별 관광협회를 설립할 수 있다(「관광진흥법」 제45조 제1항).

05 관광진흥법령상 관광지 및 관광단지의 개발에 관한 설명으로 옳지 않은 것은? ○ △ ×

① 문화체육관광부장관은 관광지 및 관광단지를 지정할 수 있다.
② 국가는 관광지 등의 조성사업과 그 운영에 관련되는 공공시설을 우선하여 설치하도록 노력하여야 한다.
③ 관광개발기본계획에는 관광권역의 설정에 관한 사항이 포함되어야 한다.
④ 권역별 관광개발계획에는 환경보전에 관한 사항이 포함되어야 한다.

> 해설
>
> **관광지의 지정 등(「관광진흥법」 제52조 제1항)**
> 관광지 및 관광단지는 문화체육관광부령으로 정하는 바에 따라 시장·군수·구청장의 신청에 의하여 시·도지사가 지정한다. 다만, 특별자치시 및 특별자치도의 경우에는 특별자치시장 및 특별자치도지사가 지정한다.

06 관광진흥법령상 관광사업자가 관광사업의 시설 중 타인에게 위탁하여 경영하게 할 수 있는 시설은? ○ △ ×

① 카지노업의 허가를 받는 데 필요한 시설
② 안전성검사를 받아야 하는 유기시설
③ 관광객 이용시설업의 등록에 필요한 시설 중 문화체육관광부령으로 정하는 시설
④ 관광사업의 효율적 경영을 위한 경우, 관광숙박업의 등록에 필요한 객실

> 해설
>
> **관광시설의 타인 경영 및 처분과 위탁 경영(「관광진흥법」 제11조)**
> • 관광사업자는 관광사업의 시설 중 다음의 시설 및 기구 외의 부대시설을 타인에게 경영하도록 하거나, 그 용도로 계속하여 사용하는 것을 조건으로 타인에게 처분할 수 있다.
>   - 관광숙박업의 등록에 필요한 객실
>   - 관광객 이용시설업의 등록에 필요한 시설 중 문화체육관광부령으로 정하는 시설
>   - 카지노업의 허가를 받는 데 필요한 시설과 기구
>   - 안전성검사를 받아야 하는 유기시설 및 유기기구
> • 관광사업자는 관광사업의 효율적 경영을 위하여 제1항에도 불구하고 제1항 제1호에 따른 관광숙박업의 객실을 타인에게 위탁하여 경영하게 할 수 있다. 이 경우 해당 시설의 경영은 관광사업자의 명의로 하여야 하고, 이용자 또는 제3자와의 거래행위에 따른 대외적 책임은 관광사업자가 부담하여야 한다.

07 관광진흥법령상 관광객 이용시설업의 종류로 옳지 않은 것은? ○ △ ×

① 전문휴양업

② 일반휴양업

③ 종합휴양업

④ 관광유람선업

해설

관광객 이용시설업의 종류(「관광진흥법 시행령」 제2조 제1항 제3호)

- 전문휴양업
- 야영장업(일반 · 자동차)
- 관광공연장업
- 한옥체험업
- 종합휴양업(제1종 · 제2종)
- 관광유람선업(일반 · 크루즈업)
- 외국인관광 도시민박업

---

08 관광진흥법령상 허가를 받아야 하는 업종을 모두 고른 것은? ○ △ ×

ㄱ. 카지노업	ㄴ. 기타유원시설업
ㄷ. 종합유원시설업	ㄹ. 관광순환버스업
ㅁ. 일반유원시설업	

① ㄱ, ㄴ, ㄹ

② ㄱ, ㄷ, ㅁ

③ ㄴ, ㄹ, ㅁ

④ ㄷ, ㄹ, ㅁ

해설

허가와 신고(「관광진흥법」 제5조 제1항, 제2항 및 시행령 제7조)

- 카지노업을 경영하려는 자는 전용영업장 등 문화체육관광부령으로 정하는 시설과 기구를 갖추어 문화체육관광부장관의 허가를 받아야 한다.
- 유원시설업 중 대통령령으로 정하는 유원시설업(종합유원시설업 및 일반유원시설업)을 경영하려는 자는 문화체육관광부령으로 정하는 시설과 설비를 갖추어 특별자치시장 · 특별자치도지사 · 시장 · 군수 · 구청장의 허가를 받아야 한다.

---

09 관광진흥법령상 외국인 관광객을 대상으로 하는 여행업에 종사하지만 관광통역안내의 자격이 없는 甲이 2017년 5월 5일 중국인 관광객을 대상으로 관광안내를 하다가 적발되어서 2017년 6월 5일 과태료처분을 받았다면 甲에게 부과된 과태료는 얼마인가? (단, 다른 조건은 고려하지 않음)　○ △ ×

① 30만원

② 50만원

③ 60만원

④ 100만원

해설

과태료의 부과기준(「관광진흥법 시행령」 별표5)

위반행위	과태료 금액		
	1차 위반	2차 위반	3차 위반
법 제38조 제6항[관광통역안내의 자격이 없는 사람은 외국인 관광객을 대상으로 하는 관광안내(외국인 관광객을 대상으로 하는 여행업에 종사하여 관광안내를 하는 경우에 한정)를 하여서는 아니 된다]을 위반하여 관광통역안내를 한 경우	150만원	300만원	500만원

※ 출제 당시 정답은 ②였으나, 2020년 6월 2일 법령이 개정되어 현재는 정답이 없다.

---

10 관광진흥법령상 관광숙박업 등의 등록심의위원회 심의대상이 되는 관광객 이용시설업이나 국제회의업이 아닌 것은?　○ △ ×

① 크루즈업

② 관광호텔업

③ 전문휴양업

④ 국제회의시설업

해설

등록심의대상 관광사업(「관광진흥법」 제17조 제3항 제1호 및 시행령 제20조 제1항)

등록심의위원회는 관광숙박업 및 대통령령으로 정하는 관광객 이용시설업이나 국제회의업의 등록기준 등에 관한 사항을 심의한다. "대통령령으로 정하는 관광객 이용시설업이나 국제회의업"이란 다음의 어느 하나에 해당하는 관광사업을 말한다.

• 전문휴양업

• 종합휴양업

• 관광유람선업(일반관광유람선업, 크루즈업)

• 국제회의시설업

11 관광진흥법령상 관광통계의 작성 범위로 명시된 것을 모두 고른 것은? ○△×

> ㄱ. 해외관광지에서 발생한 내국민피해에 관한 사항
> ㄴ. 외국인 관광객 대상 범죄율에 관한 사항
> ㄷ. 관광지와 관광단지의 현황과 관리에 관한 사항
> ㄹ. 관광사업자의 경영에 관한 사항

① ㄱ, ㄴ
② ㄴ, ㄷ
③ ㄷ, ㄹ
④ ㄱ, ㄷ, ㄹ

해설

관광통계 작성 범위(「관광진흥법 시행령」 제41조의2)
관광통계의 작성 범위는 다음과 같다.
- 외국인 방한(訪韓) 관광객의 관광행태에 관한 사항
- 국민의 관광행태에 관한 사항
- 관광사업자의 경영에 관한 사항
- 관광지와 관광단지의 현황 및 관리에 관한 사항
- 그 밖에 문화체육관광부장관 또는 지방자치단체의 장이 관광산업의 발전을 위하여 필요하다고 인정하는 사항

12 관광진흥법령상 관광사업자가 아닌 자가 상호에 포함하여 사용할 수 없는 명칭으로 옳지 않은 것은? ○△×

① 관광공연장업과 유사한 영업의 경우 관광공연
② 관광면세업과 유사한 영업의 경우 관광면세
③ 관광유흥음식점업과 유사한 영업의 경우 전문식당
④ 관광숙박업과 유사한 영업의 경우 휴양 콘도미니엄

해설

상호의 사용제한(「관광진흥법 시행령」 제8조)
관광사업자가 아닌 자는 다음의 업종 구분에 따른 명칭을 포함하는 상호를 사용할 수 없다.
- 관광숙박업과 유사한 영업의 경우 관광호텔과 휴양 콘도미니엄
- 관광유람선업과 유사한 영업의 경우 관광유람
- 관광공연장업과 유사한 영업의 경우 관광공연
- 관광유흥음식점업, 외국인전용 유흥음식점업 또는 관광식당업과 유사한 영업의 경우 관광식당
- 관광극장유흥업과 유사한 영업의 경우 관광극장
- 관광펜션업과 유사한 영업의 경우 관광펜션
- 관광면세업과 유사한 영업의 경우 관광면세

① 호텔업의 경우 객실 수를 변경하려는 경우
② 국제회의업의 경우 전시시설의 옥외전시면적을 변경할 때에 그 변경하려는 옥외전시면적이 당초 승인
받은 계획의 100분의 10 이상이 되는 경우
③ 관광숙박업의 경우 부지 및 대지 면적을 변경할 때에 그 변경하려는 면적이 당초 승인받은 계획면적의
100분의 10 이상이 되는 경우
④ 전문휴양업의 경우 부지, 대지 면적 또는 건축 연면적을 변경할 때에 그 변경하려는 면적이 당초 승인
받은 계획면적의 100분의 5 이상이 되는 경우

해설

사업계획 변경승인(「관광진흥법 시행령」 제9조)
관광숙박업의 사업계획 변경에 관한 승인을 받아야 하는 경우
• 부지 및 대지 면적을 변경할 때에 그 변경하려는 면적이 당초 승인받은 계획면적의 100분의 10 이상이 되는 경우
• 건축 연면적을 변경할 때에 그 변경하려는 연면적이 당초 승인받은 계획면적의 100분의 10 이상이 되는 경우
• 객실 수 또는 객실면적을 변경하려는 경우(휴양 콘도미니엄업만 해당)
• 변경하려는 업종의 등록기준에 맞는 경우로서, 호텔업과 휴양 콘도미니엄업 간의 업종변경 또는 호텔업 종류 간의 업종
변경

관광객 이용시설업이나 국제회의업의 사업계획의 변경승인을 받을 수 있는 경우
• 전문휴양업이나 종합휴양업의 경우 부지, 대지 면적 또는 건축 연면적을 변경할 때에 그 변경하려는 면적이 당초 승인
받은 계획면적의 100분의 10 이상이 되는 경우
• 국제회의업의 경우 국제회의시설 중 다음의 어느 하나에 해당하는 변경을 하려는 경우
 – 전문회의시설의 회의실 수 또는 옥내전시면적을 변경할 때에 그 변경하려는 회의실 수 또는 옥내전시면적이 당초 승
인받은 계획의 100분의 10 이상이 되는 경우
 – 전시시설의 회의실 수 또는 옥내전시면적을 변경할 때에 그 변경하려는 회의실 수 또는 옥내전시면적이 당초 승인받
은 계획의 100분의 10 이상이 되는 경우

14 관광진흥법령상 관광특구에 관한 설명으로 옳은 것은? ○ △ ✕

① 관광특구 내에서는 연간 180일 이상 공개 공지(空地 : 공터)를 사용하여 외국인 관광객을 위한 공연 및 음식을 제공할 수 있다.

② 최근 2년 동안 외국인 총 관광객 수가 10만 명을 넘은 광역시의 경우 관광특구를 신청할 수 있다.

③ 제주특별자치도의 서귀포시장은 요건을 갖춘 경우 관광특구를 신청할 수 있다.

④ 군수는 관할 구역 내 관광특구를 방문하는 외국인 관광객의 유치 촉진 등을 위하여 관광특구진흥계획을 수립하여야 한다.

> **해설**
>
> ④ 특별자치시장 · 특별자치도지사 · 시장 · 군수 · 구청장은 관할 구역 내 관광특구를 방문하는 외국인 관광객의 유치 촉진 등을 위하여 관광특구진흥계획을 수립하고 시행하여야 한다(「관광진흥법」 제71조 제1항).
>
> ① 관광특구 안에서 대통령령으로 정하는 관광사업자(관광숙박업, 국제회의업, 종합여행업, 관광공연장업, 관광식당업, 여객자동차터미널시설업, 관광면세업의 어느 하나에 해당하는 관광사업을 경영하는 자)는 연간 180일 이내의 기간 동안 해당 지방자치단체의 조례로 정하는 바에 따라 공개 공지(空地 : 공터)를 사용하여 외국인 관광객을 위한 공연 및 음식을 제공할 수 있다(「관광진흥법」 제74조 제2항 및 시행령 제60조의3).
>
> ② 관광특구 지정요건 중 하나로, 외국인 관광객 수가 문화체육관광부장관이 고시하는 기준을 갖춘 통계전문기관의 통계 결과 해당 지역의 최근 1년간 외국인 관광객 수가 10만 명(서울특별시는 50만 명) 이상이어야 한다(「관광진흥법」 제70조 제1항 제1호 및 시행령 제58조 제1항).
>
> ③ 관광특구는 관광특구 지정요건을 모두 갖춘 지역 중에서 시장 · 군수 · 구청장의 신청(특별자치시 및 특별자치도의 경우는 제외)에 따라 시 · 도지사가 지정한다(「관광진흥법」 제70조 제1항).

2017년

관광법규

15 관광진흥법령상 여행업자와 여행자 간에 국외여행계약을 체결할 때 제공하여야 하는 안전정보에 관한 설명으로 옳지 않은 것은? ○ △ ✕

① 외교부 해외안전여행 인터넷 홈페이지에 게재된 여행목적지(국가 및 지역)의 여행경보단계 및 국가별 안전정보

② 해외여행자 인터넷 등록 제도에 관한 안내

③ 여권의 사용을 제한하거나 방문 · 체류를 금지하는 국가 목록

④ 해당 여행지에 대한 안전정보를 서면 또는 구두 제공

> **해설**
>
> 여행지 안전정보(「관광진흥법 시행규칙」 제22조의4 제1항)
>
> • 「여권법」 제17조에 따라 여권의 사용을 제한하거나 방문 · 체류를 금지하는 국가 목록 및 같은 법 제26조 제3호에 따른 벌칙
>
> • 외교부 해외안전여행 인터넷 홈페이지에 게재된 여행목적지(국가 및 지역)의 여행경보단계 및 국가별 안전정보(긴급연락처를 포함)
>
> • 해외여행자 인터넷 등록 제도에 관한 안내

16 관광진흥법령상 야영장업의 등록을 한 자가 지켜야 하는 안전·위생기준으로 옳은 것은?

① 야영용 천막 2개소 또는 100㎡마다 1개 이상의 소화기를 눈에 띄기 쉬운 곳에 비치하여야 한다.

② 야영장 내에서 들을 수 있는 긴급방송시설을 갖추거나 앰프의 최대출력이 20W 이상이면서 가청거리가 200m 이상인 메가폰을 1대 이상 갖추어야 한다.

③ 야영장 내에서 차량이 시간당 30㎞ 이하의 속도로 서행하도록 안내판을 설치하여야 한다.

④ 야영장 내에서 폭죽, 풍등의 사용과 판매를 금지하고, 흡연구역은 별도로 설치하지 않아도 된다.

> **해설**
>
> 야영장의 안전·위생기준(「관광진흥법 시행규칙」 별표7)
> ① 야영용 천막 2개소 또는 100㎡마다 1개 이상의 소화기를 내부가 잘 보이는 보관함에 넣어 눈에 띄기 쉬운 곳에 비치하여야 한다.
> ② 야영장 내에서 들을 수 있는 긴급방송시설을 갖추거나 앰프의 최대출력이 10W 이상이면서 가청거리가 250m 이상인 메가폰을 1대 이상 갖추어야 한다.
> ③ 야영장 내에서 차량이 시간당 20㎞ 이하의 속도로 서행하도록 안내판을 설치하여야 한다.
> ④ 야영장 내에서 폭죽, 풍등(風燈)의 사용과 판매를 금지하고, 흡연구역을 설치하여야 한다. 다만, 야영장 설치지역이 다른 법령에 따라 금연구역으로 지정된 경우에는 흡연구역을 설치하지 아니한다.
> ※ 출제 당시 정답은 ①이었으나, 2019년 3월 4일 법령이 개정되어 현재는 정답이 없다.

17 관광진흥법령상 안전성검사를 받아야 하는 관광사업은? ○ △ ✕

① 관광유람선업

② 일반유원시설업

③ 관광호텔업

④ 카지노업

> **해설**
>
> 안전성검사(「관광진흥법」 제33조 제1항)
> 유원시설업자 및 유원시설업의 허가 또는 변경허가를 받으려는 자(조건부 영업허가를 받은 자로서 그 조건을 이행한 후 영업을 시작하려는 경우를 포함)는 문화체육관광부령으로 정하는 안전성검사 대상 유기시설 또는 유기기구에 대하여 문화체육관광부령에서 정하는 바에 따라 특별자치시장·특별자치도지사·시장·군수·구청장이 실시하는 안전성검사를 받아야 하고, 안전성검사 대상이 아닌 유기시설 또는 유기기구에 대하여는 안전성검사 대상에 해당되지 아니함을 확인하는 검사를 받아야 한다. 이 경우 특별자치시장·특별자치도지사·시장·군수·구청장은 성수기 등을 고려하여 검사시기를 지정할 수 있다.

18 관광진흥법령상 기획여행을 실시하는 자가 광고를 하려는 경우 표시하여야 하는 사항으로 옳은 것은?

○△×

> ㄱ. 여행업의 상호 및 등록관청
> ㄴ. 최대 여행인원
> ㄷ. 여행일정 변경 시 여행자의 사전 동의 규정
> ㄹ. 보증보험 등의 가입 또는 영업보증금의 예치 내용
> ㅁ. 국외여행인솔자 동행여부

① ㄱ, ㄴ, ㄹ

② ㄱ, ㄷ, ㄹ

③ ㄱ, ㄷ, ㅁ

④ ㄴ, ㄹ, ㅁ

해설

기획여행의 광고(「관광진흥법 시행규칙」 제21조)

기획여행을 실시하는 자가 광고를 하려는 경우에는 다음의 사항을 표시하여야 한다. 다만, 둘 이상의 기획여행을 동시에 광고하는 경우에는 다음의 사항 중 내용이 동일한 것은 공통으로 표시할 수 있다.

- 여행업의 등록번호, 상호, 소재지 및 등록관청
- 여행경비
- 최저 여행인원
- 여행일정 변경 시 여행자의 사전 동의 규정
- 기획여행명·여행일정 및 주요 여행지
- 교통·숙박 및 식사 등 여행자가 제공받을 서비스의 내용
- 보증보험 등의 가입 또는 영업보증금의 예치 내용
- 여행목적지(국가 및 지역)의 여행경보단계

19 관광진흥법령상 카지노업의 신규허가 요건에 관한 조문의 일부이다. (　　)에 들어갈 숫자는?

○△×

> 문화체육관광부장관은 최근 신규허가를 한 날 이후에 전국 단위의 외래관광객이 (　　)만 명 이상 증가한 경우에만 신규허가를 할 수 있다.

① 30

② 50

③ 60

④ 80

해설

카지노업의 허가요건(「관광진흥법 시행령」 제27조 제3항)

문화체육관광부장관은 최근 신규허가를 한 날 이후에 전국 단위의 외래관광객이 60만 명 이상 증가한 경우에만 신규허가를 할 수 있되, 다음의 사항을 고려하여 그 증가인원 60만 명당 2개 사업 이하의 범위에서 할 수 있다.

- 전국 단위의 외래관광객 증가 추세 및 지역의 외래관광객 증가 추세
- 카지노이용객의 증가 추세
- 기존 카지노사업자의 총 수용능력
- 기존 카지노사업자의 총 외화획득실적
- 그 밖에 카지노업의 건전한 운영과 관광산업의 진흥을 위하여 필요한 사항

20 관광진흥개발기금법령상 관광진흥개발기금을 대여할 수 있는 경우에 해당하지 않는 것은?

① 관광시설의 건설
② 카지노이용자에 대한 자금지원
③ 관광을 위한 교통수단의 확보
④ 관광특구에서의 관광 편의시설의 개수

> 해설
>
> **기금의 용도(「관광진흥개발기금법」 제5조 제1항)**
> 기금은 다음의 어느 하나에 해당하는 용도로 대여(貸與)할 수 있다.
> • 호텔을 비롯한 각종 관광시설의 건설 또는 개수(改修)
> • 관광을 위한 교통수단의 확보 또는 개수
> • 관광사업의 발전을 위한 기반시설의 건설 또는 개수
> • 관광지 · 관광단지 및 관광특구에서의 관광 편의시설의 건설 또는 개수

21 관광진흥개발기금법령상 1천원의 납부금을 납부해야 하는 자는? ○△×

① 선박을 이용하여 입국하는 40세의 외국인
② 항공기를 이용하는 5세의 어린이
③ 선박으로 입항하였으나 입국이 거부되어 출국하는 외국인
④ 선박을 이용하여 출국하는 8세의 어린이

> 해설
>
> **납부금의 납부대상 및 금액(「관광진흥개발기금법」 제2조 제3항 및 시행령 제1조의2)**
> 국내 공항과 항만을 통하여 출국하는 자로서 대통령령으로 정하는 자는 1만원의 범위에서 대통령령으로 정하는 금액을 기금에 납부하여야 한다. 다만, 선박을 이용하는 경우에는 1천원으로 한다. 여기서 "대통령령으로 정하는 자"란 다음의 어느 하나에 해당하는 자를 제외한 자를 말한다.
> • 외교관여권이 있는 자
> • 2세(선박을 이용하는 경우에는 6세) 미만인 어린이
> • 국외로 입양되는 어린이와 그 호송인
> • 대한민국에 주둔하는 외국의 군인 및 군무원
> • 입국이 허용되지 아니하거나 거부되어 출국하는 자
> • 「출입국관리법」에 따른 강제퇴거 대상자 중 국비로 강제 출국되는 외국인
> • 공항통과 여객으로서 다음의 어느 하나에 해당되어 보세구역을 벗어난 후 출국하는 여객
>   – 항공기 탑승이 불가능하여 어쩔 수 없이 당일이나 그 다음 날 출국하는 경우
>   – 공항이 폐쇄되거나 기상이 악화되어 항공기의 출발이 지연되는 경우
>   – 항공기의 고장 · 납치, 긴급환자 발생 등 부득이한 사유로 항공기가 불시착한 경우
>   – 관광을 목적으로 보세구역을 벗어난 후 24시간 이내에 다시 보세구역으로 들어오는 경우
> • 국제선 항공기 및 국제선 선박을 운항하는 승무원과 승무교대를 위하여 출국하는 승무원

22 관광진흥개발기금법령상 납부금을 부과받은 자가 부과된 납부금에 대하여 이의가 있는 경우에는 부과받은 날부터 며칠 이내에 이의를 신청할 수 있는가? ○ △ ×

① 60일

② 90일

③ 120일

④ 180일

> **해설**
>
> 기금의 설치 및 재원(「관광진흥개발기금법」 제2조 제4항)
> 납부금을 부과받은 자가 부과된 납부금에 대하여 이의가 있는 경우에는 부과받은 날부터 60일 이내에 문화체육관광부장관에게 이의를 신청할 수 있다.

23 국제회의산업 육성에 관한 법령상 부대시설에 해당하는 경우는? ○ △ ×

① 전시시설에 부속된 판매시설

② 전문회의시설에 부속된 소회의시설

③ 준회의시설에 부속된 주차시설

④ 준회의시설에 부속된 숙박시설

> **해설**
>
> 국제회의시설의 종류 · 규모(「국제회의산업 육성에 관한 법률 시행령」 제3조 제6항)
> 부대시설은 국제회의 개최와 전시의 편의를 위하여 전문회의시설 및 전시시설의 시설에 부속된 숙박시설 · 주차시설 · 음식점시설 · 휴식시설 · 판매시설 등으로 한다.

24 다음은 국제회의산업 육성에 관한 법령상 국제회의복합지구의 지정요건에 관한 조문의 일부이다. (   )에 들어갈 숫자는?

○ △ ×

> 국제회의복합지구 지정대상 지역 내에서 개최된 회의에 참가한 외국인이 국제회의복합지구 지정일이 속한 연도의 전년도 기준 5천명 이상이거나 국제회의복합지구 지정일이 속한 연도의 직전 3년간 평균 (   )천명 이상일 것

① 2

② 3

③ 5

④ 10

해설

국제회의복합지구의 지정요건(「국제회의산업 육성에 관한 법률 시행령」 제13조의2 제1항)

• 국제회의복합지구 지정대상 지역 내에 전문회의시설이 있을 것
• 국제회의복합지구 지정대상 지역 내에서 개최된 회의에 참가한 외국인이 국제회의복합지구 지정일이 속한 연도의 전년도 기준 5천명 이상이거나 국제회의복합지구 지정일이 속한 연도의 직전 3년간 평균 5천명 이상일 것. 이 경우 감염병의 확산으로 경계 이상의 위기경보가 발령된 기간에 개최된 회의에 참가한 외국인의 수는 회의에 참가한 외국인의 수에 문화체육관광부장관이 정하여 고시하는 가중치를 곱하여 계산할 수 있다.
• 국제회의복합지구 지정대상 지역에 제4조 각 호의 어느 하나에 해당하는 시설이 1개 이상 있을 것
• 국제회의복합지구 지정대상 지역이나 그 인근 지역에 교통시설 · 교통안내체계 등 편의시설이 갖추어져 있을 것

25 국제회의산업 육성에 관한 법령상 국제회의에 해당하는 경우는?

○ △ ×

① 국제기구가 개최하는 모든 회의
② 국제기구에 가입한 A단체가 개최한 회의로서 5일 동안 진행되었으며 외국인 참가인은 200명이고 총 참가인이 250명인 회의
③ 국제기구에 가입하지 아니한 B법인이 2일간 개최한 회의로서 160명의 외국인이 참가한 회의
④ 국제회의시설에서 개최된 국가기관의 회의로서 15개국의 정부대표가 각 5인씩 참가한 회의

해설

국제회의의 종류 · 규모(「국제회의산업 육성에 관한 법률 시행령」 제2조)

국제회의는 다음의 어느 하나에 해당하는 회의를 말한다.

• 국제기구나 국제기구에 가입한 기관 또는 법인 · 단체가 개최하는 회의로서 다음의 요건을 모두 갖춘 회의
  – 해당 회의에 3개국 이상의 외국인이 참가할 것
  – 회의 참가자가 100명 이상이고 그 중 외국인이 50명 이상일 것
  – 2일 이상 진행되는 회의일 것
• 국제기구, 기관, 법인 또는 단체가 개최하는 회의로서 다음의 요건을 모두 갖춘 회의
  – 「감염병의 예방 및 관리에 관한 법률」 제2조 제2호에 따른 제1급 감염병 확산으로 외국인이 회의장에 직접 참석하기 곤란한 회의로서 개최일이 문화체육관광부장관이 정하여 고시하는 기간 내일 것
  – 회의 참가자 수, 외국인 참가자 수 및 회의일 수가 문화체육관광부장관이 정하여 고시하는 기준에 해당할 것

※ 2022년 12월 27일부로 「국제회의산업 육성에 관한 법률 시행령」이 개정됨에 따라 현재는 정답이 없다.

관광학개론

※ 문제의 이해도에 따라 ○ △ × 체크하여 완벽하게 정리하세요.

26 2017년 현재 우리나라의 국제공항이 아닌 것은?   ○ △ ×

① 대구국제공항
② 광주국제공항
③ 김해국제공항
④ 양양국제공항

> **해설**
> 우리나라의 국제공항에는 인천, 김포, 청주, 대구, 김해, 제주, 양양, 무안국제공항이 있다.

27 다음 설명에 해당하는 것은?   ○ △ ×

> 교통약자 및 출입국 우대자는 이용하는 항공사의 체크인카운터에서 대상자임을 확인받은 후 전용출국장을 이용할 수 있다.

① 셀프체크인
② 셀프백드롭
③ 패스트트랙
④ 자동출입국심사

> **해설**
> ① 셀프체크인(Self Check In) : 무인탑승수속기기를 이용하여 직접 좌석배정 및 탑승권 발급을 하는 것을 말한다.
> ② 셀프백드롭(Self Bag Drop) : 자동 수하물 위탁 서비스를 말한다.
> ④ 자동출입국심사(Smart Entry Service) : 사전에 등록한 여권정보와 바이오정보(지문, 안면)를 활용하여 출입국심사를 진행하는 첨단 출입국심사시스템을 말한다.

28 항공기 내 반입금지 위해물품 중 해당 항공운송사업자의 승인을 받고 국토교통부 고시에 따른 항공위험물 운송기술기준에 적합한 경우 객실반입이 가능한 것은?

① 소화기 1kg
② 드라이아이스 1kg
③ 호신용 스프레이 200㎖
④ 장애인의 전동휠체어 1개

> **해설**
>
> 항공기 내 반입금지 위해물품(항공보안 365 사이트)
> ② 1인당 2.5㎏ 이하까지 객실반입 및 위탁수하물반입 가능
> ① 객실반입 및 위탁수하물 반입금지
> ③ 1인당 1개(100㎖ 이하)만 위탁수하물반입 가능
> ※ 2019년 6월 28일 항공기 내 반입금지 위해물품 목록이 전면 개정되어 휠체어에 관한 내용이 삭제되었다.

29 항공사가 전략적으로 공동의 서비스를 제공하는 항공 동맹체가 아닌 것은?

① 윈 월드(Win World)
② 스카이 팀(Sky Team)
③ 유플라이 얼라이언스(U-Fly Alliance)
④ 스타 얼라이언스(Star Alliance)

> **해설**
>
> 항공 동맹(Airline Alliance)은 여러 항공사 간의 연합체를 말한다. 주요 항공 동맹에는 스타 얼라이언스, 스카이 팀, 원 월드 세 곳이 있고, 최근에는 유플라이 얼라이언스, 밸류 얼라이언스와 같은 저가 항공사들도 항공 동맹체를 결성하고 있다.

30 관광구조의 기본 체계 중 관광객체에 관한 설명으로 옳지 않은 것은?

① 관광안내, 관광정보 등을 포함한다.
② 관광객을 유인하는 관광매력물을 의미한다.
③ 관광자원이나 관광시설을 포함한다.
④ 관광객의 욕구를 만족시키는 역할을 한다.

> **해설**
>
> 관광의 구성요소
> • 관광주체 : 관광객(관광자)
> • 관광객체 : 관광자원, 관광시설
> • 관광매체 : 관광사업, 관광정보, 이동수단

31 UNWTO의 국적과 국경에 의한 관광분류(1994년)에 관한 설명으로 옳지 않은 것은? ○ △ ×

① Internal 관광은 Domestic Tourism과 Inbound Tourism을 결합한 것이다.

② National 관광은 Domestic Tourism과 Outbound Tourism을 결합한 것이다.

③ International 관광은 Inbound Tourism과 Outbound Tourism을 결합한 것이다.

④ Intrabound 관광은 Internal Tourism과 National Tourism을 결합한 것이다.

> 해설
>
> Intrabound 관광은 Intra와 Bound, 그리고 Tourism을 결합한 것이다.

32 관광의 경제적 효과 중 소득효과가 아닌 것은? ○ △ ×

① 투자소득효과

② 소비소득효과

③ 직접조세효과와 간접조세효과

④ 관광수입으로 인한 외화획득효과

> 해설
>
> 관광 소득효과는 관광산업에 필요한 지역 외부로부터 투자에 의한 경우와 관광객의 소비에 의한 경우로 구분할 수 있다.
> 이를 기준으로 투자소득효과, 소비소득효과, 외화획득효과로 나눌 수 있다.

33 역내관광(Intra-regional Tourism)의 예로 옳은 것은? ○ △ ×

① 한국인의 일본여행

② 독일인의 태국여행

③ 중국인의 캐나다여행

④ 일본인의 콜롬비아여행

> 해설
>
> 역내관광은 특정지역에 속해 있는 관광자가 근접 지역 내의 다른 국가로 이동하는 여행 형태이다.

34 카지노산업의 긍정적 효과가 아닌 것은?

① 사행성 심리 완화
② 조세수입 확대
③ 외국인 관광객 유치
④ 지역경제 활성화

> **해설**
>
> 카지노산업의 긍정적 효과에는 외화획득, 세수 증대, 고용창출 효과, 호텔수입 증대효과, 상품개발 용이, 전천후 영업 가능, 연중 고객 유치 등이 있다. 반면, 부정적 효과에는 범죄, 부패, 혼잡, 투기와 사행심 조장, 지하경제 위험, 경제 파탄 위험 등이 있다.

35 마케팅전략 개발에 유용하게 이용될 수 있는 AIO 분석에 관한 설명으로 옳지 않은 것은?

① 소비자의 관찰가능한 일상의 제반 행동이 측정 대상이다.
② 특정 대상, 사건, 상황에 대한 관심 정도가 측정 대상이다.
③ 소비자에게 강점과 약점으로 인식되는 요소를 찾아내는 것이다.
④ 소비자의 특정 사물이나 사건에 대한 의견을 파악한다.

> **해설**
>
> AIO 분석은 시장 세분화 전략에서 Life Style을 분석할 때 Activities(활동), Interest(관심), Opinion(의견)에 따라 분석하는 방법이다. 소비자에게 강점과 약점으로 인식되는 요소를 찾아내는 것은 SWOT 분석에 해당한다.

36 크루즈 유형의 분류기준이 다른 것은?

① 해양크루즈
② 연안크루즈
③ 하천크루즈
④ 국제크루즈

> **해설**
>
> 항해지역에 따른 크루즈 유형
> • 해양크루즈 : 일반적 개념의 크루즈로 대양을 항해하거나 국가 간을 이동하는 크루즈
> • 연안크루즈 : 한 지역의 해안을 따라 항해하는 크루즈
> • 하천크루즈 : 미시시피강처럼 크고 긴 강을 따라 항해하는 크루즈

37 외국인 전용으로 허가받아 개설된 우리나라 최초의 카지노는? ○ △ ✕

① 제주 라마다 카지노
② 인천 올림포스 카지노
③ 부산 파라다이스 카지노
④ 서울 워커힐 카지노

> 해설
>
> 국내 최초의 카지노는 1967년 개설한 인천 올림포스호텔 카지노[현재 (주)파라다이스 세가사미]이다.

38 서양의 중세시대 관광에 관한 설명으로 옳지 않은 것은? ○ △ ✕

① 관광의 암흑기
② 성지순례 발달
③ 도로의 발달로 인한 숙박업의 호황
④ 십자군 전쟁 이후 동양과의 교류 확대

> 해설
>
> 중세에 들어 유럽의 사회조직은 혼란 상태에 빠졌고 로마시대에 건설한 도로도 모두 파괴되어 관광여행은 자취를 감추었다. 동시에 숙박업도 자취를 감추었고 소수의 여행객을 위한 숙소로서 수도원, 교회가 이용되었다.

39 문화체육관광부가 지정한 2017년 올해의 관광도시로 선정되지 않은 곳은? ○ △ ✕

① 광주광역시 남구
② 강원도 강릉시
③ 경상북도 고령군
④ 전라북도 전주시

> 해설
>
> 올해의 관광도시는 문화체육관광부가 관광의 잠재력이 큰 중소도시 3곳을 선정하여 3년간의 체계적인 지원과 프로모션을 통해 매력적인 관광목적지로 육성하기 위해 추진하고 있는 관광정책 사업이다. 2017년 관광도시로 광주광역시 남구, 강원도 강릉시, 경상북도 고령군이 선정되었다. 2020년 국제 관광도시는 부산광역시이며, 지역관광거점도시는 전라남도 목포시, 전라북도 전주시, 강원도 강릉시, 경상북도 안동시가 있다.

40 다음 설명에 해당하는 것은?

> 관광산업의 사회적 인지도를 증진시키기 위해 1990년에 설립된 민간 국제조직으로 영국 런던에 본부를 둔다.

① PATA
② WTTC
③ UNWTO
④ ASTA

해설
① PATA(아시아태평양관광협회) : 아시아태평양지역의 비영리 여행무역협회이다.
③ UNWTO(세계관광기구) : 유엔의 전문 기구로 스페인 마드리드에 본부를 두고 있는 관광에 대한 국제기구이다.
④ ASTA(미국여행업협회) : 여행편의 제공과 여행업계 발전 및 권익보호, 관광사업 발전을 위해 설립된 세계 최대 여행업 자단체이다.

41 관광진흥법령상 국외여행 인솔자의 자격요건이 아닌 것은?

① 관광통역안내사 자격을 취득할 것
② 여행업체에서 6개월 이상 근무하고 국외여행 경험이 있는 자로서 문화체육관광부장관이 정하는 소양교육을 이수할 것
③ 문화체육관광부장관이 지정하는 교육기관에서 국외여행 인솔에 필요한 양성교육을 이수할 것
④ 고등교육법에 의한 전문대학 이상의 학교에서 관광분야를 전공하고 졸업할 것

해설
국외여행 인솔자의 자격요건(「관광진흥법 시행규칙」 제22조 제1항)
• 관광통역안내사 자격을 취득할 것
• 여행업체에서 6개월 이상 근무하고 국외여행 경험이 있는 자로서 문화체육관광부장관이 정하는 소양교육을 이수할 것
• 문화체육관광부장관이 지정하는 교육기관에서 국외여행 인솔에 필요한 양성교육을 이수할 것

42 다음 설명에 해당하는 것은? ○△✕

> 지역주민이 주도하여 지역을 방문하는 관광객을 대상으로 숙박, 여행알선 등의 관광사업체를 창업하고 자립 발전하도록 지원하는 사업이다.

① 관광두레
② 여행바우처
③ 슬로시티
④ 굿스테이

해설

관광두레는 관광산업에 '두레'라는 전통적인 공동체 문화가 결합된 것으로, 지역 주민이 스스로 만들어가는 관광사업 공동체를 말한다.

② 여행바우처 : 기초생활보장수급자, 법정차상위계층 등 사회적 취약계층에게 여행기회를 정부에서 지원하는 제도이다.
③ 슬로시티 : 공해 없는 자연 속에서 전통문화와 자연을 잘 보호하면서 자유로운 옛 농경시대로 돌아가자는 '느림의 삶'을 추구하려는 국제운동이다.
④ 굿스테이 : 문화체육관광부와 한국관광공사가 지정한 우수 숙박시설이다(한국관광 품질인증제 도입으로 2018년 지정사업 종료).

43 제3차 관광개발기본계획(2012~2021년)의 개발전략이 아닌 것은? ○△✕

① 미래 환경에 대응한 명품 관광자원 확충
② 국민이 행복한 생활관광 환경 조성
③ 저탄소 녹색성장을 선도하는 지속가능한 관광확산
④ 남북한 및 동북아 관광협력체계 구축

해설

제3차 관광개발기본계획의 개발전략
• 품격관광을 실현하는 관광개발 정책 효율화
• 미래 환경에 대응한 명품 관광자원 확충
• 문화를 통한 품격 있는 한국형 창조관광 육성
• 국민이 행복한 생활관광 환경 조성
• 저탄소 녹색성장을 선도하는 지속가능한 관광확산
• 관광 경쟁력 제고를 위한 국제협력 강화

44 여행업의 기본 기능이 아닌 것을 모두 고른 것은?   ○ △ ✕

ㄱ. 예약 및 수배	ㄴ. 수속대행
ㄷ. 여정관리	ㄹ. 공익성
ㅁ. 상 담	ㅂ. 저렴한 가격

① ㄱ, ㄴ

② ㄷ, ㄹ

③ ㄹ, ㅂ

④ ㅁ, ㅂ

> **해설**
>
> 여행업의 기능
> - 상담기능
> - 판매기능
> - 정산기능
> - 여정관리기능
> - 예약·수배기능
> - 발권기능
> - 수속대행기능

45 다음 설명에 해당하는 것은?   ○ △ ✕

| 여행목적, 여행기간, 여행코스가 동일한 형태로 정기적으로 실시되는 여행 |

① Series Tour

② Charter Tour

③ Interline Tour

④ Cruise Tour

> **해설**
>
> Series Tour는 동일한 유형, 목적, 기간, 코스로써 정기적으로 실시되는 여행이다.
> ② Charter Tour : 전세여행
> ③ Interline Tour : 항공회사가 가맹 Agent를 초대하는 여행
> ④ Cruise Tour : 유람선여행

46 다음 설명에 해당하는 것은?   ○△✕

> 취침 전에 간단한 객실의 정리·정돈과 잠자리를 돌보아 주는 서비스

① Turn Away Service
② Turn Down Service
③ Uniformed Service
④ Pressing Service

해설

Turn Down Service는 고객이 이미 투숙한 객실에 대하여 고객의 취침 직전에 제공하는 서비스로서 간단한 객실의 청소, 정리 정돈과 잠자리를 돌보아 주는 작업이다.
① Turn Away Service : 초과예약으로 인하여 객실이 부족한 경우 예약손님을 정중히 다른 호텔로 안내하는 서비스
③ Uniformed Service : 제복을 입은 Door Staff, Bell Staff, Porter로 구성되는 게스트 서비스 부서
④ Pressing Service : 고객 세탁 서비스의 다림질 서비스

47 다음 설명에 해당하는 것은?   ○△✕

> 컨벤션산업 진흥을 위해 관련단체들이 참여하여 마케팅 및 각종 지원 사업을 수행하는 전담기구

① CMP
② KNTO
③ CVB
④ CRS

해설

CVB(컨벤션 및 관광객 전담기구)는 각국 정부 또는 지방자치단체 등이 국제회의산업의 중요성과 전문성을 인식하여 국제회의 유치와 운영에 관한 정보의 제공·자문·홍보 또는 지원을 전담하기 위해 설치한 조직이다.
① CMP(국제컨벤션기획사)
② KNTO(한국관광공사)
④ CRS(항공예약시스템)

48 의료관광에 관한 설명으로 옳지 않은 것은?   ○ △ ×

① 치료 · 관광형의 경우 관광과 휴양이 발달한 지역에서 많이 나타난다.

② 외국인 환자유치를 포함하는 의료서비스와 관광이 융합된 새로운 관광 상품 트렌드이다.

③ 환자중심의 서비스와 적정수준 이상의 표준화된 서비스를 제공하기 위해 의료서비스 인증제도가 확산되고 있다.

④ 주목적이 의료적인 부분이기 때문에 일반관광객에 비해 체류기간이 짧고 체류비용이 저렴하다.

> 해설
>
> 의료관광객은 일반관광객에 비해 체류기간이 길며, 미용이나 성형, 건강검진, 간단한 수술 등으로 찾는 환자의 경우 관광을 연계하여 머무르기 때문에 체류비용이 크다.

49 2017년 현재 출국을 앞둔 내국인 홍길동이 국내 면세점에서 면세품을 구입할 수 있는 한도액은?   ○ △ ×

① 미화 400달러

② 미화 600달러

③ 미화 2,000달러

④ 미화 3,000달러

> 해설
>
> 내국인의 면세품 구매한도액은 없으며, 입국 시 적용되는 1인당 면세금액은 외국인 · 내국인 모두 동일하게 800달러다.
>
> ※ 출제 당시 정답은 ④였으나 이후 미화 5,000달러로 구매한도액이 완화되었으며, 2022년 3월 18일 한 차례 더 법령이 개정되어 해당 조항이 삭제되었다.

50 2017년 현재 컨벤션센터 중 전시면적이 큰 순서대로 나열한 것은?   ○ △ ×

① ICC Jeju − EXCO − COEX

② BEXCO − EXCO − ICC Jeju

③ EXCO − BEXCO − ICC Jeju

④ COEX − ICC Jeju − BEXCO

> 해설
>
> 우리나라 대표적 컨벤션센터 중 규모의 크기는 부산의 BEXCO, 대구의 EXCO, 제주의 ICC Jeju 순이다.

PART 08

2016년
특별시험
실제기출문제

※ 본 내용은 2016년 4월 시행된 관광통역안내사의 특별시험 실제기출문제입니다.

제1과목 국 사

제2과목 관광자원해설

제3과목 관광법규

제4과목 관광학개론

끝까지 책임진다! SD에듀!

QR코드를 통해 도서 출간 이후 발견된 오류나 개정법령, 변경된 시험 정보, 최신기출문제, 도서 업데이트 자료 등이 있는지 확인해 보세요! **시대에듀 합격 스마트 앱**을 통해서도 알려 드리고 있으니 구글 플레이나 앱 스토어에서 다운받아 사용하세요. 또한, 파본 도서인 경우에는 구입하신 곳에서 교환해 드립니다.

국 사

※ 문제의 이해도에 따라 ○ △ × 체크하여 완벽하게 정리하세요.

01 구석기 문화에 관한 설명으로 옳은 것은?　　　　　　　　　　　　　　　○ △ ×

① 석기인 격지, 팔매돌, 밀개는 조리 도구이다.
② 움집에 거주하였으며 난방을 위한 화덕이 있었다.
③ 석기 제작 기법은 간석기에서 뗀석기로 발전하였다.
④ 연천 전곡리 유적에서 주먹도끼 등의 유물이 출토되었다.

> **해설**
> ④ 아슐리안 계통의 주먹도끼가 출토되었다.
> ① 팔매돌은 사냥도구이다.
> ② 신석기시대 : 원형 움집(중앙에 화덕 위치), 구석기시대 : 동굴이나 강가에 막집(이동생활)
> ③ 뗀석기(구석기시대)에서 간석기(신석기시대)로 발전하였다.

02 다음 유적지와 관련된 시대에 관한 설명으로 옳지 않은 것은?　　　　　　　○ △ ×

> • 양양 오산리　　　　　　　　• 부산 동삼동
> • 봉산 지탑리　　　　　　　　• 인천 소이도

① 가락바퀴를 이용하여 고기잡이를 하였다.
② 종교적인 필요에 의해 조개껍데기 가면이 제작되었다.
③ 진흙을 빚어 불에 구워 만든 빗살무늬 토기를 사용하였다.
④ 탄화된 곡식이 출토되어 식량 생산 단계였음을 알 수 있다.

> **해설**
> 제시된 내용은 신석기 유적지이다. 가락바퀴(방추차)는 신석기시대 뼈바늘과 함께 의복과 그물을 제작하는 도구였다.

03 고조선 사회에 관한 설명으로 옳지 않은 것은?　　　　　○ △ ×

① 순장 풍습이 존재하였다.

② 형벌과 노비가 존재하였다.

③ 사유재산을 중시하고 보호하였다.

④ 소도라는 신성 지역이 존재하였다.

> **해설**
> ④ 고조선은 제정일치 사회. 소도는 삼한의 제정분리 지역으로 천군이라는 제사장이 통치하는 신성 지역이다.
> ① 순장 풍습은 부여가 유명하지만 삼국시대까지 전체적으로 존재하였다(신라 지증왕 대에 폐지됨).
> ② · ③ 고조선의 8조법을 통해 알 수 있다.

04 다음 기록에 해당하는 국가에 관한 설명으로 옳은 것은?　　　　　○ △ ×

> 큰 산과 깊은 골짜기가 많고 평원과 연못이 없어서 계곡을 따라 살며, 골짜기 물을 식수로 마셨다. 좋은 밭이 없어서 힘들여 일구어도 배를 채우기는 부족하였다. 사람들의 성품은 흉악하고 급해서 노략질하기를 좋아하였다.
>
> － 삼국지 위서 동이전 －

① 책화라는 제도가 존재하였다.

② 서옥제라는 풍습이 존재하였다.

③ 행정구획인 사출도가 존재하였다.

④ 신지, 읍차 등의 지배자가 존재하였다.

> **해설**
> 제시된 내용은 고구려에 대한 설명으로, 데릴사위 제도인 서옥제라는 풍습이 있었다.
> ① 동예, ③ 부여, ④ 삼한의 군장 명칭에 관한 설명이다.

05 삼국의 관등제도에 관한 설명으로 옳지 않은 것은?　　　　　○ △ ×

① 고구려의 관등조직은 '형' 계열과 '사자' 계열로 분화 편제되었다.

② 백제는 16관품을 세 단계로 구분하고 공복색깔로 구별하였다.

③ 신라는 골품에 따른 관등의 제한을 두었는데 이를 득난이라 한다.

④ 삼국의 관등 정비는 중앙집권적인 국가를 형성하기 위한 조치였다.

> **해설**
> 신라는 골품제도로 신분 이동이 불가능하였다. 이에 6두품 세력이 가장 불만을 가졌는데, 이 6두품 세력을 득난이라 한다.

06 삼국시대 예술에 관한 설명으로 옳은 것은? ○ △ ×

① 천마도는 솔거가 그렸다.
② 12악곡은 왕산악이 지었다.
③ 거문고는 우륵이 만들었다.
④ 방아타령은 백결선생이 지었다.

해설

① 천마도는 신라의 천마총에서 발견된 유물 그림이다. 솔거는 신라의 화가로 대표적인 작품은 황룡사의 〈노송도〉이다.
② 12악곡은 가야에서 신라로 귀부하여 가야금을 전파한 우륵이 만들었다.
③ 거문고는 고구려의 왕산악이 만들었다.

07 6세기 중엽 관산성 전투에 관한 설명으로 옳은 것을 모두 고른 것은? ○ △ ×

> ㄱ. 신라와 백제의 동맹이 깨졌다.
> ㄴ. 백제의 공격에 의해 김무력 장군이 전사하였다.
> ㄷ. 신라는 한강 하류 유역의 지배를 공고히 하게 되었다.

① ㄱ, ㄴ
② ㄱ, ㄷ
③ ㄴ, ㄷ
④ ㄱ, ㄴ, ㄷ

해설

백제는 나제동맹으로 고구려로부터 한강을 수복하였지만, 신라 진흥왕의 배신으로 신라가 한강 유역을 독차지하였다. 이에 나제동맹은 결렬되었다. 백제와 신라의 한강 쟁탈전이 다시 벌어졌고, 관산성 전투에서 신라의 김무력 장군에 의해 백제의 성왕이 전사하였다. 결국 신라가 한강 유역을 차지하게 되었다.

08 고구려와 수 · 당 전쟁 과정을 순서대로 바르게 나열한 것은? ○ △ ×

> ㄱ. 고구려 영양왕의 수 요서지방 공격
> ㄴ. 연개소문의 보장왕 옹립
> ㄷ. 을지문덕 장군의 살수 대첩 승리
> ㄹ. 당 태종의 안시성 공격

① ㄱ - ㄴ - ㄷ - ㄹ
② ㄱ - ㄷ - ㄴ - ㄹ
③ ㄷ - ㄹ - ㄴ - ㄱ
④ ㄷ - ㄱ - ㄹ - ㄴ

해설

ㄱ. 고구려 영양왕이 수나라 요서지방을 선제 공격 – 이후 수나라의 침략 → ㄷ. 을지문덕 장군의 살수 대첩 승리 – 수나라 멸망 – 당나라 건국 – 고구려 영류왕이 당나라에 사대정책 → ㄴ. 연개소문의 쿠데타 – 보장왕 옹립 – 당나라에 강경정책 – 당의 침략에 대비하여 천리장성 완공 → ㄹ. 당 태종의 안시성 공격 – 양만춘 장군의 승리

09 통일신라의 지방행정에 관한 설명으로 옳은 것은? ○△×

① 정복한 국가의 귀족들을 소경으로 이주시켜 감시하였다.

② 지방관 감찰을 위해 관리를 파견하는 상수리제도를 실시하였다.

③ 행정적 기능보다 군사적 기능을 강화하여 전국을 9주로 나누었다.

④ 경주의 지역적 편협성을 보완하기 위해 고구려와 백제 지역에 5소경을 설치하였다.

해설
① 통일신라의 5소경은 수도의 편재성 보완, 지방문화 발달, 고구려와 백제 유민의 회유 정책으로 만들어진 지방 도시이다.
② 상수리제도는 지방세력의 자제를 중앙에 거주시켜 인질로 삼는 제도(고려의 기인제도로 이어짐)이다.
③ 신라는 전국을 5주[책임자는 군주(군사적 성격)]로, 통일 이후 9주[책임자는 총관에서 도독(행정적 성격의 강화)]로 나누었다.
④ 고구려 지역에는 5소경이 설치되지 않았다.

10 통일신라시대 말기에 관한 설명으로 옳지 않은 것을 모두 고른 것은? ○△×

ㄱ. 웅주 도독 김헌창이 반란을 일으켰다.
ㄴ. 군진세력은 유력한 중앙귀족 세력 중 하나이다.
ㄷ. 선종 9산문은 경상도를 중심으로 분포되었다.
ㄹ. 북원의 양길, 완산의 견훤 등이 대표적인 반란군이다.

① ㄱ, ㄷ

② ㄱ, ㄹ

③ ㄴ, ㄷ

④ ㄴ, ㄹ

해설
ㄴ. 군진세력은 지방의 독자적인 호족으로 특히 군대를 보유한 세력이다.
ㄷ. 선종 9산문은 전국적으로 분포하였다.

11 고려 태조가 시행한 정책으로 옳은 것을 모두 고른 것은?　　　　　　　　　○ △ ×

> ㄱ. 지방 호족의 자제를 뽑아 인질로 개경에 머물게 하였다.
> ㄴ. 왕에 대한 충성도를 기준으로 토지를 나누어 주었다.
> ㄷ. 〈계백료서〉를 지어 군주로서 지켜야 할 교훈을 남겼다.
> ㄹ. 신라 경순왕이 귀순해 오자 그를 경주의 사심관으로 삼았다.

① ㄱ, ㄴ, ㄷ
② ㄱ, ㄴ, ㄹ
③ ㄱ, ㄷ, ㄹ
④ ㄴ, ㄷ, ㄹ

해설

ㄱ. 기인제도에 대한 설명이다.
ㄴ. 역분전 지급(호족과 공신에게 논공행상으로 지급한 토지)에 대한 설명이다.
ㄹ. 사심관제도에 대한 설명이다.
ㄷ. 〈계백료서〉와 〈정계〉는 왕실 안정 정책으로 서술한 저서이다. 〈훈요 10조〉를 지어 군주로서 지켜야 할 교훈을 남겼다.

---

12 고려시대의 대간제도와 관련 있는 기구는?　　　　　　　　　○ △ ×

① 어사대
② 중추원
③ 도병마사
④ 동녕부

해설

대성(대간)은 어사대와 중서문하성의 낭사로 구성되었다. '서경(왕의 관리임명 시 동의권) – 간쟁(왕에게 직언) – 봉박(왕의 조칙이 부당할 경우 되돌려 보냄)'의 업무를 담당하면서 왕권과 신권의 조화를 추구하였다.

---

13 고려의 경제제도에 관한 설명으로 옳지 않은 것은?

① 한인전은 6품 이하 관리의 자제에게 지급하였다.
② 국가 재정 확충을 위하여 소금전매제를 시행하였다.
③ 민전은 매매, 상속, 기증, 임대 등이 가능한 토지였다.
④ 양계의 조세는 13개 조창에 의해 개경으로 운송되었다.

> 해설
> 양계는 군사 행정 구역이다. 고려 문종 때 5도(양계 제외)에 13개 조창을 설치하였다.

14 고려 무인집권기에 설치된 기구에 관한 설명으로 옳지 않은 것은? ○ △ ✕

① 대장경을 간행하기 위해 교장도감을 설치하였다.
② 사병기관인 도방을 설치하여 신변을 경호하였다.
③ 문인들의 전문적인 지식을 활용하기 위해 서방을 설치하였다.
④ 반대 세력을 제거하고 비위를 감찰하기 위해 교정도감을 설치하였다.

> 해설
> 고려 중기(문벌 사회)에 의천이 속장경을 간행하기 위해 교장도감을 설치하였다. 무신정권기에는 몽고가 침략하자 1232년 강화도로 천도하였고, 재조대장경(팔만대장경)을 간행하기 위하여 대장도감을 설치하였다.
> ② 경대승, ③ 최우, ④ 최충헌 집권기에 해당하는 설명이다.

15 조선 전기 통치 체제 정비와 관련된 사실을 순서대로 바르게 나열한 것은? ○ △ ✕

> ㄱ. 호패법 실시
> ㄴ. 직전법 실시
> ㄷ. 집현전 설치

① ㄱ - ㄴ - ㄷ
② ㄱ - ㄷ - ㄴ
③ ㄴ - ㄱ - ㄷ
④ ㄷ - ㄱ - ㄴ

> 해설
> ㄱ. 호패법 실시(태종) → ㄷ. 집현전 설치(세종) → ㄴ. 직전법 실시(세조)

16 조선 전기 천문학의 발달과 관련이 있는 것을 모두 고른 것은? ○ △ ✕

> ㄱ. 간 의 ㄴ. 칠정산
> ㄷ. 시헌력 ㄹ. 인지의

① ㄱ, ㄴ ② ㄱ, ㄹ
③ ㄴ, ㄷ ④ ㄷ, ㄹ

해설
ㄱ. 간의 : 혼천의와 함께 조선 15세기 세종 때 만든 천체관측기구
ㄴ. 칠정산 : 조선 15세기 세종 때 해와 달, 행성들의 운행을 연구하여 한양을 기준으로 만든 역법(원의 수시력과 아라비아 역법 참고)
ㄷ. 시헌력 : 청의 역법으로 서양 선교사 아담 샬이 만듦. 조선 후기 인조 때 수용
ㄹ. 인지의 : 규형과 함께 조선 15세기 세조 때 만든 토지 측량기구

17 조선시대 공납의 폐단을 해결하기 위해 제시된 방안으로 옳은 것을 모두 고른 것은? ○ △ ✕

> ㄱ. 방 납 ㄴ. 환곡제
> ㄷ. 수미법 ㄹ. 대동법

① ㄱ, ㄴ ② ㄱ, ㄹ
③ ㄴ, ㄷ ④ ㄷ, ㄹ

해설
조선 16세기 방납의 폐단으로 민생이 혼란에 처하자, 16세기 후반 선조 때 류성룡과 이이는 대책으로 공납을 쌀로 거두는 수미법을 주장하였다. 그리고 17세기 초 광해군 때 공납을 쌀·베·화폐로 대신할 수 있는 대동법이 실시되었다.

18 조선시대 중인 신분에 해당하지 않는 것은? ○ △ ✕

① 향 리 ② 역 관
③ 도 고 ④ 서 리

해설
조선시대 중인은 향리(지방 아전), 역관(통역관), 서리(중앙 하급관리) 등이다. 도고는 조선 후기에 나타나는 상품화폐경제의 발달로 인한 폐단으로 생겨난 독점적 도매상인을 말한다.

19 다음에 해당하는 국왕의 업적으로 옳은 것은?

○ △ ×

> 1789년 아버지인 사도세자의 묘를 당시 수원 읍성이 있던 지역으로 옮겼다. 그 대신 수원 읍성은 오늘날의 수원으로 옮기고 이름을 화성부라 하였다.

① 장용영 설치

② 별기군 설치

③ 금위영 설치

④ 훈련도감 설치

> **해설**
>
> 정조의 업적에는 탕평책 시행(시파 등용), 화성 축조, 초계문신제(신진관리 왕이 직접 재교육), 규장각 설치(왕립학술기구 – 서얼 등용), 장용영 설치(왕의 친위부대), 〈대전통편〉(법전), 문체반정(노론 벽파 위주의 학문 활동 금지), 신해통공(금난전권 폐지 – 난전의 합법화), 수령의 향약 주관(중앙집권 강화) 등이 있다.
>
> ② 별기군 설치 : 1881년 고종, 최초의 신식군대
>
> ③ 금위영 설치 : 숙종, 5군영 완성
>
> ④ 훈련도감 설치 : 1592년에 임진왜란이 발생하자 선조가 류성룡의 건의로 설치, 5군영의 시초

20 조선 후기 상품 화폐 경제의 발달에 관한 설명으로 옳지 않은 것은?

○ △ ×

① 철전인 건원중보를 만들었으며, 삼한통보, 해동통보 등의 동전도 사용하였다.

② 개성의 송상은 전국에 지점을 설치하고 대외무역에도 깊이 관여하여 부를 축적하였다.

③ 동전의 발행량이 늘어났지만 제대로 유통되지 않아 동전 부족 현상이 발생하기도 했다.

④ 상품 매매를 중개하고 운송, 보관, 숙박, 금융 등의 영업을 하는 객주와 여각이 존재하였다.

> **해설**
>
> 고려 성종 때 최초의 화폐 건원중보, 고려 숙종 때 주전도감을 통해 삼한통보 · 해동통보 · 동국통보 등이 만들어졌다.

21 조선 후기 그림에서 나타난 새로운 경향으로 옳지 않은 것은?

○ △ ×

① 우리의 자연을 사실적으로 그리는 화풍이 등장하였다.

② 안견 등 화원 출신 화가들의 작품 활동이 활발하였다.

③ 서양화의 기법을 반영하여 사물을 실감나게 표현하였다.

④ 서민들의 생활과 감정이 잘 나타나는 민화가 유행하였다.

> **해설**
>
> 안견의 〈몽유도원도〉 등은 15세기의 작품이다.

22 다음 농민 봉기에 관한 설명으로 옳은 것은? ○ △ ✕

> 임술년(1862년) 2월 19일, 진주민 수만 명이 머리에 흰 수건을 두르고 손에는 몽둥이를 들고 무리를 지어 진주 읍내에 모여 서리들의 가옥 수십 호를 불사르고 부수어, 그 움직임이 결코 가볍지 않았다.
> – 임술록 –

① 농민자치조직인 집강소를 설치하여 개혁을 주장하였다.
② 경상우병사인 백낙신의 수탈에 반발하여 일으킨 것이다.
③ 만적 등 천민의 신분 해방 운동을 촉진하는 요인이 되었다.
④ 홍경래의 지휘 아래 영세 농민, 중소 상인 등이 합세하였다.

해설

제시된 내용은 1862년 백낙신의 수탈에 반발하여 잔반 유계춘의 지휘 아래 일어난 진주민란에 대한 설명이다. 이후 전국으로 확산되어 임술농민봉기의 시초가 되었다.
① 1894년 동학농민운동
③ 1170년 무신정변 이후 무신정권기
④ 1811년 홍경래의 난

23 신민회의 활동으로 옳은 것을 모두 고른 것은? ○ △ ✕

> ㄱ. 만민공동회 개최   ㄴ. 연통제 실시
> ㄷ. 대성학교 설립   ㄹ. 독립군 기지 건설

① ㄱ, ㄴ
② ㄱ, ㄷ
③ ㄴ, ㄹ
④ ㄷ, ㄹ

해설

ㄱ. 만민공동회 개최 : 독립협회
ㄴ. 연통제 실시 : 대한민국 임시정부의 국내 연락망 조직
신민회(1907~1911)는 일제에 저항하는 비밀결사조직으로 최초로 공화정을 주장하였다. 실력양성(대성학교 – 오산학교, 자기회사 – 태극서관)과 독립군 기지 건설(서간도 삼원보에 신한민촌 – 신흥무관학교 – 경학사 – 부민단, 북만주 밀산부에 한흥동)을 동시에 전개하였다. 그러나 1911년 105인 사건으로 와해되었다.

24 민립대학 설립운동이 시작된 시기에 해당하는 일제 통치 정책으로 옳은 것은?   ○ △ ×

① 창씨개명을 강요하였다.

② 헌병경찰제를 실시하였다.

③ 산미증식계획을 실시하였다.

④ 황국신민화 정책을 실시하였다.

> **해설**
>
> ③ 1922년 민립대학 설립운동, 1920~1933년 산미증식계획
> ① · ④ 1930년대~1940년대 민족말살통치
> ② 1910년대 무단통치

25 광복 직후 정부 수립을 위한 활동을 순서대로 바르게 나열한 것은?   ○ △ ×

> ㄱ. 남북협상회의 개최
> ㄴ. 조선건국준비위원회 결성
> ㄷ. 신탁통치반대 국민총동원위원회 결성

① ㄱ - ㄴ - ㄷ

② ㄱ - ㄷ - ㄴ

③ ㄴ - ㄷ - ㄱ

④ ㄷ - ㄴ - ㄱ

> **해설**
>
> ㄴ. 해방 직후 1945년 8월 – 조선건국준비위원회 결성 → ㄷ. 모스크바 3상회담 직후 1945년 12월 – 신탁통치반대 국민
> 총동원위원회 결성 → ㄱ. 1948년 2월 유엔소총회 결정 - 남한만의 단독선거 결정 - 1948년 4월 남한의 김구 – 김규식,
> 북한의 김일성 – 김두봉 – 남북협상회의 개최 → 실패

관광자원해설

※ 문제의 이해도에 따라 ○△× 체크하여 완벽하게 정리하세요.

26 천연기념물로 지정된 동굴을 모두 고른 것은? ○△×

ㄱ. 제주 만장굴	ㄴ. 익산 천호동굴
ㄷ. 태백 용연굴	ㄹ. 정선 화암굴

① ㄱ, ㄴ

② ㄱ, ㄹ

③ ㄴ, ㄷ

④ ㄷ, ㄹ

> **해설**
> ㄱ. 제주 김녕굴 및 만장굴 : 천연기념물
> ㄴ. 익산 천호동굴 : 천연기념물
> ㄷ. 태백 용연굴 : 강원도 자연유산
> ㄹ. 정선 화암굴 : 천연기념물
> ※ 출제 당시 정답은 ①이었으나, 정선 화암(동)굴이 강원도 자연유산으로 지정되어 있다가 2019년 11월 1일 천연기념물로 지정되어 현재는 정답이 없다.

27 자연공원에 관한 설명으로 옳은 것은? ○△×

① 금오산은 1967년 지정된 최초의 도립공원이다.

② 천마산은 1983년 지정된 도립공원으로 스키장으로 잘 알려져 있다.

③ 소백산은 1980년 지정된 국립공원으로 단양군과 영주시에 걸쳐 있다.

④ 남한산성은 1971년 지정된 도립공원이다.

> **해설**
> ① 금오산은 1970년 지정된 최초의 도립공원이다.
> ② 천마산은 1983년 지정된 군립공원이다.
> ③ 소백산은 1987년 지정된 국립공원이다.

28 비인적 해설기법 중 단방향 해설매체(길잡이식 해설)에 관한 설명으로 옳지 않은 것은? ○ △ ✕

① 안내판, 키오스크, 멀티미디어시스템 등이 포함된다.
② 문자형과 상징형 등으로 나눌 수 있다.
③ 이용자의 선호에 따라 취사선택이 가능하다.
④ 이용자의 정보해독 능력에 따라 다른 학습효과를 낼 수 있다.

> 해설
> 키오스크(무인 종합정보안내시스템), 멀티미디어시스템은 매체이용해설에 해당한다.

29 람사르 습지 목록에 등재된 곳을 모두 고른 것은? ○ △ ✕

ㄱ. 보령 갯벌	ㄴ. 여수 여자만
ㄷ. 신안 장도습지	ㄹ. 강화 매화마름 군락지

① ㄱ, ㄴ
② ㄱ, ㄹ
③ ㄴ, ㄷ
④ ㄷ, ㄹ

> 해설
> 람사르 습지 등록 현황(환경부, 2024년 4월 기준)
> • 대암산용늪(1997.03.28)
> • 신안장도 산지습지(2005.03.30)
> • 제주 물영아리오름(2006.10.18)
> • 두웅습지(2007.12.20)
> • 제주 물장오리오름(2008.10.13)
> • 강화 매화마름 군락지(2008.10.13)
> • 서천갯벌(2010.09.09)
> • 고창갯벌(2010.12.13)
> • 고창 운곡습지(2011.04.07)
> • 한강밤섬(2012.06.21)
> • 제주 숨은물뱅듸(2015.05.13)
> • 순천 동천하구(2016.01.20)
> • 고양 장항습지(2021.05.21)
>
> • 우포늪(1998.03.02)
> • 순천만 · 보성갯벌(2006.01.20)
> • 무제치늪(2007.12.20)
> • 무안갯벌(2008.01.14)
> • 오대산 국립공원 습지(2008.10.13)
> • 제주1100고지(2009.10.12)
> • 부안 줄포만갯벌(2010.12.13)
> • 제주 동백동산 습지(2011.03.14)
> • 신안 증도갯벌(2011.09.01)
> • 송도갯벌(2014.07.10)
> • 영월 한반도습지(2015.05.13)
> • 대부도갯벌(2018.10.25)

30 지역과 해수욕장의 연결이 옳지 않은 것은?

○ △ ✕

① 전라북도 - 격포해수욕장
② 인천광역시 - 하나개해수욕장
③ 경상남도 - 춘장대해수욕장
④ 경상북도 - 구룡포해수욕장

> **해설**
> 춘장대해수욕장은 충청남도 서천군에 있다.

31 관광진흥법에 의해 지정된 관광특구가 아닌 것은?

○ △ ✕

① 평택시 송탄
③ 창녕군 부곡온천

② 서울특별시 잠실
④ 공주시 백제문화지구

> **해설**
> 공주시 백제역사유적지구가 유네스코 세계유산에 등재되어 있다.

관광특구 지정현황(문화체육관광부, 2024년 4월 기준)

지 역	특구명	지 역	특구명
서울(7)	명동 · 남대문 · 북창동 · 다동 · 무교동	충남(2)	아산시온천
	이태원		보령해수욕장
	동대문 패션타운	강원(2)	설악산
	종로 · 청계		대관령
	잠 실	경북(4)	경주시
	강남마이스		백암온천
	홍대 문화예술		문경시
경기(5)	동두천시		포항 영일만
	평택시 송탄	경남(2)	부곡온천
	고양시		미륵도
	수원화성	부산(2)	해운대
	통일동산		용두산, 자갈치시장
인천(1)	월미도	전북(2)	무주 구천동
대전(1)	유 성		정읍 내장산
충북(3)	수안보온천	전남(2)	구례군
	속리산		목포시
	단양군	제주(1)	제주도

32 국가지질공원으로 지정된 곳이 아닌 것은?

○ △ ✕

① 부 산
② 청 송
③ 지리산권
④ 강원평화지역

해설

국가지질공원 현황(국가지질공원 홈페이지, 2024년 4월 기준)
- 제주도 국가지질공원
- 울릉도 · 독도 국가지질공원
- 부산 국가지질공원
- 강원평화지역 국가지질공원
- 청송 국가지질공원
- 무등산권 국가지질공원
- 한탄강 국가지질공원
- 강원평화지역 국가지질공원
- 경북 동해안 국가지질공원
- 전북 서해안권 국가지질공원
- 백령 · 대청 국가지질공원
- 진안 · 무주 국가지질공원
- 단양 국가지질공원
- 고군산군도 국가지질공원
- 의성 국가지질공원

---

33 관광농원에 관한 설명으로 옳지 않은 것은?

○ △ ✕

① 농업인의 소득증대를 도모하는 사업이다.
② 숙박시설은 설치할 수 없다.
③ 사업규모는 100,000㎡ 미만이어야 한다.
④ 농촌의 쾌적한 자연환경과 전통문화 등을 농촌체험 · 관광자원으로 개발하는 사업이다.

해설

농어촌 관광휴양사업(「농어촌정비법」 제2조 제16호)
- 농어촌 관광휴양단지사업 : 농어촌의 쾌적한 자연환경과 농어촌 특산물 등을 활용하여 전시관, 학습관, 지역 특산물 판매시설, 체육시설, 청소년 수련시설, 휴양시설 등을 갖추고 이용하게 하거나 휴양 콘도미니엄 등 숙박시설과 음식 등을 제공하는 사업
- 관광농원사업 : 농어촌의 자연자원과 농림수산 생산기반을 이용하여 지역특산물 판매시설, 영농 체험시설, 체육시설, 휴양시설, 숙박시설, 음식 또는 용역을 제공하거나 그 밖에 이에 딸린 시설을 갖추어 이용하게 하는 사업
- 주말농원사업 : 주말영농과 체험영농을 하려는 이용객에게 농지를 임대하거나 용역을 제공하고 그 밖에 이에 딸린 시설을 갖추어 이용하게 하는 사업
- 농어촌민박사업 : 농어촌지역 또는 준농어촌지역의 주민이 소유 및 거주하고 있는 주택을 이용하여 농어촌 소득을 늘릴 목적으로 투숙객에게 숙박 · 취사시설 · 조식 등을 제공하는 사업

사업의 규모(「농어촌정비법 시행규칙」 별표3)

구 분	규 모
농어촌 관광휴양단지사업	1만5천㎡ 이상 100만㎡ 미만
관광농원사업	10만㎡ 미만
농어촌민박사업	주택 연면적 230㎡ 미만. 다만, 「문화재보호법」 제2조 제2항에 따른 지정문화재로 지정된 주택의 경우에는 규모의 제한을 두지 않는다.

34 유네스코 인류무형유산에 등재된 순서대로 바르게 나열한 것은?   ○ △ ✕

① 강강술래 – 판소리 – 처용무 – 영산재
② 강릉단오제 – 아리랑 – 가곡 – 줄타기
③ 남사당놀이 – 대목장 – 한산모시짜기 – 농악
④ 제주칠머리당영등굿 – 대목장 – 처용무 – 가곡

해설

남사당놀이(2009년) – 대목장(2010년) – 한산모시짜기(2011년) – 농악(2014년)

유네스코 등재 인류무형문화유산
- 종묘제례 및 종묘제례악(2001)
- 강릉단오제(2005)
- 남사당놀이(2009)
- 처용무(2009)
- 가곡(2010)
- 매사냥(2010)
- 줄타기(2011)
- 아리랑(2012)
- 농악(2014)
- 제주해녀문화(2016)
- 연등회, 한국의 등불 축제(2020)

- 판소리(2003)
- 강강술래(2009)
- 영산재(2009)
- 제주칠머리당영등굿(2009)
- 대목장(2010)
- 택견(2011)
- 한산모시짜기(2011)
- 김장문화(2013)
- 줄다리기(2015)
- 씨름(2018)
- 한국의 탈춤(2022)

35 무형문화재와 소재지의 연결이 옳지 않은 것은?   ○ △ ✕

① 줄타기 – 경기
② 강강술래 – 전남
③ 봉산탈춤 – 강원
④ 은산별신제 – 충남

해설

봉산탈춤(국가무형유산)의 소재지는 서울이다.
※ 2024년 5월 17일 법령 개정에 따라 '국가무형문화재'의 명칭이 '국가무형유산'으로 변경되었다.

36 택견에 관한 설명으로 옳지 않은 것은?

○ △ ×

① 2011년 유네스코 인류무형유산에 등재되었다.

② 1980년 국가무형문화재로 지정되면서 정부가 보호하고 있다.

③ 택견의 수련은 혼자익히기, 마주메기기, 견주기로 나눌 수 있다.

④ 우리나라 전통무술의 하나로, 고구려 고분인 무용총 벽화에 그려져 있다.

해설
택견(국가무형유산)
- 지정(등록)일 : 1983년 6월 1일
- 고구려 고분벽화에 택견을 하는 모습이 그려져 있는 것을 보아 삼국시대에 이미 행하였음을 알 수 있음
- 택견의 수련 : 혼자익히기, 마주메기기, 견주기(대걸이, 겨눔수)
※ 2024년 5월 17일 법령 개정에 따라 '국가무형문화재'의 명칭이 '국가무형유산'으로 변경되었다.

37 무형문화재에 관한 설명으로 옳은 것은?

○ △ ×

① 무형문화재는 관광진흥법에 의해 지정 · 보장되는 제도이다.

② 무형문화재에는 전통지식 · 기술 · 서적 · 의례 등이 포함된다.

③ 무형문화재에는 국가무형문화재와 시 · 군 지정 무형문화재로 구분된다.

④ 국가무형문화재는 문화재청장이 무형문화재 위원회의 심의를 거쳐 지정한다.

해설
① 무형유산은 「무형유산의 보전 및 진흥에 관한 법률」에 따라 지정된다.
② 무형유산에는 전통적 공연 · 예술 / 공예, 미술 등에 관한 전통기술 / 한의약, 농경 · 어로 등에 관한 전통지식 / 구전 전통 및 표현 / 의식주 등 전통적 생활관습 / 민간신앙 등 사회적 의식(儀式) / 전통적 놀이 · 축제 및 기예 · 무예 등이 포함된다.
③ 국가무형유산과 시 · 도무형유산으로 구분한다.
④ 국가무형유산은 국가유산청장이 무형유산위원회의 심의를 거쳐 지정한다.
※ 2024년 5월 17일 법령 개정에 따라 현재는 정답이 없다.

38 국가무형문화재가 아닌 것은?

○ △ ×

① 한산소곡주
③ 북청사자놀음

② 안동차전놀이
④ 조선왕조궁중음식

해설
한산소곡주는 시 · 도무형유산(충청남도 무형유산)이다.
※ 2024년 5월 17일 법령 개정에 따라 '국가무형문화재', '시 · 도무형문화재'의 명칭이 '국가무형유산', '시 · 도무형유산'으로 변경되었다.

36 ② 37 해설 참조 38 ① 정답

39 단오의 풍속이 아닌 것은?

○ △ ×

① 강강술래
② 그네뛰기와 씨름
③ 창포물에 머리감기
④ 대추나무 시집보내기

해설

강강술래는 전라남도 해안지방에서 추석을 전후하여 행하는 집단놀이이다.

40 카지노에 관한 설명으로 옳지 않은 것은?

○ △ ×

① 1994년 관광진흥법 개정에 의해 관광사업으로 규정되었다.
② 국내 최초의 카지노는 1967년 개설된 서울 파라다이스워커힐카지노이다.
③ 강원랜드 카지노는 2000년 10월 개장했다.
④ 강원랜드 카지노는 내국인출입이 가능하다.

해설

국내 최초의 카지노는 1967년 개설한 인천 올림포스호텔 카지노[현재 (주)파라다이스 세가사미]이다. 서울 워커힐카지노
[(주) 파라다이스]는 1968년 개설했다.

41 유형문화재 중 보물로 지정된 것은?

○ △ ×

① 부여 정림사지 오층석탑
② 상원사 동종
③ 보은 법주사 사천왕 석등
④ 강릉 임영관 삼문

해설

①·②·④ 국보에 해당한다.
※ 2024년 5월 17일 법령 개정에 따라 '유형문화재'의 명칭이 '문화유산'으로 변경되었다.

42 다음 설명에 해당하는 것은?

> • 1983년 사적 302호로 지정됨
> • 객사, 노거수 은행나무, 임경업장군비각이 있음

① 아산 외암마을
② 고성 왕곡마을
③ 경주 양동마을
④ 낙안읍성 민속마을

해설

① 아산 외암마을(국가민속문화유산) : 영암댁 · 참판댁 · 송화댁 등의 양반주택과 50여 가구의 초가 등 크고 작은 옛집들이 상당 부분 원래 모습을 유지한 채 남아 있다.
② 고성 왕곡마을(국가민속문화유산) : 14세기경부터 강릉 함씨와 강릉 최씨, 용궁 김씨 등이 모여 사는 집성촌이다.
③ 경주 양동마을(국가민속문화유산) : 월성 손씨와 여강 이씨의 양대문벌로 이어 내려온 동족마을로, 무첨당(보물), 향단(보물), 관가정(보물)를 비롯해 많은 옛 건물들이 귀중한 유산으로 지정되어 있는 곳이다.
※ 2024년 5월 17일 법령 개정에 따라 '국가민속문화재'의 명칭이 '국가민속문화유산'으로 변경되었다.

43 국보의 명칭과 지정번호의 연결이 옳지 않은 것은?

① 서울 원각사지 십층석탑 – 국보 제2호
② 경주 불국사 다보탑 – 국보 제21호
③ 익산 미륵사지 석탑 – 국보 제11호
④ 보은 법주사 쌍사자 석등 – 국보 제5호

해설

경주 불국사 다보탑 : 국보 제20호 / 국보 제21호 : 경주 불국사 삼층석탑(석가탑)
※ 문화재청에서 문화재 지정번호제도를 폐지하였으므로, 향후 보기를 제외한 선지에서 지정번호를 묻는 문제는 없을 것으로 보인다.

44 문화유산에 관한 설명으로 옳지 않은 것은? ○ △ ×

① 부도는 승려의 사리를 안치한 묘탑이다.
② 석조는 주로 사찰에서 돌을 넓게 파서 물을 받아 사용하도록 만든 것이다.
③ 석등은 다른 마을과의 경계를 표시하기 위해 설치된 돌로 만든 구조물이다.
④ 당간지주는 사찰입구의 당간을 세우는 기둥이다.

해설

석등은 사원 경내나 능묘, 정원 등에 불을 밝히기 위해 만들어 두는 등기(燈器)이다. 부처의 광명을 상징한다 하여 광명등(光明燈)이라고도 하며, 대개 대웅전이나 탑과 같은 중요한 건축물 앞에 자리한다. 다른 마을과의 경계를 표시하기 위해(또는 이정표 구실, 마을의 수호신 역할 등) 마을이나 절 입구, 길가 등에 돌·나무로 만들어 세운 기둥을 장승이라고 한다.

45 다음 설명에 해당하는 것은? ○ △ ×

ㄱ. 관학(官學)으로 지방의 중등교육기관
ㄴ. 조선시대 학문연구와 성리학적 인재양성을 위해 설립되었던 지방의 사설교육기관

① ㄱ - 향교, ㄴ - 서원
② ㄱ - 서원, ㄴ - 사고
③ ㄱ - 향교, ㄴ - 객사
④ ㄱ - 서원, ㄴ - 향교

해설

• 사고 : 고려 및 조선시대 나라의 역사기록과 중요한 서적·문서를 보관한 국가의 서적고(書籍庫)
• 객사 : 고려 및 조선시대 각 고을에 설치했던 관사(館舍)

46 유형문화재에 관한 설명으로 옳지 않은 것은? ○ △ ×

① 유형문화재는 건조물, 전적, 회화, 조각, 공예품 등 유형의 문화적 소산으로 역사적·예술적 또는 학술적 가치가 큰 것과 이에 준하는 고고자료이다.
② 문화재청장은 문화재위원회의 심의를 거쳐 유형문화재 중 중요한 것을 보물로 지정할 수 있다.
③ 국보는 시·도유형문화재 중 인류문화의 견지에서 가치가 크고 유례가 드문 것을 대상으로 한다.
④ 보물 제1호에서 제3호까지는 모두 서울에 소재해 있다.

해설

보물 및 국보의 지정(「문화유산의 보존 및 활용에 관한 법률」 제23조)
• 국가유산청장은 문화유산위원회의 심의를 거쳐 유형문화유산 중 중요한 것을 보물로 지정할 수 있다.
• 국가유산청장은 제1항의 보물에 해당하는 문화유산 중 인류문화의 관점에서 볼 때 그 가치가 크고 유례가 드문 것을 문화유산위원회의 심의를 거쳐 국보로 지정할 수 있다.
• 보물과 국보의 지정기준과 절차 등에 필요한 사항은 대통령령으로 정한다.
※ 2024년 5월 17일 법령 개정에 따라 현재는 정답이 없다.

47 다음 설명에 해당하는 것은?　　　　　　　　　　　　　　　　　　○ △ ✕

> ㄱ. 국보 제223호로 지정되어 있으며, 왕이 신하들의 조례를 받던 곳
> ㄴ. 경복궁의 정문이며 남문에 해당함

① ㄱ – 근정전, ㄴ – 건춘문
② ㄱ – 사정전, ㄴ – 광화문
③ ㄱ – 경회루, ㄴ – 신무문
④ ㄱ – 근정전, ㄴ – 광화문

> **해설**
> • 건춘문 : 경복궁의 동문
> • 사정전 : 경복궁의 편전
> • 경회루 : 경복궁의 누각
> • 신무문 : 경복궁의 북문

48 건축양식과 건축물이 바르게 연결된 것은?　　　　　　　　　　　　　　　○ △ ✕

① 주심포 양식 – 숭례문
② 주심포 양식 – 봉정사 극락전
③ 다포 양식 – 부석사 무량수전
④ 다포 양식 – 수덕사 대웅전

> **해설**
> ① 숭례문 : 다포 양식
> ③ 부석사 무량수전 : 주심포 양식
> ④ 수덕사 대웅전 : 주심포 양식

49 다음 설명에 해당하는 것은?   ○ △ ×

> • 성문 보호를 목적으로 성문 밖에 쌓은 성벽
> • 모양이 마치 항아리와 같다고 해서 붙여진 명칭

① 옹 성   ② 해 자
③ 여 장   ④ 적 대

> **해설**
> ② 해자 : 적의 침입을 막기 위해 성 밖을 둘러 파서 만든 못
> ③ 여장 : 성 위에 낮게 쌓은 담
> ④ 적대 : 적의 정세를 살피는 망대(望臺)

50 양양 낙산사에 관한 설명으로 옳은 것은?   ○ △ ×

> ㄱ. 낙산사홍련암은 1994년 강원도문화재자료로 지정됨
> ㄴ. 2005년 화재로 인해 큰 피해를 입음
> ㄷ. 신라 문무왕 때 의상대사에 의해 창건됨
> ㄹ. 양양 낙산사 건칠관음보살좌상은 2003년 국보로 지정됨

① ㄱ, ㄴ   ② ㄱ, ㄹ
③ ㄴ, ㄷ   ④ ㄷ, ㄹ

> **해설**
> ㄱ. 낙산사홍련암은 1984년 강원도문화유산자료로 지정되었다.
> ㄹ. 양양 낙산사 건칠관음보살좌상은 2003년 보물로 지정되었다.
> ※ 2024년 5월 17일 법령 개정에 따라 '문화재자료'의 명칭이 '문화유산자료'로 변경되었다.

관광법규

※ 문제의 이해도에 따라 ○ △ × 체크하여 완벽하게 정리하세요.

01 관광기본법의 내용으로 옳지 않은 것은? ○ △ ×

① 정부는 관광진흥장기계획과 연도별 계획을 각각 수립하여야 한다.
② 정부는 매년 관광진흥에 관한 시책의 추진성과를 정기국회가 폐회되기 전까지 국회에 보고하여야 한다.
③ 지방자치단체는 관광에 관한 국가시책에 필요한 시책을 강구하여야 한다.
④ 정부는 관광진흥을 위하여 관광진흥개발기금을 설치하여야 한다.

> **해설**
> 정부는 매년 관광진흥에 관한 시책과 동향에 대한 보고서를 정기국회가 시작하기 전까지 국회에 제출하여야 한다(「관광기본법」 제4조).
> ※ ① 2017년 11월 28일 '정부는 관광진흥의 기반을 조성하고 관광산업의 경쟁력을 강화하기 위하여 관광진흥에 관한 기본계획을 5년마다 수립·시행하여야 한다(「관광기본법」 제3조 제1항).'로 법령이 개정되었다.

02 관광진흥법의 목적으로 명시되지 않은 것은? ○ △ ×

① 관광경제 활성화
② 관광자원 개발
③ 관광사업 육성
④ 관광 여건 조성

> **해설**
> 목적(「관광진흥법」 제1조)
> 관광진흥법은 관광 여건을 조성하고 관광자원을 개발하며 관광사업을 육성하여 관광 진흥에 이바지하는 것을 목적으로 한다.

03 관광진흥법령상 관광객 이용시설업에 해당하지 않는 것은?　　　　　　　○ △ ×

① 외국인관광 도시민박업
② 관광공연장업
③ 관광유람선업
④ 관광펜션업

> **해설**
>
> 관광객 이용시설업의 종류(「관광진흥법 시행령」 제2조 제1항 제3호)
> - 전문휴양업
> - 야영장업(일반 · 자동차)
> - 관광공연장업
> - 한옥체험업
> - 종합휴양업(제1종 · 제2종)
> - 관광유람선업(일반관광유람선 · 크루즈)
> - 외국인관광 도시민박업

04 관광진흥법령상 관광숙박업 및 관광객 이용시설업 등록심의위원회(이하 "위원회"라 한다)에 관한 내용으로 옳지 않은 것은?　　　　　　　○ △ ×

① 위원회는 위원장과 부위원장 각 1명을 포함한 위원 10명 이내로 구성한다.
② 위원회를 군수 소속으로 둘 경우 부군수가 부위원장이 된다.
③ 위원회의 회의는 재적위원 3분의 2 이상의 출석과 출석위원 3분의 2 이상의 찬성으로 의결한다.
④ 위원회의 서무를 처리하기 위하여 위원회에 간사 1명을 둔다.

> **해설**
>
> ① · ② 위원회는 위원장과 부위원장 각 1명을 포함한 위원 10명 이내로 구성하되, 위원장은 특별자치시 · 특별자치도 · 시 · 군 · 구(자치구만 해당)의 부지사 · 부시장 · 부군수 · 부구청장이 되고, 부위원장은 위원 중에서 위원장이 지정하는 자가 되며, 위원은 제18조 제1항 각 호에 따른 신고 또는 인 · 허가 등의 소관 기관의 직원이 된다(「관광진흥법」 제17조 제2항).
> ③ 「관광진흥법」 제17조 제5항
> ④ 「관광진흥법 시행령」 제18조

05 관광진흥법령상 유기기구의 안전성검사 등에 관한 내용이다. (   )에 들어갈 내용이 순서대로 옳은 것은?   ○ △ ×

> 안전성검사를 받은 유기기구 중 (   ) 이상 운행을 정지하거나 최근 (   )간의 운행정지기간의 합산 일이 (   ) 이상인 유기기구는 재검사를 받아야 한다.

① 30일, 3개월, 30일

② 30일, 6개월, 3개월

③ 3개월, 6개월, 3개월

④ 3개월, 1년, 3개월

해설

유기시설 또는 유기기구의 안전성검사 등(「관광진흥법 시행규칙」 제40조 제3항)

안전성검사를 받은 유기시설 또는 유기기구 중 정기 또는 반기별 안전성검사 및 재검사에서 부적합 판정을 받은 유기시설 또는 유기기구, 사고가 발생한 유기시설 또는 유기기구(유기시설 또는 유기기구의 결함에 의하지 아니한 사고는 제외), 3개월 이상 운행을 정지한 유기시설 또는 유기기구의 어느 하나에 해당하는 유기시설 또는 유기기구는 재검사를 받아야 한다.

※ 출제 당시 정답은 ③이었으나, 2016년 12월 30일 법령이 개정되어 현재는 운행정지기간의 합산일 관련 내용이 삭제되어 현재는 정답이 없다.

---

06 관광진흥법상 카지노사업자가 준수하여야 하는 영업준칙에 포함되어야 하는 것을 모두 고른 것은?   ○ △ ×

> ㄱ. 1일 최대 영업시간
> ㄴ. 게임 테이블의 집전함(集錢函) 부착 및 내기금액 한도액의 표시 의무
> ㄷ. 슬롯머신 및 비디오게임의 최소배당률
> ㄹ. 카지노 종사원의 게임참여 불가 등 행위금지사항

① ㄱ, ㄷ

② ㄴ, ㄹ

③ ㄴ, ㄷ, ㄹ

④ ㄱ, ㄴ, ㄷ, ㄹ

해설

카지노사업자 등의 준수 사항(「관광진흥법」 제28조 제2항)

카지노사업자는 카지노업의 건전한 육성·발전을 위하여 필요하다고 인정하여 문화체육관광부령으로 정하는 영업준칙을 지켜야 한다. 이 경우 그 영업준칙에는 다음의 사항이 포함되어야 한다.

- 1일 최소 영업시간
- 게임 테이블의 집전함(集錢函) 부착 및 내기금액 한도액의 표시 의무
- 슬롯머신 및 비디오게임의 최소배당률
- 전산시설·환전소·계산실·폐쇄회로의 관리기록 및 회계와 관련된 기록의 유지 의무
- 카지노 종사원의 게임참여 불가 등 행위금지사항

07 관광진흥법상 카지노사업자에게 금지되는 행위가 아닌 것은? ○△✕

① 카지노영업소에 입장하는 자의 신분 확인에 필요한 사항을 묻는 행위
② 총매출액을 누락시켜 관광진흥개발기금 납부금액을 감소시키는 행위
③ 선량한 풍속을 해칠 우려가 있는 광고를 하는 행위
④ 19세 미만인 자를 입장시키는 행위

> **해설**
>
> **카지노사업자 등의 준수 사항(「관광진흥법」 제28조 제1항)**
> 카지노사업자(대통령령으로 정하는 종사원을 포함)는 다음의 어느 하나에 해당하는 행위를 하여서는 아니 된다.
> • 법령에 위반되는 카지노기구를 설치하거나 사용하는 행위
> • 법령을 위반하여 카지노기구 또는 시설을 변조하거나 변조된 카지노기구 또는 시설을 사용하는 행위
> • 허가받은 전용영업장 외에서 영업을 하는 행위
> • 내국인(「해외이주법」에 따른 해외이주자는 제외)을 입장하게 하는 행위
> • 지나친 사행심을 유발하는 등 선량한 풍속을 해칠 우려가 있는 광고나 선전을 하는 행위
> • 영업 종류에 해당하지 아니하는 영업을 하거나 영업 방법 및 배당금 등에 관한 신고를 하지 아니하고 영업하는 행위
> • 총매출액을 누락시켜 관광진흥개발기금 납부금액을 감소시키는 행위
> • 19세 미만인 자를 입장시키는 행위
> • 정당한 사유 없이 그 연도 안에 60일 이상 휴업하는 행위

2016년

관광법규

08 관광진흥법령상 관광숙박업에 대한 사업계획의 승인을 받은 경우, 그 사업계획에 따른 관광숙박시설을 학교환경위생 정화구역 내에 설치할 수 있는 요건에 해당하지 않는 것은? ○△✕

① 관광숙박시설의 객실이 100실 이상일 것
② 특별시 또는 광역시 내에 위치할 것
③ 관광숙박시설 내 공용공간을 개방형 구조로 할 것
④ 학교보건법에 따른 학교 출입문 또는 학교설립예정지 출입문으로부터 직선거리로 75m 이상에 위치할 것

> **해설**
>
> **사업계획 승인 시의 인·허가 의제 등(「관광진흥법」 제16조 제7항)**
> 법 제15조 제1항에 따른 사업계획의 승인 또는 변경승인을 받은 경우 그 사업계획에 따른 관광숙박시설로서 다음에 적합한 시설에 대해서는 「학교보건법」 제6조 제1항 제13호를 적용하지 아니한다.
> • 관광숙박시설에서 「학교보건법」 제6조 제1항 제12호, 제14호부터 제16호까지 또는 제18호부터 제20호까지의 규정에 따른 행위 및 시설 중 어느 하나에 해당하는 행위 및 시설이 없을 것
> • 관광숙박시설의 객실이 100실 이상일 것
> • 대통령령으로 정하는 지역(서울특별시, 경기도) 내 위치할 것
> • 대통령령으로 정하는 바에 따라 관광숙박시설 내 공용공간을 개방형 구조로 할 것
> • 「학교보건법」 제2조에 따른 학교 출입문 또는 학교설립예정지 출입문으로부터 직선거리로 75m 이상에 위치할 것

09 관광진흥법상 관할 등록기관 등의 장이 등록 등 또는 사업계획의 승인을 취소할 수 있는 경우가 아닌 것은?

○ △ ×

① 기획여행의 실시방법을 위반하여 기획여행을 실시한 경우
② 관광표지에 기재되는 내용을 사실과 다르게 표시 또는 광고하는 행위를 한 경우
③ 여행자의 사전 동의 없이 여행일정을 변경하는 경우
④ 국외여행 인솔자의 등록을 하지 아니한 자에게 국외여행을 인솔하게 한 경우

> **해설**
>
> **등록취소 등(「관광진흥법」 제35조 제1항)**
> 관할 등록기관 등의 장은 관광사업의 등록 등을 받거나 신고를 한 자 또는 사업계획의 승인을 받은 자가 다음의 어느 하나에 해당하면 그 등록 등 또는 사업계획의 승인을 취소하거나 6개월 이내의 기간을 정하여 그 사업의 전부 또는 일부의 정지를 명하거나 시설 · 운영의 개선을 명할 수 있다.
> • 기획여행의 실시요건 또는 실시방법을 위반하여 기획여행을 실시한 경우
> • 사실과 다르게 관광표지를 붙이거나 관광표지에 기재되는 내용을 사실과 다르게 표시 또는 광고하는 행위를 한 경우
> • 안전정보 또는 변경된 안전정보를 제공하지 아니하거나, 여행계약서 및 보험 가입 등을 증명할 수 있는 서류를 여행자에게 내주지 아니한 경우 또는 여행자의 사전 동의 없이 여행일정(선택관광 일정을 포함)을 변경하는 경우
> • 국외여행 인솔자의 등록을 하지 아니한 사람에게 국외여행을 인솔하게 한 경우
> ※ 2023년 8월 8일부로 법령이 개정되어 현재는 정답이 없다.

10 관광진흥법령상 특별자치도지사 · 시장 · 군수 · 구청장(자치구의 구청장을 말한다)의 허가가 필요한 관광사업의 종류는?

○ △ ×

① 국제회의시설업
② 국외여행업
③ 일반유원시설업
④ 전문휴양업

> **해설**
>
> ③ 유원시설업 중 대통령령으로 정하는 유원시설업(종합유원시설업 및 일반유원시설업)을 경영하려는 자는 문화체육관광부령으로 정하는 시설과 설비를 갖추어 특별자치시장 · 특별자치도지사 · 시장 · 군수 · 구청장의 허가를 받아야 한다(「관광진흥법」 제5조 제2항).
> ① · ② · ④ 규정에 따른 여행업, 관광숙박업, 관광객 이용시설업 및 국제회의업을 경영하려는 자는 특별자치시장 · 특별자치도지사 · 시장 · 군수 · 구청장(자치구의 구청장)에게 등록하여야 한다(「관광진흥법」 제4조 제1항).
> ※ 세종특별자치시의 설치에 따라 현행법 체계에 부합하도록 2018년 6월 12일 법령이 개정되었는데, '특별자치시' 및 '특별자치시장'을 현행법에 추가하여 법률이 정비되었다.

11 관광진흥법령상 관광숙박업의 등급에 관한 내용으로 옳지 않은 것은? ○ △ ✕

① 문화체육관광부장관은 관광숙박업에 대한 등급결정을 하는 경우 유효기간을 정하여 등급을 정할 수 있다.
② 관광숙박업 중 호텔업의 등급은 5성급 · 4성급 · 3성급 · 2성급 및 1성급으로 구분한다.
③ 문화체육관광부장관은 관광숙박업에 대한 등급결정 결과에 관한 사항을 공표할 수 있다.
④ 의료관광호텔업의 등록을 한 자는 등급결정을 받은 날로부터 2년이 지난 경우 희망하는 등급을 정하여 등급결정을 신청해야 한다.

> **해설**
>
> **호텔업의 등급결정(「관광진흥법 시행규칙」 제25조 제1항)**
> 관광호텔업, 수상관광호텔업, 한국전통호텔업, 소형호텔업 또는 의료관광호텔업의 등록을 한 자는 다음의 구분에 따른 기간 이내에 문화체육관광부장관으로부터 등급결정권을 위탁받은 법인(등급결정 수탁기관)에 호텔업의 등급 중 희망하는 등급을 정하여 등급결정을 신청하여야 한다.
> • 호텔을 신규 등록한 경우 : 호텔업 등록을 한 날부터 60일
> • 호텔업 등급결정의 유효기간(등급결정을 받은 날부터 3년)이 만료되는 경우 : 유효기간 만료 전 150일부터 90일까지
> • 시설의 증 · 개축 또는 서비스 및 운영실태 등의 변경에 따른 등급 조정사유가 발생한 경우 : 등급 조정사유가 발생한 날부터 60일
> • 호텔업 등급결정의 유효기간이 연장된 경우 : 연장된 유효기간 만료일까지

12 관광진흥법령상 의료관광호텔업의 등록기준의 내용으로 옳지 않은 것은? ○ △ ✕

① 욕실이나 샤워시설을 갖춘 객실을 20실 이상 30실 미만으로 갖추고 있을 것
② 외국어 구사인력 고용 등 외국인에게 서비스를 제공할 수 있는 체제를 갖추고 있을 것
③ 객실별 면적이 19㎡ 이상일 것
④ 대지 및 건물의 소유권 또는 사용권을 확보하고 있을 것

> **해설**
>
> **의료관광호텔업의 등록기준(「관광진흥법 시행령」 별표1)**
> • 의료관광객이 이용할 수 있는 취사시설이 객실별로 설치되어 있거나 층별로 공동취사장이 설치되어 있을 것
> • 욕실이나 샤워시설을 갖춘 객실이 20실 이상일 것
> • 객실별 면적이 19㎡ 이상일 것
> • 「교육환경 보호에 관한 법률」 제9조 제13호 · 제22호 · 제23호 및 제26호에 따른 영업이 이루어지는 시설을 부대시설로 두지 아니할 것
> • 의료관광객의 출입이 편리한 체계를 갖추고 있을 것
> • 외국어 구사인력 고용 등 외국인에게 서비스를 제공할 수 있는 체제를 갖추고 있을 것
> • 의료관광호텔 시설(의료관광호텔의 부대시설로 「의료법」에 따른 의료기관을 설치할 경우에는 그 의료기관을 제외한 시설)은 의료기관 시설과 분리될 것. 이 경우 분리에 관하여 필요한 사항은 문화체육관광부장관이 정하여 고시한다.
> • 대지 및 건물의 소유권 또는 사용권을 확보하고 있을 것
> • 의료관광호텔업을 등록하려는 자가 구분에 따른 요건(「관광진흥법 시행령」 별표1)을 충족하는 외국인환자 유치 의료기관의 개설자 또는 유치업자일 것

13 관광진흥법상 관광종사원에 관한 내용으로 옳지 않은 것은?

① 외국인 관광객을 대상으로 하는 여행업자는 관광통역안내의 자격을 가진 사람을 관광안내에 종사하게 하여야 한다.

② 관광종사원 자격증을 가진 자는 그 자격증을 못 쓰게 되면 문화체육관광부장관에게 그 자격증의 재교부를 신청할 수 있다.

③ 관광종사원이 거짓이나 그 밖의 부정한 방법으로 자격을 취득한 경우에는 그 자격을 취소하여야 한다.

④ 관광종사원으로서 직무를 수행하는 데에 비위(非違) 사실이 있는 경우에는 1년 이내의 기간을 정하여 그 관광종사원의 자격의 정지를 명하여야 한다.

> **해설**
>
> 자격취소 등(「관광진흥법」 제40조 제3호)
> 관광종사원으로서 직무를 수행하는 데에 부정 또는 비위(非違) 사실이 있는 경우에는 그 자격을 취소하거나 6개월 이내의 기간을 정하여 자격의 정지를 명할 수 있다.

14 관광진흥법상 국외여행 인솔자의 자격요건으로 옳은 것을 모두 고른 것은? ○△×

> ㄱ. 국내여행안내사 자격을 취득할 것
> ㄴ. 관광통역안내사 자격을 취득할 것
> ㄷ. 여행업체에서 3개월 이상 근무하고 국외여행 경험이 있는 자로서 문화체육관광부장관이 정하는 소양교육을 이수할 것
> ㄹ. 문화체육관광부장관이 지정하는 교육기관에서 국외여행 인솔에 필요한 양성교육을 이수할 것

① ㄱ, ㄷ

② ㄴ, ㄹ

③ ㄱ, ㄴ, ㄹ

④ ㄴ, ㄷ, ㄹ

> **해설**
>
> 국외여행 인솔자의 자격요건(「관광진흥법 시행규칙」 제22조 제1항)
> • 관광통역안내사 자격을 취득할 것
> • 여행업체에서 6개월 이상 근무하고 국외여행 경험이 있는 자로서 문화체육관광부장관이 정하는 소양교육을 이수할 것
> • 문화체육관광부장관이 지정하는 교육기관에서 국외여행 인솔에 필요한 양성교육을 이수할 것

15 관광진흥법상 우수숙박시설로 지정된 숙박시설이 문화체육관광부장관 또는 지방자치단체의 장으로부터 지원받을 수 있는 사항으로 명시되지 않은 것은? ○△×

① 관광진흥개발법에 따른 관광진흥개발기금의 대여
② 국내 또는 국외에서의 홍보
③ 숙박시설의 운영 및 개선을 위하여 필요한 사항
④ 숙박시설 등급의 상향 조정

> **해설**
>
> 한국관광 품질인증(「관광진흥법」 제48조의10 제4항)
> 문화체육관광부장관은 한국관광 품질인증을 받은 시설 등에 대하여 다음의 지원을 할 수 있다.
> • 「관광진흥개발기금법」에 따른 관광진흥개발기금의 대여 또는 보조
> • 국내 또는 국외에서의 홍보
> • 그 밖에 시설 등의 운영 및 개선을 위하여 필요한 사항
> ※ 출제 당시 정답은 ④였으나, 2018년 3월 13일 법령이 개정되어 현재는 우수숙박시설 지원 관련 내용이 삭제되었으며, 관광서비스 품질 향상과 전문적이고 체계적인 품질 관리를 위해 '한국관광 품질인증' 관련 조항이 신설되었다.

16 관광진흥법상 한국관광협회중앙회가 수행하는 업무로 명시된 것을 모두 고른 것은? ○△×

> ㄱ. 관광 통계　　　　　　　　　　ㄴ. 관광종사원의 교육과 사후관리
> ㄷ. 관광 수용태세 개선　　　　　　ㄹ. 관광안내소의 운영
> ㅁ. 관광 홍보 및 마케팅 지원

① ㄱ, ㄴ, ㄷ
② ㄱ, ㄴ, ㄹ
③ ㄴ, ㄹ, ㅁ
④ ㄷ, ㄹ, ㅁ

> **해설**
>
> 한국관광협회중앙회의 업무(「관광진흥법」 제43조 제1항)
> • 관광사업의 발전을 위한 업무　　　　　　• 관광사업 진흥에 필요한 조사 · 연구 및 홍보
> • 관광 통계　　　　　　　　　　　　　　• 관광종사원의 교육과 사후관리
> • 회원의 공제사업　　　　　　　　　　　• 국가나 지방자치단체로부터 위탁받은 업무
> • 관광안내소의 운영　　　　　　　　　　• 규정에 의한 업무에 따르는 수익사업

17 관광진흥법령상 관광지 등의 개발에 관한 내용으로 옳은 것은? ○ △ ✕

① 관광지 및 관광단지는 시 · 도지사의 신청에 의하여 문화체육관광부장관이 지정한다.
② 관광지로 지정 · 고시된 날부터 5년 이내에 조성계획의 승인신청이 없으면 그 고시일로부터 5년이 지난 다음 날에 그 지정의 효력이 상실된다.
③ 사업시행자는 그가 개발하는 토지를 분양받으려는 자와 그 금액 및 납부방법에 관한 협의를 거쳐 그 대금의 전부 또는 일부를 미리 받을 수 있다.
④ 관광단지 조성사업의 시행자의 요청에 따라 관광단지에 전기를 공급하는 자가 설치하는 전기간선시설의 설치비용은 관광단지 조성사업의 시행자가 부담한다.

해설
① 관광지 및 관광단지는 문화체육관광부령으로 정하는 바에 따라 시장 · 군수 · 구청장의 신청에 의하여 시 · 도지사가 지정한다. 다만, 특별자치시 및 특별자치도의 경우에는 특별자치시장 및 특별자치도지사가 지정한다(「관광진흥법」 제52조 제1항).
② 관광지 등으로 지정 · 고시된 관광지 등에 대하여 그 고시일부터 2년 이내에 조성계획의 승인신청이 없으면 그 고시일부터 2년이 지난 다음 날에 그 관광지 등 지정은 효력을 상실한다. 조성계획의 효력이 상실된 관광지 등에 대하여 그 조성계획의 효력이 상실된 날부터 2년 이내에 새로운 조성계획의 승인신청이 없는 경우에도 또한 같다(「관광진흥법」 제56조 제1항).
④ 관광단지에 전기를 공급하는 전기간선시설 및 배전시설의 설치비용은 전기를 공급하는 자가 부담한다. 다만, 관광단지 조성사업의 시행자 · 입주기업 · 지방자치단체 등의 요청에 의하여 전기간선시설 및 배전시설을 땅속에 설치하는 경우에는 전기를 공급하는 자와 땅속에 설치할 것을 요청하는 자가 각각 100분의 50의 비율로 설치비용을 부담한다(「관광진흥법」 제57조의2 제2항).

18 관광진흥법령상 관광특구의 지정요건 중 하나이다. (   )에 들어갈 숫자가 순서대로 옳은 것은? (단, 서울특별시 이외의 지역임) ○ △ ✕

문화체육관광부장관이 고시하는 기준을 갖춘 통계전문기관의 통계결과 해당 지역의 최근 (   )년 간 외국인 관광객 수가 (   )만 명 이상일 것

① 1, 10
② 1, 20
③ 2, 30
④ 2, 50

해설
관광특구의 지정요건(「관광진흥법 시행령」 제58조 제1항)
문화체육관광부장관이 고시하는 기준을 갖춘 통계전문기관의 통계결과 해당 지역의 최근 1년간 외국인 관광객 수가 10만 명(서울특별시는 50만 명)인 것을 말한다.

19 관광진흥법상 청문을 하여야 하는 처분으로 명시되지 않은 것은? ○ △ ×

① 관광사업의 등록 취소
② 관광종사원 자격의 취소
③ 우수숙박시설 지정의 취소
④ 민간개발자에 대한 관광단지 조성계획 승인의 취소

> **해설**
>
> **청문(「관광진흥법」 제77조)**
> 관할 등록기관 등의 장은 다음의 어느 하나에 해당하는 처분을 하려면 청문을 하여야 한다.
> • 국외여행 인솔자 자격의 취소
> • 관광사업의 등록 등이나 사업계획승인의 취소
> • 관광종사원 자격의 취소
> • 한국관광 품질인증의 취소
> • 조성계획 승인의 취소
> • 카지노 기구의 검사 등의 위탁 취소

20 관광진흥개발기금법령상 국내 공항과 항만을 통하여 출국하는 자로서 출국납부금의 납부대상자는? ○ △ ×

① 대한민국에 주둔하는 외국 군인의 배우자
② 선박을 이용하여 출국하는 6세 미만인 어린이
③ 항공기를 이용하여 출국하는 2세 미만인 어린이
④ 입국이 거부되어 출국하는 자

> **해설**
>
> **납부금의 납부대상(「관광진흥개발기금법 시행령」 제1조의2 제1항)**
> 다음의 어느 하나에 해당하는 자를 제외한 자
> • 외교관여권이 있는 자
> • 2세(선박을 이용하는 경우에는 6세) 미만인 어린이
> • 국외로 입양되는 어린이와 그 호송인
> • 대한민국에 주둔하는 외국의 군인 및 군무원
> • 입국이 허용되지 아니하거나 거부되어 출국하는 자
> • 「출입국관리법」 제46조에 따른 강제퇴거 대상자 중 국비로 강제 출국되는 외국인
> • 공항통과 여객으로서 다음의 어느 하나에 해당되어 보세구역을 벗어난 후 출국하는 여객
>   – 항공기 탑승이 불가능하여 어쩔 수 없이 당일이나 그 다음 날 출국하는 경우
>   – 공항이 폐쇄되거나 기상이 악화되어 항공기의 출발이 지연되는 경우
>   – 항공기의 고장·납치, 긴급환자 발생 등 부득이한 사유로 항공기가 불시착한 경우
>   – 관광을 목적으로 보세구역을 벗어난 후 24시간 이내에 다시 보세구역으로 들어오는 경우
> • 국제선 항공기 및 국제선 선박을 운항하는 승무원과 승무교대를 위하여 출국하는 승무원

21 관광진흥개발기금법령상 기금에 관한 내용으로 옳지 않은 것은? ○ △ ×

① 기금은 문화체육관광부장관이 관리한다.

② 기금의 회계연도는 정부의 회계연도에 따른다.

③ 기금운용위원회의 위원장은 문화체육관광부장관이 된다.

④ 기금은 관광진흥법에 따라 카지노업을 허가받은 자의 해외지사 설치 사업에 대여하거나 보조할 수 있다.

> **해설**
> 위원장은 문화체육관광부 제1차관이 된다(「관광진흥개발기금법 시행령」 제4조 제2항).

22 관광진흥개발기금법령상 기금 대여의 취소 및 회수에 관한 내용으로 옳은 것은? ○ △ ×

① 기금을 목적 외의 용도에 사용한 자는 그 사실이 발각된 날부터 3년 이내에 기금을 대여받을 수 없다.

② 대여금 또는 보조금의 반환 통지를 받은 자는 그 통지를 받은 날부터 2개월 이내에 해당 대여금 또는 보조금을 반환하여야 한다.

③ 대여조건을 이행하지 아니하였음을 이유로 그 대여를 취소하거나 지출된 기금을 회수할 수 없다.

④ 기금을 보조받은 자는 문화체육관광부장관의 승인을 얻은 경우에 한하여 지정된 목적 외의 용도에 기금을 사용할 수 있다.

> **해설**
> ① 기금을 목적 외의 용도에 사용한 자는 해당 기금을 대여받거나 보조받은 날부터 5년 이내에 기금을 대여받거나 보조받을 수 없다(「관광진흥개발기금법」 제11조 제4항).
> ③ 대여조건을 이행하지 아니한 경우 대여를 취소하고 지출된 기금의 전부 또는 일부를 회수한다(동법 제11조 제3항).
> ④ 기금을 대여받거나 보조받은 자는 대여받거나 보조받을 때에 지정된 목적 외의 용도에 기금을 사용하지 못한다(동법 제11조 제1항).

23 국제회의산업 육성에 관한 법령상 국제회의복합지구에 관한 설명으로 옳지 않은 것은? ○ △ ×

① 국제회의복합지구의 지정요건 중 하나로 지정대상 지역 내에 전문회의시설이 있을 것을 요한다.

② 국제회의복합지구의 지정면적은 400만㎡ 이내로 한다.

③ 시·도지사는 국제회의복합지구를 지정한 날로부터 1개월 내에 국제회의복합지구 육성·진흥계획을 수립하여 문화체육관광부장관의 승인을 받아야 한다.

④ 시·도지사는 수립된 국제회의복합지구 육성·진흥계획에 대하여 5년마다 그 타당성을 검토하여야 한다.

해설

시·도지사는 국제회의복합지구를 지정할 때에는 국제회의복합지구 육성·진흥계획을 수립하여 문화체육관광부장관의 승인을 받아야 한다(「국제회의산업 육성에 관한 법률」 제15조의2 제2항).

---

24 국제회의산업 육성에 관한 법령상 국제회의복합지구의 국제회의시설에 대하여 감면할 수 있는 부담금을 모두 고른 것은? ○ △ ×

> ㄱ. 「초지법」에 따른 대체초지조성비
> ㄴ. 「농지법」에 따른 농지보전부담금
> ㄷ. 「산지관리법」에 따른 대체산림자원조성비
> ㄹ. 「도시교통정비 촉진법」에 따른 교통유발부담금

① ㄷ, ㄹ

② ㄱ, ㄴ, ㄷ

③ ㄱ, ㄴ, ㄹ

④ ㄱ, ㄴ, ㄷ, ㄹ

해설

부담금의 감면(「국제회의산업 육성에 관한 법률」 제15조의4 제1항)

• 「개발이익 환수에 관한 법률」 제3조에 따른 개발부담금
• 「산지관리법」 제19조에 따른 대체산림자원조성비
• 「농지법」 제38조에 따른 농지보전부담금
• 「초지법」 제23조에 따른 대체초지조성비
• 「도시교통정비 촉진법」 제36조에 따른 교통유발부담금

---

25 국제회의산업 육성에 관한 법령상 국제회의에 관한 설명으로 옳지 않은 것은?

① 국제기구나 국제기구에 가입한 기관 또는 법인 · 단체가 개최하는 회의의 경우에는 3일 이상 진행되는 회의일 것을 요한다.

② 국제기구에 가입하지 아니한 기관 또는 법인 · 단체가 개최하는 회의의 경우에는 5개국 이상의 외국인이 참가할 것을 요한다.

③ 2일 이상 진행되지 않는 회의는 국제회의에 해당하지 않는다.

④ 회의 참가자 중 외국인이 100명 미만인 회의는 국제회의에 해당하지 않는다.

> **해설**
>
> 국제회의의 종류 · 규모(「국제회의산업 육성에 관한 법률 시행령」 제2조)
> 국제회의는 다음의 어느 하나에 해당하는 회의를 말한다.
> • 국제기구나 국제기구에 가입한 기관 또는 법인 · 단체가 개최하는 회의로서 다음의 요건을 모두 갖춘 회의
>   – 해당 회의에 3개국 이상의 외국인이 참가할 것
>   – 회의 참가자가 100명 이상이고 그 중 외국인이 50명 이상일 것
>   – 2일 이상 진행하는 회의일 것
> • 국제기구, 기관, 법인 또는 단체가 개최하는 회의로서 다음의 요건을 모두 갖춘 회의
>   – 「감염병의 예방 및 관리에 관한 법률」 제2조 제2호에 따른 제1급 감염병 확산으로 외국인이 회의장에 직접 참석하기 곤란한 회의로서 개최일이 문화체육관광부장관이 정하여 고시하는 기간 내일 것
>   – 회의 참가자 수, 외국인 참가자 수 및 회의일 수가 문화체육관광부장관이 정하여 고시하는 기준에 해당할 것
> ※ 2022년 12월 27일부로 「국제회의산업 육성에 관한 법률 시행령」이 개정됨에 따라 현재는 정답이 없다.

관광학개론

※ 문제의 이해도에 따라 ○ △ × 체크하여 완벽하게 정리하세요.

26 매킨토시(R. W. McIntosh)가 분류한 관광동기 유형 중 대인적 동기에 해당되는 것은?　○ △ ×

① 육체적 휴식
② 온천의 이용
③ 스포츠 참여
④ 친구나 친지 방문

해설

관광동기의 4가지 분류(매킨토시)

· 신체적 · 물리적 동기
　- 육체 · 정신적 기분전환
　- 건강목적 추구
　- 스포츠 행사 참여

· 대인적 동기
　- 친인척 방문 또는 새로운 사람 교류
　- 새롭고 색다른 체험
　- 자신의 사회적 환경으로부터 탈출

· 문화적 동기
　- 외국, 관광지에 대한 호기심
　- 역사적인 유적지에 대한 관심
　- 미술, 음악, 건축 등에 대한 관심
　- 국제적 행사 참석

· 지위 · 위세 동기
　- 취미활동 추구
　- 교육, 학습, 사업, 직업적 목적 추구
　- 자아 향상

---

27 관광주체와 관광객체 사이를 연결해 주는 관광매체가 아닌 것은?　○ △ ×

① 관광목적지
② 여행사
③ 관광안내소
④ 교통수단

해설

관광목적지는 관광객체이다.

정답　26 ④　27 ①

28 세계관광기구(UNWTO)에서 정한 관광객 범주에 포함되는 자를 모두 고른 것은? ○ △ ×

> ㄱ. 2주간의 국제회의 참석자　　　　　ㄴ. 1개월간의 성지순례자
> ㄷ. 3개월 재직 중인 외교관　　　　　ㄹ. 1주간의 스포츠행사 참가자
> ㅁ. 4시간 이내의 국경통과자

① ㄱ, ㄴ, ㅁ　　　　　　　　　　　　② ㄱ, ㄴ, ㄹ
③ ㄱ, ㄷ, ㄹ　　　　　　　　　　　　④ ㄷ, ㄹ, ㅁ

해설

세계관광기구의 국제관광객 분류
- 위안이나 건강상의 이유로 해외여행을 하는 자
- 회의참석 혹은 경제, 외교, 예술, 문화, 종교, 과학 등과 기타 국제행사의 참가 및 수행원 자격으로 외국을 일시적으로 방문하는 자
- 상용이나 견학을 목적으로 외국에 입국하는 재(단, 이주를 목적으로 하거나 장기체류의 경우는 포함되지 않음)

29 관광의 환경적 측면에서의 효과가 아닌 것은? ○ △ ×

① 관광자원의 보호와 복원
② 환경정비와 보전
③ 관광승수효과
④ 환경에 대한 인식증대

해설

관광승수효과는 경제적 측면에서의 효과이다.

30 1970년대 한국관광발전사의 주요 내용이 아닌 것은? ○ △ ×

① 교통부 관광과를 관광국으로 승격
② 관광호텔의 등급심사제도 도입
③ 세계관광기구(UNWTO) 가입
④ 경주 보문관광단지 개장

해설

교통부 관광과가 관광국으로 승격한 것은 1963년이다.

31 세계관광 발전사 단계 중 'Mass Tourism' 시기에 관한 설명이 아닌 것은? ○△×

① 시기는 1840년대 초부터 제1차 세계대전까지이다.
② 대상은 대중을 포함한 전 국민이다.
③ 조직자는 기업, 국가, 공공단체로 확대되었다.
④ 조직 동기는 이윤추구와 국민후생증대 중심이다.

> **해설**
> Mass Tourism의 시대는 제2차 세계대전 이후부터 현대에 이르기까지의 시대이다.

32 한국관광공사의 국제관광 진흥사업이 아닌 것은? ○△×

① 외국인 관광객의 유치를 위한 홍보
② 국제관광시장의 조사 및 개척
③ 국제관광에 관한 지도 및 교육
④ 국제관광정책의 심의 및 의결

> **해설**
> 한국관광공사의 국제관광 진흥사업(「한국관광공사법」 제12조 제1항 제1호)
> • 외국인 관광객의 유치를 위한 홍보
> • 국제관광시장의 조사 및 개척
> • 관광에 관한 국제협력의 증진
> • 국제관광에 관한 지도 및 교육

33 관광정책과정을 단계별로 옳게 나열한 것은? ○△×

① 정책 의제설정 → 정책 집행 → 정책 평가 → 정책 결정
② 정책 의제설정 → 정책 평가 → 정책 집행 → 정책 결정
③ 정책 의제설정 → 정책 결정 → 정책 집행 → 정책 평가
④ 정책 수요파악 → 정책 평가 → 정책 집행 → 정책 결정

> **해설**
> **관광정책 형성과정**
> 관광정책 문제제기 → 관광정책 의제설정 → 관광정책 정보수집 → 관광정책 현황분석 및 문제파악 → 관광정책 목표
> 설정 → 관광정책 목표달성을 위한 대안탐색 → 관광정책 결정(대안 채택) → 관광정책 집행(정책 실시) → 관광정책 집행
> 결과분석 및 효과측정 → 새로운 관광정책 개발

34 다음 설명에 해당하는 것은? ○ △ ×

전 국민이 일상 생활권을 벗어나 자력 또는 정책적 지원으로 국내·외를 여행하거나 체제하면서 관광하는 행위로, 그 목적은 국민 삶의 질을 제고하는 데 있음

① 대안관광
② 국민관광
③ 보전관광
④ 국내관광

해설
국민관광에 해당하는 설명이다.

35 다음 설명에 해당하는 것은? ○ △ ×

1980년 세계관광기구(UNWTO) 107개 회원국 대표단이 참석한 가운데 개최된 세계관광대회(WTC)에서 관광활동은 인간 존엄성의 정신에 입각하여 보장되어야 하며 세계평화에 기여해야 함을 결의함

① 마닐라 선언
② 시카고 조약
③ 교토 협약
④ 리우 회의

해설
② 시카고 조약 : 1944년 시카고 국제회의에서 채택된 민간항공 운영을 위한 기본조약이다. 국제민간항공조약 또는 시카고 조약이라고도 한다.
③ 교토 협약 : 1974년 발효된 것으로, '통관절차 간소화 및 조화를 위한 국제협정'이 정식명칭이다.
④ 리우 회의 : 유엔이 1972년 개최한 인간환경회의(UNCHE) 20주년을 기념하여 1992년 6월 브라질 리우데자네이루에서 세계 각국 대표단과 정상 및 정부 수반들이 참석하여 지구환경문제를 논의한 국제회의이다.

36 문화체육관광부의 외국인 의료관광 활성화를 위한 지원사업 내용이 아닌 것은? ○ △ ×

① 외국인 의료관광 전문인력을 양성하는 우수교육기관 지원
② 외국인 의료관광 유치 안내센터의 설치 운영
③ 의료관광 전담 여행사 선정 및 평가관리
④ 외국인환자 유치 의료기관과 공동으로 해외마케팅사업 추진

> 해설
>
> 외국인 의료관광 지원(「관광진흥법 시행령」 제8조의3)
> • 문화체육관광부장관은 외국인 의료관광을 지원하기 위하여 외국인 의료관광 전문인력을 양성하는 전문교육기관 중에서 우수 전문교육기관이나 우수 교육과정을 선정하여 지원할 수 있다.
> • 문화체육관광부장관은 외국인 의료관광 안내에 대한 편의를 제공하기 위하여 국내외에 외국인 의료관광 유치 안내센터를 설치 · 운영할 수 있다.
> • 문화체육관광부장관은 의료관광의 활성화를 위하여 지방자치단체의 장이나 외국인환자 유치 의료기관 또는 유치업자와 공동으로 해외마케팅사업을 추진할 수 있다.

37 관광관련 국제기구 중 동아시아관광협회를 뜻하는 용어는? ○ △ ×

① ESTA
② ASTA
③ EATA
④ PATA

> 해설
>
> ① ESTA : 미국 전자여행허가제
> ② ASTA : 미국여행업협회
> ④ PATA : 아시아태평양관광협회

38 문화체육관광부에서 선정한 '2016년도 문화관광 대표축제'만으로 묶인 것은? ○ △ ✕

ㄱ. 김제지평선축제	ㄴ. 화천산천어축제
ㄷ. 춘천마임축제	ㄹ. 영덕대게축제
ㅁ. 자라섬국제재즈페스티벌	

① ㄱ, ㄴ, ㄷ

② ㄱ, ㄴ, ㅁ

③ ㄱ, ㄷ, ㄹ

④ ㄴ, ㄹ, ㅁ

해설

2016년도 문화관광 대표축제는 김제지평선축제, 화천산천어축제, 자라섬국제재즈페스티벌이다.

※ 그동안 유망 · 우수 · 최우수 · 대표 · 글로벌 육성축제 등으로 구분되었던 문화관광축제의 등급제가 폐지되어, 현재는 문화관광축제와 예비 문화관광축제로 구분한다.

39 관광진흥법령상 여행업 등록을 위한 자본금 기준으로 옳은 것은? ○ △ ✕

① 일반여행업 − 1억 5천만원 이상

② 일반여행업 − 1억원 이상

③ 국외여행업 − 5천만원 이상

④ 국내여행업 − 3천만원 이상

해설

여행업의 등록 자본금 기준(「관광진흥법 시행령」 별표1)
• 종합여행업 : 5천만원 이상일 것
• 국내외여행업 : 3천만원 이상일 것
• 국내여행업 : 1천500만원 이상일 것

※ 출제 당시 정답은 ④였으나 2021년 9월 24일 법령이 개정되어 국외여행업에서 국내외여행업으로, 일반여행업에서 종합여행업으로 변경되었다. 종합여행업의 자본금 기준도 1억원에서 5천만원으로 개정되어 현재는 정답이 없다.

40 2016년 4월 기준 인천공항 이용 시 항공기 내 반입 가능한 휴대수하물이 아닌 것은?   ○ △ ×

① 휴대용 담배 라이터 1개
② 휴대용 일반 소형 배터리
③ 접이식 칼
④ 와인 오프너

해설

접이식 칼은 객실반입이 불가능하며, 위탁수하물로만 가능하다.

41 인천공항을 통한 출입국 시 다음 설명 중 옳지 않은 것은?   ○ △ ×

① 출국하는 내국인의 외환신고 대상은 미화 1만 달러를 초과하는 경우이다.
② 출국하는 내국인의 구입한도 면세물품은 미화 600달러까지이다.
③ 입국하는 외국인의 면세범위는 미화 600달러까지이다.
④ 입국하는 내국인의 면세범위는 미화 600달러까지이다.

해설

② 출국하는 내국인의 구입한도액은 제한이 없다.
③ · ④ 입국하는 내 · 외국인의 면세범위는 미화 800달러까지이다.
※ 출제 당시 정답은 ②였으나 2022년 3월, 9월 법령이 개정되어 현재 정답은 ② · ③ · ④이다.

42 다음에서 설명하는 용어는?   ○ △ ×

국제회의 개최와 관련한 다양한 업무를 주최 측으로부터 위임받아 부분적 또는 전체적으로 대행해 주는 영리업체

① CVB   ② NTO
③ TIC   ④ PCO

해설

① CVB : 컨벤션 및 관광객 전담기구(Convention and Visitors Bureau)
② NTO : 정부관광기구(National Tourism Organization)

43 IATA 기준 우리나라 항공사 코드가 아닌 것은? ○ △ ✕

① 8B

② ZE

③ 7C

④ LJ

해설

우리나라 주요 항공사 코드

구 분	IATA 기준	ICAO 기준
대한항공	KE	KAL
아시아나항공	OZ	AAR
제주항공	7C	JJA
진에어	LJ	JNA
이스타항공	ZE	ESR

44 항공기 탑승 시 타고 왔던 비행기가 아닌 다른 비행기로 갈아타는 환승을 뜻하는 용어는? ○ △ ✕

① Transit

② Transfer

③ Stop-over

④ Code Share

해설

① Transit : 최종 목적지로 가는 도중 경유지에서 24시간 이내로 머무는 것이다. 보통 기존 출발지에서 타고 왔던 비행기 를 다시 타고 이동하는 경우가 많다.
③ Stop-over : 경유지로 가는 도중이 있을 때 경유지에 내려서 일정 시간 이상(24시간 이상) 머무는 것이다.
④ Code Share : 다른 회사에서 운항하고 있는 노선을 협정에 의해 자사 편명으로 판매하는 것으로 좌석공유, 편명공유 를 의미한다.

45 2015년 변경된 호텔 신등급(별등급)에서 등급별 표지 연결이 옳지 않은 것은? ○ △ ✕

	등 급	–	별 개수	–	표지 바탕 색상
①	5성급	–	별 5개	–	고궁갈색
②	4성급	–	별 4개	–	고궁갈색
③	3성급	–	별 3개	–	전통감청색
④	2성급	–	별 2개	–	전통감청색

해설

4성급 – 별 4개 – 전통감청색

46 저가항공사의 일반적 특성이 아닌 것은? ○ △ ✕

① Point to Point 운영
② Secondary Airport 이용
③ Online Sale 활용
④ Hub & Spoke 운영

> 해설
>
> 허브 앤 스포크(Hub & Spoke)
> 하나의 중심 거점을 두고 수많은 가지로 연결망을 구축하는 방식의 항공수출이다. 허브 앤 스포크 시스템은 노선이 많은 경우에 유리하다. 반면 포인트 투 포인트 시스템은 소수의 도시들만을 대상으로 항공서비스를 제공할 때 유리하다.

47 예약한 좌석을 이용하지 않는 노쇼(No-show)에 대비한 항공사의 대응책은? ○ △ ✕

① Tariff
② Travel's Check
③ Security Check
④ Overbooking

> 해설
>
> ① Tariff : 항공운임과 그와 관련된 규정
> ② Travel's Check : 여행자수표(Traveler's Check). 여행 중 도난이나 분실 등의 위험을 방지하기 위해 현금 대신 사용하거나 현금으로 교환할 수 있는 수표
> ③ Security Check : 탑승객의 신분이나 신체, 수하물 등의 보안 검사

48 국제회의의 형태별 분류 중 다음 설명에 해당하는 것은? ○ △ ✕

> 문제해결능력의 일환으로서 참여를 강조하고 소집단(30~35명) 정도의 인원이 특정 문제나 과제에 관해 새로운 지식 · 기술 · 아이디어 등을 교환하는 회의로서 강력한 교육적 프로그램

① 세미나(Seminar)
② 컨퍼런스(Conference)
③ 포럼(Forum)
④ 워크숍(Workshop)

> 해설
>
> ① 세미나(Seminar) : 보통 30명 이하의 규모로, 주로 교육적인 목적을 가진 회의로서 전문가의 주도하에 특정분야에 대한 각자의 지식이나 경험을 발표 · 토의한다. 발표자가 우월한 위치에서 지식의 전달자로서 역할을 한다.
> ② 컨퍼런스(Conference) : 컨벤션과 비슷한 의미로, 주로 과학 · 기술 분야 등에서 정보 전달을 주목적으로 하는 각종 회의를 포괄적으로 의미한다.
> ③ 포럼(Forum) : 한 주제에 대해 상반된 견해를 가진 동일 분야의 전문가들이 사회자의 주도하에 청중 앞에서 벌이는 공개 토론회이다. 청중이 자유롭게 질의에 참여할 수 있으며, 사회자가 의견을 종합한다.

49 이벤트의 분류상 홀마크 이벤트(Hallmark Event)가 아닌 것은?

① 세계육상선수권대회
② 브라질 리우축제
③ 뮌헨 옥토버페스트
④ 청도 소싸움축제

> **해설**
>
> 규모에 따른 관광이벤트의 종류
> • 메가 이벤트 : 규모가 매우 커서 개최지의 경제에 전반적인 영향을 미치고 전세계의 매체를 통해 알려지는 이벤트
> • 홀마크 이벤트 : 지역이나 관광지의 매력과 인지도를 높이기 위해 반복적 · 정례적으로 치러지는 이벤트
> • 메이저 이벤트 : 대중과 매체의 관심을 유도하여 화제성이 높고 개최지의 경제적 이득을 이끌어낼 수 있는 이벤트

50 관광산업에서 고객에게 직접 서비스를 제공하는 직원을 대상으로 하는 마케팅 용어는?

① 포지셔닝 전략(Positioning Strategy)
② 관계 마케팅(Relationship Marketing)
③ 내부 마케팅(Internal Marketing)
④ 직접 마케팅(Direct Marketing)

> **해설**
>
> ① 포지셔닝 전략(Positioning Strategy) : 시장 세분화를 기초로 정해진 표적시장 내 고객들의 마음에 시장분석, 고객분석, 경쟁분석 등을 기초로 하여 얻은 전략적 위치를 계획하는 것
> ② 관계 마케팅(Relationship Marketing) : 고객과의 관계를 형성 · 유지 · 발전시키는 것을 강조하는 마케팅(상호작용적 마케팅)
> ④ 직접 마케팅(Direct Marketing) : 기업의 마케팅 관리 측면에서 일반적인 생산자 → 도매상 → 소매상의 전통적 유통경로를 따르지 않고 직접 고객에게서 주문을 받아 판매하는 것

PART 09

2016년
정기시험
실제기출문제

※ 본 내용은 2016년 9월 시행된 관광통역안내사의 정기시험 실제기출문제입니다.

국 사

※ 문제의 이해도에 따라 ○ △ × 체크하여 완벽하게 정리하세요.

01 부여에 있었던 4조목의 법에 관한 내용으로 옳지 않은 것은? ○ △ ×

① 간음을 한 자는 사형에 처한다.
② 남에게 상해를 입힌 자는 곡물로써 배상한다.
③ 살인자는 사형에 처하고 그 가족은 노비로 삼는다.
④ 남의 물건을 훔쳤을 때에는 물건 값의 12배를 배상한다.

> **해설**
>
> '남에게 상해를 입힌 자는 곡물로써 배상한다'는 조문은 고조선의 8조법에만 해당하는 내용이다. 해당 조항으로 고조선 사회가 사유재산을 인정한다는 사실을 알 수 있다.

02 다음 시를 지은 고구려의 인물과 관련된 사건으로 옳은 것은? ○ △ ×

> 신묘한 계책은 천문을 꿰뚫어 볼 만하고 오묘한 전술은 땅의 이치를 다 알았도다.
> 전쟁에서 이겨 공이 이미 높아졌으니 만족함을 알거든 그만두기를 바라노라.

① 안시성에서 당나라 군대를 격퇴하였다.
② 살수에서 수나라 군대를 물리쳤다.
③ 아차산성 전투에서 전사하였다.
④ 천리장성을 축조하였다.

> **해설**
>
> 제시문은 〈여수장우중문시〉이다. 이는 을지문덕이 수나라 장군 우중문에게 보낸 시로, 살수대첩과 관련된 내용이다.

03 신라에 있었던 사건을 시기 순으로 바르게 나열한 것은?

ㅇ △ ✕

ㄱ. 율령의 반포
ㄴ. 국호를 '신라'로 변경
ㄷ. 고령의 대가야 정복
ㄹ. 황룡사 9층탑 건립

① ㄱ → ㄴ → ㄷ → ㄹ

② ㄴ → ㄱ → ㄷ → ㄹ

③ ㄷ → ㄹ → ㄱ → ㄴ

④ ㄹ → ㄷ → ㄴ → ㄱ

해설

ㄴ. 신라의 지증왕 → ㄱ. 신라의 법흥왕 → ㄷ. 신라의 진흥왕 → ㄹ. 신라의 선덕여왕

완전정복 TIP　　**역사 용어상 국가별 약어**

국 가	약 어	용 례	국 가	약 어	용 례
고구려	여(麗)	여제동맹, 여당전쟁	중 국	화(華)	화이론
백 제	제(濟)	나제동맹, 여제동맹		중(中)	한중수교, 중체서용
신라 · 통일신라	나(羅)	나당연합, 나당전쟁, 나말여초	일 본	왜(倭)	왜양일체
고 려	여(麗)	여말선초, 여몽항쟁, 여몽전쟁, 여요전쟁		일(日)	조일수호조규, 조일무역규칙
				화(和)	화혼양재
조 선	선(鮮)	여말선초, 일선동조론	러시아	나선(羅禪)	나선정벌
	조(朝)	조일수호조규, 조미수호통상조약, 조청상민수륙무역장정		아(俄)	아관파천
			여 진	금(金)	친명배금
대한제국	한(韓)	한청통상조약, 한일의정서, 한일신협약, 한일병탄조약	거 란	요(遼)	여요전쟁
			몽골(몽고)	원(元)	원간섭기,친원세력
				몽(蒙)	대몽항쟁, 여몽전쟁

04 밑줄 친 그의 업적으로 옳은 것은?

△○×

그는 고구려의 내정이 불안한 틈을 타서 신라와 연합하여 일시적으로 한강 유역을 부분적으로 수복하였지만, 곧 신라에게 빼앗기고 자신도 신라를 공격하다가 관산성에서 전사하고 말았다.

① 웅진으로 천도하였다.
② 미륵사를 창건하였다.
③ 지방의 22담로에 왕족을 파견하였다.
④ 중앙 관청을 22부로 확대 정비하였다.

> **해설**
> 제시문에 해당되는 왕은 백제의 성왕이다. ① 문주왕, ② 무왕, ③ 무령왕에 대한 설명이다.

05 다음 ( )에 들어갈 내용으로 옳은 것은?

○△×

처음으로 ( )을(를) 제정하였다. 삼한을 통합할 때 조정의 관료들과 군사들에게 그 관계(官階)의 높고 낮음은 논하지 않고, 그 사람의 성품과 행동이 착하고 악함과 공로가 크고 작은가를 참작하여 차등 있게 주었다.

― 고려사 ―

① 역분전
② 구분전
③ 공음전
④ 시정전시과

> **해설**
> 관직에 상관없이 사람의 인품과 공로를 반영하여 지급한 토지는 태조 시기 역분전이다.

06 (가), (나)에 들어갈 내용이 바르게 짝지어진 것은?

○△×

묘청 등이 아뢰기를 "(가)의 임원역 땅을 보니 음양가가 말하는 대화세(大華勢)입니다. 만약 궁궐을 세워 여기에 임하시면 천하를 합병할 수 있을 것이요, (나)가 폐백을 가지고 스스로 항복할 것이며 36국이 다 신하의 나라가 될 것입니다." 하였다.

― 고려사 ―

① (가) 서경, (나) 금나라
② (가) 서경, (나) 요나라
③ (가) 남경, (나) 요나라
④ (가) 남경, (나) 송나라

> **해설**
> 제시된 내용은 묘청의 난(1135)에 관한 설명이다. 묘청은 서경으로 천도하면 금나라가 항복할 것이라고 주장하였다.

07 고려시대의 사회 상황으로 옳지 않은 것은?   ○ △ ✕

① 궁궐의 잡무를 맡은 남반이 있었다.
② 도살업에 종사하는 계층을 백정이라 하였다.
③ 물가 조절을 위한 상평창이라는 기관이 있었다.
④ 죄 지은 자를 본관지로 보내는 귀향이라는 형벌이 있었다.

> **해설**
> 고려시대 백정은 도살업자가 아니라 일반 농민을 의미한다.

08 고조선에 관한 설명으로 옳은 것은?   ○ △ ✕

① 상, 대부, 장군 등의 관직이 있었다.
② 신지, 읍차 등의 족장 세력이 있었다.
③ 사자, 조의, 선인 등의 관리가 있었다.
④ 마가, 우가, 저가, 구가 등의 관리가 있었다.

> **해설**
> ② 삼한, ③ 고구려, ④ 부여에 관한 설명이다.

09 삼국시대의 문화에 관한 설명으로 옳은 것을 모두 고른 것은?   ○ △ ✕

> ㄱ. 백제에서는 지방에 경당을 세워 청소년에게 한학을 가르쳤다.
> ㄴ. 고구려에서는 수도에 태학을 세워 유교 경전과 역사서를 가르쳤다.
> ㄷ. 신라에서는 청소년이 유교 경전을 공부했음을 임신서기석을 통해 알 수 있다.
> ㄹ. 신라에서는 5경 박사와 의박사, 역박사 등을 두어 유교 경전과 기술학을 가르쳤다.

① ㄱ, ㄴ   ② ㄱ, ㄹ
③ ㄴ, ㄷ   ④ ㄷ, ㄹ

> **해설**
> ㄱ. 경당은 고구려에서 지방에 설치한 학교이다. ㄹ. 백제에 관한 설명이다.

10 고려시대의 대장경에 관한 설명으로 옳지 않은 것은?   ○ △ ×

① 현종 때 대장경을 처음으로 만들기 시작하였다.
② 대장경은 경·율·논 삼장의 불교 경전을 총칭하는 것이다.
③ 초조대장경은 부인사에 보관하였는데 몽고의 침입 때 불에 탔다.
④ 여진의 침입으로부터 왕실을 보호하기 위해 명종 때부터 대장경을 다시 조판하기 시작하였다.

> **해설**
> 몽골의 침입을 막기 위해서 고려 고종 23년(1236)부터 38년(1251)까지 16년에 걸쳐 완성한 대장경이 〈팔만대장경〉
> 이다.

11 다음 사건을 시기 순으로 바르게 나열한 것은?   ○ △ ×

ㄱ. 고려의 건국   ㄴ. 발해의 멸망
ㄷ. 후백제의 건국   ㄹ. 경순왕의 고려 귀순

① ㄱ → ㄴ → ㄷ → ㄹ   ② ㄴ → ㄷ → ㄱ → ㄹ
③ ㄷ → ㄱ → ㄴ → ㄹ   ④ ㄹ → ㄷ → ㄱ → ㄴ

> **해설**
> ㄷ. 후백제의 건국(900년) → ㄱ. 고려의 건국(918년) → ㄴ. 발해의 멸망(926년) → ㄹ. 경순왕의 고려 귀순(935년)

12 밑줄 친 이 시대의 생활상으로 옳은 것은?   ○ △ ×

이 시대의 사람들은 돌을 가는 기술을 터득하면서 도구의 형태와 쓰임새가 다양해졌다. 또 진흙으로
그릇을 빚어 불에 구워서 만든 토기를 사용하여 음식물을 조리하거나 저장할 수 있게 되었다.

① 농경을 시작하였다.
② 세형동검을 제작하였다.
③ 거친무늬 거울을 사용하였다.
④ 불을 사용하는 방법을 처음으로 알게 되었다.

> **해설**
> 제시문은 신석기시대에 관한 설명이다. 신석기시대에 비로소 농경이 시작되며, 이를 별도로 '신석기혁명'이라 한다. ② 철
> 기시대, ③ 청동기시대, ④ 구석기시대에 관한 설명이다.

13 통일신라의 통치제도에 관한 설명으로 옳지 않은 것은?　　　○ △ ×

① 감찰기구인 사정부를 두었다.
② 국자감이라는 교육기관을 설치하였다.
③ 관리 채용을 위하여 독서삼품과를 실시하였다.
④ 집사부에는 시중이라는 관직이 설치되어 있었다.

> **해설**
> 통일신라는 신문왕 때 국학을 설치하였다. 국자감은 고려시대 교육기관이다.

14 다음 (　　)에 들어갈 내용으로 옳은 것은?　　　○ △ ×

> 일제는 (　　)를 탄압하기 위해 총독 암살 음모를 꾀하였다고 사건을 조작하여 민족 지도자 수백 명을
> 체포, 투옥하고 그 중에서 105인을 재판에 회부하였다.

① 근우회　　　　　　　　　　　② 신간회
③ 신민회　　　　　　　　　　　④ 대한자강회

> **해설**
> 일제가 조작한 105인 사건(1911)으로 해체된 단체는 1907년에 만들어진 신민회이다.

15 조선 후기 경제의 모습으로 옳지 않은 것은?　　　○ △ ×

① 공납의 전세화　　　　　　　　② 영정법의 실시
③ 삼림령의 공포　　　　　　　　④ 상품 작물의 재배

> **해설**
> 삼림령(1911)은 일제강점기 조선총독부가 산림정책의 일환으로 조선의 임야를 일제로 편입하려는 목적으로 제정한 법령
> 이다.

16 다음 사건을 시기 순으로 바르게 나열한 것은? ○ △ ×

> ㄱ. 만민공동회 개최   ㄴ. 임오군란
> ㄷ. 우정국 신설   ㄹ. 아관파천

① ㄱ → ㄹ → ㄷ → ㄴ

② ㄴ → ㄷ → ㄹ → ㄱ

③ ㄷ → ㄴ → ㄱ → ㄹ

④ ㄹ → ㄱ → ㄴ → ㄷ

> **해설**
> ㄴ. 1882년 → ㄷ. 1884년 → ㄹ. 1896년 → ㄱ. 1898년

17 조선 전기에 관한 설명으로 옳은 것을 모두 고른 것은? ○ △ ×

> ㄱ. 상정고금예문을 강화도에서 금속활자로 인쇄하였다.
> ㄴ. 사상의학을 확립한 동의수세보원을 간행하였다.
> ㄷ. 주자소를 설치하고 구리로 계미자를 주조하였다.
> ㄹ. 소리의 장단과 높낮이를 표현할 수 있는 정간보를 창안하였다.

① ㄱ, ㄴ   ② ㄱ, ㄹ

③ ㄴ, ㄷ   ④ ㄷ, ㄹ

> **해설**
> ㄷ. 조선 태종 시기, ㄹ. 조선 세종 시기에 해당된다.
> ㄱ. 고려 후기, ㄴ. 조선 후기에 해당되는 내용이다.

18 조선시대 정치기구와 그 기능의 연결이 옳지 않은 것은? ○ △ ×

① 중추원 – 관리 비행 감찰   ② 승문원 – 외교 문서 작성

③ 춘추관 – 역사 편찬 및 보관   ④ 한성부 – 수도 치안 담당

> **해설**
> ① 관리의 비리 감찰기구는 사헌부이다. 중추원은 고려시대 때 국가기밀에 관해 논하고, 왕명을 전달하던 기구이다.
> ② 승문원은 외교 문서의 작성. ③ 춘추관은 실록의 편찬과 보관. ④ 한성부는 수도의 행정과 치안을 담당하던 기구이다.

19 조선 전기에 제작된 역사서로 옳은 것은? ○ △ ✕

① 삼국유사
② 금석과안록
③ 고려사절요
④ 오주연문장전산고

> **해설**
> ③ 문종 때 〈고려사〉의 빠진 부분을 보완하여 만든 역사서이다.
> ① 고려 후기 일연이 쓴 역사서이다.
> ② 조선 후기 김정희가 쓴 금석문 연구서이다.
> ④ 19세기 이규경이 쓴 백과사전 형식의 책이다.

20 다음의 내용과 관련된 것으로 옳은 것은? ○ △ ✕

> 조선시대 서리, 잡학인, 신량역천인, 노비 등이 소속되어 유사시에 대비하게 한 예비군의 일종이다.

① 갑 사
② 삼수병
③ 신보군
④ 잡색군

> **해설**
> 제시문은 잡색군에 대한 설명이다. 조선시대 잡색군은 일종의 예비군으로 전직 관료 · 서리 · 향리 · 신량역천인 · 노비 등 각계각층의 장정들로 편성되어 있는 정규군 이외의 예비군이다. 신보군은 고려시대 윤관이 만든 별무반(신기군 · 신보군 · 항마군)에 소속된 군대 중의 하나이다.

21 조선 전기 문화에 관한 설명으로 옳은 것은? ○ △ ✕

① 유득공은 발해고에서 발해의 역사를 본격적으로 다루었다.
② 이중환은 택리지에서 지리적 환경 및 풍속을 자세히 조사하였다.
③ 김정호는 대동여지도에서 산맥, 하천과 함께 도로망을 자세히 표시하였다.
④ 정초는 농사직설에서 우리나라 농토와 현실에 알맞은 농사짓는 법을 소개하였다.

> **해설**
> ① · ② · ③ 조선 후기에 해당한다.

22 조선시대 통신사에 관한 설명으로 옳은 것을 모두 고른 것은?

ㅇ △ ✕

> ㄱ. 매년 정기적으로 파견하였다.
> ㄴ. 일본의 요청에 의해 파견이 이루어졌다.
> ㄷ. 조선의 선진문화를 전파하는 역할을 하였다.

① ㄷ

② ㄱ, ㄴ

③ ㄱ, ㄷ

④ ㄴ, ㄷ

해설

통신사는 조선 초기부터 일본에 파견된 조선의 사절단이다. 통신사는 일본의 요청에 의해서 파견되었고, 조선의 선진문화를 일본에 전파하는 역할도 담당하였다. 임진왜란 이후인 1607년부터 1811년에 이르기까지 일본에 통신사 파견 기록에는 파견 횟수가 12회로 나타나 있다. 이를 보아 통신사는 매년 정기적으로 파견된 것이 아님을 알 수 있다.

23 조선시대 유향소에 관한 설명으로 옳은 것을 모두 고른 것은?

ㅇ △ ✕

> ㄱ. 향촌 자치를 위하여 설치한 기구이다.
> ㄴ. 소과 합격자를 입학 대상으로 하였다.
> ㄷ. 백성을 교화하고 수령의 자문에 응하였다.
> ㄹ. 중등교육기관으로 성현에 대한 제사를 담당하였다.

① ㄱ, ㄷ

② ㄱ, ㄹ

③ ㄴ, ㄷ

④ ㄴ, ㄹ

해설

유향소는 향촌 사족(士族)들로 구성되었으며, 수령을 보좌하고 향리를 감찰하면서 풍속을 교정하는 등 지방행정에 참여하였다. 또한 좌수와 별감을 선출하여 자율적으로 규약을 만들고 수시로 향회를 소집하여 여론을 수렴하면서 백성을 교화하였다.
ㄴ. 성균관, ㄹ. 서원에 관한 설명이다.

24 다음의 내용과 관련된 것으로 옳은 것은? ○ △ ×

> 영국인 베델이 발행인으로 참여하여 통감부의 극심한 통제에도 불구하고 일본의 침략에 반대하는 논설을 실어, 민족의 여론을 불러일으키는 데 커다란 공헌을 하였다.

① 독립신문
② 제국신문
③ 황성신문
④ 대한매일신보

> **해설**
> 제시문은 대한매일신보(1904)에 대한 설명이다.

25 다음의 업적과 관련된 왕으로 옳은 것은? ○ △ ×

> • 속대전을 편찬하였다.
> • 지나친 형벌이나 악형을 금지하였다.
> • 백성의 부담을 줄여 주기 위해 균역법을 시행하였다.

① 성 종
② 숙 종
③ 영 조
④ 정 조

> **해설**
> 제시문은 영조에 관한 설명이다.

관광자원해설

※ 문제의 이해도에 따라 ○ △ × 체크하여 완벽하게 정리하세요.

26 조선 태조 이성계의 어진(御眞)을 모신 곳은? ○ △ ×

① 안동 고산서원
② 영주 소수서원
③ 전주 경기전
④ 경주 옥산서원

> **해설**
> ① 안동 고산서원 : 경상북도 자연유산. 조선 후기 유학자인 대산 이상정(1710~1781)의 학문과 덕행을 추모하기 위해 세운 서원이다.
> ② 영주 소수서원 : 사적. 우리나라에서는 최초로 임금이 이름을 지어 내린 사액서원이자 사학(私學)기관이다.
> ④ 경주 옥산서원 : 사적. 조선시대 성리학자인 회재 이언적을 기리기 위한 곳이다.

27 다음에서 설명하는 유적지는? ○ △ ×

> 조선 인조부터 철종에 이르기까지 임금이 이궁(離宮)으로 사용하였으며, 서궐(西闕)이라고도 불렸다.

① 경복궁
② 경희궁
③ 창덕궁
④ 덕수궁

> **해설**
> ① 경복궁 : 사적. 조선시대 궁궐 중 가장 중심이 되는 왕조 제일의 법궁(法宮. 임금이 사는 궁궐)으로 태조 4년(1395)에 한양으로 수도를 옮긴 후 처음으로 지은 궁궐이다.
> ③ 창덕궁 : 사적. 조선시대 궁궐 가운데 하나로 태종 5년(1405)에 세워졌다. 당시 종묘 · 사직과 더불어 정궁인 경복궁이 있었으므로, 이 궁은 하나의 별궁으로 지었다는 것을 알 수 있다.
> ④ 덕수궁 : 사적. 조선시대의 궁궐로서 경운궁으로 불리다가, 고종황제가 1907년 왕위를 순종황제에게 물려준 뒤에 이곳에서 계속 머무르게 되면서 고종황제의 장수를 빈다는 뜻의 덕수궁으로 고쳐 부르게 되었다.

28 국내에서 '람사르 습지'로 가장 먼저 지정된 고층습원지역은? ○ △ ×

① 순천 동천하구
② 고창 · 부안갯벌
③ 두웅습지
④ 대암산용늪

> **해설**
>
> ④ 대암산용늪은 1997년 3월 지정되었다.
> ① 순천 동천하구는 2016년 1월 지정되었다.
> ② 고창 · 부안갯벌은 2010년 12월 지정되었다.
> ③ 두웅습지는 2007년 12월 지정되었다.

29 농림축산식품부가 지정한 국가중요농업유산을 모두 고른 것은? ○ △ ×

ㄱ. 제주 흑룡만리 돌담 밭	ㄴ. 거제 대나무밭
ㄷ. 구례 모시농업	ㄹ. 전남 청산도 구들장 논

① ㄱ, ㄴ
② ㄱ, ㄹ
③ ㄴ, ㄷ
④ ㄷ, ㄹ

> **해설**
>
> 국가중요농업유산(농림축산식품부, 2024년 4월 기준)
> - 제1호 청산도 구들장 논
> - 제2호 제주 밭담
> - 제3호 구례 산수유농업
> - 제4호 담양 대나무 밭
> - 제5호 금산 인삼농업
> - 제6호 하동 전통 차농업
> - 제7호 울진 금강송 산지농업
> - 제8호 부안 유유동 양잠농업
> - 제9호 울릉 화산섬밭농업
> - 제10호 의성 전통수리 농업시스템
> - 제11호 보성 전통차 농업시스템
> - 제12호 장흥 발효차 청태전 농업시스템
> - 제13호 완주 생강 전통 농업시스템
> - 제14호 고성 해안지역 둠벙 관개시스템
> - 제15호 상주 전통곶감
> - 제16호 강진 연방죽 생태순환 수로 농업시스템
> - 제17호 창원 독뫼 감 농업
> - 제18호 서천 한산모시 전통농업

30 관광자원에 관한 설명으로 옳지 않은 것은? ○ △ ✕

① 관광자원의 매력성은 시대 등의 변화에도 불변한다.
② 관광자원은 보호와 보존, 개발 등의 조화가 필요하다.
③ 관광자원의 범위는 다양하게 확대되고 있다.
④ 관광객의 관광욕구나 동기유발의 유인성을 지녀야 한다.

> **해설**
> 관광자원은 시대나 사회구조에 따라서 그 가치를 달리한다.

31 자연호수와 지명의 연결이 옳지 않은 것은? ○ △ ✕

① 송지호 – 강원도 원주시
② 경포호 – 강원도 강릉시
③ 화진포호 – 강원도 고성군
④ 영랑호 – 강원도 속초시

> **해설**
> 송지호는 강원도 고성군에 있다.

32 다음 설명에 해당하는 해수욕장을 순서대로 나열한 것은? ○ △ ✕

> ㄱ. 서해안에 위치하고, 머드축제가 열리며 패각모래가 특징이다.
> ㄴ. 제주도에 위치하고 있는 활처럼 굽은 해수욕장으로, 흑 · 백 · 적 · 회색 등의 모래가 특징이다.

① 대천해수욕장, 중문해수욕장
② 함덕해수욕장, 일광해수욕장
③ 구룡포해수욕장, 중문해수욕장
④ 대천해수욕장, 구룡포해수욕장

> **해설**
> • 함덕해수욕장 : 제주도에 있고, 커다란 현무암 바위를 중심으로 백사장이 하트 모양을 이루고 있어 바람을 막아 주는 것이 특징이다.
> • 일광해수욕장 : 부산에 있고, 해안선을 따라 수백 년이 된 노송들이 숲을 이루고 있었다고 전하지만 현재는 남아 있지 않다. 해안선의 오른쪽 끝에 있는 학리마을은 노송림에서 살아 가는 학에서 이름이 유래된 것으로 여겨진다.
> • 구룡포해수욕장 : 경북 포항에 있다. 신라 진흥왕 때 장기 현감이 고을을 순찰 중 용주리를 지날 때 별안간 하늘에서 천둥이 치고 폭풍우가 휘몰아쳐서 급히 민가로 대피했는데, 이때 용두산 해안 바다에서 아홉 마리 용이 승천하였다고 한다. 이후, 아홉 마리 용이 승천한 포구라 하여 구룡포라 부른다고 전해진다.

33 단양8경에 해당하는 지역을 모두 고른 것은? ○ △ ×

ㄱ. 을밀대	ㄴ. 구담봉
ㄷ. 옥순봉	ㄹ. 가의도
ㅁ. 삼일포	ㅂ. 하선암

① ㄱ, ㄴ, ㄷ
② ㄴ, ㄹ
③ ㄴ, ㄷ, ㅂ
④ ㄷ, ㅁ, ㅂ

해설

단양팔경
충청북도 단양군에 있는 여덟 곳의 명승지이다. 상선암(上仙巖), 중선암(中仙巖), 하선암(下仙巖), 구담봉(龜潭峯), 옥순봉(玉筍峯), 도담삼봉(島潭三峯), 석문(石門), 사인암(舍人巖) 등이 이에 해당한다.

34 죽은 사람의 영혼을 극락으로 보내기 위해 치르는 불교의식은? ○ △ ×

① 연등회
② 처용무
③ 천도재
④ 팔관회

해설

① 연등회(국가무형유산) : 등불을 밝히고 부처에게 복을 비는 불교적 성격의 행사이다. 통일신라시대인 9세기에 이미 확인되며, 고려와 조선시대를 거치면서 계속되어 왔다. 신라와 고려의 연등회는 불교적 행사였지만, 조선시대에는 민속행사로 행해졌고 해방 이후 전통적인 시련, 탑돌이의 행렬 문화가 확대되어 연등행렬로 발전하였다.
② 처용무(국가무형유산) : 처용 가면을 쓰고 추는 춤을 말한다. 궁중무용 중에서 유일하게 사람 형상의 가면을 쓰고 추는 춤으로, '오방처용무'라고도 한다. 통일신라 헌강왕(재위 875~886) 때 살던 처용이 아내를 범하려던 역신(疫神: 전염병을 옮기는 신) 앞에서 자신이 지은 노래를 부르며 춤을 춰서 귀신을 물리쳤다는 설화를 바탕으로 하고 있다.
④ 팔관회 : 우리 민족 고유의 전통습속의례와 불교의례가 결부되어 신라와 고려시대에 국가적 연중행사로 성행하였던 의식이다. 여러 토속신에 대한 제사와 가무도 아울러 겸하였다. 종합적인 종교 행사였으며 문화제(文化祭)의 성격이 있다.
※ 2024년 5월 17일 법령 개정에 따라 '국가무형문화재'의 명칭이 '국가무형유산'으로 변경되었다.

35 2012 여수세계박람회에 관한 설명으로 옳지 않은 것은? ○ △ ✕

① 박람회의 주제는 '살아있는 바다, 숨 쉬는 연안'이다.

② 박람회 마스코트로는 '여니'와 '수니'가 있다.

③ 박람회 성과를 기념하고, 효율적 시설활용을 위해 박람회재단이 조직되었다.

④ 한 · 중 · 일 연합컨벤션뷰로(CVB)가 공동 개최한 박람회이다.

> **해설**
>
> 여수세계박람회
> - '살아있는 바다, 숨쉬는 연안'을 주제로 2012년 전남 여수에서 개최된 국제박람회
> - 1993년 대전엑스포에 이어 우리나라에서 19년 만에 개최된 두 번째 인정박람회
> - 여수시가 1997년부터 세계박람회 유치전에 돌입한 뒤 2002년 등록박람회인 2010 세계박람회 유치전에 도전했다가 중국 상하이에 밀려난 후 2006년 5월 국제박람회기구(BIE)에 유치 신청서를 제출하였고, 2007년 11월 27일 BIE 총회에서 140개 회원국의 2차 투표를 거쳐 경쟁 상대인 모로코의 탕헤르를 제치고 유치에 성공

36 다음에서 설명하는 문화유적지는? ○ △ ✕

> - 1907년 일본인이 설계한 목조건물로 경성감옥이라 불렸다.
> - 1987년까지 민주화운동 관련 인사들이 수감되는 등 한국 근현대사의 상징적 장소이다.
> - 1988년에는 사적 제324호로 지정, 2007년에는 제1종 전문박물관으로 등록되었다.

① 제주 항일기념관

② 거제도 포로수용소

③ 서울 구(舊)서대문형무소

④ 천안 독립기념관

> **해설**
>
> ① 제주 항일기념관 : 제주도 지역에서 일어난 항일독립운동의 역사자료를 전시해 놓은 박물관으로 1997년 설립되었다.
> ② 거제도 포로수용소 : 한국전쟁의 포로를 수용하기 위해 1950년부터 설치된 곳으로, 반공포로와 친공포로 간의 유혈사태가 자주 발생하였다. 냉전시대 이념 갈등을 보여주는 전쟁역사의 산 교육장이자 관광명소이다.
> ④ 천안 독립기념관 : 1987년 국민모금운동으로 건립한 독립기념관으로, 우리 민족의 국난 극복사와 국가 발전사에 관한 자료를 모아 전시해 놓은 곳이다.

> **완전정복 TIP** 　서울 구(舊)서대문형무소(사적)
>
> 일본이 우리나라에 대한 침략을 본격화하기 위해 1907년 인왕산 기슭에 일본인이 설계하여 건립한 근대적인 감옥이다. 약 500여 명을 수용할 수 있는 560여 평의 목조건물을 짓고 '경성감옥'이라 불렀다. 원래의 경성감옥은 서대문감옥이라 불렸으며 1923년 서대문형무소로 바뀌었다. 김구 선생 · 강우규 의사 · 유관순 열사 등이 이곳에 수감되었다.

37 개최지와 지역문화축제의 연결이 옳지 않은 것은?

①○△×

① 산청 – 지리산한방약초축제
② 일산 – 약령시한방문화축제
③ 화천 – 산천어축제
④ 풍기 – 인삼축제

> **해설**
> 약령시한방문화축제는 서울, 대구에서 열린다.
> ※ **지리산한방약초축제는 산청한방약초축제로 명칭이 변경되었다.**

38 다음에서 설명하는 것은?

①○△×

> 마을 어귀의 고갯마루 등에 있는 고목이나 돌무더기를 마을의 수호신으로 상징하고 숭배하며, 옆에 당 (堂)을 짓기도 하였다.

① 성주신   ② 지 신
③ 조왕신   ④ 성황신

> **해설**
> ① 성주신 : 집에 깃들어 집을 지키는 가신
> ② 지신 : 대지 또는 토지, 집터를 관장하는 터주신
> ③ 조왕신 : 부엌을 맡고 있다는 신. 조신, 조왕각시, 조왕대신, 부뚜막신이라고도 한다.

> **완전정복 TIP**   성황신(城隍神)
>
> 민간에서 숭배하는 마을의 수호신으로, 고려시대에는 관내의 성황신을 제사하도록 제도화하였으며 전쟁에서 승리하였을 때 성황신에게 사례하는 제사를 지내기도 하였다. 조선시대에 들어와서는 음사(淫祀)로 규정되어 금지됨에 따라 점차 민간신앙으로 정착되었다. 마을 어귀의 고갯마루에 있는 고목이나 돌무더기로 신을 상징하고 숭배하였으며, 옆에 당 (堂)을 짓기도 하였다.

39 우리나라 국립공원에 관한 설명으로 옳지 않은 것은? ○ △ ✕

① 현재 우리나라 국립공원은 모두 21개소이다.

② 태백산 국립공원은 2016년 8월에 공식 지정되었다.

③ 우리나라 해상 국립공원은 모두 4개소이다.

④ 국립공원은 사적(도시)형, 해안형, 산악형으로 구분할 수 있다.

> **해설**
>
> 현재 우리나라 국립공원은 팔공산 국립공원까지 모두 23개소이며, 해상·해안형 국립공원은 총 3개로 태안해안, 한려해상, 다도해해상이 있다.
>
> ※ 2023년 12월, 팔공산 국립공원이 지정되면서 ①도 정답이 되었다.

40 다음에서 설명하는 문화유적지는? ○ △ ✕

> • 사적 제116호로 지정된 조선시대의 읍성으로, 왜구 침입에 효율적으로 방어하기 위한 거점성이었다.
> • 성(城) 내에는 천주교인들이 갇혀 있던 감옥터와 고문을 받았던 회화나무가 있어, 오늘날 천주교인들의 순례지가 되고 있다.
> • 충무공 이순신이 군관으로 근무하기도 하였다.

① 동래읍성

② 낙안읍성

③ 해미읍성

④ 고창읍성

> **해설**
>
> ① 동래읍성 : 여말선초기에 만들어진 것으로 보이며 일제강점기를 거치면서 평지의 성벽은 대부분 철거되었고, 마안산을 중심으로 성곽의 모습만 겨우 남아 있다. 현재 부산광역시 기념물 '동래읍성지'로 지정되어 있다.
>
> ② 순천 낙안읍성(사적) : 고려 후기부터 잦은 왜구의 침입으로 인한 피해를 막기 위해 조선 전기에 흙으로 쌓은 성. 현존하는 읍성 가운데 보존 상태가 좋은 것들 중 하나이며, 조선 전기의 양식을 그대로 간직하고 있다.
>
> ④ 고창읍성(사적) : 옛 고창 고을의 읍성으로 모양성(牟陽城)이라고도 하는데, 백제 때 고창지역을 모량부리로 불렀던 것에서 비롯되었다. 조선시대의 읍성에서 흔히 보기 어려운 주초와 문짝을 달던 홈이 파인 누문(樓門)이 있어 성곽 연구 시 좋은 자료가 된다.

41 다음에서 설명하는 문화생태탐방로는?

- 2013년 문화체육관광부가 지정한 문화생태탐방로의 하나이다.
- 부산 오륙도에서 강원도 고성의 통일전망대에 이르는 광역탐방로이다.
- 떠오르는 해와 푸른 바다를 바라보며, 파도소리를 벗 삼아 함께 걷는 길이라는 의미이다.

① 아리랑길　　　　　　　　　　　② 무돌길
③ 슬로길　　　　　　　　　　　　④ 해파랑길

> **해설**
> ① 아리랑길 : 2013년 지정, 진도관광의 핵심 중 하나인 운림산방과 도선국사가 1200년 전에 창건했다는 쌍계사를 거쳐 천연기념물로 지정된 쌍계사 활엽수림 사이로 난 오솔길을 걸어 진도의 진산인 첨찰산 봉수대에 오를 수 있다.
> ② 무돌길 : 2012년 지정, 광주광역시와 화순군·담양군이 힘을 합쳐 조성한 무등산 기슭의 광역 걷기 길이다.
> ③ 슬로길 : 2010년 지정, 전남 완도(청산도) 슬로시티 체험길이다.

42 다음에서 설명하는 불상은?

- 국보 제78호로, 의자 위에 앉아 오른발을 왼쪽다리 위에 올려놓고, 오른쪽 팔꿈치를 무릎 위에 올린 채 손가락을 뺨에 댄 모습의 보살상으로 높이는 80㎝이다.
- 상체는 당당하면서도 곧고 늘씬한 모습이며, 하체에서는 우아한 곡선미를 엿볼 수 있다.

① 서산 용현리 마애여래삼존상
② 부석사 소조여래좌상
③ 금동미륵보살반가사유상
④ 도피안사 철조비로자나불좌상

> **해설**
> ① 서산 용현리 마애여래삼존상 : 국보, '백제의 미소'로 널리 알려진 마애불로 층암절벽에 거대한 여래입상을 중심으로 오른쪽에는 보살입상, 왼쪽에는 반가사유상이 조각되어 있다.
> ② 영주 부석사 소조여래좌상 : 국보, 부석사 무량수전에 있는 소조불상으로 높이 2.78m이다. 소조불상이란 나무로 골격을 만들고 진흙을 붙여서 만드는 것인데, 이 불상은 우리나라 소조불상 가운데 가장 크고 오래된 작품으로 가치가 매우 크다.
> ④ 철원 도피안사 철조비로자나불좌상 : 국보, 불상 뒷면에 신라 경문왕 5년(865)에 만들었다는 내용의 글이 남아 있다. 통일신라 후기에 유행하던 철조비로자나불상의 새로운 양식을 대표하는 작품으로, 능숙한 조형수법과 알맞은 신체 비례를 보여 주는 뛰어난 작품이다.

43 유네스코에 등재된 인류무형문화유산이 아닌 것은? ○ △ ✕

① 그네뛰기
② 강강술래
③ 아리랑
④ 김장문화

> **해설**
> 유네스코 등재 인류무형문화유산
> - 종묘제례 및 종묘제례악(2001)
> - 강릉단오제(2005)
> - 남사당놀이(2009)
> - 처용무(2009)
> - 가곡(2010)
> - 매사냥(2010)
> - 줄타기(2011)
> - 아리랑(2012)
> - 농악(2014)
> - 제주해녀문화(2016)
> - 연등회, 한국의 등불 축제(2020)
>
> - 판소리(2003)
> - 강강술래(2009)
> - 영산재(2009)
> - 제주칠머리당영등굿(2009)
> - 대목장(2010)
> - 택견(2011)
> - 한산모시짜기(2011)
> - 김장문화(2013)
> - 줄다리기(2015)
> - 씨름(2018)
> - 한국의 탈춤(2022)

44 다음에서 설명하는 조선시대의 화가는? ○ △ ✕

> 조선 전기 화단을 대표하는 산수화의 대가로서, 대표 작품은 '몽유도원도(夢遊桃源圖)' 등이 있다.

① 신윤복
② 안 견
③ 정 선
④ 김홍도

> **해설**
> ① 신윤복 : 조선 후기의 풍속화가로 대표작으로는 〈미인도〉, 〈단오풍정〉 등이 있다.
> ③ 정선 : 조선 후기 화가로 한국적 산수화풍을 확립했으며, 진경산수화의 창시자로 알려져 있다. 대표작으로는 〈금강전도〉, 〈인왕제색도〉 등이 있다.
> ④ 김홍도 : 독창적 시각과 서양에서 들어온 기법을 도입하여 조선 후기 화단에 큰 영향을 미쳤으며, 산수화와 풍속화에 탁월했다. 대표작으로는 〈풍속화첩〉, 〈소림명월도〉, 〈군선도〉 등이 있다.

45 방과 방 사이, 방과 마루 사이에 칸을 막아 끼우는 문(門)은? ○ △ ×

① 장지문 ② 일주문
③ 판 문 ④ 홍살문

해설

② 일주문 : 사찰에 들어서는 산문 중 첫 번째 문을 말한다.
③ 판 문 : 문의 울거미를 짜고, 그 안에 널을 붙인 문 또는 띠장을 가로 대고 널을 그 한 면에 붙여댄 문을 말한다.
④ 홍살문 : 관아나 능, 원, 묘 등의 앞에 세우는 붉은색을 칠한 나무문을 말한다.

46 왕이 군사 및 행정상 중요한 지역에 가서 임시로 머무는 성(城)은? ○ △ ×

① 읍 성 ② 행재성
③ 궁 성 ④ 도 성

해설

① 읍성 : 지방의 관부와 민가를 둘러 쌓은 성이다.
③ 궁성 : 궁궐을 둘러싸고 있는 성벽이나 담장이다.
④ 도성 : 왕이 거주하는 궁성과 관부 및 그 주위를 에워싼 성곽이다.

47 서울특별시에 소재한 왕릉이 아닌 것은? ○ △ ×

① 장 릉 ② 태 릉
③ 정 릉 ④ 헌 릉

해설

김포 장릉, 영월 장릉, 파주 장릉 등이 있다.

48 한국 전통건물에 붙는 명칭으로 가장 격조가 높은 것은?

① 재(齋)
② 각(閣)
③ 당(堂)
④ 전(殿)

> **해설**
>
> 규모와 크기, 격에 따라 대체로 '전(殿), 당(堂), 합(閤), 각(閣), 재(齋), 헌(軒), 누(樓), 정(亭)'의 순서로 분류한다.

완전정복 TIP	**전통건물에 붙는 명칭**
전(殿)	• 가장 격식이 높고, 공식적이며 규모도 큰 여러 건물 중 으뜸인 건물 • 왕, 왕비 또는 상왕, 왕대비 등 궐 안의 웃어른이 사용하는 건물
당(堂)	• 전(殿)에 비해 규모는 비슷하나, 사적이고 격은 한 단계 낮은 건물 • 전에 딸린 부속건물이거나 부속공간의 중심건물
합(閤)·각(閣)	• 전(殿)과 당(堂)을 부속하거나 양옆에 위치하는 건물
재(齋)·헌(軒)	• 재 : 왕실가족이나 궁궐에서 활동하는 사람들이 주로 사용하는 건물 • 헌 : 공무적 기능을 하는 건물
누(樓)	• 마루를 지면으로부터 높이 띄워 습기를 피하고 통풍이 잘되도록 만든 건물 • 건물이 크고 공공성을 띠며 사적인 행사보다는 공적인 행사를 위한 건물 • 주로 휴식이나 연회를 하기 위한 장소로 사용하는 건물
정(亭)	• 정자를 의미하며 휴식이나 연회공간으로 활용되는 건물 • 누(樓)와 사용의 목적은 비슷하나 그 규모가 작고 사적인 용도로 사용되는 건물

49 유네스코 세계유산으로 등재된 경주역사유적지구 중 첨성대, 동궁, 계림 등이 산재한 지구는?

① 대릉원지구
② 월성지구
③ 남산지구
④ 황룡사지구

> **해설**
>
> • 월성지구 : 신라왕궁이 자리하고 있던 월성, 신라 김씨왕조의 시조인 김알지가 태어난 계림(鷄林), 신라통일기에 조영한 임해전지, 그리고 동양 최고(最古)의 천문시설인 첨성대(瞻星臺) 등이 있다.
> • 대릉원지구 : 신라 왕, 왕비, 귀족 등 높은 신분계층의 무덤들이 있고, 구획에 따라 황남리 고분군, 노동리 고분군, 노서리 고분군 등으로 부르고 있다. 무덤의 발굴조사에서 신라문화의 정수를 보여주는 금관, 천마도, 유리잔, 각종 토기 등 당시의 생활상을 파악할 수 있는 귀중한 유물들이 출토되었다.
> • 남산지구 : 신라 건국설화에 나타나는 나정(蘿井), 신라왕조의 종말을 맞게 했던 포석정(鮑石亭)과 미륵곡 석불좌상, 배동 석불입상, 칠불암 마애석불 등 수많은 불교유적이 산재해 있다.
> • 황룡사지구 : 황룡사지와 분황사가 있으며, 황룡사는 몽고의 침입으로 소실되었으나 발굴을 통해 당시의 웅장했던 대사찰의 규모를 짐작할 수 있으며, 40,000여 점의 출토유물은 신라시대사 연구의 귀중한 자료가 되고 있다.
> • 산성지구 : A.D 400년 이전에 쌓은 것으로 추정되는 명활산성이 있는데 신라의 축성술은 일본에까지 전해져 영향을 끼쳤다.

50 다음에서 설명하는 민속놀이는?

○ △ ×

- 음력 정월대보름에 여자들이 하는 민속놀이이다.
- 공주로 뽑힌 소녀가 한 줄로 늘어선 여자들의 등을 밟고 걸어 간다.
- 공민왕과 노국공주의 피난에서 유래되었다는 설이 전해진다.

① 밀양백중놀이
② 송파산대놀이
③ 송파다리밟기
④ 안동놋다리밟기

해설

① 밀양백중놀이(국가무형유산) : 바쁜 농사일을 끝내고 고된 일을 해오던 머슴들이 음력 7월 15일경 용날을 선택하여 지주들로부터 하루 휴가를 얻어 흥겹게 노는 놀이이다.

② 송파산대놀이(국가무형유산) : 산대놀이란 중부지방의 탈춤을 가리키는 말로, 송파산대놀이는 서울 · 경기 지방에서 즐겼던 산대도감극(山臺都監劇)의 한 갈래이다. 춤과 무언극, 덕담과 익살이 어우러진 민중의 놀이이다. 이 놀이는 매년 정월대보름과 단오 · 백중 · 추석에 명절놀이로 연행되었다.

③ 송파다리밟기(서울특별시 무형유산) : 다리밟기는 정월대보름에 하는 놀이로 자기 나이만큼 개울가 다리를 밟으면 다리에 병이 나지 않고, 모든 재앙을 물리칠 뿐만 아니라 복도 불러들인다는 신앙적인 풍속에서 나왔다.

※ 2024년 5월 17일 법령 개정에 따라 '국가무형문화재, 시 · 도무형문화재'의 명칭이 각각 '국가무형유산, 시 · 도무형문화유산'으로 변경되었다.

관광법규

※ 문제의 이해도에 따라 ○ △ × 체크하여 완벽하게 정리하세요.

01 관광진흥법령상 특별자치도지사 · 시장 · 군수 · 구청장의 허가를 받아야 하는 관광사업은?　○ △ ×

① 종합유원시설업

② 국제회의업

③ 카지노업

④ 휴양 콘도미니엄업

> **해설**
>
> ① 유원시설업 중 대통령령으로 정하는 유원시설업(종합유원시설업 및 일반유원시설업)을 경영하려는 자는 문화체육관광부령으로 정하는 시설과 설비를 갖추어 특별자치시장 · 특별자치도지사 · 시장 · 군수 · 구청장의 허가를 받아야 한다(「관광진흥법」 제5조 제2항 및 시행령 제7조).
> ② 여행업, 관광숙박업, 관광객 이용시설업 및 국제회의업을 경영하려는 자는 특별자치시장 · 특별자치도지사 · 시장 · 군수 · 구청장(자치구의 구청장을 말한다)에게 등록하여야 한다(「관광진흥법」 제4조 제1항).
> ③ 카지노업을 경영하려는 자는 전용영업장 등 문화체육관광부령으로 정하는 시설과 기구를 갖추어 문화체육관광부장관의 허가를 받아야 한다(「관광진흥법」 제5조 제1항).
> ④ 관광숙박업(호텔업 및 휴양 콘도미니엄업)을 경영하려는 자는 등록을 하기 전에 그 사업에 대한 사업계획을 작성하여 특별자치시장 · 특별자치도지사 · 시장 · 군수 · 구청장의 승인을 받아야 한다(「관광진흥법」 제15조 제1항).

02 관광진흥법령상 식품위생 법령에 따른 유흥주점 영업의 허가를 받은 자가 관광객이 이용하기 적합한 한국 전통 분위기의 시설을 갖추어 그 시설을 이용하는 자에게 음식을 제공하고 노래와 춤을 감상하게 하거나 춤을 추게 하는 관광사업은?　○ △ ×

① 관광극장유흥업

② 관광유흥음식점업

③ 외국인전용 유흥음식점업

④ 관광공연장업

> **해설**
>
> ① 관광극장유흥업 : 식품위생 법령에 따른 유흥주점 영업의 허가를 받은 자가 관광객이 이용하기 적합한 무도(舞蹈)시설을 갖추어 그 시설을 이용하는 자에게 음식을 제공하고 노래와 춤을 감상하게 하거나 춤을 추게 하는 업(「관광진흥법 시행령」 제2조 제1항 제6호 나목)
> ③ 외국인전용 유흥음식점업 : 식품위생 법령에 따른 유흥주점 영업의 허가를 받은 자가 외국인이 이용하기 적합한 시설을 갖추어 외국인만을 대상으로 주류나 그 밖의 음식을 제공하고 노래와 춤을 감상하게 하거나 춤을 추게 하는 업(「관광진흥법 시행령」 제2조 제1항 제6호 다목)
> ④ 관광공연장업 : 관광객을 위하여 적합한 공연시설을 갖추고 공연물을 공연하면서 관광객에게 식사와 주류를 판매하는 업(「관광진흥법 시행령」 제2조 제1항 제3호 마목)

03 관광진흥법령상 지역별 관광협회에 지정신청을 해야 하는 관광 편의시설업은? ○ △ ✕

① 관광순환버스업
② 여객자동차터미널시설업
③ 관광궤도업
④ 관광면세업

> **해설**
>
> 관광 편의시설업의 지정신청(「관광진흥법 시행규칙」 제14조 제1항)
> - 관광유흥음식점업, 관광극장유흥업, 외국인전용 유흥음식점업, 관광순환버스업, 관광펜션업, 관광궤도업, 관광면세업 및 관광지원서비스업 : 특별자치시장·특별자치도지사·시장·군수·구청장
> - 관광식당업, 관광사진업 및 여객자동차터미널시설업 : 지역별 관광협회

04 관광진흥법령상 관광사업자가 아닌 자가 상호에 포함하여 사용할 수 없는 명칭을 모두 고른 것은? ○ △ ✕

> ㄱ. 관광숙박업과 유사한 영업의 경우 관광호텔과 휴양 콘도미니엄
> ㄴ. 관광공연장업과 유사한 영업의 경우 관광공연
> ㄷ. 관광펜션업과 유사한 영업의 경우 관광펜션
> ㄹ. 관광면세업과 유사한 영업의 경우 관광면세

① ㄱ, ㄷ
② ㄴ, ㄹ
③ ㄱ, ㄴ, ㄹ
④ ㄱ, ㄴ, ㄷ, ㄹ

> **해설**
>
> 상호의 사용제한(「관광진흥법 시행령」 제8조)
> 관광사업자가 아닌 자는 다음의 업종 구분에 따른 명칭을 포함하는 상호를 사용할 수 없다.
> - 관광숙박업과 유사한 영업의 경우 관광호텔과 휴양 콘도미니엄
> - 관광유람선업과 유사한 영업의 경우 관광유람
> - 관광공연장업과 유사한 영업의 경우 관광공연
> - 관광유흥음식점업, 외국인전용 유흥음식점업 또는 관광식당업과 유사한 영업의 경우 관광식당
> - 관광극장유흥업과 유사한 영업의 경우 관광극장
> - 관광펜션업과 유사한 영업의 경우 관광펜션
> - 관광면세업과 유사한 영업의 경우 관광면세

05 관광진흥법상 관광시설의 타인 경영 및 처분과 위탁 경영에 관한 설명으로 옳지 않은 것은? ○ △ ✕

① 관광진흥법에 따른 안전성검사를 받아야 하는 유기시설 및 유기기구는 타인에게 경영하도록 할 수 없다.

② 카지노업의 허가를 받는 데 필요한 시설과 기구는 그 용도로 계속하여 사용하는 것을 조건으로 타인에게 처분할 수 없다.

③ 관광사업자가 관광숙박업의 객실을 타인에게 위탁하여 경영하게 하는 경우, 해당 시설의 경영은 관광사업자의 명의로 하여야 한다.

④ 관광사업자가 관광숙박업의 객실을 타인에게 위탁하여 경영하게 하는 경우, 이용자 또는 제3자와의 거래행위에 따른 대외적 책임은 위탁받은 자가 부담하여야 한다.

> **해설**
>
> 관광시설의 타인 경영 및 처분과 위탁 경영(「관광진흥법」 제11조)
> • 관광사업자는 관광사업의 시설 중 다음의 시설 및 기구 외의 부대시설을 타인에게 경영하도록 하거나, 그 용도로 계속하여 사용하는 것을 조건으로 타인에게 처분할 수 있다.
>   – 관광숙박업의 등록에 필요한 객실
>   – 관광객 이용시설업의 등록에 필요한 시설 중 문화체육관광부령으로 정하는 시설
>   – 카지노업의 허가를 받는 데 필요한 시설과 기구
>   – 안전성검사를 받아야 하는 유기시설 및 유기기구
> • 관광사업자는 관광사업의 효율적 경영을 위하여 관광숙박업의 객실을 타인에게 위탁하여 경영하게 할 수 있다. 이 경우 이용자 또는 제3자와의 거래행위에 따른 대외적 책임은 관광사업자가 부담하여야 한다.

06 관광진흥법령상 관광숙박업 등의 등급결정에 관한 설명으로 옳지 않은 것은? ○ △ ✕

① 호텔업 등급결정의 유효기간은 등급결정을 받은 날부터 3년으로 한다.

② 관광호텔업 등급결정 보류의 통지를 받은 신청인은 그 보류의 통지를 받은 날부터 60일 이내에 신청한 등급과 동일한 등급 또는 낮은 등급으로 호텔업 등급결정의 재신청을 하여야 한다.

③ 관광펜션업을 신규 등록한 경우 희망하는 등급을 정하여 등급결정을 신청하여야 한다.

④ 등급결정 수탁기관은 평가의 공정성을 위하여 필요하다고 인정하는 경우에는 평가를 마칠 때까지 평가의 일정 등을 신청인에게 알리지 아니할 수 있다.

> **해설**
>
> 호텔업의 등급결정(「관광진흥법 시행규칙」 제25조 제1항)
> 관광호텔업, 수상관광호텔업, 한국전통호텔업, 가족호텔업, 소형호텔업 또는 의료관광호텔업의 등록을 한 자는 다음의 구분에 따른 기간 이내에 문화체육관광부장관으로부터 등급결정권을 위탁받은 법인(등급결정 수탁기관)에 호텔업의 등급 중 희망하는 등급을 정하여 등급결정을 신청해야 한다.
> • 호텔을 신규 등록한 경우 : 호텔업 등록을 한 날부터 60일
> • 호텔업 등급결정의 유효기간이 만료되는 경우 : 유효기간 만료 전 150일부터 90일까지
> • 시설의 증ㆍ개축 또는 서비스 및 운영실태 등의 변경에 따른 등급 조정사유가 발생한 경우 : 등급 조정사유가 발생한 날부터 60일
> • 호텔업 등급결정의 유효기간이 연장된 경우 : 연장된 유효기간 만료일까지

07 관광진흥법령상 손익계산서에 표시된 직전 사업연도의 매출액이 2천억원인 일반여행업자가 기획여행을 실시하려는 경우 추가로 가입하거나 예치하고 유지하여야 할 보증보험 등의 가입금액 또는 영업보증금의 예치금액은? ○△✕

① 2억원
③ 5억원
② 3억원
④ 7억원

> **해설**
>
> 보증보험 등 가입금액(영업보증금 예치금액) 기준(「관광진흥법 시행규칙」 별표3)
>
> (단위 : 천원)
>
> | 직전 사업연도 매출액 \ 여행업의 종류 (기획여행 포함) | 국내여행업 | 국내외여행업 | 종합여행업 | 국내외여행업의 기획여행 | 종합여행업의 기획여행 |
> |---|---|---|---|---|---|
> | 1억원 미만 | 20,000 | 30,000 | 50,000 | 200,000 | 200,000 |
> | 1억원 이상 5억원 미만 | 30,000 | 40,000 | 65,000 | | |
> | 5억원 이상 10억원 미만 | 45,000 | 55,000 | 85,000 | | |
> | 10억원 이상 50억원 미만 | 85,000 | 100,000 | 150,000 | | |
> | 50억원 이상 100억원 미만 | 140,000 | 180,000 | 250,000 | 300,000 | 300,000 |
> | 100억원 이상 1,000억원 미만 | 450,000 | 750,000 | 1,000,000 | 500,000 | 500,000 |
> | 1,000억원 이상 | 750,000 | 1,250,000 | 1,510,000 | 700,000 | 700,000 |
>
> ※ 2021년 9월 24일 법령이 개정되어 국외여행업에서 국내외여행업으로, 일반여행업에서 종합여행업으로 변경되었다.

08 관광진흥법령상 폐광지역 카지노사업자의 영업준칙에 관한 설명으로 옳지 않은 것은? ○△✕

① 매일 오전 6시부터 오전 10시까지는 영업을 하여서는 아니 된다.
② 머신게임의 게임기 전체 수량 중 2분의 1 이상은 그 머신게임기에 거는 금액의 단위가 100원 이하인 기기를 설치하여 운영하여야 한다.
③ 카지노 이용자에게 자금을 대여하여서는 아니 된다.
④ 모든 카지노 영업장에서는 주류를 판매하거나 제공하여서는 아니 된다.

> **해설**
>
> 폐광지역 카지노사업자의 영업준칙(「관광진흥법 시행규칙」 별표10 제2호)
> 카지노 영업소는 회원용 영업장과 일반 영업장으로 구분하여 운영하여야 하며, 일반 영업장에서는 주류를 판매하거나 제공하여서는 아니 된다.

09 관광진흥법령에 따른 행정처분 시 법령에 명시된 처분감경 사유가 아닌 것은? ○ △ ×

① 위반행위가 고의나 중대한 과실이 아닌 사소한 부주의나 오류로 인한 것으로 인정되는 경우
② 위반행위를 즉시 시정하고 소비자 피해를 보상한 경우
③ 위반의 내용·정도가 경미하여 소비자에게 미치는 피해가 적다고 인정되는 경우
④ 위반 행위자가 처음 해당 위반행위를 한 경우로서, 5년 이상 관광사업을 모범적으로 해온 사실이 인정되는 경우

> **해설**
> 관광종사원에 대한 행정처분 기준(「관광진흥법 시행규칙」 별표17 제1호 다목)
> 처분권자는 그 처분기준이 자격정지인 경우에는 위반행위의 동기·내용·횟수 및 위반의 정도 등 다음의 규정에 해당하는 사유를 고려하여 처분기준의 2분의 1 범위에서 그 처분을 감경할 수 있다.
> • 위반행위가 고의나 중대한 과실이 아닌 사소한 부주의나 오류로 인한 것으로 인정되는 경우
> • 위반의 내용·정도가 경미하여 소비자에게 미치는 피해가 적다고 인정되는 경우
> • 위반 행위자가 처음 해당 위반행위를 한 경우로서 3년 이상 관광종사원으로서 모범적으로 일해 온 사실이 인정되는 경우

10 관광진흥법상 관할 등록기관 등의 장이 관광사업의 등록 등을 취소할 수 있는 사유가 아닌 것은? ○ △ ×

① 등록기준에 적합하지 아니하게 된 경우
② 관광진흥법을 위반하여 관광사업의 시설을 타인에게 처분하거나 타인에게 경영하도록 한 경우
③ 지나친 사행심 유발을 방지하기 위한 문화체육관광부장관의 지도와 명령을 카지노사업자가 이행하지 아니한 경우
④ 관광진흥법에 따른 보험 또는 공제에 가입하지 아니하거나 영업보증금을 예치하지 아니한 경우

> **해설**
> 지도와 명령(「관광진흥법」 제27조), 등록취소 등(「관광진흥법」 제35조 제2항 제2호)
> 문화체육관광부장관은 지나친 사행심 유발을 방지하는 등 그 밖에 공익을 위하여 필요하다고 인정하면 카지노사업자에게 필요한 지도와 명령을 할 수 있다. 관할 등록기관 등의 장은 이를 이행하지 아니한 카지노사업자에게 6개월 이내의 기간을 정하여 그 사업의 전부 또는 일부의 정지를 명할 수 있다.

11 관광진흥법상 관할 등록기관 등의 장이 영업소를 폐쇄하기 위하여 취할 수 있는 조치로서 명시되지 않은 것은?　　　　　　　　　　　　　　　　　　　　　　　　　　　　　　　　○ △ ×

① 해당 영업소의 간판이나 그 밖의 영업표지물의 제거 또는 삭제

② 영업에 사용되는 시설물 또는 기구 등에 대한 압류

③ 해당 영업소가 적법한 영업소가 아니라는 것을 알리는 게시물 등의 부착

④ 영업을 위하여 꼭 필요한 시설물 또는 기구 등을 사용할 수 없게 하는 봉인

> **해설**
>
> **폐쇄조치 등(「관광진흥법」 제36조 제1항)**
> 관할 등록기관 등의 장은 「관광진흥법」에 따른 허가 또는 신고 없이 영업을 하거나 허가의 취소 또는 사업의 정지명령을 받고 계속하여 영업을 하는 자에 대하여는 그 영업소를 폐쇄하기 위하여 관계 공무원에게 다음의 조치를 하게 할 수 있다.
> • 해당 영업소의 간판이나 그 밖의 영업표지물의 제거 또는 삭제
> • 해당 영업소가 적법한 영업소가 아니라는 것을 알리는 게시물 등의 부착
> • 영업을 위하여 꼭 필요한 시설물 또는 기구 등을 사용할 수 없게 하는 봉인(封印)

12 관광진흥법상 (　　　)에 들어갈 내용이 순서대로 옳은 것은?　　　　　　　　　　　　　　　　○ △ ×

> 관할 등록기관 등의 장은 관광사업자에게 사업 정지를 명하여야 하는 경우로서 그 사업의 정지가 그 이용자 등에게 심한 불편을 주거나 그 밖에 공익을 해칠 우려가 있으면 사업 정지 처분을 갈음하여 (　　　) 이하의 (　　　)을(를) 부과할 수 있다.

① 1천만원, 벌금

② 1천만원, 과태료

③ 2천만원, 과징금

④ 3천만원, 이행강제금

> **해설**
>
> **과징금의 부과(「관광진흥법」 제37조 제1항)**
> 관할 등록기관 등의 장은 관광사업자가 사업 정지를 명하여야 하는 경우로서 그 사업의 정지가 그 이용자 등에게 심한 불편을 주거나 그 밖에 공익을 해칠 우려가 있으면 사업 정지 처분을 갈음하여 2천만원 이하의 과징금을 부과할 수 있다.

13 관광진흥법령상 관할 등록기관 등의 장이 4성급 이상의 관광호텔업의 총괄관리 및 경영업무에 종사하도록 해당 관광사업자에게 권고할 수 있는 관광종사원의 자격은? ○ △ ✕

① 호텔경영사
② 호텔관리사
③ 관광통역안내사
④ 호텔서비스사

> **해설**
>
> 관광 업무별 자격기준(「관광진흥법 시행령」 별표4)
>
> | 업 종 | 업 무 | 종사하도록 권고할 수 있는 자 | 종사하게 하여야 하는 자 |
> |---|---|---|---|
> | 여행업 | 외국인 관광객의 국내여행을 위한 안내 | – | 관광통역안내사 자격을 취득한 자 |
> | | 내국인의 국내여행을 위한 안내 | 국내여행안내사 자격을 취득한자 | – |
> | 관광 숙박업 | 4성급 이상의 관광호텔업의 총괄관리 및 경영업무 | 호텔경영사 자격을 취득한 자 | – |
> | | 4성급 이상의 관광호텔업의 객실관리 책임자 업무 | 호텔경영사 또는 호텔관리사 자격을 취득한 자 | – |
> | | 3성급 이하의 관광호텔업과 한국전통호텔업·수상관광호텔업·휴양 콘도미니엄업·가족호텔업·호스텔업·소형호텔업 및 의료관광호텔업의 총괄관리 및 경영업무 | 호텔경영사 또는 호텔관리사 자격을 취득한 자 | – |
> | | 현관·객실·식당의 접객업무 | 호텔서비스사 자격을 취득한자 | – |

14 관광진흥법령상 관광숙박업에 해당하는 것을 모두 고른 것은? ○ △ ✕

> ㄱ. 한옥체험업 ㄴ. 호스텔업
> ㄷ. 의료관광호텔업 ㄹ. 외국인관광 도시민박업

① ㄱ, ㄴ
② ㄴ, ㄷ
③ ㄱ, ㄷ, ㄹ
④ ㄴ, ㄷ, ㄹ

> **해설**
>
> 관광숙박업(「관광진흥법」 제3조 제1항 제2호 및 시행령 제2조 제1항 제2호)
> • 호텔(관광호텔업, 수상관광호텔업, 한국전통호텔업, 가족호텔업, 호스텔업, 소형호텔업, 의료관광호텔업)
> • 휴양 콘도미니엄업

15 관광진흥법령상 여행계약 등에 관한 설명으로 옳지 않은 것은?

① 여행업자는 여행자와 계약을 체결할 때에는 여행자를 보호하기 위하여 해당 여행지에 대한 안전정보를 서면으로 제공하여야 한다.

② 여행업자는 해당 여행지에 대한 안전정보가 변경된 경우에는 여행자에게 이를 서면으로 제공하지 않아도 된다.

③ 여행업자는 여행자와 여행계약을 체결하였을 때에는 그 서비스에 관한 내용을 적은 여행계약서 및 보험 가입 등을 증명할 수 있는 서류를 여행자에게 내주어야 한다.

④ 여행업자는 천재지변, 사고, 납치 등 긴급한 사유가 발생하여 여행자로부터 사전에 일정 변경동의를 받기 어렵다고 인정되는 경우에는 사전에 일정변경 동의서를 받지 아니할 수 있다.

> **해설**
>
> ①·② 여행업자는 여행자와 계약을 체결할 때에는 여행자를 보호하기 위하여 문화체육관광부령으로 정하는 바에 따라 해당 여행지에 대한 안전정보를 서면으로 제공하여야 한다. 해당 여행지에 대한 안전정보가 변경된 경우에도 또한 같다(「관광진흥법」 제14조 제1항).
>
> ③ 여행업자는 여행자와 여행계약을 체결하였을 때에는 그 서비스에 관한 내용을 적은 여행계약서 및 보험 가입 등을 증명할 수 있는 서류를 여행자에게 내주어야 한다(「관광진흥법」 제14조 제2항).
>
> ④ 여행업자는 천재지변, 사고, 납치 등 긴급한 사유가 발생하여 여행자로부터 사전에 일정변경 동의를 받기 어렵다고 인정되는 경우에는 사전에 일정변경 동의서를 받지 아니할 수 있다. 다만, 여행업자는 사후에 서면으로 그 변경내용 등을 설명하여야 한다(「관광진흥법 시행규칙」 제22조의4 제4항)

16 관광진흥법령상 유기시설 또는 유기기구로 인하여 중대한 사고가 발생한 경우 특별자치도지사·시장·군수·구청장이 자료 및 현장조사 결과에 따라 유원시설업자에게 명할 수 있는 조치에 해당하지 않는 것은?

○ △ ×

① 배상 명령

② 개선 명령

③ 철거 명령

④ 사용중지 명령

> **해설**
>
> 사고보고의무 및 사고조사(「관광진흥법」 제33조의2 제3항)
>
> 특별자치시장·특별자치도지사·시장·군수·구청장은 자료 및 현장조사 결과에 따라 해당 유기시설 또는 유기기구가 안전에 중대한 침해를 줄 수 있다고 판단하는 경우에는 그 유원시설업자에게 대통령령으로 정하는 바에 따라 사용중지·개선 또는 철거를 명할 수 있다.
>
> ※ 2018년 6월 12일 법령이 개정되면서 「관광진흥법」 제33조의2 제3항에 '특별자치시장'이 추가되었다.

17 관광진흥법령상 관광특구에 관한 설명으로 옳은 것은? ○△×

① 국가나 지방자치단체는 관광특구를 방문하는 외국인 관광객의 관광 활동을 위한 편의 증진 등 관광특구 진흥을 위하여 필요한 지원을 할 수 있다.

② 문화체육관광부장관은 관광특구를 방문하는 외국인 관광객의 유치 촉진 등을 위하여 관광특구진흥계획을 수립하고 시행하여야 한다.

③ 문화체육관광부장관은 수립된 진흥계획에 대하여 5년마다 그 타당성을 검토하고 진흥계획의 변경 등 필요한 조치를 하여야 한다.

④ 관광특구는 시·도지사의 신청에 따라 문화체육관광부장관이 지정한다.

> **해설**
> ② 특별자치시장·특별자치도지사·시장·군수·구청장은 관할 구역 내 관광특구를 방문하는 외국인 관광객의 유치 촉진 등을 위하여 관광특구진흥계획을 수립하고 시행하여야 한다(「관광진흥법」 제71조 제1항).
> ③ 특별자치시장·특별자치도지사·시장·군수·구청장은 수립된 진흥계획에 대하여 5년마다 그 타당성을 검토하고 진흥계획의 변경 등 필요한 조치를 하여야 한다(「관광진흥법 시행령」 제59조 제3항).
> ④ 관광특구는 시장·군수·구청장의 신청(특별자치시 및 특별자치도의 경우는 제외)에 따라 시·도지사가 지정한다(「관광진흥법」 제70조 제1항).

18 관광진흥법령상 관광개발계획에 관한 설명으로 옳지 않은 것은? ○△×

① 문화체육관광부장관은 관광자원을 효율적으로 개발하고 관리하기 위하여 전국을 대상으로 관광개발기본계획을 수립하여야 한다.

② 시·도지사(특별자치도지사 제외)는 관광개발기본계획에 따라 구분된 권역을 대상으로 권역별 관광개발계획을 수립하여야 한다.

③ 관광개발기본계획은 10년마다, 권역별 관광개발계획은 5년마다 수립한다.

④ 둘 이상의 시·도에 걸치는 지역이 하나의 권역계획에 포함되는 경우에는 문화체육관광부장관이 권역별 관광개발계획을 수립하여야 한다.

> **해설**
> **권역계획(「관광진흥법」 제51조 제1항)**
> 권역계획은 그 지역을 관할하는 시·도지사(특별자치도지사는 제외)가 수립하여야 한다. 다만, 둘 이상의 시·도에 걸치는 지역이 하나의 권역계획에 포함되는 경우에는 관계되는 시·도지사와의 협의에 따라 수립하되, 협의가 성립되지 아니한 경우에는 문화체육관광부장관이 지정하는 시·도지사가 수립하여야 한다.

19 국제회의산업 육성에 관한 법령상 국제회의 전담조직의 업무로 옳지 않은 것은?　　　ㅇ △ ✕

① 국제회의의 유치 및 개최 지원
② 국제회의 전문인력의 교육 및 수급
③ 국제회의산업육성기본계획의 수립
④ 지방자치단체의 장이 설치한 전담조직에 대한 지원 및 상호 협력

> **해설**
>
> **국제회의 전담조직의 업무(「국제회의산업 육성에 관한 법률 시행령」 제9조)**
> • 국제회의의 유치 및 개최 지원
> • 국제회의산업의 국외 홍보
> • 국제회의 관련 정보의 수집 및 배포
> • 국제회의 전문인력의 교육 및 수급
> • 지방자치단체의 장이 설치한 전담조직에 대한 지원 및 상호 협력
> • 그 밖에 국제회의산업의 육성과 관련된 업무

20 국제회의산업 육성에 관한 법령상 (　　)에 들어갈 내용이 순서대로 옳은 것은?　　　ㅇ △ ✕

> 국제회의시설 중 준회의시설은 국제회의 개최에 필요한 회의실로 활용할 수 있는 호텔연회장·공연장·체육관 등의 시설로서 다음의 요건을 모두 갖추어야 한다.
> • (　　)명 이상의 인원을 수용할 수 있는 대회의실이 있을 것
> • (　　)명 이상의 인원을 수용할 수 있는 중·소회의실이 (　　)실 이상 있을 것

① 2천, 30, 5
② 2천, 10, 5
③ 200, 30, 3
④ 200, 10, 3

> **해설**
>
> **준회의시설(「국제회의산업 육성에 관한 법률 시행령」 제3조 제3항)**
> 준회의시설은 국제회의 개최에 필요한 회의실로 활용할 수 있는 호텔연회장·공연장·체육관 등의 시설로서 다음의 요건을 모두 갖추어야 한다.
> • 200명 이상의 인원을 수용할 수 있는 대회의실이 있을 것
> • 30명 이상의 인원을 수용할 수 있는 중·소회의실이 3실 이상 있을 것

21 국제회의산업 육성에 관한 법령상 국제회의집적시설의 종류와 규모에 대한 설명 중 (   )에 들어갈 내용이 순서대로 옳은 것은?

○ △ ×

> • 관광진흥법에 따른 관광숙박업의 시설로서 (   )실 이상의 객실을 보유한 시설
> • 유통산업발전법에 따른 대규모점포
> • 공연법에 따른 공연장으로서 (   )석 이상의 객석을 보유한 공연장

① 30, 300

② 30, 500

③ 100, 300

④ 100, 500

해설

국제회의집적시설의 종류와 규모(「국제회의산업 육성에 관한 법률 시행령」 제4조)
• 「관광진흥법」에 따른 관광숙박업의 시설로서 100실(「관광진흥법」에 따라 같은 법 시행령 제22조 제2항의 4성급 또는 5성급으로 등급결정을 받은 호텔업의 경우에는 30실) 이상의 객실을 보유한 시설
• 「유통산업발전법」에 따른 대규모점포
• 「공연법」에 따른 공연장으로서 300석 이상의 객석을 보유한 공연장
• 그 밖에 국제회의산업의 진흥 및 발전을 위하여 국제회의집적시설로 지정될 필요가 있는 시설로서 문화체육관광부장관이 정하여 고시하는 시설

※ 출제 당시 정답은 ④였으나, 2022년 8월 2일 법령이 개정되었다. 개정된 법령에 따라 답을 구하려면 조건(4·5성급의 등급결정을 받은 호텔업 여부)이 추가적으로 제시되어야 한다. 따라서 현재는 정답이 없다.

---

22 관광진흥개발기금법상 민간자본의 유치를 위하여 관광진흥개발기금을 출자할 수 있는 경우가 아닌 것은?

○ △ ×

① 장애인 등 소외계층에 대한 국민관광 복지사업

② 국제회의산업 육성에 관한 법률에 따른 국제회의시설의 건립 및 확충 사업

③ 관광사업에 투자하는 것을 목적으로 하는 투자조합

④ 관광진흥법에 따른 관광지 및 관광단지의 조성사업

해설

기금의 용도(「관광진흥개발기금법」 제5조 제4항)
기금은 민간자본의 유치를 위하여 필요한 경우 다음의 어느 하나의 사업이나 투자조합에 출자(出資)할 수 있다.
• 「관광진흥법」에 따른 관광지 및 관광단지의 조성사업
• 「국제회의산업 육성에 관한 법률」에 따른 국제회의시설의 건립 및 확충 사업
• 관광사업에 투자하는 것을 목적으로 하는 투자조합
• 그 밖에 관광사업의 발전을 위하여 필요한 것으로서 대통령령으로 정하는 사업

---

23 관광진흥개발기금법상 관광진흥개발기금의 재원으로 옳은 것은?   ○ △ ×

① 한국관광공사로부터 받은 출연금
② 카지노사업자의 과태료
③ 관광복권사업자의 납부금
④ 기금의 운용에 따라 생기는 수익금

> **해설**
>
> **기금의 설치 및 재원**(「관광진흥개발기금법」 제2조 제2항)
> 기금은 다음의 재원으로 조성한다.
> - 정부로부터 받은 출연금
> - 「관광진흥법」 제30조에 따른 납부금
> - 출국납부금
> - 「관세법」 제176조의2 제4항에 따른 보세판매장 특허수수료의 100분의 50
> - 기금의 운용에 따라 생기는 수익금과 그 밖의 재원

24 관광진흥개발기금법령상 국내 공항과 항만을 통하여 출국하는 자로서 출국납부금의 면제대상이 아닌 자는?   ○ △ ×

① 국제선 항공기의 승무교대를 위하여 출국하는 승무원
② 대한민국에 주둔하는 외국의 군인 및 군무원
③ 관용여권을 소지하고 있는 공무원
④ 입국이 거부되어 출국하는 자

> **해설**
>
> **납부금의 납부대상 및 금액**(「관광진흥개발기금법」 제2조 제3항 및 시행령 제1조의2 제1항)
> 국내 공항과 항만을 통하여 출국하는 자로서 대통령령으로 정하는 자는 1만원의 범위에서 대통령령으로 정하는 금액을 기금에 납부하여야 한다. 다만, 다음에 해당하는 자는 제외한다.
> - 외교관여권이 있는 자
> - 2세(선박을 이용하는 경우에는 6세) 미만인 어린이
> - 국외로 입양되는 어린이와 그 호송인
> - 대한민국에 주둔하는 외국의 군인 및 군무원
> - 입국이 허용되지 아니하거나 거부되어 출국하는 자
> - 「출입국관리법」에 따른 강제퇴거 대상자 중 국비로 강제 출국되는 외국인
> - 공항통과 여객으로서 다음의 어느 하나에 해당되어 보세구역을 벗어난 후 출국하는 여객
>   - 항공기 탑승이 불가능하여 어쩔 수 없이 당일이나 그 다음 날 출국하는 경우
>   - 공항이 폐쇄되거나 기상이 악화되어 항공기의 출발이 지연되는 경우
>   - 항공기의 고장·납치, 긴급환자 발생 등 부득이한 사유로 항공기가 불시착한 경우
>   - 관광을 목적으로 보세구역을 벗어난 후 24시간 이내에 다시 보세구역으로 들어오는 경우
> - 국제선 항공기 및 국제선 선박을 운항하는 승무원과 승무교대를 위하여 출국하는 승무원

25 관광기본법의 목적으로 명시되지 않은 것은?

○ △ ✕

① 관광자원과 시설의 확충
② 국민경제와 국민복지의 향상
③ 건전한 국민관광의 발전 도모
④ 국제친선의 증진

해설

목적(「관광기본법」 제1조)
이 법은 관광진흥의 방향과 시책에 관한 사항을 규정함으로써 국제친선을 증진하고 국민경제와 국민복지를 향상시키며 건전하고 지속가능한 국민관광의 발전을 도모하는 것을 목적으로 한다.

관광학개론

※ 문제의 이해도에 따라 ○ △ × 체크하여 완벽하게 정리하세요.

26 셍겐(Schengen)협약에 가입하지 않은 국가는?　　　　　　　　　　　　○ △ ×

① 오스트리아

② 프랑스

③ 스페인

④ 터 키

> 해설
>
> 셍겐협약 가입국(외교부 해외안전여행 홈페이지, 2024년 4월 기준)
>
> 그리스, 네덜란드, 노르웨이, 덴마크, 독일, 라트비아, 루마니아, 룩셈부르크, 리투아니아, 리히텐슈타인, 몰타, 벨기에, 불가리아, 스위스, 스웨덴, 스페인, 슬로바키아, 슬로베니아, 아이슬란드, 에스토니아, 오스트리아, 이탈리아, 체코, 포르투갈, 폴란드, 프랑스, 핀란드, 크로아티아, 헝가리

27 컨벤션과 관련분야 산업의 성장을 목적으로 1963년 유럽에서 설립된 컨벤션 국제기구는?　　○ △ ×

① WTTC

② ICAO

③ ICCA

④ IHA

> 해설
>
> ① 세계여행관광협회
>
> ② 국제민간항공기구
>
> ④ 국제호텔협회

28 인천공항에 취항하는 외국 항공사가 아닌 것은? ○ △ ×

① 에티오피아 항공(ET)

② 체코 항공(OK)

③ 사우스웨스트 항공(WN)

④ 알리탈리아 항공(AZ)

해설

인천공항 취항 항공사(인천국제공항 홈페이지, 2024년 4월 기준)

가루다인도네시아, 대한항공, 델타항공, 라오항공, 로얄브루나이항공, 루프트한자독일항공, 말레이시아항공, 몽골항공, 미얀마국제항공, 바틱에어말레이시아, 베트남항공비엣젯항공, 사우디아항공, 사천항공, 산동항공, 상하이항공, 샤먼항공세부퍼시픽항공, 스카이앙코르항공, 스쿠트타이거항공, 심천항공, 싱가포르항공, 아메리칸항공, 아시아나항공, 에미레이트항공, 에바항공, 에어뉴질랜드, 에어아스타나, 에어프랑스, 에어로몽골리아, 에어마카오, 에어부산, 에어서울, 에어아시아엑스, 에어인디아리미티드, 에어프레미아, 에티오피아항공, 에티하드항공, 우즈베키스탄항공, 유나이티드항공, 이스타항공, 일본항공제주항공, 젯스타중국국제항공, 중국남방항공, 중국동방항공, 중화항공, 진에어, 집에어, 천진항공, 춘추항공, 카타르항공, 캐나다항공, 캐세이퍼시픽항공, 콴타스항공, 타이거에어, 타이에어아시아엑스, 타이항공, 터키항공, 티웨이항공, 폴란드항공, 피치항공, 핀에어, 필리핀에어아시아, 필리핀항공, 하와이안항공, 홍콩익스프레스, 홍콩항공, KLM네덜란드항공

29 호텔에서 판매촉진 등을 목적으로 고객에게 무료로 객실을 제공하는 요금제는? ○ △ ×

① Tariff Rack Rate

② Complimentary Rate

③ FIT Rate

④ Commercial Rate

해설

① 객실당 책정한 공표요금표

④ 특정한 기업체나 사업을 목적으로 하는 비즈니스 고객에게 일정한 비율을 할인해 주는 것

30 국제 슬로시티(Slowcity)에 가입된 지역이 아닌 곳은?   ○ △ ✕

① 제천 수산
② 하동 악양
③ 담양 창평
④ 제주 우도

> **해설**
>
> **한국의 슬로시티**
> 전남 신안군 증도, 전남 완도군 청산도, 전남 담양군 창평면, 경남 하동군 악양면, 충남 예산군 대흥면, 전북 전주시 한옥마을, 경북 상주시 함창읍 · 이안면 · 공검면, 경북 청송군 주왕산면 · 파천면, 강원도 영월군 김삿갓면, 충북 제천시 수산면, 충남 태안군 소원면, 경북 영양군 석보면, 경남 김해시 봉하마을 · 화포천습지, 충남 서천군 한산면, 전남 목포시 외달도 · 달리도 · 1897 개항 문화거리, 강원도 춘천시 실레마을, 전남 장흥군 유치면, 방촌문화마을

31 Banker와 Player 중 카드 합이 9에 가까운 쪽이 승리하는 카지노 게임은?   ○ △ ✕

① 바카라
② 블랙잭
③ 다이사이
④ 빅 휠

> **해설**
>
> ② 카드 숫자의 합이 21을 넘지 않는 한도 내에서 가장 큰 수의 합이 나오는 쪽이 이기는 게임이다. 에이스는 1 또는 11로 계산되며, 그림카드는 10으로 계산된다. 카드를 추가로 받고 싶으면 '히트'라고 하며 그렇지 않으면 '스테이'라고 한다.
> ③ 베팅한 숫자 또는 숫자의 조합이 셰이커(주사위 용기)에 있는 세 개의 주사위와 일치하면 배당률에 의해 배당금이 지급되는 게임이다.
> ④ 휠이 멈추었을 때 휠 위의 가죽띠가 멈출 곳을 예측하여 고객이 맞히면 이기는 게임이다. 휠에 배당률이 표시되어 있으며 당첨금은 최고 40배까지 지급된다.

32 국내 입국 시 소액물품 자가사용 인정기준(면세통관범위)을 초과하는 것은? ○ △ ×

① 인삼 3kg

② 더덕 3kg

③ 고사리 5kg

④ 참깨 5kg

> **해설**
>
> 소액물품 자가사용 인정기준(2024년 4월 기준)
>
> | 종 류 | 품 명 | 면세통관범위(자가사용인정기준) |
> |---|---|---|
> | 농림수축산물 | 참기름, 참깨, 꿀, 고사리, 버섯, 더덕 | 각 5kg |
> | | 호 두 | 5kg |
> | | 잣 | 1kg |
> | | 소, 돼지고기 | 각 10kg |
> | | 육 포 | 5kg |
> | | 수산물 | 각 5kg |
> | | 기 타 | 각 5kg |
> | 한약재 | 인삼(수삼, 백삼, 홍삼 등) | 합 300g |
> | | 상황버섯 | 300g |
> | | 녹 용 | 검역 후 150g |
> | | 기타 한약재 | 3kg |

33 국내 크루즈업에 관한 설명으로 옳은 것은? ○ △ ×

① 크루즈로 기항할 수 있는 부두는 제주항이 유일하다.

② 1970년대부터 정기 취항을 시작하였다.

③ 법령상 관광객 이용시설업에 속한다.

④ 2010년 이후 입항 외래관광객이 꾸준한 하락세를 보이고 있다.

> **해설**
>
> ① 제주항, 부산항, 인천항 등이 있다.
> ② 첫 출항이 1998년에 이루어졌으며 이후 운항이 중단되었다가 재개되었다.
> ④ 크루즈 외래관광객은 꾸준히 증가하고 있는 추세이다.

34 해외 주요 도시 공항코드의 연결이 옳은 것은? ○ △ ×

① 두바이(Dubai Int'l) − DUB
② 로스앤젤레스(Los Angeles Int'l) − LAS
③ 홍콩(Hong Kong Int'l) − HGK
④ 시드니(Sydney Kingsford) − SYD

> **해설**
>
> ① 두바이 : DXB
> ② 로스앤젤레스 : LAX
> ③ 홍콩 : HKG

35 문화체육관광부가 선정한 2016년 대한민국 문화관광축제가 아닌 것은? ○ △ ×

① 광주비엔날레
② 봉화은어축제
③ 강진청자축제
④ 자라섬국제재즈페스티벌

> **해설**
>
> ② 봉화은어축제 : 2016 우수축제
> ③ 강진청자축제 : 2016 최우수축제
> ④ 자라섬국제재즈페스티벌 : 2016 대표축제

36 한국관광공사가 인증한 우수 외국인관광 도시민박 브랜드는? ○ △ ×

① 굿스테이(GOOD STAY)
② 베스트스테이(BEST STAY)
③ 코리아스테이(KOREA STAY)
④ 베니키아(BENIKEA)

> **해설**
>
> ① 굿스테이 : 문화체육관광부와 한국관광공사가 지정한 우수숙박브랜드
> ④ 베니키아 : 한국관광공사가 추진하는 중저가 관광호텔 체인브랜드
> ※ 한국관광 산업의 질적 성장 도모를 위해 2018년부터는 굿스테이, 한옥스테이, 코리아스테이, 우수쇼핑점 인증을 통합 · 개선한 '한국관광 품질인증제'를 시행하고 있다.

37 한국 일반여권 소지자가 무비자로 90일까지 체류할 수 있는 국가는? ○ △ ×

① 필리핀
② 캄보디아
③ 대 만
④ 베트남

> **해설**
>
> ① 필리핀 : 30일
> ② 캄보디아 : 체류 불가
> ④ 베트남 : 15일

38 한국에서 개최되었거나 개최 예정인 메가스포츠 이벤트와 마스코트 연결이 옳은 것은? ○ △ ×

① 1988 서울 올림픽 – 곰돌이
② 2002 한일 월드컵 – 살비
③ 2011 대구 세계육상선수권대회 – 아토
④ 2018 평창 동계올림픽 – 수호랑

> **해설**
>
> ① 1988 서울 올림픽 : 호돌이
> ② 2002 한일 월드컵 : 아트모
> ③ 2011 대구 세계육상선수권대회 : 살비

39 관광구성요소에 관한 설명으로 옳지 않은 것은? ○ △ ×

① 관광객체는 관광매력물인 관광자원, 관광시설 등을 포함한다.
② 관광객체는 관광대상인 국립공원, 테마파크 등을 포함한다.
③ 관광매체는 관광사업인 여행업, 교통업 등을 포함한다.
④ 관광매체는 관광매력물인 관광목적지, 관광명소 등을 포함한다.

> **해설**
>
> 관광매체는 교통이나 숙박, 여행사 등을 포함한다. 관광목적지나 관광명소는 관광객체에 해당한다.

40 세계관광기구(UNWTO)의 국제관광객 분류상 관광통계에 포함되는 자는? ○ △ ×

① 승무원   ② 이민자
③ 국경통근자   ④ 군 주둔자

해설

이민자, 국경통근자, 군인, 외교관, 통과객 등은 비관광객으로 분류한다.

---

41 2015년 국적별 방한 외래객수가 많은 순으로 바르게 나열한 것은? ○ △ ×

① 중국 – 일본 – 미국 – 대만 – 필리핀
② 중국 – 일본 – 미국 – 싱가포르 – 대만
③ 중국 – 일본 – 대만 – 태국 – 싱가포르
④ 중국 – 일본 – 미국 – 필리핀 – 대만

해설

2015년 국가별 방한 외래관광객
- 1위 중국(5,984,170)
- 2위 일본(1,837,782)
- 3위 미국(767,613)
- 4위 홍콩(523,427)
- 5위 대만(518,190)
- 6위 필리핀(403,622)
- 7위 태국(371,769)

(단위 : 명)

※ 2023년 국적별 입국 순위는 일본 – 중국 – 미국 – 대만 – 베트남 – 홍콩 – 태국 순이다.
※ 출처 : 관광지식정보시스템 '입국관광통계 – 국적별 입국'(2015)

---

42 서양의 관광역사 중 Mass Tourism 시대에 관한 설명으로 옳은 것을 모두 고른 것은? ○ △ ×

> ㄱ. 역사교육, 예술문화학습 등을 목적으로 하는 그랜드 투어가 성행했다.
> ㄴ. 생산성 향상, 노동시간 감축, 노동운동 확산 등으로 여가시간이 증가하기 시작했다.
> ㄷ. 과학기술 발달로 인한 이동과 접근성이 편리해져 여행수요 증가가 가능해졌다.
> ㄹ. 자유개별여행, 대안관광, 공정여행 등 새로운 관광의 개념이 등장했다.

① ㄱ, ㄴ   ② ㄱ, ㄹ
③ ㄴ, ㄷ   ④ ㄷ, ㄹ

해설

ㄱ. 근대시대의 관광이다.
ㄹ. 현대 관광의 새로운 형태이다.

43 유네스코(UNESCO) 세계기록유산 등재목록에 해당하지 않는 것은? ○ △ ×

① 조선왕조의궤　　　　　　　　　② 새마을운동기록물
③ 난중일기　　　　　　　　　　　④ 징비록

해설

징비록(국보)은 세계기록유산에 등재되지 않은 유산이다.

완전정복 TIP　　**우리나라의 세계기록유산**

훈민정음, 조선왕조실록, 직지심체요절, 승정원일기, 조선왕조의궤, 해인사 대장경판 및 제경판, 동의보감, 일성록, 5·18 민주화운동기록물, 난중일기, 새마을운동기록물, 한국의 유교책판, KBS 특별생방송 '이산가족을 찾습니다' 기록물, 조선왕실어보와 어책, 국채보상운동기록물, 조선통신사기록물, 4·19혁명기록물, 동학농민혁명기록물

---

44 관광유형의 설명으로 옳지 않은 것은? ○ △ ×

① SIT – 특별목적관광
② Dark Tourism – 야간관광
③ Fair Travel – 공정여행
④ Incentive Travel – 포상여행

해설

다크 투어리즘은 역사적으로 비극적인 사건이 일어난 장소나 관련 있는 곳들을 여행하며 반성하고 교훈을 얻는 관광이다.

---

45 비수기 수요의 개발, 예약시스템의 도입 등은 관광서비스 특징 중 어떤 문제점을 극복하기 위한 마케팅 전략인가? ○ △ ×

① 무형성(Intangibility)
② 비분리성(Inseparability)
③ 소멸성(Perishability)
④ 이질성(Heterogeneity)

해설

소멸성
관광서비스는 제품과 달리 재고의 보관이 불가능하고, 서비스의 산출과 동시에 소멸되는 특성이 있다.

46 우리나라 인바운드 관광수요에 부정적 영향을 미치는 요인을 모두 고른 것은?　　　○ △ ×

> ㄱ. 일본 아베 정부의 엔저 정책 추진
> ㄴ. 미국의 기준금리 인상으로 인한 달러가치 상승
> ㄷ. 중동위기 해소로 인한 국제유가 하락
> ㄹ. 북한의 핵미사일 위협 확대

① ㄱ, ㄴ　　　　　　　　　　　② ㄱ, ㄹ
③ ㄷ, ㄹ　　　　　　　　　　　④ ㄴ, ㄷ, ㄹ

해설
엔저 정책은 일본으로의 여행자를 늘리고, 미사일 위협은 안전성 문제를 일으키기 때문에 우리나라 인바운드 관광수요에 부정적인 영향을 미칠 수 있는 요인들이다.

편집자의 TIP　환율과 여행의 관계

여행자에게 환율은 굉장히 중요합니다. 왜냐면, 내가 살 돈의 개수(?)에 관한 것이니까요. 환율은 한국돈과 외국 돈의 가치를 비교한 것입니다. 쉽게 말해 한국돈 천 원으로 외국돈 몇 개를 살 수 있느냐를 뜻하는 것이죠. 밥 먹다가, 혹은 지하철 출퇴근길에 뉴스에서 '고달러, 엔저'와 같은 이야기를 들어 보셨을 겁니다. 이는 모두 환율에 관한 이야기입니다. 문제에서 말하는 '엔저'와 같이 엔화의 환율이 낮아지면, 한국돈에 비해 엔화(일본돈)의 가치가 떨어진다, 즉 한국돈 천 원으로 평소보다 더 많은 엔화를 살 수 있다는 이야기가 됩니다. 환율이 내리면 돈을 우리나라 밖에서 쓰는 사람들에게 유리합니다. 즉, 해외여행이나 신혼여행을 준비하는 사람, 유학생에게 돈을 보내는 사람, 수입업자나 외채상환기업이 큰 이익을 보게 된다는 거죠. 요즘 같은 엔저시대에 해외여행을 계획해 보는 건 어떨까요? 편집자가 감히 추천합니다.

47 국민의 국내관광 활성화 차원에서 추진한 정책이 아닌 것은?　　　○ △ ×

① 의료관광　　　　　　　　　　② 구석구석캠페인
③ 여행주간　　　　　　　　　　④ 여행바우처

해설
② 구석구석캠페인 : 잘 알려지지 않은 우리나라의 관광명소를 발굴하여 국민들에게 널리 알리고 국내관광에 대한 새로운 인식 전환의 계기를 마련하기 위해 전개한 캠페인이다.
③ 여행주간 : 문화체육관광부에서 관광의 활성화와 내수 시장 확대, 여름철에 집중된 휴가 분산 등을 위해 봄과 가을에 일정한 시기를 정해 관광을 장려하는 제도이다.
④ 여행바우처 : 여행에 적극적으로 참여하지 못하는 취약계층(기초생활수급자 등)의 국내 관광활동 비용을 지원한 복지관광 사업이다. 2014년도부터는 문화 · 여행 · 스포츠 바우처가 통합된 문화누리카드를 발급하고 있다.

48 관광(觀光)이라는 단어가 언급되어 있는 문헌과 그 내용의 연결이 옳지 않은 것은?   ○ △ ✕

① 삼국사기 – 관광육년(觀光六年)

② 고려사절요 – 관광상국(觀光上國) 진손숙습(盡損宿習)

③ 조선왕조실록 – 관광방(觀光坊)

④ 열하일기 – 위관광지상국래(爲觀光之上國來)

> **해설**
>
> 관광육년(觀光六年)은 〈계원필경〉에 나오는 단어이다.

49 우리나라에서 최초로 제정된 관광법규는?   ○ △ ✕

① 관광기본법

② 관광사업진흥법

③ 관광사업법

④ 관광진흥개발기금법

> **해설**
>
> ② 관광사업진흥법 : 1961년
>
> ① 관광기본법 : 1975년
>
> ③ 관광사업법 : 1975년
>
> ④ 관광진흥개발기금법 : 1972년

50 한국관광공사의 사업에 해당하는 것은?

① 국민관광상품권 발행
② 국민관광 진흥사업
③ 관광경찰조직 운영
④ 관광진흥개발기금 관리

해설

① 국민관광상품권은 문화체육관광부가 후원하고 한국관광협회중앙회가 주관하고 있다.
③ 경찰청, 문화체육관광부가 담당한다.
④ 관광진흥개발기금은 문화체육관광부장관이 관리한다(「관광진흥개발기금법」 제3조 제1항).

완전정복 TIP 한국관광공사의 사업(「한국관광공사법」 제12조 제1항)

- 국제관광 진흥사업
- 국민관광 진흥사업
- 관광자원 개발사업
- 관광산업의 연구 · 개발사업
- 관광 관련 전문인력의 양성과 훈련 사업
- 관광사업의 발전을 위하여 필요한 물품의 수출입업을 비롯한 부대사업으로서 이사회가 의결한 사업

PART 10

2015년
특별시험
실제기출문제

※ 본 내용은 2015년 4월 시행된 관광통역안내사의 특별시험 실제기출문제입니다.

제1과목	국 사
제2과목	관광자원해설
제3과목	관광법규
제4과목	관광학개론

국 사

※ 문제의 이해도에 따라 ○ △ × 체크하여 완벽하게 정리하세요.

01 다음 내용의 인물과 관련이 없는 것은? ○ △ ×

> 그는 당나라에 유학하여 빈공과에 합격하고, 이름을 날린 뒤 고국에 돌아와 자신의 뜻을 펴보려 했으나, 출세하지 못하고 외직으로 나가 태수가 되었다. 시무책(時務策) 10개 조를 올렸으나 받아들여지지 않았다.

① 골품제라는 신분제 때문에 정치활동에 제약이 많았다.
② 3최(崔) 중 한 사람으로 문집 계원필경 20권을 저술하였다.
③ 득난이라고도 하여 진골 다음가는 일반 귀족 신분이었다.
④ 북원(원주)지방의 도적 집단을 규합하여 호족이 되었다.

해설
궁예는 북원(원주)지방의 도적 집단을 규합하여 스스로를 미륵불이라 칭하고 호족이 되었다.

완전정복 TIP **최치원**

제시된 지문은 통일신라 6두품 최치원에 대한 내용이다. 최치원은 당나라에 유학하고, 당에서 빈공과에 합격하여 당나라 관리로 활약하기도 하였다. 879년 황소의 난 때 〈토황소격문〉을 지어 문장가로서 이름을 떨쳤다. 이후 신라에 귀국하여 골품제를 비판하며 894년 시무책 10여 조(條)를 진성여왕에게 상소하였다. 글씨를 잘 썼으며, 그의 저서 〈난랑비서문〉은 신라시대의 화랑도를 말해 주는 귀중한 자료이기도 하다. 그 외에도 〈계원필경〉 등이 있다. 신라 말부터 고려 초를 거치면서 당대 최고의 학자로 최치원, 최승우(후백제), 최언위(고려)를 나말여초의 '3최'라고 한다. 이들은 경주 최씨이고, 당나라에 유학한 6두품 지식인들이었다.

02 발해에 관한 설명으로 옳지 않은 것은? ○ △ ×

① 중앙 정치조직은 정당성, 선조성, 중대성으로 편성되었다.
② 중앙군인 9서당에는 고구려와 말갈 출신이 함께 편제되었다.
③ 5경은 전략적 요충지에 설치되었고, 지방행정의 중심에는 15부를 두었다.
④ 무왕 때 영토 확장에 힘을 기울여 동북방의 여러 세력을 복속하고 북만주 일대를 장악하였다.

해설
발해의 중앙군은 10위이다.

03 고구려의 남하정책과 관련이 없는 사실은? ○ △ ×

① 백제 문주왕이 웅진으로 도읍을 옮겼다.
② 5세기 중반 충북 중원군에 고구려비가 건립되었다.
③ 신라와 백제는 동맹을 맺었다.
④ 관산성 전투에서 성왕이 전사하였다.

> **해설**
>
> 5세기 장수왕의 남하정책은 평양 천도로 시작된다. 고구려의 장수왕 시기에 백제는 한성 시기 비류왕과 개로왕 그리고 웅진 시기의 문주왕과 동성왕 시기에 해당된다. 이때의 신라는 눌지마립간·소지마립간이 집권하고 있었다. 신라 진흥왕이 한강 유역을 독차지하였던 시기는 6세기 중반이다. 나제동맹은 결렬되었고, 신라에 의해 관산성 전투에서 백제의 성왕이 전사하였다.

04 고려의 대외 관계를 시대 순으로 바르게 나열한 것은? ○ △ ×

> ㄱ. 강감찬은 귀주에서 거란의 침략을 막아냈다.
> ㄴ. 서희는 거란의 소손녕과 외교적 담판을 하여 강동 6주를 획득하였다.
> ㄷ. 몽고는 저고여의 피살을 핑계로 고려를 침략하였다.
> ㄹ. 윤관의 건의에 따라 별무반을 조직하여 여진족을 몰아내고 동북 9성을 쌓았다.

① ㄱ → ㄴ → ㄷ → ㄹ
② ㄴ → ㄱ → ㄷ → ㄹ
③ ㄴ → ㄱ → ㄹ → ㄷ
④ ㄹ → ㄱ → ㄴ → ㄷ

> **해설**
>
> 고려는 초기(10C)에는 거란, 문벌 시대(11C)에는 여진, 무신정권기(12C)에는 몽고(원)의 침략을 받았다. 그리고 고려 말기(13C)에는 왜구와 홍건적의 침략이 있었다.
> ㄴ. 서희의 외교 담판(993) → ㄱ. 강감찬의 귀주대첩(1018) → ㄹ. 윤관의 별무반과 동북9성(1107) → ㄷ. 저고여 피살사건(1125)

05 고려 성종대 최승로의 시무책에 관한 설명으로 옳은 것을 모두 고른 것은? ○△✕

> ㄱ. 유교 사상을 치국의 기본으로 삼아 사회개혁과 새로운 문화의 창조를 추구하였다.
> ㄴ. 태조~경종에 이르는 5대 왕의 치적 평가를 통해 교훈으로 삼았다.
> ㄷ. 후세의 국왕, 공후, 왕비, 대관들이 사원을 증축하지 못하게 하였다.
> ㄹ. 시무책 28조 모두가 전해진다.
> ㅁ. 연등회, 팔관회의 과도한 노역 등 불교의 폐단을 지적하였다.

① ㄱ, ㄴ, ㄷ
② ㄱ, ㄴ, ㅁ
③ ㄴ, ㄷ, ㄹ
④ ㄴ, ㄹ, ㅁ

해설
〈훈요 10조〉 제2조에는 비보사찰이 이미 곳곳에 있으니 사찰과 승탑을 더 이상 짓지 말라고 하였다.

완전정복 TIP   시무 28조

고려 성종 때 최승로가 제시한 시무 28조는 현재 22개조만이 전해지며, 태조에서 경종까지의 정책에 대한 비판이 함께 나타나 있다. 그 내용을 살펴보면 다음과 같다.
• 불교에 대한 비판과 아울러 팔관회와 연등회 및 제사에 대한 비판
• 외관 파견과 호족 세력 견제 등 중앙 집권적인 정치 추구
• 유교적인 군왕 요구와 전제 군주 반대
• 공신의 자손 우대와 존비에 따른 가족제도 유지 및 귀족의 입장을 비호하는 등 귀족 관료의 권리 보장
• 제도의 개혁과 중국 문물 수용(거마, 복색은 우리 풍속 유지) 등

이를 통해 최승로는 전제왕권 배척과 중앙 집권화를 통한 유교적 귀족 정치를 추구하였다고 볼 수 있는데, 성종 때부터 이루어진 여러 개혁은 최승로의 시무 개혁안과 밀접한 관련이 있다.

06 고려의 인쇄술에 관한 설명으로 옳은 것은? ○△✕

① 의천은 대장도감을 설치하여 소위 '속장경'을 편찬하였다.
② 해인사에 보관 중인 팔만대장경은 거란의 침입 때인 현종 때 만들어졌다.
③ 상정고금예문은 서양의 최초 금속활자보다 200여 년 앞선 것이다.
④ 청주 흥덕사에서 직지심체요절을 1234년에 금속활자로 인쇄하였다.

해설
① 의천은 교장도감을 설치하여 소위 〈속장경〉을 편찬하였다.
② 〈초조대장경〉이 거란의 침입 때인 현종 때 만들어졌다.
④ 청주 흥덕사에서 〈직지심체요절〉을 1377년 금속활자로 인쇄하였다. 1234년에 〈상정고금예문〉을 금속활자로 인쇄하였지만, 현존하지는 않는다.

07 고려시대 경제에 관한 설명으로 옳지 않은 것은?   ○ △ ×

① 나전칠기, 서적, 자기, 인삼, 먹 등을 송나라에서 수입하였다.

② 민전은 매매·상속·증여가 가능한 토지였고, 국가에 10분의 1의 조를 부담하였다.

③ 숙종 때에는 동전과 활구라는 은전을 만들었으나 널리 유통되지 못하였다.

④ 조세의 원활한 운반을 위해 전국에 13개 조창을 설치하고 조운제를 운영하였다.

> 해설
>
> 고려는 벽란도를 중심으로 대외무역이 발달하였다. 주로 나전칠기·서적·자기·인삼·먹 등을 송나라에 수출하였으며,
> 비단·약재·서적 등을 수입했다.

08 삼국시대 대외 관계에 관한 설명으로 옳은 것은?   ○ △ ×

① 고구려 미천왕은 낙랑군을 축출하여 대동강 유역을 차지하였다.

② 백제 동성왕은 수군을 정비하여 중국 요서지방에 진출하였다.

③ 신라 내물왕은 백제를 통해 중국 전진과 외교 관계를 맺었다.

④ 전기 가야연맹은 백제와 왜의 공격을 받아 연맹이 무너졌다.

> 해설
>
> 4세기 초 고구려 미천왕은 서안평을 공격하고, 낙랑군을 축출, 대동강 유역을 차지하면서 고조선의 옛 영토를 수복하였다.
> ② 백제 근초고왕이 수군을 정비하여 4세기 중국 요서와 산동, 일본의 규슈 지방에 진출하였다.
> ③ 신라는 고구려를 통해 중국의 문물을 수용하였다.
> ④ 전기 가야연맹은 금관가야를 중심으로 형성되었는데, 5세기 초 신라를 도와 왜구를 격퇴한 고구려의 공격을 받아 연맹
>   이 무너졌다.

09 고려 초기 중앙집권 체제를 구축하기 위해 시행한 정책을 바르게 나열한 것은?

① 노비안검법 − 음서제
② 백관의 공복 제정 − 광덕 연호 사용
③ 기인제 − 정동행성 설치
④ 과거제 − 교정도감 설치

> **해설**
>
> 고려 초기 중앙집권 체제는 왕권을 강화하여 중앙관료체제와 지방관체제를 구축하는 정책이다. 고려 태조는 호족 융합정책, 광종은 전제왕권을 형성하여 강력한 중앙집권을 추구하였다.

완전정복 TIP 　광종의 왕권 강화 정책

- 주현 공부법 실시 : 국가 수입 증대
- 노비안검법 실시
  - 불법적인 노비 해방
  - 결과 : 공신과 호족의 경제적·군사적 기반 약화
  - 의의 : 국가 재정 확충과 왕권의 강화
- 과거제(958) : 신진 세력 등용으로 세대 교체
- 백관의 공복 제정(자·단·비·녹) : 관료 기강 확립
- 공신과 호족 세력 숙청 : 전제왕권 확립
- 칭제건원(광덕, 준풍) : 자주성 표현
- 귀법사 창건(균여) : 불교 사상의 통합과 지지세력 확보

10 백제 사비시대의 문화를 엿볼 수 있는 유적지가 아닌 곳은?

○ △ ×

① 무령왕릉　　　　　　　② 정림사지
③ 궁남지　　　　　　　　④ 능산리 고분

> **해설**
>
> 무령왕릉은 공주의 송산리 고분군에 있다.

완전정복 TIP 　백제 역사 유적지구

- 2015년 7월 4일 유네스코 세계문화유산으로 등재
- 공주(웅진) : 공산성, 송산리 고분군
- 부여(사비) : 관북리 유적 및 부소산성, 능산리 고분군, 정림사지, 부여 나성
- 익산 : 왕궁리 유적, 미륵사지 등

11 다음의 무덤이 만들어진 시대에 관한 설명으로 옳은 것은?　　　○ △ ×

① 붉은 간토기, 바퀴날 도끼 등을 사용하였다.

② 혈연을 바탕으로 씨족을 기본 단위로 한 부족사회였다.

③ 창원 다호리 유적지에서 붓이 출토되었다.

④ 주요 농기구로 돌보습, 돌낫 등이 있다.

> 해설
>
> 제시된 고분은 청동기시대의 군장의 무덤으로 유추되는 고인돌이다.
> ② 신석기시대 씨족사회에 대한 설명이다.
> ③ 초기 철기시대의 유물에 해당한다.
> ④ 신석기시대의 주요 농기구이다.

12 다음의 유물이 등장하는 시대 생활상에 관한 설명으로 옳은 것은?　　　○ △ ×

> • 평양 남경 유적의 탄화된 좁쌀
> • 강원 고성 문암리의 덧무늬 토기

① 조, 보리, 콩 등 밭작물과 벼농사를 본격적으로 지었다.

② 뗀석기와 뼈도구를 가지고 사냥과 채집을 하였다.

③ 움집 중앙에 화덕이 설치되고, 출입문은 남쪽에 내었다.

④ 거푸집을 이용하여 비파형 동검을 만들었다.

> 해설
>
> 제시된 자료는 신석기시대의 대표적인 유적지이다. 신석기시대는 씨족을 단위로 한 부족사회였다. 강가나 해안가에 정착하여 중앙에 화덕이 위치한, 반지하의 원형 움집을 짓고 살았다.
> ① 조, 보리, 콩 등 밭작물의 원시적 농경이 시작되었다. 벼농사는 청동기시대부터 본격적으로 지었다.
> ② 구석기시대에 대한 설명이다.
> ④ 청동기시대에 대한 설명이다.

13 다음 나라의 풍습에 관한 설명으로 옳은 것은? ○ △ ×

> 삼국지 위서 동이전에는 다음과 같이 전한다. 이 나라는 구릉과 넓은 못이 많아서 동이 지역 중에서 가장 넓고 평탄한 곳이다.
>
> – 중략 –
>
> 사람들 체격이 매우 크고, 성품이 강직하고 용맹하며, 근엄하고 후덕하여 다른 나라를 노략질하지 않았다. 한편, 왕 아래 마가, 우가, 저가, 구가 등의 관리가 있었다.

① 추수감사제인 동맹이라는 제천 행사가 있었다.
② 10월에 무천이라는 제천 행사가 있었다.
③ 민며느리제라는 결혼 풍속이 있었다.
④ 12월에 영고라는 제천 행사가 있었다.

> 해설
> 삼국지 위서 동이전은 우리나라의 부족연맹왕국 시기를 기록하였다. 제시된 지문은 그 중 부여에 대해 기술한 대목이다.
> ① 동맹은 고구려의 제천 행사이다. 부여에는 12월에 수렵과 목축의 전통이 남아 있는 제천 행사인 영고가 있었다.
> ② 동예에 대한 설명이다.
> ③ 옥저에 대한 설명이다.

14 어느 박물관의 철기시대 전시실에 들어갔다. 전시실에서 볼 수 있는 유물을 모두 고른 것은? ○ △ ×

> ㄱ. 오수전
> ㄷ. 독무덤
> ㅁ. 슴베찌르개
> ㄴ. 빗살무늬 토기
> ㄹ. 가락바퀴

① ㄱ, ㄴ
③ ㄴ, ㄹ
② ㄱ, ㄷ
④ ㄷ, ㅁ

> 해설
> ㄴ·ㄹ. 신석기시대의 유물이다.
> ㅁ. 구석기시대의 유물이다.

15 다음에서 설명하고 있는 상인의 명칭은?   ○ △ ×

> • 생산자와 소비자를 이어주는 역할을 한 행상이었다.
> • 이들을 보호하기 위한 기관으로 혜상공국이 설치되었다.
> • 일정 지역 안이나 전국적인 장시를 무대로 활동하였다.

① 사 상

② 공 인

③ 보부상

④ 객주 · 여각

해설

제시된 자료는 보부상에 대한 내용이다. 조선 15세기 후반 전라도에 장시가 시작되고 점차 늘어나자 장시를 떠돌아다니면서 물건을 판매하는 봇짐장수(등짐장수)들이 나타났는데, 이들을 보부상이라고 한다. 이들을 통제하기 위해 정부는 1883년 혜상공국을 설치하였고, 1884년 갑신정변으로 폐지된다.

① 사상은 조선 후기 민영상인이다. 만상(의주), 유상(평양), 송상(개성), 내상(동래) 등이 있다.

② 공인은 조선 후기 대동법으로 출현한 어용상인이다. 국가에 필요한 물품을 조달하는 역할을 한다.

④ 객주와 여각은 조선 후기 포구에서의 상거래활동을 하는 상인이다. 주로 물품판매, 보관, 금융업 등을 담당한다.

---

16 다음이 설명하는 군사기구는?   ○ △ ×

> • 임진왜란 중에 설치한 군사기구
> • 포수 · 사수 · 살수의 삼수병으로 편제

① 장용영

② 어영청

③ 총융청

④ 훈련도감

해설

제시된 자료는 조선시대 임진왜란으로 5위가 붕괴되어 류성룡의 건의로 설치된 5군영의 시작이라고 볼 수 있는 훈련도감에 대한 설명이다.

---

17 조선의 중앙 통치 체제에 관한 설명으로 옳지 않은 것은?

○ △ ×

① 한성부에서는 서울의 치안과 행정을 담당하였다.

② 승정원은 왕의 명령을 출납하는 비서기관이었다.

③ 의금부에서는 왕명에 의해 중대한 사건의 죄인을 다스렸다.

④ 삼사로 불린 사헌부, 홍문관, 춘추관은 왕권을 견제하였다.

> 해설
>
> 조선시대의 삼사는 권력 독점과 부정을 방지하고자 설치된 기구이다. 특히 왕권과 신권의 조화를 추구하기 위한 언관의 역할을 담당하였다.

18 1910년대 국내에서 조직된 독립 운동 단체를 모두 고른 것은?

○ △ ×

ㄱ. 권업회	ㄴ. 독립의군부
ㄷ. 대한광복회	ㄹ. 경학사

① ㄱ, ㄴ

② ㄱ, ㄹ

③ ㄴ, ㄷ

④ ㄷ, ㄹ

> 해설
>
> ㄴ. 독립의군부, ㄷ. 대한광복회는 1910년대 항일운동을 대표하는 국내의 비밀결사 조직이다.
>
> ㄱ. 권업회는 연해주, ㄹ. 경학사는 서간도 삼원보에서 조직되었다.

19 갑오개혁기 홍범 14조의 내용으로 옳은 것을 모두 고른 것은? ○ △ ×

> ㄱ. 토지를 평균하여 분작한다.
> ㄴ. 공사채를 막론하고 지난 것은 모두 무효로 한다.
> ㄷ. 조세의 과징과 경비의 지출은 모두 탁지아문에서 관할한다.
> ㄹ. 나라의 총명한 젊은이들을 파견하여 외국의 학술과 기예를 전습한다.

① ㄱ, ㄴ   ② ㄱ, ㄷ
③ ㄴ, ㄹ   ④ ㄷ, ㄹ

해설
1894년 12월 갑오 2차 개혁의 시작으로 고종은 종묘에서 〈홍범 14조〉를 반포하였다.
ㄱ·ㄴ. 동학농민운동 시기 폐정개혁안의 내용이다.

완전정복 TIP　홍범 14조(1884)

- 청국에 의존하는 생각을 끊어버리고 자주독립하는 기초를 세운다.
- 왕실전범을 제정하고 대위계승과 종척의 분의를 밝힌다.
- 대군주는 정전에 나아가 정사를 보되 친히 명 대신에게 물어 재결하고 후빈·종척은 간섭을 불허한다.
- 왕실사무와 국정사무는 곧 분리하여 서로 혼합됨이 없도록 한다.
- 의정부와 각 아문의 직무·권한을 명확히 제정한다.
- 인민이 세를 바침에 있어서 법령에 따라 율을 정하되 멋대로 각목을 붙이거나 징수해서는 안 된다.
- 조세의 과징과 경비의 지출은 모두 탁지아문에서 관할한다.
- 왕실비용을 솔선절감하여 각 아문과 지방관청의 모범이 되도록 한다.
- 왕실비와 각 관부의 비용은 1년 예산을 정하여 재정의 기초를 확립한다.
- 지방관제를 속히 개정하여 지방관리의 직권을 제한 조절한다.
- 국중의 젊은이를 널리 파견하여 외국의 학술과 기예를 전습한다.
- 장관을 교육하고 징병법을 정하여 군제의 기초를 확정한다.
- 민법과 형법을 엄명히 제정하여 감금·징벌을 남용치 못하게 하고 인민의 생명과 재산을 보전한다.
- 사람을 쓰되 문벌과 지연에 구애받지 말고, 선비를 구하되 두루 조야에 미쳐 인재 등용의 길을 넓힌다.

20 조선 후기의 농업에 관한 설명으로 옳지 않은 것은? ○ △ ×

① 담배, 인삼과 같은 상품 작물이 재배되었다.
② 밭고랑에 곡식을 심는 견종법이 보급되었다.
③ 농사직설, 금양잡록과 같은 농서가 간행되었다.
④ 농법 개량으로 노동력이 절감되어 광작이 성행하였다.

해설
〈농사직설〉(정초)은 조선 15세기 세종, 〈금양잡록〉(강희맹)은 15세기 후반 성종 대 간행된 자주적 농서이다.

21 (   )에 들어갈 실학자는?

> (   )은 한 가정의 생활을 유지하는 데 필요한 규모의 토지를 영업전으로 정한 다음, 영업전은 법으로 매매를 금지하고 나머지 토지만 매매를 허락하여 점진적으로 토지균등을 이루도록 하는 한전론(限田論)을 주장하였다.

① 이 익
② 정약용
③ 유형원
④ 홍대용

해설

제시된 자료는 토지소유 하한선을 주장하는 중농학파 이익에 대한 설명이다.

22 (   )에 들어갈 지도는?

> 조선 후기에는 중국을 통해 전래된 서양의 과학기술을 수용하여 과학 기술면에서도 큰 진전이 있었다. 이 시기에 전래된 (   )는 세계지도로서 이를 통해 지리학에서 보다 과학적인 지식을 가지게 되었고, 조선 사람들의 세계관이 확대될 수 있었다.

① 혼일강리역대국도지도
② 곤여만국전도
③ 대동여지도
④ 동국지도

해설

〈곤여만국전도〉는 17세기 청으로부터 수용된 서학의 대표적인 세계지도이다.
① 혼일강리역대국도지도는 15세기 초 태종 때 만든 현존하는 동양 최고의 세계지도로 일본에 필사본이 현존한다.
③ 대동여지도는 19세기 철종 때 김정호가 만든 지도이다. 산맥·하천·포구·도로망의 표시가 정밀하고, 10리마다 방점 표시가 되어있으며 목판본(분첩절첩식, 총 22장) 지도이다.
④ 동국지도는 18세기 영조 때 정상기가 만든 지도이다. 최초의 축척(백리척)을 사용한 과학적이고 객관적인 지도이다.

23 다음이 설명하는 단체는?　　　　　　　　　　　　　　　　　　　　　○ △ ×

> • 만민공동회와 관민공동회를 개최하였다.
> • 중국 사신을 맞던 영은문 자리에 독립문을 세웠다.
> • 강연회와 토론회 등을 통하여 민중에게 근대적 지식과 국권 · 민권 사상을 고취시켰다.

① 신민회　　　　　　　　　　　　　② 신간회
③ 대한협회　　　　　　　　　　　　④ 독립협회

> 해설
>
> 독립협회(1896~1898)에 대한 내용이다. 독립협회는 이권침탈 저지와 자주국권을 수호하기 위해 1896년 서재필 등이 중심이 되어 아관파천시기에 조직되었다.
> ① 신민회(1907~1911)는 양기탁 등이 조직한 비밀결사 조직이다. 실력양성과 독립군 기지 건설운동을 전개하였으며 공화정을 목표로 하였다.
> ② 신간회(1927~1931)는 이상재, 홍명희 등을 중심으로 국내 최대 민족유일당으로 조직된 독립운동 단체이다.
> ③ 대한협회는 1907년 대한자강회를 계승하여 만들어졌다.

24 다음 내용의 인물과 관련이 있는 것은?　　　　　　　　　　　　　　　○ △ ×

> 그는 왕이 성군이 되기를 바라는 뜻에서 10개의 도표(圖表)와 그에 대한 체계적인 해설이 있는 글을 저술하였다. 여기에서 제1 태극도는 우주의 생성 원리를, 제8 심학도는 마음 수련법을 구체적으로 제시하고 있다.

① 동호문답과 성학집요를 저술하였다.
② 지행합일의 실천성을 강조하는 양명학을 연구하였다.
③ 류성룡, 김성일 등의 영남학파에 영향을 끼쳤다.
④ 주자의 학문 체계를 비판하여 사문난적으로 몰렸다.

> 해설
>
> 제시된 자료는 〈성학십도〉의 내용으로 영남학파 이황에 대한 설명이다. 이황은 주자의 이기 이원론을 발전시켜 주리 철학을 확립하였다. 그는 "동방의 주자"로 불리며 '경(敬) 사상'을 강조하였고, 일본 성리학에 영향을 주었다. 그의 저서로는 〈주자서절요〉, 〈성학십도〉, 〈이학통록〉 등이 있다.
> ① 기호학파 : 이이
> ② 18세기 강화학파 : 정제두
> ④ 17세기 후반 남인 : 윤휴, 소론 : 박세당

25 조선 세종 때 만들어진 것은?

○ △ ✕

① 칠정산

② 계미자

③ 동의보감

④ 원각사지 10층석탑

해설

② 계미자는 조선 태종 때 주자소에서 만들어진 활자이다.

③ 〈동의보감〉은 17세기 초 광해군 때 허준이 저술한 의학서이다.

④ 원각사지 10층석탑은 조선 15세기 세조 때 경천사지 10층석탑을 모방하여 만든 석탑이다.

관광자원해설

※ 문제의 이해도에 따라 ○ △ × 체크하여 완벽하게 정리하세요.

26 우리나라의 관광권 설정순서로 올바른 것은? ○ △ ×

| ㄱ. 5대 관광권 | ㄴ. 7대 문화관광권 | ㄷ. 10대 관광권 |

① ㄱ - ㄴ - ㄷ
② ㄴ - ㄷ - ㄱ
③ ㄷ - ㄱ - ㄴ
④ ㄷ - ㄴ - ㄱ

> **해설**
>
> ㄷ. 10대 관광권(1972년) → ㄱ. 5대 관광권(1990년) → ㄴ. 7대 문화관광권(1998년)

27 다음 설명에 해당하는 안보관광자원은? ○ △ ×

> • 경기도 파주시에 위치한다.
> • 1972년 북한 실향민을 위해 세워졌다.
> • 망배단, 미얀마 아웅산 순국외교사절 위령탑 등이 설치되어 있다.

① 삼청각
② 판문점
③ 임진각
④ 도라전망대

> **해설**
>
> 임진각은 1972년 북한 실향민을 위해 세워졌으며, 경기평화센터, 철도중단점(철마는 달리고 싶다), 북한 실향민을 위한 망배단, 미얀마 아웅산 순국외교사설 위령탑, 통일연못 등이 있는 통일안보 관광지이다.

28 다음은 무엇에 관한 설명인가?   ○△✕

> • 제주특별자치도 전통 취락구조 중 집의 대문과 같은 기능을 한다.
> • 긴 나무 3개를 양쪽 돌담 사이에 가로로 끼워 넣고 집주인의 외출 여부 등을 알려 준다.

① 통 시
② 정 낭
③ 안거리
④ 모거리

해설
① 일명 '똥돼지간'으로, 제주도의 전통 건축에서 뒷간(화장실)과 돼지막(돝통)이 함께 조성된 공간을 말한다.
③ 제주도의 전통 가옥에서 안채를 말한다. 밖거리는 바깥채(사랑채)이다.
④ 제주도의 전통 가옥에서 별채를 말한다.

29 우리나라 천연기념물 제1호와 소재지가 맞게 연결된 것은?   ○△✕

① 백송(白松) – 서울특별시
② 측백나무 숲 – 대구광역시
③ 무태장어 서식지 – 제주특별자치도
④ 미조리 상록수림 – 경상남도 남해군

해설
① 서울 재동 백송 : 천연기념물 제8호
③ 제주 무태장어 서식지 : 천연기념물 제27호
④ 남해 미조리 상록수림 : 천연기념물 제29호
※ 문화재청에서 문화재 지정번호제도를 폐지하였으므로, 향후 지정번호를 묻는 문제는 없을 것으로 보인다.

30 다음 중 경상북도에 소재한 온천을 모두 고른 것은? ○ △ ✕

ㄱ. 수안보온천	ㄴ. 백암온천
ㄷ. 온양온천	ㄹ. 덕구온천

① ㄱ, ㄴ
② ㄴ, ㄷ
③ ㄴ, ㄹ
④ ㄷ, ㄹ

> **해설**
>
> ㄴ. 백암온천 : 경상북도 울진군
> ㄹ. 덕구온천 : 경상북도 울진군
> ㄱ. 수안보온천 : 충청북도 충주시
> ㄷ. 온양온천 : 충청남도 아산시

31 강원도에 위치한 국립공원으로 바르게 짝지어진 것은? ○ △ ✕

ㄱ. 한라산	ㄴ. 월악산
ㄷ. 북한산	ㄹ. 치악산
ㅁ. 오대산	

① ㄱ, ㄴ
② ㄴ, ㄷ
③ ㄷ, ㄹ
④ ㄹ, ㅁ

> **해설**
>
> ㄹ. 치악산 : 강원특별자치도
> ㅁ. 오대산 : 강원특별자치도
> ㄱ. 한라산 : 제주특별자치도
> ㄴ. 월악산 : 충청북도
> ㄷ. 북한산 : 경기도

32 다음 중 해수욕장 – 동굴이 행정구역상 모두 같은 도(道)에 위치한 것은?   ○ △ ✕

① 변산해수욕장 – 성류굴
② 협재해수욕장 – 만장굴
③ 경포해수욕장 – 고수동굴
④ 구룡포해수욕장 – 고씨굴

> **해설**
>
> 협재해수욕장과 만장굴은 모두 제주특별자치도에 있다.
> ① 변산해수욕장은 전라북도, 성류굴은 경상북도에 있다.
> ③ 경포해수욕장은 강원도, 고수동굴은 충청북도에 있다.
> ④ 구룡포해수욕장은 경상북도, 고씨굴은 강원특별자치도에 있다.

33 지역의 특산물을 이용한 지역문화축제와 개최지로 옳지 않은 것은?   ○ △ ✕

① 인삼축제 – 금산
② 딸기축제 – 논산
③ 멸치축제 – 강릉
④ 산천어축제 – 화천

> **해설**
>
> 멸치축제는 부산광역시 기장이 유명하다. 강릉은 단오제, 대현 율곡이선생제(율곡제) 등의 전통축제가 유명하며, 커피축제
> 와 한과축제 등이 열린다.

34 스키장을 갖춘 리조트 중 경기도에 위치한 리조트가 아닌 곳은?   ○ △ ✕

① 베어스타운
② 곤지암리조트
③ 한솔 오크밸리
④ 지산포레스트리조트

> **해설**
>
> 한솔 오크밸리는 강원도에 있다.

35 다음 설명에 해당하는 곳은?   ○ △ ✕

> • 전라남도에 위치한다.
> • 1397년 절제사 김빈길이 흙으로 성을 쌓았다.
> • 남부지방 특유의 주거양식을 볼 수 있으며, 부엌·토방·툇마루 등이 원형대로 보존되어 있다.

① 외암마을
② 왕곡마을
③ 양동마을
④ 낙안읍성

해설

①·②·③ 국가민속문화유산으로 지정된 마을들이다.

순천 낙안읍성(사적)은 고려 후기부터 왜구가 자주 침입하자 이를 막기 위해 조선 전기인 1397년(태조 6년)에 낙안 출신의 절제사 김빈길이 흙으로 쌓은 성이다. 전통적인 모습을 그대로 간직하고 있어, 당시 생활풍속과 문화를 짐작할 수 있게 해 주며, 현존하는 읍성 가운데 보존 상태가 좋은 것들 중 하나이다.

36 박물관과 소재지의 연결이 옳지 않은 것은?   ○ △ ✕

① 철도박물관 − 정선
② 한지박물관 − 전주
③ 동강사진박물관 − 영월
④ 하회동탈박물관 − 안동

해설

철도박물관은 경기도 의왕에 있다.

37 불상에서 '나발'은 무엇을 뜻하는가?   ○ △ ✕

① 부처님의 머리카락
② 정수리에서 나오는 광명
③ 오른쪽 소매를 벗어서 어깨를 드러낸 것
④ 부처님의 정수리에 솟은 상투 모양의 머리

해설

'나발(螺髮)'은 부처님의 머리털을 뜻하는 것으로, 마치 소라 껍데기처럼 틀어 말린 모양이라 하여 이렇게 부른다.
② 두 광
③ 우견편단(양쪽 어깨를 모두 감쌀 경우는 '통견')
④ 육계(불정)

38 다음 사액서원 중 경상북도에 위치하지 않은 것은? ○ △ ✕

① 필암서원
② 옥동서원
③ 도산서원
④ 옥산서원

39 국가무형문화재로 땅과 곡식의 신에게 드리는 국가적인 제사의 명칭은? ○ △ ✕

① 석전대제
② 사직대제
③ 종묘대제
④ 별신대제

40 다음 문화유산 중 국보가 아닌 것은? ○ △ ✕

① 경주 불국사 사리탑
② 경주 분황사 모전석탑
③ 서울 원각사지 십층석탑
④ 보은 법주사 쌍사자 석등

41 다음 중 유네스코 세계유산 등재기준의 기본원칙으로 적절하지 않은 것은?

① 진정성
② 완전성
③ 홍보전략
④ 뛰어난 보편적 가치

해설

유네스코 세계유산 등재기준

어떤 유산이 세계유산으로 등재되기 위해서는 탁월한 보편적 가치가 있어야 한다. 세계유산 운영지침은 유산의 탁월한 가치를 평가하기 위한 기준으로 다음 10가지 가치 평가 기준을 제시하고 있다. 이러한 가치평가기준 이외에도 문화유산은 기본적으로 재질이나 기법 등에서 유산이 진정성(Authenticity)을 보유하고 있어야 한다. 또한, 문화유산과 자연유산 모두 유산의 가치를 보여줄 수 있는 제반 요소를 포함해야 하며, 법적 · 제도적 관리 정책이 수립되어 있어야 세계유산으로 등재할 수 있다.

구 분	기 준
문화 유산	• 인간의 창의성으로 빚어진 걸작을 대표할 것 • 오랜 세월에 걸쳐 또는 세계의 일정 문화권 내에서 건축이나 기술 발전, 기념물 제작, 도시 계획이나 조경 디자인에 있어 인간 가치의 중요한 교환을 반영 • 현존하거나 이미 사라진 문화적 전통이나 문명의 독보적 또는 적어도 특출한 증거일 것 • 인류 역사에 있어 중요 단계를 예증하는 건물, 건축이나 기술의 총체, 경관 유형의 대표적 사례일 것 • 특히 번복할 수 없는 변화의 영향으로 취약해졌을 때 환경이나 인간의 상호 작용이나 문화를 대변하는 전통적 정주지나 육지 · 바다의 사용을 예증하는 대표 사례 • 사건이나 실존하는 전통, 사상이나 신조, 보편적 중요성이 탁월한 예술 및 문학작품과 직접 또는 가시적으로 연관될 것(다른 기준과 함께 적용 권장) * 모든 문화유산은 진정성(Authenticity ; 재질, 기법 등에서 원래 가치 보유) 필요
자연 유산	• 최상의 자연 현상이나 뛰어난 자연미와 미학적 중요성을 지닌 지역을 포함할 것 • 생명의 기록이나, 지형 발전상의 지질학적 주요 진행과정, 지형학이나 자연지리학적 측면의 중요 특징을 포함해 지구 역사상 주요단계를 입증하는 대표적 사례 • 육상, 민물, 해안 및 해양 생태계와 동 · 식물 군락의 진화 및 발전에 있어 생태학적, 생물학적 주요 진행 과정을 입증하는 대표적 사례일 것 • 과학이나 보존 관점에서 볼 때 보편적 가치가 탁월하고 현재 멸종 위기에 처한 종을 포함한 생물학적 다양성의 현장 보존을 위해 가장 중요하고 의미가 큰 자연 서식지를 포괄
공 통	• 완전성(Integrity) : 유산의 가치를 충분히 보여 줄 수 있는 충분한 제반 요소 보유 • 보호 및 관리체계 : 법적 · 행정적 보호제도, 완충지역(Buffer Zone) 설정 등

42 분청사기의 제작기법 중 귀얄기법에 관한 설명으로 옳은 것은?   ○ △ ×

① 넓고 굵은 붓으로 형체가 완성된 그릇에 백토를 바르는 기법
② 백토를 묽게 한 것에 그릇을 덤벙 담가 전체를 도장하는 기법
③ 조각칼로 그릇에 문양을 새긴 다음 자토와 백토로 문양을 메우는 기법
④ 그릇의 표면에 백토를 입힌 후 문양을 선각하고 바탕의 백토를 긁어내는 기법

> **해설**
> ② 분장기법
> ③ 상감기법
> ④ 박지기법

43 다음 중 무형문화재가 아닌 것은?   ○ △ ×

① 연 극
③ 무 용
② 음 악
④ 회 화

> **해설**
> **국가유산의 분류**
>
> | 유 형 | 내 용 |
> |---|---|
> | 문화
유산 | • 유형문화유산 : 건조물, 전적, 서적, 고문서, 회화, 조각, 공예품 등
• 기념물 : 절터, 옛무덤, 조개무덤, 성터, 궁터, 가마터, 유물포함층 등의 사적지와 특별히 기념이 될 만한 시설물
• 민속문화유산 : 의식주, 생업, 신앙, 연중행사 등에 관한 풍속이나 관습에 사용되는 의복, 기구, 가옥 등 |
> | 무형
유산 | 전통적 공연 · 예술, 공예 · 미술 등에 관한 전통기술, 한의약 및 농경 · 어로 등에 관한 전통지식, 구전 전통 및 표현, 의식주 등 전통적 생활관습, 민간신앙 등 사회적 의식, 전통적 놀이 · 축제 및 기예 · 무예 |
> | 자연
유산 | 동물(해당 서식지, 번식지 및 도래지를 포함), 식물(해당 군락지 포함), 지형, 지질, 생물학적 생성물 또는 자연현상, 천연보호구역, 자연경관, 역사문화경관, 복합경관 |
>
> ※ 2024년 5월 17일 법령 개정에 따라 국가유산과 국가유산의 체계와 용어가 변경되었다.

44 유네스코 세계문화유산으로 등재된 산성은? ○ △ ✕

① 행주산성
② 북한산성
③ 남한산성
④ 금정산성

> **해설**
> 남한산성
> 북한산성과 함께 수도 한양을 지키던 조선시대의 산성으로, 16~18세기에 이르는 기간 동안 동아시아의 한ㆍ중ㆍ일 간에 산성 건축술이 상호 교류한 중요한 증거이다. 또한 험준한 지형을 활용하여 성곽과 방어시설을 구축함으로써 7세기부터 19세기에 이르는 축성술의 시대별 발달단계와 무기 체계의 변화상을 잘 보여주는 유산으로 2014년 유네스코 세계문화유산에 등재되었다.

45 서울특별시에 위치한 청계천과 관련된 내용으로 옳지 않은 것은? ○ △ ✕

① 청계천의 총 복원 길이는 3.8km이다.
② 청계천 복원공사는 2005년에 완료되었다.
③ 청계광장과 가장 가까운 다리는 모전교이다.
④ 청계천 주변에는 광장시장과 동대문시장 등 다양한 시장이 있다.

> **해설**
> 청계천 복원 구간은 중구 태평로 시점에서 동대문을 거쳐 성동구 신답철교까지 5.8km 정도이다.

46 다음은 무엇에 관한 설명인가? ○ △ ✕

> • 국가무형문화재 제10호로 지정
> • 공정상 바탕이 되는 목기나 유기 또는 도자기 위에 헝겊을 입히고 그 위에 옻을 올리고 자개를 박아 윤을 내는 것

① 갓 일
② 나전장
③ 매듭장
④ 조각장

> **해설**
> ① 갓일 : 국가무형유산. 갓을 만드는 과정은 총모자, 양태, 입자로 나뉜다. 총모자는 잔을 뒤집어 놓은 듯한 갓 대우 부분을 만드는 것, 양태는 대나무를 잘게 쪼개서 얽어내는 과정을, 입자는 총모자와 양태를 조립하면서 제품을 완성하는 것을 말한다.
> ③ 매듭장 : 국가무형유산. 끈목(多繪)을 사용하여 여러 가지 종류의 매듭을 짓고, 술을 만드는 기술 또는 그러한 기술이 있는 사람을 가리킨다.
> ④ 조각장 : 국가무형유산. 금속에 조각을 하는 기술 또는 그러한 기술이 있는 사람을 말하며 조이장이라고도 한다.
> ※ 2024년 5월 17일 법령 개정에 따라 '국가무형문화재'의 명칭이 '국가무형유산'으로 변경되었다.

47 다음의 내용은 어느 사적을 설명한 것인가?

○ △ ✕

> 사적 제197호이며, 조선 세조와 그 비인 정희왕후의 능으로 경기도 남양주시에 위치하고 있다. 이 능은 정자각을 중심으로 좌우 언덕에 세조의 능과 정희왕후의 능이 각각 단릉의 형식을 갖고 있으며, 봉분에 병풍석을 두르지 않았고, 석실과 석곽도 사용하지 않았다.

① 장 릉
② 광 릉
③ 영녕릉
④ 헌인릉

> **해설**
> ① 김포 장릉(사적, 원종과 인헌왕후의 무덤), 영월 장릉(사적, 단종의 무덤), 파주 장릉(사적, 인조와 인열왕후의 무덤) 등이 있다.
> ③ 여주 영릉과 영릉(사적) : 영릉(英陵, 세종과 소헌왕후의 무덤), 영릉(寧陵, 효종과 인선왕후의 무덤)을 말한다.
> ④ 서울 헌릉과 인릉(사적) : 조선 3대 태종과 원경왕후 민씨의 무덤인 헌릉, 23대 순조대왕과 순원왕후 김씨의 무덤인 인릉을 말한다.

48 정월대보름의 세시풍속과 관련이 없는 것은?

○ △ ✕

① 쥐불놀이
② 부럼깨기
③ 더위팔기
④ 창포로 머리감기

> **해설**
> 창포로 머리감기는 단오의 풍습이다.

49 영주 부석사에 관한 설명으로 옳지 않은 것은?

○ △ ✕

① 부석이란 '뜬 바위'란 뜻이다.
② 신라의 의상대사가 창건한 사찰이다.
③ 선묘각은 선묘라는 여인의 초상화를 모신 사당이다.
④ 무량수전은 우리나라 최고(最古)의 목조건축물로 팔작지붕에 다포 양식이다.

> **해설**
> 영주 부석사 무량수전(국보)은 팔작지붕에 주심포 양식이다. 안동 봉정사 극락전과 함께 우리나라에 남아 있는 목조 건물 중 오래된 건물로서 그 가치가 매우 중요하다.

50 전통 건축물에서 기와에 관한 설명으로 옳지 않은 것은?

① 막새 – 지붕의 추녀 끝에 사용되는 기와로 수막새와 암막새가 있다.

② 치미 – 용마루의 양 끝에 높게 부착하던 대형의 장식기와이다.

③ 곱새 – 원통형이나 약간 굽은 형태로 내림마루와 귀마루 끝단에 사용되는 기와이다.

④ 취두 – 추녀마루 위에 올리는 사람 형상과 동물 형상의 장식기와이다.

> **해설**
> 취두는 전통 건물의 용마루 양쪽 끝머리에 얹는 장식기와를 말한다. 추녀마루 위에 올리는 동물 모양 등의 장식기와는 잡상이라고 한다.

50 ④ 　정답

관광법규

※ 문제의 이해도에 따라 ○ △ × 체크하여 완벽하게 정리하세요.

01 관광기본법상 외국 관광객 유치를 촉진하기 위하여 정부가 강구해야 할 시책으로 명시된 것을 모두 고른 것은? ○ △ ×

ㄱ. 국민복지의 향상	ㄴ. 해외 홍보의 강화
ㄷ. 출입국 절차의 개선	ㄹ. 관광사업의 지도 · 감독

① ㄱ, ㄴ

② ㄴ, ㄷ

③ ㄴ, ㄹ

④ ㄷ, ㄹ

> **해설**
>
> 외국 관광객의 유치(「관광기본법」 제7조)
> 정부는 외국 관광객의 유치를 촉진하기 위하여 해외 홍보를 강화하고 출입국 절차를 개선하며 그 밖에 필요한 시책을 강구하여야 한다.

02 관광진흥법령상 관광객 이용시설업에 해당하는 것을 모두 고른 것은? ○ △ ×

ㄱ. 크루즈업	ㄴ. 전문휴양업
ㄷ. 관광공연장업	ㄹ. 일반야영장업

① ㄴ, ㄷ

② ㄷ, ㄹ

③ ㄱ, ㄴ, ㄹ

④ ㄱ, ㄴ, ㄷ, ㄹ

> **해설**
>
> 관광객 이용시설업의 종류(「관광진흥법 시행령」 제2조 제1항 제3호)
> • 전문휴양업
> • 종합휴양업
> • 야영장업(일반 · 자동차)
> • 관광유람선업(일반관광유람선 · 크루즈)
> • 관광공연장업
> • 외국인관광 도시민박업
> • 한옥체험업

03 관광진흥법령상 등록을 하기 전에 그 사업에 대한 사업계획을 작성하여 승인권자의 승인을 받아야 하는 관광사업은? ○ △ ✕

① 휴양 콘도미니엄업
② 국제회의기획업
③ 야영장업
④ 국외여행업

해설

사업계획의 승인(「관광진흥법」 제15조)
- 관광숙박업을 경영하려는 자는 등록을 하기 전에 그 사업에 대한 사업계획을 작성하여 특별자치시장·특별자치도지사·시장·군수·구청장의 승인을 받아야 한다.
- 대통령령으로 정하는 관광객 이용시설업이나 국제회의업을 경영하려는 자는 제4조 제1항에 따른 등록을 하기 전에 그 사업에 대한 사업계획을 작성하여 특별자치시장·특별자치도지사·시장·군수·구청장의 승인을 받을 수 있다.

사업계획의 승인신청 등(「관광진흥법 시행령」 제10조 제1항)
관광호텔업·수상관광호텔업·한국전통호텔업·가족호텔업·호스텔업·소형호텔업·의료관광호텔업과 휴양 콘도미니엄업 및 제12조 각 호의 어느 하나에 해당하는 관광사업의 사업계획 승인을 받으려는 자는 문화체육관광부령으로 정하는 바에 따라 사업계획 승인신청서를 특별자치시장·특별자치도지사·시장·군수·구청장에게 제출하여야 한다.

04 관광진흥법령상 관광사업의 등록기준에 별도로 정한 객실 수에 대한 기준이 있는 호텔업을 모두 고른 것은? ○ △ ✕

ㄱ. 수상관광호텔업	ㄴ. 한국전통호텔업
ㄷ. 가족호텔업	ㄹ. 호스텔업

① ㄱ, ㄴ
② ㄱ, ㄷ
③ ㄴ, ㄹ
④ ㄷ, ㄹ

해설

관광사업의 등록기준(「관광진흥법 시행령」 별표1 제2호 나목 및 라목)
수상관광호텔업과 가족호텔업은 욕실이나 샤워시설을 갖춘 객실이 30실 이상이어야 한다.

05 관광진흥법령상 관광호텔업의 등급결정을 하는 경우에 평가하여야 하는 요소로 명시되지 않은 것은?

○ △ ×

① 안전 관리 등에 관한 법령 준수 여부
② 서비스 상태
③ 영업 및 재무상태
④ 객실 및 부대시설의 상태

> **해설**
>
> 호텔업의 등급결정 평가요소(『관광진흥법 시행규칙』 제25조 제3항)
> • 서비스 상태
> • 객실 및 부대시설의 상태
> • 안전 관리 등에 관한 법령 준수 여부

06 관광진흥법령상 기획여행을 실시하는 자가 광고를 하려는 경우에 표시하여야 하는 사항이 아닌 것은?

○ △ ×

① 여행경비
② 최대 여행인원
③ 여행업의 등록번호
④ 여행일정 변경 시 여행자의 사전 동의 규정

> **해설**
>
> 기획여행의 광고(『관광진흥법 시행규칙』 제21조)
> 기획여행을 실시하는 자가 광고를 하려는 경우에는 다음의 사항을 표시하여야 한다. 다만, 둘 이상의 기획여행을 동시에 광고하는 경우에는 다음의 사항 중 내용이 동일한 것은 공통으로 표시할 수 있다.
> • 여행업의 등록번호, 상호, 소재지 및 등록관청
> • 기획여행명 · 여행일정 및 주요 여행지
> • 여행경비
> • 교통 · 숙박 및 식사 등 여행자가 제공받을 서비스의 내용
> • 최저 여행인원
> • 보증보험 등의 가입 또는 영업보증금의 예치 내용
> • 여행일정 변경 시 여행자의 사전 동의 규정
> • 여행목적지(국가 및 지역)의 여행경보단계

07 관광진흥법령상 분양 또는 회원모집을 하는 관광사업자가 회원증을 발급하는 경우에 그 회원증에 포함되어야 하는 사항으로 명시되지 않은 것은? ○ △ ×

① 회원권 가격
② 면 적
③ 발행일자
④ 분양일 또는 입회일

> **해설**
>
> **회원증의 발급(「관광진흥법 시행규칙」 제28조 제1항)**
> 분양 또는 회원모집을 하는 관광사업자가 회원증을 발급하는 경우 그 회원증에는 다음의 사항이 포함되어야 한다.
> - 공유자 또는 회원의 번호
> - 공유자 또는 회원의 성명과 주민등록번호
> - 사업장의 상호 · 명칭 및 소재지
> - 공유자와 회원의 구분
> - 면 적
> - 분양일 또는 입회일
> - 발행일자

08 관광진흥법령상 호텔업의 등록을 한 자가 등급결정을 신청해야 하는 호텔업의 종류에 해당하지 않는 것은? ○ △ ×

① 의료관광호텔업
② 한국전통호텔업
③ 수상관광호텔업
④ 가족호텔업

> **해설**
>
> **호텔업의 등급결정(「관광진흥법」 제19조 제1항, 시행령 제22조 제1항)**
> 문화체육관광부장관은 관광숙박시설 및 야영장 이용자의 편의를 돕고, 관광숙박시설 · 야영장 및 서비스의 수준을 효율적으로 유지 · 관리하기 위하여 관광숙박업자 및 야영장업자의 신청을 받아 관광숙박업 및 야영장업에 대한 등급을 정할 수 있다. 다만, 호텔업 등록을 한 자 중 대통령령으로 정하는 자(관광호텔업, 수상관광호텔업, 한국전통호텔업, 가족호텔업, 소형호텔업 또는 의료관광호텔업의 등록을 한 자)는 등급결정을 신청하여야 한다.
> ※ 출제 당시 정답은 ④였으나, 2019년 11월 19일 법령이 개정되어 현재는 정답이 없다.

09 관광진흥법령상 관광통역안내사 자격을 취득한 자를 종사하게 하여야 하는 관광 업무는? ○ △ ×

① 의료관광호텔업의 총괄관리 및 경영 업무
② 국내여행업자의 내국인의 국내여행을 위한 안내 업무
③ 외국인 관광객을 대상으로 하는 여행업자의 외국인 관광객의 국내여행을 위한 안내 업무
④ 4성급 이상 관광호텔업의 총괄관리 및 경영 업무

> **해설**
>
> **관광종사원의 자격 등(「관광진흥법」 제38조 제1항)**
> 관할 등록기관 등의 장은 대통령령으로 정하는 관광 업무에는 관광종사원의 자격을 가진 사람이 종사하도록 해당 관광사업자에게 권고할 수 있다. 다만, 외국인 관광객을 대상으로 하는 여행업자는 관광통역안내의 자격을 가진 사람을 관광안내에 종사하게 하여야 한다.

10 관광진흥법령상 우수숙박시설의 지정기준으로 옳지 않은 것은? ○ △ ×

① 안내데스크에 요금표를 게시하고 신용카드 결제가 가능할 것

② 조명, 소방 및 안전 관리 등은 관련 법령으로 정한 기준에 적합하게 유지하고, 정기적으로 점검하고 관리할 것

③ 관광객을 맞이하는 프런트 등의 접객공간이 개방형 구조일 것

④ 주차장에 차단막이 있을 것

> **해설**
> 출제 당시 정답은 ④였으나, 2018년 3월 13일 법령이 개정되어 제19조의2(우수숙박시설의 지정)가 삭제되면서 현재는 정답이 없다.

관광법규

11 관광진흥법상 다음에서 정의하고 있는 용어는? ○ △ ×

> 자연적 또는 문화적 관광자원을 갖추고 관광객을 위한 기본적인 편의시설을 설치하는 지역으로서 이 법에 따라 지정된 곳을 말한다.

① 관광지

② 관광시설

③ 관광단지

④ 관광특구

> **해설**
> **용어의 정의(「관광진흥법」 제2조)**
> • "관광단지"란 관광객의 다양한 관광 및 휴양을 위하여 각종 관광시설을 종합적으로 개발하는 관광 거점 지역으로서 이 법에 따라 지정된 곳을 말한다.
> • "지원시설"이란 관광지나 관광단지의 관리·운영 및 기능 활성화에 필요한 관광지 및 관광단지 안팎의 시설을 말한다.
> • "관광특구"란 외국인 관광객의 유치 촉진 등을 위하여 관광 활동과 관련된 관계 법령의 적용이 배제되거나 완화되고, 관광 활동과 관련된 서비스·안내 체계 및 홍보 등 관광 여건을 집중적으로 조성할 필요가 있는 지역으로 이 법에 따라 지정된 곳을 말한다.

12 관광진흥법상 관광종사원에 관한 설명으로 옳은 것은?

① 파산선고를 받고 복권되지 아니한 자는 관광종사원의 자격을 취득하지 못한다.
② 문화체육관광부장관은 관광종사원의 자격시험에 합격한 후 신고를 한 자에게 관광종사원 자격증을 내줄 수 있다.
③ 관광종사원 자격증을 3회 이상 분실한 경우 문화체육관광부장관은 그 자격증을 취소할 수 있다.
④ 관광종사원의 자격을 취득하려는 자는 문화체육관광부장관이 실시하는 시험에 합격한 후 문화체육관광부장관에게 신고하여야 한다.

해설

② 문화체육관광부장관은 등록을 한 사람에게 관광종사원 자격증을 내주어야 한다(「관광진흥법」 제38조 제3항).
③ 관광종사원 자격증을 가진 사람은 그 자격증을 잃어버리거나 못 쓰게 되면 문화체육관광부장관에게 그 자격증의 재교부를 신청할 수 있다(「관광진흥법」 제38조 제4항).
④ 관광종사원의 자격을 취득하려는 사람은 문화체육관광부령으로 정하는 바에 따라 문화체육관광부장관이 실시하는 시험에 합격한 후 문화체육관광부장관에게 등록하여야 한다(「관광진흥법」 제38조 제2항).

---

13 관광진흥법령상 여행업으로 인한 직전 사업연도의 매출액(손익계산서에 표시된 매출액)이 5억원 이상 10억원 미만인 경우, 국내여행업을 하는 여행업자의 보증보험 등의 가입금액 또는 영업보증금의 예치금액 기준으로 옳은 것은?

① 3,000만원 ② 4,000만원
③ 4,500만원 ④ 5,500만원

해설

보증보험 등 가입금액(영업보증금 예치금액) 기준(「관광진흥법 시행규칙」 별표3)

(단위 : 천원)

여행업의 종류 (기획여행 포함) / 직전 사업연도 매출액	국내여행업	국내외여행업	종합여행업	국내외여행업의 기획여행	종합여행업의 기획여행
1억원 미만	20,000	30,000	50,000		
1억원 이상 5억원 미만	30,000	40,000	65,000	200,000	200,000
5억원 이상 10억원 미만	45,000	55,000	85,000		
10억원 이상 50억원 미만	85,000	100,000	150,000		
50억원 이상 100억원 미만	140,000	180,000	250,000	300,000	300,000
100억원 이상 1,000억원 미만	450,000	750,000	1,000,000	500,000	500,000
1,000억원 이상	750,000	1,250,000	1,510,000	700,000	700,000

※ 2021년 9월 24일 법령이 개정되어 국외여행업에서 국내외여행업으로, 일반여행업에서 종합여행업으로 변경되었다.

14 관광진흥법령상 관광통역안내사 시험의 면제기준에 관한 내용이다. (   )에 들어갈 숫자로 옳은 것은?

○ △ ×

> 4년 이상 해당 언어권의 외국에서 근무하거나 유학을 한 경력이 있는 자 및 「초 · 중등교육법」에 따른 중 · 고등학교 또는 고등기술학교에서 해당 외국어를 (   )년 이상 계속하여 강의한 자에 대하여 해당 외국어 시험을 면제할 수 있다.

① 2

② 3

③ 4

④ 5

해설

관광통역안내사 시험의 면제기준(「관광진흥법 시행규칙」 별표16 제1호 나목)
4년 이상 해당 언어권의 외국에서 근무하거나 유학을 한 경력이 있는 자 및 「초 · 중등교육법」에 따른 중 · 고등학교 또는 고등기술학교에서 해당 외국어를 5년 이상 계속하여 강의한 자에 대하여 해당 외국어 시험을 면제할 수 있다.

---

15 관광진흥법령상 관광숙박업이나 관광객 이용시설업으로서 대통령령으로 정하는 종류의 관광사업을 등록한 자는 회원 모집을 할 수 있다. 이에 해당하는 관광사업만 묶은 것은?

○ △ ×

① 호텔업, 일반야영장업

② 호스텔업, 관광공연장업

③ 휴양 콘도미니엄업, 제1종 종합휴양업

④ 호텔업, 제2종 종합휴양업

해설

분양 및 회원 모집(「관광진흥법」 제20조 제1항)
관광숙박업이나 관광객 이용시설업으로서 대통령령으로 정하는 종류의 관광사업(휴양 콘도미니엄업 및 호텔업, 관광객 이용시설업 중 제2종 종합휴양업)을 등록한 자 또는 그 사업계획의 승인을 받은 자가 아니면 그 관광사업의 시설에 대하여 분양(휴양 콘도미니엄만 해당) 또는 회원 모집을 하여서는 아니 된다.

---

16 관광진흥법령상 자격정지처분권한이 시·도지사에게 있는 관광종사원은?　○ △ ×

① 관광통역안내사
② 호텔서비스사
③ 호텔경영사
④ 호텔관리사

해설

시·도지사 관할 관광종사원(「관광진흥법 시행령」 제37조)
· 국내여행안내사
· 호텔서비스사

17 관광진흥법령상 관광특구의 지정요건으로 옳지 않은 것은?　○ △ ×

① 외국인 관광객 수가 20만 명(서울특별시는 50만 명) 이상일 것
② 관광특구의 지정신청 대상지역이 서로 분리되어 있지 아니할 것
③ 관광특구 전체 면적 중 관광활동과 직접적인 관련성이 없는 토지의 비율이 10%를 초과하지 아니할 것
④ 문화체육관광부령으로 정하는 바에 따라 관광안내시설, 공공편익시설 및 숙박시설 등이 갖추어져 외국인 관광객의 관광수요를 충족시킬 수 있는 지역일 것

해설

관광특구의 지정요건(「관광진흥법」 제70조 제1항 및 시행령 제58조)
· 외국인 관광객 수가 대통령령으로 정하는 기준[문화체육관광부장관이 고시하는 기준을 갖춘 통계전문기관의 통계결과 해당 지역의 최근 1년간 외국인 관광객 수가 10만 명(서울특별시는 50만 명)] 이상일 것
· 문화체육관광부령으로 정하는 바에 따라 관광안내시설, 공공편익시설 및 숙박시설 등이 갖추어져 외국인 관광객의 관광수요를 충족시킬 수 있는 지역일 것
· 관광활동과 직접적인 관련성이 없는 토지의 비율이 대통령령으로 정하는 기준(관광특구 전체 면적 중 관광활동과 직접적인 관련성이 없는 토지가 차지하는 비율이 10%인 것)을 초과하지 아니할 것
· 위 세 가지 요건을 갖춘 지역이 서로 분리되어 있지 아니할 것

18 관광진흥법상 장애인의 여행 기회를 확대하고 장애인의 관광 활동을 장려·지원하기 위하여 관련 시설을 설치하는 등 필요한 시책을 강구하여야 하는 주체는? ○ △ ×

① 국가 및 장애인고용공단
② 공기업 및 사회적 기업
③ 국가 및 지방자치단체
④ 장애인고용공단 및 지방자치단체

> **해설**
>
> 장애인·고령자 관광 활동의 지원(「관광진흥법」 제47조의3)
> • 국가 및 지방자치단체는 장애인·고령자의 여행 기회를 확대하고 장애인·고령자의 관광 활동을 장려·지원하기 위하여 관련 시설을 설치하는 등 종합적인 시책을 강구하여야 한다.
> • 국가 및 지방자치단체는 장애인·고령자의 여행 및 관광 활동 권리를 증진하기 위하여 장애인·고령자의 관광 지원 사업과 장애인·고령자 관광 지원 단체에 대하여 경비를 보조하는 등 필요한 지원을 할 수 있다.

19 관광진흥법령상 문화관광축제의 지정 기준을 정할 때 문화체육관광부장관이 고려하여야 할 사항으로 명시되지 않은 것은? ○ △ ×

① 축제의 특성 및 콘텐츠
② 축제의 운영능력
③ 축제 방문객의 연령
④ 관광객 유치 효과 및 경제적 파급효과

> **해설**
>
> 문화관광축제의 지정 기준(「관광진흥법 시행령」 제41조의8)
> • 축제의 특성 및 콘텐츠　　　　　　• 축제의 운영능력
> • 관광객 유치 효과 및 경제적 파급효과　　• 그 밖에 문화체육관광부장관이 정하는 사항

20 관광진흥개발기금법령상 국내 공항과 항만을 통하여 출국하는 자로서 관광진흥개발기금의 납부대상자가 아닌 자를 모두 고른 것은?　　　　　　　　　　　　　　　ㅇ △ ✕

> ㄱ. 외교관여권이 있는 자
> ㄴ. 국외로 입양되는 어린이와 그 호송인
> ㄷ. 항공기를 이용하는 6세 미만인 어린이
> ㄹ. 입국이 허용되지 아니하거나 거부되어 출국하는 자
> ㅁ. 외국에 주둔하는 외국 군인

① ㄱ, ㄴ, ㄷ　　　　　　　　　　　　② ㄱ, ㄴ, ㄹ
③ ㄴ, ㄷ, ㄹ　　　　　　　　　　　　④ ㄷ, ㄹ, ㅁ

해설

납부금의 납부대상 및 금액(「관광진흥개발기금법」 제2조 제3항 및 시행령 제1조의2 제1항)

국내 공항과 항만을 통하여 출국하는 자로서 대통령령으로 정하는 자는 1만원의 범위에서 대통령령으로 정하는 금액을 기금에 납부하여야 한다. 다만, 다음에 해당하는 자는 제외한다.

- 외교관여권이 있는 자
- 2세(선박을 이용하는 경우에는 6세) 미만인 어린이
- 국외로 입양되는 어린이와 그 호송인
- 대한민국에 주둔하는 외국의 군인 및 군무원
- 입국이 허용되지 아니하거나 거부되어 출국하는 자
- 「출입국관리법」에 따른 강제퇴거 대상자 중 국비로 강제 출국되는 외국인
- 공항통과 여객으로서 다음의 어느 하나에 해당되어 보세구역을 벗어난 후 출국하는 여객
  - 항공기 탑승이 불가능하여 어쩔 수 없이 당일이나 그 다음 날 출국하는 경우.
  - 공항이 폐쇄되거나 기상이 악화되어 항공기의 출발이 지연되는 경우
  - 항공기의 고장 · 납치, 긴급환자 발생 등 부득이한 사유로 항공기가 불시착한 경우
  - 관광을 목적으로 보세구역을 벗어난 후 24시간 이내에 다시 보세구역으로 들어오는 경우
- 국제선 항공기 및 국제선 선박을 운항하는 승무원과 승무교대를 위하여 출국하는 승무원

21 관광진흥개발기금법령상 공항통과 여객으로서 보세구역을 벗어난 후 출국하는 여객 중 출국납부금의 납부 제외대상에 해당하지 않는 경우는?　　　　　　　　　　ㅇ △ ✕

① 항공기의 고장 · 납치, 긴급환자 발생 등 부득이한 사유로 항공기가 불시착한 경우
② 기상이 악화되어 항공기의 출발이 지연되는 경우
③ 항공기 탑승이 불가능하여 어쩔 수 없이 당일이나 그 다음 날 출국하는 경우
④ 사업을 목적으로 보세구역을 벗어난 후 24시간 이내에 다시 보세구역으로 들어오는 경우

해설

납부금의 납부대상 및 금액(「관광진흥개발기금법 시행령」 제1조의2 제1항 제7호 라목)

관광을 목적으로 보세구역을 벗어난 후 24시간 이내에 다시 보세구역으로 들어오는 경우

22 관광진흥개발기금법상 관광진흥개발기금을 대여하거나 보조할 수 있는 사업으로 명시되지 않은 것은?

○ △ ×

① 관광상품 개발 및 지원사업
② 지역축제의 육성 및 활성화사업
③ 전통관광자원 개발 및 지원사업
④ 국내외 관광안내체계의 개선 및 관광홍보사업

해설

기금의 용도(「관광진흥개발기금법」 제5조 제3항)
기금은 다음의 어느 하나에 해당하는 사업에 대여하거나 보조할 수 있다.
- 국외 여행자의 건전한 관광을 위한 교육 및 관광정보의 제공사업
- 국내외 관광안내체계의 개선 및 관광홍보사업
- 관광사업 종사자 및 관계자에 대한 교육훈련사업
- 국민관광 진흥사업 및 외래관광객 유치 지원사업
- 관광상품 개발 및 지원사업
- 관광지 · 관광단지 및 관광특구에서의 공공 편익시설 설치사업
- 국제회의 유치 및 개최사업
- 장애인 등 소외계층에 대한 국민관광 복지사업
- 전통관광자원 개발 및 지원사업
- 감염병 확산 등으로 관광사업자(「관광진흥법」 제2조 제2호에 따른 관광사업자)에게 발생한 경영상 중대한 위기 극복을 위한 지원사업
- 그 밖에 관광사업의 발전을 위하여 필요한 것으로서 대통령령으로 정하는 사업

---

23 국제회의산업 육성에 관한 법률상 국제회의산업육성기본계획에 포함되어야 할 사항으로 명시되지 않은 것은?

○ △ ×

① 국제회의의 유치와 촉진에 관한 사항
② 국제회의의 원활한 개최에 관한 사항
③ 국제회의시설의 개별 부지 면적에 관한 사항
④ 국제회의시설의 설치와 확충에 관한 사항

해설

국제회의산업육성기본계획의 수립 등(「국제회의산업 육성에 관한 법률」 제6조 제1항)
문화체육관광부장관은 국제회의산업의 육성 · 진흥을 위하여 다음의 사항이 포함되는 국제회의산업육성기본계획을 5년마다 수립 · 시행하여야 한다.
- 국제회의의 유치와 촉진에 관한 사항
- 국제회의의 원활한 개최에 관한 사항
- 국제회의에 필요한 인력의 양성에 관한 사항
- 국제회의시설의 설치와 확충에 관한 사항
- 국제회의시설의 감염병 등에 대한 안전 · 위생 · 방역 관리에 관한 사항
- 국제회의산업 진흥을 위한 제도 및 법령 개선에 관한 사항
- 그 밖에 국제회의산업의 육성 · 진흥에 관한 중요 사항

---

24 국제회의산업 육성에 관한 법률상 재정 지원에 관한 내용이다. (   )에 들어갈 숫자로 옳은 것은? ○ △ ✕

> 문화체육관광부장관은 이 법의 목적을 달성하기 위하여 「관광진흥개발기금법」 제2조 제2항 제3호에 따른 국외 여행자의 출국납부금 총액의 100분의 (   )에 해당하는 금액의 범위에서 국제회의산업의 육성재원을 지원할 수 있다.

① 5   ② 10

③ 15   ④ 20

> **해설**
>
> 재정 지원(「국제회의산업 육성에 관한 법률」 제16조 제1항)
> 문화체육관광부장관은 이 법의 목적을 달성하기 위하여 「관광진흥개발기금법」 제2조 제2항 제3호에 따른 국외 여행자의 출국납부금 총액의 100분의 10에 해당하는 금액의 범위에서 국제회의산업의 육성재원을 지원할 수 있다.

25 국제회의산업 육성에 관한 법령상 국제회의시설 중 전문회의시설이 갖추어야 할 요건에 해당하지 않는 것은? ○ △ ✕

① 5개 국어 이상의 동시통역시스템을 갖출 것
② 2,000명 이상의 인원을 수용할 수 있는 대회의실이 있을 것
③ 30명 이상의 인원을 수용할 수 있는 중 · 소 회의실이 10실 이상 있을 것
④ 옥내와 옥외의 전시면적을 합쳐서 2천㎡ 이상 확보하고 있을 것

> **해설**
>
> 전문회의시설이 갖추어야 할 요건(「국제회의산업 육성에 관한 법률 시행령」 제3조 제2항)
> • 2천명 이상의 인원을 수용할 수 있는 대회의실이 있을 것
> • 30명 이상의 인원을 수용할 수 있는 중 · 소회의실이 10실 이상 있을 것
> • 옥내와 옥외의 전시면적을 합쳐서 2천㎡ 이상 확보하고 있을 것

관광학개론

※ 문제의 이해도에 따라 ○ △ × 체크하여 완벽하게 정리하세요.

26 관광의 일반적 개념에 관한 설명으로 옳지 않은 것은? ○ △ ×

① 일상 생활권을 벗어난 장소적 이동을 전제로 한다.
② 관광이 종료되면 주거지로 돌아오는 회귀성이 있다.
③ 여가활동의 한 형태이다.
④ 취업을 목적으로 방문하는 경우도 포함한다.

> **해설**
> 관광이란 다시 돌아올 예정으로, 일상의 생활권을 떠나 타국 또는 타지역을 관찰하여 견문을 넓히고, 자연 풍경 등을 감상·유람할 목적으로 여행하는 것을 말한다.

27 해외여행 시에 솅겐(Schengen)협약이 적용되는 지역은? ○ △ ×

① 남태평양   ② 북 미
③ 남 미   ④ 유 럽

> **해설**
> 솅겐협약(Schengen Agreement)은 유럽지역 약 29개국 국가들이 체결한 것으로, 가입국들 내에서 무비자로 자유롭게 여행과 통행을 할 수 있도록 한 협약이다.

28 세계관광기구(UNWTO)의 설명으로 옳지 않은 것은? ○ △ ×

① 세계 각국의 정부기관이 회원으로 가입되어 있는 정부 간 관광기구이다.
② 스페인의 수도 마드리드에 본부를 두고 있다.
③ 세계적인 여행업계의 발전과 권익보호를 위하여 설립된 기구이다.
④ 국제 간의 관광여행 촉진, 각 회원국 간의 관광 경제 발전 등을 목적으로 한다.

> **해설**
> 세계관광기구의 설립 목적은 관광의 진흥과 개발을 촉진하여 경제성장과 사회적 기여를 극대화하는 데 있다. 여행업계의 발전과 권익보호를 위하는 것은 여행업협회 등의 목적이다.

29 2002년부터 2013년까지 정부가 관광 활성화와 범국민적인 공감대 확산을 위해 실시한 캠페인이 아닌 것은? ○ △ ×

① 가보자 코리아

② 내나라 사랑여행, Love Korea

③ 구석구석 캠페인

④ 내나라 먼저보기

> **해설**
> ② 주5일제 시행에 따라 국내관광의 활성화를 위해 한국관광공사에서 2004년부터 실시했었던 캠페인이다.
> ③ 우리나라에서 잘 알려지지 않은 관광명소를 발굴, 국민에게 널리 알리고 국내관광에 대한 새로운 인식 전환을 위해 한 국관광공사에서 실시하고 있는 캠페인이다.
> ④ 해외여행객들의 발길을 돌리고 국민들의 국내여행을 촉진하기 위해 2002년부터 2003년까지 실시되었던 한국관광공 사의 캠페인이다.

30 다음에서 설명하고 있는 카지노게임은? ○ △ ×

> 딜러가 셰이커 내에 있는 주사위 3개를 흔들어 주사위가 나타내는 숫자의 합 또는 조합을 알아 맞히는 참가자에게 소정의 당첨금을 지불하는 방식의 게임

① 다이사이

② 블랙잭

③ 바카라

④ 룰 렛

> **해설**
> ② 블랙잭 : 딜러와 참가자가 함께 카드의 숫자를 겨루는 것으로, 2장 이상의 카드를 꺼내어 그 합계를 21점에 가깝도록 만들어 딜러의 점수와 승부하는 카드 게임이다.
> ③ 바카라 : 딜러와 참가자 중 어느 한쪽을 택하여 9 이하의 높은 점수로 승부하는 카드 게임이다.
> ④ 룰렛 : 룰렛 테이블에서 룰렛 휠을 가지고 진행하는 게임이다. 룰렛볼은 휠이 회전하는 반대방향으로 돌다가 룰렛 레 이아웃 숫자와 연결된 넘버에 미끄러져 들어가는 것으로 승자를 결정한다.

31 국제관광의 새로운 이미지 창출을 위한 국가 이미지 · 홍보의 슬로건 · 캠페인('Korea, Sparkling') 등을 할 경우 지향하여야 할 사항이 아닌 것은? ○ △ ×

① 지속성이 있어야 한다.

② 통일성을 지녀야 한다.

③ 독창성이 있어야 한다.

④ 이벤트성을 지녀야 한다.

> **해설**
> 통일성, 지속성과 일관성, 독창성 등은 국가 이미지 확립을 위한 슬로건 · 캠페인의 중요한 요소들이다. 따라서 일시적인 이벤트성은 지향해야 할 성격으로는 적합하지 않다.

32 외국인 전용 카지노가 설치되어 있지 않은 지역은?

○ △ ✕

① 대 구

② 강 원

③ 경 기

④ 부 산

해설

국내에 카지노업체가 위치한 지역은 서울, 부산, 인천, 강원, 대구, 제주 등이다.

완전정복 TIP　**외국인 전용 카지노(2024년 4월 기준)**

- 서울 : 파라다이스, 세븐럭(강남코엑스 · 서울드래곤시티)
- 부산 : 세븐럭, 파라다이스
- 인천 : 파라다이스
- 강원 : 알펜시아
- 대구 : 호텔인터불고
- 제주 : 공즈, 파라다이스, 아람만 제주오리엔탈 드림타워, 제주썬, 랜딩, 메가럭

33 다음에서 설명하는 회의는?

○ △ ✕

대개 30명 이하의 규모이며, 주로 교육목적을 띤 회의로서 전문가의 주도하에 특정분야에 대한 각자의 지식이나 경험을 발표 · 토의한다. 발표자가 우월한 위치에서 지식의 전달자로서 역할을 한다.

① 포럼(Forum)

② 세미나(Seminar)

③ 패널토의(Panel Discussion)

④ 컨퍼런스(Conference)

해설

① 포럼 : 한 주제에 대해 상반된 견해를 가진 동일 분야의 전문가들이 사회자의 주도하에 청중 앞에서 벌이는 공개토론회를 말한다. 청중이 자유롭게 질의에 참여할 수 있으며, 사회자가 의견을 종합한다.

③ 패널토의 : 토의에 참가하는 참가자와 일반 청중으로 구성되며, 특정한 주제에 대해 상반되는 견해를 대표하는 사람들이 사회자의 진행에 따라 토의한다. 청중은 주로 듣는 입장이지만 경우에 따라 질문이나 발언권을 받는 경우도 있다.

④ 컨퍼런스 : 컨벤션과 비슷한 의미를 가지고 있으며, 주로 과학 · 기술 분야 등에서 정보 전달을 주목적으로 하는 각종 회의를 포괄적으로 의미한다.

34 객실 2개가 연결되어 있고 내부에 문이 있는 룸은? ○ △ ×

① Studio Room

② Adjoining Room

③ Suite Room

④ Connecting Room

> **해설**
> ① 더블이나 트윈 룸에 소파형의 베드가 들어가 있는 객실이다.
> ② 나란히 위치한 객실로 Connecting Room과 동일하지만 내부 통용문이 없다.
> ③ 침실에 거실이 딸려 있는 호화 객실이다.

35 관광 구성요소에 관한 설명으로 옳은 것은? ○ △ ×

① 관광매체는 관광사업으로 호텔업, 여행업, 교통업 등이 있다.

② 관광주체는 관광대상으로 자연자원, 문화자원, 위락자원 등이 있다.

③ 관광객체는 관광을 행하는 관광객을 의미한다.

④ 관광주체는 관광목적지를 의미한다.

> **해설**
> 관광주체는 관광객, 관광객체는 관광대상을 의미한다.

36 관광의 경제적 효과로 볼 수 없는 것은? ○ △ ×

① 국제수지 개선의 효과가 있다.

② 국제친선에 기여하는 효과가 있다.

③ 지역사회 개발에 기여하는 효과가 있다.

④ 고용증대의 효과가 있다.

> **해설**
> 국제친선의 증진은 경제적 효과가 아닌 사회적 효과에 해당한다.

37 관광동향에 관한 연차보고서에 따른 2013년 관광 방문객 수가 높은 국가 순으로 연결된 것은? ○ △ ×

① 이탈리아 – 독일 – 중국
② 중국 – 미국 – 스페인
③ 미국 – 영국 – 이탈리아
④ 스페인 – 이탈리아 – 영국

> **해설**
> 출제 당시 정답은 ④였으나, 물음의 내용이 분명하지 않다는 수험자 의견제시에 따른 정답심사회의 결과 최종정답이 ② ·
> ③ · ④로 변경되었다.

38 18세기 유럽에서 유행했던 그랜드 투어(Grand Tour)에 관한 설명으로 옳지 않은 것은? ○ △ ×

① 여행 기간은 1~2개월의 단기여행이었다.
② 참여동기는 교육목적이 주류를 이루었다.
③ 이탈리아, 프랑스, 독일 등을 여행목적지로 하였다.
④ 젊은 상류계층이 여행의 주체였다.

> **해설**
> 그랜드 투어는 2~3년 정도의 장기여행이었다.

2015년

관광학개론

39 한국관광공사의 업무가 아닌 것은? ○ △ ×

① 외국인 관광객의 유치 · 선전을 위한 홍보
② 관광활성화를 위한 관광관련법규의 제 · 개정
③ 국민관광에 관한 지도 및 교육
④ 관광단지의 조성 및 관광시설의 개발을 위한 시범사업

> **해설**
> 한국관광공사는 관광홍보지원, 관광투자지원, 관광교육사업, 관광컨설팅지원, 관광마케팅지원 등의 업무를 맡고 있다.

40 어떤 음료에 데미타스(Demitasse)가 사용되는가? ○ △ ×

① Brandy
② Whisky
③ Espresso
④ Fruit Punch

> **해설**
> '데미타스'는 주로 식후의 제공하는 작은 용량의 에스프레소 커피 잔을 말한다.

41 우리나라의 2013년도 국적별 외국인 관광객 입국 현황 중 전년도와 대비하여 방한 관광객이 감소한 나라는? ○ △ ×

① 중 국
② 일 본
③ 미 국
④ 인도네시아

> **해설**
> 우리나라를 방문한 일본인 관광객은 2012년 약 351만 명에서 2013년 약 274만 명으로 감소하였다.

42 외교부에서 해외여행을 하는 국민에게 제시하는 여행경보제도의 단계별 내용으로 옳지 않은 것은? ○ △ ×

① 남색경보 – 여행유의
② 황색경보 – 여행자제
③ 적색경보 – 여행경고
④ 흑색경보 – 여행금지

> **해설**
> **여행경보제도**
> • 남색경보(1단계, 여행유의) : 신변안전 위험 요인 숙지 · 대비
> • 황색경보(2단계, 여행자제) : 불필요한 여행 자제(여행예정자), 신변안전 특별유의(체류자)
> • 적색경보(3단계, 출국권고) : 여행 취소 · 연기(여행예정자), 긴요한 용무가 아닌 한 출국(체류자)
> • 흑색경보(4단계, 여행금지) : 여행금지 준수(여행예정자), 즉시 대피 · 철수(체류자)

43 다음에서 설명하고 있는 국제기구의 명칭은?   ○ △ ×

> 미주지역 여행업자 권익보호와 전문성 제고를 목적으로 1931년에 설립되었고, 미주지역이라는 거대한 시장을 배경으로 세계 140개국 2만 여명에 달하는 회원을 거느린 세계 최대의 여행업협회이다.

① ASTA
② PATA
③ UNWTO
④ WTTC

해설

② PATA : 아시아태평양관광협회, 1951년 창설되었다.
③ UNWTO : 세계관광기구, 1975년 설립되었다.
④ WTTC : 세계여행관광협회, 1990년 출범하였다.

44 관광동기의 성격 분류가 옳지 않은 것은?   ○ △ ×

① 나이트 라이프 – Pull Factor
② 소득 – Pull Factor
③ 스트레스 – Push Factor
④ 쾌적한 기후 – Pull Factor

해설

- Pull Factor : 흡인요인(= 관광객체), 관광자가 매력을 느끼게끔 하는 목적 및 자원의 특징이다.
- Push Factor : 추진요인(= 관광주체), 여행의 패턴을 형성하는 성별, 소득, 교육수준 등의 개인적 변수뿐만 아니라 심리적 동기를 포괄한다.

45 유네스코가 지정한 세계문화유산에 해당하지 않는 것은? ○ △ ✕

① 경복궁   ② 수원화성

③ 창덕궁   ④ 하회와 양동마을

> **해설**
>
> 우리나라의 유네스코 세계유산
>
> - 석굴암 · 불국사
> - 종 묘
> - 경주역사유적지구
> - 제주 화산섬과 용암동굴
> - 한국의 역사마을 : 하회와 양동
> - 백제역사유적지구
> - 산사, 한국의 산지승원
> - 한국의 갯벌
>
> - 해인사 장경판전
> - 화 성
> - 고창 · 화순 · 강화 고인돌 유적
> - 조선왕릉
> - 남한산성
> - 창덕궁
> - 한국의 서원
> - 가야 고분군

편집자의 TIP　　유네스코 세계유산에 주목하세요!

유네스코 세계문화유산(18문제), 세계 기록유산(8문제), 인류무형문화유산(10문제)에 관한 문제가 매회 출제되고 있습니다. 새롭게 추가되거나 추가를 결의하거나 하는 일이 있으면 꼭 출제되니까 홈페이지나 기사를 반드시 확인하셔야 합니다!

---

46 항공사와 코드의 연결이 옳지 않은 것은? ○ △ ✕

① JEJU AIR - 7C

② BRITISH AIRWAYS - BR

③ THAI AIRWAYS - TG

④ JIN AIR - LJ

> **해설**
>
> BRITISH AIRWAYS : BA / BR : EVA Air

47 관광진흥법령상 관광 편의시설업이 아닌 것은?

○ △ ×

① 관광펜션업

② 일반유원시설업

③ 한옥체험업

④ 외국인관광 도시민박업

> 해설
>
> 일반유원시설업은 관광진흥법령상 유원시설업의 종류이다.
>
> 관광 편의시설업의 종류(「관광진흥법 시행령」 제2조 제1항 제6호)
> - 관광유흥음식점업
> - 관광극장유흥업
> - 외국인전용 유흥음식점업
> - 관광식당업
> - 관광순환버스업
> - 관광사진업
> - 여객자동차터미널시설업
> - 관광펜션업
> - 관광궤도업
> - 관광면세업
> - 관광지원서비스업
>
> ※ ③ 한옥체험업은 출제 당시 '관광 편의시설업'의 종류였으나, 2020년 4월 28일 시행령이 개정되면서 '관광객 이용시설업'으로 재분류되었다.
> ④ 외국인관광 도시민박업은 이 문제의 출제 당시에는 '관광 편의시설업'의 종류였으나, 2016년 3월 22일 시행령이 개정되면서 '관광객 이용시설업'으로 재분류되었다. 또한 같은 날 관광 편의시설업의 종류에 관광면세업이 신설되었다.

48 단독경영 호텔들이 체인호텔에 대항하기 위하여 상호 연합한 형태의 호텔경영 방식은?

○ △ ×

① 프랜차이즈(Franchise) 방식

② 위탁경영(Management Contract) 방식

③ 리퍼럴(Referral) 방식

④ 업무제휴(Alliance) 방식

> 해설
>
> 리퍼럴 조직경영호텔은 같은 업자의 조합에 의한 경영방식으로, 각각의 업자들로 구성된 조합의 성격을 띠고 있는 형태이다. 단독경영 호텔들의 공동체 형성으로 체인 및 프랜차이즈 호텔에 대항하고 국제적인 공동예약 시스템을 형성할 수 있으며, 호텔경영의 독립성을 유지할 수 있다는 점 등의 장점이 있다.

49 FIT를 대상으로 하는 경우 아웃바운드 여행사의 수입원이 되기 어려운 것은?   ○ △ ×

① 선택관광 알선 수수료
② 숙박시설 알선 수수료
③ 쇼핑 알선 수수료
④ 항공권 판매 수수료

> **해설**
> FIT(Free/Foreign Independent Tour)는 개별자유여행이기 때문에, 단체 여행객처럼 쇼핑 알선 수수료가 주 수입원이 되기는 어렵다.

50 관광상품의 특성과 그에 따른 대응방안을 상호 연결한 것으로 옳지 않은 것은?   ○ △ ×

① 무형성 – 관광목적지의 안내책자 및 사진 준비
② 생산과 소비의 동시성 – 서비스인력의 숙련도 제고
③ 소멸성 – 초과예약
④ 계절성 – 성수기 가격할인

> **해설**
> 여행을 하려는 사람들은 각 계절에 고르게 배분되는 것이 아니라 휴가시즌처럼 특정 시기에 편중된다. 따라서 비수기와 성수기라는 계절성의 문제를 해결하기 위해서는 성수기에는 원가를, 비성수기에는 가격할인을 하는 것처럼 성수기와 비수기의 가격에 차등을 두어야 한다.

PART 11

2015년
정기시험
실제기출문제

※ 본 내용은 2015년 9월 시행된 관광통역안내사의 정기시험 실제기출문제입니다.

국 사

※ 문제의 이해도에 따라 ○ △ × 체크하여 완벽하게 정리하세요.

01 구석기 유적으로 옳지 않은 것은?　○ △ ×

① 양양 오산리 유적

② 연천 전곡리 유적

③ 공주 석장리 유적

④ 상원 검은모루 유적

> **해설**
>
> 양양 오산리 유적은 신석기시대의 유적이다.
>
> • 구석기시대 유적지 　　　　　　　　　　　• 신석기시대 유적지
> 　– 단양 금굴　　　　– 단양 수양개　　　　　– 봉산 지탑리　　　　– 김해 수가리
> 　– 공주 석장리　　　– 상원 검은모루굴　　　– 웅기 굴포리　　　　– 양양 오산리
> 　– 연천 전곡리　　　– 제천 점말동굴　　　　– 제주 고산리　　　　– 서울 암사동

02 (　　)에 들어갈 내용을 옳게 나열한 것은?　○ △ ×

> • 신석기시대에는 대자연의 모든 만물에 영혼이 있다고 믿는 (가)이 등장하였다.
> • 청동기시대의 (나)은 중국 요령성 지역에서 집중적으로 출토되고 있지만, 한반도 남부에서도 많이 확인되었다.

① 가 – 토테미즘, 나 – 세형 동검

② 가 – 애니미즘, 나 – 비파형 동검

③ 가 – 샤머니즘, 나 – 반달돌칼

④ 가 – 토테미즘, 나 – 명도전

> **해설**
>
> (가)는 신석기시대의 애니미즘이다. 신석기시대는 농경과 정착생활이 시작되면서 자연과 만물의 현상에 대한 관심이 커지면서 원시신앙이 출현한다. 토테미즘(동·식물 숭배), 애니미즘(만물정령신앙), 샤머니즘(무격신앙) 등 이에 해당한다. (나)는 청동기시대를 대표하는 요령식 동검으로 알려진 비파형 동검이다.

03 2015년 7월 세계유산위원회(World Heritage Committee)가 유네스코 세계유산 목록에 등재하기로 결정한 '백제역사유적지구'에 포함되지 않는 것은? ○ △ ×

① 공주 수촌리 고분군
② 공주 공산성
③ 부여 부소산성
④ 익산 미륵사지

> **해설**
> 공주 수촌리 고분군은 청동기시대부터 초기 철기시대를 알 수 있는 고분군이다. 세계문화유산에 등재된 백제역사유적지구에는 포함되지 않았다.
> ※ 백제역사유적지구가 2015년 7월 4일 유네스코 세계문화유산으로 등재되었다. 등재지역은 공주(웅진)지역(공산성 · 송산리 고분군), 부여(사비)지역(관북리 유적 및 부소산성 · 능산리 고분군 · 정림사지 · 부여 나성), 익산지역(왕궁리 유적 · 미륵사지) 등 총 8곳이다.

04 삼국과 일본의 문화 교류 내용으로 옳지 않은 것은? ○ △ ×

① 백제의 노리사치계는 불교를 전해주었다.
② 신라는 조선술과 축제술 등을 전해주었다.
③ 백제의 왕인은 천자문과 논어를 전해주었다.
④ 고구려의 담징은 천문학과 역법을 전해주었다.

> **해설**
> 고구려의 담징은 유교 5경 및 종이와 먹을 일본에 전해 주었고, 법륭사(호류지)의 금당벽화를 그려 주었다. 삼국시대의 고구려 · 백제 · 신라는 가야와 더불어 일본에 많은 문화를 전파하였다. 이에 일본은 아스카 문화를 형성하게 되었다.

> **완전정복 TIP** **고대의 문화교류**
> - 삼국 : 아스카(飛鳥)문화 → 중앙집권에 영향
>   - 고구려 : 혜자(쇼토쿠 태자의 스승), 담징(유교의 5경, 종이와 먹, 법륭사(금당벽화), 강서 수산리 고분벽화 → 다카마쓰 고분 벽화에 영향
>   - 백제 : 아직기, 왕인(천자문, 논어), 칠지도, 노리사치계(552, 불교 전래), 5경 박사, 의박사, 역박사의 활약, 목탑 양식, 백제 가람의 건축 양식
>   - 신라 : 축제술(한인의 연못)과 조선술의 전파
> - 가야 : 스에키 토기
> - 통일신라 : 하쿠호(白鳳) 문화, 원효의 불교, 설총 · 강수의 유교

05 삼국시대 금석문 자료에 관한 설명으로 옳은 것은?   ○ △ ✕

① 사택지적비를 통해 백제인들의 유학 사상을 알 수 있다.

② 단양 적성비를 통해 진흥왕 대의 정복 사업을 알 수 있다.

③ 임신서기석을 통해 신라인들이 도교를 숭배했음을 알 수 있다.

④ 광개토왕릉비를 통해 장수왕의 평양 천도 사실을 알 수 있다.

> **해설**
>
> ② 단양 적성비를 통해 진흥왕 순수비와 더불어 신라 진흥왕의 영토 확장을 알 수 있다. 특히 단양 적성비는 진흥왕 시기에 남한강 중·상류를 신라가 장악했음을 알 수 있는 자료이다.
>
> ① 사택지적비를 통해 백제인들의 도교 사상을 알 수 있다.
>
> ③ 임신서기석을 통해 화랑도가 유교 경전을 학습했다는 것을 알 수 있다.
>
> ④ 광개토왕릉비를 통해 광개토대왕의 영토 확장을 알 수 있다.

06 백제시대의 왕과 주요 업적을 연결한 것으로 옳은 것은?   ○ △ ✕

① 근초고왕 – 서기 편찬

② 문주왕 – 사비 천도

③ 무령왕 – 동진과 교류

④ 성왕 – 미륵사 창건

> **해설**
>
> ② 문주왕은 5세기 후반 웅진(공주)으로 천도하였다. 사비 천도는 6세기 중반 성왕의 업적이다.
>
> ③ 6세기 전반 무령왕은 중국의 남조(양)와 교류하였다. 동진과의 교류는 4세기 후반 침류왕으로 불교를 수용하였다.
>
> ④ 미륵사 창건은 7세기 전반 무왕의 업적이다.
>
> 백제의 전성기였던 4세기 중반에서 후반까지 근초고왕은 고구려를 공격하여 평양성 전투에서 고국원왕을 전사시키고, 황해도를 장악하였다. 또한 남해안으로 진출하여 마한의 잔존 세력을 평정하고, 가야에 지배권을 행사하였다. 특히 부자세습을 통해 왕권을 강화하고 요서·산동·규슈로 진출하였다. 이때 고흥이 역사서 〈서기〉를 편찬하였다.

07 신라의 전통적인 왕호가 아닌 것은?　　　　　　　　　　　　　　　　　　　　　○ △ ✕

① 이사금(尼師今)

② 대대로(大對盧)

③ 차차웅(次次雄)

④ 거서간(居西干)

> **해설**
> 대대로는 고구려의 최고 관리 수상의 명칭이다.

> **완전정복 TIP**　　**신라의 왕호변천**
>
> • 혁거세 : 거서간(군장)
> • 남해 : 차차웅(제사장, 무당)
> • 지증 : 왕 칭호, 국호 변경(신라)
> • 무열 : 유교적 시호(태종)
>
> • 유리 : 이사금(연장자) – 박 · 석 · 김 왕위선출
> • 내물 : 마립간(대수장) – 김씨 세습, 왕권 강화
> • 법흥 : 불교 왕명(불교공인)

08 고구려와 당의 전쟁에 관한 내용으로 옳은 것을 모두 고른 것은?　　　　　　　　　　　○ △ ✕

> ㄱ. 고구려는 요서지방을 선제공격하였다.
> ㄴ. 양만춘은 안시성에서 당군을 격퇴하였다.
> ㄷ. 연개소문은 당의 침략에 대비하기 위해 천리장성을 축조하였다.
> ㄹ. 을지문덕은 당 태종에 의한 2차 침입 때 살수대첩으로 막아내었다.

① ㄱ, ㄴ

② ㄱ, ㄹ

③ ㄴ, ㄷ

④ ㄷ, ㄹ

> **해설**
> ㄱ. 고구려는 수나라의 침략을 대비하고 요서지방을 선제공격하였다.
> ㄹ. 을지문덕은 수 양제에 의한 2차 침입 때 살수대첩(청천강)으로 막아내었다. 당 태종의 침략을 물리친 것은 양만춘의 안시성 전투이다.

09 고려시대의 토지 종류와 그 대상을 연결한 것으로 옳은 것은? ○ △ ✕

① 과전 − 농민
② 민전 − 향리
③ 공해전 − 관청
④ 내장전 − 군인

해설

토지의 종류

과 전	관직 복무와 직역에 대해 지급	구분전	하급 관리, 군인의 유가족에게 지급
민 전	농민의 사유지, 매매와 상속의 자유	군인전	군인에게 군역의 대가로 지급
공음전	5품 이상의 고관에게 지급, 세습을 허용	외역전	향리에게 향역의 대가로 지급
내장전	왕실 경비	별사전	승려, 지리업 종사자에게 지급
공해전	중앙과 지방의 관청 경비	사원전	사원에 지급
한인전	하급 관리의 자제로서 관직에 오르지 못한 자에게 지급		

10 호족에 대한 고려 태조의 정책으로 옳지 않은 것은? ○ △ ✕

① 귀순한 호족에게 왕씨 성을 주었다.
② 유력한 호족의 딸을 왕비로 맞이하였다.
③ 공을 세운 호족들을 공신으로 책봉하였다.
④ 향리의 자제를 개경에 불러 사심관으로 삼았다.

해설

지방 호족의 자제를 개경에 인질로 삼았던 제도는 기인제도이다.

완전정복 TIP   고려 태조 왕건의 호족 통합 정책

- 정략 결혼 정책
- 호족의 중앙관리화 및 향직 부여(호장, 부호장 등)
- 사성(賜姓)정책 : 호족에게 왕씨 성 하사
- 역분전 지급 : 호족에게 공을 논하여 토지 지급(논공행상)
- 기인제도 : 호족의 자제를 인질로 삼음(통일신라의 상수리제도 모방)
- 사심관제도 : 신라 경순왕의 항복 → 경주의 지방명예직으로 임명, 호장의 추천권과 부호장 이하의 향리 임명권, 지방 치안의 연대책임, 풍속교정, 공무조달의 임무 / 중앙집권적 성격(조선의 경재소로 계승), 향촌자치적 성격(조선의 유향소로 계승)

11 고려시대의 팔관회에 관한 설명으로 옳은 것을 모두 고른 것은?

ㅇ △ ✕

> ㄱ. 불교와 유교가 융합된 행사였다.
> ㄴ. 태조의 훈요 10조에서 강조되었다.
> ㄷ. 매년 정월 대보름에 전국적으로 거행되었다.
> ㄹ. 주변국의 상인과 사신들이 와서 조공을 바쳤다.

① ㄱ, ㄷ   ② ㄴ, ㄹ
③ ㄷ, ㄹ   ④ ㄴ, ㄷ, ㄹ

해설

고려 태조는 훈요 10조에 민생안정을 추구할 목적으로 연등회와 팔관회 실시를 강조한다. 팔관회는 불교와 도교가 융합된 행사였다. 팔관회의 개최일은 서울인 개경에서는 11월 15일, 서경에서는 10월에 팔관휴가로 전후 3일을 주었다. 팔관회를 기회로 무역이 행하여졌고, 송나라 상인과 동번(東蕃)·서번(西蕃)·탐라(耽羅)에서는 토산물을 바쳤다.

12 묘청의 난에 관한 설명으로 옳지 않은 것은?

ㅇ △ ✕

① 윤관에 의해 진압되었다.   ② 풍수도참설이 이용되었다.
③ 금나라 정벌을 주장하였다.   ④ 칭제건원(稱帝建元)을 주장하였다.

해설

1135년 인종 때 발생한 묘청의 난은 개경파 김부식에 의해 진압되었다.

완전정복 TIP   **묘청의 서경천도운동(1135, 인종 13년)**

- 개경파와 서경파의 대립

구 분	개경파	서경파
주 축	김부식(개경)	묘청·정지상(평양, 대화궁)
성 격	중앙의 문벌	지방 출신의 개혁적 관리
사 상	• 유교 사상(훈고학) 기반 • 한학파 • 사대 정책 • 신라 계승 의식 표방	• 불교·풍수·전통 사상 → 낭가 사상 • 국풍파 • 북진 정책 • 고구려 계승 의식 표방
주 장	• 서경 천도 반대 • 유교 이념을 통한 사회 질서 확립 • 금 사대	• 서경 천도 주장 • 왕권 강화와 혁신적 제도 개혁 주장 • 칭제건원, 금 정벌

- 흐름 : 국호를 대위, 연호를 천개, 군대를 천견충의군이라 하고 난을 일으킴 ↔ 김부식의 진압
- 성격 : 귀족내부의 모순, 지역의 대립, 전통 사상과 유교 사상의 대립, 금의 압력에 대한 반발
- 결과 : 서경의 분사제 폐지, 숭문천무 조장, 북진정책의 좌절, 문벌의 모순과 갈등 노출
- ※ 신채호의 논문 〈조선역사상 일천년래 제1대 사건〉 − 조선사연구초에 수록

13 신진 사대부에 관한 설명으로 옳지 않은 것은?   ○ △ ×

① 조선 왕조 건국의 주역이 되었다.

② 성리학을 수용하여 학문적 기반으로 삼았다.

③ 최고의 정치 기구로 교정도감을 설치하였다.

④ 공민왕의 개혁정치 과정에서 정계진출이 확대되었다.

> 해설
>
> 무신정권기 최충헌이 최고의 정치 기구로 교정도감을 설치하였다.
> 신진 사대부는 무신정권기 최우의 문인등용 기구인 서방을 통해 중앙정치에 진출할 수 있었고, 공민왕의 개혁정치와 더불어 성균관을 통해 성장하였다. 성리학을 수용하였고 조선 건국의 주역이 되었다.

14 조선시대 관리등용제도에 관한 설명으로 옳지 않은 것은?   ○ △ ×

① 무과 예비 시험으로 소과가 있었다.

② 잡과는 분야별로 합격 정원이 있었다.

③ 과거, 음서, 천거를 통해 관리를 선발하였다.

④ 권력의 집중과 부정을 막기 위해 상피제를 실시하였다.

> 해설
>
> 조선시대 관리등용에는 과거가 중심이었고, 음서(문음 – 2품 이상 세습, 고위관리 진출은 어려움)와 천거(추천) 등이 있었다. 문과 예비 시험으로 소과(생진과 – 명경과와 진사과)가 있었으며, 초시와 복시로 구성되었다. 문과는 초시 · 복시 · 전시(왕 앞에서 순위 결정)로 구성된 것으로 소과와 문과는 모두 초시에서 도별 인구비례를 적용하였다. 무과와 잡과는 각각 해당 관청에서 주관했는데, 합격 정원이 있었다. 과거는 3년마다 정기적으로 보는 식년시가 있었고, 비정기적인 시험인 증광시 · 별시 · 알성시도 있었다. 관리는 상피제(고향 파견 X, 친인척이 한 지역에서 근무 X)와 임기제가 적용되었다.

15 조선 전기 정치상황에 관한 설명으로 옳은 것을 모두 고른 것은? ○ △ ×

> ㄱ. 정도전은 민본적 통치규범을 마련하여 재상 권한을 축소시켰다.
> ㄴ. 성종은 사병을 혁파하고 호패법을 실시하였다.
> ㄷ. 세종은 의정부 서사제를 채택하여 왕의 권한을 분산시켰다.
> ㄹ. 태종은 6조 직계제를 채택하고 사간원을 독립시켜 대신들을 견제하였다.

① ㄱ, ㄴ
② ㄱ, ㄹ
③ ㄴ, ㄷ
④ ㄷ, ㄹ

해설

ㄷ. 세종은 왕권과 신권의 조화를 통한 모범적인 유교통치 구현을 위하여 의정부 서사제를 채택하였다.
ㄹ. 태종은 왕권을 강화하기 위해 6조 직계제를 채택하고 사간원을 독립시켜 대신들을 견제하였다.
ㄱ. 정도전은 〈조선경국전〉, 〈경제문감〉 등을 저술하면서 성리학과 민본을 바탕으로 재상중심의 정치를 강조하였다. 그러나 왕자의 난으로 실패로 끝나게 되었다. 이후 태종의 왕권 강화 정책이 추진되었다.
ㄴ. 태종의 업적이다.

16 조선 정조 대에 편찬된 법전은? ○ △ ×

① 속대전
② 경국대전
③ 대전통편
④ 대전회통

해설

조선시대 주요 법전

태 조	• 조선경국전(정도전) • 경제문감(정도전) • 경제육전(조준)
세 조	• 경국대전 편찬 시작(호전과 형전은 완성)
성 종	• 경국대전 완성 · 반포(6전 완성, 유교적 법치국가 확립)
영 조	• 속대전(왕권 강화 목적)
정 조	• 대전통편
고 종	• 대전회통, 육전조례

17 다음의 내용과 관련된 것은?

○ △ ×

> 조선시대 전국 8도에 각각 임명되었으며, 감찰권, 행정권, 사법권, 군사권을 가진 중요한 직책이었다.

① 갑사(甲士)
② 삼사(三司)
③ 관찰사
④ 암행어사

> **해설**
>
> 조선시대 8도의 책임자 관찰사에 대한 내용이다. 조선시대 관찰사와 수령은 자기 출신지에는 임명될 수 없었던 상피제가 적용되었고, 임기도 관찰사는 1년, 수령은 5년으로 제한받았다. 관찰사는 수령을 감독할 뿐만 아니라 감영에 상주하면서 행정 · 군사 · 사법권도 행사하였다.
> ① 갑사(甲士)는 중앙군에 소속된 상비군으로 품계와 녹봉을 받는 무관이다.
> ② 삼사(三司)는 왕권과 신권의 조화를 추구하는 언관으로 사간원 – 사헌부 – 홍문관을 말한다.
> ④ 암행어사는 왕이 비상시에 감찰을 위해 파견하는 관리이다.

18 조선 전기 문화상에 관한 설명으로 옳은 것은?

○ △ ×

① 정간보의 창안
② 향약구급방의 편찬
③ 판소리와 탈춤의 성행
④ 오주연문장전산고의 편찬

> **해설**
>
> ① 정간보는 조선 전기 15세기 세종 때 우리의 소리를 정리한 악보로 자주적 음악서이다.
> ② 무신정권기에 강화로 천도(1232년)하면서 대장도감이라는 기구를 통해 현존하는 최고의 의서인 〈향약구급방〉이 편찬되었다.
> ③ 판소리와 탈춤은 조선 후기 서민문화가 성장하면서 성행하였다.
> ④ 〈오주연문장전산고〉는 조선 후기 이규경이 편찬한 백과사전이다.

19 조선 후기 사회모습에 관한 설명으로 옳은 것을 모두 고른 것은? ○ △ ×

> ㄱ. 경제적으로 몰락한 양반들은 잔반이 되었다.
> ㄴ. 혼인 후 남자가 여자 집에서 생활하는 경우가 많았다.
> ㄷ. 부농층이 공명첩을 구매하여 신분 상승을 꾀하였다.
> ㄹ. 서얼 출신들이 규장각 검서관으로 등용되기도 하였다.

① ㄱ

② ㄴ, ㄷ

③ ㄴ, ㄹ

④ ㄱ, ㄷ, ㄹ

해설

ㄱ. 조선 후기에는 권반 · 향반 · 잔반으로 양반의 계층분화가 이루어졌다.

ㄷ. 조선 후기에는 신분제가 많이 동요되었는데, 공명첩 · 납속 · 군공 · 족보매매 등을 통하여 신분 상승이 많이 이루어졌다.

ㄹ. 18세기 영 · 정조 때 서얼들의 신분상승을 위한 집단 상소운동이 있었고, 정조는 서얼 출신들을 규장각 검서관(이덕무, 박제가, 유득공 등)으로 등용하기도 하였다.

ㄴ. 고려시대에서 조선 전기까지 처가살이가 성행하였고, 조선 후기에는 남성중심사회가 되면서 혼인 후 여자가 남자 집에서 생활하는 친영제(시집살이)가 주로 이루어졌다.

20 조선 후기 인물과 작품이 바르게 연결된 것은? ○ △ ×

① 강희안 – 송하보월도

② 김정호 – 대동여지도

③ 안견 – 몽유도원도

④ 이상좌 – 고사관수도

해설

② 김정호 – 〈대동여지도〉 : 조선 후기 19세기

① 강희안 – 〈고사관수도〉 : 조선 전기 15세기 후반 성종 때

③ 안견 – 〈몽유도원도〉 : 조선 전기 15세기 세종

④ 이상좌(천민 출신) – 〈송하보월도〉 : 조선 전기 16세기

21 조선 후기 경제상황에 관한 설명으로 옳지 않은 것은?　　　　　　　　　　　　　○△×

① 대규모 경작의 성행
② 타조제에서 도조제로 변화
③ 직파법에서 이앙법으로 변화
④ 해동통보의 보급과 성행

> **해설**
> 해동통보는 고려 전기 숙종 때 보급된 화폐이다.
> 조선 후기에는 농민들의 자구책에서 논농사가 직파법에서 이앙법으로 확산되었다. 이에 대규모 경작인 광작이 성행하였
> 고, 농민의 계층분화도 나타났다. 소작쟁의를 통해 지대를 내는 방법인 타조법(정률제 ; 50%처럼 일정한 비율을 고정적으
> 로 납부)에서 도조법(정액제 ; 일정한 액수를 고정적으로 납부)으로 변화도 나타났다. 화폐는 상평통보가 보급되었다.

22 독립협회에 관한 설명으로 옳지 않은 것은?　　　　　　　　　　　　　　　　　　○△×

① 개화파 지식인들이 중심이 되어 설립하였다.
② 회원자격에 제한을 두지 않아 사회적으로 천대받던 계층도 참여하였다.
③ 지방에도 지회가 조직되어 전국적인 단체로 발전하였다.
④ 황국협회와 협력하여 개혁을 추구하였다.

> **해설**
> 황국협회의 습격과 대한제국 정부의 탄압 속에서 1898년 해산되었다.
> 독립협회는 아관파천으로 친러 내각이 성립되고, 열강의 이권 침탈이 극심한 시기인 1896년 창립되었다. [독립신문 창간
> (1896년 4월), 독립협회 창립(1896년 7월)] 지도부는 개혁 사상을 지닌 진보적 지식인들(서재필, 윤치호, 이상재, 남궁억
> 등)이었고, 도시 시민층, 학생, 노동자, 해방된 천민 등 광범위한 사회 계층 등이 참여하였다.

자주국권 사상	자유민권 사상	자강개혁 사상
만민 공동회 개최(1898) : 최초의 근대적 민중 집회 → 러시아의 내정 간섭 규탄, 한러 은행 폐쇄, 열강의 이권 침탈 저지	• 신체의 자유권, 재산권, 언론 · 출판 · 집회 · 결사의 자유 보장 및 국민 참정권 주장 • 관민 공동회 개최(1898) : 헌의 6조 결의	• 박정양 진보 내각 수립 • 의회식 중추원 관제와 국정 개혁(입헌 군주제) 주장
근대적 민족주의 사상	민주주의 사상	자주적 근대화 사상

> • 청과의 의례적 사대 관계를 폐지하고 입헌 군주제적 정치 구조를 지향하였다.
> • 혜상공국을 폐지하여 자유로운 상업의 발전을 꾀하였다.
> • 지조법을 실시하고 호조로 재정을 일원화하였다.

① 갑신정변
② 갑오개혁
③ 임오군란
④ 105인 사건

해설

1884년 급진개화파들이 일본공사관의 군사적 도움을 받아 일으킨 사건이 갑신정변이다.

완전정복 TIP 갑신정변의 〈14개조 개혁정강〉

• 청의 조공폐지와 흥선대원군 귀국, 입헌 군주제 주장, 의정부와 6조 이외의 기구 폐지, 규장각과 내시부 폐지, 인민 평 등권 주장, 양반문벌 폐지, 지조법 개혁, 재정의 일원화(호조), 혜상공국 폐지, 순사제 실시 등
• 최초의 근대적 정치개혁(입헌 군주제)의 한계 : 위로부터의 급진적 개혁, 일본의 협조, 민중의 지지↓

24 다음에서 설명하는 책을 저술한 인물은?

> 1895년 간행된 책으로 서양의 여러 나라를 돌아보면서 듣고 본 역사, 지리, 산업, 정치, 풍속 등을 기록 하였다.

① 김윤식
② 박은식
③ 유길준
④ 최남선

해설

제시된 자료는 1895년에 저술된 유길준의 〈서유견문〉이다. 유길준은 1883년(고종 20) 보빙사 사절단으로 미국에 건너가 유학하고, 1885년 미국에서 출발해 유럽 각국을 거쳐 귀국했다. 이때 듣고 본 것을 기록한 것이 〈서유견문〉으로 전 20편 으로 이루어져 있다. 당시 서양의 역사 · 지리 · 산업 · 정치 · 풍속 등이 잘 나타나 있으며, 국한문혼용체로 근대 언문일치 문장운동의 선구적 역할을 했다.

25 (   )에 들어갈 내용으로 옳은 것은?

○ △ ×

> 일제는 근대적 토지 소유 관계 확립을 명분으로 (   )을(를) 실시하여 식민지 경제 정책의 기반을 마련하였다.

① 방곡령

② 회사령

③ 국가 총동원법

④ 토지 조사 사업

해설

제시된 자료는 일제강점기의 토지 조사 사업이다.

① 방곡령은 1884~1891년 동안 이루어진 일본에 쌀 유출을 막고자 지방에서 발표한 쌀 유출 금지령이다. 실패로 끝나고, 일본에 막대한 배상금을 지불하게 되었다.

② 회사령은 1910년 총독부의 민족자본 억압정책으로 회사 설립을 신고제에서 허가제로 바꾼 법령이다.

③ 국가 총동원법은 중일전쟁 이후 1938년, 전쟁에 조선인을 동원하기 위한 법령이다.

완전정복 TIP   **일제 총독부의 토지 조사 사업(1912~1918)**

• 명분 : 근대적 토지 소유권이 인정되는 토지제도를 확립한다고 선전
• 목적 : 토지 약탈, 토지세 수입 증가, 식량 수탈의 기반 조성
• 방법 : 기한부 신고제
• 결 과
  – 토지 상실 : 기한 내 미신고, 왕실 · 공공 기관 및 마을 · 문중의 공유지 등은 신고 주체가 애매하여 총독부에 귀속 → 약 40%의 농지 상실
  – 총독부는 토지를 동양 척식 주식회사와 일본인에게 값싸게 불하 → 일본인 이주민 증가
  – 농민들은 경작권을 상실하고 기한부 계약제에 의한 소작농으로 전락 → 지주의 권한 강화, 자작농과 자소작농의 감소 및 소작농의 증가
  – 토지를 빼앗긴 농민들은 만주 · 연해주 · 일본 등지로 이주하거나 화전민이 되기도 함

관광자원해설

※ 문제의 이해도에 따라 ○ △ × 체크하여 완벽하게 정리하세요.

26 관광자원의 유형별 특징에 관한 설명으로 옳지 않은 것은? ○ △ ×

① 산업적 관광자원은 1차, 2차, 3차 산업현장을 관광대상으로 한 자원으로 재래시장이 한 예이다.
② 위락적 관광자원은 이용자의 자주적, 자기발전적 성향을 충족시킬 수 있는 동태적 관광자원이다.
③ 사회적 관광자원은 한 나라에 대한 객관적 이해와 경험을 바탕으로 관광객의 자아확대 욕구를 충족시켜 준다.
④ 자연적 관광자원은 자연 그대로의 모습이 관광자원 역할을 하는 것으로 해변, 계곡, 목장, 어촌 등을 포함한다.

> **해설**
> 목장과 어촌은 산업적 관광자원의 범위에 해당한다.

27 관광자원해설에 관한 설명으로 옳지 않은 것은? ○ △ ×

① 단순한 정보를 제공하는 것이 아니라 관광대상의 가치를 높여 주는 교육적 활동이다.
② 관광지에서 적정한 관광행동을 할 수 있도록 공간을 유지 · 관리하는 일련의 활동이다.
③ 자원보전적 활동으로서 관광대상과 환경 간의 상호관련성을 파악하고 이해시키는 행위이다.
④ 해설사가 직접 의사를 전달하는 인적기법과 시설 및 매체를 활용하는 비인적기법이 있다.

> **해설**
> 관광객이 관광지에서 적절한 행동을 하도록 교육하거나 안내하는 역할이다.

28 민속마을 – 온천 – 해수욕장이 행정구역상 모두 같은 도(道)에 위치하는 것은?   ○ △ ×

① 외암민속마을 – 도고온천 – 함덕해수욕장

② 양동민속마을 – 백암온천 – 구룡포해수욕장

③ 왕곡민속마을 – 수안보온천 – 선유도해수욕장

④ 낙안읍성민속마을 – 담양온천 – 무창포해수욕장

> **해설**
> 경주 양동마을과 백암온천, 구룡포해수욕장은 모두 경상북도에 있다.
> ① 외암민속마을(충청남도) – 도고온천(충청남도) – 함덕해수욕장(제주도)
> ③ 왕곡민속마을(강원도) – 수안보온천(충청북도) – 선유도해수욕장(전라북도)
> ④ 낙안읍성민속마을(전라남도) – 담양온천(전라남도) – 무창포해수욕장(충청남도)

2015년

관광자원해설

29 우리나라 국립공원이 지정된 순서대로 나열한 것은?   ○ △ ×

ㄱ. 다도해해상	ㄴ. 계룡산
ㄷ. 무등산	ㄹ. 지리산
ㅁ. 오대산	

① ㄴ – ㄹ – ㄱ – ㄷ – ㅁ   ② ㄴ – ㄹ – ㅁ – ㄷ – ㄱ

③ ㄹ – ㄴ – ㄷ – ㅁ – ㄱ   ④ ㄹ – ㄴ – ㅁ – ㄱ – ㄷ

> **해설**
> ㄹ. 지리산(1967) – ㄴ. 계룡산(1968) – ㅁ. 오대산(1975) – ㄱ. 다도해해상(1981) – ㄷ. 무등산(2013)

30 석회동굴 – 용암동굴 – 해식동굴의 순서대로 바르게 나열한 것은?   ○ △ ×

① 영월 고씨동굴 – 제주 만장굴 – 제주 협재굴

② 제주 김녕사굴 – 제주 만장굴 – 제주 산방굴

③ 단양 고수동굴 – 제주 협재굴 – 제주 산방굴

④ 삼척 환선굴 – 단양 온달동굴 – 제주 정방굴

> **해설**
> ① 영월 고씨동굴(석회동굴) – 제주 만장굴(용암동굴) – 제주 협재굴(용암동굴)
> ② 제주 김녕사굴(용암동굴) – 제주 만장굴(용암동굴) – 제주 산방굴(해식동굴)
> ④ 삼척 환선굴(석회동굴) – 단양 온달동굴(석회동굴) – 제주 정방굴(해식동굴)

31 천연기념물만으로 짝지어진 것이 아닌 것은? ○ △ ✕

① 쇠똥구리, 오소리, 사향노루

② 한라산천연보호구역, 홍도천연보호구역

③ 대구 도동 측백나무 숲, 김해 신천리 이팝나무

④ 제주 서귀포층 패류화석 산지, 의령 서동리 함안층 빗방울 자국

> 해설
>
> 사향노루는 천연기념물이지만, 쇠똥구리와 오소리는 현재 천연기념물로 지정되어 있지 않다.

32 지역과 컨벤션센터의 연결이 옳지 않은 것은? ○ △ ✕

① 서울 – COEX

② 부산 – BEXCO

③ 대구 – DEXCO

④ 제주 – ICC JEJU

> 해설
>
> 대구 : EXCO

33 경복궁 근정전 앞 품계석에 관한 설명으로 옳지 않은 것은? ○ △ ✕

① 벼슬의 높낮이 순서대로 관계(官階)의 품(品)을 새겨 세운 돌이다.

② 근정전까지 이어진 삼도(三道)를 따라 좌우에 세워져 있다.

③ 동편에는 무관, 서편에는 문관이 위치한다.

④ 1품에서 3품까지는 정(正), 종(從)으로 구분하였다.

> 해설
>
> 동쪽인 오른쪽에는 문관, 왼쪽인 서쪽에는 무관이 위치한다.

완전정복 TIP **품계석(品階石)**

조선시대 문무백관 벼슬의 높고 낮음에 따라 궁궐의 정전 앞마당에 품계를 새겨 세운 작은 비석이다. 정1품, 종1품, 정2품, 종2품, 정3품, 종3품 순서로 놓고 이후부터는 종은 없고 정4품에서 정9품까지 순서대로 놓는다. 정전에 가까운 쪽이 높은 품계이고 멀수록 낮은 품계이다. 동서를 문신과 무신으로 나눈 것이며, 신년하례식이나 조회 때 각각의 품계석 앞에 서서 의례를 행한다.

34 성곽에 관한 설명으로 옳지 않은 것은?   ○ △ ✕

① 간문은 눈에 잘 띄지 않는 은밀한 곳에 내는 작은 성문이다.

② 현안은 성벽에 가까이 다가온 적을 공격하기 위해 성벽 외벽 면을 수직에 가깝게 뚫은 시설이다.

③ 여장은 성체 위에 설치하는 구조물로 적으로부터 몸을 보호하기 위하여 낮게 쌓은 담장이다.

④ 적대는 성문 좌우에 바깥쪽으로 튀어나오게 쌓은 성벽으로 성문을 공격하는 적을 옆에서 공격하기 위한 시설이다.

> **해설**
> 성문은 축성 목적에 따라 정문, 간문, 암문 등으로 구분된다. 적의 눈에 띄지 않는 곳에 만든 작은 문은 암문이다.

35 한 꼭짓점에서 지붕골이 만나는 형태로 주로 정자에 사용되는 지붕은?   ○ △ ✕

① 모임지붕

② 팔작지붕

③ 맞배지붕

④ 우진각지붕

> **해설**
> ② 우진각지붕 위에 맞배지붕을 올려놓은 것과 같은 형태의 지붕으로, 조선시대 다포집에서 많이 사용되었고 정전건물에 사용되었다.
> ③ 책을 엎어놓은 것과 같은 형태의 지붕으로 주로 주심포집에서 많이 사용되었다.
> ④ 네 면에 모두 지붕면이 만들어진 형태로, 원초적인 형태로 원시 움집부터 사용되었으며 초가집은 대부분 우진각지붕이 많다.

36 서울 소재 공원과 관련 인물의 연결이 옳지 않은 것은?   ○ △ ✕

① 효창공원 – 김구

② 구암공원 – 이제마

③ 도산공원 – 안창호

④ 낙성대공원 – 강감찬

> **해설**
> 구암공원과 관련 있는 인물은 허준으로, '구암(龜巖)'은 허준의 호를 따서 지은 이름이다. 〈동의보감〉을 저술한 허가바위 동굴이 있는 곳이 바로 구암공원이다. 허준의 출생지인 가양동에 공원이 조성되어 있다.

37 2015년 문화체육관광부 지정 문화관광축제 중 대표축제를 모두 고른 것은?

ㅇ △ ×

> ㄱ. 화천산천어축제　　　　　　　　ㄴ. 이천쌀문화축제
> ㄷ. 강진청자축제　　　　　　　　　ㄹ. 김제지평선축제

① ㄱ, ㄴ

② ㄱ, ㄹ

③ ㄴ, ㄷ

④ ㄷ, ㄹ

해설

문화체육관광부는 2014년 12월 30일 우리나라 농경문화를 보여주는 김제지평선축제와 세계 겨울의 7대 불가사의로 소개된 화천산천어축제를 2015년도 대한민국 대표축제로 선정하였다.

※ 그동안 유망 · 우수 · 최우수 · 대표 · 글로벌 육성축제 등으로 구분되었던 문화관광축제의 등급제가 폐지되어, 현재는 문화관광축제와 예비 문화관광축제로 구분한다.

완전정복 TIP　　문화체육관광부 지정 2024 · 2025 문화관광축제

강릉커피축제, 고령대가야축제, 광안리어방축제, 대구치맥페스티벌, 목포항구축제, 밀양아리랑대축제, 보성다향대축제, 부평풍물대축제, 수원화성문화제, 순창장류축제, 시흥갯골축제, 안성맞춤남사당바우덕이축제, 연천구석기축제, 영암왕인문화제, 울산옹기축제, 음성품바축제, 인천펜타포트음악축제, 임실N치즈축제, 정남진장흥물축제, 정선아리랑제, 진안홍삼축제, 평창송어축제, 포항국제불빛축제, 한산모시문화제, 화성뱃놀이축제 (25개)

38 사천왕상의 이름과 수호지역 방향이 올바르게 연결된 것은?

ㅇ △ ×

① 광목천왕 – 동쪽

② 다문천왕 – 서쪽

③ 증장천왕 – 남쪽

④ 지국천왕 – 북쪽

해설

사천왕상이란 우주의 사방을 지키는 수호신을 형상화한 상이다.

- 지국천왕 : 동쪽　　　　　　　　· 광목천왕 : 서쪽
- 증장천왕 : 남쪽　　　　　　　　· 다문천왕 : 북쪽

39 불교에서 말하는 삼보(三寶)에 해당하지 않는 것은?

○ △ ✕

① 진리를 깨친 모든 부처님
② 모범이 되고 바른 부처님의 교법
③ 부처님의 가르침대로 수행하는 사람
④ 스님들이 업보로 돌아가 수행하는 공간

해설

불교의 삼보(三寶)
- 불보(佛寶) : 진리를 깨친 모든 부처님
- 법보(法寶) : 모범되고 바른 부처님의 교법
- 승보(僧寶) : 화합하고 깨끗한 부처님의 가르침대로 수행하는 사람

40 꽃벽돌로 장식된 아미산 굴뚝과 자경전 십장생 굴뚝이 있는 궁(宮)은?

○ △ ✕

① 창덕궁
② 경희궁
③ 덕수궁
④ 경복궁

해설

경복궁 아미산 굴뚝(보물)
교태전의 온돌방 밑을 통과하여 연기가 나가는 굴뚝으로, 굴뚝 벽에는 덩굴무늬, 학, 박쥐, 봉황, 소나무, 매화, 국화, 불로초, 바위, 새, 사슴 따위의 무늬를 조화롭게 배치하였다. 굴뚝의 기능을 충실히 하면서 각종 문양 형태와 그 구성이 매우 아름다워 궁궐 후원 장식 조형물로서 훌륭한 작품으로 평가받는다.

경복궁 자경전 십장생 굴뚝(보물)
자경전 뒷담의 한 면을 돌출시켜 만든 굴뚝으로, 네모 형태이며 가운데는 동식물 무늬인 십장생을 새겨 넣었다. 십장생 무늬는 가장 한국적인 무늬로 알려졌는데, 이것은 조대비의 만수무강을 기원하여 제작한 것으로 보인다. 굴뚝이면서 장식적인 기능을 충실히 하고 그 조형미 역시 세련되어 조선시대 궁궐에 있는 굴뚝 중에서 가장 아름다운 작품으로 평가받는다.

41 국보 제36호로 국내 현존하는 최고(最古)의 범종은?

① 상원사 동종
② 용주사 동종
③ 성덕대왕신종
④ 옛 보신각 동종

해설

② 용주사 동종(국보)은 종 몸체에 통일신라 문성왕 16년(854)에 조성된 것이라는 후대에 새긴 글이 있으나, 종의 형태와 문양이 그 시대와 일치하지 않아 학계에서는 고려 전기의 종으로 추정하고 있다.
③ 성덕대왕신종(국보)는 우리나라에 남아있는 가장 큰 종이다. 신라 경덕왕이 아버지인 성덕왕의 공덕을 널리 알리기 위해 종을 만들려 했으나 뜻을 이루지 못하고, 그 뒤를 이어 혜공왕이 771년에 완성하여 성덕대왕신종이라고 불렀다. 아기를 시주하여 넣었다는 전설로 아기의 울음소리를 본따 에밀레종이라고도 한다.
④ 옛 보신각 동종(보물)는 조선시대에 만들어진 종으로, 1985년까지 서울 종로 보신각에서 제야(除夜)의 종을 칠 때 사용되었다.

상원사 동종(국보)

오대산 상원사에 있는 동종으로 신라 성덕왕 24년(725)에 만들어졌다. 조각 수법이 뛰어나며 종 몸체의 아래와 위의 끝부분이 안으로 좁혀지는 고풍스러운 모습을 하고 있다. 또한, 우리나라에 현존하는 종 가운데 가장 오래되고 아름다운 것으로 한국 종의 고유한 특색을 잘 갖추고 있다.

※ 문화재청에서 문화재 지정번호제도를 폐지하였으므로, 향후 지정번호를 묻는 문제는 없을 것으로 보인다.

42 다음이 설명하는 인물은?

한국적 정서가 물씬 풍기는 풍속화 및 진경산수화를 즐겨 그렸으며, 영조의 어진(御眞)과 왕세자(훗날 정조)의 초상화를 비롯하여 무동, 병진년화첩, 무이귀도도 등의 작품을 남겼다.

① 강세황
② 김정희
③ 장승업
④ 김홍도

해설

① 강세황 : 조선 후기의 화가이자 문인으로 한국적인 남종문인화풍을 정착시키고 진경산수화를 발전시켰다. 풍속화와 인물화를 유행시켰으며, 새로운 서양화법을 수용하는 데도 기여한 인물이다.
② 김정희 : 조선 후기의 서예가이자 문인화가이다. '추사체'라고 불리는 독특한 글씨체를 확립하였으며, 대표적인 작품으로 〈세한도〉가 있다.
③ 장승업 : 김홍도, 안견과 함께 조선시대 3대 화가로 불리며, 대표적인 작품으로 〈호취도〉 등이 있다.

완전정복 TIP　조선 3원(三園)과 3재(三齋)

• 3원 : 단원(檀園) 김홍도, 혜원(蕙園) 신윤복, 오원(吾園) 장승업
• 3재 : 겸재(謙齋) 정선, 현재(玄齋) 심사정, 관아재(觀我齋) 조영석

43 유네스코에 등재된 무형문화유산이 아닌 것은? ○ △ ×

① 판소리
② 봉산탈춤
③ 강릉단오제
④ 남사당놀이

해설

유네스코 등재 인류무형문화유산
- 종묘제례 및 종묘제례악(2001)
- 강릉단오제(2005)
- 남사당놀이(2009)
- 처용무(2009)
- 가곡(2010)
- 매사냥(2010)
- 줄타기(2011)
- 아리랑(2012)
- 농악(2014)
- 제주해녀문화(2016)
- 연등회, 한국의 등불 축제(2020)
- 판소리(2003)
- 강강술래(2009)
- 영산재(2009)
- 제주칠머리당영등굿(2009)
- 대목장(2010)
- 택견(2011)
- 한산모시짜기(2011)
- 김장문화(2013)
- 줄다리기(2015)
- 씨름(2018)
- 한국의 탈춤(2022)

---

44 사찰에 관한 설명으로 옳지 않은 것은? ○ △ ×

① 화엄사 – 주 건물은 각황전으로 비로자나불을 모시고 있다.
② 통도사 – 대웅전 안에 불상을 모시지 않고 불단만 마련해 놓았다.
③ 송광사 – 의상대사에 의해 창건되었고 원효, 서산대사 등이 수도하였다.
④ 해인사 – 합천 해인사 대장경판, 합천 해인사 장경판전이 있으며 법보사찰이라고 한다.

해설

송광사(순천)는 보조국사 지눌에 의해 대찰로 중건된 절이다.

---

45 서원이나 향교를 비롯해 능(陵) 앞에 설치되며, 신성한 구역임을 알리는 상징적 구조물은? ○ △ ×

① 고직사
② 전사청
③ 연화문
④ 홍살문

해설

① 고직사 : 서원의 제반 업무 관리와 식사 준비를 위한 건물
② 전사청 : 제향과 제물을 맡아보게 하기 위해 설치한 관청
③ 연화문 : 연꽃의 형태를 형식으로 도안화한 무늬

---

46 문양을 그리지 않고 바탕색으로 마무리하는 단순한 형태의 단청은? ○ △ ×

① 모로단청
② 얼금단청
③ 긋기단청
④ 가칠단청

> 해설
> ① 부재의 두 끝부분에만 문양을 넣고, 가운데는 긋기로 마무리한 단청
> ② 금단청(복잡한 문양과 화려한 채색, 금문 장식)과 모로단청의 절충형
> ③ 가칠단청 위에 선만을 그어 마무리한 단청

47 왕이 궁궐을 떠나 지방에서 임시로 머무르는 궁(宮)은? ○ △ ×

① 동 궁
② 행 궁
③ 중 궁
④ 서 궁

> 해설
> ① 동궁 : 황태자, 태자 또는 왕세자가 거처하는 궁
> ③ 중궁(중궁전) : 왕비가 거처하던 궁전
> ④ 서궁 : 덕수궁을 다르게 이르는 말

48 석탑의 구성 중 상륜부에 해당하지 않는 것은? ○ △ ×

① 탱 주
② 찰 주
③ 수 연
④ 보 주

> 해설
> 석탑은 일반적으로 기단부, 탑신부, 상륜부로 이루어져 있다. 탱주는 석탑의 기단부 중간에 일정한 간격으로 세운 기둥을 말한다.

49 통상 사찰 뒤쪽에 위치하며 독성, 산신, 칠성신을 모신 곳은? ○ △ ✕

① 나한전
② 대웅전
③ 삼성각
④ 약사전

> **해설**
> ① 사찰에 있는 당우 중 하나로 부처님의 제자인 나한을 모신 법당이다.
> ② 석가모니불을 봉안한 법당으로 사찰의 중심에 있다.
> ④ 약사여래불을 봉안한 사찰의 불전 중 하나이다.

50 다음이 설명하는 것은? ○ △ ✕

> 한국의 전통음악에 속하는 기악독주곡의 하나로, 느린 장단으로부터 빠른 장단으로 연주하는 민속음악이다. 장구 반주가 따르며, 무속 음악과 시나위에 기교가 더해져 19세기 무렵에 만들어졌다.

① 산 조
② 가 사
③ 제례악
④ 연례악

> **해설**
> ② 가사는 한국 시가의 한 양식으로 조선시대 상류 계층이 즐겼던 전통 성악을 말한다.
> ③ 제례악은 궁중에서 제사를 지낼 때 사용하던 음악이다.
> ④ 연례악은 궁중의식이나 잔치 때 연주하던 모든 음악의 총칭이다.

관광법규

※ 문제의 이해도에 따라 ○ △ × 체크하여 완벽하게 정리하세요.

01 관광진흥법령상 분양 및 회원 모집을 할 수 있는 관광사업으로 옳은 것은?　　○ △ ×

① 야영장업
② 제2종 종합휴양업
③ 전문휴양업
④ 종합유원시설업

> 해설
>
> 분양 및 회원모집 관광사업(「관광진흥법」 제20조 제1항 및 시행령 제23조 제1항)
> 관광숙박업이나 관광객 이용시설업으로서 대통령령으로 정하는 종류(휴양 콘도미니엄업 및 호텔업, 관광객 이용시설업 중 제2종 종합휴양업)의 관광사업을 등록한 자 또는 그 사업계획의 승인을 받은 자가 아니면 그 관광사업의 시설에 대하여 분양(휴양 콘도미니엄만 해당) 또는 회원 모집을 하여서는 아니 된다.

02 관광진흥법령상 관광 편의시설업으로 옳은 것은?　　○ △ ×

① 외국인전용 유흥음식점업
② 관광공연장업
③ 호스텔업
④ 일반관광유람선업

> 해설
>
> 관광 편의시설업의 종류(「관광진흥법 시행령」 제2조 제1항 제6호)
> * 관광유흥음식점업　　　* 관광극장유흥업　　　* 외국인전용 유흥음식점업
> * 관광식당업　　　* 관광순환버스업　　　* 관광사진업
> * 여객자동차터미널업　　　* 관광펜션업　　　* 관광궤도업
> * 관광면세업　　　* 관광지원서비스업

03 국제회의산업 육성에 관한 법령상 국제회의도시의 지정기준으로 옳은 것은?   ○ △ ✕

① 지정대상 도시에 숙박시설·교통시설·교통안내체계 등 국제회의 참가자를 위한 편의시설이 갖추어져 있을 것

② 지정대상 도시에 국제회의시설의 조성계획이 있고, 해당 시에서 관광개발계획을 수립하고 있을 것

③ 지정대상 도시의 국제회의 유치실적이 연간 30건 이상일 것

④ 지정대상 도시의 외래 관광객 방문자 수가 연간 100만 명 이상일 것

해설

국제회의도시의 지정기준(「국제회의산업 육성에 관한 법률 시행령」 제13조)

• 지정대상 도시에 국제회의시설이 있고, 해당 특별시·광역시 또는 시에서 이를 활용한 국제회의산업 육성에 관한 계획을 수립하고 있을 것

• 지정대상 도시에 숙박시설·교통시설·교통안내체계 등 국제회의 참가자를 위한 편의시설이 갖추어져 있을 것

• 지정대상 도시 또는 그 주변에 풍부한 관광자원이 있을 것

---

04 관광진흥법령상 폐광지역 카지노사업자의 영업준칙으로 옳지 않은 것은?   ○ △ ✕

① 카지노 이용자에게 자금을 대여하여서는 아니된다.

② 머신게임의 이론적 배당률을 60% 이상으로 하여야 한다.

③ 매일 오전 6시부터 오전 10시까지는 영업을 하여서는 아니 된다.

④ 회원용이 아닌 일반 영업장에서는 주류를 판매하거나 제공하여서는 아니 된다.

해설

카지노사업자의 영업준칙(「관광진흥법 시행규칙」 별표9 제5호)

• 폐광지역의 카지노사업자는 원칙적으로 법령에서 정하는 카지노업의 영업준칙을 준수하여야 한다(「관광진흥법 시행규칙」 별표10 제1호).

• 머신게임을 운영하는 사업자는 투명성 및 내부통제를 위한 기구·시설·조직 및 인원을 갖추어 운영하여야 하며, 머신게임의 이론적 배당률을 75% 이상으로 해야 한다.

05 관광진흥법령상 도시지역의 주민이 거주하고 있는 주택을 이용하여 외국인 관광객에게 한국의 가정문화를 체험할 수 있도록 숙식 등을 제공하는 업은? ○△×

① 한옥체험업
② 관광식당업
③ 한국전통호텔업
④ 외국인관광 도시민박업

> **해설**
>
> 외국인관광 도시민박업(「관광진흥법 시행령」 제2조 제1항 제3호 바목)
> 도시지역(농어촌지역 및 준농어촌지역은 제외)의 주민이 자신이 거주하고 있는 다음의 어느 하나에 해당하는 주택을 이용하여 외국인 관광객에게 한국의 가정문화를 체험할 수 있도록 적합한 시설을 갖추고 숙식 등을 제공(도시지역에서 마을기업이 외국인 관광객에게 우선하여 숙식 등을 제공하면서, 외국인 관광객의 이용에 지장을 주지 아니하는 범위에서 해당 지역을 방문하는 내국인 관광객에게 그 지역의 특성화된 문화를 체험할 수 있도록 숙식 등을 제공하는 것을 포함)하는 업
> • 단독주택 또는 다가구주택
> • 아파트, 연립주택 또는 다세대주택

06 관광진흥법상 여행이용권의 지급 및 관리에 관한 설명으로 옳지 않은 것은? ○△×

① 국가 및 지방자치단체는 대통령령으로 정하는 관광취약계층에게 여행이용권을 지급할 수 있다.
② 국가 및 지방자치단체는 여행이용권의 수급자격 및 자격유지의 적정성을 확인하기 위하여 필요한 가족관계증명 자료 등 대통령령으로 정하는 자료를 관계 기관의 장에게 요청할 수 있다.
③ 국가 및 지방자치단체는 여행이용권의 발급 등 여행이용권 업무의 효율적 수행을 위하여 전담기관을 지정할 수 있다.
④ 국가 및 지방자치단체는 여행이용권의 이용 기회 확대 및 지원 업무의 효율성을 제고하기 위하여 여행이용권과 문화이용권을 통합하여 운영할 수 있다.

> **해설**
>
> 여행이용권의 지급 및 관리(「관광진흥법」 제47조의5)
> • 국가 및 지방자치단체는 「국민기초생활 보장법」에 따른 수급권자, 그 밖에 소득수준이 낮은 저소득층 등 대통령령으로 정하는 관광취약계층에게 여행이용권을 지급할 수 있다.
> • 국가 및 지방자치단체는 여행이용권의 수급자격 및 자격유지의 적정성을 확인하기 위하여 필요한 가족관계증명 · 국세 · 지방세 · 토지 · 건물 · 건강보험 및 국민연금에 관한 자료 등 대통령령으로 정하는 자료를 관계 기관의 장에게 요청할 수 있고, 해당 기관의 장은 특별한 사유가 없으면 요청에 따라야 한다. 다만, 행정정보 공동이용을 통하여 확인할 수 있는 사항은 예외로 한다.
> • 국가 및 지방자치단체는 제2항에 따른 자료의 확인을 위하여 「사회복지사업법」 제6조의2 제2항에 따른 정보시스템을 연계하여 사용할 수 있다.
> • 국가 및 지방자치단체는 여행이용권의 발급, 정보시스템의 구축 · 운영 등 여행이용권 업무의 효율적 수행을 위하여 대통령령으로 정하는 바에 따라 전담기관을 지정할 수 있다.
> • 위에서 규정한 사항 외에 여행이용권의 지급 · 이용 등에 필요한 사항은 대통령령으로 정한다.
> • 문화체육관광부장관은 여행이용권의 이용 기회 확대 및 지원 업무의 효율성을 제고하기 위하여 여행이용권을 문화이용권 등 문화체육관광부령으로 정하는 이용권과 통합하여 운영할 수 있다.

07 관광기본법의 목적으로 옳은 것을 모두 고른 것은?   ○ △ ×

> ㄱ. 관광 여건의 조성
> ㄴ. 국제친선을 증진
> ㄷ. 국민경제와 국민복지를 향상
> ㄹ. 지역의 균형발전

① ㄱ, ㄴ   ② ㄱ, ㄹ
③ ㄴ, ㄷ   ④ ㄴ, ㄹ

해설

목적(「관광기본법」 제1조)
이 법은 관광진흥의 방향과 시책에 관한 사항을 규정함으로써 국제친선을 증진하고 국민경제와 국민복지를 향상시키며 건전하고 지속가능한 국민관광의 발전을 도모하는 것을 목적으로 한다.

08 관광진흥법상 관광체험교육프로그램을 개발 · 보급할 수 있는 자로 옳은 것은?   ○ △ ×

① 한국관광공사의 사장
② 관광협회중앙회의 회장
③ 일반여행업협회의 회장
④ 지방자치단체의 장

해설

관광체험교육프로그램 개발(「관광진흥법」 제48조의5)
문화체육관광부장관 또는 지방자치단체의 장은 관광객에게 역사 · 문화 · 예술 · 자연 등의 관광자원과 연계한 체험기회를 제공하고, 관광을 활성화하기 위하여 관광체험교육프로그램을 개발 · 보급할 수 있다. 이 경우 장애인을 위한 관광체험교육프로그램을 개발하여야 한다.

09 관광진흥법령상 외국인 의료관광 지원과 관련된 내용으로 옳지 않은 것은? ○ △ ✕

① 문화체육관광부장관이 정하는 기준을 충족하는 외국인 의료관광 관련 기관에 관광진흥개발기금을 대여할 수 있다.

② 문화체육관광부장관은 외국인 의료관광 전문인력을 양성하는 전문교육기관 중에서 우수 전문교육기관이나 우수 교육과정을 선정하여 지원할 수 있다.

③ 문화체육관광부장관은 외국인 의료관광 안내에 대한 편의를 제공하기 위하여 국내외에 외국인 의료관광 유치 안내센터를 설치 · 운영할 수 있다.

④ 문화체육관광부장관은 의료관광의 활성화를 위하여 지방자치단체의 장이나 외국인환자 유치 의료기관 또는 유치업자와 공동으로 해외마케팅사업을 추진할 수 있다.

> 해설
>
> **외국인 의료관광 지원(「관광진흥법 시행령」 제8조의3)**
> • 문화체육관광부장관은 외국인 의료관광을 지원하기 위하여 외국인 의료관광 전문인력을 양성하는 전문교육기관 중에서 우수 전문교육기관이나 우수 교육과정을 선정하여 지원할 수 있다.
> • 문화체육관광부장관은 외국인 의료관광 안내에 대한 편의를 제공하기 위하여 국내외에 외국인 의료관광 유치 안내센터를 설치 · 운영할 수 있다.
> • 문화체육관광부장관은 의료관광의 활성화를 위하여 지방자치단체의 장이나 외국인환자 유치 의료기관 또는 유치업자와 공동으로 해외마케팅사업을 추진할 수 있다.

10 관광진흥법상 여행이용권의 지급대상으로 옳은 것은? ○ △ ✕

① 관광사업자

② 관광종사원

③ 관광취약계층

④ 외국인 관광객

> 해설
>
> **여행이용권의 지급 및 관리(「관광진흥법」 제47조의5 제1항)**
> 국가 및 지방자치단체는 「국민기초생활 보장법」에 따른 수급권자, 그 밖에 소득수준이 낮은 저소득층 등 대통령령으로 정하는 관광취약계층에게 여행이용권을 지급할 수 있다.

11 국제회의산업 육성에 관한 법령상 (   ) 안에 들어갈 내용으로 옳은 것은?   ○ △ ×

> 국제기구나 국제기구에 가입한 기관 또는 법인·단체가 개최하는 회의로서 아래 요건을 모두 갖춘 회의를 국제회의라고 말한다.
> • 해당 회의에 (ㄱ) 이상의 외국인이 참가할 것
> • 회의 참가자가 (ㄴ) 이상이고 그 중 외국인이 (ㄷ) 이상일 것
> • (ㄹ) 이상 진행되는 회의일 것

① ㄱ - 5개국, ㄴ - 300명, ㄷ - 100명, ㄹ - 3일
② ㄱ - 3개국, ㄴ - 300명, ㄷ - 150명, ㄹ - 5일
③ ㄱ - 5개국, ㄴ - 500명, ㄷ - 100명, ㄹ - 3일
④ ㄱ - 3개국, ㄴ - 500명, ㄷ - 150명, ㄹ - 5일

해설

국제회의의 종류·규모(「국제회의산업 육성에 관한 법률 시행령」 제2조 제1호)
• 국제기구, 기관 또는 법인·단체가 개최하는 회의로서 다음의 요건을 모두 갖춘 회의
　- 해당 회의에 3개국 이상의 외국인이 참가할 것
　- 회의 참가자가 100명 이상이고 그 중 외국인이 50명 이상일 것
　- 2일 이상 진행되는 회의일 것
※ 2022년 12월 27일 법령이 개정됨에 따라 현재는 정답이 없다.

12 관광진흥법령상 관광숙박업의 사업계획 변경에 관한 승인을 받아야 하는 경우로 옳지 않은 것은?   ○ △ ×

① 휴양 콘도미니엄업의 객실 수 또는 객실면적을 변경하려는 경우
② 부지 및 대지 면적을 변경할 때에 그 변경하려는 면적이 당초 승인받은 계획면적의 100분의 10 이상이 되는 경우
③ 건축 연면적을 변경할 때에 그 변경하려는 연면적이 당초 승인받은 계획면적의 100분의 5 이상이 되는 경우
④ 변경하려는 업종의 등록기준에 맞는 경우로서, 호텔업과 휴양 콘도미니엄업 간의 업종 변경

해설

사업계획 변경승인(「관광진흥법 시행령」 제9조 제1항)
관광숙박업의 사업계획 변경에 관한 승인을 받아야 하는 경우는 다음과 같다.
• 부지 및 대지 면적을 변경할 때에 그 변경하려는 면적이 당초 승인받은 계획면적의 100분의 10 이상이 되는 경우
• 건축 연면적을 변경할 때에 그 변경하려는 연면적이 당초 승인받은 계획면적의 100분의 10 이상이 되는 경우
• 객실 수 또는 객실면적을 변경하려는 경우(휴양 콘도미니엄업만 해당)
• 변경하려는 업종의 등록기준에 맞는 경우로서, 호텔업과 휴양 콘도미니엄업 간의 업종변경 또는 호텔업 종류 간의 업종변경

13 관광진흥법령상 국외여행 인솔자의 자격요건으로 옳은 것은? ○ △ ✕

① 여행업체에서 3개월 이상 근무하고 국외여행경험이 있는 자

② 관광통역안내사 자격을 취득한 자

③ 여행업체에서 근무하고 국외여행 경험이 있는 자로서 시 · 도지사가 지정하는 양성교육을 이수한 자

④ 대통령령으로 정하는 교육기관에서 국외여행인솔에 필요한 양성교육을 이수한 자

> **해설**
>
> 국외여행 인솔자의 자격요건(「관광진흥법 시행규칙」 제22조 제1항)
> - 관광통역안내사 자격을 취득할 것
> - 여행업체에서 6개월 이상 근무하고 국외여행 경험이 있는 자로서 문화체육관광부장관이 정하는 소양교육을 이수할 것
> - 문화체육관광부장관이 지정하는 교육기관에서 국외여행 인솔에 필요한 양성교육을 이수할 것

14 관광진흥법령상 호텔업의 등급결정에 관한 설명으로 옳지 않은 것은? ○ △ ✕

① 문화체육관광부장관은 등급결정권을 위탁할 수 있다.

② 관광숙박업 중 호텔업의 등급은 5성급 · 4성급 · 3성급 · 2성급 및 1성급으로 구분한다.

③ 관광호텔업의 등록을 한 자는 호텔을 신규 등록한 경우 그 사유가 발생한 날부터 60일이내에 등급결정을 신청하여야 한다.

④ 가족호텔업, 의료관광호텔업의 등록을 한 자는 등급결정을 신청하여야 한다.

> **해설**
>
> 호텔업의 등급결정(「관광진흥법 시행규칙」 제25조 제1항)
> 관광호텔업, 수상관광호텔업, 한국전통호텔업, 가족호텔업, 소형호텔업 또는 의료관광호텔업의 등록을 한 자는 다음의 구분에 따른 기간 이내에 문화체육관광부장관으로부터 등급결정권을 위탁받은 법인에 호텔업의 등급 중 희망하는 등급을 정하여 등급결정을 신청해야 한다.
> - 호텔을 신규 등록한 경우 : 호텔업 등록을 한 날부터 60일
> ※ 출제 당시 정답은 ④였으나, 2019년 11월 19일 법령의 개정으로 대통령령으로 정하는 자에 가족호텔업의 등록을 한 자가 포함되어 현재 ④는 옳은 선지가 되었다. ③은 2017년 6월 7일 개정되어 '호텔업 등록을 한 날부터 60일' 이내에 등급결정을 신청하여야 하는 것으로 바뀌었다. 따라서 현재의 법령에 따르면 ③이 정답에 해당한다.

15 관광진흥법상 과태료의 부과 대상으로 옳지 않은 것은? ○ △ ×

① 문화체육관광부령으로 정하는 영업준칙을 지키지 아니한 카지노사업자
② 문화체육관광부장관의 인증을 받지 아니한 문화관광해설사 양성을 위한 교육프로그램에 인증표시를 한 자
③ 관광사업자가 아닌 자가 문화체육관광부령으로 정하는 관광표지를 사업장에 붙인 경우
④ 관광숙박업으로 등록하지 않거나 사업계획의 승인을 받지 않은 자가 그 사업의 시설에 대하여 회원모집을 한 경우

해설

과태료(『관광진흥법』 제86조)
①·③ 과태료 100만원 부과대상이다(『관광진흥법』 제86조 제2항 제4호 및 제2호).
※ 출제 당시 정답은 ④였으나, 2018년 12월 11일 법령이 개정되어 ② 관련 조항이 삭제되었으므로, 현재 답은 ②·④
 이다.

---

16 관광진흥법령상 소형호텔업의 등록기준에 관한 설명으로 옳은 것을 모두 고른 것은? ○ △ ×

> ㄱ. 욕실이나 샤워시설을 갖춘 객실을 20실 이상 30실 미만으로 갖추고 있을 것
> ㄴ. 부대시설의 면적 합계가 건축 연면적의 50% 이하일 것
> ㄷ. 한 종류 이상의 부대시설을 갖출 것

① ㄱ, ㄴ
② ㄱ, ㄴ, ㄷ
③ ㄱ, ㄷ
④ ㄴ, ㄷ

해설

소형호텔업의 등록기준(『관광진흥법 시행령』 별표1 제2호 바목)
• 욕실이나 샤워시설을 갖춘 객실을 20실 이상 30실 미만으로 갖추고 있을 것
• 부대시설의 면적 합계가 건축 연면적의 50% 이하일 것
• 두 종류 이상의 부대시설을 갖출 것. 다만, 단란주점영업, 유흥주점영업 및 사행행위를 위한 시설은 둘 수 없다.
• 조식 제공, 외국어 구사인력 고용 등 외국인에게 서비스를 제공할 수 있는 체제를 갖추고 있을 것
• 대지 및 건물의 소유권 또는 사용권을 확보하고 있을 것. 다만, 회원을 모집하는 경우에는 소유권을 확보하여야 한다.

17 관광진흥개발기금법상 기금의 용도로서 옳지 않은 것은? ○ △ ✕

① 해외자본의 유치를 위하여 필요한 경우 문화체육관광부령으로 정하는 사업에 투자할 수 있다.

② 관광을 위한 교통수단의 확보 또는 개수(改修)에 대여할 수 있다.

③ 관광정책에 관하여 조사·연구하는 법인의 기본재산 형성 및 조사·연구사업, 그 밖의 운영에 필요한 경비를 보조할 수 있다.

④ 국내외 관광안내체계의 개선 및 관광홍보사업에 대여하거나 보조할 수 있다.

해설

기금의 용도(「관광진흥개발기금법」 제5조)

- 기금은 다음의 어느 하나에 해당하는 용도로 대여(貸與)할 수 있다.
  - 호텔을 비롯한 각종 관광시설의 건설 또는 개수(改修)
  - 관광을 위한 교통수단의 확보 또는 개수
  - 관광사업의 발전을 위한 기반시설의 건설 또는 개수
  - 관광지·관광단지 및 관광특구에서의 관광 편의시설의 건설 또는 개수
- 문화체육관광부장관은 기금에서 관광정책에 관하여 조사·연구하는 법인의 기본재산 형성 및 조사·연구사업, 그 밖의 운영에 필요한 경비를 보조할 수 있다.
- 기금은 다음의 어느 하나에 해당하는 사업에 대여하거나 보조할 수 있다.
  - 국외 여행자의 건전한 관광을 위한 교육 및 관광정보의 제공사업
  - 국내외 관광안내체계의 개선 및 관광홍보사업
  - 관광사업 종사자 및 관계자에 대한 교육훈련사업
  - 국민관광 진흥사업 및 외래관광객 유치 지원사업
  - 관광상품 개발 및 지원사업
  - 관광지·관광단지 및 관광특구에서의 공공 편익시설 설치사업
  - 국제회의의 유치 및 개최사업
  - 장애인 등 소외계층에 대한 국민관광 복지사업
  - 전통관광자원 개발 및 지원사업
  - 감염병 확산 등으로 관광사업자(「관광진흥법」 제2조 제2호에 따른 관광사업자)에게 발생한 경영상 중대한 위기 극복을 위한 지원사업
  - 그 밖에 관광사업의 발전을 위하여 필요한 것으로서 대통령령으로 정하는 사업
- 기금은 민간자본의 유치를 위하여 필요한 경우 다음의 어느 하나의 사업이나 투자조합에 출자(出資)할 수 있다.
  - 관광지 및 관광단지의 조성사업
  - 국제회의시설의 건립 및 확충 사업
  - 관광사업에 투자하는 것을 목적으로 하는 투자조합
  - 그 밖에 관광사업의 발전을 위하여 필요한 것으로서 대통령령으로 정하는 사업

18 관광진흥법령상 권한의 위탁에 관한 설명으로 옳은 것은? ○ △ ×

① 국외여행 인솔자의 등록 및 자격증 발급에 관한 권한은 지역별 관광협회에 위탁한다.

② 우수숙박시설의 지정 및 지정취소에 관한 권한은 한국관광공사에 위탁한다.

③ 관광통역안내사의 자격시험, 등록 및 자격증의 발급에 관한 권한은 한국산업인력공단에 위탁한다.

④ 문화관광해설사의 양성교육과정 등의 인증 및 인증의 취소에 관한 권한은 업종별 관광협회에 위탁한다.

> **해설**
>
> 권한의 위탁(「관광진흥법 시행령」 제65조 제1항)
>
> 등록기관 등의 장은 다음의 권한을 한국관광공사, 협회, 지역별·업종별 관광협회, 전문 연구·검사기관 또는 자격검정기관에 각각 위탁한다.
>
> • 국외여행 인솔자의 등록 및 자격증 발급에 관한 권한 : 업종별 관광협회
>
> • 관광종사원 중 관광통역안내사·호텔경영사 및 호텔관리사의 자격시험, 등록 및 자격증의 발급에 관한 권한 : 한국관광공사. 다만, 자격시험의 출제, 시행, 채점 등 자격시험의 관리에 관한 업무는 「한국산업인력공단법」에 따른 한국산업인력공단에 위탁한다.
>
> • 문화관광해설사 양성을 위한 교육과정의 개설·운영에 관한 권한 : 한국관광공사 또는 다음의 요건을 모두 갖춘 관광 관련 교육기관
>
>   – 기본소양, 전문지식, 현장실무 등 문화관광해설사 양성교육에 필요한 교육과정 및 교육내용을 갖추고 있을 것
>
>   – 강사 등 양성교육에 필요한 인력과 조직을 갖추고 있을 것
>
>   – 강의실, 회의실 등 양성교육에 필요한 시설과 장비를 갖추고 있을 것
>
> ※ 출제 당시 정답은 ②였으나, 2018년 6월 5일 법령이 개정되어 현재는 우수숙박시설의 지정 및 지정취소 관련 내용이 삭제되고, '한국관광 품질인증' 관련 내용이 신설되었다.

19 관광진흥개발기금법상 기금의 재원으로 옳은 것을 모두 고른 것은? ○ △ ×

> ㄱ. 관광사업자의 과태료
> ㄴ. 정부로부터 받은 출연금
> ㄷ. 카지노사업자의 납부금
> ㄹ. 관광복권사업자의 납부금

① ㄱ, ㄴ   ② ㄱ, ㄹ

③ ㄴ, ㄷ   ④ ㄷ, ㄹ

> **해설**
>
> 기금의 설치 및 재원(「관광진흥개발기금법」 제2조 제2항)
>
> 기금은 다음의 재원(財源)으로 조성한다.
>
> • 정부로부터 받은 출연금
>
> • 「관광진흥법」 제30조에 따른 납부금
>
> • 제3항에 따른 출국납부금
>
> • 보세판매장 특허수수료의 100분의 50
>
> • 기금의 운용에 따라 생기는 수익금과 그 밖의 재원

20 관광진흥법령상 관광종사원의 자격 등에 관한 내용으로 옳지 않은 것은? ○ △ ×

① 파산선고를 받고 복권되지 아니한 자는 취득하지 못한다.

② 관광종사원의 자격을 취득하려는 자는 문화체육관광부장관이 실시하는 시험에 합격한 후 문화체육관광부장관에게 등록하여야 한다.

③ 관광종사원의 자격증을 분실하게 되면 한국관광공사의 사장에게 재교부를 신청하여야 한다.

④ 관할 등록기관 등의 장은 대통령령으로 정하는 관광 업무에는 관광종사원의 자격을 가진 자가 종사하도록 해당 관광사업자에게 권고할 수 있다.

> **해설**
>
> 관광종사원의 자격 등(「관광진흥법」 제38조)
> - 관할 등록기관 등의 장은 대통령령으로 정하는 관광 업무에는 관광종사원의 자격을 가진 자가 종사하도록 해당 관광사업자에게 권고할 수 있다. 다만, 외국인 관광객을 대상으로 하는 여행업자는 관광통역안내의 자격을 가진 사람을 관광안내에 종사하게 하여야 한다.
> - 관광종사원의 자격을 취득하려는 자는 문화체육관광부령으로 정하는 바에 따라 문화체육관광부장관이 실시하는 시험에 합격한 후 문화체육관광부장관에게 등록하여야 한다. 다만, 문화체육관광부령으로 따로 정하는 자는 시험의 전부 또는 일부를 면제할 수 있다.
> - 문화체육관광부장관은 등록을 한 자에게 관광종사원 자격증을 내주어야 한다.
> - 관광종사원 자격증을 가진 자는 그 자격증을 잃어버리거나 못 쓰게 되면 문화체육관광부장관에게 그 자격증의 재교부를 신청할 수 있다.
> - 시험의 최종합격자 발표일을 기준으로 피성년후견인·피한정후견인, 파산선고를 받고 복권되지 아니한 자, 이 법을 위반하여 징역 이상의 실형을 선고받고 그 집행이 끝나거나 집행을 받지 아니하기로 확정된 후 2년이 지나지 아니한 자 또는 형의 집행유예 기간 중에 있는 자 중 어느 하나에 해당하는 자는 관광종사원의 자격을 취득하지 못한다.
> - 관광통역안내의 자격이 없는 사람은 외국인 관광객을 대상으로 하는 관광안내(외국인 관광객을 대상으로 하는 여행업에 종사하여 관광안내를 하는 경우에 한정)를 하여서는 아니 된다.
> - 관광통역안내의 자격을 가진 사람이 관광안내를 하는 경우에는 자격증을 달아야 한다.
> - 관광종사원은 자격증을 다른 사람에게 빌려주거나 빌려서는 아니 되며, 이를 알선해서도 아니 된다.

21 관광진흥개발기금법의 목적으로 옳은 것은? ○ △ ×

① 문화관광축제 활성화

② 관광을 통한 외화 수입의 증대

③ 관광개발의 진흥

④ 국제수지 향상

> **해설**
>
> 목적(「관광진흥개발기금법」 제1조)
> 관광진흥개발기금법은 관광사업을 효율적으로 발전시키고 관광을 통한 외화 수입의 증대에 이바지하기 위하여 관광진흥개발기금을 설치하는 것을 목적으로 한다.

22 관광진흥법령상에 제시된 내용 중 사업시행자가 조성사업의 시행에 따른 토지·물건 또는 권리를 제공함으로써 생활의 근거를 잃게 되는 자를 위하여 수립하는 이주대책으로 옳지 않은 것은? ○ △ ✕

① 택지 조성 및 주택 건설
② 이주대책에 따른 비용
③ 이주방법 및 이주시기
④ 생계해결을 위한 직업교육 비용

해설

이주대책의 내용(「관광진흥법 시행령」 제57조)
- 택지 및 농경지의 매입
- 이주보상금
- 이주대책에 따른 비용
- 택지 조성 및 주택 건설
- 이주방법 및 이주시기
- 그 밖에 필요한 사항

23 관광진흥법령상 유원시설업자 중 물놀이형 유기시설 또는 유기기구를 설치한 자가 지켜야 하는 안전·위생 기준으로 옳지 않은 것은? ○ △ ✕

① 영업 중인 사업장에 의사를 1명 이상 배치하여야 한다.
② 이용자가 쉽게 볼 수 있는 곳에 수심 표시를 하여야 한다.
③ 풀의 물이 1일 3회 이상 여과기를 통과하도록 하여야 한다.
④ 음주 등으로 정상적인 이용이 곤란하다고 판단될 때에는 음주자 등의 이용을 제한하여야 한다.

해설

물놀이형 유원시설업자의 안전·위생기준(「관광진흥법 시행규칙」 별표10의2 제6호)
의무 시설을 설치한 사업자는 의무 시설에 「의료법」에 따른 간호사 또는 「응급의료에 관한 법률」에 따른 응급구조사 또는 「간호조무사 및 의료유사업자에 관한 규칙」에 따른 간호조무사를 1명 이상 배치하여야 한다.

24 국제회의산업 육성에 관한 법령상 국제회의 전담조직에 대한 내용으로 옳은 것은?

① 외교부장관은 국제회의 유치 · 개최의 지원업무를 국제회의 전담조직에 위탁할 수 있다.
② 산업통상자원부장관이 국제회의 전담조직을 지정한다.
③ 국제회의 전담조직은 국제회의 관련 정보의 수집 및 배포업무를 담당한다.
④ 국제회의 전담조직은 국제회의도시를 지정할 수 있다.

> **해설**
> ① 문화체육관광부장관은 국제회의 유치 · 개최의 지원에 관한 업무를 국제회의 전담조직에 위탁한다(「국제회의산업 육성에 관한 법률 시행령」제16조).
> ② 문화체육관광부장관은 국제회의산업의 육성을 위하여 필요하면 국제회의 전담조직을 지정할 수 있다(「국제회의산업 육성에 관한 법률」제5조 제1항).
> ④ 문화체육관광부장관은 대통령령으로 정하는 국제회의도시 지정기준에 맞는 특별시 · 광역시 및 시를 국제회의도시로 지정할 수 있다(「국제회의산업 육성에 관한 법률」제14조 제1항).

25 관광진흥법령상 관광통계 작성 범위로 옳지 않은 것은?

① 국민의 관광행태에 관한 사항
② 외국인 방한 관광객의 경제수준에 관한 사항
③ 관광사업자의 경영에 관한 사항
④ 관광지와 관광단지의 현황 및 관리에 관한 사항

> **해설**
> 관광통계 작성 범위(「관광진흥법 시행령」제41조의2)
> • 외국인 방한 관광객의 관광행태에 관한 사항
> • 관광사업자의 경영에 관한 사항
> • 국민의 관광행태에 관한 사항
> • 관광지와 관광단지의 현황 및 관리에 관한 사항
> • 그 밖에 문화체육관광부장관 또는 지방자치단체의 장이 관광산업의 발전을 위하여 필요하다고 인정하는 사항

관광학개론

※ 문제의 이해도에 따라 ○ △ × 체크하여 완벽하게 정리하세요.

26 매킨토시(R. W. McIntosh)가 분류한 관광동기가 아닌 것은? ○ △ ×

① 신체적 동기
② 문화적 동기
③ 대인적 동기
④ 자아실현 동기

해설

매킨토시가 분류한 관광동기의 4가지 분류
• 신체적 · 물리적 동기
• 문화적 동기
• 대인적 동기
• 지위 · 위세 동기

27 호텔 객실요금에 식비가 전혀 포함되지 않는 요금제도는? ○ △ ×

① American Plan
② European Plan
③ Continental Plan
④ Modified American Plan

해설

① 객실요금에 아침, 점심, 저녁이 포함되는 방식
③ 객실요금에 아침식대만 포함되어 있는 방식
④ 객실요금에 아침식사와 저녁식사 요금이 포함되는 방식

28 환경보호와 자연 보존을 중시하는 지속가능한 관광의 유형으로 옳지 않은 것은? ○ △ ×

① 생태관광
② 녹색관광
③ 연성관광
④ 위락관광

해설

지속가능한 관광은 생태관광, 대안관광, 자연관광, 녹색관광, 연성관광 등은 혼용되어 사용되는 관광의 유형이다. 위락관광은 테마파크나 카지노처럼 위락행위를 목적으로 하는 관광이기 때문에 환경보호나 자연보존과는 거리가 멀다.

정답 26 ④ 27 ② 28 ④

29 여행업의 특성으로 옳지 않은 것은?   ○ △ ×

① 창업이 용이하다.
② 수요 탄력성이 높다.
③ 고정자산의 비중이 높다.
④ 노동집약적이다.

> **해설**
>
> 여행업은 소규모 자본에 의한 경영형태를 띠기 때문에 고정자본의 투자가 적다. 이 밖에도 여행업은 노동집약적이며, 직원들의 의존도가 높고, 계절적 · 요일적 · 시간적 요인에 민감하여 탄력성을 조절해야 한다는 점 등의 특성이 있다.

30 다음에서 설명하고 있는 호텔경영 방식은?   ○ △ ×

> 본사와 가맹점 간 계약을 맺어 본사는 상표권과 전반적 시스템 및 경영노하우를 제공하고, 가맹점은 그에 따른 수수료를 지불하는 형태로 가맹점의 경영권은 독립성이 유지된다.

① 단독경영
② 임차경영
③ 위탁경영
④ 프랜차이즈경영

> **해설**
>
> 경영형태에 따른 호텔 분류는 학자마다 조금씩 차이가 있다.
> - 단독경영 : 제3자의 경영지원 없이 단독으로 운영되며, 호텔 소유자가 직접 호텔경영에 참여하는 형태이다.
> - 임차경영 : 호텔경영전문 회사가 호텔소유회사의 호텔을 임차하여 운영하는 형태이다.
> - 프랜차이징 : 독립된 업체의 경영자인 프랜차이지가 프랜차이즈 계약을 통해 수수료를 지불하고 본사에 의해 공동브랜드 사용과 경영 전반에 관한 노하우 등을 제공받아 운영하는 형태이다.
> - 체인경영 : 본사직영과 위탁경영으로 분류된다. 본사직영은 소유회사(체인)와 경영회사(경영자)가 동일한 것으로 경영위탁이 아니며 본사가 자회사인 호텔을 직접 경영하는 형태이다. 위탁경영은 경영전문회사와 호텔소유회사의 계약을 통해 본사에 전문 경영진이 파견되어 호텔의 전반적인 경영을 책임지는 것이다. 호텔을 운영해 주는 대가로 경영회사는 경영수수료 등을 지불받는다.

31 항공기 위탁수하물로 반입이 가능한 물품은? ○ △ ✕

① 연료가 포함된 라이터
② 70도(%) 이상의 알코올성 음료
③ 공기가 1/3 이상 주입된 축구공
④ 출발 신호용 총

해설

항공기 내 반입금지 위해물품(국토교통부 고시 제2021-1274호 별표1)
- 휴대 및 위탁 반입 금지물품(휴대✕, 위탁✕) : 뇌관, 기폭장치 및 도화선, 지뢰·수류탄, 기타 군사 폭발 용품, 폭죽·조명탄, 연막탄류, 다이너마이트·화약 및 플라스틱 폭발물, 토치, 토치라이터(버너라이터), 인화성 가스·인화성 액체, 전염성·생물학적 위험물질 및 독성물질(독극물, 농약 등)
- 객실 내 반입 금지물품(휴대✕, 위탁○)
  - 총, 소총기, 그리고 심각한 상해를 입히도록 고안된 탄환을 발사하는 장치 또는 이와 비슷한 장치
  - 기절을 시키거나 마비시키기 위해 특별히 고안된 장치
  - 심각한 상해를 입히는 데 사용될 수 있는 끝이 뾰족하거나 옆이 날카로운 물체
  - 심각한 상해를 입히거나 항공기의 안전을 위협하는 데 사용될 수 있는 공구
  - 내리쳤을 때 심각한 상해를 입히는 데 사용될 수 있는 둔기 및 스포츠 용품
  - 항공기의 안전을 위협하거나 심각한 상해를 입히는 데 사용될 수 있는 폭발물과 인화성물질 및 장치
  - 「액체·분무·겔류 등 항공기내 휴대반입 금지물질 운영기준」에 따른 액체·분무·겔류(국제선에 한함)

---

32 호텔정보시스템 중 다음의 업무를 처리하는 것은? ○ △ ✕

• 인사/급여관리   • 구매/자재관리
• 원가관리   • 시설관리

① 프런트 오피스 시스템(Front Office System)
② 백 오피스 시스템(Back Office System)
③ 인터페이스 시스템(Interface System)
④ 포스 시스템(POS System)

해설

백 오피스 시스템(Back Office System)
매출을 발생시키는 영업부문을 후방에서 지원하는 기능이 있는 업무의 총칭(고객과 직접 접촉 ✕)이다. 인사/급여관리 시스템, 구매/자재관리 시스템, 원가 및 시설관리, 회계시스템 등의 업무가 이에 속한다.

---

33 국제회의 산업의 파급효과 중 사회문화적 효과로 옳지 않은 것은? ○ △ ×

① 세수(稅收) 증대
② 국제친선 도모
③ 지역문화 발전
④ 상호이해 증진

해설
세수의 증대는 경제적 측면의 효과에 해당한다.

34 테마파크의 본질적 특성으로 옳지 않은 것은? ○ △ ×

① 주제성
② 이미지 통일성
③ 일상성
④ 배타성

해설
테마파크(주제공원)은 일상에서는 체험할 수 없는 세계를 경험하게 하는 것이기 때문에 비일상성의 특징이 있다.

35 관광수요의 정성적 수요예측방법이 아닌 것은? ○ △ ×

① 시계열법
② 델파이법
③ 전문가 패널
④ 시나리오 설정법

해설
관광수요의 예측방법은 크게 정성적(질적) 예측방법과 정량적(양적) 예측방법으로 구분한다. 전문가의 의견을 사용해 미래의 결과를 주관적으로 예측하는 정성적 예측방법에는 델파이법과 시나리오 설정법, 전문가 패널 등이 있으며, 객관적 자료의 정보를 이용하여 분석하는 정량적 예측방법으로는 인과모형, 시계열모형, 혼합형 예측방법 등이 사용된다.

36 Intrabound 관광의 범위로 옳은 것은?

① 국내거주 외국인 국내관광 + 외국인 국내관광

② 국내거주 외국인 국내관광 + 내국인 국내관광

③ 내국인 국내관광 + 내국인 국외관광

④ 외국인 국외관광 + 내국인 국외관광

해설

관광의 분류

- 국내관광(Domestic Tourism) : 자국민이 자국 내에서 관광
- 국외관광(Outbound Tourism) : 자국민이 타국에서 관광
- 외래관광(Inbound Tourism) : 외국인이 자국 내에서 관광
- 외국인관광(Overseas Tourism) : 외국인이 외국에서 관광
- 내 나라 여행(Intrabound Tourism) : 내국인과 국내 거주 외국인의 국내여행
- 국내관광(Internal Tourism) : Domestic Tourism + Intrabound Tourism
- 국민관광(National Tourism) : Domestic Tourism + Outbound Tourism
- 국제관광(International Tourism) : Inbound Tourism + Outbound Tourism

---

37 유네스코(UNESCO) 등재유산의 분류 유형으로 옳지 않은 것은?

① 종교유산

② 세계유산

③ 인류무형유산

④ 세계기록유산

해설

유네스코 등재유산에는 세계유산(문화 · 자연 · 복합유산)과 인류무형유산, 세계기록유산이 있다.

---

38 문화체육관광부가 수립하는 관광개발기본계획에 관한 설명으로 옳지 않은 것은?

① 1992년에 시작되었다.

② 5년 주기로 수립한다.

③ 현재 제3차 기본계획이 실행 중에 있다.

④ 법정계획으로 규정되어 있다.

> **해설**
>
> 관광개발기본계획은 10개년 계획이다.
> - 제1차 관광개발기본계획(1992~2001)
> - 제2차 관광개발기본계획(2002~2011)
> - 제3차 관광개발기본계획(2012~2021)
> - 제4차 관광개발기본계획(2022~2031)
>
> ※ 출제 당시 정답은 ②였으나, 2024년 기준으로 현재 제4차 기본계획이 실행 중이므로 ③ 또한 정답에 해당한다.

39 다음 설명에 해당하는 제도는?

> 해외여행을 하는 우리 국민들을 위해 세계 각 국가와 지역의 위험수준에 따라 단기적인 위험상황이 발생하는 경우에 발령한다.

① 여행경보신호등제도

② 특별여행경보제도

③ 여행금지제도

④ 여행자사전등록제도

> **해설**
>
> ② 특별여행경보제도(특별여행주의보제도) : 여행자들에 대한 중 · 장기적인 여행안전정보 제공에 초점을 둔 '여행경보'와는 달리 '특별여행경보' 제도는 단기적인 위험 상황이 발생하는 경우에 발령하고 있다.
> ① 여행경보제보(여행경보신호등제도) : 여행경보제도는 특정 국가(지역) 여행 · 체류 시 특별한 주의가 요구되는 국가 및 지역에 경보를 지정하여 위험수준과 이에 따른 안전대책(행동지침)의 기준을 안내하는 제도이다. 세계 각 국가와 지역의 위험수준을 단계별로 구분하고 행동요령을 안내한다.
> ③ 여행금지제도 : 외교부에서는 국민을 보호하기 위해 「여권법」 등 관련 규정에 따라 우리 국민들의 방문 및 체류가 금지되는 국가 및 지역을 지정하고 있다. 여행금지 국가 · 지역은 흑색경보단계인 '여행금지'로 지정된 국가 · 지역으로서, 방문이 금지되며 이미 체류하고 있는 경우 즉시 대피 · 철수가 요구된다.
> ④ 여행자사전등록제 '동행' : 해외에서 겪을 수 있는 사건, 사고에 대비해 자신의 여행정보를 여행 전에 미리 등록해두는 제도이다.

40 신속해외송금제도에서 허용하고 있는 송금한도액으로 옳은 것은? ○ △ ×

① 미화 1,000달러 이하
② 미화 2,000달러 이하
③ 미화 3,000달러 이하
④ 미화 5,000달러 이하

> 해설
>
> **신속해외송금지원제도**
> 영사콜센터는 2007년 6월부터 우리 국민이 해외에서 소지품 도난, 분실 등으로 긴급경비가 필요한 경우, 국내 연고자로부터 여행경비를 재외공관을 통해 송금받을 수 있도록 신속해외송금을 지원하고 있다. 단, 지원한도는 1회, 미화 3천불 상당이다.

41 다음에서 설명하고 있는 서비스 제공 방식은? ○ △ ×

- 고객이 직접 조리과정을 보면서 식사를 할 수 있는 형태
- 주로 바, 라운지, 스낵바 등에서 볼 수 있음
- 조리사가 요리를 직접 제공함

① 카운터 서비스(Counter Service)
② 러시안 서비스(Russian Service)
③ 뷔페 서비스(Buffet Service)
④ 플레이트 서비스(Plate Service)

> 해설
>
> ② 러시안 서비스(Russian Service) : 호텔이나 고급 레스토랑에서 폭넓게 사용되는 서비스 형태를 말한다. 주방에서 준비한 음식을 요리사가 은쟁반에 올리면, 웨이터가 고객에게 서비스한다. 주로 연회행사에 많이 이용되는 형태로 일정한 시간에 많은 인원을 서비스할 수 있다.
> ③ 뷔페 서비스(Buffet Service) : 사전에 여러 음식을 준비하고, 고객이 취향에 맞는 요리를 직접 양만큼 가져다 먹는 형태이다.
> ④ 플레이트 서비스(Plate Service) : 아메리칸 서비스의 한 종류로, 고객의 주문에 따라 주방에서 조리된 음식을 플레이트(접시)에 담아 나가는 서비스를 말한다. 신속한 서비스가 가능하고 레스토랑 등에서 가장 보편적으로 행해지고 있다.

42 우리나라 관세법령상 기본면세 범위에 관한 설명이다. (　　) 안에 들어갈 내용으로 옳은 것은?　　○ △ ×

> 관세의 면제 한도는 여행자 1명의 휴대품 또는 별송품으로서 각 물품의 과세가격 합계 기준으로 미화 (　　) 이하로 한다.

① 400달러　　　　　　　　　　　　② 500달러
③ 600달러　　　　　　　　　　　　④ 800달러

> **해설**
> 관세가 면제되는 여행자 휴대품 등(「관세법 시행규칙」 제48조 제2항)
> 관세의 면제 한도는 여행자 1명의 휴대품 또는 별송품으로서 각 물품의 과세가격 합계 기준으로 미화 800달러 이하로 한다. 다만, 농림축산물 등 관세청장이 정하는 물품이 휴대품 또는 별송품에 포함되어 있는 경우에는 기본면세 범위에서 해당 농림축산물 등에 대하여 관세청장이 따로 정한 면세한도를 적용할 수 있다.
> ※ 출제 당시 정답은 ③이었으나, 2022년 9월 6일 법령이 개정되어 현재는 ④가 정답에 해당한다.

43 공금으로 하는 관용여행 중 호화 유람여행을 일컫는 용어는?　　○ △ ×

① Junket　　　　　　　　　　　　② Pilgrimage
③ Jaunt　　　　　　　　　　　　④ Voyage

> **해설**
> ② Pilgrimage : 종교적인 의도로 성지를 여행하는 순례를 말한다.
> ③ Jaunt : 가정이나 직장을 떠나 즐기는 짧은 여행이다.
> ④ Voyage : 장거리의 선박이나 항공여행을 말한다.

> **편집자의 TIP**　　관광과 유사한 서양의 용어
>
> 우리나라에서 관광을 여행, 여가, 소풍, 유람, 기행, 피서, 방랑, 레저, 레크리에이션처럼 유사하게 이르는 말이 있는 것처럼 외국, 특히 서양에서도 이러한 것들이 있습니다. Excursion은 소풍 · 유람 · 수학여행처럼 당일의 짧은 여행을, Expedition은 항해 · 탐험 · 원정 · 장정 · 학술연구 등 일정한 목적이 있는 단체여행을 뜻합니다. 한편 Wandering은 장거리 방랑여행을 뜻합니다. 영단어 Wander의 뜻인 '돌아다니다, 유랑 · 방랑하다'을 떠올리면 충분히 이해하시리라 생각됩니다.

44 '항공운임 등 총액표시제'에 관한 설명으로 옳지 않은 것은?

① 항공권 및 항공권이 포함된 여행상품의 구매·선택에 중요한 영향을 미치는 가격정보를 총액으로 제공토록 의무화한 것이다.

② 항공운임 및 요금, 공항시설사용료, 해외공항의 시설사용료, 출국납부금, 국제빈곤퇴치 기여금 등이 포함된다.

③ '항공운임 등 총액표시제' 이행대상 상품은 국제 항공권 및 국제 항공권이 포함되어 있는 여행상품으로 제한하고 있다.

④ 항공 소비자 편익 강화를 위해 2014년 7월 15일부터 시행되고 있다.

> **해설**
>
> 항공운임 등 총액 표시제
>
> 항공권 또는 항공권이 포함된 여행상품 표시·광고·안내 시 소비자가 지불해야 할 총 금액을 쉽게 알 수 있도록 유류할증료, 공항시설사용료 등이 포함된 총액으로 안내토록 의무화한 제도이다.
>
> • 표시·광고·안내해야 할 내용
> – 항공운임 등 총액(여행상품의 경우, 여행상품 가격에 포함하여 표시 가능)
> – 편도 또는 왕복인지 여부
> – 유류할증료 등 변동 가능 여부
> – 유류할증료 금액(구체적 일정이 명시된 경우)
> • 항공운임 등 총액의 세부내역
> – 「항공법」에 따른 운임 및 요금(항공운임 + 유류할증료)
> – 「항공법」에 따른 공항시설사용료
> – 해외공항의 시설사용료
> – 「관광진흥개발기금법」에 따른 출국납부금
> – 「한국국제협력단법」에 따른 국제빈곤퇴치기여금
> – 그 밖에 항공운송사업자가 제공하는 항공교통서비스를 이용하기 위하여 항공교통이용자가 납부하여야 하는 금액
> • 적용 상품
> – 항공권
> – 항공권이 포함된 여행상품

45 자동출입국심사(Smart Entry Service)에 관한 설명으로 옳지 <u>않은</u> 것은?

① 사전에 여권정보와 바이오정보(지문, 안면)를 등록한 후 자동출입국심사대에서 출입국심사가 진행된다.

② 심사관의 대면심사를 대신해 자동출입국심사대를 이용하여 출입국심사가 이루어지는 시스템이다.

③ 복수여권 소지자는 물론 단수여권 소지자도 자동출입국심사대를 이용할 수 있다.

④ 취득한 바이오 정보로 본인확인이 가능해야 하며 바이오 정보 제공 및 활용에 동의하여야 한다.

> **해설**
>
> 자동출입국심사 이용대상
> - 주민등록증을 발급받은 대한민국 국민과 7세 이상 등록외국인(거소신고자 포함), 한국방문우대카드 소지 외국인, 양해각서 · 협정 체결 등의 방법으로 상호이용에 합의한 국가의 국민
> - 주민등록증이 없는 만 7세 이상 14세 미만의 국민으로서 부모의 동의를 받고 부모와 동반하는 경우도 가족관계서류를 제출하여 이용 가능
> - 등록센터 방문 시 신분증과 여권자동판독이 가능한 복수여권을 소지하고 있어야 함

> **완전정복 TIP**   Smart Entry Service(SES)
>
> 대한민국 자동출입국심사시스템으로, 사전에 여권정보와 바이오정보(지문, 안면)를 등록한 후 Smart Entry Service 게이트에서 이를 활용하여 출입국심사를 진행하는 첨단 출입국심사시스템이다. 심사관의 대면심사를 대신하여 자동출입국심사대를 이용해 약 12초 이내에 출입국심사를 마치는 편리한 제도로, 홍콩의 e−Gate, 네덜란드의 Privium, 미국의 Global Entry, 호주의 Smart Gate 등 약 40여 개국에서 자동출입국심사대를 이용한 출입국심사를 실시하고 있다. 자발적으로 희망하는 사람을 대상으로 하며, 이용희망자는 여권 및 바이오정보(지문, 안면)를 사전에 등록해야 하고 등록된 개인정보 활용에 동의해야 한다.

46 다음에서 설명하고 있는 여행형태는? ○ △ ✕

> 여행 출발 시 안내원을 동반하지 않고 목적지에 도착 후 현지 가이드 서비스를 받는 형태

① FIT여행(Foreign Independent Tour)

② IIT여행(Inclusive Independent Tour)

③ ICT여행(Inclusive Conducted Tour)

④ PT여행(Package Tour)

> **해설**
>
> ① FIT여행(Foreign Independent Tour) : 여행안내원(첨승원, TC) 없이 외국을 개인적으로 여행하는 형태
> ③ ICT여행(Inclusive Conducted Tour) : 안내원이 전체 여행기간을 책임지고 안내하는 방식
> ④ PT여행(Package Tour) : 모든 일정이 포괄적으로 실시되는 패키지 여행

안내 조건(부분안내/전체안내)

IIT는 첨승원 없이 출발하여 현지에서 현지안내를 받는 것으로 그 외에는 단독으로 여행하는 개인여행이고, ICT는 첨승원이 전 과정을 책임지고 안내하는 여행이다.

여행안내원(첨승원, TC)의 유무

FIT는 첨승원 없이 개인적으로 하는 외국여행이고, FCT는 여행의 시작과 끝까지 첨승원이 동반하는 형태로 주로 단체여행의 경우에 해당한다.

47 항공권 예약 담당자의 비행편 스케줄 확인 방법으로 옳지 않은 것은?　　○△×

① 항공사별 비행 시간표(Time Table) 이용

② OAG(Official Airlines Guide) 이용

③ BSP(Bank Settlement Plan) 이용

④ CRS(Computer Reservation System) 이용

해설

BSP(Bank Settlement Plan)

은행 집중 결제방식을 말하는 것으로, 은행이 표준 항공권을 항공사를 대신하여 여행대리점에 배부하고, 대리점이 발행한 항공권의 대금을 은행이 수금하여 은행은 입금 확인 후 당해 항공사에 송금하는 제도이다.

② OAG는 여행객의 항공예약을 위해 전 세계 항공사의 운항 스케줄을 포함한 정보를 월 1회 발간하는 항공예약책자이다.

④ CRS는 항공예약시스템이다.

48 행정기관과 관광 관련 주요 기능의 연결이 옳지 않은 것은?　　○△×

① 법무부 – 여행자의 출입국 관리

② 외교부 – 비자면제 협정체결

③ 관세청 – 여행자의 휴대품 통관업무

④ 문화체육관광부 – 항공협정의 체결

해설

문화체육관광부에서는 관광정책 및 국제관광. 관광개발 등의 관광진흥업무를 담당한다. 항공협정의 체결과 관련된 업무를 하는 행정기관은 외교부이다.

49 다음 설명에 해당하는 호텔 객실은?

> • 여행객 갑(甲)과 을(乙)이 옆방으로 나란히 객실을 배정받고 싶을 때 이용된다.
> • 객실 간 내부 연결통로가 없다.

① 커넥팅 룸(Connecting Room)
② 핸디캡 룸(Handicap Room)
③ 팔러 룸(Parlour Room)
④ 어드조이닝 룸(Adjoining Room)

해설

① 커넥팅 룸(Connecting Room) : 객실 2개가 연결되어 내부의 문을 이용하여 상호 왕래가 가능한 형태이다.
② 핸디캡 룸(Handicap Room) : 객실에 비치된 시설장치, 구조, 가구 및 비품 등이 물질적으로 손상되어 있는 객실로 객실 가격이 저렴하다.
③ 팔러 룸(Parlour Room) : 스위트 객실에 딸린 응접실로 별도로 설계된 형태이다.

---

50 관광객의 다양한 관광 및 휴양을 위하여 각종 관광시설을 종합적으로 개발하는 관광거점 지역으로서, 관광 진흥법에 의해 지정된 곳은?

① 관광단지
② 자연공원
③ 관광지
④ 관광특구

해설

용어의 정의(「관광진흥법」 제2조)

• 관광지 : 자연적 또는 문화적 관광자원을 갖추고 관광객을 위한 기본적인 편의시설을 설치하는 지역으로서 「관광진흥법」에 따라 지정된 곳을 말한다.
• 관광단지 : 관광객의 다양한 관광 및 휴양을 위하여 각종 관광시설을 종합적으로 개발하는 관광 거점 지역으로서 「관광진흥법」에 따라 지정된 곳을 말한다.
• 관광특구 : 외국인 관광객의 유치 촉진 등을 위하여 관광 활동과 관련된 관계 법령의 적용이 배제되거나 완화되고, 관광 활동과 관련된 서비스·안내 체계 및 홍보 등 관광 여건을 집중적으로 조성할 필요가 있는 지역으로 「관광진흥법」에 따라 지정된 곳을 말한다.

PART 12

2014년
특별시험
실제기출문제

※ 본 내용은 2014년 3월 시행된 관광통역안내사의 특별시험 실제기출문제입니다.

제1과목	국 사
제2과목	관광자원해설
제3과목	관광법규
제4과목	관광학개론

국 사

※ 문제의 이해도에 따라 ○ △ × 체크하여 완벽하게 정리하세요.

01 고대 국가와 그 풍속이 바르게 연결된 것은?　　　　　○ △ ×

① 고구려 – 소도

② 옥저 – 데릴사위제

③ 동예 – 동맹

④ 부여 – 영고

> **해설**
>
> ① 삼한 : 소도
>
> ② 옥저 : 민며느리제
>
> ③ 고구려 : 동맹

02 다음의 유물이 사용되던 시기의 모습으로 옳지 않은 것은?　　　　　○ △ ×

① 농경과 목축을 통한 생산이 시작되었다.

② 동굴, 막집 등에 살며 이동생활을 했다.

③ 간석기와 낚시, 바늘 등의 뼈도구가 있다.

④ 사람들은 강가나 바닷가에 주로 살았다.

> **해설**
>
> 제시된 자료는 신석기시대의 빗살무늬 토기이다. 이 토기가 쓰인 신석기시대는 농경과 목축의 발생으로 인해 정착생활을 하였다.

03 다음 내용에 보이는 사회의 모습에 해당하지 않는 것은? ○ △ ✕

> • 사람을 죽인 자는 사형에 처한다.
> • 상처를 입힌 자는 곡물로 배상한다.
> • 남의 물건을 훔친 자는 노비로 삼는다.

① 성리학적 유교 윤리를 중요시했다.
② 사람들의 생명과 재산을 중시했다.
③ 농경사회를 배경으로 하고 있다.
④ 권력과 경제력의 차이가 있었다.

> 해설
> 제시된 내용은 고조선의 8조법에 해당한다. 성리학이 정치 사상 및 생활 윤리로 적용되는 시기는 조선시대이므로 제시문의 시기와는 맞지 않다.

04 다음의 "흥수아이"가 살았을 시기의 생활상에 관한 설명으로 옳은 것을 모두 고른 것은? ○ △ ✕

> ㄱ. 뼈바늘, 가락바퀴 등을 이용한 원시적 수공업이 등장하였다.
> ㄴ. 동굴이나 바위그늘, 또는 강가에 막집을 짓고 거주하였다.
> ㄷ. 지상가옥이 일반화되고, 널무덤·독무덤 형태의 무덤이 확산되었다.
> ㄹ. 짐승과 물고기를 잡아먹었으며, 식물의 열매나 뿌리도 채취하였다.

① ㄴ, ㄷ
② ㄴ, ㄹ
③ ㄱ, ㄴ, ㄷ
④ ㄱ, ㄴ, ㄹ

> 해설
> 제시된 유물은 '흥수아이'로서, 충북 청원 두루봉 동굴 유적에서 발굴된 구석기시대의 인류 화석이다. 이 유적에서는 우리나라에서 처음으로 구석기시대 사람의 완전히 보존된 뼈가 나왔다. 따라서 구석기시대에 해당되는 특징을 고르면 된다.
> ㄱ. 신석기시대, ㄷ. 초기 철기시대에 대한 설명이다.

05 신라가 통일 이후 실시한 정책으로 옳은 것을 모두 고른 것은?

| ㄱ. 관료전 지급 | ㄴ. 불교 공인 |
| ㄷ. 국학 설립 | ㄹ. 율령 반포 |

① ㄱ, ㄴ
② ㄱ, ㄷ
③ ㄴ, ㄷ
④ ㄴ, ㄹ

해설

통일 직후기에 신라 중대가 시작되었다. 7세기 중반 무열왕에서 8세기 후반 혜공왕까지를 신라 중대라 하는데, 진골 무열왕 직계가 왕위를 세습하고 전제왕권이 확립되어, 통일신라 사회가 안정되었다. 특히 전제왕권을 확립한 신문왕의 업적이 자주 출제된다.
ㄴ. 불교 공인, ㄹ. 율령 반포는 6세기 전반 신라 상대 법흥왕의 업적이다.

06 발해의 고구려 계승의식을 보여주는 사례로 옳은 것은?

① 일본에 보낸 국서에 '고려', '고려국왕'이라는 명칭을 사용했다.
② 상경용천부는 고구려 수도의 모습을 본떠 만들었다.
③ 중앙에는 왕 밑에 3성과 6부가 있었다.
④ 정효공주 무덤을 벽돌로 만들었다.

해설

발해 무왕과 문왕 대에 일본에 보낸 국서를 보면 '고려국왕'이라는 명칭을 사용했다. 지배층이 고구려인, 고구려 문화를 계승했다는 점에서 발해는 고구려를 계승하였다고 볼 수 있다.

완전정복 TIP 7세기 후반 통일신라 신문왕의 업적(신라 중대를 상징)

• 신라 중대(진골 무열왕 직계세습) 전제왕권 형성
• 국학(유교정치이념) 설치
• 9주(총관–도독) : 행정적 성격↑ / 5소경(사신) : 수도의 편재성 보완, 고구려 · 백제 유민 회유, 지방문화 성장계기
• 9서당(중앙군) : 민족융합(고구려 · 백제 유민 포함) / 10정(지방군) : 각 주에 1정, 한주에만 2정
• 김흠돌의 난 진압 이후 진골귀족 숙청
• 관료전 지급, 녹읍 폐지
• 6두품 등용 : 국왕의 정치적 조언자(집사부의 시랑)

07 [나라 – 문학 – 예술작품]이 바르게 연결된 것은?　　　　　　　　　　　　　　　　○ △ ✕

① 백제 – 구지가 –

② 고구려 – 황조가 –

③ 고려 – 도솔가 –

④ 조선 – 가시리 –

> **해설**
> ① '구지가(龜旨歌)'는 가락국 시조인 수로왕의 강림신화 속에 삽입된 노래이다. 사진은 고려의 상감청자이다.
> ③ '도솔가'는 통일신라 경덕왕(760) 때 월명사가 지은 향가이다. 사진은 백제의 백제 금동대향로이다.
> ④ '가시리'는 작자 · 연대 미상의 고려가요이며, 사진은 조선 15세기에 유행한 분청사기이다.

08 다음 무령왕릉이 만들어졌을 당시의 상황에 관한 설명으로 옳은 것은?　　　　　　　　　○ △ ✕

① 중국의 동진으로부터 불교를 받아들여 왕실의 권위를 높였다.
② 22담로제가 실시되었고 왕족을 파견해 지방을 통치하였다.
③ 김흠돌의 난을 계기로 진골 귀족세력이 숙청당하였다.
④ 장보고가 청해진을 중심으로 해상무역을 장악하였다.

> **해설**
> 제시된 유물은 공주 송산리 고분군에 있는 백제의 무령왕릉이다. 중국 남조의 영향을 받아 만들어진 벽돌무덤으로, 연화무늬 벽돌을 사용하였다. 도굴되지 않은 상태로 발견되었고, 지석이 발견되었다.
> ① 백제 4세기 후반 침류왕, ③ 통일신라 7세기 후반 신문왕, ④ 통일신라 9세기 전반 흥덕왕 때의 설명이다.

09 한반도의 정세가 지도와 같았던 시기의 사실로서 옳은 것은?

○ △ ✕

① 광개토대왕의 군대가 신라에 주둔하였다.

② 신라에서 김씨들의 왕위 세습이 확립되었다.

③ 화랑도를 국가적인 조직으로 개편하여 인재를 양성하였다.

④ 백제와 신라가 동맹을 맺어 고구려에 대항하였다.

해설

제시된 지도는 6세기 중반 신라의 전성기인 진흥왕 때이다.

① 4세기 말에서 5세기 초 광개토대왕과 신라의 내물마립간시대

② 4세기 후반 내물마립간

④ 나제동맹(백제의 비유왕과 신라의 눌지마립간 ↔ 5세기 고구려의 장수왕 – 남하정책)

10 두 유물을 통해 알 수 있는 것으로 옳은 것은?

금동미륵보살반가상　　　　목조미륵보살반가상

① 한반도와 일본열도 사이에 많은 교류가 있었다.
② 임진왜란 이후로 많은 유물이 일본으로 도난당했다.
③ 교류의 단절로 인하여 다른 재료로 비슷한 불상이 제작되었다.
④ 동일한 양식의 불상을 중국으로부터 하사받은 것이다.

> **해설**
>
> 왼쪽의 자료는 삼국시대에 만들어진 금동미륵보살반가사유상이다. 오른쪽의 자료는 일본 법륭사(호류지)의 목조미륵보살반가사유상이다. 제작지에 대해서는 백제와 신라의 두 가지 설이 있으나, 법륭사(호류지)를 창건한 진하승(秦何勝)이 신라계의 도래인이었다는 사실이나 신라에서 온 불상을 이 절에 모셨다고 하는 〈일본서기〉의 기록을 보면 신라에서 제작되었을 가능성이 큰 것으로 볼 수 있다. 목조의 재료 또한 한반도에서 많이 자라는 '적송(赤松)'이다.

11 모 방송국에서 외교 담판으로 유명한 서희를 주인공으로 한 드라마를 제작하고자 할 때, 등장할 수 없는 장면은?

① 과거를 통해 관직에 진출한 관리와의 대화
② 전시과에 따라 토지를 하사받는 서희의 모습
③ 목화밭 사이를 지나 소손녕에게 가는 서희 일행
④ 개혁안을 올리는 최승로를 바라보는 서희의 모습

> **해설**
>
> 서희(942~998)는 고려 성종(고려 초기) 대의 인물이다. 거란의 1차 침략(소손녕, 993년, 성종 12년)을 외교적 담판으로 격퇴하였다.
> ③ 목화씨가 전래된 것은 고려 말기 14세기 후반 공민왕 시기이다.
> ① 고려 광종 때부터 과거가 시작되었다.
> ② 시정전시과는 경종 때부터이다.
> ④ 최승로의 시무 28조는 성종 원년(982년)이다.

12 밑줄 친 부분과 같은 일이 일어나게 된 직접적인 원인으로 옳은 것은?   ○ △ ✕

> (공민왕이) 일개 승려에 불과하던 신돈에게 국정을 맡겼다. <u>신돈은 "오늘날 나라의 법이 무너져 나라의 토지와 약한 자들의 토지를 힘 있는 자들이 모두 빼앗고 양민을 자신의 노예로 삼고 있다.</u> 그러므로 백성은 병들고 나라의 창고는 비어 있으니 큰 문제가 아닐 수 없다. …"
>
> － 고려사 －

① 이자겸은 왕실과 혼인관계를 맺으면서 권력가가 되었다.
② 각 지역에 독립적인 세력을 가진 호족들이 등장하였다.
③ 원(元)의 세력을 등에 업은 권문세족이 성장하였다.
④ 세도 가문이 권력을 독점하면서 뇌물로 관직을 사고파는 일이 많아졌다.

> **해설**
> 제시된 지문은 고려 말기 권문세족의 폐단인 대농장과 노비의 확대에 대하여 개혁을 단행하는 신돈의 '전민변정도감(田民辨整都監)' 설치에 대한 내용이다. 고려 후기에는 원나라의 간섭을 등에 업은 권문세족(친원파)이 집권하였다. 이들은 음서를 통해 도평의사사를 장악하고, 대농장과 노비소유를 확대하였다. 또한 불교 세력이며 응방과 역관 출신들이 많았다.

13 다음 내용과 관련된 고려 무신정권기 천민의 반란은?   ○ △ ✕

> 경인년과 계사년 이래 천한 무리에서 높은 관직에 오르는 경우가 많이 일어났으니, 장군과 재상이 어찌 종자가 따로 있으랴? 때가 오면 누구나 할 수 있을 것이다.

① 김보당의 난
② 망이 · 망소이의 난
③ 전주 관노의 난
④ 만적의 난

> **해설**
> 제시된 자료는 고려 무신정권기에 발생한 최충헌의 노비 출신인 '만적'의 난(1198년, 고려 신종 1년)이다. 이는 신분해방과 정권탈취를 목적으로 했으나 결국 실패로 끝났다.

14 고려시대의 가족생활에 관한 설명으로 옳지 않은 것은? ○ △ ×

① 재산은 자녀에게 균등하게 분배하여 상속하였다.

② 양자(養子)를 들여 집안의 대를 잇게 하는 것이 보편화되었다.

③ 과부의 재혼이 일반적이었으며, 그 자식도 사회적 차별을 받지 않았다.

④ 남녀 구별 없이 태어난 순서에 따라 호적에 기재되었다.

> **해설**
>
> 장자가 가문의 대를 잇는 것을 중시한 것은 조선시대 17세기 이후의 일이다.

15 다음 사실로 알 수 있는 조선의 정치적 특징은? ○ △ ×

> • 의정부는 3정승의 합의에 의해 정책을 결정하였다.
> • 사간원은 왕이 바른 정치를 하도록 일깨워 주었다.
> • 관리의 비리를 감찰하는 사헌부가 있었다.

① 국왕권의 강화

② 관리 등용의 공정성 확보

③ 권력의 독점과 부정을 방지

④ 문벌 귀족의 정치 참여 보장

> **해설**
>
> 조선은 권력의 독점과 부정을 방지하면서, 왕권과 신권의 조화를 추구하는 정치가 이루어졌다. 대표적인 사례는 왕의 명령이 의정부에서 심의하는 의정부 서사제, 서경권(왕의 관리임명에 대한 신하의 동의) · 간쟁권(왕에게 신하가 하는 직언) · 봉박권(왕의 조칙에 대한 신하의 반박)을 행사하는 삼사(사간원 · 사헌부 · 홍문관)가 있었다.

16 세종대왕 때 일어난 일로 옳은 것을 모두 고른 것은? ○ △ ×

> ㄱ. 집현전 설치 ㄴ. 4군 6진 설치
> ㄷ. 호패법 실시 ㄹ. 경국대전 완성

① ㄱ, ㄴ ② ㄱ, ㄷ

③ ㄴ, ㄷ ④ ㄴ, ㄹ

> **해설**
>
> ㄷ. 호패법 실시는 태종, ㄹ. 경국대전은 세조 때 시작(호전 · 형전)되고, 성종 때 완성(6전)되었다.

17 조선의 과거제도에 관한 설명으로 옳지 않은 것은? ○ △ ✕

① 상급 관리가 될 수 있는 주된 방법이었다.

② 정기시험은 원칙적으로 3년마다 실시했다.

③ 양반 신분에게만 응시할 자격이 주어졌다.

④ 문과와 무과 및 잡과 등의 시험이 있었다.

> **해설**
>
> ③ 원칙적으로 과거는 양인 이상에게 응시할 자격이 주어졌다.
>
> ① 취재와 문음 그리고 천거가 있지만 과거가 중심이었다.
>
> ② 정기시험은 식년시라 하여 원칙적으로 3년마다 실시했다. 비정기적인 시험으로는 별시와 증광시도 있었고, 알성시도 있었다.
>
> ④ 조선의 과거는 문과 · 무과 · 잡과 등의 시험이 있었다. 고려는 문과 · 잡과 · 승과가 있었다.

18 다음 그림이 그려진 시기의 경제상황에 관한 설명으로 옳지 않은 것은? ○ △ ✕

① 곡식, 채소, 담배 등의 상품작물이 경작되었다.

② 광산 개발이 장려되었다.

③ 도시에는 대상인이 등장하였다.

④ 이앙법(모내기법)이 시작되어 생산량이 증가하였다.

> **해설**
>
> 제시된 그림은 조선 후기(18세기) 김홍도의 '씨름도'(왼쪽)와 서민문화의 발달을 상징하는 민화 '작호도'(오른쪽)이다. 이앙법(모내기법)의 시작은 원래 고려 말기이다. 조선 후기에는 전국으로 확대되어 노동력이 절감되고, 농업생산력이 향상하였다.

19 조선시대 대외 관계 중 그 내용이 잘못 연결된 것은?   ○ △ ✕

① 나선정벌(羅禪征伐) − 효종대 여진 정벌
② 신미양요(辛未洋擾) − 고종대 미국의 강화도 공격
③ 대마도정벌(對馬島征伐) − 세종대 왜구 근거지 소탕
④ 병자호란(丙子胡亂) − 인조대 청의 조선 침입

> 해설
> 나선정벌은 17세기 중반 조선 효종 때 연해주 흑룡강 방면으로 남하하는 러시아(나선) 세력을 조선군(변급 · 신유, 총수병 중심)이 청나라군과 함께 정벌한 일이다.

20 다음 사회계층에 관한 설명으로 옳은 것은?   ○ △ ✕

> • 조선시대 기술직이나 행정 실무에 종사하였다(의술 · 통역 · 산술 · 법률).
> • 조선 후기 경제 변동에 부응하여 부를 축적하고 전문적 지식을 쌓았다.

① 양반과 상민의 중간 신분에 해당하였으며 시사(詩社)를 결성하기도 하였다.
② 신분은 양인이면서 천인들이 해야 할 일을 맡았다.
③ 유향소를 구성하여 수령을 보좌하고 향촌 사회의 풍속을 바로 잡았다.
④ 각종 국역 면제 특권을 가졌으며, 경제적으로는 지주층에 속한다.

> 해설
> 제시된 자료는 조선시대의 중인에 대한 설명이다. 이들은 16세기 문과 응시를 제한받고 차별을 당했으며, 신분상승운동으로 19세기 철종 때 집단으로 소청운동을 하였다. 특히 역관은 17세기 서학을 학문적으로 수용하기도 하고, 재력과 부를 축적하기도 하였다.
> ② 신량역천(身良役賤, 조선시대 칠반천역)
> ③ · ④ 향반세력

21 서원(書院)의 기능으로 옳은 것을 모두 고른 것은?

ㄱ. 소과에 합격한 생원·진사 이상이 입학 대상이 되었다.
ㄴ. 봄·가을에 향음주례(鄕飮酒禮)를 거행하였다.
ㄷ. 학문의 연구와 선현(先賢)에 대한 제사를 받드는 것이 주된 목적이었다.
ㄹ. 공자(孔子)와 그 제자 및 대유(大儒)들의 제사를 받들었다.

① ㄱ, ㄷ
② ㄱ, ㄹ
③ ㄴ, ㄷ
④ ㄴ, ㄹ

해설

서원은 학문의 연구(강당)와 선현에 대한 제사(사우·사당)를 지내고, 향음주례[향촌의 선비·유생들이 향교·서원 등에
모여 학덕과 연륜이 높은 이를 주빈(主賓)으로 모시고 술을 마시며 잔치를 하는 향촌의례]를 하였다.
ㄱ·ㄹ. 국립대학인 성균관에 대한 설명이다.

22 다음은 수원화성과 정약용이 제작한 거중기이다. 이 시설과 장치가 만들어질 당시의 역사적 사실로 옳지 않은 것은?

① 친위부대인 장용영을 설치하여 왕권을 강화하였다.
② 국토경영의 효율성을 높이기 위하여 동국여지승람을 편찬하였다.
③ 영조의 탕평책(蕩平策)을 계승·강화하였다.
④ 규장각에 젊은 학자들을 모아 학문과 정책을 연구하도록 하였다.

해설

수원화성 축조는 조선 후기를 대표하는 정조의 업적이다. 〈동국여지승람〉은 조선 전기, 15세기 후반 성종 때 만들어진 관
찬지리서이다.

23 일제강점기 신간회(1927~1931년)에 관한 설명으로 옳은 것은?

① 을사조약 후 독립협회의 전통을 이은 기독교계의 인사들이 조직한 항일 비밀결사단체이다.

② 상해임시정부가 독립운동의 자금을 지원할 목적으로 조직한 단체이다.

③ 일본 제품을 배격하고 국산품을 애용하자는 운동을 전개한 단체이다.

④ 민족주의자와 사회주의자가 힘을 합쳐 조직한 전국적인 민족운동단체이다.

해설

① 1907년 비밀결사로 조직된 신민회에 대한 설명이다.

② 만주의 이륭양행과 부산의 백산상회가 임시정부를 후원하였다. 임시정부는 국내와의 연락망을 조직하고자 연통제·교통국을 설치하였고, 미주의 동포들이 의연금을 모금하였다. 또 애국공채를 발행하였다.

③ 1922년 평양에서 시작하여 전국으로 활성화되었지만, 총독부의 방해로 실패로 끝난 물산장려운동이다. 조선물산장려회(조만식)가 중심이 되었다.

24 다음 글에 관한 설명으로 옳은 것은?

> "우리는 이에 우리 조선(朝鮮)의 독립국(獨立國)임과 조선인(朝鮮人)의 자주민(自主民)임을 선언하노라. 이로써 세계만방에 알려 인류가 평등하다는 큰 뜻을 밝히며, 이로써 자손만대에 일러 민족이 스스로 생존하는 바른 권리를 영원히 누리게 하노라. 반만년 역사의 권위를 의지하여 이를 선언함이며, 2천만 민중의 충성을 합하여 이를 선명함이며, 민족의 한결같은 자유 발전을 위하여 이를 주장함이며, 인류 양심의 발로에 기인한 세계 개조의 큰 기운에 순응해 나가기 위하여 이를 제기함이니…"

① 일본의 가혹한 식민통치에 대하여 무장항일 운동의 실천을 촉구하는 독립신문의 사설이다.

② 유학생들이 동경(東京)에서 조선의 독립을 요구하며 내건 2·8 독립선언의 결의문이다.

③ 을사조약이 체결되자, 장지연이 황성신문에 게재한 '시일야방성대곡(是日也放聲大哭)'의 내용이다.

④ 종교계를 중심으로 한 민족대표 33인이 발표한 3·1 독립선언서이다.

해설

제시문은 고종의 인산일과 윌슨의 민족자결주의에 영향을 받아 전국적으로 만세시위가 발생한 1919년 3·1운동의 기미독립선언문이다. 본문은 최남선이 작성하였고, 공약삼장은 한용운이 작성하였다.

25 1894년 조선은 일본의 간섭 아래 정치·행정·사법·경제·신분과 관련된 대대적인 개혁을 단행하였고, 이를 갑오개혁(갑오경장)이라고 한다. 갑오개혁(갑오경장)에 관한 설명으로 옳지 않은 것은?   ○ △ ×

① 군국기무처를 설치하여 개혁을 추진하였다.
② 과거제도를 정비하여 새로운 관리를 임용하였다.
③ 개국기원을 사용하여 청과의 종속관계에서 벗어났다.
④ 양반·상민이나 문반·무반의 차별 등을 없앴다.

| 해설 |

1894년 갑오개혁에서는 과거제도를 폐지하였다.

완전정복 TIP   갑오개혁(1894)

• 제1차 갑오개혁
  − 군국기무처 설치
  − 6조 → 80아문
  − 과거제 폐지
  − 경무청 설치
  − 연호 사용(개국기원)
  − 재정의 일원화(탁지아문)
  − 신분제 폐지
  − 은본위 화폐제

• 제2차 갑오개혁
  − 사법권 독립
  − 홍범 14조 반포
  − 지방제도 개편

관광자원해설

※ 문제의 이해도에 따라 ○ △ × 체크하여 완벽하게 정리하세요.

26 동굴이나 박물관 등 관광객이 많은 곳에 해설가가 고정 배치되어 해설 서비스를 제공하는 해설기법은?

○ △ ×

① 이동식 해설기법   ② 길잡이식 해설기법

③ 정지식 해설기법   ④ 매체이용 해설기법

해설

① 야외경관 등 넓은 지역을 돌아다니거나 대규모 박물관에서 이동하며 해설 서비스를 제공하는 것이다.
② 관광객이 해설자의 도움 없이 직접 관광대상을 추적하면서 제시된 안내문에 따라 내용을 이해하는 것이다.
④ 모형, 청각, 멀티미디어, 시뮬레이션 기법 등 여러 장치들을 이용하여 해설하는 것으로 재현에 효과적이다.

27 여자가 혼인할 연령이 되면 올리던 성인례는?

○ △ ×

① 관 례   ② 혼 례

③ 제 례   ④ 계 례

해설

계례는 혼례 때 여자가 쪽을 찌어 올리고 비녀를 꽂는 의례이다.
① 남자의 성인례로 상투를 틀고 갓을 씌우는 의식이다.
② 혼인할 때 행해지는 의례이다.
③ 제사를 지낼 때의 예절을 말한다.

28 독도에 관한 설명으로 옳지 않은 것은?

○ △ ×

① 독도는 크게 동도와 서도로 이루어져 있다.
② 독도는 천연기념물로 지정되어 있다.
③ 현재 독도경비대원만이 거주하고 있다.
④ 현재 행정구역은 경상북도 울릉군이다.

해설

독도에는 독도 경비대, 독도 등대, 주민 숙소 등이 있다.

29 충청남도에 소재한 온천으로 바르게 연결된 것은?

① 온양온천 – 수안보온천
② 온양온천 – 백암온천
③ 도고온천 – 덕산온천
④ 도고온천 – 덕구온천

> **해설**
>
> • 온양온천 : 충청남도
> • 수안보온천 : 충청북도
> • 백암온천 : 경상북도
> • 덕구온천 : 경상북도

30 국립공원으로 지정되어 있지 않은 곳은?

① 주왕산
② 월출산
③ 가야산
④ 팔공산

> **해설**
>
> 2014년 당시 팔공산은 도립공원으로 지정되어 있었다.
> ※ 2023년 12월 31일, 팔공산 도립공원이 국립공원으로 승격되었으므로 현재는 정답이 없다.

31 제주특별자치도에 소재한 관광자원이 아닌 것은?

① 소쇄원
② 성읍민속마을
③ 추사적거지
④ 정방폭포

> **해설**
>
> 소쇄원은 전라남도 담양군에 위치한 원림이다.

32 '겨울연가'의 촬영지로서 일본 등 방한 아시아권 관광객이 많이 찾는 한류관광지는?   ○ △ ✕

① 월미도   ② 남이섬
③ 강화도   ④ 태 안

> **해설**
> 남이섬은 겨울연가의 촬영지로 일본인 · 중국인 등 외국인 관광객의 대표적인 관광코스로 자리잡아 한류 관광지로 급부상
> 했다.

33 비무장지대(DMZ)에 관한 설명 중 옳지 않은 것은?   ○ △ ✕

① 1953년 휴전협정에 따라 설정되었다.
② 비무장지대의 길이는 155마일(약 248㎞)이다.
③ 군사분계선을 기준으로 남북 양쪽 5㎞씩 설정되었다.
④ 보호종, 위기종 등 서식 동식물의 생태학적 보존가치가 매우 높다.

> **해설**
> 군사분계선을 기준으로 남북 양쪽 2㎞씩 설정되어 있다.

34 슬로시티로 지정된 곳과 그 곳의 전통산업이 바르게 연결된 것은?   ○ △ ✕

① 전남 신안군(증도면) – 황토사과, 민물어죽
② 경남 하동군(악양면) – 대봉곶감, 야생녹차
③ 전북 전주시(한옥마을) – 죽공예, 바이오산업
④ 충북 제천시(수산면) – 전통주, 태극선

> **해설**
> ① 전남 신안 증도 : 천일염, 김
> ③ 전북 풍남동 · 교동 전주한옥마을 : 전주한지, 전주부채(합죽선, 태극선), 전주막걸리 모주
> ④ 충북 제천시 수산 · 박달재 : 약초 베개, 민물 어탕, 황기 막걸리

35 축제 개최지역과 축제 명칭이 바르게 연결되지 않은 것은?

○ △ ✕

① 충주 – 세계무술축제
② 안동 – 국제탈춤페스티벌
③ 수원 – 화성문화제
④ 무주 – 지평선축제

> 해설
>
> 무주 : 반딧불축제, 김제 : 지평선축제

36 내국인의 출입이 허용된 카지노는?

○ △ ✕

① 파라다이스 카지노 워커힐
② 세븐럭 카지노 강남점
③ 강원랜드 카지노
④ 인터불고 대구 카지노

> 해설
>
> 현재 국내 카지노업체 17곳 중 강원랜드 카지노만 내 · 외국인을 대상으로 하고 있으며, 나머지 16개 업체는 모두 외국인 대상 카지노이다.

37 창덕궁과 창경궁의 정문이 각각 바르게 연결된 것은?

○ △ ✕

① 광화문 – 대한문
② 돈화문 – 홍화문
③ 광화문 – 흥화문
④ 돈화문 – 건춘문

> 해설
>
> 광화문은 경복궁, 대한문은 덕수궁, 흥화문은 경희궁의 정문이며, 건춘문은 경복궁의 동문이다.

38 전통 목조건축물에 해당되는 것은? ○ △ ×

① 류성룡 종가 문적
② 백제 금동대향로
③ 금동미륵보살반가상
④ 봉정사 극락전

> **해설**
> 봉정사 극락전
> 1972년 보수공사 때 고려 공민왕 12년(1363)에 지붕을 크게 수리하였다는 기록이 담긴 상량문이 발견되었다. 우리 전통 목조건물은 신축 후 지붕을 크게 수리하기까지 통상적으로 100~150년이 지나야 하므로, 건립 연대를 1200년대 초로 추정할 수 있어 우리나라에서 가장 오래된 목조건물로 보고 있다.

39 단청에 관한 설명 중 옳지 않은 것은? ○ △ ×

① 황색, 적색, 청색 등의 다양한 색상을 사용한다.
② 단청의 목적은 건물의 미화와 보호이다.
③ 단청의 색상은 음양오행적 우주관에 기초하고 있다.
④ 단청은 조선시대부터 사용되기 시작했다.

> **해설**
> 단청은 삼국시대에도 활발하게 유행하였다.

40 한옥에 관한 설명 중 옳지 않은 것은? ○ △ ×

① 전통 한옥은 2층 구조가 일반적이었다.
② 사랑채와 안채의 영역이 구분되었다.
③ 한식기와 등 자연재료로 마감된 전통적인 외관을 갖춘 건축물이다.
④ 한옥은 풍수지리를 바탕으로 배치되었다.

> **해설**
> 전통 한옥은 단층 구조가 일반적이다.

41 우리나라 궁에 관한 설명으로 옳지 않은 것은?

○ △ ✕

① 경복궁은 '하늘이 내린 큰 복'이라는 뜻을 가진 궁이다.
② 창덕궁은 경복궁의 동쪽에 위치하여 창경궁과 더불어 동궐이라 불렸다.
③ 창경궁은 세조비 정희왕후, 예종계비 안순왕후, 덕종비 소혜왕후 세 분을 모시기 위해 창건된 궁이다.
④ 덕수궁의 본래 이름은 인경궁이었다.

> **해설**
> 덕수궁의 본래 이름은 경운궁(慶運宮)이다.

> **완전정복 TIP**　인경궁(仁慶宮)
>
> 인경궁은 조선 광해군 때 인왕산 아래에 지었던 궁궐이다. 병자호란 뒤에 청나라 사신들의 숙소를 짓기 위해 인경궁의 건물을 허물어 재목과 기와를 사용하는 바람에 지금은 남아 있지 않다.

42 원각사지 10층석탑, 부석사 무량수전, 훈민정음, 석굴암 석굴의 공통점은?

○ △ ✕

① 국 보
② 보 물
③ 천연기념물
④ 국가무형문화재

> **해설**
> 모두 국보에 해당한다.
> ※ 2024년 5월 17일 법령 개정에 따라 '국가무형문화재'의 명칭이 '국가무형유산'으로 변경되었다.

43 문화재 유형별 제1호 대상 연결이 옳지 않은 것은?

○ △ ✕

① 국보 제1호 – 서울 숭례문
② 보물 제1호 – 서울 흥인지문
③ 천연기념물 제1호 – 서울 재동 백송
④ 국가무형문화재 제1호 – 종묘제례악

> **해설**
> 천연기념물 제1호는 대구 도동 측백나무 숲이다.
> ※ 문화재청에서 문화재 지정번호제도를 폐지하였으므로, 향후 지정번호를 묻는 문제는 없을 것으로 보인다.
> ※ 2024년 5월 17일 법령 개정에 따라 '국가무형문화재'의 명칭이 '국가무형유산'으로 변경되었다.

44 세계기록유산으로 바르게 연결된 것은?

○ △ ×

① 직지심체요절 – 조선왕조의궤
② 동의보감 – 강릉단오제
③ 승정원일기 – 대동여지도
④ 훈민정음 – 묘법연화경

해설

유네스코 등재 세계기록유산
- 훈민정음(1997)
- 직지심체요절(2001)
- 조선왕조 의궤(2007)
- 동의보감(2009)
- 5 · 18 민주화운동기록물(2011)
- 새마을운동기록물(2013)
- KBS 특별생방송 '이산가족을 찾습니다' 기록물(2015)
- 국채보상운동기록물(2017)
- 4 · 19혁명기록물(2023)
- 조선왕조실록(1997)
- 승정원일기(2001)
- 해인사 대장경판 및 제경판(2007)
- 일성록(2011)
- 난중일기(2013)
- 한국의 유교책판(2015)
- 조선왕실 어보와 어책(2017)
- 조선통신사기록물(2017)
- 동학농민혁명기록물(2023)

45 법보사찰로 국보 제52호 장경판전이 있는 사찰은?

○ △ ×

① 송광사
② 통도사
③ 법주사
④ 해인사

해설

합천 해인사 장경판전
해인사는 통일신라 애장왕 3년(802)에 지은 사찰로 우리나라 3대 사찰 중 하나이다. 팔만대장경을 보관하고 있기 때문에 법보사찰이라고도 부른다. 해인사 장경판전은 8만여 장의 대장경판을 보관하고 있는 건물로, 세계 유일의 대장경판 보관용 건물이다.

46 국가지정문화재 유형 중 보물에 해당되지 않는 것은? ○ △ ×

① 경주 석빙고

② 경주 불국사 다보탑

③ 옛 보신각 동종

④ 서울 원각사지 대원각사비

> **해설**
> 경주 불국사 다보탑은 국보이다.
> ※ 2024년 5월 17일 법령 개정에 따라 '국가지정문화재'의 명칭이 '국가지정문화유산'으로 변경되었다.

47 유네스코가 지정한 우리나라의 세계문화유산은? ○ △ ×

① 고창 · 화순 · 강화 고인돌 유적

② 익산 미륵사지 석탑

③ 강릉 오죽헌

④ 성덕대왕신종

> **해설**
> ② · ④ 국보, ③ 보물에 해당한다.

48 판소리에 관한 설명으로 옳지 않은 것은? ○ △ ×

① 판소리는 한 명의 소리꾼이 고수의 장단에 맞추어 이야기를 엮어가는 것이다.

② 판소리는 원래 궁궐에서 불리던 것인데 점차 하층민까지 퍼져 나갔다.

③ 판소리는 인류무형유산으로 지정되었다.

④ 전라도 동북지역의 판소리는 동편제로, 서남지역의 판소리는 서편제로 불린다.

> **해설**
> 판소리는 민속악으로 서민예술이다.

49 온돌에 관한 설명으로 옳은 것을 모두 고른 것은?　　　　　　　　　　　　　ㅇ △ ✕

> ㄱ. 열의 전도 · 복사 · 대류를 이용한 난방 방식이다.
> ㄴ. 방바닥 밑의 구들장을 데워 방안을 따뜻하게 한다.
> ㄷ. 일본에서 유래되었다.
> ㄹ. 궁궐에서는 사용하지 않고 서민들만 이용한 난방방식이다.

① ㄱ, ㄴ
② ㄱ, ㄹ
③ ㄴ, ㄷ
④ ㄷ, ㄹ

해설
온돌은 우리나라의 전통적인 난방 방식이며 궁궐에서도 사용되었다.

50 다음을 설명하는 국가무형문화재는?　　　　　　　　　　　　　　　　　　ㅇ △ ✕

> 주로 추석날 밤에 여인들이 손을 잡고 둥그렇게 원을 그리며 집단으로 추는 춤이다. 노래는 앞사람의 앞소리에 따라 나머지 사람들이 뒷소리로 받는다.

① 처용무
② 강강술래
③ 봉산탈춤
④ 꼭두각시 놀음

해설
① 궁중무용의 일종으로 처용 가면을 쓰고 추는 춤이다. 통일신라 때 처용이 아내를 범하려던 역신을 자신이 지은 노래와 춤으로 물리쳤다는 설화를 바탕으로 한다.
③ 황해도 봉산 지방에 전해 내려오는 가면극으로, 단오와 하짓날 밤에 행해졌다.
④ 남사당놀이의 민속인형극으로, 현재까지 전래된 우리나라 유일의 전통인형극으로서 그 역사적 의미가 크다.
※ 2024년 5월 17일 법령 개정에 따라 '국가무형문화재'의 명칭이 '국가무형유산'으로 변경되었다.

관광법규

※ 문제의 이해도에 따라 ○ △ × 체크하여 완벽하게 정리하세요.

01 관광기본법의 목적을 달성하기 위하여 국가가 강구해야 할 것은? ○ △ ×

① 관광진흥계획의 수립

② 법제상·재정상의 조치

③ 외국 관광객의 유치

④ 관광 종사자의 자질 향상

> **해설**
>
> 법제상의 조치(「관광기본법」 제5조)
> 국가는 제2조에 따른 시책을 실시하기 위하여 법제상·재정상의 조치와 그 밖에 필요한 행정상의 조치를 강구하여야 한다.

02 관광진흥개발기금법상 기금지출관이 관광진흥개발기금의 계정을 설치하는 기관으로 옳은 것은? ○ △ ×

① 한국산업은행

② 기금운용위원회

③ 한국외환은행

④ 한국은행

> **해설**
>
> 기금 계정의 설치(「관광진흥개발기금법」 제10조)
> 문화체육관광부장관은 기금지출관으로 하여금 한국은행에 관광진흥개발기금의 계정(計定)을 설치하도록 하여야 한다.

정답 01 ② 02 ④

03 관광진흥법상 호텔업의 종류에 해당되지 않는 것으로 모두 고른 것은? ○ △ ×

| ㄱ. 의료관광호텔업 | ㄴ. 호스텔업 |
| ㄷ. 소형호텔업 | ㄹ. 한옥체험업 |

① ㄱ
② ㄹ
③ ㄴ, ㄷ
④ ㄱ, ㄷ, ㄹ

해설

한옥체험업은 관광객 이용시설업의 종류이다.

호텔업의 종류(「관광진흥법 시행령」 제2조 제1항 제2호)
- 관광호텔업
- 수상관광호텔업
- 한국전통호텔업
- 가족호텔업
- 호스텔업
- 소형호텔업
- 의료관광호텔업

04 관광진흥법상 우수숙박시설로 지정된 숙박시설에 대하여 문화체육관광부장관이 지원할 수 있는 사항으로 옳지 않은 것은? ○ △ ×

① 관광진흥개발기금법에 따른 관광진흥개발기금의 대여
② 국내 또는 국외에서의 홍보
③ 우수숙박시설로 지정된 숙박시설의 운영 및 개선을 위하여 필요한 사항
④ 가족호텔업의 시설 및 서비스의 수준을 효율적 유지 · 관리

해설

한국관광 품질인증(「관광진흥법」 제48조의10 제4항)
한국관광 품질인증을 받은 시설 등에 대한 지원 사항은 다음과 같다.
- 「관광진흥개발기금법」에 따른 관광진흥개발기금의 대여 또는 보조
- 국내 또는 국외에서의 홍보
- 그 밖에 시설 등의 운영 및 개선을 위하여 필요한 사항
※ 출제 당시 정답은 ④였으나, 2018년 3월 13일 법령이 개정되어 현재는 우수숙박시설 지원 관련 내용이 삭제되고 '한국 관광 품질인증' 관련 조항이 신설되어 현재는 정답이 없다.

05 관광진흥법상 호텔업 등록을 한 자가 등급결정을 신청하여야 하는 사유에 해당하는 것은? ○ △ ×

① 등급결정을 받은 날부터 60일이 지난 경우
② 등급결정을 받은 날부터 1년이 지난 경우
③ 등급결정을 받은 날부터 2년이 지난 경우
④ 등급결정을 받은 날부터 3년이 지난 경우

해설

호텔업의 등급결정(「관광진흥법 시행규칙」 제25조 제1항)

관광호텔업, 수상관광호텔업, 한국전통호텔업, 가족호텔업, 소형호텔업 또는 의료관광호텔업의 등록을 한 자는 다음의 구분에 따른 기간 이내에 문화체육관광부장관으로부터 등급결정권을 위탁받은 법인(등급결정 수탁기관)에 호텔업의 등급 중 희망하는 등급을 정하여 등급결정을 신청해야 한다.

• 호텔을 신규 등록한 경우 : 호텔업 등록을 한 날부터 60일
• 호텔업 등급결정의 유효기간(등급결정을 받은 날부터 3년)이 만료되는 경우 : 유효기간 만료 전 150일부터 90일까지
• 시설의 증·개축 또는 서비스 및 운영실태 등의 변경에 따른 등급 조정사유가 발생한 경우 : 등급 조정사유가 발생한 날부터 60일
• 호텔업 등급결정의 유효기간이 연장된 경우 : 연장된 유효기간 만료일까지

---

06 관광진흥법상 국외여행 인솔자가 갖추어야 할 자격요건으로 옳지 않은 것은? ○ △ ×

① 관광통역안내사 자격을 취득할 것
② 여행업체에서 6개월 이상 근무하고 국외여행 경험자로서 문화체육관광부장관이 정하는 소양교육을 이수할 것
③ 문화체육관광부장관이 지정하는 교육기관에서 국외여행 인솔에 필요한 양성교육을 이수할 것
④ 여행업체에서 기획관련 업무로 1년 이상 근무할 것

해설

국외여행 인솔자의 자격요건(「관광진흥법 시행규칙」 제22조 제1항)

• 관광통역안내사 자격을 취득할 것
• 여행업체에서 6개월 이상 근무하고 국외여행 경험이 있는 자로서 문화체육관광부장관이 정하는 소양교육을 이수할 것
• 문화체육관광부장관이 지정하는 교육기관에서 국외여행 인솔에 필요한 양성교육을 이수할 것

---

07 관광진흥법상 관광특구에 있는 관광숙박업 중 관광호텔업의 부대시설에서 카지노업을 하려는 경우의 허가 요건으로 옳지 않은 것은? ○ △ ×

① 해당 관광호텔업의 전년도 외래관광객 유치실적이 문화체육관광부장관이 공고하는 기준에 맞을 것
② 외래관광객 유치계획 및 장기수지전망 등을 포함한 사업계획서가 적정할 것
③ 이용객의 적절한 수용을 위해 해당 관광호텔에 반드시 150실 이상의 객실을 확보할 것
④ 현금 및 칩의 관리 등 영업거래에 관한 내부통제방안이 수립되어 있을 것

> **해설**
>
> **카지노업의 허가요건 등(「관광진흥법 시행령」 제27조 제2항 제1호)**
> 관광호텔업이나 국제회의시설업의 부대시설에서 카지노업을 하려는 경우
> - 외래관광객 유치계획 및 장기수지전망 등을 포함한 사업계획서가 적정할 것
> - 위 항목에 규정된 사업계획의 수행에 필요한 재정능력이 있을 것
> - 현금 및 칩의 관리 등 영업거래에 관한 내부통제방안이 수립되어 있을 것
> - 그 밖에 카지노업의 건전한 운영과 관광산업의 진흥을 위하여 문화체육관광부장관이 공고하는 기준에 맞을 것
>
> ※ 출제 당시 정답은 ③이었으나, 카지노업 허가기준 완화로 2015년 8월 4일 해당 내용이 삭제되어 현재 정답은 ① · ③ 이다.

08 관광진흥법상 여행업의 종류에 관한 설명으로 옳지 않은 것은? ○ △ ×

① 일반여행업 – 국내외를 여행하는 내국인 및 외국인을 대상으로 하는 여행업으로 사증을 받는 절차를 대행하는 행위를 포함한다.
② 기획여행업 – 외국인을 대상으로 상품을 기획하여 판매하는 여행업으로 외국인 유치 업무행위를 포함한다.
③ 국외여행업 – 국외를 여행하는 내국인을 대상으로 하는 여행업으로 사증을 받는 절차를 대행하는 행위를 포함한다.
④ 국내여행업 – 국내를 여행하는 내국인을 대상으로 하는 여행업을 말한다.

> **해설**
>
> **여행업의 종류(「관광진흥법 시행령」 제2조 제1항 제1호)**
> - 종합여행업 : 국내외를 여행하는 내국인 및 외국인을 대상으로 하는 여행업[사증(査證)을 받는 절차를 대행하는 행위를 포함]
> - 국내외여행업 : 국내외를 여행하는 내국인을 대상으로 하는 여행업(사증을 받는 절차를 대행하는 행위를 포함)
> - 국내여행업 : 국내를 여행하는 내국인을 대상으로 하는 여행업
>
> ※ 2021년 3월 23일 법령이 개정되어 국외여행업에서 국내외여행업으로, 일반여행업에서 종합여행업으로 변경되었다.

09 관광진흥법상 관광개발기본계획 수립 시 포함되어야만 하는 사항으로 옳지 않은 것은? ○ △ ×

① 관광사업의 추진에 관한 사항
② 관광권역의 설정에 관한 사항
③ 전국의 관광 수요와 공급에 관한 사항
④ 전국의 관광 여건과 관광 동향에 관한 사항

> **해설**
>
> 관광개발기본계획 등(「관광진흥법」 제49조 제1항)
> 문화체육관광부장관은 관광자원을 효율적으로 개발하고 관리하기 위하여 전국을 대상으로 다음과 같은 사항을 포함하는
> 관광개발기본계획을 수립하여야 한다.
> • 전국의 관광 여건과 관광 동향(動向)에 관한 사항
> • 전국의 관광 수요와 공급에 관한 사항
> • 관광자원 보호·개발·이용·관리 등에 관한 기본적인 사항
> • 관광권역(觀光圈域)의 설정에 관한 사항
> • 관광권역별 관광개발의 기본방향에 관한 사항
> • 그 밖에 관광개발에 관한 사항

10 다음 (   ) 안에 들어갈 내용으로 옳은 것은? ○ △ ×

> 관광진흥법상 유원시설업의 조건부 영업허가 기간은 일반유원시설업을 하려는 경우는 (ㄱ)년 이내이
> 며, 종합유원시설업을 하려는 경우는 (ㄴ)년 이내이다.

① ㄱ - 1, ㄴ - 2
② ㄱ - 2, ㄴ - 3
③ ㄱ - 3, ㄴ - 5
④ ㄱ - 5, ㄴ - 7

> **해설**
>
> 유원시설업의 조건부 영업허가 기간 등(「관광진흥법 시행령」 제31조 제1항)
> 법 제31조 제1항 본문에서 "대통령령으로 정하는 기간"이란 조건부 영업허가를 받은 날부터 다음의 구분에 따른 기간을
> 말한다.
> • 종합유원시설업을 하려는 경우 : 5년 이내
> • 일반유원시설업을 하려는 경우 : 3년 이내

11 관광진흥법상 관광사업의 등록 등을 받거나 신고를 한 자가 결격사유에 해당되면 등록기관 등의 장이 그 등록 등 또는 사업계획의 승인을 취소하거나 영업소를 폐쇄하도록 정한 기간은? ○ △ ×

① 1개월 이내
② 2개월 이내
③ 3개월 이내
④ 6개월 이내

> **해설**
>
> **결격사유(「관광진흥법」 제7조 제2항)**
> 관광사업의 등록 등을 받거나 신고를 한 자 또는 사업계획의 승인을 받은 자가 제7조 제1항 각 호의 어느 하나에 해당하면 문화체육관광부장관, 시·도지사 또는 시장·군수·구청장(이하 "등록기관 등의 장")은 3개월 이내에 그 등록 등 또는 사업계획의 승인을 취소하거나 영업소를 폐쇄하여야 한다. 다만, 법인의 임원 중 그 사유에 해당하는 자가 있는 경우 3개월 이내에 그 임원을 바꾸어 임명한 때에는 그러하지 아니하다.

12 관광진흥법상 관광숙박업에 관한 등급을 정할 수 있는 자로 모두 고른 것은? ○ △ ×

| ㄱ. 문화체육관광부장관 | ㄴ. 한국관광공사장 |
| ㄷ. 시장·군수·구청장 | ㄹ. 한국관광협회중앙회장 |

① ㄱ
② ㄴ
③ ㄴ, ㄹ
④ ㄷ, ㄹ

> **해설**
>
> **관광숙박업 등의 등급(「관광진흥법」 제19조 제1항)**
> 문화체육관광부장관은 관광숙박시설 및 야영장 이용자의 편의를 돕고, 관광숙박시설·야영장 및 서비스의 수준을 효율적으로 유지·관리하기 위하여 관광숙박업자 및 야영장업자의 신청을 받아 관광숙박업 및 야영장업에 대한 등급을 정할 수 있다.

13 관광진흥법상 외국인 의료관광 지원사항으로 옳지 않은 것은? ○ △ ×

① 문화체육관광부장관은 외국인 의료관광 전문인력을 양성하는 전문교육기관 중에서 우수 전문교육기관이나 우수 교육과정을 선정하여 지원할 수 있다.

② 문화체육관광부장관은 외국인 의료관광 안내에 대한 편의를 제공하기 위하여 국내외에 외국인 의료관광 유치 안내센터를 설치·운영할 수 있다.

③ 문화체육관광부장관은 의료관광의 활성화를 위하여 지방자치단체의 장이나 외국인환자 유치 의료기관 또는 유치업자와 공동으로 해외마케팅사업을 추진할 수 있다.

④ 문화체육관광부장관은 외국인 의료관광 시설의 규모에 따라서 예산을 차등 지원할 수 있다.

> **해설**
>
> **외국인 의료관광 지원(「관광진흥법 시행령」 제8조의3)**
> • 문화체육관광부장관은 법 제12조의2 제2항에 따라 외국인 의료관광을 지원하기 위하여 외국인 의료관광 전문인력을 양성하는 전문교육기관 중에서 우수 전문교육기관이나 우수 교육과정을 선정하여 지원할 수 있다.
> • 문화체육관광부장관은 외국인 의료관광 안내에 대한 편의를 제공하기 위하여 국내외에 외국인 의료관광 유치 안내센터를 설치·운영할 수 있다.
> • 문화체육관광부장관은 의료관광의 활성화를 위하여 지방자치단체의 장이나 외국인환자 유치 의료기관 또는 유치업자와 공동으로 해외마케팅사업을 추진할 수 있다.

14 관광진흥법상 분양 또는 회원모집을 하는 관광사업자가 회원증을 발급하는 경우 그 회원증에 포함되어야 할 사항이 아닌 것은? ○ △ ×

① 공유자 또는 회원의 번호

② 공유자 또는 회원의 지분 표시

③ 사업장의 상호·명칭 및 소재지

④ 분양일 또는 입회일

> **해설**
>
> **회원증의 발급(「관광진흥법 시행규칙」 제28조 제1항)**
> 분양 또는 회원모집을 하는 관광사업자가 영 제26조 제5호에 따라 회원증을 발급하는 경우 그 회원증에는 다음의 사항이 포함되어야 한다.
> • 공유자 또는 회원의 번호   • 공유자 또는 회원의 성명과 주민등록번호
> • 사업장의 상호·명칭 및 소재지   • 공유자와 회원의 구분
> • 면 적   • 분양일 또는 입회일
> • 발행일자

15 관광진흥법상 관광종사원 자격시험에 합격한 자는 합격한 날로부터 며칠 이내에 등록을 신청하여야 하는가?

○ △ ×

① 14일　　　　　　　　　　　　② 30일
③ 60일　　　　　　　　　　　　④ 90일

> **해설**
> 관광종사원의 등록 및 자격증 발급(「관광진흥법 시행규칙」 제53조 제1항)
> 시험에 합격한 자는 법 제38조 제2항에 따라 시험에 합격한 날부터 60일 이내에 별지 제38호 서식의 관광종사원 등록신청서에 사진(최근 6개월 이내에 모자를 쓰지 않고 촬영한 상반신 반명함판) 2매를 첨부하여 한국관광공사 및 한국관광협회중앙회에 등록을 신청하여야 한다.

16 관광진흥법상 지정을 받아야 하는 관광사업으로 옳은 것은?

○ △ ×

① 대통령령으로 정하는 유원시설업
② 관광 편의시설업
③ 대통령령으로 정하는 유원시설업 외의 유원시설업
④ 관광객 이용시설업

> **해설**
> 지정(「관광진흥법」 제6조 제1항)
> 관광 편의시설업을 경영하려는 자는 문화체육관광부령으로 정하는 바에 따라 특별시장·광역시장·특별자치시장·도지사·특별자치도지사 또는 시장·군수·구청장의 지정을 받아야 한다.

17 관광진흥법상 관광사업 등록기준에 따른 자본금 기준이 옳은 것으로 모두 고른 것은?

○ △ ×

> ㄱ. 국내여행업 – 2천만원 이상일 것
> ㄴ. 국내여행업 – 4천만원 이상일 것
> ㄷ. 국외여행업 – 5천만원 이상일 것
> ㄹ. 국외여행업 – 6천만원 이상일 것

① ㄱ　　　　　　　　　　　　② ㄹ
③ ㄴ, ㄷ　　　　　　　　　　④ ㄴ, ㄹ

> **해설**
> 여행업의 등록기준(「관광진흥법 시행령」 별표1 제1호)
> 해당 문제는 2014년 3월 기준 법령으로 출제된 것이며, 현재 관광사업 등록기준에 따르면 종합여행업의 자본금은 5천만원 이상, 국내외여행업의 자본금은 3천만원 이상, 국내여행업의 자본금은 1천500만원 이상이다.

18 관광진흥법상 등록을 하기 전에 사업계획을 작성하여 승인을 받을 수 있는 관광사업이 아닌 것은? ○ △ ×

① 전문휴양업

② 종합휴양업

③ 여객자동차터미널시설업

④ 국제회의시설업

19 관광진흥법상 안전성검사대상 유기기구 11종 이상 20종 이하를 운영하는 사업자가 상시 배치하여야 하는 안전관리자의 배치기준은? ○ △ ×

① 1명 이상

② 2명 이상

③ 3명 이상

④ 4명 이상

20 관광진흥법상 카지노사업자의 연간 총매출액이 200억원일 때 카지노사업자가 납부해야 하는 관광진흥개발기금은? ○ △ ✕

① 1억원
② 10억 6천만원
③ 14억 6천만원
④ 20억원

21 관광진흥개발기금법상 관광진흥개발기금의 재원이 아닌 것은? ○ △ ✕

① 체육복권으로 인한 수익금
② 출국납부금
③ 기금의 운용에 따라 생기는 수익금과 그 밖의 재원
④ 정부로부터 받은 출연금

22 관광진흥개발기금법상 기금의 여유자금 운용방법으로 옳은 것은?　　　　　　　○ △ ×

① 국 · 공채 등 유가증권의 매입
② 관광사업체 운영의 활성화
③ 관광진흥에 기여하는 문화예술사업 추진
④ 관광 관련 국제기구의 설치

> **해설**
>
> 여유자금의 운용(「관광진흥개발기금법 시행령」 제3조의2)
> 문화체육관광부장관은 기금의 여유자금을 다음의 방법으로 운용할 수 있다.
> • 「은행법」과 그 밖의 법률에 따른 금융기관, 「우체국예금 · 보험에 관한 법률」에 따른 체신관서에 예치
> • 국 · 공채 등 유가증권의 매입
> • 그 밖의 금융상품의 매입

23 국제회의산업 육성에 관한 법률상 용어정의로 옳지 않은 것은?　　　　　　　○ △ ×

① 국제회의산업 – 국제회의의 유치와 개최에 필요한 국제회의시설, 서비스 등과 관련된 산업
② 국제회의 – 상당수의 외국인이 참가하는 회의(세미나 · 토론회 · 전시회 등 포함)로서 대통령령으로 정하는 종류와 규모에 해당하는 것
③ 국제회의 전담조직 – 국제회의산업의 진흥을 위하여 각종 사업을 수행하는 조직
④ 국제회의시설 – 국제회의의 개최에 필요한 회의시설, 전시시설 및 이와 관련된 부대시설 등으로서 지방자치단체가 정하는 종류와 규모에 해당하는 것

> **해설**
>
> 정의(「국제회의산업 육성에 관한 법률」 제2조)
> • 국제회의 : 상당수의 외국인이 참가하는 회의(세미나 · 토론회 · 전시회 · 기업회의 등을 포함)로서 대통령령으로 정하는 종류와 규모에 해당하는 것
> • 국제회의산업 : 국제회의의 유치와 개최에 필요한 국제회의시설, 서비스 등과 관련된 산업
> • 국제회의시설 : 국제회의의 개최에 필요한 회의시설, 전시시설 및 이와 관련된 지원시설 · 부대시설 등으로서 대통령령으로 정하는 종류와 규모에 해당하는 것
> • 국제회의도시 : 국제회의산업의 육성 · 진흥을 위하여 제14조에 따라 지정된 특별시 · 광역시 또는 시
> • 국제회의 전담조직 : 국제회의산업의 진흥을 위하여 각종 사업을 수행하는 조직
> • 국제회의산업 육성기반 : 국제회의시설, 국제회의 전문인력, 전자국제회의체제, 국제회의 정보 등 국제회의의 유치 · 개최를 지원하고 촉진하는 시설, 인력, 체제, 정보 등
> • 국제회의복합지구 : 국제회의시설 및 국제회의집적시설이 집적되어 있는 지역으로서 제15조의2에 따라 지정된 지역
> • 국제회의집적시설 : 국제회의복합지구 안에서 국제회의시설의 집적화 및 운영 활성화에 기여하는 숙박시설, 판매시설, 공연장 등 대통령령으로 정하는 종류와 규모에 해당하는 시설로서 제15조의3에 따라 지정된 시설
> ※ 출제 당시 정답은 ④였으나, 2022년 9월 27일 법령이 개정되어 국제회의에 '기업회의'가, 국제회의시설에 '지원시설'이 추가되었으므로 현재는 ②도 정답에 해당한다.

24 국제회의산업 육성에 관한 법률의 목적으로 옳은 것은?

① 국제회의의 유치 촉진과 원활한 개최 지원
② 관광을 통한 외화 수입의 증대
③ 국제친선을 증진하고 국민복지 향상
④ 관광여건의 조성과 관광자원 개발

> **해설**
>
> **목적(「국제회의산업 육성에 관한 법률」 제1조)**
> 이 법은 국제회의의 유치를 촉진하고 그 원활한 개최를 지원하여 국제회의산업을 육성 · 진흥함으로써 관광산업의 발전과 국민경제의 향상 등에 이바지함을 목적으로 한다.

25 국제회의산업 육성에 관한 법률상 국제회의도시의 지정기준으로 옳지 않은 것은?

① 지정대상 도시가 관광특구로 지정되어 있을 것
② 지정대상 도시에 국제회의시설이 있고, 해당 특별시 · 광역시 또는 시에서 이를 활용한 국제회의산업 육성에 관한 계획을 수립하고 있을 것
③ 지정대상 도시에 숙박시설 · 교통시설 · 교통안내체계 등 국제회의 참가자를 위한 편의시설이 갖추어져 있을 것
④ 지정대상 도시 또는 그 주변에 풍부한 관광자원이 있을 것

> **해설**
>
> **국제회의도시의 지정기준(「국제회의산업 육성에 관한 법률 시행령」 제13조)**
> • 지정대상 도시에 국제회의시설이 있고, 해당 특별시 · 광역시 또는 시에서 이를 활용한 국제회의산업 육성에 관한 계획을 수립하고 있을 것
> • 지정대상 도시에 숙박시설 · 교통시설 · 교통안내체계 등 국제회의 참가자를 위한 편의시설이 갖추어져 있을 것
> • 지정대상 도시 또는 그 주변에 풍부한 관광자원이 있을 것

관광학개론

※ 문제의 이해도에 따라 ○ △ × 체크하여 완벽하게 정리하세요.

26 항공사의 Time Table에서 항공기의 도착예정시간을 의미하는 것은?   ○ △ ×

① ETD

② ETA

③ ATD

④ ATA

> **해설**
>
> ② 도착예정시간(ETA ; Estimated Time of Arrival)
> ① 출발예정시간(ETD ; Estimated Time of Departure)
> ③ 실제출발시간(ATD ; Actual Time of Departure)
> ④ 실제도착시간(ATA ; Actual Time of Arrival)

27 우리나라의 관세규정에 관한 설명으로 옳지 않은 것은?

① 현재 내국인의 구매한도는 3,000달러이다.

② 내국인의 반입물품 면세한도는 400달러 이하이다.

③ 외국인에게는 400달러의 반입물품 면세한도가 적용되지 않는다.

④ 내국인의 주류 면세한도는 1인당 1병으로 제한된다.

> **해설**
>
> 우리나라에 입국하는 여행자는 내·외국인을 불문하고 동일한 범위의 면세를 받을 수 있다.
> ※ 이 문제는 2014년 3월을 기준으로 출제된 것으로, 현재 ②와 관련한 면세한도는 800달러, ①의 구매한도는 제한없음,
>   ④의 내국인 주류 면세한도는 1인 2병(2L, 합쳐서 400달러 이내)으로 조정되었다.

28 이(異)문화 존속 및 교류를 지향하는 관광은?　　　　　　　　　　　　　　○ △ ×

① Eco Tourism

② Ethnic Tourism

③ Social Tourism

④ Special Interest Tourism

> 해설
>
> **민족(종족)관광(Ethnic Tourism)**
> 다문화 관광의 일종으로 소수 민족의 문화 · 역사적 관광지 방문과 문화인과의 접촉을 통해 이민족의 독특한 생활문화를 체험할 수 있다.

29 여행업의 특성으로 옳지 않은 것은?　　　　　　　　　　　　　　○ △ ×

① 고정자본의 투자가 적은 사업이다.

② 노동집약적 사업이다.

③ 계절적 의존도가 낮은 사업이다.

④ 경기변동에 민감한 사업이다.

> 해설
>
> 여행업은 계절적, 시간적, 요일적인 요인 등에 집중성이 강하므로 의존도가 높은 업종이다.

30 관광마케팅의 STP 전략에 관한 설명으로 옳은 것은?　　　　　　　　　　　　　　○ △ ×

① S는 Smart를 의미한다.

② S는 Segmentation을 의미한다.

③ P는 Purchasing을 의미한다.

④ P는 Pricing을 의미한다.

> 해설
>
> **STP 마케팅 전략**
> • S(Segmentation) : 시장 세분화
> • T(Targeting) : 세분화된 시장 중 목표 세분시장 선택
> • P(Positioning) : 목표 세분시장의 뇌리에 브랜드, 상품 등을 각인함

31 Plate Service로도 불리며, 고객주문에 따라 주방에서 조리된 음식을 접시에 담아나가는 서비스는? ○ △ ✕

① American Service

② Russian Service

③ French Service

④ Counter Service

> **해설**
>
> ② 주방에서 준비된 음식을 요리사가 은쟁반에 올리면 웨이터가 고객에게 서비스한다. 주로 연회행사에 많이 이용되는 형태로 일정한 시간에 많은 인원을 서비스할 수 있다.
>
> ③ 고객 앞에서 서비스하는 종업원은 숙련된 솜씨로 간단한 음식을 직접 만들어 주기도 하고, 주방에서 만들어진 음식이라도 은쟁반에 담아 보여 준 뒤 바퀴가 달려 이동 가능한 탁자에서 보온이 된 접시에 1인분씩 담아서 제공한다.
>
> ④ 식당을 오픈 키친으로 하여 앞의 카운터를 식탁으로 하여 요리를 제공하는 것이다. 가격도 저렴하고 팁을 주지 않아도 된다.

32 국제회의 및 인센티브 단체 유치 · 개최지원, 국제기구와의 협력활동 등을 통해 MICE 산업을 종합적으로 지원하는 기관은? ○ △ ✕

① 한국관광공사

② 한국관광협회중앙회

③ 한국외국인관광시설협회

④ 한국관광호텔업협회

> **해설**
>
> **한국관광공사의 주요사업**
>
> 해외관광마케팅, 국제회의 유치, 국제기구 협력, 관광안내정보 서비스, 지자체 · 유관기관 협력, 국내관광 수용 태세 개선, 국내관광 진흥, 남북관광교류 등

33 제시된 안건에 대해 전문가들이 연구결과를 중심으로 다수의 청중 앞에서 벌이는 공개 토론회는? ○ △ ×

① 전시회
② 클리닉
③ 콩그레스
④ 심포지엄

> 해설
>
> **심포지엄(Symposium)**
> 특정한 문제에 대하여 두 사람 이상의 전문가가 서로 다른 각도에서 의견을 발표하고 참석자의 질문에 답하는 형식의 토론회

34 ( ) 안에 들어갈 용어로 옳은 것은? ○ △ ×

> 외래관광객에 의한 관광산업의 수입은 ( )이 일반산업과 비교하여 일반적으로 높게 나타나며, 계산 방법은 {국제관광수입 − (국제관광홍보비 + 면세품구입가격)} / 국제관광수입 × 100이다.

① 수입유발률
② 외화가득률
③ 수출유발률
④ 순이익비율

> 해설
>
> 관광은 국제수지에 영향을 주는 외화가득률이 높은 산업이다. 외화획득에 대한 측정은 외화가득률로 표시되며, 이것은 관광산업을 위한 외화누출액 비중이 얼마이냐에 따라 결정된다. 외화가득률이 높다는 것은 적은 투자로 높은 부가가치를 창출해내고 있다는 의미이다.

35 테마파크의 특성으로 옳은 것은? ○ △ ✕

① 테마성, 일상성
② 역동성, 비통일성
③ 테마성, 통일성
④ 역동성, 일상성

해설

테마파크(주제공원)의 특징
- 테마성 : 차별화된 콘셉트와 주제를 가지고 중심적인 테마와 연속되는 테마들이 연합적으로 구성된다.
- 비일상성 : 현실에서 벗어나 일상성을 배제하고 하나의 독립된 비일상적 공간을 창출한다.
- 통일성 : 테마파크 안에 있는 모든 환경(건축양식, 각종 시설 등)에 통일적인 이미지를 부여하여 주제를 실현하고 균형과 조화를 이룬다.
- 종합성 : 놀이, 휴식, 전시, 체험, 교육 등을 일괄적으로 즐길 수 있는 종합적인 결합이 있어야 한다.
- 그 밖에 배타성, 레저성, 독창성 등이 있다.

36 관광 관련 주요 행정기관의 기능으로 옳지 않은 것은? ○ △ ✕

① 문화체육관광부 – 관광정책 수립 및 홍보, 관광진흥개발기금 관리
② 기획재정부 – 외국환 및 관광관련 정부출연금 관리
③ 외교부 – 여권발급, 비자면제 협정 체결
④ 안전행정부 – 여행자 출입국 관리

해설

안전행정부는 안전과 재난에 대한 정책 수립과 총괄, 전자정부 운영, 지방자치제도 등에 관한 사무를 관장하고 있는 기관으로, 2017년 7월 국민안전처와 통합되면서 현재는 행정안전부로 재개편되었다.

37 2012년 기준으로 세 번째로 많은 방한 외국인 관광객 수를 기록한 국가는?   ○ △ ×

① 미 국
② 일 본
③ 중 국
④ 대 만

해설

'2012 방한관광시장분석'(한국관광공사)에 따르면 방한 규모는 일본인(3,518,792명), 중국인(2,836,892명), 미국인(697,866명)의 순서이다.
※ 2023년 방한 외국인 관광객 수는 일본인(2,120,560명), 중국인(1,765,749명), 미국인(1,008,124명)의 순서이다.

38 아시아 · 태평양지역의 관광진흥 활동과 구미관광객 유치를 위한 마케팅 목적으로 설립된 국제기구는?   ○ △ ×

① APEC
② ICCA
③ ASTA
④ PATA

해설

① 아시아 · 태평양 경제협력체 : 아시아 · 태평양 국가의 경제협력 증대를 목적으로 하는 협의체
② 세계국제회의전문협회 : 국제회의 유치와 전문 서비스 제공 등을 위해 설립된 회의산업기구
③ 미국여행업협회 : 여행편의 제공과 여행업계 발전 및 권익보호, 관광사업 발전을 위해 설립된 세계 최대 여행업자 단체

39 의료관광산업의 성장요인에 포함되지 않은 것은?   ○ △ ×

① 의료기술의 발전
② 의료서비스제도의 발전
③ 의료관광정보 접근의 어려움
④ 노령인구 증가 및 건강에 대한 관심 증대

해설

이전보다 의료관광에 대한 정보의 접근이 용이해지고 있다.

40 호텔요금에 관한 설명으로 옳지 않은 것은?　　　　　　○ △ ×

① 공표요금은 정상요금이라고도 한다.

② 컴플리멘터리는 영업 전략상 요금을 징수하지 않는 것을 말한다.

③ 유럽식 요금제도는 객실요금에 조식과 석식요금을 포함한다.

④ 대륙식 요금제도는 객실요금에 조식요금을 포함한다.

> 해설
>
> 유럽식 요금제도는 객실요금과 식사요금을 분리하여 별도로 계산하는 방식이다.

41 공항(도시)코드가 일치하지 않는 것은?　　　　　　○ △ ×

① TAE – 대구　　　　　　　② PUS – 부산

③ ICN – 인천　　　　　　　④ KIP – 김포

> 해설
>
> 김포의 공항코드는 GMP이다.

42 여행사가 항공·숙박·음식점 등을 사전에 대량으로 예약하여 여행일정 및 가격을 책정하여 여행객을 모집하는 여행형태는?　　　　　　○ △ ×

① Incentive Tour

② Convention Tour

③ Fam Tour

④ Package Tour

> 해설
>
> ① 기업이나 단체 등에서 직원이나 고객을 대상으로 하는 포상여행
>
> ② 국제회의 참석자들을 대상으로 한 여행
>
> ③ 언론인이나 여행업자 등을 초청하는 사전답사여행

43 세계 카지노산업의 동향으로 옳지 않은 것은?   ○ △ ✕

① 카지노의 합법화와 확산 추세
② 카지노의 대형화와 복합 단지화 추세
③ 카지노의 레저산업화
④ 카지노의 경쟁약화에 따른 수익성 증가

해설

세계 카지노 시장이 지속적으로 성장하면서 카지노 수도 점점 증가(2004년 2,485개 → 2010년 4,957개)해 경쟁이 심해지고 있다. 특히 아시아에서는 한국에 이어 일본, 말레이시아도 카지노산업에 뛰어들면서 카지노산업 육성에 힘을 쏟고 있다.

44 관광객의 교양이나 자기개발을 주목적으로 하는 관광으로 그랜드 투어나 수학여행을 포함하는 관광형태는?
                                                              ○ △ ✕

① Dark Tourism
② Educational Tourism
③ Medical Tourism
④ Silver Tourism

해설

① 역사적인 비극이나 재난이 일어난 곳을 체험하고 교훈을 얻는 관광
③ 의료 서비스와 휴양, 문화 등의 관광활동이 포함된 관광
④ 고령자들을 대상으로 하는 관광

45 유럽의 주요 시대 특징으로 옳지 않은 것은?   ○ △ ✕

① 고대사회 – 식도락 · 요양 · 위락 목적
② 중세사회 – 교회를 중심으로 한 성지순례
③ 근대사회 – 교역상들의 숙박해결을 위해 숙박업 최초 등장
④ 현대사회 – 유급휴가제의 확산에 따른 관광의 대중화

해설

숙박업은 고대 · 중세시대부터 있었다.

46 공정관광(Fair Tourism)에 관한 설명으로 옳지 않은 것은? ○ △ ✕

① 책임관광, 녹색관광, 생태관광을 포함한다.
② 여행자와 여행 대상국의 국민이 평등한 관계를 맺는 여행이다.
③ 우리나라는 2007년 사회적 기업 육성법 제정으로 활성화되었다.
④ 55세 이상의 중장년층을 중심으로 하는 특별흥미여행이다.

> **해설**
>
> 특별흥미여행(특수목적관광, SIT ; Special Interest Tourism)은 여행객의 관심을 끌 수 있는 특별한 목적이나 테마를 가지고 운영되는 여행형태이다.

47 1인용 침대 2개를 갖춘 호텔객실의 종류는? ○ △ ✕

① 싱글 베드룸
② 더블 베드룸
③ 트윈 베드룸
④ 트리플 베드룸

> **해설**
>
> ① 1인용 침대 1개
> ② 2인용 침대 1개
> ④ 1인용 침대 3개 또는 트윈에 엑스트라 베드가 추가된 형태

48 소셜 투어리즘(Social Tourism)의 이념이 아닌 것은? ○ △ ✕

① 형평성
② 비민주성
③ 공익성
④ 문화성

> **해설**
>
> 국민후생 증대와 관련이 깊으므로 오히려 민주성에 가깝다.

49 2012년을 기준으로 전 세계 국가 중 외국인 관광객이 많이 방문한 국가의 순서로 옳게 나열한 것은?

○ △ ✕

① 프랑스 〉 미국 〉 중국 〉 이탈리아
② 프랑스 〉 미국 〉 이탈리아 〉 중국
③ 미국 〉 프랑스 〉 중국 〉 이탈리아
④ 미국 〉 프랑스 〉 이탈리아 〉 중국

> 해설
>
> 유엔세계관광기구에 따르면 2012년 외국인 관광객이 가장 많이 방문한 나라는 프랑스(8,300만명), 미국, 중국, 스페인, 이탈리아 순서이다.
>
> ※ 세계관광기구(UNWTO)의 발표에 따르면, 2019년 외래관광객 유치실적 세계 1위는 8,940만 명을 유치한 프랑스가 차지했고, 스페인, 미국, 중국, 이탈리아 순으로 그 뒤를 이었다.

50 제3차 관광개발기본계획(2012~2021년)의 권역별 개발방향에 관한 설명으로 옳지 않은 것은?

○ △ ✕

① 호남관광권 – 생태 · 웰빙관광 및 동계 스포츠의 메카
② 대구 · 경북관광권 – 역사관광거점
③ 수도관광권 – 동북아 관광허브
④ 제주관광권 – 자연유산관광 및 MICE 산업의 중심

> 해설
>
> **제3차 관광개발기본계획의 광역관광권 추진전략**
> • 수도관광권 : 동북아 관광허브
> • 충청관광권 : 융합관광의 거점
> • 호남관광권 : 문화관광 중추지역
> • 대구 · 경북관광권 : 역사관광의 거점
> • 부 · 울 · 경 관광권 : 해양레저 · 크루즈관광 중추지역
> • 강원관광권 : 생태 · 웰빙관광 및 동계스포츠의 메카
> • 제주관광권 : 글로벌 경쟁력을 갖춘 자연유산관광 및 MICE 산업의 중심

> **완전정복 TIP**　제4차 관광개발기본계획의 관광권역별 개발방향
>
> • 수도 · 강원 · 제주권 : 글로벌 K관광 선도지대
> • 충청권 : 과학기술 기반의 백제 · 중원문화관광지대
> • 전라권 : 다도해 · 새만금을 품은 문화예술관광지대
> • 대 · 경권 : 유교문화에 기반한 역사문화 · 생태관광지대
> • 부 · 울 · 경권 : 산업 기반 해양레저 · 문화관광지대

PART 13

2014년
정기시험
실제기출문제

※ 본 내용은 2014년 9월 시행된 관광통역안내사의 정기시험 실제기출문제입니다.

제1과목	국 사
제2과목	관광자원해설
제3과목	관광법규
제4과목	관광학개론

국 사

※ 문제의 이해도에 따라 ○ △ × 체크하여 완벽하게 정리하세요.

01 ( )에 들어갈 인물을 순서대로 옳게 나열한 것은?　　　　　　　　　　　　○ △ ×

> • 고기(古記)에 이런 말이 있다. 옛날 환인의 아들 ( )이 천부인 3개와 3,000의 무리를 이끌고 태백산 신단수 아래에 내려왔는데, 이를 신시라 하였다.
> • 시조 동명성왕은 성이 고씨이며, 이름은 주몽이다. … 부여의 ( )이 태백산 남쪽에서 한 여자를 만나게 되어 물으니, ( )의 딸 유화라 하였다.

① 단군, 하백, 금와왕
② 환웅, 금와왕, 하백
③ 환웅, 하백, 금와왕
④ 단군, 금와왕, 하백

> **해설**
>
> 제시된 내용은 고조선의 시조 단군 이야기와 고구려의 시조 주몽의 건국 이야기이다.

02 선사시대 대표적 유물의 연결로 옳은 것은?　　　　　　　　　　　　○ △ ×

① 구석기시대 − 비파형 동검
② 신석기시대 − 고인돌
③ 신석기시대 − 반달(형) 돌칼
④ 청동기시대 − 미송리식 토기

> **해설**
>
> ① 비파형 동검은 청동기시대의 동검으로 군장의 도구이다.
> ② 고인돌은 청동기시대의 무덤으로, 군장의 무덤으로 유추되며 당시에 계급출현을 보여 주는 유물이다.
> ③ 반달돌칼은 청동기시대 벼농사용 도구로 벼농사가 청동기시대에 시작되었음을 보여 주는 유물이다.

> **완전정복 TIP**　　시대별 토기
>
> • 신석기시대 : 이른 민무늬 · 덧무늬 · 눌러찍기무늬 · 빗살무늬 토기
> • 청동기시대 : 민무늬 · 미송리식 · 붉은간 · 검은간 · 덧띠 토기
> • 철기시대 : 덧띠 · 검은간 토기

03 선사시대에 관한 설명으로 옳지 않은 것은?   ○△✕

① 구석기시대 사람들은 불의 사용법을 알게 되었다.
② 신석기시대에 비로소 토기를 사용하게 되었다.
③ 신석기시대에 가락바퀴나 뼈바늘을 만들어 썼다.
④ 청동기시대에 이르러 비로소 토테미즘이 출현하였다.

> 해설
>
> 신석기시대에 애니미즘·토테미즘·샤머니즘 등의 원시신앙이 출현하였다. 청동기시대에는 부족우월신앙(천손사상)인 선민사상이 출현하였다.

04 다음 설명에 해당하는 유적은?   ○△✕

> 1971년에 발견되었다. 많은 부장품이 무덤 안에서 출토되었는데, 왕과 왕비의 신분을 알 수 있는 유물이 발견되었다. 연대가 확실하게 알려진 무덤이다.

① 무령왕릉
② 황남대총
③ 천마총
④ 광개토왕릉

> 해설
>
> 제시된 자료는 무령왕릉에 대한 설명이다. 1971년 공주 송산리 고분군에서 도굴당하지 않은 상태로 발견되었다. 도교 사상이 반영된 지석이 발견되었고, 삼국시대의 연대의 기준이 되었다. 벽돌무덤으로 중국 남조의 영향을 받았음을 알 수 있으며 벽화는 없고, 연화무늬 벽돌을 사용하였다.
> ② 황남대총(금관 발견)과 ③ 천마총(천마도 발견, 말다래)은 경주에서 발견된 신라의 고분으로 돌무지 덧널무덤(도굴 방지용)이다.
> ④ 광개토대왕릉은 만주 집안(국내성)에 있고, 고구려 전기 양식인 돌무지 무덤이다.

05 ( )에 들어갈 나라를 순서대로 옳게 나열한 것은?

○ △ ×

> - ( ) – 질 좋은 철을 생산하여 낙랑군 및 왜와 활발하게 무역을 하며 성장했으나 중앙집권 국가로 발전하지는 못하였다.
> - ( ) – 후기 가야연맹을 주도하였으나 백제와 신라의 압력으로 위축되었다.

① 금관가야, 대가야
② 금관가야, 고령가야
③ 대가야, 금관가야
④ 대가야, 고령가야

> **해설**
>
> 6가야 연맹으로 구성된 가야는 전기 가야연맹과 후기 가야연맹으로 구성된다. 전기 가야연맹은 2~3세기에 김해의 금관가야를 중심으로 구성되었다. 낙랑과 왜에 철을 중심으로 중계무역을 하였다. 그러나 신라를 도와 왜구를 격퇴한 고구려 군대의 공격을 받아 쇠퇴하였다. 이후 5세기에 후기 가야연맹이 고려의 대가야를 중심으로 구성되었다. 그러나 금관가야는 6세기 전반 신라의 법흥왕에게 멸망했고, 대가야는 6세기 중반 신라의 진흥왕에게 멸망했다.

06 인물에 관한 설명으로 옳지 않은 것은?

○ △ ×

① 원효는 십문화쟁론을 저술하였다.
② 의상은 화엄일승법계도를 저술하였다.
③ 원측은 세속오계를 만들었다.
④ 혜초는 왕오천축국전을 저술하였다.

> **해설**
>
> '세속오계'는 신라의 진평왕 때 원광법사가 화랑도의 다섯 가지 가르침으로 만든 계율이다.

07 백제의 대외 관계에 관한 설명으로 옳지 않은 것은?　　　　　○ △ ×

① 4세기 근초고왕 때 백제는 낙랑군과 대방군, 그리고 말갈족을 북으로 몰아내고 영토를 넓혔다.

② 5세기 고구려의 공격을 받아 한성이 함락되자 수도를 웅진으로 옮겼다.

③ 6세기 무령왕은 중국 남조의 양나라와 화친하였고, 왜국과 밀접한 관계를 맺었다.

④ 6세기 성왕은 사비로 천도하고 신라 진흥왕과 연합하여 한강 유역을 회복하였다.

> **해설**
> 3세기 고이왕 때의 설명이다. 고이왕은 한 군현과 항쟁하며 한강 유역을 장악하였고, 율령을 반포하였다. 6좌평과 16관등을 정하고, 백제의 중앙집권을 형성하였다.

08 통일신라시대의 유학에 관한 설명으로 옳지 않은 것은?　　　　　○ △ ×

① 원성왕 때 독서삼품과가 설치되었다.

② 강수가 화왕계를 지었다.

③ 신문왕 때 국학이 설치되었다.

④ 최치원이 계원필경을 저술하였다.

> **해설**
> ② 〈화왕계〉는 유교의 덕치주의가 담긴 이야기로 왕에게 교훈을 주기 위해 설총이 지었다.
> ① 8세기 말 원성왕 때 독서삼품과는 국학의 학생들을 성적(유교 경전의 이해 정도)별로 3등급으로 구분하여 관리로 채용하려고 했던 제도이다.
> ③ 국학은 신문왕 때 만들어진 국립대학이다. 유교 통치 이념을 학습하였다.
> ④ 〈계원필경〉은 유·불·도 3교의 조화를 강조한 신라 말기의 문신인 최치원의 시문집이다.

09 다음에서 설명하는 발해의 왕은?　　　　　○ △ ×

> 9세기 전반에 통치한 왕으로 이 시기에 발해는 대부분의 말갈족을 복속시키고 요동지역으로 진출하였다. 남쪽으로는 신라와 국경을 접할 정도로 넓은 영토를 차지하였고, 지방제도도 정비하였다.

① 선 왕　　　　　　　　　　② 문 왕

③ 고 왕　　　　　　　　　　④ 무 왕

> **해설**
> 제시된 지문은 9세기 발해가 '해동성국'이라고 알려졌던 선왕 대의 업적이다.

10 고려시대의 대장경에 관한 설명으로 옳지 않은 것은?   ○ △ ×

① 초조대장경은 부처님의 힘을 빌려서 거란족을 물리치기 위해 현종 때 제작하기 시작하였다.

② 초조대장경은 그 경판(經板)을 부인사에 보관했는데 몽골의 침입 때 불타버리고 말았다.

③ 의천이 간행한 속장경은 교종과 선종에 관한 동아시아 각국의 불경을 집대성한 것이다.

④ 팔만대장경은 일본의 불교발전에 기여를 하였다.

> **해설**
>
> 의천의 속장경은 교종을 중심으로 경(經)·율(律)·논(論) 삼장(三藏)이 아닌, 그 주석서 장소(章疏)를 모아 간행한 것이다. 의천은 20여 년에 걸쳐 국내는 물론 송과 요, 일본에서까지 널리 불서들을 모았다. 그리고 그것들을 간행하기에 앞서 그 목록인 〈신편제종교장총록〉을 만들었다.

11 위화도 회군을 전후하여 일어난 일로 옳지 않은 것은?   ○ △ ×

① 공민왕은 명으로부터 돌려받은 쌍성총관부에 철령위를 설치하였다.

② 이성계는 4불가론을 내세워 요동정벌을 반대하였다.

③ 이성계는 위화도 회군 이후 우왕을 쫓아내고 창왕을 옹립하였다.

④ 최영은 요동정벌을 단행하여 8도도통사가 되었다.

> **해설**
>
> 쌍성총관부는 철령 이북의 영토로 공민왕 때 원으로부터 수복한 지역이다. 우왕 때 명나라가 요동에 철령위를 설치하여 쌍성총관부의 영토를 요구하자 최영을 중심(8도도통사)으로 요동을 정벌하자는 주장이 대두되었다. 이에 이성계를 총대장으로 하는 요동정벌군이 출진하였지만, 4불가론을 내세우며 이성계는 위화도 회군(1388년)을 일으켜 우왕을 쫓아내고 창왕을 옹립하였다.

12 각 국가별 지방제도에 관한 설명으로 옳지 않은 것은?   ○ △ ×

① 고구려 – 지방통치를 위해 22담로를 설치

② 통일신라 – 전국을 9주로 나누고 5소경을 설치

③ 고려 – 전국을 5도와 양계로 나누고 3경을 설치

④ 조선 – 전국을 8도로 나누어 관찰사를 파견

> **해설**
>
> 고구려는 수도를 5부, 지방을 5부(지방장관 : 욕살)로 구성하여 통치하였다. 22담로는 6세기 전반 백제의 무령왕 때 지방에 왕족을 파견하여 중앙집권을 강화하기 위해 실시한 제도이다.

13 고려시대에 제작된 역사서는? ○ △ ×

① 고려사
② 동국통감
③ 동국사략
④ 제왕운기

> **해설**
>
> ④ 〈제왕운기〉 : 고려 원간섭기인 1287년(충렬왕 13) 이승휴가 7언시와 5언시로 지은 사서. 고조선 계승의식의 자주성을 강조(단군 이야기 서술)하였다.
> ① 〈고려사〉 : 조선 1449년(세종 31)에 편찬하기 시작해 1451년(문종 원년)에 완성된 고려시대 역사서. 기전체이며 조선 건국 합리화라는 정치적 목적과 아울러 이전 왕조인 고려의 무신정권기부터 우왕·창왕기까지의 폐정을 권계하고 교훈을 찾고자 하는 목적으로 편찬되었고, 사료 선택의 엄정성과 객관적인 서술태도를 유지하고 있다.
> ② 〈동국통감〉 : 조선 1485년(성종 16)에 서거정 등이 왕명을 받고 고대부터 고려 말까지의 역사를 편찬한 자주적 역사서로 편년체이다.
> ③ 〈동국사략〉은 조선 전기의 역사서이다.
>   • 조선 1403년(태종 3)에 권근 등이 조선 건국의 정당성을 강조하기 위해 편찬한 사서
>   • 조선 박상(1474~1530)이 편찬한 역사서. 기자조선 중시, 사림파의 역사의식(존화주의) 반영

14 조선왕조실록에 관한 설명으로 옳은 것을 모두 고른 것은? ○ △ ×

> ㄱ. 임진왜란 이전에는 4부를 만들어 춘추관, 전주, 성주, 충주 사고에 보관하였다.
> ㄴ. 사초(史草), 시정기 등을 바탕으로 편찬하였다.
> ㄷ. 고종실록과 순종실록은 기전체 역사서로 총독부에서 편찬하였다.
> ㄹ. 임진왜란 때 전주사고본만이 남고 나머지는 소실되었다.

① ㄱ, ㄴ
② ㄴ, ㄷ
③ ㄱ, ㄴ, ㄹ
④ ㄱ, ㄴ, ㄷ, ㄹ

> **해설**
>
> 〈고종실록〉과 〈순종실록〉은 일제강점기 총독부 체제하에 편년체로 편찬하였다.

15 조선 과학기술의 발달에 관한 설명으로 옳지 않은 것은? ○ △ ✕

① 토지 측량 기구인 인지의와 규형을 제작하였다.
② 화기 제작과 그 사용법을 정리한 총통등록을 간행하였다.
③ 치료 예방법과 7백종의 국산 약재를 정리한 향약구급방을 세종 때 간행하였다.
④ 우리나라 역사상 최초로 서울을 기준으로 천체 운동을 계산한 칠정산을 만들었다.

> **해설**
> 〈향약구급방〉은 고려시대 1236년(고종 23)경 강화도에서 팔만대장경을 만들던 대장도감에서 처음으로 간행하였다. 자주적 성격으로 현존 최고(最古)의 의학서이다. 조선 세종시기에는 〈향약집성방〉이 간행되었다.

16 조선시대 경제상에 관한 설명으로 옳은 것을 모두 고른 것은? ○ △ ✕

> ㄱ. 조선 후기 국내 상업은 발달했으나 청나라와의 무역은 관무역과 사무역이 모두 금지되어 위축되었다.
> ㄴ. 개인의 광산개발이 조선 초기에는 허용되었으나 조선 후기에는 금지되었다.
> ㄷ. 조선 후기 화폐 사용이 활발해졌으나 전황(錢荒)이 발생하는 부작용도 있었다.
> ㄹ. 조선 초기 관리에게 준 과전(科田)은 소유권이 아니라 수조권을 지급한 것이다.

① ㄱ, ㄴ
② ㄱ, ㄹ
③ ㄴ, ㄷ
④ ㄷ, ㄹ

> **해설**
> ㄷ. 조선 후기 대동법 등의 이유로 화폐 사용이 활발해졌으나, 전황(錢荒; 화폐를 저장하여 시중에 유통이 부족해지는 현상, 화폐가치 상승, 물가 하락) 등의 부작용도 있었다.
> ㄹ. 조선 초기 관리에게 준 과전법은 소유권이 아니라 수조권(조세징수권)을 지급한 것이다.
> ㄱ. 조선 후기 국내 상업은 발달하였고, 대외무역(청나라, 일본)은 관무역과 사무역이 발달하였다.
> ㄴ. 개인의 광산개발이 조선 초기에는 금지되었으나 조선 후기에는 사채가 허용되었다. 그리고 18세기에는 농민의 광산 집중현상이 많이 발생하였다. 이에 정부는 사채를 금지하기도 하였으나, 불법채굴인 잠채가 성행하였다.

17 다음 내용과 관련된 것은?

○△×

> 조선시대 최고(最高)의 국립 교육기관으로 입학 자격은 생원, 진사를 원칙으로 하였다. 도서관으로 존경각을 두었다.

① 향 교
② 성균관
③ 서 원
④ 동 약

해설

② 성균관 : 조선의 국립대학으로 입학생은 소과에 합격한 생원, 진사를 원칙으로 했지만, 후에 특별채용이 많아졌다. 대과(문과)를 준비하기 위한 국립대학이다.
① 향교 : 조선의 지방 관립학교로서 수령이 주관하며 명륜당, 문묘 등이 있다.
③ 서원 : 조선의 지방 사립학교로 16세기 주세붕의 백운동 서원이 시초이다. 이후 선조 때 이황과 이이에 의해 확산되면서 사림이 향촌을 지배하는 데 기반이 되었고, 붕당의 근거지가 되었다. 출석부를 교안(청금록 ; 성균관, 향교와 동일)이라 한다. 사우(스승의 사당)와 강당, 양재(기숙사)로 구성되었다.
④ 동약 : 15세기 양반촌락의 마을 규범이다.

18 다음을 발생한 순서대로 옳게 나열한 것은?

○△×

> ㄱ. 옥포해전
> ㄴ. 명량해전
> ㄷ. 한산도대첩
> ㄹ. 노량해전

① ㄱ → ㄴ → ㄹ → ㄷ
② ㄱ → ㄷ → ㄴ → ㄹ
③ ㄷ → ㄱ → ㄴ → ㄹ
④ ㄷ → ㄹ → ㄱ → ㄴ

해설

ㄱ. 옥포해전 → ㄷ. 한산도대첩 → ㄴ. 명량해전 → ㄹ. 노량해전

완전정복 TIP	이순신 장군 주요 해전사
임진왜란 (1592)	• 옥포해전(1592.5.7) : 이순신 장군의 조선수군이 첫 승리. 왜선 42척 격파 • 사천해전(1592.5.29) : 거북선이 처음으로 실전 투입된 해전. 왜선 13척 격파 • 당포해전(1592.6.2) : 두 번째로 거북선을 앞세운 전투. 왜선 21척 격파 • 한산도대첩(1592.7.8) : 진주대첩, 행주대첩과 함께 임진왜란 3대 대첩. 학익진 전법. 왜선 66척 격파 • 부산포해전(1592.9.1) : 부산포에서 왜선 430여 척과 싸운 해전. 왜선 100여 척 격파
정유재란 (1597~1598)	• 명량해전(1597.9.16) : 백의종군에서 풀려나 통제사로 돌아온 이순신 장군이 단 13척이 배를 이끌고 왜선 330척과 맞서 싸운 해전. 왜선 133척 격파 • 노량해전(1598.12.16) : 조선수군과 일본함대가 벌인 마지막 해전. 전투는 승리하였으나 이순신 장군은 왜군의 총탄에 전사. 왜선 200여 척 격파

19 다음 내용과 관련된 인물에 관한 설명으로 옳지 않은 것은?　　　○ △ ×

> 이제 농사짓는 사람은 토지를 가지게 하고, 농사짓지 않는 사람이 토지를 가지지 못하게 하려면 여전제(閭田制)를 실시해야 한다. 산골짜기와 시냇물의 지세를 기준으로 구역을 획정하여 경계를 삼고, 그 경계선 안에 포괄되어 있는 지역을 1여(閭)로 한다.

① 경세유표를 저술하였다.
② 마과회통을 저술하였다.
③ 아방강역고를 저술하였다.
④ 열하일기를 저술하였다.

> **해설**
> 제시된 자료는 중농학파(경기남인, 시파) 정약용의 토지제도 개혁론인 여전론이다. 〈열하일기〉는 중상학파(서울 · 경기노론) 박지원의 작품이다.

20 영조와 정조 시대의 사회상에 관한 설명으로 옳지 않은 것은?　　　○ △ ×

① 초계문신제도를 시행하였다.
② 시전 상인이 가지고 있던 금난전권이 폐지되었다.
③ 군역의 부담을 줄여 주기 위하여 균역법을 시행하였다.
④ 주자소를 설치하고 처음으로 계미자를 주조하였다.

> **해설**
> 태종의 업적이다.

21 다음에서 설명하는 책을 저술한 인물은?   ○ △ ✕

> 조선 영조 때 집필된 책으로 각 지역의 자연 환경과 물산, 풍속, 인심 등을 서술하고 어느 지역이 살기 좋은 곳인가를 논하였다.

① 김정호
② 이긍익
③ 이중환
④ 한백겸

> **해설**
>
> 제시된 자료는 이중환의 〈택리지〉에 대한 내용이다. 18세기 영조 때 편찬된 최초의 종합적인 인문지리서로, 지리 · 생리 · 인심 · 산수를 바탕으로 일반 백성의 가거지 선정을 위하여 저술되었다.
> ① 김정호 : 19세기 〈청구도〉, 〈대동여지도〉(가장 과학적이고 체계적인 우리나라 실측지도, 1 : 162,000 축척, 10리마다 거리 방점 표시, 해발고도는 알 수 없음)
> ② 이긍익 : 18세기 〈연려실기술〉(400여 종의 자료를 참고하여 조선시대의 정치와 문화를 정리, 실증적 · 객관적 서술)
> ④ 한백겸 : 17세기 〈동국지리지〉(실증적)

22 다음 중 가장 먼저 발생한 사건은?   ○ △ ✕

① 안재홍, 정인보 등이 조선학 운동을 전개하여 민족중흥을 제창하였다.
② 여운형이 중심이 되어 건국동맹의 지하조직을 전국적으로 결성하였다.
③ 안창호 등은 신민회를 조직하여 국권회복을 위한 애국계몽운동을 전개하였다.
④ 고등교육기관으로서 대학을 설립해야 한다는 취지 아래 한규설, 이상재 등이 민립대학 설립기성회를 조직하였다.

> **해설**
>
> ③ 1907년 신민회 조직 → ④ 1922~1923년 민립대학 설립운동 → ① 1935년 〈여유당전서〉를 간행하면서 '우리의 것, 조선의 것' 등의 조선학운동 시작 → ② 1944년 조선 건국동맹

23 아관파천 전후에 나타난 열강의 이권침탈에 관한 설명으로 옳지 않은 것은? ○ △ ×

① 미국은 운산 금광 채굴권 등의 이권을 차지하였다.

② 영국은 거문도를 점령하고 서울과 인천을 연결하는 철도부설권을 차지하였다.

③ 일본은 서울과 부산을 연결하는 철도부설권을 차지하였다.

④ 러시아는 삼림벌채권 등의 이권을 차지하였다.

> **해설**
>
> 1896년 아관파천을 전후하여 최혜국 대우를 바탕으로 열강의 이권침탈이 나타났다. 이에 저항하여 독립협회가 구성되었으나, 주로 러시아의 이권침탈만 저지했다는 한계점이 있다. 한편 영국이 거문도를 점령(1885~1887년, 거문도사건)한 것은 맞지만, 경인선 부설권은 미국이 차지(1896년)하였다가 1897년 일본이 인수하였기 때문에 틀린 설명이 된다.

2014년

국사

24 다음 내용을 모두 포함하는 것은? ○ △ ×

- 귀천의 구별 없이 인재를 뽑아 등용한다.
- 연좌법을 모두 폐지하여 죄인 자신 외에는 처벌하지 않는다.
- 남녀의 조혼을 엄금하여 남자는 20세, 여자는 16세가 될 때부터 혼인을 허락한다.
- 과부의 재혼은 귀천을 막론하고 그 자유에 맡긴다.

① 갑오개혁의 개혁안

② 찬양회의 여성통문

③ 갑신정변 14개조 정령

④ 관민공동회의 헌의 6조

> **해설**
>
> 1894년 1차 갑오개혁의 내용이다.

25 동학농민운동에 관한 설명으로 옳지 않은 것은? ○ △ ✕

① 고부군수 조병갑의 탐학에 반발하여 일어났다.

② 지조법을 실시하고 혜상공국을 폐지하였다.

③ 농민군이 전주성을 점령하자 정부와 농민군 사이에 전주화약이 맺어졌다.

④ 청과 일본이 개입하면서 청 · 일 전쟁이 발발하였다.

해설

지조법과 혜상공국에 관한 조항은 1884년 갑신정변의 14개조 개혁정강에 있다.

완전정복 TIP 갑신정변 14개조 개혁정강(1884)

- 청에 잡혀간 흥선대원군을 조속히 귀국시키고 청에 대한 조공 허례를 폐지한다.
- 문벌을 폐지하여 인민평등권을 제정하고 능력에 따라 인재를 등용한다.
- 지조법을 개혁하고 간악한 관리를 근절하고 빈민을 구제하며 국가 재정을 충실히 한다.
- 내시부를 폐지하되 그 가운데 재능 있는 자는 등용한다.
- 그동안 나라를 멍들게 한 탐관오리 가운데 그 죄가 심한 자는 처벌한다.
- 각 도의 환자곡은 영구히 면제한다.
- 규장각을 폐지한다.
- 조속히 순사를 두어 도적을 막게 한다.
- 혜상공국을 폐지한다.
- 그동안 유배나 금고의 형을 받은 죄인은 다시 조사하여 석방한다.
- 4영을 합하여 1영으로 하고 영 가운데서 장정을 뽑아 근위대를 조속히 설치한다.
- 모든 국가 재정은 호조에서 관할하고 그 밖의 재정 관청은 폐지한다.
- 대신과 참찬은 날짜를 정하여 합문 안의 의정소에서 회의하고 정령을 의정 · 공포한다.
- 의정부, 6조 외에 불필요한 관청을 폐지하되 대신과 참찬이 이를 심의하여 처리하도록 한다.

25 ② 정답

관광자원해설

※ 문제의 이해도에 따라 ○△× 체크하여 완벽하게 정리하세요.

26 다음에서 설명하는 박물관이 위치한 지역은?　　　　　　○△×

> 한국 최초의 등대박물관으로 등대원 생활관, 운항 체험실, 등대유물관 등을 갖추고 있으며, 한국 등대의 발달사와 각종 해양 수산자료를 볼 수 있는 곳이다.

① 울릉도
② 마라도
③ 포 항
④ 여 수

해설

국립등대박물관
항로표지 시설과 관련용품을 보존하고 그 중요성을 알리고자 1985년 호미곶 등대가 있는 경상북도 포항시 남구 호미곶면에 개관하였다.

27 유네스코 지정 한국 세계유산의 연결로 옳지 않은 것은?　　　　　　○△×

① 세계문화유산 – 남한산성
② 세계자연유산 – 제주 용암동굴
③ 세계인류무형문화유산 – 매사냥
④ 세계기록유산 – 목민심서

해설

한국의 세계기록유산
• 훈민정음(1997)
• 직지심체요절(2001)
• 조선왕조 의궤(2007)
• 동의보감(2009)
• 5 · 18 민주화운동기록물(2011)
• 새마을운동기록물(2013)
• KBS 특별생방송 '이산가족을 찾습니다' 기록물(2015)
• 국채보상운동기록물(2017)
• 4 · 19혁명기록물(2023)
• 조선왕조실록(1997)
• 승정원일기(2001)
• 해인사 대장경판 및 제경판(2007)
• 일성록(2011)
• 난중일기(2013)
• 한국의 유교책판(2015)
• 조선왕실 어보와 어책(2017)
• 조선통신사기록물(2017)
• 동학농민혁명기록물(2023)

28 관동팔경에 해당하지 않는 것은?

○ △ ✕

① 청간정
② 삼일포
③ 하선암
④ 망양정

> **해설**
>
> 하선암은 단양팔경에 속한다.
>
> 관동팔경
> - 청간정   • 경포대   • 삼일포   • 죽서루
> - 낙산사   • 망양정   • 총석정   • 월송정
> ※ 월송정 대신 시중대를 넣는 경우도 있다.

29 다음에서 설명하는 국립공원은?

○ △ ✕

> 광주광역시와 담양군 · 화순군에 위치한 산으로 천왕봉 · 지왕봉 · 인왕봉 등 3개의 바위봉으로 이루어져 있고, 서석대 · 입석대 등 이름난 기암괴석이 있다.

① 내장산 국립공원
② 무등산 국립공원
③ 지리산 국립공원
④ 월출산 국립공원

> **해설**
>
> 무등산 국립공원은 2013년에 지정된 국립공원으로, 서석대, 입석대 등 주상절리대의 높이가 최대 규모이며, 천왕봉 · 지왕봉 · 인왕봉, 용추계곡, 원효계곡 등의 자연경관이 속해 있다.

30 우리나라 동굴관광자원 중 천연기념물로 지정되지 않은 것은?

① 영월 고씨굴

② 울진 성류굴

③ 단양 노동동굴

④ 태백 용연굴

> 해설
>
> ④ 강원도 자연유산에 해당한다.
> ① 영월 고씨굴 : 천연기념물
> ② 울진 성류굴 : 천연기념물
> ③ 단양 노동동굴 : 천연기념물

31 한려해상 국립공원에 관한 설명으로 옳지 않은 것은?

① 경남 통영시와 전남 여수시에 걸쳐있다.

② 우리나라 국립공원 중 면적이 가장 넓다.

③ 한산도의 '한'과 여수의 '여'를 따서 명명되었다.

④ 우리나라 최초의 해상 국립공원으로 지정되었다.

> 해설
>
> 우리나라의 국립공원 중 면적이 가장 넓은 것은 다도해상 국립공원으로, 총면적이 2,266,221㎢에 달한다.

> **완전정복 TIP** 우리나라에서 가장 넓은 자연공원
>
> • 가장 넓은 국립공원(해상형 포함) : 다도해상국립공원(2,266,221㎢)
> • 가장 넓은 국립공원(해상형 제외) : 지리산국립공원(483,022㎢)
> • 도립공원 : 가지산도립공원(104,345㎢)
> • 군립공원 : 화왕산군립공원(31,258㎢)
> • 지질공원 : 경북동해안지질공원(2261㎢)

32 관광자원에 관한 설명으로 옳은 것은?　　　　　　　　　　　　　　　○ △ ✕

① 형태가 없는 무형재는 자원의 가치를 갖지 못한다.

② 관광자원의 범위는 자연자원과 유형적 자원으로 한정되어 있다.

③ 관광자원은 관광객의 관광욕구와 동기를 일으키는 매력성이 있어야 한다.

④ 관광자원의 가치는 시대의 흐름과 관계없다.

> **해설**
> ① 무형의 자원도 관광자원의 가치를 지닐 수 있다.
> ② 관광자원의 범위는 유·무형, 자연 및 인문자원 등 그 범위가 다양하다.
> ④ 관광자원은 시대나 사회구조에 따라 가치를 달리한다.

33 종묘에 관한 설명으로 옳지 않은 것은?　　　　　　　　　　　　　　○ △ ✕

① 조선시대 역대 왕과 왕비의 신주를 모신 왕가의 사당이다.

② 유네스코 세계문화유산으로 지정되었다.

③ 왕의 생활공간 안에 만들어진 업무공간이다.

④ 유교적 전통인 제례문화를 보여주는 유교 건축물이다.

> **해설**
> 왕의 생활공간 안에 만들어진 업무공간은 편전(便殿)에 해당한다.

34 유형별 국가지정문화재의 사례로 옳지 않은 것은?　　　　　　　　○ △ ✕

① 명승 – 명주 청학동의 소금강

② 천연기념물 – 경주 포석정지

③ 사적 – 수원화성

④ 국가무형문화재 – 종묘제례악

> **해설**
> 경주 포석정지는 사적이다.
> ※ 2024년 5월 17일 법령 개정에 따라 '국가지정문화재, 국가무형문화재'의 명칭이 각각 '국가지정문화유산, 국가무형유산'으로 변경되었다.

35 강과 그 유역에 건설된 댐이 바르게 연결된 것을 모두 고른 것은?

○ △ ✕

> ㄱ. 한강 유역 – 의암댐
> ㄴ. 낙동강 유역 – 합천댐
> ㄷ. 영산강 유역 – 담양댐
> ㄹ. 섬진강 유역 – 동복댐

① ㄱ, ㄴ, ㄷ
② ㄱ, ㄴ, ㄹ
③ ㄴ, ㄷ, ㄹ
④ ㄱ, ㄴ, ㄷ, ㄹ

해설

5대강 유역의 댐
- 한강 유역 : 화천댐, 춘천댐, 소양강댐, 의암댐, 청평댐, 충주댐, 괴산댐, 횡성댐 등
- 금강 유역 : 대청댐, 금강하굿둑, 용담댐, 보령댐 등
- 낙동강 유역 : 안동댐, 진양호, 합천댐, 임하댐, 성덕댐 등
- 영산강 유역 : 영산호, 담양댐, 장성댐 등
- 섬진강 유역 : 섬진강댐, 동복댐 등

36 민속마을에 관한 설명으로 옳지 않은 것은?

○ △ ✕

① 안동 하회마을 – 풍산유씨 종가가옥, 양진당
② 경주 양동마을 – 세계문화유산 등재, 월성손씨, 여강이씨
③ 성읍 민속마을 – 제주도 표선면에 위치, 성곽, 동헌과 향교
④ 아산 외암마을 – 서민 가옥인 초가집으로만 구성, 성곽

해설

아산 외암마을에는 상류·중류·서민가옥이 함께 남아있으며, 특히 양반집은 조선시대 상류주택의 모습을 잘 보여 준다.
※ '성읍민속마을'은 현재 '제주성읍마을'로 그 명칭이 변경되었다.

37 우리나라 국립공원에 관한 설명으로 옳지 않은 것은? ○△×

① 산악형 16개소, 해상형 4개소, 사적형 1개소가 지정되었다.

② 최초의 국립공원은 지리산이다.

③ 국립공원의 지정권자는 문화체육관광부 장관이다.

④ 경주는 사적형 국립공원이다.

해설

자연공원의 지정 등(「자연공원법」 제4조 제1항)
국립공원은 환경부장관이 지정·관리하고, 도립공원은 도지사 또는 특별자치도지사가 지정·관리하며, 군립공원은 군수가 지정·관리한다.
※ 현재 산악형 국립공원은 19개소, 해상·해안형은 3개소, 사적형은 1개소이므로 ①도 정답이다.

38 목조건축의 기법을 사용하여 만든 우리나라 최고(最古)의 석탑은? ○△×

① 익산 미륵사지 석탑
② 분황사 석탑
③ 감은사지 삼층석탑
④ 불국사 삼층석탑

해설

익산 미륵사지 석탑
• 백제 말 무왕(재위 600~641)대 세워진 것으로 추정됨
• 우리나라에 남아 있는 탑 중 가장 오래되고 가장 큼
• 양식상 목탑에서 석탑으로 이행하는 과정을 보여 줌

39 다음 설명에 해당하는 탑은? ○△×

선덕여왕 12년(643)에 자장율사의 권유로 외적의 침입을 막기 위해 탑을 지었는데, 각 층마다 적국을 상징하도록 하였으며, 백제의 장인 아비지에 의하여 645년에 완공되었다.

① 원각사지 십층석탑
② 황룡사 구층목탑
③ 불국사 삼층석탑
④ 법주사 팔상전

해설

황룡사 구층목탑
• 신라 삼보(三寶) 중 하나
• 〈삼국유사〉에 의하면 자장(慈藏)의 요청으로 643년(선덕여왕 12) 건조
• 아홉 개의 층은 모두 신라 변방의 나라들을 가리킴
• 1238년(고려 고종 25) 몽골의 병화(兵火)로 불에 타 중수되지 못함

40 경복궁에 관한 설명으로 옳지 않은 것은?

① 경복궁의 정전은 인정전이다.
② 사적 제117호로 서울특별시 종로구에 위치해 있다.
③ 임진왜란으로 소실되었다.
④ 조선 말기 고종 때 중건되었다.

해설
경복궁의 정전은 근정전이며, 인정전은 창덕궁의 정전이다.

41 우리나라 서원에 관한 설명으로 옳은 것을 모두 고른 것은?

ㄱ. 영주 소수서원은 우리나라 최초의 사액서원이다.
ㄴ. 안동 도산서원은 율곡 이이의 학문과 덕행을 추모하기 위해 설립되었다.
ㄷ. 서원은 학문연구와 선현제향(先賢祭享)을 위해 설립된 공립 교육기관이다.
ㄹ. 용인 심곡서원은 조광조의 학문과 덕행을 추모하기 위해 설립되었다.

① ㄱ, ㄴ
② ㄱ, ㄹ
③ ㄱ, ㄴ, ㄷ
④ ㄱ, ㄷ, ㄹ

해설
ㄴ. 안동 도산서원은 이황의 학덕을 추모하기 위해 설립되었다.
ㄷ. 서원은 사설 교육기관이다.

42 우리나라 산성에 관한 설명으로 옳은 것은?

① 남한산성은 북한산성과 함께 수도 한양을 지키기 위한 조선시대의 산성이다.
② 강화읍을 에워싸고 있는 강화산성은 조선시대에 축조되었다.
③ 고양 행주산성은 석성으로서 임진왜란 때 권율장군의 행주대첩으로 알려진 곳이다.
④ 칠곡 가산산성은 험한 자연지세를 이용한 고려 후기의 축성기법을 보여주고 있는 산성이다.

해설
② 강화산성은 고려시대의 산성이다.
③ 고양 행주산성은 흙을 이용하여 만든 토축산성이다.
④ 칠곡 가산산성은 조선 후기의 축성기법을 보여 준다.

43 전통 건축양식 중 기둥 위에만 공포(栱包)를 배치하는 형식으로, 봉정사 극락전, 부석사 무량수전, 수덕사 대웅전 등에 쓰인 건축양식은? ○ △ ✕

① 다포(多包) 양식
② 익공(翼工) 양식
③ 하앙공포(下昻栱包) 양식
④ 주심포(柱心包) 양식

> **해설**
> • 다포 양식 건물 : 남대문, 동대문, 경복궁 근정전, 창덕궁 인정전 등
> • 익공 양식 건물 : 오죽헌, 경복궁 경회루 등
> • 하앙공포 양식 건물 : 화암사 극락전

44 조선 중기 문신인 서애 류성룡이 임진왜란 때의 상황을 기록한 사료는? ○ △ ✕

① 징비록
② 일성록
③ 묘법연화경찬술
④ 난중일기

> **해설**
> 국보인 〈징비록〉은 조선 중기 문신인 서애 류성룡(1542~1607)이 임진왜란 때의 상황을 기록한 사료이다. 〈난중일기〉와 함께 임진왜란 전후의 상황을 연구하는 데 중요한 자료로 평가된다.

> **완전정복 TIP**
> • 〈일성록〉 : 국보로, 1760년부터 1910년까지 조선 후기 국정에 관한 제반 사항들이 기록되어 있는 일기체 연대기이다. 본래 정조가 기록해오던 개인 일기에서 시작된 일성록은 규장각 관원들이 작성하기 시작하면서 국정 일기로 전환되었다. 일성록은 다른 연대기에는 없는 정치적 사건이나 상황들이 많이 수록되어 있다는 점을 인정받아 2011년 유네스코 세계기록유산에 등재되었다.
> • 〈묘법연화경찬술〉 : 보물로 '법화경'이라고 한다. 천태종의 근본경전으로 불교 사상 확립에 많은 영향을 끼쳤고, 우리나라에서 유통된 불경 가운데 가장 많이 간행된 것이기도 하다.
> • 〈난중일기〉 : 국보로 임진왜란 때 이순신 장군이 친필로 작성한 일기이다. 연도별 7권으로 되어 있으며, 이순신 장군이 왜적과 싸우는 동안 틈틈이 작성하여 당시 군사제도에 대해 살펴볼 수 있는 귀중한 자료이기도 하다. 역사적 · 세계사적 가치를 인정받아 2013년에 유네스코 세계기록유산에 등재되었다.

45 연례악에 관한 설명으로 옳은 것은?

① 절에서 주로 제를 올릴 때 사용되는 음악
② 궁중 조하(朝賀)와 연향에 쓰이던 음악
③ 민속음악에 속하는 기악독주곡 형태의 음악
④ 무속 종교 의식에 사용하는 음악

해설

① 범패, ③ 산조, ④ 무속음악

46 국가무형문화재 제27호로 불교적인 색채가 강하며 주로 머리에는 흰 고깔을 쓰고, 흰 장삼에 붉은 가사를 걸치고 추는 민속무용은?

① 한량무   ② 살풀이춤
③ 춘앵무   ④ 승 무

해설

① 한량과 승려가 여인을 유혹하는 내용을 표현한 무용극
② 무당이 굿판에서 나쁜 기운을 풀기 위해 추는 춤. 국가무형유산
③ 조선시대의 궁중무용
※ 2024년 5월 17일 법령 개정에 따라 '국가무형문화재'의 명칭이 '국가무형유산'으로 변경되었다.

47 조선시대 화가 신윤복에 관한 설명으로 옳지 않은 것은?

① 조선시대의 3대 풍속 화가로 지칭된다.
② 선이 가늘고 유연하며 부드러운 담채 바탕에 원색을 즐겨 사용했다.
③ 미인도, 단오풍정, 뱃놀이 등의 대표작이 있다.
④ 영조의 어진을 그렸으며, 호는 단원이다.

해설

영조의 어진을 그린 사람은 단원 김홍도이다. 신윤복의 호는 '혜원(蕙園)'이다.

48 국가무형문화재 처용무에 관한 설명으로 옳은 것은? ○ △ ×

① 춤의 내용은 음양오행설의 기본정신을 기초로 하여 악운을 쫓는 의미가 담겨있다.

② 궁중무용 중에서 유일하게 사자형상의 가면을 쓰고 추는 춤이다.

③ 황해도 봉산지방에서 전승되어 오던 가면극이다.

④ 경기지방과 호남지방에서 계승된 춤으로 허튼춤이라고도 한다.

> **해설**
>
> ② 처용무는 궁중무용 중에서 유일하게 사람 형상의 가면을 쓰고 쓰는 춤이다.
>
> ③ 봉산탈춤에 관한 설명이다.
>
> ④ 살풀이춤에 관한 설명이다.
>
> ※ 2024년 5월 17일 법령 개정에 따라 '국가무형문화재'의 명칭이 '국가무형유산'으로 변경되었다.

49 북청사자놀음에 관한 설명으로 옳지 않은 것은? ○ △ ×

① 국가무형문화재 제15호로 함경남도 북청지방에서 정월대보름에 행해지던 사자놀이이다.

② 연초에 잡귀를 쫓고 마을의 평안을 비는 행사로 널리 행해졌다.

③ 주제는 양반 계급에 대한 반감과 모욕, 파계승에 대한 풍자, 남녀 애정관계에서 오는 가정의 비극 등이다.

④ 북청사자놀음에 쓰이는 가면은 사자 · 양반 · 꺾쇠 · 꼽추 · 사령 등이다.

> **해설**
>
> 고성오광대 놀이의 내용이다.
>
> ※ 2024년 5월 17일 법령 개정에 따라 '국가무형문화재'의 명칭이 '국가무형유산'으로 변경되었다.

50 제주도의 전통가옥에서 주로 곡류 등을 항아리에 넣어 보관하는 창고는? ○ △ ×

① 고 팡   ② 우데기

③ 행랑채   ④ 정주간

> **해설**
>
> ② 눈이 많이 오는 울릉도에서 민가에 설치하는 외벽이다.
>
> ③ 대문간의 곁에 있는 집채이다.
>
> ④ 부엌과 안방 사이에 벽이 없는 방으로, 함경도 지방에서 많이 볼 수 있다.

관광법규

※ 문제의 이해도에 따라 ○ △ × 체크하여 완벽하게 정리하세요.

01 관광기본법에 관한 설명으로 옳지 않은 것은?   ○ △ ×

① 국제친선의 증진, 국민경제와 국민복지의 향상, 건전한 국민관광의 발전을 도모하는 것을 목적으로 하고 있다.

② 1975년 12월 31일에 공포되었다.

③ 전문 25조 및 부칙으로 구성되어 있다.

④ 우리나라 관광진흥의 방향과 시책에 관한 사항을 규정하고 있다.

> **해설**
>
> 관광기본법은 전문 16조 및 부칙으로 구성되어 있다.

02 관광진흥법령상 관광단지에 관한 설명이다. 다음 (   ) 안에 들어갈 내용이 옳게 짝지어진 것은?   ○ △ ×

> 관광객의 다양한 관광 및 (ㄱ)을 위하여 각종 관광시설을 종합적으로 개발하는 관광 (ㄴ)으로서 관광진흥법에 따라 지정된 곳

① ㄱ - 오락, ㄴ - 특화 지역

② ㄱ - 휴양, ㄴ - 거점 지역

③ ㄱ - 오락, ㄴ - 거점 지역

④ ㄱ - 휴양, ㄴ - 특화 지역

> **해설**
>
> 관광단지의 정의(「관광진흥법」제2조 제7호)
> 관광단지란 관광객의 다양한 관광 및 휴양을 위하여 각종 관광시설을 종합적으로 개발하는 관광 거점 지역으로서 「관광진흥법」에 따라 지정된 곳을 말한다.

03 관광진흥법령상 관광숙박업에서 관광사업자 등록대장의 기재사항이 아닌 것은? ○ △ ×

① 객실 수

② 종업원 수

③ 대지면적 및 건축연면적

④ 사업계획에 포함된 부대영업을 하기 위하여 다른 법령에 따라 인·허가 등을 받았거나 신고 등을 한 사항

해설

관광숙박업의 관광사업자 등록대장의 기재사항(「관광진흥법 시행규칙」 제4조 제2호)
- 관광사업자의 상호 또는 명칭
- 대표자의 성명·주소 및 사업장의 소재지
- 객실 수
- 대지면적 및 건축연면적(폐선박을 이용하는 수상관광호텔업의 경우에는 폐선박의 총톤수·전체 길이 및 전체 너비)
- 법 제18조 제1항에 따라 신고를 하였거나 인·허가 등을 받은 것으로 의제되는 사항
- 사업계획에 포함된 부대영업을 하기 위하여 다른 법령에 따라·인·허가 등을 받았거나 신고 등을 한 사항
- 등급(호텔업만 해당)
- 운영의 형태(분양 또는 회원모집을 하는 휴양 콘도미니엄업 및 호텔업만 해당)

04 관광진흥법령상 기획여행을 실시하는 자가 광고를 하려는 경우 표시하여야 하는 사항에 해당되지 않는 것은? ○ △ ×

① 여행사의 자본금

② 최저 여행인원

③ 여행경비

④ 여행일정 변경 시 여행자의 사전 동의 규정

해설

기획여행의 광고를 하려는 경우 표시해야 하는 사항(「관광진흥법 시행규칙」 제21조)
- 여행업의 등록번호, 상호, 소재지 및 등록관청
- 기획여행명·여행일정 및 주요 여행지
- 여행경비
- 교통·숙박 및 식사 등 여행자가 제공받을 서비스의 내용
- 최저 여행인원
- 보증보험 등의 가입 또는 영업보증금의 예치 내용
- 여행일정 변경 시 여행자의 사전 동의 규정
- 여행목적지(국가 및 지역)의 여행경보단계

05 관광진흥법령상 국외여행 인솔자의 자격요건에 부합하는 자를 모두 고른 것은? ○ △ ✕

> ㄱ. 관광통역안내사 자격을 취득한 자
> ㄴ. 여행업체에서 6개월 이상 근무하고 국외여행 경험이 있는 자로서 문화체육관광부장관이 정하는 소양교육을 이수한 자
> ㄷ. 문화체육관광부장관이 지정하는 교육기관에서 국외여행 인솔에 필요한 양성교육을 이수한 자

① ㄱ
② ㄱ, ㄴ
③ ㄴ, ㄷ
④ ㄱ, ㄴ, ㄷ

해설

국외여행 인솔자의 자격요건(「관광진흥법 시행규칙」 제22조 제1항)
• 관광통역안내사 자격을 취득할 것
• 여행업체에서 6개월 이상 근무하고 국외여행 경험이 있는 자로서 문화체육관광부장관이 정하는 소양교육을 이수할 것
• 문화체육관광부장관이 지정하는 교육기관에서 국외여행 인솔에 필요한 양성교육을 이수할 것

06 관광진흥법령상 문화관광해설사에 관한 설명으로 옳지 않은 것은? ○ △ ✕

① 문화관광해설사 양성을 위한 교육프로그램을 인증받으려는 자는 문화관광해설사 양성 교육프로그램 인증 신청서에 인증받으려는 교육프로그램에 관한 서류를 첨부하여 한국관광공사에 제출하여야 한다.
② 지방자치단체의 장은 문화관광해설사를 선발하는 경우 문화체육관광부령으로 정하는 바에 따라 이론 및 실습을 평가하고, 3개월 이상의 실무수습을 마친 자에게 자격을 부여할 수 있다.
③ 문화체육관광부장관은 관광자원에 대한 지식을 체계적으로 전달하고 지역문화에 대한 올바른 이해를 돕기 위하여 관광진흥법에 따라 인증을 받은 문화관광해설사 교육과정을 이수한 자를 문화관광해설사로 선발하여 활용할 수 있다.
④ 문화체육관광부장관은 문화관광해설사의 활동에 필요한 비용 등을 관광진흥개발기금에서 지원하여야 한다.

해설

문화체육관광부장관 또는 지방자치단체의 장은 예산의 범위에서 문화관광해설사의 활동에 필요한 비용 등을 지원할 수 있다(「관광진흥법」 제48조의8 제3항).
※ ①은 현재 삭제된 법령이며, ③은 다음과 같이 개정되었다.
　문화체육관광부장관 또는 지방자치단체의 장은 교육과정을 이수한 사람을 문화관광해설사로 선발하여 활용할 수 있다(「관광진흥법」 제48조의8 제1항).

07 관광진흥법령상 호텔업의 등급결정 시 평가요소에 해당하지 않는 것은? ○ △ ×

① 투숙객 현황
② 건축 · 설비 · 주차시설
③ 서비스 상태
④ 소비자 만족도

> **해설**
>
> 호텔업의 등급결정(「관광진흥법 시행규칙」 제25조 제3항)
> • 서비스 상태
> • 객실 및 부대시설의 상태
> • 안전 관리 등에 관한 법령 준수 여부
> ※ 이 문제는 2014년 9월 기준 법령으로 출제된 것이다. 출제 당시 정답은 ①번이었으나, 2014년 12월 31일 개정된 법령
> 에 따른 등급결정을 위한 평가요소는 위와 같다.

08 관광진흥법령상 관광특구에 관한 내용으로 옳지 않은 것은? ○ △ ×

① 서울특별시의 경우 관광특구 지정 시 문화체육관광부장관이 고시하는 기준을 갖춘 통계 전문기관의
통계결과 해당 지역의 최근 1년간 외국인 관광객 수가 50만 명 이상이어야 한다.
② 특별자치도지사 · 시장 · 군수 · 구청장은 수립된 관광특구진흥계획에 대하여 10년마다 그 타당성을
검토하고 관광특구진흥계획의 변경 등 필요한 조치를 하여야 한다.
③ 관광특구 지정 시 상가시설로서 관광기념품전문판매점, 백화점, 재래시장, 면세점 등의 시설 중 1개소
이상을 갖추어야 한다.
④ 시 · 도지사는 관광특구진흥계획의 집행 상황에 대한 평가 결과 관광특구의 지정요건에 3년 연속 미달
하여 개선될 여지가 없다고 판단되는 경우 관광특구 지정을 취소할 수 있다.

> **해설**
>
> 관광특구진흥계획의 수립 · 시행(「관광진흥법 시행령」 제59조 제3항)
> 특별자치시장 · 특별자치도지사 · 시장 · 군수 · 구청장은 수립된 진흥계획에 대하여 5년마다 그 타당성을 검토하고 진흥계
> 획의 변경 등 필요한 조치를 하여야 한다.

09 관광진흥법령상 관광특구 지정 시 관광특구 전체 면적 중 관광활동과 직접적인 관련성이 없는 토지의 비율이 몇 %를 초과해서는 안되는가?

○ △ ✕

① 5%

② 10%

③ 15%

④ 20%

> **해설**
> 관광특구의 지정요건(「관광진흥법」 제70조 제1항 제3호 및 시행령 제58조 제2항)
> 관광진흥법령상 관광특구는 관광활동과 직접적인 관련성이 없는 토지의 비율이 대통령령으로 정하는 기준을 초과하지 않아야 한다. 그 기준은 관광특구 전체 면적 중 관광활동과 직접적인 관련성이 없는 토지가 차지하는 비율이 10%인 것을 말한다.

10 관광진흥법령상 직전 사업년도 매출액이 50억원 이상 100억원 미만인 국외여행업자 중 기획여행을 실시하려는 자가 추가로 가입하거나 예치하고 유지하여야 할 보증보험 등의 가입금액 또는 영업보증금의 예치금액은?

○ △ ✕

① 180,000천원

② 200,000천원

③ 250,000천원

④ 300,000천원

> **해설**
> 보증보험 등 가입금액(영업보증금 예치금액) 기준(「관광진흥법 시행규칙」 별표3)
>
> (단위 : 천원)
>
> | 여행업의 종류
(기획여행 포함)
직전 사업연도 매출액 | 국내여행업 | 국내외여행업 | 종합여행업 | 국내외여행업의 기획여행 | 종합여행업의 기획여행 |
> |---|---|---|---|---|---|
> | 1억원 미만 | 20,000 | 30,000 | 50,000 | 200,000 | 200,000 |
> | 1억원 이상 5억원 미만 | 30,000 | 40,000 | 65,000 | | |
> | 5억원 이상 10억원 미만 | 45,000 | 55,000 | 85,000 | | |
> | 10억원 이상 50억원 미만 | 85,000 | 100,000 | 150,000 | | |
> | 50억원 이상 100억원 미만 | 140,000 | 180,000 | 250,000 | 300,000 | 300,000 |
> | 100억원 이상 1,000억원 미만 | 450,000 | 750,000 | 1,000,000 | 500,000 | 500,000 |
> | 1,000억원 이상 | 750,000 | 1,250,000 | 1,510,000 | 700,000 | 700,000 |
>
> ※ 2021년 9월 24일 법령이 개정되어 국외여행업에서 국내외여행업으로, 일반여행업에서 종합여행업으로 변경되었다.

11 관광진흥법령상 특별자치도지사 · 시장 · 군수 · 구청장의 허가를 받아야 경영할 수 있는 관광사업을 모두 고른 것은?

ㅇ △ ×

> ㄱ. 카지노업   ㄴ. 종합유원시설업
> ㄷ. 일반유원시설업   ㄹ. 기타유원시설업

① ㄱ, ㄴ   ② ㄱ, ㄷ
③ ㄴ, ㄷ   ④ ㄷ, ㄹ

> **해설**
>
> 관광사업의 허가와 신고(「관광진흥법」 제5조)
> • 카지노업을 경영하려는 자는 전용영업장 등 문화체육관광부령으로 정하는 시설과 기구를 갖추어 문화체육관광부장관의 허가를 받아야 한다.
> • 유원시설업(종합유원시설업 및 일반유원시설업)을 경영하려는 자는 문화체육관광부령으로 정하는 시설과 설비를 갖추어 특별자치시장 · 특별자치도지사 · 시장 · 군수 · 구청장의 허가를 받아야 한다.
> • 유원시설업(종합유원시설업 및 일반유원시설업) 외의 유원시설업을 경영하려는 자는 문화체육관광부령으로 정하는 시설과 설비를 갖추어 특별자치시장 · 특별자치도지사 · 시장 · 군수 · 구청장에게 신고하여야 한다.

12 관광진흥법령상 국내외를 여행하는 내국인 및 외국인을 대상으로 하는 여행업은?

ㅇ △ ×

① 국제여행업
② 일반여행업
③ 국외여행업
④ 국내외여행업

> **해설**
>
> 여행업의 종류(「관광진흥법 시행령」 제2조 제1항 제1호)
> • 종합여행업 : 국내외를 여행하는 내국인 및 외국인을 대상으로 하는 여행업
> • 국내외여행업 : 국내외를 여행하는 내국인을 대상으로 하는 여행업
> • 국내여행업 : 국내를 여행하는 내국인을 대상으로 하는 여행업
> **※ 출제 당시 답은 ②였으나, 2021년 3월 23일 법령이 개정되어 현재는 정답이 없다.**

13 관광진흥법령상 관광 편의시설업자 지정대장의 기재사항을 모두 고른 것은? ○ △ ×

> ㄱ. 상호 또는 명칭   ㄴ. 사업장의 소재지
> ㄷ. 대표자의 성명 · 주소   ㄹ. 임원의 성명 · 주소

① ㄱ, ㄴ   ② ㄴ, ㄷ
③ ㄴ, ㄷ, ㄹ   ④ ㄱ, ㄴ, ㄷ, ㄹ

> **해설**
>
> 관광 편의시설업의 지정신청(「관광진흥법 시행규칙」 제14조 제4항)
> 특별자치시장 · 특별자치도지사 · 시장 · 군수 · 구청장 또는 지역별 관광협회는 「관광진흥법」에 따른 관광 편의시설업자 신청을 받은 경우 그 신청내용이 지정기준에 적합하다고 인정되는 경우에는 「관광진흥법」에 따른 관광 편의시설업 지정증을 신청인에게 발급하고, 관광 편의시설업자 지정대장에 상호 또는 명칭, 대표자 및 임원의 성명 · 주소, 사업장의 소재지를 기재하여야 한다.

14 관광진흥법령상 관광객을 위하여 음식 · 운동 · 오락 · 휴양 · 문화 · 예술 또는 레저 등에 적합한 시설을 갖추어 이를 관광객에게 이용하게 하는 업은? ○ △ ×

① 관광객 이용시설업
② 관광 편의시설업
③ 유원시설업
④ 휴양 콘도미니엄업

> **해설**
>
> 관광객 이용시설업(「관광진흥법」 제3조 제1항 제3호)
> • 관광객을 위하여 음식 · 운동 · 오락 · 휴양 · 문화 · 예술 또는 레저 등에 적합한 시설을 갖추어 이를 관광객에게 이용하게 하는 업
> • 대통령령으로 정하는 2종 이상의 시설과 관광숙박업의 시설 등을 함께 갖추어 이를 회원이나 그 밖의 관광객에게 이용하게 하는 업
> • 야영장업 : 야영에 적합한 시설 및 설비 등을 갖추고 야영편의를 제공하는 시설(청소년야영장은 제외)을 관광객에게 이용하게 하는 업

15 관광진흥법령상 관광종사원의 자격을 반드시 취소하여야 하는 경우는?

① 관광진흥법을 위반하여 징역 이상의 실형을 선고받고 그 형의 집행유예 기간 중에 있는 경우
② 파산선고를 받고 복권되지 않은 경우
③ 직무를 수행하는 데에 부정 또는 비위(非違) 사실이 있는 경우
④ 거짓이나 그 밖의 부정한 방법으로 자격을 취득한 경우

> **해설**
>
> 결격사유(「관광진흥법」 제7조 제1항)
> 다음의 어느 하나에 해당하는 자는 관광사업의 등록 등을 받거나 신고를 할 수 없고, 사업계획의 승인을 받을 수 없다. 법인의 경우 그 임원 중에 다음의 어느 하나에 해당하는 자가 있는 경우에도 또한 같다.
> • 피성년후견인 · 피한정후견인
> • 파산선고를 받고 복권되지 아니한 자
> • 이 법에 따라 등록 등 또는 사업계획의 승인이 취소되거나 영업소가 폐쇄된 후 2년이 지나지 아니한 자.
> • 이 법을 위반하여 징역 이상의 실형을 선고받고 그 집행이 끝나거나(집행이 끝난 것으로 보는 경우를 포함) 집행을 받지 아니하기로 확정된 후 2년이 지나지 아니한 자 또는 형의 집행유예 기간 중에 있는 자
>
> 자격취소(「관광진흥법」 제40조)
> 문화체육관광부장관(관광종사원 중 대통령령으로 정하는 관광종사원에 대하여는 시 · 도지사)은 자격을 가진 관광종사원이 다음의 어느 하나에 해당하면 문화체육관광부령으로 정하는 바에 따라 그 자격을 취소하거나 6개월 이내의 기간을 정하여 자격의 정지를 명할 수 있다. 다만, 제1호 및 제5호에 해당하면 그 자격을 취소하여야 한다.
> • 거짓이나 그 밖의 부정한 방법으로 자격을 취득한 경우
> • 제7조 제1항 각 호(제3호는 제외)의 어느 하나에 해당하게 된 경우
> • 관광종사원으로서 직무를 수행하는 데에 부정 또는 비위(非違) 사실이 있는 경우
> • 다른 사람에게 관광종사원 자격증을 대여한 경우

16 관광진흥법에 따른 등록을 하지 아니하고 여행업을 경영한 자가 받게 되는 벌칙기준으로 옳은 것은?

① 1년 이하의 징역 또는 1천만원 이하의 벌금
② 2년 이하의 징역 또는 2천만원 이하의 벌금
③ 3년 이하의 징역 또는 3천만원 이하의 벌금
④ 5년 이하의 징역 또는 5천만원 이하의 벌금

> **해설**
>
> 벌칙(「관광진흥법」 제82조)
> 「관광진흥법」에 따른 등록을 하지 아니하고 여행업 · 관광숙박업 · 국제회의업 및 기타 관광객 이용시설업을 경영한 자는 3년 이하의 징역 또는 3천만원 이하의 벌금에 처한다.

17 관광진흥법령상 관광펜션업의 지정기준으로 옳지 않은 것은?

① 객실이 30실 이하일 것

② 자연 및 주변환경과 조화를 이루는 3층 이하의 건축물일 것

③ 취사·숙박 및 운동에 필요한 설비를 갖출 것

④ 숙박시설 및 이용시설에 대하여 외국어 안내표기를 할 것

> **해설**
>
> 관광펜션업의 지정기준(「관광진흥법 시행규칙」 별표2)
> - 자연 및 주변환경과 조화를 이루는 4층 이하의 건축물일 것
> - 객실이 30실 이하일 것
> - 취사 및 숙박에 필요한 설비를 갖출 것
> - 바비큐장, 캠프파이어장 등 주인의 환대가 가능한 1종류 이상의 이용시설을 갖추고 있을 것(다만, 관광펜션이 수개의 건물 동으로 이루어진 경우에는 그 시설을 공동으로 설치할 수 있음)
> - 숙박시설 및 이용시설에 대하여 외국어 안내표기를 할 것
> ※ 출제 당시 정답은 ③이었으나, 2022년 10월 17일 법령이 개정되어 현재 ②도 정답에 해당한다.

18 관광진흥법령상 관광사업의 등록기준 및 지정기준으로 옳지 않은 것은?

① 관광궤도업은 안내방송 등 외국어 안내서비스가 가능한 체제를 갖추어야 한다.

② 외국인관광 도시민박업은 건물의 연면적이 230㎡ 이상 330㎡ 미만이어야 한다.

③ 관광유흥음식점업은 영업장 내부의 노래소리 등이 외부에 들리지 아니하도록 방음장치를 갖추어야 한다.

④ 자동차야영장업은 차량 1대당 80㎡ 이상의 주차 및 휴식공간을 확보하여야 한다.

> **해설**
>
> 외국인관광 도시민박업의 등록기준(「관광진흥법 시행령」 별표1 제4호 바목)
> 외국인관광 도시민박업은 주택의 연면적이 230㎡ 미만이어야 하며, 외국어 안내 서비스가 가능한 체제를 갖추고, 소화기를 1개 이상 구비하고, 객실마다 단독경보형 감지기 및 일산화탄소 경보기(난방설비를 개별난방 방식으로 설치한 경우만 해당)를 설치해야 한다.

> **완전정복 TIP**
>
> ※ 이 문제는 2014년 9월 기준 법령으로 출제된 것이다.
> 　현재 ④ 자동차야영장업의 개별기준은 다음과 같다(「관광진흥법 시행령」 별표1 제2호 다목).
> - 차량 1대당 50㎡ 이상의 야영공간(차량을 주차하고 그 옆에 야영장비 등을 설치할 수 있는 공간)을 확보할 것
> - 야영에 불편이 없도록 수용인원에 적합한 상·하수도 시설, 전기시설, 화장실 및 취사시설을 갖출 것
> - 야영장 입구까지 1차선 이상의 차로를 확보하고, 1차선 차로를 확보한 경우에는 적정한 곳에 차량의 교행(交行)이 가능한 공간을 확보할 것
> 　③ 관광유흥음식점업은 '영업장 내부의 노래소리 등이 외부에 들리지 아니하도록 할 것'으로 개정되었다.(「관광진흥법 시행규칙」 별표2 제2호 다목)

19 관광진흥법령상 휴양 콘도미니엄업 및 제2종 종합휴양업의 분양 또는 회원을 모집하는 경우 해당 시설공사의 총 공사 공정이 몇 % 이상 진행된 때부터 가능한가? ○ △ ✕

① 5%
② 10%
③ 15%
④ 20%

20 관광진흥법령상 다음 (   ) 안에 들어갈 내용은? ○ △ ✕

유원시설업의 허가 또는 변경허가를 받으려는 자는 안전성검사 대상 유기시설·유기기구에 대하여 검사항목별로 안전성검사를 받아야 하며, 허가를 받은 다음 연도부터는 연 (   )회 이상 안전성검사를 받아야 한다.

① 1
② 2
③ 3
④ 5

21 관광진흥개발기금법령상 3세의 어린이가 국내 항만에서 선박을 이용하여 출국할 경우 기금에 납부하여야 할 금액은? ○ △ ✕

① 0원
② 1천원
③ 5천원
④ 1만원

22 관광진흥개발기금법령상 관광진흥개발기금의 관리에 관한 설명으로 옳지 않은 것은? ○ △ ×

① 기금의 관리자는 문화체육관광부장관이다.
② 민간 전문가는 계약직으로 하며, 계약기간은 2년을 원칙으로 한다.
③ 민간 전문가 고용 시 필요한 경비는 기금에서 사용할 수 있다.
④ 기금의 집행·평가·결산 및 여유자금 관리 등을 효율적으로 수행하기 위하여 15명 이상의 민간 전문가를 고용한다.

> 해설
>
> 기금의 관리(「관광진흥개발기금법」 제3조 제2항 전단)
> 문화체육관광부장관은 기금의 집행·평가·결산 및 여유자금 관리 등을 효율적으로 수행하기 위하여 10명 이내의 민간 전문가를 고용한다.

2014년

관광법규

23 국제회의산업 육성에 관한 법령상 국제회의 시설 중 전문회의시설이 갖추어야 할 요건에 해당하지 않는 것은? ○ △ ×

① 2천명 이상의 인원을 수용할 수 있는 대회의실이 있을 것
② 옥내와 옥외의 전시면적을 합쳐서 2천㎡ 이상 확보하고 있을 것
③ 1천명 이상의 인원을 수용할 수 있는 공연장이 있을 것
④ 30명 이상의 인원을 수용할 수 있는 중·소회의실이 10실 이상 있을 것

> 해설
>
> 전문회의시설의 종류·규모(「국제회의산업 육성에 관한 법률 시행령」 제3조 제2항)
> 전문회의시설은 2천명 이상의 인원을 수용할 수 있는 대회의실이 있을 것, 30명 이상의 인원을 수용할 수 있는 중·소회의실이 10실 이상 있을 것, 옥내와 옥외의 전시면적을 합쳐서 2천㎡ 이상 확보하고 있을 것 등 세 가지 요건을 모두 갖추어야 한다.

24 국제회의산업 육성에 관한 법령상 국제회의도시를 지정할 수 있는 자는?

　○ △ ×

① 문화체육관광부장관
② 시·도지사
③ 시장·군수·구청장
④ 한국관광공사 사장

> **해설**
> 국제회의도시의 지정 등(「국제회의산업 육성에 관한 법률」 제14조 제1항)
> 문화체육관광부장관은 대통령령으로 정하는 국제회의도시 지정기준에 맞는 특별시·광역시 및 시를 국제회의도시로 지정할 수 있다.

25 다음 (　　) 안에 들어갈 내용으로 옳게 짝지어진 것은?

　○ △ ×

> 국제회의산업 육성에 관한 법령상의 국제회의는 국제기구에 가입하지 않은 단체가 개최하는 회의일 경우 아래의 요건을 모두 갖춘 회의이다.
> • 회의 참가자 중 외국인이 (ㄱ)명 이상일 것
> • (ㄴ)일 이상 진행되는 회의일 것

① ㄱ － 100, ㄴ － 2
② ㄱ － 100, ㄴ － 3
③ ㄱ － 150, ㄴ － 2
④ ㄱ － 150, ㄴ － 3

> **해설**
> 국제회의의 종류·규모(「국제회의산업 육성에 관한 법률 시행령」 제2조)
> • 국제기구나 국제기구에 가입한 기관 또는 법인·단체가 개최하는 회의로서 다음 요건을 모두 갖춘 회의
> 　－ 해당 회의에 3개국 이상의 외국인이 참가할 것
> 　－ 회의 참가자가 100명 이상이고 그 중 외국인이 50명 이상일 것
> 　－ 2일 이상 진행되는 회의일 것
> • 국제기구, 기관, 법인 또는 단체가 개최하는 회의로서 다음 요건을 모두 갖춘 회의
> 　－ 「감염병의 예방 및 관리에 관한 법률」 제2조 제2호에 따른 제1급 감염병 확산으로 외국인이 회의장에 직접 참석하기 곤란한 회의로서 개최일이 문화체육관광부장관이 정하여 고시하는 기간 내일 것
> 　－ 회의 참가자 수, 외국인 참가자 수 및 회의일수가 문화체육관광부장관이 정하여 고시하는 기준에 해당할 것
> ※ 2022년 12월 27일 법령 개정에 따라 제2호(국제기구에 가입하지 않은 단체의 회의)가 삭제되면서 현재는 정답이 없다.

관광학개론

※ 문제의 이해도에 따라 ○ △ × 체크하여 완벽하게 정리하세요.

26 관광의 구성요소가 바르게 연결된 것은?

○ △ ×

① 관광매체 – 향토음식
② 관광객체 – 관광객
③ 관광주체 – 자연자원
④ 관광매체 – 여행업

해설

관광의 3요소
- 관광주체 : 관광객(관광자)
- 관광객체 : 관광자원, 관광시설
- 관광매체 : 관광사업, 관광정보, 이동수단

---

27 내·외국인 관광객들에게 국내여행에 대한 다양한 정보를 안내해 주는 우리나라 관광 안내 대표 전화번호는?

○ △ ×

① 1330
② 1331
③ 1332
④ 1333

해설

관광통역안내전화 1330
우리나라의 관광안내 대표전화로, 내·외국인 관광객들에게 국내여행에 대한 다양한 정보를 안내해 주는 서비스와 관광 불편상담 등을 하고 있다.

---

28 국제관광의 경제적 효과에 해당되지 않는 것은? ○ △ ×

① 고용창출 　　　　　　　　　② 인구구조 변화
③ 국민소득 증대 　　　　　　　④ 국제수지 개선

> **해설**
>
> 국제관광의 경제적 효과
> * 국민소득 창출 　　　　　　　 * 고용증대
> * 재정수입 증대 　　　　　　　 * 국제수지 개선

> **편집자의 TIP** 　관광의 경제적 효과
>
> 국제관광이 경제에 발전에 도움이 된다는 얘기는 많이 들어 봤어도 그냥 그러는가 보다 하며 넘기는 경우가 있습니다. 사실 피부에 와 닿지 않으니까요. 간단히 설명을 드리자면, 국제관광은 외국인이 우리나라에 관광을 하러 오는 것입니다. 쉽게 말해 우리나라로 돈을 쓰러 온다는 것이죠. 외화가 유입이 되면 국제수지가 흑자가 되는 건 당연한 일일 겁니다. 외국인의 소비에 응대할 산업이 발달하고, 해당 산업에 고용될 인구도 점차 늘게 될 것입니다. 국제관광이든 국내관광이든 관광산업이 발전하면 그에 따른 국민소득도 늘게 됩니다.

29 관광과 유사한 개념으로 사용되는 용어가 아닌 것은? ○ △ ×

① 여 가 　　　　　　　　　　② 여 행
③ 이 민 　　　　　　　　　　④ 레크리에이션

> **해설**
>
> 관광과 유사한 의미의 용어
> 여행, 여가, 소풍, 유람, 기행, 피서, 방랑, 레저, 레크리에이션 등

30 UNWTO(세계관광기구)에서 관광객을 통계적 목적으로 분류할 때 관광객으로 분류되는 것은? ○ △ ×

① 이주자 　　　　　　　　　　② 통과승객
③ 승무원 　　　　　　　　　　④ 망명자

> **해설**
>
> * 관광객 : 방문국에서 24시간 이상 체재하는 사람으로서 여행하는 자, 국내 비거주 외국인, 해외거주 국민, 승무원 등
> * 비관광객 : 국경근로자, 통과객, 무국적자, 단·장기 이주자, 외교관, 군인, 망명자 등

31 다음 중 관광정책의 특성이 아닌 것은?

○ △ ✕

① 공공성
② 미래지향성
③ 영리추구성
④ 규범성

해설

관광정책의 주요 특징
- 역동성
- 공공성
- 순환성
- 가치지향성
- 규범성
- 복잡성
- 미래지향성

32 관광의 발전요인이 아닌 것은?

○ △ ✕

① 물가의 상승
② 교통수단의 발달
③ 여가시간의 증가
④ 대중매체의 발달

해설

물가 상승은 관광의 경제적 효과 중 부정적인 효과에 해당한다.

편집자의 TIP 관광과 물가의 관계

관광지의 물가는 항상 높습니다. 편집자도 여행을 다니면서 지갑을 열기가 참 그렇더라고요. 관광지의 물가가 높은 이유는 세 가지 정도의 이유로 설명할 수 있습니다. 첫째, 관광지에는 관광객들이 많기 때문에, 공급이 수요를 따라가지 못합니다. 수요가 늘어나면 가격이 높게 책정됩니다. 둘째, 관광지에는 특산품이나 기념품 등 관광객들이 꼭 사야 할 것들이 많기 때문입니다. 공급자인 상인들이 가격을 높게 책정하면 평균적인 물가는 오를 수밖에 없겠죠. 셋째, 관광지에는 세금이 높기 때문에, 상인들은 그 비용을 소비자들에게 전가할 수 있습니다. 부가가치세(VAT)의 형태로 조세를 제품 가격에 전가합니다. 해당 세금은 가격에 덧붙어 우리 눈에 보이기 때문에 영수증이나 'VAT 별도'와 같은 문구를 유심히 보지 않으면 은연중에 지나칠 수 있습니다.

33 약어와 조직명이 바르게 연결된 것은?   ○ △ ✕

① IATA – 경제협력개발기구
② WATA – 세계여행업자협회
③ PATA – 세계관광기구
④ ASTA – 아시아 · 태평양관광협회

> **해설**
>
> ① IATA : 국제항공운송협회
> ③ PATA : 아시아태평양관광협회
> ④ ASTA : 미국여행업협회

34 외국관광객 유치를 위한 국제관광 진흥정책으로 옳지 않은 것은?   ○ △ ✕

① 입국절차 강화
② 여행시설 확충
③ 해외홍보 강화
④ 관광상품 개발

> **해설**
>
> 외국인 관광객의 유치를 위해서는 입국절차를 간소화하는 것이 도움이 된다.

35 다음 중 잘못 연결된 것은?   ○ △ ✕

① 1960년대 – 국제관광공사 설립
② 1970년대 – 관광기본법 제정
③ 1980년대 – 서울 올림픽 개최
④ 1990년대 – 부산 아시안게임 개최

> **해설**
>
> 제14회 부산 아시안게임이 개최된 것은 2002년도이다.

33 ② 34 ① 35 ④ 　정답

36 우리나라 최초 관광법규인 관광사업진흥법이 제정된 연도는?

○ △ ×

① 1961년　　　　　　　　　　② 1962년

③ 1963년　　　　　　　　　　④ 1964년

> **해설**
>
> 「관광사업진흥법」은 1961년 8월 22일 제정·공포된 우리나라 최초의 관광법으로, 1975년 「관광기본법」과 「관광사업법」으로 나누어졌다.

37 소셜 투어리즘(Social Tourism)의 대상으로 옳지 않은 것은?

○ △ ×

① 장애자　　　　　　　　　　② 근로청소년

③ 저소득층　　　　　　　　　④ 대기업 CEO

> **해설**
>
> 복지관광의 대상은 경제적·환경적 상황이 어려운 저소득층이나 장애인과 같은 사회적 약자이기 때문에 대기업 CEO와는 거리가 멀다.

38 문화체육관광부 지원하에 한국관광공사가 사업을 추진하고 있는 한국형 비즈니스호텔급 체인 브랜드는?

○ △ ×

① 베니키아(BENIKEA)

② 굿스테이(Good Stay)

③ 코리아스테이(Korea Stay)

④ 베스트웨스턴(Best Western)

> **해설**
>
> ① 베니키아 : 문화체육관광부의 지원하에 한국관광공사가 추진하고 있는 관광호텔 체인브랜드 사업이다. '베스트 나이트 인 코리아(Best Night in Korea)'의 머리글자를 조합하여 만들었으며, '최고의 휴식을 선사하는 한국의 대표 호텔'이라는 의미를 지니고 있다.
> ② 굿스테이 : 문화체육관광부와 한국관광공사가 지정한 우수 숙박 브랜드이다(한국관광 품질인증제 도입으로 2018년 지정사업 종료).
> ③ 코리아스테이 : 한국관광공사에서 운영한 우수 외국인관광 도시민박 인증 브랜드이다(한국관광 품질인증제 도입으로 2018년 지정사업 종료).
> ④ 베스트웨스턴 : 세계 최대 규모의 다국적 호텔 체인점이다.

2014년

관광학개론

정답 36 ① 37 ④ 38 ①

39 다음에서 설명하는 관광숙박업의 종류는?

> • 관광객의 숙박과 취사에 적합한 시설을 갖추어 이를 당해 시설의 회원, 공유자 기타 관광객에게 제공
> • 숙박에 부수되는 음식, 운동, 오락, 휴양, 공연 또는 연수에 적합한 시설 제공

① 관광호텔업
② 휴양 콘도미니엄업
③ 가족호텔업
④ 한국전통호텔업

> 해설
> ① 관광객의 숙박에 적합한 시설을 갖추어 관광객에게 이용하게 하고 숙박에 딸린 음식 · 운동 · 오락 · 휴양 · 공연 또는 연수에 적합한 시설 등(부대시설)을 함께 갖추어 관광객에게 이용하게 하는 업(「관광진흥법 시행령」 제2조 제1항 제2호 가목)
> ③ 가족단위 관광객의 숙박에 적합한 시설 및 취사도구를 갖추어 관광객에게 이용하게 하거나 숙박에 딸린 음식 · 운동 · 휴양 또는 연수에 적합한 시설을 함께 갖추어 관광객에게 이용하게 하는 업(「관광진흥법 시행령」 제2조 제1항 제2호 라목)
> ④ 한국전통의 건축물에 관광객의 숙박에 적합한 시설을 갖추거나 부대시설을 함께 갖추어 관광객에게 이용하게 하는 업 (「관광진흥법 시행령」 제2조 제1항 제2호 다목)

40 관광수요의 유인요인(Pull Factor)으로 옳지 않은 것은?

① 역사유적지
② 아름다운 해변
③ 문화행사
④ 휴 식

> 해설
> 뛰어난 자연경관이나 문화유산, 문화행사, 놀이시설 등은 유인요인에 해당하나, 일반적인 휴식을 관광수요의 유인요인으로 보기는 어렵다.

41 국내 주요 컨벤션센터명과 소재 지역이 바르게 연결된 것은? ○△×

① BEXCO – 대전

② CECO – 제주

③ EXCO – 대구

④ KINTEX – 창원

> 해설
>
> ① BEXCO : 부산
>
> ② CECO : 창원
>
> ④ KINTEX : 일산

42 위탁운영호텔(Management Contract Hotel)의 설명으로 옳지 않은 것은? ○△×

① 소유와 경영이 분리된 전문경영의 형태

② 소유주가 자본 투자

③ 소유주가 위탁운영회사에 경영수수료를 지불

④ 위탁운영회사가 경영 손실 발생 시 배상

> 해설
>
> 위탁경영호텔은 호텔 상품의 판매를 직접 하지 않고 위탁료를 지불하는 조건으로 제3자에게 그 판매를 위임하는 형태이다. 경영계약일 경우 위탁자(소유주)는 경영수수료를 지불하게 되고, 수탁자(위탁운영회사)는 단순히 상호나 명의를 이용하여 판매하는 것이기 때문에 판매 손익은 위탁자에게 귀속된다.

43 여행객 단독으로 여행하는 개별자유여행객을 뜻하는 용어는? ○△×

① FCT

② FIT

③ FOC

④ ICT

> 해설
>
> Tour Conductor의 유무에 의한 분류
> - FCT(Foreign Conducted Tour) : 여행시작부터 끝까지 Tour Conductor가 동행
> - FIT(Foreign Independent Tour) : Tour Conductor 없이 외국여행자가 개인적으로 여행
> - ICT(Inclusive Conducted Tour) : 동일한 안내원이 여행 전 기간을 동일하게 안내, 단체여행에 주로 이용
> - IIT(Inclusive Independent Tour) : 안내원이 각 관광지에서의 안내만 하고 그 외는 여행자가 단독으로 여행

44 다음은 무엇에 관한 설명인가?　　　　　　　　　　　　　　　　　　　○ △ ✕

> 호텔 임원의 숙소로 사용되거나 호텔 사무실이 부족하여 객실을 사무실로 사용

① Turn Over
② House Use Room
③ Complimentary Room
④ Day Use

> **해설**
> ① 주어진 기간 동안 재고량이 몇 번 순환되었는지에 대한 재고회전율
> ③ 요금을 부과하지 않고 사용하는 객실로, 특별히 접대해야 하는 고객이나 판촉 촉진을 위한 초청고객 등이 해당
> ④ 분할 요금

45 다음에서 발포성 와인(Sparkling Wine)으로만 묶여진 것은?　　　　　　　○ △ ✕

ㄱ. Champagne	ㄴ. Rot Wein
ㄷ. Shiraz	ㄹ. Spumante
ㅁ. Sekt	ㅂ. Riesling

① ㄱ, ㄴ, ㄷ
② ㄱ, ㄴ, ㄹ
③ ㄱ, ㄹ, ㅁ
④ ㄱ, ㅁ, ㅂ

> **해설**
> 발포성 와인(Sparkling Wine)
> Champagne(프랑스 상파뉴), Spumante(이탈리아), Cava(스페인), Sekt(독일) 등

46 관광마케팅에서 자사제품을 경쟁사 제품에 비해 차별적으로 인식시키는 것은 무엇인가? ○ △ ✕

① 포지셔닝(Positioning)

② 시장 세분화(Market Segmentation)

③ SWOT분석

④ 표적시장 선정(Target Marketing)

> 해설
>
> STP 마케팅
> - 시장 세분화(Segmentation) : 고객 니즈와 트렌드를 고려하여 고객을 집단으로 나눔
> - 목표고객 설정(Targeting) : 세분화된 시장에서 신제품이 공략하고자 하는 고객을 추출
> - 포지셔닝(Positioning) : 경쟁시장에서 상대적 우위를 확보하기 위해 전략적 위치를 확보

47 관광객 구매의사 결정과정을 바르게 나열한 것은? ○ △ ✕

① 정보탐색 – 문제인식 – 대안평가 – 구매결정 – 구매 후 평가

② 문제인식 – 대안평가 – 정보탐색 – 구매결정 – 구매 후 평가

③ 문제인식 – 정보탐색 – 대안평가 – 구매결정 – 구매 후 평가

④ 정보탐색 – 대안평가 – 구매결정 – 문제인식 – 구매 후 평가

> 해설
>
> 일반적으로 소비자들은 구매 의사결정 시 '문제인식 – 정보탐색 – 대안평가 – 구매(결정) – 구매 후 평가'의 다섯 단계를 거친다.

48 항공사의 ICAO 항공코드와 IATA 항공코드가 바르게 연결된 것은? ○ △ ✕

① AAL – AC

② AFR – AZ

③ KLM – KE

④ CPA – CX

> 해설
>
> CPA – CX는 홍콩의 항공회사인 캐세이퍼시픽 항공의 코드이다.
>
> | 구 분 | 항공사명 | ICAO 항공코드 | IATA 항공코드 |
> | --- | --- | --- | --- |
> | ① | 아메리칸 항공 | AAL | AA |
> | ② | 에어프랑스 | AFR | AF |
> | ③ | 네덜란드 항공 | KLM | KL |

49 양조주(Fermented Beverage)에 해당하지 않는 것은?   ○ △ ×

① 맥 주   ② 와 인
③ 막걸리   ④ 브랜디

> **해설**
> • 양조주 : 막걸리, 맥주, 와인 등의 과실주
> • 증류주 : 소주, 위스키, 브랜디, 보드카 등

50 항공운송사업의 특성에 관한 설명으로 옳지 않은 것은?   ○ △ ×

① 안전성 - 다른 교통수단에 비해 훨씬 안전하지만, 세계의 각 항공사들은 안전성 확보를 경영활동에서
최고의 중요시책으로 삼고 있다.
② 수요의 고정성 - 항공운송사업은 예약기반으로 운영되는 사업으로 일정한 수요의 고정성이 확보되는
사업이다.
③ 자본 집약성 - 항공기 도입과 같은 거대한 고정자본의 투하, 감가상각, 부품의 공급, 정비에 필요한
시설 등에 막대한 자본이 필요하다.
④ 정시성 - 항공사 서비스에서 가장 중요한 품질이므로 항공사는 공표된 시간표를 준수한다.

> **해설**
> 항공운송사업의 특성
> • 안전성   • 정시성   • 간이성
> • 고속성   • 쾌적성   • 경제성
> • 기타 : 자본 집약성, 국제성, 서비스업적인 특성 등

PART 14

2013년
특별시험
실제기출문제

※ 본 내용은 2013년 4월 시행된 관광통역안내사의 특별시험 실제기출문제입니다.

국 사

※ 문제의 이해도에 따라 ○ △ × 체크하여 완벽하게 정리하세요.

01 고인돌이 만들어지던 시대의 사회상에 관한 설명으로 옳지 않은 것은?

○ △ ×

① 반달돌칼을 이용하여 곡물의 이삭을 잘랐다.
② 철제 호미와 쟁기 등을 사용하여 농사를 지었다.
③ 수장의 권위를 상징하는 청동검이 사용되었다.
④ 민무늬토기, 붉은간토기 등을 만들어 사용하였다.

> **해설**
> 고인돌이 만들어진 시대는 청동기시대이다. 철제 농기구는 철기시대에 사용되었다.

02 우리나라에서 아슐리안형 주먹도끼가 출토된 곳은?

○ △ ×

① 상원 검은모루유적
② 연천 전곡리유적
③ 공주 석장리유적
④ 웅기 굴포리유적

> **해설**
> 전곡리 유적지는 우리나라의 대표적인 구석기 유적지로, 동아시아에서는 최초로 아슐리안형 주먹도끼가 발견된 곳이다.

03 다음은 단군신화의 내용을 요약한 것이다. 선민(選民) 사상과 관련된 부분은?

○ △ ×

> (ㄱ) 환인의 아들 환웅이 널리 인간을 이롭게 하기 위해 천부인 3개와 3,000의 무리를 이끌고 태백산 신단수 아래에 내려왔는데 이곳을 신시라 하였다. 그는 (ㄴ) 풍백, 우사, 운사로 하여금 인간의 360여 가지의 일을 주관하게 하였는데, 그 중에서 곡식, 질병, 생명, 형벌, 선악 등 다섯 가지일이 가장 중요한 것이었다. 이로써 (ㄷ) 인간 세상을 교화시키고 널리 인간을 이롭게 하였다. 이때 곰과 호랑이가 사람이 되기를 원하였는데, 곰은 21일 만에 여자로 태어났다. 환웅이 임시로 변하여 웅녀와 혼인하여 단군을 낳았다. (ㄹ) 단군왕검은 아사달에 도읍을 정하고 나라를 세워 조선이라 하였다.

① ㄱ
② ㄴ
③ ㄷ
④ ㄹ

> **해설**
> 환웅이 하늘의 신인 환인의 아들이라는 것은 우리 민족이 하늘로부터 선택받은 민족임을 의미한다.

04 우리나라 신석기시대 사람들의 생활상에 관한 설명으로 옳지 않은 것은? ○ △ ✕

① 다양한 종류의 간석기를 사용하였다.

② 나무열매, 물고기, 조개 등을 먹고 살았다.

③ 농사를 짓지 못하여 떠돌아다니며 생활하였다.

④ 대표적인 토기로는 빗살무늬 토기가 사용되었다.

해설

신석기시대부터 농경 생활이 시작되었다.

05 다음을 시대 순으로 바르게 나열한 것은? ○ △ ✕

ㄱ. 장수왕이 백제를 공격하여 한강 유역을 차지하였다.
ㄴ. 부여가 고구려에 병합되어 멸망하였다.
ㄷ. 신라 법흥왕이 금관가야를 병합하였다.
ㄹ. 고구려가 수도를 평양으로 옮겼다.

① ㄱ → ㄴ → ㄷ → ㄹ

② ㄴ → ㄷ → ㄹ → ㄱ

③ ㄷ → ㄱ → ㄴ → ㄹ

④ ㄹ → ㄱ → ㄴ → ㄷ

해설

ㄹ. 장수왕 15년(427) → ㄱ. 장수왕 63년(475) → ㄴ. 문자명왕 3년(494) → ㄷ. 법흥왕 19년(532)

06 독도에 대한 설명으로 옳지 않은 것은? ○ △ ✕

① 일제는 1910년에 우리나라의 국권을 침탈하면서 독도를 자국의 영토로 편입시켰다.

② 숙종 때 안용복은 울릉도와 독도에 출몰하는 왜인을 쫓아내고 우리 영토임을 확인하였다.

③ 독도는 울릉도의 부속 섬으로 신라시대에 우리 영토로 편입되었다.

④ 19세기에 조선 정부는 적극적인 울릉도 경영을 추진하고 독도까지 관할하였다.

해설

일제는 1905년 러 · 일 전쟁 중 독도를 강제로 자국의 영토(시마네현)로 편입시켰다.

07 과전법에 관한 설명으로 옳지 <u>않은</u> 것은? ○ △ ×

① 공신전은 세습할 수 있었다.
② 과전은 경기 지방의 토지로 지급하였다.
③ 전세를 토지 1결당 미곡 4두로 고정시켰다.
④ 죽거나 반역을 하면 국가에 반환하도록 정하였다.

> **해설**
>
> 토지 1결당 미곡 4두는 영정법에 대한 설명이다. 과전법에 의한 전세는 토지 1결당 30두이다.

08 일본의 조선 침탈과정에 관한 설명으로 옳지 <u>않은</u> 것은? ○ △ ×

① 청 · 일 전쟁 – 청나라의 조선에 대한 종주권을 부정하였다.
② 을미사변 – 청나라를 견제하고 반일세력을 제거하기 위하여 명성황후를 시해하였다.
③ 갑오개혁 – 왕권을 축소시키고 일본화폐의 유통을 허용하였다.
④ 러 · 일 전쟁 – 한일의정서를 체결하고 조선의 토지를 군사적 목적으로 수용하였다.

> **해설**
>
> 을미사변은 러시아의 세력 확대를 우려한 일본이 명성황후를 시해한 사건이다.

09 다음 사건을 시대 순으로 바르게 나열한 것은? ○ △ ×

ㄱ. 강조의 정변	ㄴ. 묘청의 서경천도운동
ㄷ. 이자겸의 난	ㄹ. 윤관의 여진 정벌

① ㄱ → ㄹ → ㄷ → ㄴ
② ㄴ → ㄷ → ㄹ → ㄱ
③ ㄷ → ㄹ → ㄱ → ㄴ
④ ㄹ → ㄱ → ㄴ → ㄷ

> **해설**
>
> ㄱ. 목종 12년(1009) → ㄹ. 예종 2년(1107) → ㄷ. 인종 4년(1126) → ㄴ. 인종 13년(1135)

10 우리나라의 한자 · 한문 수용에 대한 설명으로 옳지 않은 것은?   ○ △ ×

① 고구려의 이문진은 한문으로 유기라는 100권의 역사서를 편찬하였다.
② 임신서기석은 우리말 순서에 따라 한문을 기록하였다.
③ 중국 양나라 옥편, 문선, 천자문 등이 전래 되어 한문 전파에 크게 기여하였다.
④ 광개토대왕비와 사택지적비는 중국식 문장으로 작성되었다.

> **해설**
> 〈유기(留記)〉는 고구려 초기에 지어진 작자 미상의 역사서이다. 이문진은 영양왕 11년(600) 왕명에 의해 〈유기〉를 간추려서 정리한 역사서인 〈신집(新集)〉을 편찬하였다.

11 신라가 삼국을 통일한 이후의 사회변화로 옳지 않은 것은?   ○ △ ×

① 유교교육을 강화하기 위해 국학을 설치하였으며, 지방통치조직으로 9주와 5소경을 두었다.
② 5부를 중국의 6전제와 비슷하게 개혁하고, 관료전을 지급하였다.
③ 신라의 신분제도인 골품제가 강화되고, 진골 귀족의 특권이 증대되었다.
④ 중앙군을 9개의 서당으로, 지방군을 10개의 정으로 개편하였다.

> **해설**
> 통일신라시대에는 6두품이 성장하고, 진골의 세력은 상대적으로 약화하였다.

12 다음 내용을 시대 순으로 바르게 나열한 것은?   ○ △ ×

> ㄱ. 집사부의 장관인 시중의 기능 강화
> ㄴ. 발해와 신라의 교통로인 신라도 개설
> ㄷ. 신문왕이 문무 관리에게 관료전 지급
> ㄹ. 장문휴가 당나라의 산동지방을 공격

① ㄱ → ㄷ → ㄴ → ㄹ
② ㄱ → ㄷ → ㄹ → ㄴ
③ ㄷ → ㄱ → ㄴ → ㄹ
④ ㄷ → ㄱ → ㄹ → ㄴ

> **해설**
> ㄱ. 무열왕(654∼661) → ㄷ. 신문왕 7년(687) → ㄹ. 인안 13년(732) → ㄴ. 신라도 개설(8세기 전반)

13 밑줄 친 기구가 설치된 시기의 모습으로 옳은 것은?

○ △ ×

> 종이를 전문적으로 생산하는 관청으로 <u>조지서</u>를 설치하고 다양한 종이를 대량으로 생산하여, 수많은 서적을 인쇄할 수 있게 되었다.

① 금속활자로 상정고금예문을 인쇄하였다.
② 교장도감을 설치하여 전적을 간행하였다.
③ 밀랍 대신 식자판을 조립하는 방안을 창안하였다.
④ 현존하는 세계 최고의 금속활자로 만든 책이 간행되었다.

해설

① 〈상정고금예문〉은 고려 인종 때 편찬되었다.
② 교장도감은 고려 선종 때 설치되었다.
④ 〈직지심체요절〉은 고려 우왕 때 간행되었다.

완전정복 TIP 조지서(造紙署)

조선 태종 때 저화(楮貨)를 만드는 데 필요한 종이를 안정적으로 공급하고, 지폐에 사용될 종이의 질이나 크기, 무게 등을 통일하기 위해 1415년(태종 15)에 조지소(造紙所)를 설치하였으며, 1466년(세조 12) 조지서로 개칭하였다.

14 다음 내용과 관련 있는 인물이 추진한 정책으로 옳지 않은 것은?

○ △ ×

> • 기묘명현　　　　　• 공론정치　　　　　• 사림의 성장

① 경연의 강화
② 삼정의 개혁
③ 소학의 보급
④ 방납폐단의 시정

해설

제시된 내용은 조선시대 문신이었던 조광조에 관한 것이다. 삼정의 개혁은 흥선대원군이 추진한 정책이다.

완전정복 TIP 기묘명현(己卯名賢)

기묘사화(1519) 때 희생된 문신들을 이르는 말이다. 기묘명현에는 조광조, 김식, 기준, 한충, 김구, 김정, 김안국, 김정국 등이 있다.

15 역사서에 관한 설명으로 옳지 않은 것은?　　　　○ △ ×

① 연려실기술 – 조선시대 역사와 문화를 정리하였다.
② 택리지 – 자연 환경과 물산, 풍속, 인심 등을 서술하였다.
③ 금석과안록 – 북한산비가 진흥왕 순수비임을 밝혔다.
④ 동사강목 – 독자적 정통론으로 고려와 조선시대 역사를 체계화하였다.

> 해설
> 조선 후기의 실학자 안정복이 저술한 〈동사강목〉은 고조선부터 고려 말기까지를 다룬 역사책이다.

16 고려시대 문헌공도에 관한 설명으로 옳은 것을 모두 고른 것은?　　　　○ △ ×

> ㄱ. 국자감에 소속되어 있었다.
> ㄴ. 문종 때 세운 9재 학당이다.
> ㄷ. 사학 12도 중에서 가장 번성하였다.
> ㄹ. 장학재단을 두어 경제기반을 강화하였다.

① ㄱ, ㄴ　　　　　　　　　　　　② ㄱ, ㄹ
③ ㄴ, ㄷ　　　　　　　　　　　　④ ㄷ, ㄹ

> 해설
> 문헌공도는 문종 9년(1055) 최충에 의해 설립된 고려시대 사학 12도 중의 하나이다. 교육의 편제를 9재로 나누었으며, 사학12도 중에서 가장 번성하여 명성이 높았다.

17 다음 내용과 관련된 고려시대 기관은? ○ △ ×

> • 법제 제정을 관장하였다.
> • 중서문하성과 중추원의 높은 관원들이 함께 참여하는 회의기구였다.

① 상서성   ② 어사대
③ 도병마사   ④ 식목도감

해설
① 백관을 총령하던 관아
② 정사를 논의하고 풍속을 바로잡으며 백관을 감찰하던 관청
③ 국가 군사 기밀과 국방상 중요한 일을 합의하던 중앙 회의기구

18 삼한에 관한 설명으로 옳은 것은? ○ △ ×

> ㄱ. 민며느리제라는 혼인 풍속이 있었다.
> ㄴ. 5월과 10월에 계절제를 열어 하늘에 제사를 지냈다.
> ㄷ. 마한에는 목지국의 지배자가 진왕으로 추대되었다.
> ㄹ. 각 읍락에는 읍군이나 삼로라는 군장이 있었다.

① ㄱ, ㄴ   ② ㄱ, ㄷ
③ ㄴ, ㄷ   ④ ㄴ, ㄹ

해설
ㄱ. 민며느리제는 옥저의 결혼 풍속이다.
ㄹ. 옥저와 동예에 대한 설명이다. 삼한의 군장은 신지, 읍차 등으로 불렸다.

정답 17 ④ 18 ③   2013년 특별시험 실제기출문제 **599**

19 우리나라 의학서에 관한 설명으로 옳은 것을 모두 고른 것은?   ○ △ ×

> ㄱ. 의방유취는 의학책들을 망라한 의학 백과사전이다.
> ㄴ. 동의보감은 일본 의학 발전에 큰 영향을 준 서적이다.
> ㄷ. 향약집성방은 현재 전하는 가장 오래된 의학 서적이다.
> ㄹ. 침구경험방은 홍역 치료법과 종두법을 소개한 의학 서적이다.

① ㄱ, ㄴ   ② ㄱ, ㄹ
③ ㄴ, ㄷ   ④ ㄷ, ㄹ

> **해설**
> ㄷ. 우리나라에서 가장 오래된 의학 서적은 〈향약구급방〉이다.
> ㄹ. 홍역 치료법과 종두법을 소개한 책은 〈마과회통〉이다.

20 우리나라의 문화가 일본에 전래된 순서대로 바르게 나열한 것은?   ○ △ ×

> ㄱ. 왕인이 천자문과 논어를 가르침
> ㄴ. 담징이 종이와 먹의 제조 방법을 전함
> ㄷ. 노리사치계가 불경과 불상을 전함
> ㄹ. 심상은 화엄 사상을 전해 일본 화엄종을 일으키는 데 영향을 줌

① ㄱ → ㄴ → ㄷ → ㄹ
② ㄱ → ㄷ → ㄴ → ㄹ
③ ㄷ → ㄱ → ㄹ → ㄴ
④ ㄷ → ㄴ → ㄹ → ㄱ

> **해설**
> ㄱ. 근구수왕 시기(4세기 후반) → ㄷ. 성왕 30년(552) → ㄴ. 영양왕 21년(610) → ㄹ. 성덕왕 35년(736)

21 고려시대 광종의 업적으로 옳은 것을 모두 고른 것은? ○ △ ✕

> ㄱ. 광덕, 준풍 등의 독자적인 연호를 사용하였다.
> ㄴ. 자신을 황제로 칭하고 개성을 황도로 격상시켰다.
> ㄷ. 관료들의 위계질서를 확립하기 위해 백관의 공복을 제정하였다.
> ㄹ. 개국공신과 지방 유력호족을 우대하여 권력기반을 강화하였다.

① ㄱ, ㄴ, ㄷ   ② ㄱ, ㄹ
③ ㄴ, ㄷ   ④ ㄴ, ㄷ, ㄹ

해설
광종은 왕권 강화를 위해 호족세력을 경계하고 제거하였다.

22 일제강점기에 관한 설명으로 옳지 않은 것은? ○ △ ✕

① 총독부를 설치하고 총독을 군인으로 임명하여 무단지배를 추진하였다.
② 경찰 업무를 헌병이 담당하도록 하여 치안, 사법, 행정에 관여할 수 있도록 하였다.
③ 영친왕을 강제로 일본으로 이주시키고, 친일적인 관료들에게는 작위를 내렸다.
④ 일본식 교육을 확대하기 위하여 사립학교를 크게 늘렸다.

해설
일본은 민족주의적 경향이 짙은 사립학교를 탄압하고 관 · 공립학교를 확장하였다.

23 조선시대 법률제도에 관한 설명으로 옳지 않은 것은? ○ △ ✕

① 노비에 관련된 문제는 의금부에서 처리하였다.
② 형벌에 관한 사항은 대부분 대명률의 적용을 받았다.
③ 범죄 중에 가장 무겁게 취급된 것은 반역죄와 강상죄였다.
④ 관찰사와 수령이 관할구역 내의 사법권을 가졌다.

해설
조선시대에 공사 노비 문서의 관리와 노비 소송을 맡아보던 관청은 장례원이다.

24 다음 보기에서 설명하는 시기의 사회상으로 옳지 않은 것은?

○ △ ×

> 농민이 밭에 심는 것은 곡물만이 아니다. 모시, 오이, 배추, 도라지 등의 농사도 잘 지으면 그 이익이 헤아릴 수 없이 크다. 도회지 주변에는 파밭, 마늘밭, 배추밭 등이 많다. (중략) 논에서 나는 수확보다 그 이익이 10배에 이른다.

① 민간인에게 광산 채굴을 허용하고 세금을 징수하였다.
② 소작료를 내는 방식이 일정 비율에서 일정 액수로 내게 되었다.
③ 포구를 거점으로 선상, 객주, 여각 등이 활발한 상행위를 하였다.
④ 경제가 발달하여 건원중보, 삼한통보 등의 화폐가 널리 유통되었다.

> **해설**
> 제시된 자료는 정약용의 저서인 〈경세유표〉의 내용이며, 조선 후기의 사회상이다. 건원중보와 삼한통보는 고려시대에 사용되었던 화폐이다.

25 밑줄 친 ㉠ 왕의 업적으로 옳은 것은?

○ △ ×

> 규장각은 본래 역대 왕의 글과 책을 수집, 보관하기 위한 왕실도서관의 기능을 수행하기 위해 설치되었다. ㉠ 왕은 비서실의 기능과 문한 기능을 통합적으로 부여하고, 과거시험의 주관과 문신 교육의 임무까지 부여하였다.

① 의정부와 삼군부의 기능을 회복하였다.
② 군역의 부담을 줄여주기 위해 균역법을 시행하였다.
③ 왕조의 통치규범을 재정리하기 위해 속대전을 편찬하였다.
④ 수령이 군현 단위 향약을 주관하여 지방사림의 영향력을 줄였다.

> **해설**
> 규장각은 정조가 설치한 관서이다. 정조는 수령이 직접 군현 단위의 향약을 주관하게 하여 수령의 권한을 강화하였다.
> ① 흥선대원군이 실행한 정책이다.
> ② 균역법은 영조가 실시한 제도이다.
> ③ 〈속대전〉은 영조 때 편찬된 법전이다. 정조는 〈경국대전〉과 〈속대전〉의 법령을 통합하여 통일법전인 〈대전통편〉을 편찬하였다.

관광자원해설

※ 문제의 이해도에 따라 ○ △ × 체크하여 완벽하게 정리하세요.

26 다음 설명에 해당하는 궁궐은?　　　○ △ ×

> 사적 제123호로, 서울 종로구에 위치해 있다. 세종대왕이 선왕인 태종을 모시기 위해 지었던 것을 성종 때 증축하였다. 일제강점기에 유원지로 바뀌는 수모를 겪었으나, 1983년 이후 복원사업을 통해 궁궐로서의 위상을 되찾게 되었다.

① 창덕궁　　　　　　　　　② 창경궁
③ 덕수궁　　　　　　　　　④ 경복궁

해설
① 사적으로, 서울 종로구에 위치해 있다. 태종 5년(1405)에 세워졌으며, 자연과의 조화를 통해 한국문화의 특성을 잘 나타내는 궁궐로 1997년 유네스코 세계문화유산에 등재되었다.
③ 사적으로, 서울 중구에 위치해 있다. 1907년 고종이 순종에게 왕위를 물려준 후 고종의 장수를 빈다는 뜻에서 덕수궁으로 부르게 되었다.
④ 사적으로, 서울 종로구에 위치해 있다. 태조 4년(1395)에 수도를 한양으로 옮긴 후 처음 세웠다. 궁궐의 이름은 정도전이 지은 것으로 큰 복을 빈다는 뜻에서 따온 것이다.

27 미래에 나타날 부처를 모신 건물로 일명 용화전이라고도 불리는 전각은?　　　○ △ ×

① 미륵전　　　　　　　　　② 대웅전
③ 관음전　　　　　　　　　④ 팔상전

해설
미륵전
미래의 부처인 미륵이 용화세계에서 중생을 교화하는 것을 상징하는 사찰로, 가장 대표적으로는 김제 금산사 미륵전(국보)이 있다. 백제 법왕 2년(600)에 지은 거대한 미륵존불을 모신 법당으로, 용화전 또는 산호전, 장륙전이라고도 한다.

28 온돌의 구조와 관련이 없는 것은?   ○ △ ✕

① 고 래
② 그렝이
③ 부넘이
④ 개자리

29 서원에 관한 설명으로 옳지 않은 것은?   ○ △ ✕

① 조선시대의 국립교육기관이다.
② 조선 최초의 사액서원은 소수서원이다.
③ 조선 최초의 서원은 백운동서원이다.
④ 흥선대원군은 서원 철폐령을 내렸다.

30 다음 설명에 해당하는 식물의 명칭과 천연기념물로 지정된 지역이 바르게 연결된 것은?   ○ △ ✕

> 5월 초에 꽃이 피기 시작하여 한 달 정도 계속 피며, 꽃의 모습이 밥그릇에 소복이 담은 흰쌀밥같이 보인다 하여 이런 이름이 붙여졌다.

① 이팝나무 – 경남 김해
② 조팝나무 – 경남 김해
③ 이팝나무 – 경기 수원
④ 조팝나무 – 경기 수원

31 지역과 축제의 연결이 옳지 않은 것은?

① 함평 – 나비축제
② 여주 – 청자문화제
③ 진도 – 영등축제
④ 문경 – 찻사발축제

> **해설**
> 청자문화제가 열리는 곳은 강진이다. 여주에서는 도자기, 남한강, 쌀·고구마 축제 등이 열린다.
> ※ 나비축제는 나비대축제로, 청자문화제는 청자축제로 변경되었다. 또한 진도 영등축제도 신비의 바닷길축제로 그 명칭
> 이 바뀌었다.

32 궁중에서 나례나 장례 때 악귀를 쫓기 위해 사용했던 것으로 네 개의 눈을 가진 탈은?

① 영노탈   ② 주지탈
③ 청계씨탈   ④ 방상시탈

> **해설**
> **방상시탈(국가민속유산)**
> 방상시(방상씨)는 악귀를 쫓아내는 신이다. 이는 발인행렬의 맨 앞에서 길을 안내하고
> 묘지에 도착하면 시신이 들어갈 곳의 악귀를 쫓았다고 한다. 이를 형상화한 방상시탈은
> 민속사 연구에 귀중한 자료가 되는 조선시대 유물로, 나례·장례·궁중에서 임금의 행
> 차·사신의 영접 등의 행사 때 이용되었다. 금빛의 네 눈은 음각하였으나 뚫려 있지는
> 않다. 나무로 만든 것은 조정이나 사대부, 종이로 만든 것은 일반 양반층, 짚으로 엮어
> 서 만든 것은 서민들이 사용하였다.

33 단청에 쓰이는 다섯 가지 기본색으로 옳은 것은?

① 청색, 자색, 황색, 회색, 남색
② 청색, 녹색, 흑색, 백색, 남색
③ 청색, 적색, 흑색, 백색, 회색
④ 청색, 적색, 황색, 백색, 흑색

> **해설**
> 단청은 오행사상에 따라 기본적으로 청, 적, 황, 백, 흑을 배합하여 사용한다.

34 관광특구로 지정된 온천이 아닌 것은? ○ △ ✕

① 부곡온천

② 수안보온천

③ 백암온천

④ 이천온천

> 해설
>
> 관광특구로 지정된 온천으로는 수안보온천, 아산시온천, 백암온천, 부곡온천이 있다.

35 지역과 향토주의 연결이 옳은 것은? ○ △ ✕

① 경주 – 교동법주

② 전주 – 문배주

③ 대구 – 이강주

④ 청도 – 홍주

> 해설
>
> 우리나라의 대표적인 향토주
>
> - 서울 문배주
> - 전주 이강주
> - 안동 소주
> - 한산 소곡주
> - 진도 홍주
> - 김천 과하주
> - 면천 두견주
> - 경주 교동법주
> - 제주 오메기술 등

36 고인돌의 유적지로 유네스코에 등재된 지역이 아닌 것은? ○ △ ✕

① 인천광역시 강화군

② 전라남도 화순군

③ 전라북도 고창군

④ 충청남도 부여군

> 해설
>
> 유네스코에 등재된 우리나라의 고인돌 유적지로는 고창, 화순, 강화가 있다. 거대한 바위로 만들어진 무덤과 장례의식 기념물로 당시 사회현상과 기술을 잘 보여 주는 유적들이다.

37 예로부터 널리 알려진 향토특산물과 지역의 연결이 옳지 않은 것은? ○ △ ✕

① 고추 – 영양
② 모시 – 한산
③ 목기 – 안성
④ 삼베 – 안동

해설

목기는 남원의 특산품이다. 안성의 특산품으로는 유기가 있다.

완전정복 TIP　지역별 특산물

지 역	특산물
경 기	잣(가평), 화문석 · 약쑥 · 수삼(강화), 쌀 · 도자기(이천), 유기(안성), 막걸리(포천)
강 원	한우(횡성), 오징어 · 황태(강릉), 송이(양양), 옥가공품(춘천), 둥굴레(정선)
충 북	고추(음성), 약초(제천), 벼루(단양)
충 남	밤(공주), 인삼(금산), 딸기(논산), 배(대전), 새우젓(홍성), 호두(천안), 한산모시(서천)
경 북	대추(경산), 딸기(고령), 곶감(상주), 참외(성주), 인삼(풍기), 마늘(의성), 과메기(포항)
경 남	굴(통영), 어묵(부산), 녹차(하동), 미역(기장), 유자(남해)
전 북	목공품(남원), 태극선 · 한과 · 한지(전주), 수박(고창), 고추장(순창)
전 남	김(완도) 양파(무안), 녹차(보성), 매실(광양), 수박(광주), 죽세공품(담양), 굴비(영광), 천일염(신안)
제 주	감귤 · 흑돼지(제주), 한라봉 · 옥돔(서귀포), 표고 · 영지(한라산)

---

38 관광객이 해설사의 도움 없이 독자적으로 관람대상을 추적하면서 제시된 안내문에 따라 그 내용을 이해하도록 고안된 해설기법은? ○ △ ✕

① 동행(Walks) 해설기법
② 담화(Talks) 해설기법
③ 매체이용(Gadgetry) 해설기법
④ 길잡이시설(Self-guiding) 해설기법

해설

① 관광객들과 동반해서 이동하며 관광자원에 대한 해설을 하는 기법
② 말이나 말을 대신하는 몸짓, 표정 등을 통해 관광객들을 이해시키는 기법
③ 여러 가지 장치(모형, 음성안내, 시뮬레이션, 인쇄물 등)를 이용하여 해설하는 기법

39 천연보호구역을 모두 고른 것은? ○ △ ✕

ㄱ. 흑산도	ㄴ. 홍 도
ㄷ. 독 도	ㄹ. 한라산
ㅁ. 계룡산	ㅂ. 설악산

① ㄱ, ㄴ, ㄷ, ㄹ　　　　　　　② ㄱ, ㄴ, ㄷ, ㅁ
③ ㄴ, ㄷ, ㄹ, ㅁ　　　　　　　④ ㄴ, ㄷ, ㄹ, ㅂ

해설

천연보호구역
- 홍 도
- 대암산 · 대우산
- 성산 일출봉
- 마라도
- 설악산
- 향로봉 · 건봉산
- 문섬 · 범섬
- 창녕 우포늪
- 한라산
- 독 도
- 차귀도

40 국가민속문화재로 지정된 민속마을이 아닌 것은? ○ △ ✕

① 경주 양동마을　　　　　　　② 제주 성읍마을
③ 고성 왕곡마을　　　　　　　④ 전주 한옥마을

해설

국가민속문화유산 지정 마을
경주 양동마을, 고성 왕곡마을, 제주 성읍마을, 성주 한개마을, 아산 외암마을, 안동 하회마을, 영주 무섬마을 등
※ 2024년 5월 17일 법령 개정에 따라 '국가민속문화재'의 명칭이 '국가민속문화유산'으로 변경되었다.

편집자의 TIP　　국가문화유산포털

제가 가끔 학습후기나 문의글을 보면 '국가민속문화유산로 지정된 마을이 정확히 어딘지 모르겠다', '인터넷 자료마다 내용이 다르다'라는 질문이 많이 보입니다. 비단 국가민속문화유산뿐만 아니라 모든 지정 문화유산에 대해 가장 정확하고 빠른 정보를 알 수 있는 곳은 어디일까요? 그건 바로... '문화재청 국가문화유산포털(www.cha.go.kr)'입니다. 기존 국가유산에 대한 시기와 소재지, 특징과 정보뿐만 아니라 다양한 문화유산 정보까지 알 수 있습니다. 인터넷에 떠도는 자료들은 출처와 작성 시기를 확인할 방법이 없어 정확하지 않은 정보가 많습니다. 그러니 관광통역안내사를 준비할 때, 국가문화유산포털과 친해지면 관광자원해설 필기과목과 함께 면접 준비도 동시에 할 수 있으니 그야말로 일석이조라 할 수 있지 않겠습니까!

41 불을 밝혀 놓고 밤샘하면서 설을 준비하는 대표적인 풍속은? ○ △ ✕

① 설 빔
② 수 세
③ 세 찬
④ 세 배

> 해설
>
> ① 설을 맞이해 새로 입거나 신는 옷, 신발
> ③ 설에 차리는 음식
> ④ 설에 웃어른께 인사로 하는 절

42 동굴의 생성원인이 용암굴에 해당되는 것을 모두 고른 것은? ○ △ ✕

ㄱ. 만장굴	ㄴ. 고수굴
ㄷ. 산방굴	ㄹ. 빌레못굴
ㅁ. 협재굴	

① ㄱ, ㄴ, ㄷ
② ㄱ, ㄴ, ㄹ
③ ㄱ, ㄹ, ㅁ
④ ㄷ, ㄹ, ㅁ

> 해설
>
> 고수굴은 석회동굴, 산방굴은 해식동굴이다.

43 성벽 위에 설치하는 낮은 담장으로, 적으로부터 몸을 보호하고 적을 효과적으로 공격하기 위한 구조물은? ○ △ ✕

① 옹 성
② 여 장
③ 적 대
④ 해 자

> 해설
>
> ① 성문을 보호하고 성을 지키기 위해 성문 밖에 쌓은 작은 성
> ③ 성문 양옆에 돌출시켜 옹성과 성문을 적으로부터 지키는 대
> ④ 성 주위에 둘러 판 못

44 모두 국립공원으로만 짝지어진 것은? ○ △ ✕

① 지리산, 월악산, 태백산
② 월출산, 소백산, 무등산
③ 대둔산, 가야산, 덕유산
④ 주왕산, 칠갑산, 내장산

> 해설
>
> 전국 국립공원 현황(2024년 4월 기준)
>
> 가야산, 경주, 계룡산, 내장산, 다도해상, 덕유산, 무등산, 변산반도, 북한산, 설악산, 소백산, 속리산, 오대산, 월악산, 월출산, 주왕산, 지리산, 치악산, 태안해안, 한려해상, 한라산, 태백산, 팔공산
>
> ※ 출제 당시 정답은 ②였으나 2016년 태백산이 국립공원으로 지정되어 현재는 ①도 정답이다.

45 다음 설명에 해당하는 석탑은? ○ △ ✕

> 국보 제21호로, 간결하고 직선적인 선의 아름다움은 완전한 안정감을 갖추고 있다. 이 탑을 만들기 위해 고향을 떠나온 석공 아사달과 남편을 찾아온 그의 처 아사녀와의 슬픈 전설 때문에 일명 무영탑이라 부르고 있다.

① 익산 미륵사지 석탑
② 월정사 팔각구층석탑
③ 경주 불국사 삼층석탑
④ 부여 정림사지 오층석탑

> 해설
>
> ① 국보로 전라북도 익산시에 있다. 고대의 목탑에서 석탑으로 변화하는 과정을 보여 주는 문화유산이다.
> ② 국보로 강원도 평창군에 있다. 자장율사가 창건한 월정사 안에 있는 탑이며, 그 맞은편에는 석조보살좌상이 마주 보고 있다.
> ④ 국보로 충청남도 부여군에 있다. 1단의 기단 위에 5층의 탑신을 세운 모습이다.

46 우리나라 전통무용의 일종인 민속무가 아닌 것은?

○ △ ×

① 춘앵무
② 승 무
③ 살풀이춤
④ 한량무

> **해설**
> 춘앵무는 궁중무용이다.

47 강릉단오제의 행사내용으로 옳은 것은?

○ △ ×

① 별신굿탈놀이
② 수영야류
③ 관노가면극
④ 남사당놀이

> **해설**
> 강릉단오제 행사
> 신주빚기, 대관령산신제와 국사성황제, 대관령 국사성황 행차, 국사여성황사 봉안제, 영신제, 영신행차, 조전제, 단오굿과
> 강릉관노가면극, 환우굿, 소제 등

48 12km에 걸친 계곡의 경치가 매우 아름다워 명승 제1호로 지정되었으며, 율곡 이이 선생에 의해 그 명칭이
유래된 명승지는?

○ △ ×

① 상선암
② 해금강
③ 소금강
④ 울산암

> **해설**
> 소금강은 강원도 강릉시에 위치한 명승지로, 오대산 국립공원 안에 포함되어 있다. 본래의 이름은 청학산이었으나, 빼어난
> 모습과 경관이 마치 금강산 같다 하여 율곡 선생이 소금강이라 이름 지었다고 전해진다.

49 유네스코에 등재된 세계기록유산이 아닌 것은?

○ △ ✕

① 해인사 장경판전
② 승정원일기
③ 일성록
④ 동의보감

해설
해인사 장경판전은 1995년 등재된 유네스코 세계문화유산이다.

50 판소리에 관한 설명으로 옳지 않은 것은?

○ △ ✕

① 고수의 장단에 맞추어 한 명의 소리꾼이 소리, 아니리, 너름새를 섞어가며 구연(口演)한다.
② 지역적 특징에 따라 동편제, 서편제, 중고제로 구분된다.
③ 춘향가, 심청가, 적벽가, 수심가, 흥보가는 판소리 다섯마당으로 정착되었다.
④ 독창성과 우수성을 세계적으로 인정받아 유네스코 지정 인류무형유산으로 등재되었다.

해설
판소리 다섯마당은 춘향가, 심청가, 적벽가, 수궁가, 흥보가이다. 수심가는 평안도 민요의 하나이다.

관광법규

※ 문제의 이해도에 따라 ○ △ × 체크하여 완벽하게 정리하세요.

01 관광기본법상 정부가 해야 할 시책에 관한 설명으로 옳지 않은 것은?   ○ △ ×

① 정부는 관광진흥을 위하여 관광진흥개발기금을 설치하여야 한다.

② 정부는 관광진흥장기계획과 연도별 계획을 각각 수립하여야 한다.

③ 정부는 매년 관광진흥에 관한 시책과 동향에 대한 보고서를 정기국회가 종료하기 전까지 국회에 제출하여야 한다.

④ 정부는 관광자원을 보호하고 개발하는 데에 필요한 시책을 강구하여야 한다.

> **해설**
>
> 연차보고(「관광기본법」 제4조)
> 정부는 매년 관광진흥에 관한 시책과 동향에 대한 보고서를 정기국회가 시작하기 전까지 국회에 제출하여야 한다.
> ※ ② 2017년 11월 28일 '정부는 관광진흥의 기반을 조성하고 관광산업의 경쟁력을 강화하기 위하여 관광진흥에 관한 기본계획을 5년마다 수립·시행하여야 한다(「관광기본법」 제3조 제1항).'로 법령이 개정되었다.

02 관광진흥법령상 사업계획의 승인을 받은 때에 관광사업자가 받게 되는 인·허가 등의 의제에 해당하는 것은?   ○ △ ×

① 주세법에 따른 주류판매업의 면허 또는 신고

② 외국환거래법에 따른 환전업무의 등록

③ 해상교통안전법에 따른 해상 레저 활동의 허가

④ 초지법에 따른 초지전용의 허가

> **해설**
>
> 등록 시의 신고·허가 의제 등(「관광진흥법」 제18조 제1항)
> ①·②·③ 특별자치시장·특별자치도지사·시장·군수·구청장이 위원회의 심의를 거쳐 등록을 하면 관광사업자가 받게되는 인·허가 등의 의제에 해당한다.
> ※ 현재 ① 「주세법」은 「주류 면허 등에 관한 법률」, ② '환전업무의 등록'은 '외국환업무의 등록'으로 개정되었다.

정답   01 ② · ③(해설 참조)   02 해설 참조

03 관광진흥법령상 호텔업의 등급결정기준 등에 관한 설명으로 옳지 않은 것은? ○ △ ×

① 등급결정을 위한 평가요소에는 소비자 만족도가 포함된다.
② 등급결정을 받은 날부터 5년이 지난 경우 등급결정 신청을 하여야 한다.
③ 시설의 증·개축 또는 서비스 및 운영실태 등의 변경에 따른 등급 조정사유가 발생한 경우 등급결정을 신청하여야 한다.
④ 등급결정의 세부적인 기준 및 절차는 문화체육관광부장관이 정하여 고시한다.

> **해설**
> 호텔업의 등급결정(「관광진흥법 시행규칙」 제25조 제1항 제2호)
> 호텔업 등급결정의 유효기간(등급결정을 받은 날부터 3년)이 만료되는 경우 유효기간 만료 전 150일부터 90일까지 등급결정을 신청하여야 한다.
> ※ 이 문제는 2013년 기준 법령으로 출제된 것이다. 2014년 12월 31일 개정된 법령에 따르면 등급결정을 위한 평가요소는 서비스 상태, 객실 및 부대시설의 상태, 안전 관리 등에 관한 법령 준수 여부이다. 따라서 ①번 선지의 '소비자 만족도'는 현재 등급결정을 위한 평가요소에 해당하지 않는다.

04 관광진흥법령상 관광 업무별 자격기준에 관한 설명으로 옳은 것은? ○ △ ×

① 현관·객실·식당의 접객업무는 호텔서비스사 자격을 취득한 자만이 담당할 수 있다.
② 외국인 관광객의 국내여행을 위한 안내는 관광통역안내사 자격을 취득한 자만이 종사할 수 있다.
③ 특2등급 이상의 관광호텔업의 객실관리 책임자 업무는 호텔경영사 또는 호텔관리사 자격을 취득한 자만이 담당할 수 있다.
④ 특1등급 이상의 관광호텔업의 총괄관리 및 경영업무는 호텔경영사 자격을 취득한 자만이 담당할 수 있다.

> **해설**
> 관광종사원의 자격 등(「관광진흥법」 제38조 제1항)
> 외국인 관광객을 대상으로 하는 여행업자는 관광통역안내의 자격을 가진 사람을 관광안내에 종사하게 하여야 한다.
> ① 현관·객실·식당의 접객업무는 호텔서비스사 자격을 취득한 자가 종사하도록 권고할 수 있다(「관광진흥법 시행령」 별표4 제2호 라목).
> ③ 4성급 이상의 관광호텔업의 객실관리 책임자 업무는 호텔경영사 또는 호텔관리사 자격을 취득한 자가 종사하도록 권고할 수 있다(「관광진흥법 시행령」 별표4 제2호 나목).
> ④ 4성급 이상의 관광호텔업의 총괄관리 및 경영업무는 호텔경영사 자격을 취득한 자가 종사하도록 권고할 수 있다(「관광진흥법 시행령」 별표4 제2호 가목).

05 관광진흥법령상 문화관광해설사에 관한 설명으로 옳은 것은? ○ △ ×

① 문화체육관광부장관은 국민을 대상으로 역사·문화·예술·자연 등 관광자원에 대한 지식과 지역문화에 대한 지식을 체계적으로 전달하고, 지역문화에 대한 올바른 이해를 돕기 위하여 인증을 받은 문화관광해설사 교육과정을 이수한 자를 문화관광해설사로 선발하여 활용할 수 있다.

② 문화관광해설사를 선발하는 경우 문화체육관광부령으로 정하는 바에 따라 이론 및 실습을 평가하고, 5개월 이상의 실무수습을 마친 자에게 자격을 부여할 수 있다.

③ 문화관광해설사를 선발하려는 경우에는 이론 및 실습 평가항목 각각 60점 이상을 득점한 사람 중에서 선발한다.

④ 문화관광해설사의 선발, 배치 및 활용 등에 필요한 사항은 대통령령으로 정한다.

> **해설**
> ② 문화관광해설사를 선발하는 경우 문화체육관광부령으로 정하는 바에 따라 이론 및 실습을 평가하고, 3개월 이상의 실무 수습을 마친 사람에게 자격을 부여할 수 있다(「관광진흥법」 제48조의8 제2항).
> ③ 문화관광해설사를 선발하려는 경우에는 이론 및 실습 평가항목 각각 70점 이상을 득점한 사람 중에서 각각의 평가항목의 비중을 곱한 점수가 고득점자인 사람의 순으로 선발한다(「관광진흥법 시행규칙」 제57조의5 제3항).
> ④ 문화관광해설사의 선발, 배치 및 활용 등에 필요한 사항은 문화체육관광부령으로 정한다(「관광진흥법」 제48조의8 제4항).
> ※ 출제 당시 정답은 ①이었으나, 다음과 같이 개정되어 현재는 정답이 없다.
> ① 문화체육관광부장관 또는 지방자치단체의 장은 교육과정을 이수한 자를 문화관광해설사로 선발하여 활용할 수 있다(「관광진흥법」 제48조의8 제1항).

2013년

관광법규

06 관광진흥법상 반드시 사업계획의 승인을 얻어야 하는 업종은? ○ △ ×

① 국제회의시설업

② 전문휴양업

③ 관광숙박업

④ 종합휴양업

> **해설**
> 사업계획의 승인(「관광진흥법」 제15조)
> • 관광숙박업을 경영하려는 자는 등록을 하기 전에 그 사업에 대한 사업계획을 작성하여 특별자치시장·특별자치도지사·시장·군수·구청장의 승인을 받아야 한다.
> • 관광객 이용시설업이나 국제회의업을 경영하려는 자는 등록을 하기 전에 그 사업에 대한 사업계획을 작성하여 특별자치시장·특별자치도지사·시장·군수·구청장의 승인을 받을 수 있다.

07 관광진흥법령상 식품위생 법령에 따른 유흥주점 영업의 허가를 받은 자가 관광객이 이용하기 적합한 무도 (舞蹈)시설을 갖추어 그 시설을 이용하는 자에게 음식을 제공하고 노래와 춤을 감상하게 하거나 춤을 추게 하는 관광사업은? ○△×

① 관광유흥음식점업
② 관광극장유흥업
③ 관광식당업
④ 외국인전용 유흥음식점업

> **해설**
> ① 식품위생 법령에 따른 유흥주점 영업의 허가를 받은 자가 관광객이 이용하기 적합한 한국 전통 분위기의 시설을 갖추어 그 시설을 이용하는 자에게 음식을 제공하고 노래와 춤을 감상하게 하거나 춤을 추게 하는 업(「관광진흥법 시행령」 제2조 제1항 제6호 가목)
> ③ 식품위생 법령에 따른 일반음식점영업의 허가를 받은 자가 관광객이 이용하기 적합한 음식 제공시설을 갖추고 관광객에게 특정 국가의 음식을 전문적으로 제공하는 업(「관광진흥법 시행령」 제2조 제1항 제6호 라목)
> ④ 식품위생 법령에 따른 유흥주점영업의 허가를 받은 자가 외국인이 이용하기 적합한 시설을 갖추어 외국인만을 대상으로 주류나 그 밖의 음식을 제공하고 노래와 춤을 감상하게 하거나 춤을 추게 하는 업(「관광진흥법 시행령」 제2조 제1항 제6호 다목)

08 카지노사업자의 연간 총매출액이 160억원일때 관광진흥법령상 카지노사업자가 납부해야 할 관광진흥개발기금의 납부금은? ○△×

① 8억원
② 10억 6천만원
③ 12억 2천만원
④ 16억원

> **해설**
> 연간 총매출액이 100억원을 초과하는 경우 관광진흥개발기금 납부금 징수율은 4억 6천만원+총매출액 중 100억원을 초과하는 금액의 100분의 10이다(「관광진흥법 시행령」 제30조 제2항 제3호). 총매출액인 160억원 중 100억원을 초과하는 금액이 60억원이므로, 60억원의 100분의 10 금액인 6억과 4억 6천만원을 합하여 계산한다.

09 관광진흥법령상 분양 또는 회원모집을 할 수 있는 관광사업이 아닌 것은? ○ △ ×

① 호텔업

② 휴양 콘도미니엄업

③ 제1종 종합휴양업

④ 제2종 종합휴양업

> **해설**
>
> 분양 및 회원모집 관광사업(『관광진흥법 시행령』 제23조 제1항)
>
> 분양 및 회원모집이 가능한 관광사업은 휴양 콘도미니엄업 및 호텔업, 관광객 이용시설업 중 제2종 종합휴양업이다.

10 관광펜션업의 지정기준으로 옳지 않은 것은? ○ △ ×

① 객실이 30실 이하일 것

② 취사 및 숙박에 필요한 설비를 갖출 것

③ 숙박시설 및 이용시설에 대하여 외국어 안내표기를 할 것

④ 자연 또는 주변 경관을 관람할 수 있도록 개방되어 있거나 밖이 보이는 창을 가진 구조일 것

> **해설**
>
> ① · ② · ③ 외에 자연 및 주변환경과 조화를 이루는 4층 이하의 건축물일 것. 바비큐장 · 캠프파이어장 등 주인의 환대가
> 가능한 1종류 이상의 이용시설을 갖추고 있을 것(다만, 관광펜션이 수개의 건물 동으로 이루어진 경우에는 그 시설을
> 공동으로 설치할 수 있음) 등이 있다(『관광진흥법 시행규칙』 별표2 제8호).
>
> ④ 관광궤도업의 지정기준이다(『관광진흥법 시행규칙』 별표2 제9호).

11 관광진흥법령상 우리나라와 외국을 왕래하는 여객선에서 카지노업을 하려는 경우의 허가 요건으로 옳지 않은 것은? ○ △ ×

① 여객선이 1.5만톤급 이상일 것

② 외래관광객 유치계획 및 장기수지전망 등을 포함한 사업계획서가 적정할 것

③ 현금 및 칩의 관리 등 영업거래에 관한 내부통제방안이 수립되어 있을 것

④ 그 밖에 카지노업의 건전한 운영과 관광산업의 진흥을 위하여 문화체육관광부장관이 공고하는 기준에 맞을 것

> **해설**
>
> 카지노업의 허가요건 등(『관광진흥법 시행령』 제27조 제2항 제2호)
>
> 여객선이 2만톤급 이상으로 문화체육관광부장관이 공고하는 총톤수 이상일 것

12 관광진흥법령상 과태료 금액의 2분의 1 범위에서 감경할 수 있는 경우가 아닌 것은? (단, 과태료를 체납하고 있는 위반행위자의 경우 제외) ○△×

① 위반행위자가 처음 해당 위반행위를 한 경우로서 3년 이상 해당 업종을 모범적으로 영위한 사실이 인정되는 경우
② 위반행위자가 법 위반상태를 시정하거나 해소하기 위하여 노력한 것으로 인정되는 경우
③ 위반행위가 사소한 부주의나 오류로 인한 것으로 인정되는 경우
④ 위반행위자가 자연재해·화재 등으로 재산에 현저한 손실이 발생하여 사업이 중대한 위기에 처하는 등의 사정이 있는 경우

> 해설
>
> 과태료의 부과기준(「관광진흥법 시행령」 별표5 제1호 다목)
> 위반행위자가 처음 해당 위반행위를 한 경우로서 5년 이상 해당 업종을 모범적으로 영위한 사실이 인정되는 경우

13 관광진흥법령상 가족호텔업의 등록기준으로 옳은 것은? ○△×

① 욕실이나 샤워시설을 갖춘 객실이 20실 이상일 것
② 수상오염 방지를 위한 시설을 갖추고 있을 것
③ 매점이나 간이매장이 있을 것
④ 객실별 면적이 19㎡ 이상일 것

> 해설
>
> 가족호텔업의 등록기준(「관광진흥법 시행령」 별표1 제2호 라목)
> • 가족단위 관광객이 이용할 수 있는 취사시설이 객실별로 설치되어 있거나 층별로 공동취사장이 설치되어 있을 것
> • 욕실이나 샤워시설을 갖춘 객실이 30실 이상일 것
> • 객실별 면적이 19㎡ 이상일 것
> • 외국인에게 서비스를 제공할 수 있는 체제를 갖추고 있을 것
> • 대지 및 건물의 소유권 또는 사용권을 확보하고 있을 것. 다만, 회원을 모집하는 경우에는 소유권을 확보하여야 한다.

14 관광진흥법령상 카지노업을 영위하기 위하여 문화체육관광부장관에게 제출하는 사업계획서에 포함되어야 하는 사항이 아닌 것은? ○ △ ✕

① 카지노영업소 이용객 유치계획
② 법인 등기사항증명서(법인만 해당한다)
③ 장기수지 전망
④ 인력수급 및 관리계획

> **해설**
> 카지노업의 허가 등(「관광진흥법 시행규칙」 제6조 제3항)
> 법인 등기사항증명서는 신청서를 제출받은 문화체육관광부장관이 확인하여야 하는 서류에 해당한다. 사업계획서에 포함되어야 하는 사항으로는 ①·③·④ 외에 영업시설의 개요(제29조에 따른 시설 및 영업종류별 카지노기구에 관한 사항이 포함되어야 함)가 있다.

15 관광진흥법상 관광사업의 허가와 신고에 관한 설명으로 옳지 않은 것은? ○ △ ✕

① 종합유원시설업을 경영하려는 자는 특별자치도지사·시장·군수·구청장의 허가를 받아야 한다.
② 카지노업을 경영하려는 자는 문화체육관광부장관의 허가를 얻어야 한다.
③ 기타유원시설업을 경영하려는 자는 특별자치도지사·시장·군수·구청장의 허가를 받아야 한다.
④ 일반유원시설업을 경영하려는 자는 특별자치도지사·시장·군수·구청장의 허가를 받아야 한다.

> **해설**
> 허가와 신고(「관광진흥법」 제5조 제4항)
> 종합 및 일반유원시설업 외의 유원시설업을 경영하려는 자는 문화체육부관광부령으로 정하는 시설과 설비를 갖추어 특별자치시장·특별자치도지사·시장·군수·구청장에게 신고하여야 한다.

16 관광진흥법령상 우수숙박시설의 지정기준으로 옳지 않은 것은? ○ △ ✕

① 관광객을 맞이하는 프런트 등의 접객공간이 폐쇄형 구조일 것
② 건물 내부 및 외부에 대실 영업에 대한 공지를 하지 아니할 것
③ 안내데스크에 요금표를 게시하고 신용카드 결제가 가능할 것
④ 주차장에 차단막 등 폐쇄형 구조물이 없을 것

> **해설**
> 출제 당시 정답은 ①이었으나, 2018년 6월 5일 법령이 개정되어 현재는 '우수숙박시설의 지정기준(「관광진흥법 시행령」 별표1의2)'이 삭제되었다.

17 관광진흥법상 외국인 관광객의 유치 촉진 등을 위하여 관광 활동과 관련된 관계 법령의 적용이 배제되거나 완화되고, 관광활동과 관련된 서비스·안내 체계 및 홍보 등 관광 여건을 집중적으로 조성할 필요가 있는 지역으로 지정된 곳은?   ○ △ ×

① 관광단지
② 경제특구
③ 복합리조트
④ 관광특구

> 해설
>
> 관광특구의 정의(「관광진흥법」제2조 제11호)
> "관광특구"란 외국인 관광객의 유치 촉진 등을 위하여 관광 활동과 관련된 관계 법령의 적용이 배제되거나 완화되고, 관광 활동과 관련된 서비스·안내 체계 및 홍보 등 관광 여건을 집중적으로 조성할 필요가 있는 지역으로 이 법에 따라 지정된 곳을 말한다.

18 관광진흥법령상 변경등록사항이 아닌 것은?   ○ △ ×

① 상호 또는 대표자의 변경
② 휴양 콘도미니엄업의 객실 수 및 형태의 변경
③ 관광숙박업의 부대시설의 위치·면적 및 종류의 변경
④ 여행업의 사무실 소재지의 변경

> 해설
>
> 변경등록(「관광진흥법 시행령」제6조 제1항 제3호)
> 객실 수 및 형태의 변경은 휴양 콘도미니엄업을 제외한 관광숙박업만 해당한다.

완전정복 TIP 변경등록사항(「관광진흥법 시행령」제6조 제1항)

- 사업계획의 변경승인을 받은 사항(사업계획의 승인을 받은 관광사업만 해당)
- 상호 또는 대표자의 변경
- 객실 수 및 형태의 변경(휴양 콘도미니엄업을 제외한 관광숙박업만 해당)
- 부대시설의 위치·면적 및 종류의 변경(관광숙박업만 해당)
- 여행업의 경우에는 사무실 소재지의 변경 및 영업소의 신설, 국제회의기획업의 경우에는 사무실 소재지의 변경
- 부지 면적의 변경, 시설의 설치 또는 폐지(야영장업만 해당)
- 객실 수 및 면적의 변경, 편의시설 면적의 변경, 체험시설 종류의 변경(한옥체험업만 해당)

19 관광진흥법령상 의료관광에 관한 설명으로 옳은 것은?   ○△×

① 문화체육관광부장관은 외국인 의료관광의 활성화를 위하여 대통령령으로 정하는 기준을 충족하는 외국인 의료관광 유치 · 지원 관련 기관에 관광진흥개발기금법에 따른 관광진흥개발기금을 대여하거나 보조할 수 있다.

② 외국인 의료관광이란 국내 · 외 의료기관의 진료, 치료, 수술 등 의료서비스를 받는 환자와 그 동반자가 의료서비스와 병행하여 관광하는 것을 말한다.

③ 한국관광공사 사장은 외국인 의료관광 안내에 대한 편의를 제공하기 위하여 국내 · 외에 외국인 의료관광 유치 안내센터를 설치 · 운영할 수 있다.

④ 문화체육관광부장관은 의료관광의 활성화를 위하여 한국관광공사와 공동으로 해외마케팅사업을 추진할 수 있다.

> **해설**
>
> 의료관광의 정의(「관광진흥법」 제12조의2 제1항)
> 의료관광이란 국내 의료기관의 진료, 치료, 수술 등 의료서비스를 받는 환자와 그 동반자가 의료서비스와 병행하여 관광하는 것을 말한다.
>
> 외국인 의료관광 지원(「관광진흥법 시행령」 제8조의3)
> • 문화체육관광부장관은 외국인 의료관광을 지원하기 위하여 외국인 의료관광 전문인력을 양성하는 전문교육기관 중에서 우수 전문교육기관이나 우수 교육과정을 선정하여 지원할 수 있다.
> • 문화체육관광부장관은 외국인 의료관광 안내에 대한 편의를 제공하기 위하여 국내외에 외국인 의료관광 유치 안내센터를 설치 · 운영할 수 있다.
> • 문화체육관광부장관은 의료관광의 활성화를 위하여 지방자치단체의 장이나 외국인환자 유치 의료기관 또는 유치업자와 공동으로 해외마케팅사업을 추진할 수 있다.

20 관광진흥개발기금법상 관광진흥개발기금에 관한 설명으로 옳지 않은 것은?   ○△×

① 국내 공항과 항만을 통하여 출국하는 자로서 대통령령으로 정하는 자는 1만원의 범위에서 대통령령으로 정하는 금액을 기금에 납부하여야 한다.

② 출국납부금을 부과받은 자가 부과된 납부금에 대하여 이의가 있는 경우에는 부과받은 날부터 60일 이내에 문화체육관광부장관에게 이의를 신청할 수 있다.

③ 문화체육관광부장관은 출국납부금 부과에 대한 이의신청을 받았을 때에는 그 신청을 받은 날부터 15일 이내에 이를 검토하여 그 결과를 신청인에게 서면으로 알려야 한다.

④ 출국납부금의 부과 · 징수의 절차에 필요한 사항은 문화체육관광부령으로 정한다.

> **해설**
>
> 기금의 설치 및 재원(「관광진흥개발기금법」 제2조 제6항)
> 출국납부금의 부과 · 징수의 절차 등에 필요한 사항은 대통령령으로 정한다.

21 관광진흥개발기금법령상 관광진흥개발기금을 대여받거나 보조받을 수 있는 사업이 아닌 것은?

① 관광진흥에 기여하는 문화예술사업
② 전통관광자원 개발 및 지원사업
③ 관광 관련 국제기구의 설치
④ 내국인 의료관광 유치 사업

> 해설
>
> 내국인 의료관광 유치 사업은 관광진흥개발기금 용도에 해당하는 사업이 아니다.
>
> 기금의 용도(「관광진흥개발기금법」 제5조 제3항 및 시행령 제2조)
> 기금은 다음의 어느 하나에 해당하는 사업에 대여하거나 보조할 수 있다.
> • 국외 여행자의 건전한 관광을 위한 교육 및 관광정보의 제공사업
> • 국내외 관광안내체계의 개선 및 관광홍보사업
> • 관광사업 종사자 및 관계자에 대한 교육훈련사업
> • 국민관광 진흥사업 및 외래관광객 유치 지원사업
> • 관광상품 개발 및 지원사업
> • 국제회의의 유치 및 개최사업
> • 장애인 등 소외계층에 대한 국민관광 복지사업
> • 전통관광자원 개발 및 지원사업
> • 관광지 · 관광단지 및 관광특구에서의 공공 편익시설 설치사업
> • 감염병 확산 등으로 관광사업자에게 발생한 경영상 중대한 위기 극복을 위한 지원사업
> • 그 밖에 관광사업의 발전을 위하여 필요한 것으로서 대통령령으로 정하는 사업(여행업을 등록한 자나 카지노업을 허가 받은 자의 해외지사 설치, 관광사업체 운영의 활성화, 관광진흥에 기여하는 문화예술사업, 지방자치단체나 관광단지개 발자 등의 관광지 및 관광단지 조성사업, 관광지 · 관광단지 및 관광특구의 문화 · 체육시설, 숙박시설, 상가시설로서 관 광객 유치를 위하여 특히 필요하다고 문화체육관광부장관이 인정하는 시설의 조성, 관광 관련 국제기구의 설치)

22 관광진흥개발기금법령상 문화체육관광부장관이 출국납부금의 부과 · 징수 업무를 위탁할 수 있는 자가 아 닌 것은?

① 지방해양수산청장
② 항만공사법에 따른 항만공사
③ 한국관광공사법에 따른 한국관광공사
④ 항공법에 따른 공항운영자

> 해설
>
> 납부금 부과 · 징수 업무의 위탁(「관광진흥개발기금법 시행령」 제22조)
> 문화체육관광부장관은 납부금의 부과 · 징수 업무를 지방해양수산청장, 「항만공사법」에 따른 항만공사 및 「항공사업법」 제 2조 제34호에 따른 공항운영자에게 각각 위탁한다.
> ※ 현재 ④ 「항공법」은 「항공사업법」으로 변경되었다.

23 관광진흥개발기금법령에 관한 설명으로 옳은 것은? ○△✕

① 문화체육관광부장관은 한국산업은행이 기금의 대여업무를 할 수 있도록 한국산업은행에 기금을 대여할 수 있다.

② 문화체육관광부장관은 기금지출관으로 하여금 한국산업은행에 관광진흥개발기금의 계정을 설치하도록 하여야 한다.

③ 관광진흥개발기금의 대하이자율, 대여이자율은 한국은행총재와 협의하여 문화체육관광부장관이 정한다.

④ 문화체육관광부장관은 기금지출 한도액을 한국은행총재에게 알려야 한다.

> **해설**
>
> ② 문화체육관광부장관은 기금지출관으로 하여금 한국은행에 관광진흥개발기금의 계정을 설치하도록 하여야 한다(「관광진흥개발기금법」 제10조).
> ③ 기금의 대하이자율, 대여이자율, 대여기간 및 연체이자율은 위원회의 심의를 거쳐 문화체육관광부장관이 기획재정부장관과 협의하여 정한다. 이를 변경하는 경우에도 또한 같다(「관광진흥개발기금법 시행령」 제10조).
> ④ 문화체육관광부장관은 지출 한도액을 배정한 경우에는 기획재정부장관과 한국은행총재에게 이를 알려야 한다(「관광진흥개발기금법 시행령」 제15조 제2항).

24 국제회의산업 육성에 관한 법령상 국제회의도시의 지정기준이 아닌 것은? ○△✕

① 지정대상 도시에 국제회의시설이 있고, 해당 특별시·광역시 또는 시에서 이를 활용한 국제회의산업 육성에 관한 계획을 수립하고 있을 것

② 지정대상 도시에 숙박시설·교통시설·교통안내체계 등 국제회의 참가자를 위한 편의시설이 갖추어져 있을 것

③ 지정대상 도시 또는 그 주변에 풍부한 관광자원이 있을 것

④ 지정대상 도시 또는 그 주변에 박물관, 미술관 등의 문화시설과 면세점이 있을 것

> **해설**
>
> 국제회의도시의 지정기준(「국제회의산업 육성에 관한 법률 시행령」 제13조)
> 국제회의도시의 지정기준에 문화시설과 면세점은 포함되지 않는다.

25 국제회의산업 육성에 관한 법령상 국제회의 전담조직의 담당업무가 아닌 것은?

① 국제회의의 유치 및 개최 지원
② 국제회의 산업의 국내 홍보
③ 국제회의 관련 정보의 수집 및 배포
④ 국제회의 전문인력의 교육 및 수급

> 해설
>
> 국제회의 전담조직의 업무(「국제회의산업 육성에 관한 법률 시행령」 제9조)
> • 국제회의의 유치 및 개최 지원
> • 국제회의산업의 국외 홍보
> • 국제회의 관련 정보의 수집 및 배포
> • 국제회의 전문인력의 교육 및 수급
> • 지방자치단체의 장이 설치한 전담조직에 대한 지원 및 상호 협력
> • 그 밖에 국제회의산업의 육성과 관련된 업무

관광학개론

※ 문제의 이해도에 따라 ○ △ × 체크하여 완벽하게 정리하세요.

26 호텔객실의 정비, 미니바(Mini Bar)관리, Turn-down 서비스 등을 주로 담당하는 부서의 명칭은? ○ △ ×

① 프런트 오피스

② 컨시어지

③ 하우스키핑

④ 룸서비스

해설

Turn-down Service는 고객이 이미 투숙한 객실에 대하여 고객의 취침 직전에 제공하는 서비스로서 간단한 객실의 청소 · 정리 · 정돈과 잠자리를 돌보아 주는 작업을 말한다. 하우스키핑은 객실의 관리 및 객실에서 제공되는 모든 서비스를 담당하는 부서이다.

27 다음 중 우리나라의 저가항공사가 아닌 것은? ○ △ ×

① 이스타항공

② 피치항공

③ 티웨이항공

④ 진에어

해설

국내 저가항공사로는 제주항공, 에어부산, 진에어, 이스타항공, 티웨이항공 등이 있다. 피치항공은 일본의 저가항공사이다.

28 우리나라 관광정책에 관한 설명으로 옳은 것은?

① 1970년대 관광산업이 국가전략산업으로 지정되고, 관광기본법이 제정되면서 정부가 국민관광의 육성 발전에 적극 대처하게 되었다.

② 1980년대 외국인 관광객을 유치하기 위한 외국인 전용 관광시설지구를 조성하기 위하여 대규모 국제 관광단지의 개발방식을 채택하였다.

③ 1990년대 금강산 육로관광이 실시되면서 남북한 간의 관광교류가 시작되었다.

④ 2000년대 내국인이 카지노에 입장할 수 있는 법적 근거가 마련되었으며, 강원랜드를 설립하여 내국인 도 카지노를 이용할 수 있게 되었다.

> **해설**
>
> 1970년대는 우리나라의 관광산업이 국가전략산업으로 지정되며 관광정책이 획기적으로 발전한 시기이다. 관광진흥개발 기금 설립과 함께 국가적 차원의 관광개발계획이 수립되었다.

> **완전정복 TIP** **1970년대 주요 관광정책**
>
> • 1971년 경부고속도로 개통 – 관광지 개발 촉진
> • 1972년 「관광진흥개발기금법」 제정·공포 – 국가차원의 관광개발 계획 수립 연계
> • 1975년 「관광기본법」 및 「관광사업법」 제정·공포 – 국민관광발전도모
> • 1978년 외래관광객 유치 100만 명 돌파 등

29 관광의 개념적 구성요소와 거리가 먼 것은? ○ △ ×

① 영리성 ② 회귀성

③ 탈일상성 ④ 이동성

> **해설**
>
> 관광의 개념적 구성요소로는 이동성, 회귀성, 탈일상성 등이 있다.

30 투숙객이 객실에 수하물을 두고 여행하는 경우나, 예약하고 도착이 늦어질 경우에 부과하는 객실요금은?

○ △ ✕

① Late Check Out Charge
② Hold Room Charge
③ Midnight Charge
④ Part Day Charge

> **해설**
> ① 명시된 퇴숙시간을 넘겨 객실을 사용할 때 부과되는 추가요금이다.
> ③ 고객의 호텔 도착시간이 그다음날 새벽이나 아침이면, 호텔은 그 전날부터 객실을 비워 두었으므로 그에 해당하는 객실 요금을 받는 것을 말한다.
> ④ 객실 시간 사용에 대해 부과하는 분할요금으로 주로 온천지역이나 공항 등에 위치한 호텔에서 활용한다.

31 한국과 중국 간의 관광교류 현황 중 사실과 맞지 않는 것은?

○ △ ✕

① 1994년 한국 – 중국 여행 자유화
② 1996년 중국 단체 관광객의 제주도 무사증 입국 허용
③ 2006년 한국 – 중국 항공운항 자유화
④ 2004년 Korean Wave 개최(베이징)

> **해설**
> ② 중국 단체 관광객의 제주도 무사증 입국이 허용된 것은 1998년이다(이후 2006 중국인 개별 관광객의 제주도 무사증 입국 허용).
> ① 1994년 한국인의 중국 여행 자유화 → 2000년 중국인의 한국 여행 자유화
> ④ Korean Wave 2004는 서울, 도쿄, 베이징에서 차례로 개최되었다.
> ※ 한국과 중국은 2006년 6월 시범적으로 (단계적)항공 자유화에 합의한 바 있으나, 아직까지는 일부 도시에서만 이루어지고 있다.

32 최근 우리나라 관광산업의 환경변화에 관한 설명으로 옳지 않은 것은? ○ △ ✕

① 의료관광, 영화관광 등 산업 간 융·복합된 관광형태의 급성장이 예상된다.
② 우리나라를 찾는 외래관광객 중 대부분은 단체 여행객이며, 그 비중이 점차 증가하고 있다.
③ 환경과 성장의 가치를 동시에 추구하는 녹색관광이 새로운 트렌드로 자리잡고 있다.
④ MICE 산업 등이 활발해지면서 비즈니스 관광시장이 부상되고 있다.

> 해설
> 우리나라를 찾는 관광객의 유형은 단체관광에서 개별관광으로 변화하고 있다.

33 19세기에 대두된 관광 관련 현상이 아닌 것은? ○ △ ✕

① 호화호텔(Grand Hotel)의 등장
② 여행업의 등장
③ 여객기의 등장
④ 여행자수표의 등장

> 해설
> 최초의 여객기는 1930년대 등장하였으며, 본격적인 여행 수단으로 이용된 것은 1950년대부터이다.

34 호텔연회에서 중국식 코스요리를 큰 플래터(Platter)에 담아 고객에게 보여 준 후 서빙포크와 스푼으로 덜어 고객의 작은 접시에 직접 제공하는 서비스 방식은? ○ △ ✕

① Russian Service
② French Service
③ American Service
④ Buffet Service

> 해설
> ② 고객 앞에서 직접 음식을 만들어 주거나 미리 만든 음식을 보여 준 뒤 접시에 담아 제공하는 호화로운 방식으로, 종업원의 숙련된 솜씨가 요구되는 서비스이다.
> ③ 주방에서 음식을 접시에 담아 서브하는 방식으로 가장 실용적이고 널리 이용되는 서비스이다.
> ④ 이미 준비된 음식을 기호에 따라 각자 먹을 수 있도록 하는 셀프 서비스 형태이다.

35 국제회의산업 육성에 관한 법령상의 국제회의도시로 지정된 곳이 아닌 것은? ○ △ ×

① 대구광역시
② 경남 창원시
③ 제주특별자치도
④ 경북 경주시

해설

우리나라의 국제회의도시

서울, 부산, 인천, 대구, 제주, 광주, 대전, 창원, 고양, 평창(평창 건강올림픽종합특구), 경주 등

※ 출제 당시 정답은 ④였으나, 2014년 경주가 신규 국제회의도시로 지정되었다.

36 다음 설명에서 제시된 관광객 행동에 영향을 미치는 요인은 무엇인가? ○ △ ×

어떤 개인의 행동, 구매행동 그리고 목표를 설정함에 있어 그에게 개인적 가치의 표준이나 규범을 제공하는 요소이다. 즉, 학교나 직장 동료, 스포츠 동호회원 등을 말한다.

① 사회계층
② 준거집단
③ 오피니언 리더
④ 촉매자

해설

관광행동에 영향을 미치는 사회·문화적 요인

가족, 친구, 관광객 자신이 속해 있는 준거집단, 사회계층, 하위문화 등

편집자의 TIP   준거집단

준거집단은 말 그대로 준거(기준)가 되는 집단입니다. 자신의 말, 생각, 행동 시 판단이 되는 기준이 되는 사람들을 이르는 말이죠. 여러분이 관광통역안내사 혹은 국내여행안내사가 되기 위해서 오늘도 열심히 공부하시고 있지 않으십니까? 면접시험을 공부할 때마다 여러 관광통역안내사들의 영상이나 글들을 챙겨 보진 않으십니까? 그렇다면 여러분의 수험에서의 행동기준이 되는 집단, 즉 준거집단은 '관광통역안내사'입니다.

37 다음 여행사 중 상품판매 특성이 다른 것은?   ○ △ ✕

① 하나투어   ② 모두투어
③ 한진관광   ④ 넥스투어

> **해설**
>
> ① · ② · ③ 도매업(홀세일러) 방식, ④ 소매업(리테일러) 방식을 취하고 있다.

38 다음에서 제시한 관광자원 중 유사한 유형으로 연결한 것이 아닌 것은?   ○ △ ✕

ㄱ. 설악산	ㄴ. 경복궁
ㄷ. 자동차공장	ㄹ. 백화점
ㅁ. 캠프장	ㅂ. 해운대
ㅅ. 놀이공원	ㅇ. 식물원

① ㄱ, ㅂ   ② ㄴ, ㅇ
③ ㄷ, ㄹ   ④ ㅁ, ㅅ

> **해설**
>
> ① 자연적 관광자원
> ③ 산업적 관광자원
> ④ 관광 · 레크레이션 관광자원

39 우리나라의 관광현황에 관한 설명으로 옳은 것은?   ○ △ ✕

① 관광수입은 2000년 이후 매년 증가하고 있다.
② 2012년 우리 국민의 해외여행자 수가 처음으로 1천만 명을 넘었다.
③ 2012년 우리나라를 가장 많이 방문한 외국인 관광객은 일본인이다.
④ 2011년 우리나라를 방문한 외국인 관광객 수가 처음으로 1천만 명을 넘었다.

> **해설**
>
> 2012년 한 해 우리나라를 찾은 일본인 관광객 수는 약 351만 명으로 가장 많았다.

40 우리나라 카지노산업의 현황으로 옳지 않은 것은?　　○ △ ×

① 서울에는 외국인 전용 카지노가 3개 있다.
② 1967년 인천 올림포스호텔에 카지노가 최초로 개장되었다.
③ 외국인 출입이 가능한 카지노는 총 16개이다.
④ 강원랜드는 복합 카지노 리조트이다.

> **해설**
> 외국인 출입이 가능한 카지노는 총 17개이며, 그 중 16개 업체가 외국인 대상 카지노이다.

41 호텔의 경영형태에 관한 설명으로 옳지 않은 것은?　　○ △ ×

① 조인트 벤처(Joint Venture) – 주로 자본제휴를 통해 호텔을 운영하는 것으로 Sheraton 호텔이 대표적이다.
② 리퍼럴 그룹(Referral Group) – 독립 호텔들이 상호 연합하여 운영하는 공동경영방식으로 Best Western 호텔이 대표적이다.
③ 위탁경영호텔(Management Contract Hotel) – 경영 노하우를 가진 호텔이 계약을 통해 다른 호텔을 경영하는 방식으로 Hilton 방식이라고도 한다.
④ 프랜차이즈 호텔(Franchise Hotel) – 경영 노하우를 소유한 가맹호텔(Franchisee)들이 본부(Franchisor)를 형성하여 운영하는 형태로 Hyatt호텔이 대표적이다.

> **해설**
> 프랜차이즈 호텔이란 본사와 가맹호텔이 계약을 맺고 운영하는 형태로, 본사는 가맹호텔에게 브랜드 사용권이나 경영 노하우 등을 제공하고, 가맹호텔은 본사에 수수료를 제공한다.

42 국민관광진흥을 위해 추진한 정책으로 옳은 것은? ○ △ ×

① 베니키아(BENIKEA)는 특2급 일반호텔을 체인화하기 위한 사업이다.

② 굿스테이(Good Stay)는 생태형 숙박시설의 보급을 위해 환경부에서 인증하는 제도이다.

③ 문화관광해설사 제도는 1988년 서울 올림픽부터 도입되어 지금까지 운영되고 있다.

④ 저소득층의 여행지원을 위해 2005년도부터 여행바우처사업을 추진하고 있다.

> 해설
>
> 여행바우처
> 국내여행에 쉽게 참여하지 못하는 사회적 취약계층에게 여행기회를 제공하여 여행참여 및 관광활동을 통한 삶의 질을 향상하고자 시행되는 제도이다. 우리나라에서는 2005년부터 시행되었으며, 2014년부터는 기존 여행·문화·스포츠 바우처를 결합하여 '통합문화이용권'이라는 명칭으로 운영되고 있다.

43 여행사가 만든 패키지 여행상품의 유통과정에 포함되지 않는 것은? ○ △ ×

① 여행사

② 홈쇼핑매체

③ 지상수배업자

④ 온라인 마켓 플레이스

> 해설
>
> 지상수배업자
> 여행사로부터 현지의 여행지 수배업무를 의뢰받아 전문적으로 수행하는 업자를 말한다. 현지정보의 수집 및 관리, 제공, 예약 등 현지수배기능을 수행하는 등 업무는 여행사와 거의 동일하나 직접 일반고객을 상대로 영업을 하지 않고 여행사를 대상으로 영업활동을 한다.

44 우리나라의 전용 국제회의시설이 아닌 것은? ○ △ ×

① KOTEX

② EXCO

③ BEXCO

④ COEX

> 해설
>
> 우리나라의 국제회의시설에는 KINTEX(일산), SONGDO CONVENSIA(송도), COEX(서울), SETEC(서울), aT센터(서울), DCC(대전), 김대중컨벤션센터(광주), CECO(창원), BEXCO(부산), EXCO(대구), ICC JEJU(서귀포) 등이 있다.

45 무사증체류(TWOV ; Transit Without Visa)의 적용조건이 아닌 것은?

① 제3국으로 계속 여행할 수 있는 예약 확인된 항공권을 소지해야 한다.
② 제3국으로 계속 여행할 수 있는 여행서류를 구비해야 한다.
③ 상호 국가 간에 외교관계가 수립되어 있어야 한다.
④ 상호 국가 간에 사증면제협정이 체결되어 있어야 한다.

> 해설
> 사증면제협정은 무사증체류의 조건에 해당하지 않는다.

46 최근의 우리나라 인바운드(Inbound)관광 진흥과 관련된 정책이라고 볼 수 없는 것은? ○ △ ✕

① 카지노 활성화 사업
② 공연관광 활성화 사업
③ 크루즈관광 활성화 사업
④ 의료관광 활성화 사업

> 해설
> 카지노는 1960년대부터 시작된 관광산업으로 최근의 정책이라고 보기는 어렵다.

z

47 관광구조의 구성요소가 가장 복합적으로 형성되어 있는 경우는? ○ △ ✕

① 도심지 상용호텔
② 자동차 여행
③ 크루즈 여행
④ 놀이공원

> 해설
> 크루즈 여행은 운송뿐만 아니라 식사, 숙박, 오락시설, 편의시설 등을 갖추고 서비스를 제공하기 때문에 가장 복합적이다.

48 다음의 표적시장 선정전략은?　　　　　　　　　　　　　　　　　　○ △ ×

> A 여행사는 남성 관광객에게는 스키투어, 여성 관광객에게는 쇼핑투어를 옵션관광상품으로 개발하려는 전략을 수립하였다.

① 고도화　　　　　　　　　　　　　　② 차별화
③ 집중화　　　　　　　　　　　　　　④ 단순화

> 해설
>
> 남성과 여성의 성향과 특성을 고려하여 서로 다른 관광상품을 개발하는 전략은 차별화에 해당한다.

49 여행업의 변화를 기술한 것으로 거리가 먼 것은?　　　　　　　　　　　　○ △ ×

① 항공사 발권수수료에 대한 의존도 심화
② 인수 · 합병을 통한 여행업의 외적 성장 확대
③ 이종(異種) 경쟁업체의 등장
④ 여행사의 사회적 마케팅 대두

> 해설
>
> 2010년 대한항공을 중심으로 항공사들이 여행사에 대한 국제선 항공권 발권수수료를 폐지한 후, 중소여행사들은 60~70%를 차지하던 수입원이 사라져 경영의 압박과 고통에 처하게 됨에 따라 여행업계의 구조조정이 급속하게 이루어지게 되었다. 특히, 대형여행사를 중심으로 급속한 시장재편이 이루어지고 있다.

50 관광자원 개발을 위한 정부의 정책사업이 아닌 것은?　　　　　　　　　　○ △ ×

① 관광단지 개발
② 관광특구 개발
③ 관광레저형 기업도시 개발
④ 관광생태지구 개발

> 해설
>
> 생태관광은 자연환경의 보전을 주된 목적으로 한 활동이기 때문에 관광자원 개발을 위한 사업이라고 보기는 어렵다.

PART 15

2013년 정기시험 실제기출문제

※ 본 내용은 2013년 9월 시행된 관광통역안내사의 정기시험 실제기출문제입니다.

국 사

※ 문제의 이해도에 따라 ○ △ × 체크하여 완벽하게 정리하세요.

01 고조선에 관한 설명으로 옳지 않은 것은?　　　　　○ △ ×

① 고조선의 세력 범위는 비파형 동검이 출토되는 지역과 깊은 관계가 있다.
② 고조선은 요령 지방을 중심으로 성장하여 점차 한반도까지 세력을 확장해 갔다.
③ 단군왕검은 제정일치의 지배자로 하늘의 자손이라는 인식을 갖고 있었다.
④ 활발한 정복 전쟁으로 낙랑군을 몰아냈다.

> **해설**
> 낙랑군은 고조선이 멸망한 후 한나라에 의해 설치된 4개의 군 중 하나이다.

02 고대 국가들에 관한 설명으로 옳지 않은 것은?　　　　　○ △ ×

① 고조선에는 8조법이 전하는데, 도둑질을 하면 사형에 처하였다.
② 고구려 사람들은 무예를 즐기고, 말을 타고 사냥하기를 좋아하였다.
③ 백제는 농경에 적합하고 중국과 교류하기 유리한 한강 유역에 국가를 건설하였다.
④ 신라에는 골품제라는 신분제도가 있어 관등승진의 상한선이 골품에 따라 정해져 있었다.

> **해설**
> 8조법에 따르면 도둑질한 자는 노비로 삼는다.

03 청동기시대 사회상에 관한 설명으로 옳지 않은 것은?　　　　　○ △ ×

① 사적 소유와 지배 · 피지배의 관계가 발생하였다.
② 약탈과 정복을 위한 집단 간의 전쟁이 잦았다.
③ 농업생산력의 증가에 따라 잉여생산물이 나타났다.
④ 혈연을 바탕으로 하는 씨족이 사회의 기본 구성 단위였다.

> **해설**
> 씨족이 기본 구성 단위였던 것은 신석기시대이다. 청동기시대에는 씨족이 통합된 부족사회로 변화하였다.

04 우리나라 어느 지역을 발굴한 결과 다음과 같은 유물이 출토되었다. 어느 시대의 유적지인가? ○ △ ✕

• 반달돌칼	• 거친무늬 거울	• 민무늬 토기

① 구석기시대   ② 신석기시대
③ 청동기시대   ④ 초기 철기시대

> 해설
>
> 청동기시대의 대표적인 유물
> 비파형 동검, 거친무늬 거울, 반달돌칼, 민무늬 토기, 미송리식 토기, 바퀴날 도끼, 홈자귀 등

05 다음 유물들을 제작한 나라에 관한 설명으로 옳은 것은? ○ △ ✕

중국 길림성 돈화현   중국 흑룡강성 영안현
정혜공주묘 출토   동경성 출토

① 진한 지역의 사로국에서 시작하였으며, 고구려와 백제를 통합하였다.
② 대조영이 동모산에서 건국한 나라이며, 고구려 계승 의식을 가지고 있었다.
③ 주몽이 부여에서 갈라져 나와 압록강 하류에 세운 나라이다.
④ 후백제와 신라뿐만 아니라, 발해인까지 받아들여 실질적인 민족 통일을 이루었다.

> 해설
>
> 돌사자상(좌), 석등(우)으로 남북국시대에 발해에서 제작된 유물이다.

06 통일신라 말기에 나타난 사회 현상을 모두 묶은 것은?   ○ △ ✕

> ㄱ. 호족 세력 등장   ㄴ. 해상 세력 대두
> ㄷ. 조계종 성행   ㄹ. 풍수도참설 등장
> ㅁ. 기인제도 실시

① ㄱ, ㄴ, ㄹ   ② ㄱ, ㄷ, ㄹ
③ ㄴ, ㄷ, ㅁ   ④ ㄴ, ㄹ, ㅁ

> 해설
> ㄷ · ㅁ 고려시대에 해당한다.

07 밑줄 친 부분과 관련된 고대 국가에 관한 설명으로 옳지 않은 것은?   ○ △ ✕

> "(ㄱ) 부여씨가 망하고 (ㄴ) 고씨가 망하자 (ㄷ) 김씨가 그 남쪽 땅을 차지하였고, (ㄹ) 대씨가 그 북쪽 땅
> 을 소유하였다. 이것이 남북국이라 부르는 것으로 마땅히 남북국사(南北國史)가 있어야 했음에도 고려
> 가 이를 편찬하지 않은 것은 잘못된 일이다."
>
> – 유득공의 발해고 –

① (ㄱ) – 마가, 우가, 저가, 구가 등의 관리가 있었다.
② (ㄴ) – 평양에 도읍을 옮기고 중국의 남북조에 대해 등거리 외교정책을 전개하였다.
③ (ㄷ) – 국가 발전을 위한 인재를 양성하기 위하여 화랑도를 조직하였다.
④ (ㄹ) – 지방행정 조직으로 5경 15부 62주를 두었다.

> 해설
> (ㄱ) 백제, (ㄴ) 고구려, (ㄷ) 신라, (ㄹ) 발해에 해당한다.
> 마가, 우가, 저가, 구가는 부여의 관직명이다.

08 다음 여행 계획에서 강산이네 가족이 방문할 도시와 그 유적지를 연결한 것으로 옳지 않은 것은? ○ △ ×

〈강산이네 가족의 여행 계획〉

우리 가족은 이번 여름 방학 때 역사 유적지를 돌아보는 2박 3일의 여행 계획을 짰다. 우리 집은 인천
인데, 첫날 아침 일찍 출발하여 서울을 방문해서 대표적인 유적지를 살펴볼 계획이다. 오후에는 공주
로 이동하여 주변의 유적지를 살펴보고 숙박할 예정이다. 둘째 날 오전에는 경상북도 안동으로 이동하
여 답사하고, 오후에는 경주로 가서 시내의 유적지들을 살펴보고 숙박할 예정이다. 마지막 날에는 경
주 시외의 유적지를 답사하고 집으로 돌아올 계획이다.

① 서울 – 몽촌토성, 경복궁
② 공주 – 부소산성, 정림사지
③ 안동 – 도산서원, 하회마을
④ 경주 – 안압지, 불국사

해설

부소산성과 정림사지는 부여에 위치한 유적지이며, 공주의 대표적인 유적지는 공산성, 무령왕릉 등이다.

09 다음과 같은 사실이 제시된 유물은? ○ △ ×

(영락) 9년 기해에 백제가 서약을 어기고 왜와 화통하므로, 왕은 평양으로 순수(巡狩)해 내려갔다. 신라
가 사신을 보내 왕에게 말하기를 "왜인이 그 국경에 가득 차 성을 부수었으니, 노객은 백성된 자로서
왕에게 귀의하여 분부를 청한다"고 하였다.

① 광개토대왕릉비
② 중원 고구려비
③ 단양 적성비
④ 임신서기석

해설

제시된 자료는 광개토대왕릉비문의 내용이다. '영락'이라는 연호를 보면 무덤의 주인이 '광개토대왕'이라는 사실을 알 수
있다. 광개토대왕은 4~5C 고구려의 전성기를 이끌었고, 이때 신라의 군주는 내물왕이었다. 내물왕 대에 백제 · 가야 ·
왜의 협공을 받은 신라는 광개토대왕이 5만의 군사를 요청해 상황을 해결하였다. 이것과 관련된 유물로는 '호우명 그릇'이
있다.

10 다음에 제시된 (가)~(다) 불상의 제작 시기를 순서대로 바르게 나열한 것은?

○ △ ×

(가)

(나)

(다)

① (가) - (나) - (다)

② (나) - (가) - (다)

③ (나) - (다) - (가)

④ (다) - (나) - (가)

해설

(나) 서산 용현리 마애여래삼존상 : 백제시대

(다) 경주 석굴암 석굴 본존불 : 통일신라시대

(가) 논산 관촉사 석조미륵보살입상 : 고려시대

11 다음에서 공통적으로 설명하고 있는 섬은?

○ △ ×

- 이곳에 있었던 삼별초는 원나라의 군대와 고려 정부군에 의해 토벌되었으며, 이곳은 원나라의 직할 령이 되었다.
- 네덜란드 동인도회사 소속 선박 선원이었던 헨드릭 하멜(Hendrik Hamel)은 1653년 일본 나가사키로 가던 도중에 태풍을 만나 일행 36명과 함께 이곳에 표류하였다.

① 진 도

② 거문도

③ 제주도

④ 거제도

해설

삼별초는 강화도에서 진도를 거쳐 제주도로 들어왔으며, 헨드릭 하멜 일행이 표착한 장소 역시 제주도이다.

12 고려시대 전시과에 관한 설명으로 옳지 않은 것은?   ○△✕

① 문무 관리에게 관등에 따라 전지와 시지를 지급하였다.
② 관직 복무와 직역의 대가로 받은 토지는 사망하거나 관직에서 물러날 때 국가에 반납하였다.
③ 토지의 수조권이 아니라 토지 소유권을 지급하였다.
④ 문종 때에는 현직 관리에게만 토지를 지급하는 경정전시과가 실시되었다.

> **해설**
> 고려시대에는 일정한 토지에 대한 수조권만 지급하였다.

13 우리나라 인쇄 문화에 관한 설명으로 옳지 않은 것은?   ○△✕

① 무구정광대다라니경은 현존하는 가장 오래된 금속활자 인쇄물이다.
② 고려시대 대장도감에서 만든 재조대장경은 현재 합천 해인사에 보관되어 있다.
③ 청주 흥덕사에서 간행한 직지심체요절은 세계기록유산으로 등재되었다.
④ 조선 태종 때에는 주자소를 설치하고 금속활자 계미자를 주조하였다.

> **해설**
> 현존하는 가장 오래된 금속활자 인쇄물은 〈직지심체요절〉이다.

14 고려 초기 호족 세력을 통제하기 위한 정책으로 옳지 않은 것은?   ○△✕

① 사심관제도   ② 공음전
③ 과거제도   ④ 노비안검법

> **해설**
> 공음전은 고려시대 5품 이상의 귀족관리에게 지급한 토지이다.
> ① 태조는 호족 세력의 통합을 중시하고 왕족으로 포섭하기도 했으나, 지방 호족을 견제하기 위하여 사심관제도와 기인제도 등을 실시하였다.
> ③ · ④ 광종은 왕위 계승 다툼으로 불안정해진 왕권을 강화하기 위한 정책으로 노비안검법, 과거제도 등을 실시하였으며, 관리의 공복을 제정하고, 광덕 · 준풍 등의 독자적인 연호를 사용하였다.

15 조선 후기에 나타난 사회 문제와 그에 대한 정부의 개선책을 바르게 연결한 것은?

○ △ ✕

① 전세의 문란 – 대동법
② 토지의 겸병 – 균전제
③ 환곡의 폐단 – 상평창
④ 군역의 폐단 – 균역법

해설

17세기 말~18세기 초 심화된 군포의 폐단을 시정하기 위해 영조 26년(1750년), 농민들이 1년에 군포 1필만 부담하도록 하는 균역법을 제정하였다.

16 다음 조선 초기의 정책이 공통적으로 지향하는 것은?

○ △ ✕

• 향 · 부곡 · 소의 소멸
• 면리제 실시
• 전국 군현에 지방관 파견

① 향촌 자치 강화
② 성리학적 질서 강화
③ 중앙집권적 행정 체제 강화
④ 사림 지배 체제 강화

해설

조선은 중앙집권을 강화하기 위해 모든 군현에 지방관을 파견하고 수령의 권한을 강화하였다. 또한 향 · 부곡 · 소를 폐지하고 면 · 리 · 통을 설치하였으며, 향리의 역할을 수령의 단순한 보좌역으로 격하하였다.

17 다음 자료들과 관련된 왕의 업적으로 옳지 않은 것은?

○ △ ✕

• 1년의 길이를 365.2425일, 한 달의 길이를 29.530593일로 계산하고 있을 정도로 지금의 달력과 비교해 보아도 손색이 없을 만큼 매우 정밀한 칠정산이라는 달력을 제작하였다.
• "근년에 와서 가뭄이 극심하여 비가 올 때마다 땅을 파서 흙 속에 젖어 들어간 깊이를 재었다. 그러나 정확하게 비가 온 양을 알 수 없어 구리를 부어 그릇을 만들고 이를 궁중에 설치하여 빗물이 그릇에 고인 깊이를 실험하였다."

① 철령 이북의 땅을 회복하여 국토를 넓혔다.
② 충신, 효자, 열녀 등의 행적을 그림과 글로 엮은 삼강행실도를 간행하였다.
③ 6조직계제를 대신해 의정부서사제를 시행하였다.
④ 궁 안에 내불당을 짓고 월인천강지곡을 편찬하였다.

해설

제시된 내용은 〈칠정산〉과 측우기에 대한 것으로, 세종의 업적에 해당한다. 철령 이북의 땅을 회복한 왕은 공민왕이다.

18 조선 후기 향촌 사회의 변화에 관한 설명으로 옳은 것은?

① 경제력을 갖춘 부농층이 향촌 사회에서 영향력을 강화하였다.
② 향촌 사회의 최고 지배층은 중인 계층이 주류를 이루고 있었다.
③ 신앙 조직의 성격을 지닌 향도가 매향 활동을 주도하였다.
④ 많은 속현에 감무를 파견하여 지방에 대한 통제력을 강화하였다.

> 해설
>
> 조선 후기 부농층은 관권과 결탁, 성장의 기반을 다지면서 향회를 장악하고자 하였으며 기존의 향촌세력과 권력층과도 타협·결합하여 지위를 강화하였다.

19 다음과 같은 토지 개혁안이 공통적으로 지향했던 목표는?

> • 관리, 선비, 농민 등 신분에 따라 차등있게 토지를 재분배하고 조세와 병역도 조정하자.
> • 한 가정의 생활을 유지하는 데 필요한 규모의 토지를 영업전으로 정한 다음, 영업전은 법으로 매매를 금지하고, 나머지 토지만 매매를 허용하자.

① 관리의 경제 기반 보장
② 자영농 육성을 통한 농민 생활 안정
③ 지주 전호제 강화
④ 공동 농장 제도 실현

> 해설
>
> 제시된 자료는 중농주의 실학자인 유형원(균전론), 이익(한전론)이 토지제도의 현실적인 문제를 해결하기 위해 주장한 내용이다.

20 다음에서 설명하고 있는 문화유산은?

○ △ ×

> - 영의정 채제공의 지휘 아래 만들어졌다.
> - 팔달문, 화서문, 장안문 등으로 이루어져 있다.
> - 거중기 등 새로운 기계를 사용하여 만들어졌다.
> - 유네스코 세계문화유산으로 등재되었다.

① 남한산성　　　　　　　　　② 정족산성
③ 행주산성　　　　　　　　　④ 수원화성

해설

수원화성

정조가 아버지에 대한 효심에서 수도를 옮기기 위해 쌓은 성으로 1796년 완성했다. 실학자 유형원과 정약용이 설계하였으며, 거중기 등 당시로서는 최첨단 기계를 이용하여 과학적으로 제작되었다. 다른 성에서는 찾아보기 힘든 창룡문, 장안문, 화서문, 팔달문 등의 4대문이 큰 특징이며, 1997년 유네스코 세계문화유산으로 등재되었다.

21 다음 소설이 서술하고 있는 시기에 관한 설명으로 옳지 않은 것은?

○ △ ×

> 이 말을 들은 청나라 왕이 크게 기뻐하며 한유와 용골대를 대장으로 삼고, 날랜 군사 십만을 주어 조선을 공격하게 하였다. "이제 조선 땅을 공격하기 위해 경들을 보내니, 부디 온 힘을 다하여 성공하도록 하라. 북으로는 가지 말고 동으로 가서 동대문을 공격하고 들어가 장안을 몰아치면 큰 공을 이룰 것이다. 경들은 반드시 성공하고 돌아와 이름을 길이 전하도록 하라." 두 장군은 곧장 십만 대병을 거느리고 행군을 시작하였다. 동해를 건너 바로 도성으로 향하면서 중간 중간에 봉화를 끊고 물밀 듯이 내려왔다. 그러나 수천 리 떨어진 조정에서는 이 사실을 아는 이가 아무도 없었다.
>
> － 박씨전 －

① 서인들이 정치를 주도하고 있었다.
② 친명배금(親明排金) 정책을 실시하고 있었다.
③ 청의 침입에 대항하기 위하여 훈련도감을 설치하였다.
④ 반정(反正)을 통해 인조가 집권하고 있었다.

해설

〈박씨전〉은 병자호란(1636년)을 배경으로 서술된 고전소설이다. 훈련도감은 임진왜란 중(1593년)에 설치된 중앙 군영의 하나이다.

22 다음 사료와 관련된 전쟁이 국내외에 끼친 영향으로 옳지 않은 것은?

> "견내량의 지형이 좁고 암초가 많아서 판옥선은 배끼리 부딪치기 쉬우므로 싸움하기가 어려울 뿐 아니라, 적이 만일 형세에 불리하면 기슭을 타고 육지로 올라갈 것이라 생각되어 한산도 앞바다로 꾀어내서 모두 해치워 버릴 전략을 세웠다."

① 인구 감소
② 문화재 손실
③ 여진 성장
④ 북벌론 대두

해설

제시된 내용과 관련된 전쟁은 임진왜란 3대 대첩의 하나인 한산도대첩이다. 북벌론의 대두는 병자호란의 영향에 해당한다.

임진왜란의 영향
• 국내 : 인구 격감, 토지 대장과 호적 손실로 신분제 동요, 불국사, 서적 등의 문화재 손실
• 국외 : 일본의 도쿠가와 막부 성립 및 성리학 · 도자기 문화 발전, 명의 쇠퇴 및 여진족의 급성장

---

23 다음에서 설명하고 있는 인물이 살았던 시기에 발생한 사건들을 모두 고른 것은?

• 천안 출신, 몸이 야위고 왜소하여 녹두라고 불렸음
• 동학에 입교, 고부 지방의 접주로 임명됨
• 고부 군수 조병갑의 폭정에 항의함
• 교수형을 당함

ㄱ. 동학 창시   ㄴ. 이토 히로부미의 통감 부임
ㄷ. 갑신정변 발생   ㄹ. 운요호 사건 발생

① ㄱ, ㄴ, ㄷ
② ㄱ, ㄷ, ㄹ
③ ㄴ, ㄷ, ㄹ
④ ㄱ, ㄴ, ㄷ, ㄹ

해설

제시된 자료는 조선 후기 동학농민운동의 지도자였던 전봉준(1855~1895)에 대한 내용이다. 이토 히로부미가 통감으로 부임한 것은 1906년이다.

---

24 일제강점기 해외 한인 사회에 관한 설명으로 옳지 않은 것은?

○ △ ×

① 미주 동포들은 각종 의연금을 거두어 대한민국 임시정부에 송금하는 등 독립운동을 지원하였다.

② 러시아 연해주의 동포들은 1920년대 일제의 탄압을 피해 중앙아시아로 이주하였다.

③ 일본에서는 관동대지진 때에 조작된 유언비어로 많은 동포들이 학살당하였다.

④ 간도로 이주한 동포들은 황무지를 개간하고 벼농사를 지었다.

> 해설
>
> 스탈린 시절 구소련이 소·일 간의 전쟁 발발 시 한국인들이 일본을 지원할 것이라는 명분으로 1937년 연해주 지역의 한국인 17만여 명을 중앙아시아로 강제 이주시켰다.

25 흥선대원군이 추진한 정치 개혁으로 옳지 않은 것은?

○ △ ×

① 600여 개의 서원을 철폐하고 47개소만을 남겼다.

② 종래 상민에게만 징수하던 군포를 양반에게도 징수하였다.

③ 당파와 신분을 가리지 않고 능력에 따라 인재를 등용하였다.

④ 왕권 강화를 위해 삼군부를 축소하고 비변사의 기능을 강화하였다.

> 해설
>
> 흥선대원군은 왕권을 강화하기 위해 비변사를 폐지하고 의정부와 삼군부를 부활시켰다.

관광자원해설

※ 문제의 이해도에 따라 ○ △ × 체크하여 완벽하게 정리하세요.

26 하천을 이용하거나 성벽의 주변에 인공적으로 도랑을 파서 만든 성의 방어물은?　　　　○ △ ×

① 성문(城門)
② 옹성(甕城)
③ 돈대(墩臺)
④ 해자(垓字)

> **해설**
> ① 성곽의 문
> ② 성문 밖에 쌓은 작은 성으로 성문을 보호하는 역할
> ③ 평지보다 높직하게 두드러진 평평한 땅

27 정월대보름에 행해지는 민속놀이가 아닌 것은?　　　　○ △ ×

① 줄다리기
② 지신밟기
③ 백중놀이
④ 관원놀음

> **해설**
> 백중놀이는 승려들이 부처를 공양하기 위해 재(齋)를 올리던 백중날(음력 칠월 보름) 행해지던 놀이이다.

28 안동 하회마을에 관한 설명으로 옳지 않은 것은?　　　　○ △ ×

① 보물 양진당과 충효당이 있다.
② 하회란 물이 돌아서 흘러간다는 의미이다.
③ 류성룡 형제의 유적이 마을의 중추를 이루고 있다.
④ 안강평야의 동쪽 구릉지에 위치하고 있다.

> **해설**
> 안강평야의 동쪽 구릉지에 위치하고 있는 곳은 경주 양동마을이다.

29 다음 중 우리나라의 천연기념물은?

① 진도 진돗개
② 영월 선돌
③ 제주 서귀포 산방산
④ 안동 만휴정 원림

해설
②·③·④ 명승에 해당한다.

30 조선시대 궁궐의 명칭 설명으로 옳지 않은 것은?

① 정궁 – 왕의 침전
② 서궁 – 대비의 침전
③ 동궁 – 후궁의 침전
④ 중궁 – 왕비의 침전

해설
동궁은 궁궐의 동쪽에 있는 것으로 태자나 세자가 거처하는 곳을 말한다.

편집자의 TIP 　동 궁

왜 세자가 머무르는 곳은 동궁일까요? 세자는 왕위 계승자이기 때문에, '떠오르는 태양'과 같다고 보았습니다. 따라서 해가 뜨는 동쪽에 처소를 정한 것이라는 이야기가 있습니다. 사극에서 장희빈이 사약을 마시기 전에 숙종에게 "동궁에 있는 세자를 보게 해 주시오."라고 한 것은 숙종과 자신 사이의 아들(왕자), 즉 경종을 보게 해 달라는 것이었습니다.

31 다음 중 국립박물관이 아닌 것은?

① 경주박물관
② 제주도민속자연사박물관
③ 대구박물관
④ 부여박물관

해설
제주도에 있는 국립박물관은 제주박물관이다.

32 우리나라 전통 건축양식 중 처마 끝의 하중을 기둥에 전달하고 장식적 의장을 더해 주는 부재는? ○ △ ×

① 공 포
② 기 단
③ 대들보
④ 단 청

> 해설
> ② 건물의 터를 잡은 다음, 터보다 한 층 높게 쌓은 단
> ③ 작은 보의 하중을 받기 위해 기둥과 기둥 사이에 건너지른 큰 들보
> ④ 목조건물 등의 벽, 기둥, 천장에 여러 가지 빛깔로 그림이나 무늬를 그려 넣은 것

33 다음 석탑의 구성요소에서 가장 꼭대기에 위치하는 것은? ○ △ ×

① 찰 주
② 보 륜
③ 복 발
④ 옥개석

> 해설
> 찰주(刹柱)는 탑 꼭대기에 세운 장식의 중심을 뚫고 세운 기둥을 말한다.
> ② 탑의 상륜부에 있는 기둥머리의 금속 장식
> ③ 탑의 노반 위에 그릇을 엎어놓은 것처럼 만든 장식
> ④ 석탑 위에 지붕처럼 덮는 돌

34 관광자원 분류 중 무형관광자원인 것은? ○ △ ×

① 미 술
② 언 어
③ 건축물
④ 휴양지

> 해설
> ① · ③ · ④ 유형관광자원 중에서도 인문관광자원(문화관광자원)에 해당한다.

35 제주도에 위치한 동굴관광자원이 아닌 것은?

○ △ ×

① 만장굴

② 협재굴

③ 김녕굴

④ 고수동굴

해설

고수동굴은 충청북도 단양군 단양읍에 있다.

36 지역과 특산물의 연결이 옳은 것은?

○ △ ×

① 흑산도 – 명태

② 한산 – 모시

③ 연평도 – 김

④ 금산 – 도자기

해설

충청남도 서천군 한산 지방에서 생산되는 모시는 예로부터 품질이 매우 우수한 것으로 알려진 특산물이다.

37 다음 중 은산별신제의 설명으로 옳지 않은 것은?

○ △ ×

① 3년에 1번씩 음력 1월 또는 2월에 열린다.

② 국가무형문화재 제1호로 지정되어 있다.

③ 충청남도 부여군에서 열린다.

④ 마을사람들은 장군과 병사들을 위로한다.

해설

은산별신제는 국가무형유산 제9호이다.

※ 문화재청에서 문화재 지정번호제도를 폐지하였으므로, 향후 보기를 제외한 선지에서 지정번호를 묻는 문제는 없을 것으로 보인다.

38 우리나라의 세계문화유산 지정순서로 올바른 것은? ○ △ ×

| ㄱ. 양동마을 | ㄴ. 종 묘 | ㄷ. 조선왕조 왕릉 |

① ㄱ - ㄴ - ㄷ
② ㄱ - ㄷ - ㄴ
③ ㄴ - ㄷ - ㄱ
④ ㄷ - ㄴ - ㄱ

> **해설**
> ㄱ. 종묘(1995년) - ㄴ. 조선왕릉(2009년) - ㄷ. 하회와 양동(2010년)

39 다른 유적에서는 발견되지 않은 특이한 유물이 발견되거나, 다른 무덤과 차별화되는 특징을 가진 무덤은? ○ △ ×

① 묘(墓)
② 총(塚)
③ 능(陵)
④ 분(墳)

> **해설**
> ① 왕족의 혈통 또는 모든 일반 사람의 무덤을 총칭하는 말
> ③ 왕과 왕비의 무덤에 쓰이는 칭호
> ④ 무덤의 주인이 누구인지 알 수 없고 별다른 특징이 없을 때 붙이는 칭호

완전정복 TIP	**무덤에 붙는 명칭**
능(陵)	• 왕, 왕비의 무덤 예 광개토대왕릉, 무령왕릉, 선릉, 정릉, 오릉, 영릉, 헌릉 등
원(園)	• 세자와 세자빈, 세손과 세손빈, 왕의 생모와 생부가 묻힌 무덤 예 영원(영친왕의 묘소), 영휘원(선헌귀비 엄씨의 묘소) 등
묘(墓)	• 왕자 · 공주 · 옹주 등의 기타 왕족, 왕에서 군으로 격하된 임금, 일반 사람들의 무덤 예 연산군묘, 광해군묘, 김유신장군묘 등
총(塚)	• 주인을 모르지만, 껴묻거리나 벽화 등의 특징적인 것이 사항이 있는 무덤 예 천마총, 무용총, 장군총 등
분(墳)	• 주인을 모르고, 별다른 특징이 없는 무덤 예 석촌동 고분군, 가락동 고분군, 가야고분군, 능산리 고분군

40 다음 중 2013년 세계기록유산에 새롭게 등재된 것만 고른 것은? ○ △ ✕

> ㄱ. 동의보감
> ㄴ. 난중일기
> ㄷ. 새마을운동기록물
> ㄹ. 5 · 18 민주화운동기록물

① ㄱ, ㄴ
② ㄱ, ㄹ
③ ㄴ, ㄷ
④ ㄷ, ㄹ

> 해설
>
> 동의보감(2009년), 5 · 18 민주화운동기록물(2011년)

41 우리나라의 세계유산 중 무형유산으로 등록되지 않은 것은? ○ △ ✕

① 아리랑
② 택 견
③ 줄타기
④ 씨 름

> 해설
>
> **우리나라의 유네스코 등재 인류무형문화유산**
>
> • 종묘제례 및 종묘제례악(2001)
> • 판소리(2003)
> • 강릉단오제(2005)
> • 강강술래(2009)
> • 남사당놀이(2009)
> • 영산재(2009)
> • 처용무(2009)
> • 제주칠머리당영등굿(2009)
> • 가곡(2010)
> • 대목장(2010)
> • 매사냥(2010)
> • 택견(2011)
> • 줄타기(2011)
> • 한산모시짜기(2011)
> • 아리랑(2012)
> • 김장문화(2013)
> • 농악(2014)
> • 줄다리기(2015)
> • 제주해녀문화(2016)
> • 씨름(2018)
> • 연등회, 한국의 등불 축제(2020)
> • 한국의 탈춤(2022)
>
> ※ 출제 당시 정답은 ④였으나, 2018년 씨름이 유네스코 인류무형문화유산으로 등재되어 현재는 정답이 없다.

42 조선시대 도자기의 특징으로 옳지 않은 것은? ○ △ ×

① 왕실에 백자를 공급하기 위해 사옹원을 설치하였다.

② 고려시대에 비해 실용성이 강조되었다.

③ 임진왜란 이후 분청사기는 쇠퇴하였다.

④ 주류를 이루는 것은 청자이다.

> **해설**
> 청자는 고려시대를 대표하는 자기로, 조선시대에 성행한 것은 백자이다.

43 지리산 국립공원이 위치하고 있는 행정구역이 아닌 곳은? ○ △ ×

① 전라북도

② 전라남도

③ 경상북도

④ 경상남도

> **해설**
> 지리산 국립공원은 3개도(경상남도, 전라남 · 북도), 1개시, 4개군, 15개 읍 · 면의 행정구역이 속해있다.

44 불교 재(齋)의식 때 추는 춤이 아닌 것은? ○ △ ×

① 살풀이춤

② 나비춤

③ 바라춤

④ 법고춤

> **해설**
> 살풀이춤은 민속춤의 하나로, 액을 풀기 위해 굿판에서 추는 춤을 말한다.

45 관현악 반주에 맞추어 시조시를 노래하는 국가무형문화재 제30호인 한국의 전통 성악곡은?   ○ △ ×

① 제례악
② 가 곡
③ 민 요
④ 농 악

해설

① 제향에 쓰이는 음악(종묘제례악과 문묘제례악 등)
③ 예부터 민중 사이에 구전되어 불려오던 전통 노래를 이르는 말
④ 농촌에서 농부들 사이에 행하여지는 우리나라 고유의 음악
※ 2024년 5월 17일 법령 개정에 따라 '국가무형문화재'의 명칭이 '국가무형유산'으로 변경되었다.

46 단군왕검이 민족 만대의 영화와 발전을 위하여 춘추로 하늘에 제사를 올리던 제단은?   ○ △ ×

① 참성단
② 선농단
③ 사직단
④ 종 묘

해설

② 농사의 신인 신농씨, 후직씨를 모시고 제사를 지내던 곳
③ 임금이 나라의 토신과 곡신에게 제사를 지내던 제단
④ 조선시대의 역대 왕과 왕비 등을 모시던 왕실 사당

47 서해안에 위치한 해수욕장이 아닌 것은?   ○ △ ×

① 몽산포해수욕장
② 무창포해수욕장
③ 망양정해수욕장
④ 변산해수욕장

해설

망양정해수욕장은 동해안에 있다.

48 왕릉과 소재지의 연결이 옳지 않은 것은? ○ △ ×

① 헌인릉 – 서울특별시
② 동구릉 – 경기도 구리시
③ 장릉(단종) – 강원도 영월군
④ 영릉(세종) – 경기도 고양시

해설
영릉(세종)의 소재지는 경기도 여주시이다.

49 우리나라 전통 민속주 중 무형문화재가 아닌 것은? ○ △ ×

① 경주 교동법주
② 안동 소주
③ 제주 막걸리
④ 한산 소곡주

해설
국가무형유산 향토주
서울 문배주, 당진 면천두견주, 경주 교동법주

시 · 도무형유산 향토주
제주 오메기술, 김천 과하주, 진도 홍주, 전주 이강주, 안동 소주, 한산 소곡주 등
※ 2024년 5월 17일 법령 개정에 따라 '무형문화재'의 명칭이 '무형유산'으로 변경되었다.

50 호수관광자원 중 인공호수는? ○ △ ×

① 시화호
② 경포호
③ 송지호
④ 영랑호

해설
시화호는 경기도 안산시 · 시흥시 · 화성시에 걸쳐있는 인공호수이다.

관광법규

※ 문제의 이해도에 따라 ○△× 체크하여 완벽하게 정리하세요.

01 국내 공항을 통해 출국 시 출국납부금 대상에 해당하는 사람은?

○△×

① 3세의 어린이

② 대한민국에 주둔하는 외국의 군무원

③ 외교관 여권소지자

④ 국외로 입양되는 어린이

해설

납부금의 납부대상 및 금액(「관광진흥개발기금법 시행령」 제1조의2 제1항)

다음의 어느 하나에 해당하는 자를 제외한 자

- 외교관여권이 있는 자
- 2세(선박을 이용하는 경우에는 6세) 미만인 어린이
- 국외로 입양되는 어린이와 그 호송인
- 대한민국에 주둔하는 외국의 군인 및 군무원
- 입국이 허용되지 아니하거나 거부되어 출국하는 자
- 「출입국관리법」 제46조에 따른 강제퇴거 대상자 중 국비로 강제 출국되는 외국인
- 공항통과 여객으로서 다음의 어느 하나에 해당되어 보세구역을 벗어난 후 출국하는 여객
  - 항공기 탑승이 불가능하여 어쩔 수 없이 당일이나 그 다음 날 출국하는 경우
  - 공항이 폐쇄되거나 기상이 악화되어 항공기의 출발이 지연되는 경우
  - 항공기의 고장·납치, 긴급환자 발생 등 부득이한 사유로 항공기가 불시착한 경우
  - 관광을 목적으로 보세구역을 벗어난 후 24시간 이내에 다시 보세구역으로 들어오는 경우
- 국제선 항공기 및 국제선 선박을 운항하는 승무원과 승무교대를 위하여 출국하는 승무원

---

02 관광진흥법상 카지노업에 관한 설명으로 옳지 않은 것은?

○△×

① 카지노업을 경영하려는 자는 문화체육관광부장관의 허가를 받아야 한다.

② 관광진흥법에서 규정하고 있는 카지노업의 영업 종류는 30가지이다.

③ 카지노사업자는 정당한 사유 없이 그 연도 안에 60일 이상 휴업해서는 안 된다.

④ 카지노사업자는 19세 미만인 자를 입장시키는 행위를 하여서는 안 된다.

해설

카지노업의 영업 종류(「관광진흥법 시행규칙」 별표8)

카지노업 중 테이블게임의 영업 종류는 18가지, 전자테이블게임은 18가지, 머신게임은 2가지이다.

정답 01 ① 02 ②

03 다음 중 관광진흥법에 의해 관광특구로 지정된 곳으로 옳지 <u>않은</u> 것은?

① 서울 이태원
② 부산 해운대
③ 대전 유성
④ 전주 한옥마을

해설

관광특구 지정현황(문화체육관광부, 2024년 4월 기준)

지 역	특구명	지 역	특구명
서울(7)	명동 · 남대문 · 북창동 · 다동 · 무교동	충남(2)	아산시온천
	이태원		보령해수욕장
	동대문 패션타운	강원(2)	설악산
	종로 · 청계		대관령
	잠 실	경북(4)	경주시
	강남마이스		백암온천
	홍대 문화예술		문경시
경기(5)	동두천시		포항 영일만
	평택시 송탄	경남(2)	부곡온천
	고양시		미륵도
	수원화성	부산(2)	해운대
	통일동산		용두산, 자갈치시장
인천(1)	월미도	전북(2)	무주 구천동
대전(1)	유 성		정읍 내장산
충북(3)	수안보온천	전남(2)	구례군
	속리산		목포시
	단양군	제주(1)	제주도

04 외국인 관광객을 대상으로 하는 A여행사는 관광통역안내 자격이 없는 사람으로 하여금 외국인의 관광안내에 종사하게 하여 최근 1년 동안 같은 위반행위로 세 번의 행정처분을 받게 되었다. 관광진흥법상 A여행사가 세 번째로 받게 되는 행정처분으로 옳은 것은?

○ △ ×

① 사업정지 1개월
② 사업정지 3개월
③ 사업정지 6개월
④ 등록의 취소

> **해설**
>
> 행정처분의 기준(「관광진흥법 시행령」 별표2 제2호 허목)
> 법 제38조 제1항(외국인 관광객을 대상으로 하는 여행업자는 관광통역안내의 자격을 가진 사람을 관광안내에 종사하게 하여야 함) 단서를 위반하여 해당 자격이 없는 자를 종사하게 한 경우
> • 1차 : 시정명령
> • 2차 : 사업정지 15일
> • 3차 : 취 소
> ※ 출제 당시 정답은 ①이었으나, 2016년 8월 2일 법령 개정으로 현재는 정답이 ④에 해당한다.

05 관광진흥법상 관광사업의 등록기준 자본금에 대한 법적 기준으로 옳지 않은 것은?

○ △ ×

① 국내여행업 – 3천만원 이상
② 국외여행업 – 6천만원 이상
③ 일반여행업 – 2억원 이상
④ 국제회의기획업 – 9천만원 이상

> **해설**
>
> 이 문제는 2013년 9월 기준 법령으로 출제된 것이며, 현재 관광사업 등록기준에 따르면 종합여행업의 자본금은 5천만원 이상, 국내외여행업의 자본금은 3천만원 이상, 국내여행업의 자본금은 1천500만원 이상이다(「관광진흥법 시행령」 별표1 제1호).

06 관광진흥법상 크루즈업 등록기준으로 옳지 않은 것은? ○△×

① 일반관광유람선업에서 규정하고 있는 관광사업의 등록기준을 충족할 것
② 욕실이나 샤워시설을 갖춘 객실을 20실 이상 갖추고 있을 것
③ 외국인에게 서비스를 제공할 수 있는 체제를 갖추고 있을 것
④ 체육시설, 미용시설, 오락시설, 쇼핑시설 중 두 종류 이상의 시설을 갖추고 있을 것

> **해설**
>
> 관광호텔업·수상관광호텔업·한국전통호텔업·가족호텔업이 외국인에게 서비스를 제공할 수 있는 체제를 갖추고 있어야 한다.

07 관광진흥법상 한국관광협회중앙회의 업무로 옳지 않은 것은? ○△×

① 문화관광해설사의 양성 및 활용계획수립
② 관광사업 진흥에 필요한 조사·연구 및 홍보
③ 관광종사원의 교육과 사후관리
④ 관광안내소의 운영

> **해설**
>
> **한국관광협회중앙회의 업무(「관광진흥법」 제43조 제1항)**
> - 관광사업의 발전을 위한 업무
> - 관광 통계
> - 회원의 공제사업
> - 관광안내소의 운영
> - 관광사업 진흥에 필요한 조사·연구 및 홍보
> - 관광종사원의 교육과 사후관리
> - 국가나 지방자치단체로부터 위탁받은 업무
> - 위의 규정에 의한 업무에 따르는 수익사업

08 관광기본법에서 규정하고 있는 것으로 옳지 않은 것은? ○△×

① 관광지의 지정 및 개발
② 외국 관광객의 유치
③ 관광정책 심의위원회
④ 관광 종사자의 자질 향상

> **해설**
>
> **관광기본법**
> - 목 적
> - 연차보고
> - 외국 관광객의 유치
> - 관광사업의 지도·육성
> - 국민관광의 발전
> - 정부의 시책 및 다른 법률과의 관계
> - 법제상의 조치
> - 관광여건의 조성
> - 관광 종사자의 자질 향상
> - 관광진흥개발기금
> - 관광진흥계획의 수립
> - 지방자치단체의 협조
> - 관광자원의 보호
> - 관광지의 지정 및 개발
> - 국가관광전략회의

09 관광진흥개발기금의 용도로 옳지 않은 것은?

○ △ ✕

① 호텔을 비롯한 각종 관광시설의 건설 또는 개수의 대여
② 관광을 위한 교통수단의 확보 또는 개수의 대여
③ 국내 여행자의 건전한 관광을 위한 교육의 대여 및 보조
④ 관광상품 개발 및 지원사업의 대여 및 보조

해설

관광진흥개발기금의 용도(「관광진흥개발기금법」 제5조)
- 기금은 다음의 어느 하나에 해당하는 용도로 대여(貸與)할 수 있다.
  - 호텔을 비롯한 각종 관광시설의 건설 또는 개수(改修)
  - 관광을 위한 교통수단의 확보 또는 개수
  - 관광사업의 발전을 위한 기반시설의 건설 또는 개수
  - 관광지 · 관광단지 및 관광특구에서의 관광 편의시설의 건설 또는 개수
- 기금은 다음의 어느 하나에 해당하는 사업에 대여하거나 보조할 수 있다.
  - 국외 여행자의 건전한 관광을 위한 교육 및 관광정보의 제공사업
  - 국내외 관광안내체계의 개선 및 관광홍보사업
  - 관광사업 종사자 및 관계자에 대한 교육훈련사업
  - 국민관광 진흥사업 및 외래관광객 유치 지원사업
  - 관광상품 개발 및 지원사업
  - 관광지 · 관광단지 및 관광특구에서의 공공 편익시설 설치사업
  - 국제회의의 유치 및 개최사업
  - 장애인 등 소외계층에 대한 국민관광 복지사업
  - 전통관광자원 개발 및 지원사업
  - 감염병 확산 등으로 관광사업자(「관광진흥법」 제2조 제2호에 따른 관광사업자)에게 발생한 경영상 중대한 위기 극복을 위한 지원사업
  - 그 밖에 관광사업의 발전을 위하여 필요한 것으로서 대통령령으로 정하는 사업

10 관광진흥법상 관광사업을 경영하려는 자가 진행하는 행정절차가 잘못 연결된 것은? ○ △ ×

① 국제회의업 – 등록

② 종합유원시설업 – 허가

③ 관광펜션업 – 등록

④ 일반유원시설업 – 허가

> **해설**
>
> 관광 편의시설업을 경영하려는 자는 문화체육관광부령으로 정하는 바에 따라 특별시장·광역시장·특별자치시장·도지사·특별자치도지사 또는 시장·군수·구청장의 지정을 받아야 한다(「관광진흥법」 제6조).
>
> **관광사업의 등록(「관광진흥법」 제4조 제1항)**
> 여행업, 관광숙박업, 관광객 이용시설업 및 국제회의업을 경영하려는 자는 특별자치시장·특별자치도지사·시장·군수·구청장에게 등록하여야 한다.
>
> **관광사업의 허가와 신고(「관광진흥법」 제5조)**
> • 카지노업을 경영하려는 자는 전용영업장 등 시설과 기구를 갖추어 문화체육관광부장관의 허가를 받아야 한다.
> • 유원시설업(종합유원시설업 및 일반유원시설업)을 경영하려는 자는 시설과 설비를 갖추어 특별자치시장·특별자치도지사·시장·군수·구청장의 허가를 받아야 한다.
> • 유원시설업(종합유원시설업 및 일반유원시설업) 외의 유원시설업을 경영하려는 자는 시설과 설비를 갖추어 특별자치시장·특별자치도지사·시장·군수·구청장에게 신고하여야 한다.

11 관광진흥법상 직전사업년도 매출액이 100억원 이상 1,000억원 미만의 일반여행업에 등록된 여행사가 기획여행을 실시하지 않은 경우 보증보험 등에 가입하거나 영업보증금을 예치해야 하는 금액 기준은 얼마인가? ○ △ ×

① 5억원

② 10억원

③ 15억원

④ 20억원

> **해설**
>
> 보증보험 등 가입금액(영업보증금 예치금액) 기준(「관광진흥법 시행규칙」 별표3)
>
> (단위 : 천원)
>
> | 직전 사업연도 매출액 \ 여행업의 종류 (기획여행 포함) | 국내여행업 | 국내외여행업 | 종합여행업 | 국내외여행업의 기획여행 | 종합여행업의 기획여행 |
> |---|---|---|---|---|---|
> | 1억원 미만 | 20,000 | 30,000 | 50,000 | | |
> | 1억원 이상 5억원 미만 | 30,000 | 40,000 | 65,000 | 200,000 | 200,000 |
> | 5억원 이상 10억원 미만 | 45,000 | 55,000 | 85,000 | | |
> | 10억원 이상 50억원 미만 | 85,000 | 100,000 | 150,000 | | |
> | 50억원 이상 100억원 미만 | 140,000 | 180,000 | 250,000 | 300,000 | 300,000 |
> | 100억원 이상 1,000억원 미만 | 450,000 | 750,000 | 1,000,000 | 500,000 | 500,000 |
> | 1,000억원 이상 | 750,000 | 1,250,000 | 1,510,000 | 700,000 | 700,000 |
>
> ※ 2021년 9월 24일 법령이 개정되어 국외여행업에서 국내외여행업으로, 일반여행업에서 종합여행업으로 변경되었다.

12 관광업과 관련한 등록기관 등의 장이 위탁한 기관과 위탁한 권한이 잘못 연결된 것은?   ○ △ ✕

① 지역별 관광협회 – 관광식당업 · 관광사진업의 지정 및 지정취소에 관한 권한

② 업종별 관광협회 – 호텔경영사 및 호텔관리사의 자격시험, 등록 및 자격증의 발급에 관한 권한

③ 지역별 관광협회 – 여객자동차터미널시설업의 지정 및 지정취소에 관한 권한

④ 업종별 관광협회 – 국외여행 인솔자의 등록 및 자격증 발급에 관한 권한

> **해설**
>
> 권한의 위탁(「관광진흥법 시행령」 제65조 제1항 제4호)
> 관광종사원 중 관광통역안내사 · 호텔경영사 및 호텔관리사의 자격시험, 등록 및 자격증의 발급에 관한 권한 : 한국관광 공사. 다만, 자격시험의 출제, 시행, 채점 등 자격시험의 관리에 관한 업무는 「한국산업인력공단법」에 따른 한국산업인력공 단에 위탁한다.

2013년

관광법규

13 관광진흥법상 다음의 ㉮와 ㉯ 안에 들어갈 내용으로 옳은 것은?   ○ △ ✕

> 관광지 및 관광단지는 문화체육관광부령으로 정하는 바에 따라 ㉮의 신청에 의하여 ㉯(이)가 지정한다.

	㉮	㉯
①	시장 · 군수 · 구청장	시 · 도지사
②	시장 · 군수 · 구청장	대통령
③	문화체육관광부장관	대통령
④	시 · 도지사	문화체육관광부장관

> **해설**
>
> 관광지의 지정 등(「관광진흥법」 제52조 제1항)
> 관광지 및 관광단지는 문화체육관광부령으로 정하는 바에 따라 시장 · 군수 · 구청장의 신청에 의하여 시 · 도지사가 지정 한다. 다만, 특별자치시 및 특별자치도의 경우에는 특별자치시장 및 특별자치도지사가 지정한다.

14 관광진흥법상 관광특구에 대한 평가 결과 지정 요건이 맞지 않거나 추진 실적이 미흡한 경우 대통령령에 정하는 바에 따라 시·도지사가 취할 수 있는 조치로 옳지 않은 것은? ○ △ ×

① 지정취소 ② 과태료부과
③ 면적조정 ④ 개선권고

> **해설**
> **관광특구에 대한 평가 등(「관광진흥법」 제73조 제2항)**
> 시·도지사 또는 특례시의 시장은 관광특구의 평가 결과 관광특구 지정 요건에 맞지 아니하거나 추진 실적이 미흡한 관광특구에 대하여는 대통령령으로 정하는 바에 따라 관광특구의 지정취소·면적조정·개선권고 등 필요한 조치를 하여야 한다.

15 관광종사원 자격시험 중 면접시험 평가항목으로 옳지 않은 것은? ○ △ ×

① 의사발표의 정확성과 논리성
② 국가관·사명감 등 정신자세
③ 예의·품행 및 성실성
④ 일반상식 및 응시목적

> **해설**
> **면접시험의 평가항목(「관광진흥법 시행규칙」 제45조 제1항)**
> • 국가관·사명감 등 정신자세　　　　　• 전문지식과 응용능력
> • 예의·품행 및 성실성　　　　　　　　• 의사발표의 정확성과 논리성

16 관광진흥법상 휴양 콘도미니엄업의 등록기준으로 옳지 않은 것은? ○ △ ×

① 같은 단지 안에 객실이 30실 이상 있을 것
② 매점이나 간이매장이 있을 것(다만, 여러 개의 동으로 단지를 구성할 경우에는 공동으로 설치할 수 있음)
③ 관광객의 취사·체류 및 숙박에 필요한 설비를 갖추고 있을 것
④ 관광지·관광단지 또는 종합휴양업의 시설 안에 있는 경우에는 문화체육공간을 1개소 이상 갖출 것

> **해설**
> **휴양 콘도미니엄업의 등록기준 – 문화체육공간(「관광진흥법 시행령」 별표1 제3호 다목)**
> 공연장·전시관·미술관·박물관·수영장·테니스장·축구장·농구장, 그 밖에 관광객이 이용하기 적합한 문화체육공간을 1개소 이상 갖출 것. 다만, 수개의 동으로 단지를 구성할 경우에는 공동으로 설치할 수 있으며, 관광지·관광단지 또는 종합휴양업의 시설 안에 있는 휴양 콘도미니엄의 경우에는 이를 설치하지 아니할 수 있다.

17 국제회의산업 육성에 관한 법률상 문화체육관광부장관이 국제회의 정보의 공급·활용 및 유통을 촉진하기 위하여 사업시행기관의 사업을 지원할 수 있다. 지원 대상 사업으로 옳지 않은 것은?   ○ △ ✕

① 국제회의 전문 인력 및 정보의 국제 교류
② 국제회의 정보 및 통계의 수집·분석
③ 국제회의 정보의 가공 및 유통
④ 국제회의 정보망의 구축 및 운영

> 해설
>
> **국제회의 정보의 유통 촉진(「국제회의산업 육성에 관한 법률」 제13조 제2항)**
> 문화체육관광부장관은 국제회의 정보의 공급·활용 및 유통을 촉진하기 위하여 사업시행기관이 추진하는 다음의 사업을 지원할 수 있다.
> • 국제회의 정보 및 통계의 수집·분석
> • 국제회의 정보의 가공 및 유통
> • 국제회의 정보망의 구축 및 운영
> • 그 밖에 국제회의 정보의 유통 촉진을 위하여 필요한 사업으로 문화체육관광부령으로 정하는 사업

18 관광진흥법상 문화관광해설사를 선발하는 경우, 평가기준으로 옳지 않은 것은?   ○ △ ✕

① 컴퓨터   ② 관광법규
③ 안전관리 및 응급처치   ④ 수 화

> 해설
>
> **문화관광해설사 평가기준(「관광진흥법 시행규칙」 별표17의4)**
>
> | 평가항목 | | 세부 평가내용 | 배 점 | 비 중 |
> |---|---|---|---|---|
> | 이 론 | 기본소양 | • 문화관광해설사의 역할과 자세
• 문화관광자원의 가치 인식 및 보호
• 관광객의 특성 이해 및 관광약자 배려 | 30점 | 70% |
> | | 전문지식 | • 관광정책 및 관광산업의 이해
• 한국 주요 문화관광자원의 이해
• 지역 특화 문화관광자원의 이해 | 70점 | |
> | | 합 계 | | 100점 | |
> | 실 습 | 현장실무 | • 해설 시나리오 작성
• 해설 기법 시연
• 관광 안전관리 및 응급처치 | 45점
45점
10점 | 30% |
> | | 합 계 | | 100점 | |

19 관광진흥법상 여행업자가 여행자와 국외여행 계약을 체결할 때 제공해야 하는 안전정보에 관한 사항으로 옳지 않은 것은? ○ △ ✕

① 여권의 사용을 제한하거나 방문·체류를 금지하는 국가 목록
② 외교부 해외안전여행 인터넷홈페이지에 게재된 여행목적지(국가 및 지역)의 여행경보단계 및 국가별 안전정보
③ 해외여행자 인터넷 등록 제도에 관한 안내
④ 해당 여행지의 환율·날씨에 관한 안내

> **해설**
>
> **여행계약 등(「관광진흥법」 제14조 제1항)**
> 여행업자는 여행자와 계약을 체결할 때에는 여행자를 보호하기 위하여 문화체육관광부령으로 정하는 바에 따라 해당 여행지에 대한 안전정보를 서면으로 제공하여야 한다. 해당 여행지에 대한 안전정보가 변경된 경우에도 또한 같다.
>
> **여행지 안전정보 등(「관광진흥법 시행규칙」 제22조의4 제1항)**
> 해당 여행지에 대한 안전정보는 다음과 같다.
> • 「여권법」 제17조에 따라 여권의 사용을 제한하거나 방문·체류를 금지하는 국가 목록 및 같은 법 제26조 제3호에 따른 벌칙
> • 외교부 해외안전여행 인터넷홈페이지에 게재된 여행목적지(국가 및 지역)의 여행경보단계 및 국가별 안전정보(긴급연락처를 포함)
> • 해외여행자 인터넷 등록 제도에 관한 안내

20 관광진흥법상 관광객 이용시설업에 속하지 않는 업종은? ○ △ ✕

① 야영장업
② 종합휴양업
③ 관광식당업
④ 관광유람선업

> **해설**
>
> **관광객 이용시설업의 종류(「관광진흥법 시행령」 제2조 제1항 제3호)**
> • 전문휴양업
> • 종합휴양업
> • 야영장업(일반·자동차)
> • 관광유람선업(일반관광유람선·크루즈)
> • 관광공연장업
> • 외국인관광 도시민박업
> • 한옥체험업

21 다음은 국제회의산업 육성에 관한 법률상 용어의 정의 중 하나이다. 무엇을 설명한 것인가? ○ △ ×

> 이 용어는 국제회의시설, 국제회의 전문인력, 전자국제회의체제, 국제회의 정보 등 국제회의의 유치·
> 개최를 지원하고 촉진하는 시설, 인력, 체제, 정보 등을 말한다.

① 국제회의산업
② 국제회의시설
③ 국제회의 전담조직
④ 국제회의산업 육성기반

해설

국제회의산업 육성기반의 정의(「국제회의산업 육성에 관한 법률」 제2조 제6호)
"국제회의산업 육성기반"이란 국제회의시설, 국제회의 전문인력, 전자국제회의체제, 국제회의 정보 등 국제회의의 유치·
개최를 지원하고 촉진하는 시설, 인력, 체제, 정보 등을 말한다.

---

22 관광진흥법상 외국인관광 도시민박업에 대해 옳지 않은 것은? ○ △ ×

① 사업은 도시지역에서 가능하다.
② 지정 기준의 요건을 갖추기 위해서는 외국어 안내 서비스가 가능한 체제를 갖추어야 한다.
③ 지정 기준의 요건을 갖추기 위해서는 건물의 연면적이 230㎡ 이상이어야 한다.
④ 관광진흥법상 관광 편의시설업에 해당된다.

해설

외국인관광 도시민박업(「관광진흥법 시행령」 제2조 제1항 제3호 바목)
「국토의 계획 및 이용에 관한 법률」 제6조 제1호에 따른 도시지역(「농어촌정비법」에 따른 농어촌지역 및 준농어촌지역은
제외)의 주민이 자신이 거주하고 있는 다음의 어느 하나에 해당하는 주택을 이용하여 외국인 관광객에게 한국의 가정문화
를 체험할 수 있도록 적합한 시설을 갖추고 숙식 등을 제공하는 업

• 단독주택 또는 다가구주택
• 아파트, 연립주택 또는 다세대주택

외국인관광 도시민박업의 등록기준(「관광진흥법 시행령」 별표1 제4호 바목)
• 주택의 연면적이 230㎡ 미만일 것
• 외국어 안내 서비스가 가능한 체제를 갖출 것
• 소화기를 1개 이상 구비하고, 객실마다 단독경보형 감지기 및 일산화탄소 경보기(난방설비를 개별난방 방식으로 설치한
  경우만 해당)를 설치할 것

※ 외국인관광 도시민박업은 이 문제의 출제 당시에는 '관광 편의시설업'의 종류였으나, 2016년 3월 22일 시행령이 개정
  되면서 '관광객 이용시설업'으로 재분류되었다(④). 이에 따라 「관광진흥법 시행규칙」 별표2에 있었던 '지정기준'은 삭
  제되었으며, 「관광진흥법 시행령」 별표1에 '등록기준'이 신설되었다(② · ③).

---

23 관광사업에 사용할 것을 조건으로 관세의 감면을 받은 물품의 수입면허를 받은 날부터 5년 이내에 그 사업의 양도 · 폐업의 신고 또는 통보를 받거나 그 관광사업자의 등록 등의 취소를 한 경우 관할 등록기관장이 즉시 통보해야 할 대상은? ○ △ ✕

① 국세청장
② 관할 세관장
③ 법무부 장관
④ 문화체육관광부 장관

> **해설**
>
> **등록취소 등(「관광진흥법」 제35조 제4항)**
> 관할 등록기관 등의 장은 관광사업에 사용할 것을 조건으로 「관세법」 등에 따라 관세의 감면을 받은 물품을 보유하고 있는 관광사업자로부터 그 물품의 수입면허를 받은 날부터 5년 이내에 그 사업의 양도 · 폐업의 신고 또는 통보를 받거나 그 관광사업자의 등록 등의 취소를 한 경우에는 관할 세관장에게 그 사실을 즉시 통보하여야 한다.

24 관광진흥개발기금의 민간자본 유치를 위한 사업이나 출자에 해당되지 않는 것은? ○ △ ✕

① 국 · 공채 등 유가증권의 매입
② 관광지 및 관광단지의 조성사업
③ 관광사업에 투자하는 것을 목적으로 하는 투자조합
④ 국제회의시설의 건립 및 확충 사업

> **해설**
>
> **기금의 용도(「관광진흥개발기금법」 제5조 제1항)**
> • 호텔을 비롯한 각종 관광시설의 건설 또는 개수(改修)
> • 관광을 위한 교통수단의 확보 또는 개수
> • 관광사업의 발전을 위한 기반시설의 건설 또는 개수
> • 관광지 · 관광단지 및 관광특구에서의 관광 편의시설의 건설 또는 개수

25 국제회의산업 육성에 관한 법률상 국제회의에 관한 설명으로 옳은 것은? ○ △ ×

① 국제기구에 가입한 법인·단체가 개최하는 회의의 경우, 회의의 기간은 최소 2일 이상 진행되어야 한다.

② 국제기구에 가입하지 아니한 기관에서 개최하는 회의의 경우, 회의 참가자 중 외국인이 최소 100인 이상이어야 한다.

③ 국제기구에 가입하지 아니한 법인·단체가 개최하는 회의의 경우, 당해 회의에 5개국 이상의 외국인이 참가하여야 한다.

④ 국제기구에 가입한 기관에서 개최하는 회의의 경우, 회의 참가자가 300인 이상이고 그 중 외국인이 100인 이상이어야 한다.

해설

국제회의의 종류·규모(「국제회의산업 육성에 관한 법률 시행령」 제2조)

• 국제기구나 국제기구에 가입한 기관 또는 법인·단체가 개최하는 회의로서 다음 요건을 모두 갖춘 회의
　– 해당 회의에 3개국 이상의 외국인이 참가할 것
　– 회의 참가자가 100명 이상이고 그 중 외국인이 50명 이상일 것
　– 2일 이상 진행되는 회의일 것

• 국제기구, 기관, 법인 또는 단체가 개최하는 회의로서 다음 요건을 모두 갖춘 회의
　– 「감염병의 예방 및 관리에 관한 법률」 제2조 제2호에 따른 제1급 감염병 확산으로 외국인이 회의장에 직접 참석하기 곤란한 회의로서 개최일이 문화체육관광부장관이 정하여 고시하는 기간 내일 것
　– 회의 참가자 수, 외국인 참가자 수 및 회의일수가 문화체육관광부장관이 정하여 고시하는 기준에 해당할 것

※ 2022년 12월 27일 법령 개정에 따라 제2호(국제기구에 가입하지 않은 단체의 회의)가 삭제되었다.

관광학개론

26 국제회의의 분류 중 무엇에 관한 설명인가?   ○ △ ✕

> 한 주제에 대해 상반된 견해를 가진 동일 분야의 전문가들이 사회자의 주도하에 청중 앞에서 벌이는 공개토론회로 청중이 자유롭게 질의에 참여할 수 있으며, 사회자가 의견을 종합하는 것

① 컨퍼런스(Conference)

② 콩그레스(Congress)

③ 포럼(Forum)

④ 세미나(Seminar)

> **해설**
> ① 컨벤션(Convention)과 비슷한 뜻으로 쓰이며, 주로 과학·기술 분야 등에서 정보전달을 주목적으로 하는 각종 회의를 포괄적으로 의미한다.
> ② 유럽지역에서 자주 사용되며 국제적으로 열리는 대규모의 회의를 말한다.
> ④ 교육목적을 띤 회의로, 의견교환이 자유로운 편이다.

27 국민관광상품권의 후원기관과 주관기관과의 연결이 옳은 것은?   ○ △ ✕

① 문화체육관광부 − 한국관광공사

② 한국관광공사 − 문화체육관광부

③ 문화체육관광부 − 한국관광협회중앙회

④ 문화체육관광부 − 한국외식업중앙회

> **해설**
> **국민관광상품권**
> 국내관광과 지역경제를 활성화하기 위해 2001년부터 문화체육관광부가 후원하고 한국관광협회중앙회가 주관하여 금융기관에서 판매·자금정산을 하는 다목적 상품권으로, 각종 법인이나 단체에서 다양한 용도로 사용되고 있다.

28 의료관광의 성장요인으로 볼 수 없는 것은?   ○△×

① 건강에 대한 관심의 증가
② 의료서비스제도의 발전
③ 고령인구의 감소
④ 의료기술의 진보

해설

전 세계적인 고령화 추세는 의료관광이 각광받고 있는 이유 중 하나로 손꼽힌다.

29 관광마케팅 기본 개념의 시대별 변천 순서를 올바르게 나열한 것은?   ○△×

ㄱ. 제품지향 개념	ㄴ. 사회적 마케팅지향 개념
ㄷ. 판매지향 개념	ㄹ. 생산지향 개념
ㅁ. 마케팅지향 개념	

① ㄱ - ㄷ - ㄹ - ㅁ - ㄴ
② ㄱ - ㄹ - ㄷ - ㄴ - ㅁ
③ ㄹ - ㄷ - ㄱ - ㄴ - ㅁ
④ ㄹ - ㄱ - ㄷ - ㅁ - ㄴ

해설

마케팅의 발전과정
생산 개념 → 제품 개념 → 판매 개념 → 마케팅 개념 → 사회지향적 개념

30 여행상품 유통과정에서 여행상품(소재) 공급업자는?   ○△×

① Wholesaler   ② Principal
③ Retailer   ④ Tourist

해설

프린서펄(Principal)
일반적으로 '여행 소재 공급업자'라고 할 수 있으며, 여행서비스상품의 소재를 직접 생산하여 공급하는 공급자나 시설업자 등의 관광사업체를 말한다.

31 다음 중 프랑스 와인산지로 옳은 것은? ○ △ ×

① 라인, 모젤

② 리오하, 안달루시아

③ 피에몬테, 토스카나

④ 보르도, 부르고뉴

> **해설**
>
> 보르도와 부르고뉴는 세계적인 와인 생산국인 프랑스의 양대 산맥으로 불린다.
> ① 독일의 와인산지
> ② 스페인의 와인산지
> ③ 이탈리아의 와인산지

32 여행객이 여행을 하기 위한 출국 절차 순서로 옳은 것은? ○ △ ×

> ㄱ. 수하물 보안검사   ㄴ. CIQ 검사
> ㄷ. 탑승수속   ㄹ. 탑 승

① ㄱ - ㄴ - ㄷ - ㄹ

② ㄱ - ㄷ - ㄴ - ㄹ

③ ㄷ - ㄱ - ㄴ - ㄹ

④ ㄷ - ㄴ - ㄱ - ㄹ

> **해설**
>
> **출국 순서**
> 탑승수속 → 수하물 보안검사 → CIQ → 출국라운지 대기 → 탑승

33 국외여행을 하고자 하는 국민의 여권을 발급하고 비자면제 협정 체결과 관련된 업무를 수행하는 우리나라 행정기관은? ○ △ ×

① 법무부

② 안전행정부

③ 문화체육관광부

④ 외교부

> **해설**
>
> 여권 발급과 비자면제 협정 등의 업무를 담당하는 것은 외교부로, 우리나라의 외교와 관련된 사무를 관장하는 중앙행정기관이다.
> ※ 안전행정부는 2017년 7월 국민안전처와 통합되면서 현재는 행정안전부로 재개편되었다.

34 관광상품 유형 중 핵심상품(Core Product)에 관한 설명으로 옳지 않은 것은? ○ △ ×

① 고객이 상품을 구매할 때 추구하는 편익이나 효용을 의미한다.

② 보장, 보증, 배달 등을 포함한다.

③ 가장 기초적인 차원이다.

④ 고객의 욕구를 충족시켜 주는 본질적 요소이다.

> 해설
>
> 상품(제품)은 일반적으로 핵심상품(Core Product), 실제상품(Actual Product), 확장상품(Augmented Product)으로 분류한다. 품질의 보장과 보증, 배달 등을 포함하는 것은 확장상품에 해당한다.

35 관광의 구성요소 중 관광객체로 옳은 것은? ○ △ ×

① 관광자원

② 여행사

③ 관광자

④ 관광정보

> 해설
>
> **관광의 구성요소**
> - 관광주체 : 관광객(관광자)
> - 관광객체 : 관광자원, 관광시설
> - 관광매체 : 관광사업, 관광정보, 이동수단

36 도시 코드와 항공사 코드의 연결이 옳지 않은 것은? ○ △ ×

① 마닐라 – MNL, 필리핀항공 – PR

② 로스앤젤리스 – LAX, 델타항공 – DL

③ 부산 – PUS, 아시아나항공 – OZ

④ 홍콩 – HNL, 캐세이퍼시픽항공 – CJ

> 해설
>
> HNL은 호놀룰루의 도시 코드로, 홍콩은 HKG이다. CJ는 중국 북방항공의 항공사 코드로, 캐세이퍼시픽항공은 CX이다.

37 1946년 체결된 미국과 영국 간 최초의 항공협정은?

① 솅겐협정
② 버뮤다협정
③ 마드리드협정
④ 뮌헨협정

> **해설**
> ① 유럽연합(EU) 회원국 간의 국경개방조약(1985년)
> ③ 상표의 국제등록에 관한 협정(1891년)
> ④ 독일과 체코의 영토분쟁 수습에 관한 정상회담(1938년)

38 관광의 사회 · 문화적 영향으로 옳지 않은 것은?

① 여성의 지위 향상
② 지역 문화 및 교육시설의 개선
③ 교통 체증, 혼잡 및 소음
④ 지역의 전통적 관습, 가치관의 변화

> **해설**
> 교통량의 증가로 오염이나 소음공해가 발생하는 것은 관광의 환경적 영향 중 부정적 영향에 속한다.

39 우리나라 국제관광진흥전략의 기본목표로 옳지 않은 것은?

① 고부가가치 관광산업의 육성
② 상위계층의 복지관광 지원확대
③ 지속가능한 녹색관광 육성
④ IT시대에 부응하는 통합 마케팅 구축

> **해설**
> 복지관광은 일반적으로 사회취약계층을 주요 대상으로 한다.

40 다음 중 호텔 프런트 오피스 시스템은?

○ △ ×

① Opera
② Amadeus
③ Galileo
④ Sabre

> **해설**
>
> 호텔정보시스템(HIS)은 크게 프런트 오피스 시스템, 백 오피스 시스템, 업장경영관리 시스템, 인터페이스 시스템의 4가지 분야로 나누어진다.
> ① 정확하게는 Fidelio & Opera 시스템으로, 프런트 오피스 시스템에 해당한다.
> ② · ③ · ④ 항공예약시스템(CRS)이다.

41 다음 중 우리나라 최초의 국립공원과 마지막으로 지정된 국립공원의 연결이 옳은 것은?

○ △ ×

① 지리산 – 북한산
② 설악산 – 월악산
③ 지리산 – 무등산
④ 설악산 – 주왕산

> **해설**
>
> 1967년 지리산이 우리나라의 1번째 국립공원으로 지정되었으며, 2013년 출제 당시에는 무등산이 21번째 국립공원으로 가장 마지막으로 지정되었다.
> ※ 현재는 팔공산 국립공원이 23번째로 가장 최근 지정(2023.12.31)된 국립공원이다.

42 관광 편의시설업의 종류가 아닌 것은?

○ △ ×

① 외국인전용 유흥음식점업
② 관광공연장업
③ 한옥체험업
④ 관광펜션업

> **해설**
>
> 관광 편의시설업의 종류(「관광진흥법 시행령」 제2조 제1항 제6호)
> - 관광유흥음식점업
> - 관광극장유흥업
> - 외국인전용 유흥음식점업
> - 관광식당업
> - 관광순환버스업
> - 관광사진업
> - 여객자동차터미널업
> - 관광펜션업
> - 관광궤도업
> - 관광면세업
> - 관광지원서비스업
>
> ※ 출제 당시 정답은 ②였으나, 2020년 4월 28일 법령이 개정되어 한옥체험업이 '관광 편의시설업'에서 '관광객 이용시설업'으로 이관되어 ③도 정답이 되었다.

43 다음 중 미국여행업협회는 무엇인가? ○ △ ×

① ASTA ② ATMA
③ PATA ④ ASEANTA

> **해설**
> ② 아시아관광마케팅협회
> ③ 아시아태평양관광협회
> ④ 아세안국가연합관광협회

44 우리나라 문화체육관광부의 주요 업무가 아닌 것은? ○ △ ×

① 관광진흥장기발전계획 및 연차별 계획의 수립
② 관광 관련 법규의 연구 및 정비
③ 외래관광객의 비자 발급
④ 관광복지 증진에 관한 사항

> **해설**
> 문화체육관광부의 주요 업무
> • 관광진흥장기발전계획 및 연차별 계획의 수립
> • 관광복지 증진에 관한 사항
> • 관광종사원의 교육 및 훈련
> • 관광진흥개발기금의 조성과 운용
> • 관광 관련 법규의 연구 및 정비
> • 관광학술 및 연구단체 육성
> • 관광에 대한 인식 개선과 건전관광 홍보에 관한 사항

45 관광자행동에 영향을 미치는 사회 · 문화적 요인으로 옳지 않은 것은? ○ △ ×

① 준거집단 ② 성 격
③ 사회계층 ④ 하위문화

> **해설**
> 관광자(관광객) 행동에 영향을 미치는 사회 · 문화적 요인
> 가족 등의 준거집단, 하위문화, 사회계층

46 관광사업의 특성에 해당되지 않는 것은?

① 복합성
② 서비스 의존성
③ 입지 의존성
④ 장기성

해설

관광사업의 특성
- 복합성
- 입지 의존성
- 변동성
- 공익성
- 서비스 의존성

47 고대 그리스시대의 주요 관광동기로 옳지 않은 것은?

① 식도락
② 종 교
③ 체 육
④ 요 양

해설

관광동기에 식도락이 포함되기 시작한 것은 로마시대에 해당한다.

48 우리나라 국민의 국외여행 전면 자유화 및 연령 제한이 폐지된 해는?

① 1986년
② 1987년
③ 1988년
④ 1989년

해설

1980년대 후반에 들어서 우리나라의 경제규모가 확장되고 생활수준이 향상되어, 1989년 해외여행의 전면 자유화가 시작되었다.

49 관광숙박업 중 호텔업의 분류로 옳지 않은 것은?　　　　　　　　　　　○ △ ×

① 휴양 콘도미니엄업
② 한국전통호텔업
③ 수상관광호텔업
④ 호스텔업

> 해설
>
> 호텔업의 종류(「관광진흥법 시행령」 제2조 제1항 제2호)
> - 관광호텔업
> - 한국전통호텔업
> - 호스텔업
> - 의료관광호텔업
> - 수상관광호텔업
> - 가족호텔업
> - 소형호텔업

50 1908년 미국 버팔로에 호텔을 건립하여 미국의 상용호텔 시대를 열게 하고, 호텔의 왕이라고 불리며 미국
호텔산업을 대중화시킨 사람은?　　　　　　　　　　　○ △ ×

① Ellsworth Milton Statler
② Conrad Hilton
③ Kemmons Wilson
④ Ernest Henderson

> 해설
> ② 힐튼호텔(1919년 설립)의 창업자
> ③ 홀리데이 인(1952년 설립)의 창업자로 모텔의 체인화를 활성화
> ④ 1937년 Robert Moore와 함께 쉐라톤 호텔 창립

참고 문헌

- 고태규, 「호텔관광실무론」, 영진닷컴, 2003
- 김성기 · 고원규 · 이봉구 · 송운강 · 이경환, 「관광개발계획론」, 한올출판사, 2005
- 이주형, 「문화와관광」, 기문사, 2006
- 곽희정, 「관광국사」, 시대고시기획, 2023
- SD 관광교육연구소, 「관광자원해설」, 시대고시기획, 2023
- SD 관광교육연구소, 「관광법규」, 시대고시기획, 2023
- SD 관광교육연구소, 「관광학개론」, 시대고시기획, 2023
- SD 관광교육연구소, 「관광통역안내사용어상식사전」, 시대고시기획, 2022

참고 사이트

- 관광지식정보시스템 홈페이지(www.tour.go.kr)
- 국가지질공원 홈페이지(http://www.koreageoparks.kr)
- 문화재청 홈페이지(http://www.cha.go.kr)
- 문화체육관광부 홈페이지(http://www.mcst.go.kr)
- 유네스코와 유산 홈페이지(heritage.unesco.or.kr)
- 외교부 홈페이지(http://www.mofa.go.kr)
- 외교부 해외안전여행 홈페이지(http://www.0404.go.kr)
- 인천국제공항 홈페이지(http://www.airport.kr)
- 출입국 · 외국인정책본부 홈페이지(http://www.ses.go.kr)
- 한국관광공사 홈페이지(www.visitkorea.or.kr)
- 한국슬로시티본부 홈페이지(http://www.cittaslow.kr)

좋은 책을 만드는 길, 독자님과 함께 하겠습니다.

2024 SD에듀 기출이 답이다 관광통역안내사 1차 필기합격 + 무료동영상(최신기출 1회분)

개정8판1쇄 발행	2024년 06월 20일 (인쇄 2024년 04월 25일)
초 판 발 행	2016년 01월 05일 (인쇄 2015년 11월 27일)
발 행 인	박영일
책 임 편 집	이해욱
편 저	SD 관광교육연구소
편 집 진 행	김은영 · 이찬
표지디자인	김지수
편집디자인	신지연 · 채현주
발 행 처	(주)시대고시기획
출 판 등 록	제10-1521호
주 소	서울시 마포구 큰우물로 75 [도화동 538 성지 B/D] 9F
전 화	1600-3600
팩 스	02-701-8823
홈 페 이 지	www.sdedu.co.kr

I S B N	979-11-383-7080-6 (13320)
정 가	28,000원

윙크로 합격까지 크랭크 업!

Win-Q 관광통역안내사
필기

SD관광교육연구소 | 28,000원

▶ 빈출 · 최신 · 핵심만 쏙! 핵심이론+핵심예제!

▶ 5개년(2018~2022년) 필기 기출문제와 오답까지 짚어 주는 해설!

▶ 최신 법령 · 최신 관광동향 · 최신 자료까지!

※ 도서의 구성 및 이미지는 변경될 수 있습니다.

나는 이렇게 합격했다

당신의 합격 스토리를 들려주세요
추첨을 통해 선물을 드립니다

베스트 리뷰
갤럭시탭/ 버즈 2

상/하반기 추천 리뷰
상품권/ 스벅커피

인터뷰 참여
백화점 상품권

이벤트 참여방법

합격수기

| SD에듀와 함께한 도서 or 강의 **선택** | > | 나만의 합격 노하우 정성껏 **작성** | > | 상반기/하반기 추첨을 통해 **선물 증정** |

인터뷰

| SD에듀와 함께한 강의 **선택** | > | 합격증명서 or 자격증 사본 **첨부**, 간단한 **소개 작성** | > | 인터뷰 완료 후 **백화점 상품권 증정** |

이벤트 참여방법
다음 합격의 주인공은 바로 여러분입니다!

QR코드 스캔하고 ▷ ▷ ▷ ▶
이벤트 **참여**하여 푸짐한 경품받자!